Güllemann
Veranstaltungsmanagement, Event- und Messerecht

Veranstaltungsmanagement, Event- und Messerecht

Rechtsgrundlagen zur Organisation von Veranstaltungen und Messen anhand praktischer Fälle

von

Prof. Dr. Dirk Güllemann

jetzt Lehrbeauftragter an der Hochschule Osnabrück

unter Mitarbeit von Reza-René Mertens

Rechtsanwalt und Leiter der Rechtsabteilung der Deutschen Messe AG

6. überarbeitete und stark erweiterte Neuauflage

Verlag Franz Vahlen München 2013

Zitiervorschlag: *Güllemann* EventR

www.vahlen.de

ISBN 978 3 8006 4594 7

Wilhelmstraße 9, 80801 München

Druck: Druckhaus Nomos
In den Lissen 12, 76547 Sinzheim

Satz: Fotosatz Buck, Kumhausen
Umschlagkonzeption: Martina Busch Grafikdesign, Homburg Kirrberg

Gedruckt auf säurefreiem, alterungsbeständigem Papier
(hergestellt aus chlorfrei gebleichtem Zellstoff)

Vorwort

Die Idee zu dieser Schrift entstand aufgrund längerer Lehr-, Forschungs- und Vortragstätigkeit im Bereich des Veranstaltungsmanagements. Die Begegnung mit Veranstaltungsfachleuten führte mir die Fülle von Rechtsproblemen vor Augen, mit denen diese tagtäglich konfrontiert werden und auf die sie, zumeist ohne spezifische juristische Vorbildung und zugleich unter Entscheidungsdruck, eine Antwort geben müssen. Das reicht von Alltagsfragen der Vertragsgestaltung bis hin zu Haftungsfragen, wenn beispielsweise der Star des Abends ausfällt oder sich verspätet oder aus ungeklärter Ursache eine Sprinkleranlage ausgelöst wird und dabei Equipment des Veranstalters oder Darstellers in Mitleidenschaft gezogen wird. Auch Zuschauer können bei Großveranstaltungen durch Gedränge, Panik, Einsturz von Bauwerken oder Feuer Verletzungen davontragen.

Die Rechtsprobleme des Veranstaltungsmanagements sind in Wissenschaft und Praxis verhältnismäßig wenig erschlossen. Diesem Defizit will das seit vielen Jahren etablierte Buch mit einer kompakten, systematischen und zugleich praxisbezogenen Darstellung dieses Rechtsgebietes begegnen. Es wendet sich an alle, die berufsmäßig mit der Organisation von Veranstaltungen zu tun haben, wie Mitarbeiter von Kultur- und Jugendämtern und Rundfunkanstalten, Leiter von Hallenbetrieben, Justitiare in Messegesellschaften, an Konzert- und Kongressagenturen, Gastspieldirektionen und Künstlermanager, an Eventagenturen, ferner an alle, die mit einem einschlägigen juristischen Problem aus dem Veranstaltungs- und Messerecht konfrontiert werden. Zielgruppe sind ebenso sehr Juristen in Wissenschaft und Praxis, insbesondere in den rechtsanwendenden Berufen. Rechtsanwälte, die sich zum Fachanwalt Urheber- und Medienrecht ausbilden lassen, sind hier besonders angesprochen. Schließlich richtet sich die Schrift an Studierende an (Fach-) Hochschulen und sonstigen Einrichtungen mit dem Ziel der Ausbildung zum Veranstaltungsfachmann (Eventakademien, Berufsschulen), insbesondere an Auszubildende im Ausbildungsberuf Veranstaltungskaufmann/Veranstaltungstechniker. Durch diverse Workshops und Fachvorträge bei Ausbildungsmessen ist mir gerade die letztgenannte Zuhörerschaft besonders ans Herz gewachsen.

Der Beitrag versteht sich weniger als populärwissenschaftlicher Ratgeber denn als Versuch, dieses juristische Neuland wissenschaftlich fundiert und gleichwohl anschaulich zu erschließen. Im Interesse der Anschaulichkeit sind Grafiken eingefügt und Fallbeispiele behandelt, die ausschließlich aus der Praxis stammen. Um eine hohe Praxisnähe zu erreichen, werden zusätzlich zahlreiche Vertragsmuster einbezogen, die bei der Organisation von Veranstaltungen typischerweise benutzt werden. Prof. Günter Valjak, dem früheren Geschäftsführer der Stadthalle Osnabrück, bin ich dafür und für viele anregende Gespräche und Praxisbeispiele zu herzlichem Dank verpflichtet.

Die Mixtur einer systematischen, stark praxisbezogenen Darstellung mit Originalrechtsfällen ist am besten geeignet, bei Juristen wie Nichtjuristen ein Verständnis für die spezifischen Rechtsprobleme der Veranstaltungsbranche zu wecken. Besonders Praktiker und Studenten sollen damit das nötige Rüstzeug für die Lösung einfacher bis mittelschwerer Fälle an die Hand bekommen.

Diesem Konzept folgen auch die Ausführungen in Teil 3 über Rechtsfragen bei Messen und Ausstellungen. Ich bin glücklich, dass mir hier mit Rechtsanwalt Reza-René Mertens von der Deutschen Messe AG ein ausgewiesener Experte des Messewesens tatkräftig zur Seite gestanden hat. Er hat nicht nur meine diesbezüglichen Beiträge kritisch begleitet, sondern sich selbst als Autor der Kapitel B und D sowie des Falles 41 und einiger Passagen zur Muster-Versammlungsstättenverordnung profiliert. Über diese harmonische Mitarbeit zwischen einem Praktiker des Messewesens mit wissenschaftlichen Ambitionen und einem Wissenschaftler mit praktischen Ambitionen freue ich mich außerordentlich. Die rechtssystematischen Ausführungen zum Thema Messen und Ausstellungen schließen sowohl privatrechtliche Aspekte aus der Feder von Rechtsanwalt Mertens als auch öffentlich-rechtliche Aspekte aus meiner Feder ein. Sie werden dann von mir nach bewährtem Vorbild anhand von 12 Original-Praxisfällen mit Lösungen anschaulich gemacht. Die Anregung zu den Fällen verdanke ich Frau Rechtsanwältin Birgit Weiß von der Deutschen Messe AG, die mich in einem intensiven Dialog in die Besonderheiten des Messewesens eingeführt hat.

Dank schulde ich auch anderen, die mir gesprächsweise oder mit Rat und Tat zur Seite gestanden haben. Ausdrücklich bedanken möchte ich mich insoweit bei Lutz Hölschermann, Veranstaltungsleiter der OsnabrückHalle, für langjährige fruchtbare Kooperation und vielfältige Anregungen. Danken möchte ich außerdem Herrn Dipl. Wirtschaftsjurist Mario Horvat sowie Frau LL.B. Juliette Große Gehling (beide Hochschule Osnabrück) für kritischen Rat und sorgfältige Textdurchsicht.

Die Präsentation authentischen und aktuellen Faktenmaterials und die praxisbezogene, juristische Aufarbeitung soll über den engen Kreis der berufsmäßig Beteiligten hinaus eine breite Öffentlichkeit ansprechen. Es will kein Lehrbuch, sondern eine Art Basisreader des Veranstaltungsrechts sein. Damit soll auch das Verständnis für die Eigenheiten eines neuartigen Rechtsgebietes gefördert werden, das ich Anfang der 90er Jahre aus der Taufe heben durfte und das mir seither in Lehre und Forschung, als Vortragender und ausübender Künstler am Herzen liegt.

Fragen, Anregungen und Hinweise nehme ich wie immer gern entgegen unter der Adresse:

Professor Dr. Dirk Güllemann
Hochschule Osnabrück
Postfach 1940
49009 Osnabrück
Oder per E-Mail an: guellemann@wi.hs-osnabrueck.de

Osnabrück, Ende Januar 2013 Dirk Güllemann

Inhalt

Verzeichnis der Abbildungen

Abkürzungsverzeichnis

aA .... anderer Ansicht
Abs. .... Absatz
aF .... alte Fassung
AEUV .... Vertrag über die Arbeitsweise der Europäischen Union v. 9.5.2008
AFG .... Arbeitsförderungsgesetz
AG .... Amtsgericht
AGB .... Allgemeine Geschäftsbedingungen
AGBG .... Gesetz zur Regelung der Allgemeinen Geschäftsbedingungen
AGG............. Allgemeines Gleichbehandlungsgesetz
AktG .... Aktiengesetz
Alt. .... Alternative
AO .... Abgabenordnung
AMB............. Allgemeine Mietbedingungen
Anm. .... Anmerkung
ArbR............. Arbeitsrecht
Art.............. Artikel
Aufl............. Auflage
AUMA........... Ausstellungs-und Messe-Ausschuss der Deutschen Wirtschaft e.V.
AZ............... Aktenzeichen

BA............... Bundesagentur für Arbeit
BauGB .... Baugesetzbuch
BauO NRW....... Bauordnung Nordrhein- Westfalen
BayObLG .... Bayerisches Oberstes Landesgericht
Bekl............. Beklagte(r)
betr. .... betreffend
Beschl. .... Beschluß
BGB .... Bürgerliches Gesetzbuch
BGBl............. Bundesgesetzblatt
BGH............. Bundesgerichtshof
BGHZ .... Amtliche Entscheidungssammlung des Bundesgerichtshofs in Zivilsachen
BImSchG......... Bundes-Immissionschutzgesetz
BImSchV .... Bundes-Immissionsschutz-Verordnung
Bl. ... d.A. .... Blatt ... der Akten
B2B.............. Business to Business (Unternehmer zu Unternehmer)
B2C.............. Business to Consumer (Unternehmer zu Verbraucher)
BT-Dr. .... Bundestags-Drucksache
BVerfG........... Bundesverfassungsgericht
BVerwG.......... Bundesverwaltungsgericht
bzgl. .... Bezüglich

CeBIT........... Centrum für Büro- und Informationstechnik

DAA............. Deutsche Angestellten Akademie
DBA .... Doppelbesteuerungsabkommen
ders. .... derselbe
dh .... das heißt
DMAG........... Deutsche Messe AG Hannover
DNotZ........... Deutsche Notar- Zeitschrift
DVBl............. Deutsches Verwaltungsblatt
DWiR............ Deutsche Zeitschrift für Wirtschaftsrecht

EGV .... Vertrag zur Gründung der Europäischen Gemeinschaft

Einf. . . . . Einführung
EntGFG. . . . . Entgeltfortzahlungsgesetz
etc. . . . . et cetera
EStG. . . . . Einkommensteuergesetz
EU. . . . . Europäische Union
EUR . . . . Euro
evtl.. . . . . eventuell
e.V. . . . . eingetragener Verein
EVU . . . . Energieversorgungsunternehmen
EVVC. . . . . Europäischer Verband der Veranstaltungs Centren e.V.

f. . . . . folgende
ff.. . . . . fortfolgende
Fn.. . . . . Fußnote

GastG. . . . . Gaststättengesetz
GbR . . . . Gesellschaft bürgerlichen Rechts
gem. . . . . gemäß
GEMA . . . . Gesellschaft für musikalische Aufführungs- und mechanische Vervielfältigungsrechte
GewO . . . . Gewerbeordnung
GesR. . . . . Gesellschaftsrecht
GG . . . . Grundgesetz
ggf. . . . . gegebenenfalls
GmbH . . . . Gesellschaft mit beschränkter Haftung
GO . . . . Gemeindeordnung
grds. . . . . grundsätzlich
GRUR . . . . Zeitschrift Gewerblicher Rechtsschutz und Urheberrecht
GWB . . . . Gesetz gegen Wettbewerbsbeschränkungen (Kartellgesetz)

hM . . . . herrschende Meinung
HGB. . . . . Handelsgesetzbuch
Hrsg.. . . . . Herausgeber

idR . . . . in der Regel
IDKV . . . . Internationaler Verband Deutscher Konzertveranstalter und Künstlervermittler e.V.
idR . . . . in der Regel
ieS . . . . im eigentlichen Sinne
IFSG. . . . . Infektionsschutzgesetz
IHK . . . . Industrie- und Handelskammer
inkl. . . . . inklusive
insb. . . . . insbesondere
insg. . . . . insgesamt
i.V.. . . . . in Vertretung, in Vollmacht

JugendschutzG . . . . Jugendschutzgesetz
JuS. . . . . Juristische Schulung (Zeitschrift)
JZ . . . . Juristenzeitung (Zeitschrift)

KuM . . . . Kultur und Management, Handbuch
KuR . . . . Kultur und Recht, Handbuch
KSchG . . . . Kündigungsschutzgesetz
KSK . . . . Künstlersozialkasse
KSVG. . . . . Künstlersozialversicherungsgesetz

LFGB . . . . Lebensmittel-, Bedarfsgegenstände- und Futtermittelgesetzbuch
LG. . . . . Landgericht
lt.. . . . . laut

MDR . . . . Monatsschrift für Deutsches Recht (Zeitschrift)
mE . . . . meines Erachtens
MIH . . . . Management Institut Herrenhausen
MüKoBGB . . . . Münchener Kommentar, Kommentar zum BGB
MVStättV. . . . . Muster-Versammlungsstättenverordnung

Nds.Rpfl. . . . . Niedersächsischer Rechtspfleger (Zeitschrift)
nF . . . . neue Fassung
NJW. . . . . Neue Juristische Wochenschrift (Zeitschrift)
NJW-RR . . . . NJW-Rechtsprechungsreport Zivilrecht (Zeitschrift)
NOZ. . . . . Neue Osnabrücker Zeitung
NVwZ-RR. . . . . Neue Zeitschrift für Verwaltungsrecht Rechtsprechungs-Report
Nr.. . . . . Nummer
NStZ. . . . . Neue Zeitschrift für Strafrecht
NWB . . . . Neue Wirtschafts Briefe
NZA. . . . . Neue Zeitschrift für Arbeitsrecht

OLG. . . . . Oberlandesgericht

Palandt/Bearbeiter . Kommentar zum BGB
PWW/Bearbeiter . . Prütting/Wegen/Weinrich, BGB Kommentar
PAngV . . . . Preisangabenverordnung
ProdHaftG . . . . Produkthaftungsgesetz
pVV. . . . . Positive Vertragsverletzung

qm. . . . . Quadratmeter

R . . . . Recht
RA . . . . Rechtsanwalt
Rn. . . . . Randnummer
RGZ . . . . Entscheidungen des Reichsgerichts in Zivilsachen
RVO . . . . Reichsversicherungsordnung

S. . . . . Seite
SchlHA . . . . Schleswig-Holsteinische Anzeigen (Zeitschrift)
SchuldR . . . . Schuldrecht
SGB . . . . Sozialgesetzbuch
sog. . . . . sogenannte
stRspr. . . . . ständige Rechtsprechung
str.. . . . . streitig
StrWG NRW . . . . . Straßen- und Wegegesetz Nordrhein-Westfalen
StVG. . . . . Straßenverkehrsgesetz
StVO. . . . . Straßenverkehrsordnung

UKlaG . . . . Unterlassungsklagegesetz
U-Musik . . . . Unterhaltungsmusik
UrhG . . . . Urheberrechtsgesetz
Urt. . . . . Urteil
UStG . . . . Umsatzsteuergesetz
uU. . . . . unter Umständen
UWG . . . . Gesetz gegen den unlauteren Wettbewerb

v. . . . . vom
V . . . . Vertrag/Verträge
VA. . . . . Veranstalter
Var. . . . . Variante
VDSM . . . . Internationaler Verband der Stadt-, Sport- und Mehrzweckhallen e.V., jetzt EVVC = Europäischer Verband der Veranstaltungs-Centren e.V. (Berlin)
VersG . . . . Versammlungsgesetz

VersR . . . . Zeitschrift für Versicherungsrecht
VStättV. . . . . Versammlungsstättenverordnung
vgl. . . . . vergleiche
VO . . . . Verordnung
VVK. . . . . Vorverkauf

WahrnG. . . . . Urheberrechtswahrnehmungsgesetz
WRP. . . . . Wettbewerb in Recht und Praxis (Zeitschrift)
WuM . . . . Zeitschrift für Wohnungswirtschaft und Mietrecht

zB . . . . zum Beispiel
ZfS . . . . Zeitschrift für Schadensrecht
Ziff.. . . . . Ziffer
zT . . . . zum Teil
zzgl. . . . . zuzüglich

Literaturverzeichnis

Adomeit, K./Mohr, J., Allgemeines Gleichbehandlungsgesetz, Kommentar, 2. Aufl. 2011 (zit.: *Adomeit/Mohr*)
AUMA (Hrsg.), Die Messewirtschaft, Bilanz 2005, 2006, 2007, 2011
Aunert-Micus/Güllemann/Streckel/Tonner/Wiese, Wirtschaftsprivatrecht, 4. Aufl. 2010 (zit.: *Aunert-Micus* WirtschaftsPrivR)

Bamberger, H. G./Roth, H., Kommentar zum Bürgerlichen Gesetzbuch, 3 Bände, 3. Aufl. 2012 (zit.: Bamberger/Roth/*Bearbeiter*)
Brandt, A. u.a., Studie Regionalwirtschaftliche Effekte der EXPO 2000 – Eine Schlussbilanz, Hannover 2001 (zit.: *Brandt* Expo 2000)
Brox, H./Walker, W.-D., Allgemeines Schuldrecht, 36. Aufl. 2012 (zit.: *Brox/Walker* SchuldR AT)
Brox, H./Walker, W.-D., Besonderes Schuldrecht, 36. Aufl. 2012 (zit.: *Brox/Walker* SchuldR BT)
Bruhn, M., Kommunikationspolitik, 6. Aufl. 2010 (zit.: *Bruhn* Kommunikationspolitik)

Deutsche Messe AG, Geschäftsbericht 2003, 2005, 2007 und 2011
Dütz, W./Thüsing, G., Arbeitsrecht, 16. Aufl. 2011 (zit.: *Dütz/Thüsing* ArbR)

Erman, W., BGB, Handkommentar in 2 Bänden, 13. Aufl. 2012 (zit.: Erman/*Bearbeiter*)

Friauf, K. H., Kommentar zur Gewerbeordnung, 2009 (Loseblattsammlung) (zit.: Friauf/*Bearbeiter* GewO)
Frotscher, W./Kramer, U., Wirtschaftsverfassungs- und Wirtschaftsverwaltungsrecht, 5. Aufl. 2008 (zit.: *Frotscher/Kramer* WirtschaftsVerwR)
Führich, E., Reiserecht, Handbuch des Reisevertrags-, Reiseversicherungs- und Individualreiserechts, 6. Aufl. 2010 (zit.: *Führich* Handbuch)
Führich, E., Basiswissen Reiserecht, Grundriss des Reisevertrags- und Individualreiserechts, 2. Aufl. 2011 (zit.: *Führich* Basiswissen Reiserecht)
Funke, E./Müller, G., Handbuch zum Eventrecht, 3. Aufl. 2009 (zit.: *Funke/Müller* HdB EventR)

Güllemann, D., Musterverträge für die Veranstaltungsbranche, Künstler-, Dozenten-, Miet-, Management- und Künstleragenturverträge mit Erläuterungen und Darstellung der öffentlich-rechtlichen Rahmenvorschriften, 2009 (zit.: *Güllemann* MusterV)
Güllemann, D., Internationales Vertragsrecht, Internationales Privatrecht, UN-Kaufrecht und Internationales Zivilverfahrensrecht, 2011 (zit.: *Güllemann* IPR)

Heinz, T. K., Reisevertragsrecht in der Praxis, 1990 (zit.: *Heinz* ReisevertragsR)
Herrmann, C./Heuer, G./Raupach, A., Einkommensteuer- und Körperschaftssteuergesetz, Loseblattsammlung, Stand: August 2011 *(zit.:* Herrmann/Heuer/Raupach/*Bearbeiter*)
Hilderscheid, H., Messe- und Ausstellungsrecht, Ein Leitfaden für die Praxis, 2006 (zit.: *Hilderscheid* MesseR)
Hentschel, P./König, P./Dauer, D., Straßenverkehrsrecht, 41. Aufl. 2011 (zit.: *Hentschel/König/Dauer* StraßenverkehrsR)

Jürgensen, A., Basics zur Auslandssteuer, abrufbar unter www. Kunstrecht.de

Kirchhof, P., Kompaktkommentar Einkommensteuergesetz, 10. Aufl. 2011 (zit.: Kirchhof/*Bearbeiter*)
Kittner, M., Schuldrecht, rechtliche Grundlagen – wirtschaftliche Zusammenhänge, 3. Aufl. 2003 (zit.: *Kittner* SchuldR)
Klunzinger, E., Grundzüge des Gesellschaftsrechts, 15. Aufl. 2009 (zit.: *Klunzinger* GesR)
Köhler, H., Unmöglichkeit und Geschäftsgrundlage bei Zweckstörungen im Schuldverhältnis, 1971 (zit.: *Köhler* Unmöglichkeit und Geschäftsgrundlage)
Kreile, R./Becker, J., Fachaufsatz GEMA, im Internet abrufbar unter, www.gema.de/fachaufsätze/gema.shtml,

(zit.: *Kreile/Becker* Fachaufsatz) urspr. Quelle: Handbuch der Musikwissenschaft (hrsg. Moser/Scheuermann), 6. Aufl.
Kreile, R./Becker, J., GEMA, Handbuch Kultur und Recht, Bd. 1, 3.6, 2004 (zit.: *Kreile/Becker* HdB Kultur und Recht)
Kresse, H./Engelsberg, K., Recht der Messewirtschaft, 2006 (zit.: *Kresse/Engelsberg* MessewirtschaftsR)

Larenz, K., Lehrbuch des Schuldrechts, Bd.1, 14. Aufl. 1987 (zit.: *Larenz* SchuldR I)
Leber, M., The little white book of German event organization structures, 2012 (zit.: *Leber*)
Löhr, V./Gröger, G., Bau und Betrieb von Versammlungsstätten, 3. Aufl. 2011 (zit.: *Löhr/Gröger* Bau und Betrieb)
Lorenz, S./Riehm, T., Lehrbuch zum neuen Schuldrecht, 2002 (zit.: *Lorenz/Riehm* Neues SchuldR)

Medicus, D./Lorenz, S., Schuldrecht I, Allgemeiner Teil, 19. Aufl. 2010 (zit.: *Medicus/Lorenz* SchuldR I AT)
Münchener Kommentar, zum Bürgerlichen Gesetzbuch, 6. Aufl. 2012 Band 1 und Band 4 (zit.: MüKoBGB/*Bearbeiter*)

Palandt, Otto, Kommentar zum Bürgerlichen Gesetzbuch, 71. Aufl., 2012 (zit.: Palandt/*Bearbeiter*)
Prütting, H./Wegen, G./Weinreich, G., BGB-Kommentar, 6. Auflage 2011 (zit.: PWW/*Bearbeiter*)
Poser, U., Konzert- und Veranstaltungsverträge, 2007 (zit.: *Pose*r Konzert- und VeranstaltungsV)

Risch, M./Kerst, A., Eventrecht kompakt, Ein Lehr- und Praxisbuch mit Beispielen aus dem Konzert- und Kulturbetrieb, 2009 (zit.: *Risch/Kerst* EventR)

Schlotmann, R., Das Recht der Pauschalreise, 1993 (zit.: *Schlotmann* Recht der Pauschalreise)
Schmidt, R./Vollmöller, T., Kompendium Öffentliches Wirtschaftsrecht, 3. Aufl. 2007 (*zit.:* Schmidt/Vollmöller/*Bearbeiter* ÖffWirtschaftsR)
Selinski, H./Sperling, U., Marketinginstrument Messe, 1995
Senne, P., Arbeitsrecht, 8. Aufl. 2011 (zit.: *Senne* ArbeitsR)
Steiner, U. (Hrsg.), Besonderes Verwaltungsrecht, 8. Aufl. 2006 (zit.: Steiner/*Bearbeiter* VerwR BT)
Stober, R., Besonderes Wirtschaftsverwaltungsrecht, 15. Aufl. 2011 (zit.: *Stober* WirtschaftsVerwR BT)

Tasch, D., 50 Jahre Zukunft. Messen in Hannover 1947-1997, Hrsg. DMAG, 1997 (zit.: *Tasch* 50 Jahre Zukunft)
Tettinger, P./Wank, R./Ennuschat, J., Kommentar zur Gewerbeordnung, 8. Aufl. 2011 (zit.: Tettinger/Wank/Ennuschat/*Bearbeiter* GewO)

Ulmer, P./Brandner, H. E./Hensen, H.-D., AGB-Recht, Kommentar zu den §§ 305–310 BGB und zum UKlaG, 11. Aufl. 2011 (zit.: Ulmer/Brandner/Hensen/*Bearbeiter*)
Unverzagt, A./Röckrath, G. (Hrsg.), Handbuch Kultur und Recht (Loseblattsammlung, 4. Bd.) 2. Aufl. 2005 (zit.: Unverzagt/Röckrath/*Bearbeiter*, HdB Kultur und Recht)

Vögl, K. C., Veranstaltungsrecht, Leitfaden für Veranstalter in Österreich, 2. Aufl. 2004 (zit.: *Vögl* VeranstaltungsR)

Wörlen, R./Metzler-Müller, K., Schuldrecht AT, 10. Aufl. 2011 (zit.: *Wörlen/Metzler-Müller* SchuldR AT)
Wolf, M./Lindacher, W./Pfeiffer, T., AGB-Recht, Kommentar, 5. Aufl. 2009 (zit.: Wolf/Lindacher/Pfeiffer/*Bearbeiter*)

Zu diesem Buch

Das Buch geht auf eine Veröffentlichung zurück, die 1992 erstmals erschien und seither mehrfach überarbeitet und erweitert worden ist. Seine Konzeption orientiert sich unverändert an den Leitzielen

- einer praxisorientierten und zugleich systematischen Darstellung
- der Hervorhebung juristischer Grundbegriffe
- der optischen Veranschaulichung durch zahlreiche Grafiken und Bilder
- der Darstellung und Lösung von Original-Praxisfällen
- der Wiedergabe von Musterverträgen und
- dem Abdruck unveröffentlichter Original-Urteile.

Das Buch basiert auf einer induktiven Darstellung, d.h. auf einem Zugang, der von einer praktischen, rechtlichen Fragestellung ausgeht und anhand dessen die rechtlichen Strukturen entwickelt. So werden ermüdende lehrbuchartige Darlegungen vermieden. Andererseits wird und kann auf Rechtsvorschriften nicht verzichtet werden, da es sich um ein juristisches Buch handelt. Veranstaltungsrecht ist zu einem großen Teil Vertrags- und Haftungsrecht. Dieses steht daher im Zentrum und wird in allen Teilen des Buchs behandelt. Eine systematische Zusammenstellung der Grundlagen des Vertrags- und Haftungsrechts, aufgelockert durch zahlreiche Beispiele, findet sich in dem neuen Teil 2 des Buches. Diese Erweiterung stellt eine Art Nachschlagewerk für alle diejenigen dar, die bisher mit diesem Thema noch keine oder nur wenig Berührung hatten. Alle anderen, für die das nicht zutrifft, können dieses Kapitel überspringen bzw. bei Bedarf nutzen.

Dem Messe- und Ausstellungsrecht wird seiner Bedeutung entsprechend nunmehr ein eigener Teil 3 gewidmet. Messe- und Ausstellungsrecht ist ein sehr spezifisches Querschnittsthema, das sowohl zivilrechtliche als auch öffentlichrechtliche Fragestellungen beinhaltet und unter Einbeziehung der einschlägigen Messeteilnahmebedingungen der Deutschen Messe AG praxisgerecht aufgearbeitet wird.

Gegenüber der Vorauflage sind die Texte einerseits aktualisiert und gestrafft worden, andererseits um etwa ein Fünftel deutlich ausgeweitet worden. Das gilt besonders für Teil 4, in dem die öffentlich-rechtlichen Vorschriften für Veranstaltungen behandelt sind. Dieses Thema ist für jeden Veranstalter von herausragender Bedeutung. Hervorzuheben ist in diesem Zusammenhang das neue Thema Genehmigungen von Veranstaltungen (Kapitel B), das über die wesentlichen Genehmigungs- und Anmeldepflichten für Veranstaltungen informiert. Neugefasst und erweitert wurde das Thema Künstlersozialversicherung (Kapitel C). Umgeschrieben und aktualisiert wurden die Themen Verwertungsgesellschaften (Kapitel D) und Ausländersteuer (Kapitel V). Hinzugekommen ist im Messerecht (3. Teil Kapitel D.9.) das Thema Verantwortlichkeit der Betreiber von Messegeländen (Stichwort Großbrand im Düsseldorfer Flughafen).

Die geschilderten Themenerweiterungen haben das Buch erheblich verändert. Es geht über das bisherige Vertrags- und Haftungsrecht mit den umfassend dargestellten Fragen der öffentlich-rechtlichen Vorgaben (Teil 4) so weitgehend hinaus, dass der bisherige Titel zu eng erschien und entsprechend dem jetzigen Themenspektrum neu gefasst werden musste. Da die Themen von Events und Messen im Vordergrund stehen, wurde dies im Titel zum Ausdruck gebracht. Autor und CoAutor hoffen, dass der Leser von den neuen Kapiteln besonders profitiert und wünschen ihm eine anregende Lektüre.

Der Stand der Bearbeitung ist Ende Januar 2013.

1. Teil. Vertrags- und Haftungsfragen

A. Einleitung und rechtliche Grundlagen

»Das nächste Dorf hieß Farnham. Der Bader machte am Rande des Dorfes halt. Er nahm eine kleine Trommel und einen Stock aus dem Wagen, die er Rob reichte. »Trommle!« ... Rob schlug stolz die Trommel, angesteckt von der Aufregung, die sie auf beiden Seiten der Straße hervorriefen. »Heute Nachmittag gibt's Unterhaltung«, rief der Bader. »Anschließend werden menschliche Krankheiten und große und kleine medizinische Probleme behandelt ...«

Der Bader hielt auf dem kleinen Dorfplatz. Er hob vier Klappbänke vom Wagen herunter und stellte sie nebeneinander auf. »Das heißt Podium«, bezeichnete er Rob gegenüber die kleine Plattform, die damit entstanden war ...«[1]

Die kleine improvisierte Plattform aus dem Mittelalter, von der Noah Gordon hier erzählt, ist mittlerweile angewachsen zu Kongresshäusern, Messe- und Ausstellungshallen, zu Stadt-, Kultur- und Mehrzweckhallen. Bader und Schausteller, Gaukler und Bänkelsänger bauen sich ihr Podium längst nicht mehr selbst auf. Den heutigen Konzert-, Kongress- und Ausstellungsveranstaltern, Entertainern und Künstlern, Stars und Musikgruppen werden die »Bretter, die die Welt bedeuten«, in gut durchorganisierten Hallenbetrieben samt Technik und Personal aufgrund juristisch präziser Vereinbarungen überlassen. Diese vertraglichen Vereinbarungen zu analysieren und ihre juristischen Implikationen für Hallenbetreiber, Veranstalter, Darsteller, Veranstaltungsteilnehmer und -besucher darzustellen, ist Gegenstand der nachfolgenden Ausführungen. In einem ersten Zugang werden zunächst die Vertragsbeziehungen der Beteiligten anhand typischer Vertragsmuster systematisch dargestellt. In einem weiteren Abschnitt werden dann die Rechtsbeziehungen der Beteiligten zueinander anhand praktischer Fälle behandelt.

Vorab ein Blick auf die rechtlichen Grundlagen des Veranstaltungsrechts:

Zunächst ist festzustellen, dass es keine zusammenfassende Regelung des Veranstaltungsrechts in Deutschland gibt. Betrachtet man die zivil- und öffentlich-rechtlichen Rechtsquellen des Veranstaltungsrechts, so ergibt sich folgendes:

Im Zivilrecht sind vor allem die Regelungen des BGB im Allgemeinen Teil und im Schuldrecht relevant. Hier interessieren besonders die Themenbereiche:

- Zustandekommen von Verträgen (§§ 145 ff. BGB)
- Form, Anfechtbarkeit, Nichtigkeit von Willenserklärungen (§§ 119 ff. BGB)
- Stellvertretung (§§ 164 ff. BGB)
- Allgemeine Geschäftsbedingungen (§§ 305 ff. BGB)
- Fernabsatz- und Internetverträge (§§ 312b–g BGB)
- Recht der Leistungsstörungen, insbesondere Unmöglichkeit (§§ 275 ff., 326 BGB), Schuldnerverzug (§§ 286 ff. BGB), Annahmeverzug (§§ 293 ff. BGB), allgemeine Pflichtverletzung (§§ 280 ff. BGB) sowie Störung der Geschäftsgrundlage (§ 313 BGB)

1 *Noah Gordon*, Der Medicus, 1990, 49.

- Gewährleistung für Mängel beim Kauf (§§ 434 ff. BGB), bei der Miete (§§ 536 ff. BGB), beim Werkvertrag (§§ 634 ff. BGB) und beim Pauschalreisevertrag (§§ 651c ff. BGB)
- Haftung im Rahmen von Verträgen (§§ 280, 276, 278 BGB) und Deliktshaftung (§§ 823 ff., 831 ff. BGB) mit ihren Folgen (§§ 249 ff., 843 ff. BGB)

Im öffentlichen Recht sind besonders folgende Bereiche von Bedeutung:

- Das Versammlungsstättenrecht, insbesondere die MVStättV 2005
- Die Künstlersozialversicherung
- Die Ausländersteuer
- Das Recht der Verwertungsgesellschaften, besonders der GEMA
- Die Gewerbeordnung insbesondere zum Thema Messen und Ausstellungen
- Das Gaststättenrecht
- Bauordnungsrecht
- Straßenrecht
- Jugendschutz

Das Buch stellt die zivilrechtlichen Fragen in den Vordergrund (Teile 1, 2, 5 und 6), informiert aber in den Teilen 3 und 4 auch über grundlegende öffentlich-rechtliche Fragestellungen.

B. Die Vertragsbeziehungen zwischen dem Hallenbetreiber einerseits und Veranstaltern, Darstellern, Veranstaltungsteilnehmern und Besuchern andererseits

I. Rechtlicher Ausgangspunkt

Am Anfang steht eine **einfache Primärbeziehung** zwischen Besucher und Darsteller, wie sie oben beim Auftritt des Baders vor einer Menschenmenge geschildert wird. Zunächst einige Begriffsbestimmungen.

Unter **Darsteller** soll in einem weiten Sinn jeder verstanden werden, der vor einem Publikum eine Darbietung erbringt, sei es als Künstler, Artist, Sänger, Musiker, Schauspieler, Showmaster, Redner, Clown, Pantomime, Kabarettist, Schausteller, Aussteller oder Ähnliches. Die geschilderte einfache Primärbeziehung trifft der Besucher heutzutage etwa beim Besuch einer Kabarettveranstaltung an, die ein Kabarettist in eigenen Räumlichkeiten darbietet. Dieser ist zugleich Darsteller und Veranstalter.

Unter dem Begriff **Veranstalter** soll derjenige verstanden werden, der eine Veranstaltung eigenverantwortlich im eigenen Namen und auf eigene Rechnung durchführt.[2] Wer als Veranstalter gewerblich tätig wird, also nachhaltig, selbstständig und mit Gewinnerzielungsabsicht, muss dies nach § 14 GewO der zuständigen Behörde anzeigen. Er erhält daraufhin von der Behörde innerhalb von drei Tagen eine Empfangsbescheinigung nach § 15 GewO, sog. Gewerbeschein. Eine darüber hinaus

2 *Vögl* VeranstaltungsR 20 definiert für Österreich in Anlehnung an das Wiener Veranstaltungsgesetz den VA als denjenigen, »der die VA im eigenen Namen ankündigt bzw. durchführt, oder sich der Behörde gegenüber als VA deklariert, oder für dessen Rechnung die VA erfolgt«.

gehende Genehmigungspflicht besteht nicht. Insbesondere bedarf es also keines Befähigungsnachweises.

Vielfach hängt das Gelingen von Veranstaltungen von der Mitwirkung weiterer Personen ab (zB Choristen, Orchestermusiker, Statisten, Tontechniker, Beleuchter, Souffleur, Inspizient etc.), die ich als **Veranstaltungsteilnehmer** bezeichnen möchte. Darunter sollen Mitwirkende verstanden werden (also nicht Besucher), die aktiv an der Durchführung einer Veranstaltung beteiligt sind, aber im Unterschied zu den eigentlichen Darstellern weniger spektakulär und zumeist namenlos in Erscheinung treten.

Besucher ist, wer gegen Zahlung eines Eintrittsgeldes oder unentgeltlich einer Veranstaltung beiwohnt.

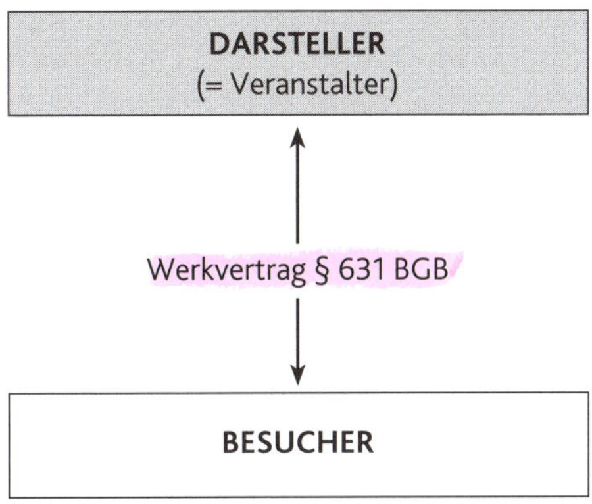

Bild 1: Rechtsbeziehung Veranstalter – Besucher

Nach diesen Begriffsdefinitionen zurück zum Ausgangsbeispiel des Kabarettisten, der Darsteller und Veranstalter in einer Person ist, und den Rechtsbeziehungen zum Publikum. Die Rechtsnatur solcher **Besucherverträge** ist umstritten. Infrage kommen wahlweise die Typen des Dienst- oder Werkvertrages. Ein Kaufvertrag über ein Ticket scheidet von vornherein aus, da das Ticket nur Mittel zum Zweck ist, die Veranstaltung zu erleben. Zu entscheiden ist daher, ob die Leistung des Veranstalters – die Präsentation der Veranstaltung – eher einem Dienst- oder einem Werkvertrag entspricht. Während ersterer die Leistung von Diensten, also das bloße Tätigwerden beinhaltet (§ 611 BGB), geht es beim Werkvertrag um eine Wert- bzw. Werkschöpfung, also eine ergebnisbezogene Leistung (§ 631 BGB). Bei richtiger Betrachtung schuldet der Veranstalter dem Besucher bei einer künstlerischen, oder auch bloß unterhaltenden oder sonstigen Darbietung nicht allein eine reine Tätigkeit im Sinne eines Dienstvertrages (§ 611 BGB), sondern ein Werk zB in Form der Aufführung einer Oper, eines Musicals, eines Theaterstücks oder Vorführung einer Show, mithin ein bestimmtes vertraglich vereinbartes Ergebnis (§ 631 BGB). Einen weitergehenden Erfolg im Sinne einer Publikumszufriedenheit schuldet er allerdings nicht, da dieser Maßstab zu subjektiv geprägt ist, zur Willkür führen würde und leicht mit der künstlerischen Gestaltungsfreiheit kollidieren könnte. Aber für die Erbringung einer einwandfreien Leistung ist andererseits zu verlangen, dass der Künstler bei Zubilligung künstlerischer Gestaltungsfreiheit doch die Einhaltung der anerkannten Regeln seiner Kunst beherrscht (wie der im großen und ganzen fehlerfreien Wiedergabe der vom Komponisten festgelegten Notenfolge bei einem klassischen Konzert oder des Textes eines Dramas oder Gedichts) und das versprochene Werk zeitgerecht abliefert.[3] Angesichts dieser ergebnisorientierten Wertschöpfung ist daher der Besuchervertrag bei unbestuhlten Veranstaltungen im Allgemeinen als Werkvertrag anzusehen.[4]

Wird dem Zuschauer zusätzlich ein Sitzplatz versprochen, tritt noch ein mietvertragliches Moment zum Werkvertrag hinzu. In diesem Fall handelt es sich um einen **gemischten Vertrag**, nämlich einen Werkvertrag iSv § 631 BGB mit untergeordneten mietvertraglichen Elementen nach § 535 BGB.[5] Diese Bewertung hat die Konsequenz, dass bei Mängeln der Werkleistung – etwa einer zu kurzen Darbietung oder einer Darbietung unter Trunkenheit – die Mängelansprüche des Werkvertrages greifen, also insb. § 634 BGB. Soweit fehlende Sicht- oder Hörverhältnisse des Sitzplatzes als Mängel einzustufen sind, unterliegen diese den §§ 536 f. BGB.[6]

II. Der Hallenbetreiber als Vermieter

Die eben beschriebene einfache Rechtsbeziehung wird rechtlich komplizierter durch das Hinzutreten von Hallenbetreibern, die ihre Räumlichkeiten und ihre Organisation zur Verfügung stellen oder sogar die Veranstaltung selbst übernehmen.

Zu der Primärbeziehung zwischen Darsteller und Besucher treten Sekundärbeziehungen zum Hallenbetreiber.

> **Beispiele:** Ein bekannter Reiseschriftsteller tritt mit seiner Diashow als Eigenveranstalter in einer Stadthalle auf.
> oder:
> Eine Volkstheatergruppe (nicht eingetragener Verein) führt als eigener Veranstalter ein Lustspiel in einem gemeindlichen Kulturzentrum auf.

In beiden Fällen bestehen zwischen den Darstellern, die die betreffende Veranstaltung durchführen, und den Besuchern wie im Ausgangsfall ein Werkvertrag und zusätzlich zwischen Darsteller als Eigenveranstalter und Hallenbetreiber ein zumeist entgeltlicher Raumüberlassungsvertrag, der regelmäßig als Mietvertrag deklariert wird. Da es um die Vermietung anderer Räume als Wohnräume geht, liegt zumeist ein Geschäftsraum-Mietvertrag iSv § 578 II BGB vor.

---

3 Ähnlich *Risch/Kerst* EventR 29.

4 RGZ 133, 138 – Theater; AG Rüdesheim NJW 2002, 615 – Dichterlesung; Erman/*Schwenker* Vor § 631 Rn. 24; Palandt/*Sprau* Einf. Vor § 631 Rn. 29; MüKoBGB/*Busche* § 631 Rn. 245; aA *Poser* Konzert- und VeranstaltungsV 21.

5 Für einen Werkvertrag mit mietrechtlichem Einschlag auch MüKoBGB/*Müller-Glöge* § 611 Rn. 136; MüKoBGB/*Busche* § 631 Rn. 245; Palandt/*Sprau* Einf. vor § 631 Rn. 29; *Bamberger/Roth/Voit* § 631 Rn. 11 f.; PWW/*Leupertz* vor § 631 bis 651 Rn. 16, *Roth* JuS 1999, 220; AG Aachen NJW 1997, 2058; AG Herne NJW 1998, 3651; AG Hannover NJW 1991, 1219 (bzgl. Rockkonzert); BGH VersR 1957, 228. Speziell zum Theaterbesuchsvertrag und den Folgen bei einer nicht werkgetreuen Aufführung AG Bonn NJW 1983, 1200; *Fessmann* NJW 1983, 1164; *Knothe* NJW 1984, 1074.

6 S. dazu näher unten Fall 17: Pannen beim Auftritt des Megastars, S. 56 f.

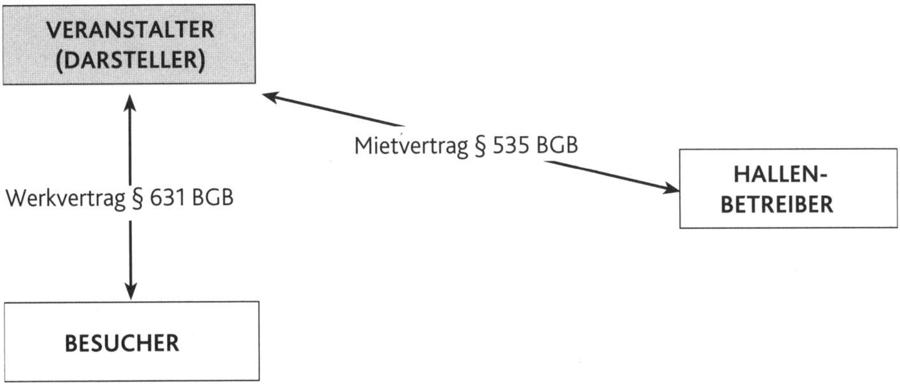

Bild 2: Rechtsbeziehung Veranstalter – Halle – Besucher bei Fremdveranstaltungen

Die üblicherweise verwendeten Vertragsmuster betonen ausdrücklich den mietvertraglichen Charakter der Nutzungsverhältnisse.

So heißt es im **Vertragsmuster 1:**

MIETVERTRAG

Zwischen der Bürgerhaus Bergischer Löwe GmbH ..., vertreten durch den Geschäftsführer ...
– Vermieter –
und der ... vertreten durch
– Mieter –
wird folgender Mietvertrag geschlossen:

§1

Der Vermieter vermietet von den in der Entgeltordnung des Bürgerhauses Bergischer Löwe GmbH bezeichneten Räumen zur Durchführung einer
folgende Räume:
für die Zeit am:

§2

Die Konkretisierung des Mietobjektes erfolgt im Mietvertrag.
Die Benutzungsordnung des Bürgerhauses Bergischer Löwe GmbH ist wesentlicher Bestandteil dieses Vertrages.

In der zitierten Benutzungsordnung wird nochmals betont:

Das Verhältnis zwischen Vermieter und Mieter wird durch Mietvertrag geregelt.

Das **Vertragsmuster 2**[7] ist ausdrücklich überschrieben mit

Allgemeine Mietbedingungen

und setzt fort:

§ 1 VERTRAGSGEGENSTAND

1. Mietvertragsgegenstand ist:
   Die Anmietung von Hallen, Räumen, Flächen des Gesamtobjektes sowie andere Einrichtungen und evtl. das Restaurant.
   Die Konkretisierung des Mietobjektes erfolgt im Mietvertrag.

(...)

§ 2 VERMIETER

Der Vermieter ist die im Einzelvertrag bezeichnete Halle.

Das **Vertragsmuster 3** tituliert abweichend davon den Vertrag im Hinblick auf die Zielsetzung als

Veranstaltungsvertrag

zwischen

1. der Osnabrücker Veranstaltungs- und Kongress GmbH
   nachfolgend GmbH genannt
   und
2. ...
   nachfolgend Veranstalter genannt
   zur Durchführung der Veranstaltung:

betont jedoch sodann in

§ 1

Die GmbH vermietet am
...
folgende Räumlichkeiten:
...

Unverkennbar steht bei sämtlichen Verträgen die Überlassung des Mietobjektes an den Veranstalter im Vordergrund, sodass der Mietvertrag nach § 535 BGB den Kern des Vertrags charakterisiert. Vielfach treten noch allgemeine und technische Dienstleistungen hinzu, wie Werbung, Kartenverkauf, Dekoration, besondere technische Einrichtungen, Beleuchtung, Beschallung, Bewirtung, Aufsicht, Kontrolle, Pressebetreuung etc. Die Mietverträge weisen dann noch dienst-, werk- und geschäftsbesorgungsrechtliche Aspekte auf (§§ 611, 631, 675 BGB).

7 Internationaler Verband der Stadt-, Sport- und Mehrzweckhallen e.V. (VDSM), der jetzt Europäischer Verband der Veranstaltungs-Centren e.V. (EVVC) heißt. Die zitierten Bestimmungen haben sich nur wenig geändert.

Bemerkenswert ist, dass das Konzept einer hauptsächlich mietvertraglichen Ausgestaltung der Nutzungsverhältnisse nicht nur bei den Hallen und Objekten zugrunde gelegt wird, die privatrechtlich in der Form einer GmbH geführt werden, sondern auch bei Eigen- und Regiebetrieben in öffentlich-rechtlicher Trägerschaft. So sind zB die Rheingoldhalle in Mainz oder die Beethovenhalle in Bonn städtische Einrichtungen; theoretisch könnten hier die Nutzungsverhältnisse zu den Benutzern solcher kommunalen Einrichtungen auch öffentlich-rechtlich konzipiert sein. Tatsächlich ist dies jedoch nicht der Fall, sondern es werden privatrechtliche Nutzungsverhältnisse in Form von Mietverträgen gewählt, die durch »Allgemeine Mietbedingungen« standardisiert sind.

Im **Vertragsmuster 4** heißt es etwa

1. Zweckbestimmung, Geltungsbereich

1.1 Die Beethovenhalle wird als Mehrzweckhalle betrieben. In erster Linie soll sie eine Stätte der Musikpflege sein.

1.2 Diese Allgemeinen Mietbedingungen gelten für alle in der Beethovenhalle stattfindenden Veranstaltungen. (...)

2. Vertragsgegenstand

2.1 Mietgegenstände sind:
Räume, Flächen, Inventar, Werbeflächen und der Parkplatz der Beethovenhalle.

(...)

3. Vermieterin ist die Stadt Bonn

Im Ergebnis lässt sich also feststellen, dass die juristische Organisationsform – eigenständige privatrechtliche GmbH oder unselbstständige öffentlich-rechtliche Einrichtung – die Ausgestaltung der Nutzungsverträge nicht präjudiziert und diese durchgängig als privatrechtliche Mietverträge konzipiert sind.

Die Organisationsform hat – abgesehen von den internen haushaltsrechtlichen Folgen und den Möglichkeiten der Einflussnahme auf die Geschäftsführung – nach außen hin nur Bedeutung bzgl. der Fragen, wer der verantwortliche Ansprechpartner und der etwaige Vertragspartner des Veranstalters ist:

Ist die Halle eine GmbH, so ist diese als juristische Person der Ansprech- und Vertragspartner und wird durch ihren Geschäftsführer vertreten.

Handelt es sich um den unselbstständigen Betrieb einer Stadt (Kommune), so ist diese der Vertragspartner und müsste dementsprechend bei etwaigen streitigen Auseinandersetzungen mit dem Mieter selbst klagen oder verklagt werden.

Wer der Ansprechpartner des Mieters ist, hängt bei öffentlich-rechtlicher Organisation davon ab, ob ein Eigen- oder Regiebetrieb vorliegt:

a) Wird die Halle als **Eigenbetrieb** geführt, so ist ein städtischer Beamter oder Angestellter für den laufenden Betrieb verantwortlich.
b) Wird die Halle als **Regiebetrieb** geführt, sind praktisch verschiedene Ämter für die einzelnen Aufgaben zuständig: Das Verkehrsamt für die Reservierung, das Hochbauamt für den Betrieb und die Unterhaltung, das Personalamt für den Personaleinsatz.

Schließlich ist darauf hinzuweisen, dass nach allen Vertragsmustern der Mieter der Räumlichkeiten gleichzeitig als **Veranstalter** deklariert wird. Dies betont nicht nur das bereits zitierte Vertragsmuster 3 in Titel und Rubrum, sondern etwa auch das **Vertragsmuster 2**, wo es heißt:

§ 3 Mieter/Veranstalter

1. Der im Mietvertrag angegebene Mieter ist für die in den gemieteten Räumlichkeiten bzw. auf dem gemieteten Gelände durchzuführende Veranstaltung gleichzeitig Veranstalter.

Damit wird unterstrichen, dass der Mieter die Veranstaltung eigenverantwortlich im eigenen Namen und auf eigene Rechnung durchführt. Besonders der Gesichtspunkt der Verantwortlichkeit wird in den Vertragsmustern hervorgehoben, so etwa in Fortsetzung von § 3 im gerade genannten **Vertragsmuster 2:**

2. Auf allen Drucksachen, Plakaten, Eintrittskarten, Einladungen etc. ist der Veranstalter anzugeben, um kenntlich zu machen, dass ein Rechtsverhältnis zwischen Veranstaltungsbesucher und Mieter besteht, nicht etwa zwischen Besucher oder anderen Dritten und dem Vermieter.
3. Der Mieter hat dem Vermieter einen Verantwortlichen zu benennen, der während der Benutzung des Mietobjekts anwesend und für den Vermieter erreichbar sein muss.

Daraus ist ersichtlich, dass es dem Vermieter darauf ankommt, die Verantwortungsbereiche entsprechend den in Bild 2 schematisierten Vertragsbeziehungen klar voneinander abzugrenzen. Die Vertragsbeziehungen sollen seitens des Vermieters auf das Verhältnis zum Mieter/Veranstalter begrenzt bleiben und nicht auf Besucher und andere Dritte ausgeweitet werden. Ob diese strikte Begrenzung freilich im Hinblick auf Haftungsfragen durchzuhalten ist, erscheint wegen des Schutzcharakters des Mietvertrages fraglich. Eine gewisse **Schutzwirkung zugunsten Dritter** (zB der Veranstaltungsteilnehmer und Besucher) wird man auch dem Hallenmietvertrag grundsätzlich zuerkennen müssen. Dies soll in den Fallbeispielen 8 und 10 näher verdeutlicht werden.

Um ein Beispiel für einen in der Veranstaltungsbranche typischen Mietvertrag zu geben, wird auf das im 6. Teil abgedruckte Muster verwiesen.

III. Der Hallenbetreiber als Eigenveranstalter

Die Rechtsbeziehungen des Hallenbetreibers sind völlig anders geartet, wenn er nicht bloß seine Räumlichkeiten für eine fremde Veranstaltung zur Verfügung stellt, sondern eigenverantwortlich eine Veranstaltung im eigenen Namen und auf eigene Rechnung durchführt. Der Hallenbetreiber engagiert beispielsweise einen Autor, Liedersänger, Kabarettisten, Musiker oder eine Gruppe für einen Auftritt, veranstaltet ein Stadtfest, Musiktage oder eine Ausstellung und Ähnliches. In all diesen Fällen übernimmt er das wirtschaftliche Risiko der Veranstaltung. Das bedeutet zunächst:

Wie bei kulturellen Veranstaltungen häufig, muss er die finanziellen Verluste tragen, wenn die Ausgaben höher sind als die Einnahmen, während er bei einer bloßen

Vermietung in jedem Fall den Mietzins erhalten und der Mieter das wirtschaftliche Risiko getragen hätte. Andererseits würde der Gewinn bei einer gut besuchten Veranstaltung voll dem Hallenbetreiber zufließen und er müsste nur das vereinbarte Honorar an den Darsteller zahlen.

Juristisch gesehen steht der Hallenbetreiber als Eigenveranstalter in einer doppelten Rechtsbeziehung und damit doppelten Verantwortung:

Zum einen schließt er mit den Darstellern, die in seiner Veranstaltung auftreten, in der Regel einen Werkvertrag (§ 631 BGB), insbesondere dann, wenn es um eine künstlerische Wertschöpfung geht.[8] Insoweit ist er »Besteller« eines Werks, das er dem Künstler oder Ensemble honorarmäßig zu vergüten hat. Zum anderen ist er selbst im Verhältnis zu den Besuchern »Werkunternehmer« iSv § 631 BGB, indem er diesen gegen Zahlung einer Vergütung in der Hauptsache die Durchführung eines Konzerts, einer Theaterveranstaltung oder einer Show verspricht.[9] Hinzu kommt ein mietrechtlicher Einschlag bezüglich des Platzes.

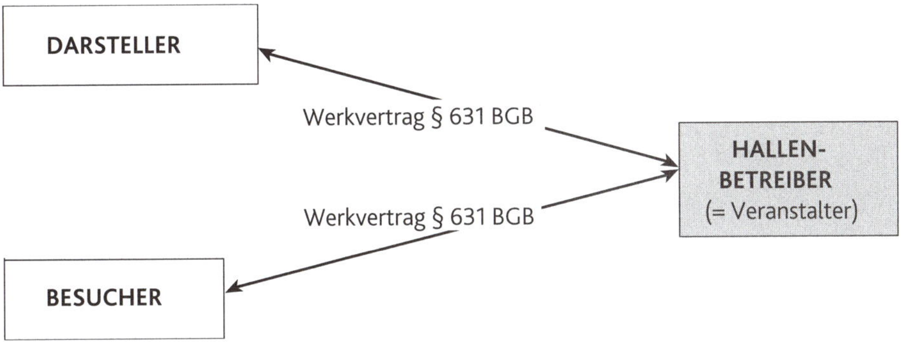

Bild 3: Rechtsbeziehung Halle – Darsteller – Besucher bei Eigenveranstaltungen

Ein schönes Beispiel für eine solche Konstellation stellt das nachfolgende Open-Air-Event dar. Die Schlossbesitzer haben hier auf ihrem Schlosshof eine Shakespeare-Aufführung von »Ende gut, alles gut« veranstaltet, die von der Theatergruppe POETENPACK aufgeführt wurde. Juristisch sind Schlossbetreiber und Veranstalter identisch; sie haben mit der Theatergruppe einen Werkvertrag zwecks Aufführung des Shakespeare-Stücks geschlossen und zugleich mit den etwa 500 Besuchern pro Abend fernmündliche Besucherverträge abgeschlossen, die gleichfalls im Kern Werkverträge mit mietvertraglichen Elementen (Sitzplatz-Nutzung sowie Gartennutzung zum Picknicken) darstellen.

Während die Besucherverträge zumeist formlos abgeschlossen werden (im obigen Beispiel fernmündlich) und damit auch für vertragliche Vereinbarungen abweichend vom Werkvertragsrecht des BGB kaum Raum bleibt (abgesehen von Aufdrucken auf

8 OLG München NJW-RR 2005, 616; Palandt/*Sprau* Einf. vor § 631 Rn. 29; MüKoBGB/*Busche* § 631 Rn. 244, 245; PWW/*Leupertz* vor § 631 bis 651 Rn. 16. Zur rechtlichen Einordnung von Künstlerverträgen eingehend *Güllemann* MusterV 27 ff.

9 RGZ 133,138 – Theater; AG Rüdesheim NJW 2002, 615 – Dichterlesung; Erman/*Schwenker* Vor § 631 Rn. 24; Palandt/*Sprau* Einf. Vor § 631 Rn. 29; MüKoBGB/*Busche* § 631 Rn. 245; aA *Poser* Konzert- und VeranstaltungsV 21.

1. HÜNNEFELDER
HOFFESTSPIELE
POETENPACK präsentiert:
von William Shakespeare
Ende gut, alles gut
23. und 24. Juni 2006
Schloß Hünnefeld 05472/4428
www.schloss-huennefeld.de
Graphik-Design B. Tkolz-Brandt
Mit freundlicher Unterstützung von:
Sparkasse
Osnabrück
Bischof Bau
Tel. 05472 / 2894
GmbH & Co. KG

Im Innenhof von Schloß Hünnefeld präsentiert das in Potsdam
ansässige, professionelleTheaterensemble POETENPACK von
William Shakespeare "Ende gut, alles gut".
Am 23. und 24. Juni 2006, jeweils um 20.00 Uhr.
Der Einlass wird bereits ab 17.00 Uhr stattfinden, hier können
Theatergäste in dem um 1800 angelegten englischen Landschaftspark
ihr eigenes, mitgebrachtes Picknick genießen, oder sich im
Café Alte Rentei verpflegen lassen.
Einlass zur Vorstellung um 19.00 Uhr. Freie Sitzwahl!
Eintritt: 25 €
Kartenvorverkauf bei:
Bad Essen Tourist-Information 05472 / 94920
Wiehen-Buchhandlung, Lindenstraße 56, Bad Essen 05472 / 1049
Sparkassse Osnabrück, Filiale Bad Essen
Café Alte Rentei, Schloß Hünnefeld 05472 / 4962
Mi. bis Fr. von 15.00 bis 18.30 Uhr, Sa. + So. 11.00 bis 18.30 Uhr
Keine Abendkasse!
Wegbeschreibung und Parkmöglichkeiten:
B 65 Richtung Bad Essen, bis Ortschaft Wehrendorf,
hier Richtung Bohmte über den Mittellandkanal (L 85 Bohmter Str.),
erste Einfahrt rechts ins Gewerbegebiet, hier Parkmöglichkeiten.
Fußweg: 1,3 km. Auf Wunsch Busshuttle bis zum Schloss.
Zufahrt über Harpenfeld ist gesperrt.

Bild 4: Plakat »1. Hünnefelder Hoffestspiele«

Eintrittskarten[10] oder Aushängen), werden Gastspiel- oder sonstige Aufführungsverträge vorwiegend schriftlich abgefasst. Neben den im Einzelnen ausgehandelten Individualvereinbarungen werden häufig Vertragsmuster benutzt, die aber – anders als die vorerwähnten Mietverträge – nicht ausschließlich seitens der Hallenbetreiber vorgelegt werden, sondern gerade bei namhaften Künstlern von diesen selbst oder ihren Managern und Agenten. Als Beispiele für derartige Verträge werden im 6. Teil Muster eines DJ-Vertrages, eines Engagementvertrages und eines Konzertvertrages vorgestellt.

Es ist einleuchtend, dass Vertragsmuster in erster Linie die Interessen derjenigen wahren, die sich ihrer bedienen. Als Beispiel für einen Standardvertrag eines Hallenbetreibers sei folgendes **Vertragsmuster 5** herangezogen, wobei dessen Interessen in den Punkten 9 und 10 betont sind:

VERTRAG

1. Die Stadt Bielefeld (...)
   führt am ... von ... Uhr
   im Jugendheim ...
   folgende Veranstaltung durch ...

(...)

3. Mit der Durchführung der unter Punkt 1 genannten Veranstaltung wird folgende(r) Gruppe/Künstler ...
   wohnhaft in ... beauftragt.
4. Die Stadt Bielefeld verpflichtet sich, dem unter Punkt 2/Punkt 3 genannten Vertragspartner für seine Tätigkeit folgendes Honorar zu zahlen:

(...)

9. Der Vertragspartner verpflichtet sich, 6 Wochen vor und nach der Veranstaltung nicht in Bielefeld aufzutreten.
10. Bei Nichteinhaltung der vertraglichen Verpflichtung zahlt der schuldhaft handelnde Vertragspartner eine Konventionalstrafe in Höhe des vereinbarten Gesamthonorars.

In **Vertragsmustern von Künstlern** wird demgegenüber häufig hervorgehoben, dass
- die Bühne gut bespielbar und ausgeleuchtet ist,
- der Veranstalter die GEMA-Anmeldung und GEMA-Gebühren übernimmt,
- der Veranstalter die Beiträge an die Künstler-Sozialversicherung zahlt,
- der Veranstalter die Licht- und Tontechnikanlage zur Verfügung stellt,
- der Veranstalter für Getränke und Speisen sorgt (Catering),
- der Veranstalter einen abschließbaren Garderobenraum stellt,

10 Das LG München NJW 1991, 1491 hat in diesem Zusammenhang Klauseln auf Eintrittskarten wegen Verstoß gegen das AGBG (heute: §§ 307–309 BGB) für unwirksam erklärt,
- die die Haftung für Hör- und Gesundheitsschäden auf den Konzertbesucher abwälzen,
- die dem Konzertbesucher die Pflicht auferlegen, nach Absage des Konzerts die Konzertkarten innerhalb von zwei Wochen nach dem Konzerttermin zurückzugeben, um einen Rückzahlungsanspruch zu erhalten und
- in denen sich der Veranstalter das Recht vorbehält, den Konzerttermin zu verlegen, ohne dass der Kartenkäufer die Karte zurückgeben und das gezahlte Entgelt zurückfordern kann. Vgl. weiter LG München NJW 1991, 1143 sowie LG Hannover und OLG Celle, abgedruckt bei 5. Teil F.

- der Veranstalter zu einer festgelegten Zeit den Veranstaltungsraum zwecks Aufbau und Probe öffnet, ggf. auch Hilfskräfte zum Ein- und Ausladen zur Verfügung stellt,
- der Künstler bei Erkrankung oder höherer Gewalt von seinen Vertragspflichten frei wird,
- der Künstler ausschließlich bei Vorsatz oder grober Fahrlässigkeit haftet.

Ein Standardmuster für einen Konzertvertrag hat der IDKV[11] konzipiert. Auf dieses **Vertragsmuster 6** werde ich noch im Zusammenhang mit Veranstaltungsausfällen zurückkommen.

IV. Hallenbetreiber und Darsteller als gemeinsame Veranstalter

Gelegentlich kommt es vor, dass Darsteller und Hallenbetreiber ein gemeinsames Interesse an der Durchführung einer Veranstaltung verbindet, etwa bei einem Konzert zu wohltätigen Zwecken, bei dem bekannte Künstler auf ihre Gagen verzichten und der Hallen- oder Stadioninhaber auf den Eintrittserlös. Sie treten gemeinsam als Veranstalter in Erscheinung und lassen die Kartenerlöse (unter Abzug der Kosten) einem guten Zweck zufließen.

Im Falle eines solchen Benefizkonzerts verfolgen beide Seiten gleichgerichtete Interessen und Ziele. Insoweit ist juristisch an eine gemeinsame Zweckverfolgung im

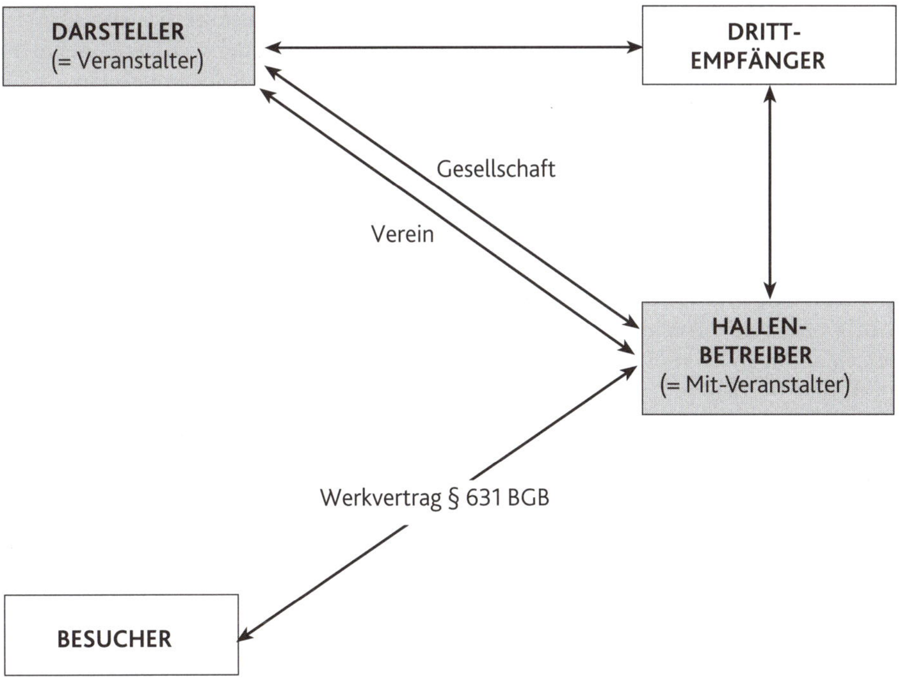

Bild 5: Rechtsbeziehung bei Benefizveranstaltungen

11 Internationaler Verband Deutscher Konzertveranstalter und Künstlervermittler e.V., Hamburg; heute Bundesverband der Veranstaltungswirtschaft (idkv) e.V.

Sinne einer vorübergehenden BGB-Gesellschaft zu denken, wobei Darsteller und Hallenbetreiber gemeinsam ihre Beiträge in die Gesellschaft einbringen (§ 705 BGB).

Werden allerdings ohne eine derartige gemeinsame Zweckverfolgung nur die Bruttoeinnahmen zwischen Darsteller und Hallenbetreiber aufgeteilt, erhält der Künstler zB 60 % und der Hallenbetreiber 40 % der Einnahmen und wird dem Darsteller eine Mindestgage garantiert, so dürfte regelmäßig keine Gesellschaft vorliegen. Es liegt dann keine gemeinsame Zweckverfolgung vor, sondern ein Austauschverhältnis, und zwar ein Werkvertrag zwischen Hallenbetreiber und Darsteller mit einem besonderen Berechnungsmodus bzgl. der vereinbarten Werkvergütung.

Eine gewisse Ähnlichkeit mit dem Benefizkonzert haben Auftritte von Musikern und anderen Darstellern, die Mitglieder eines Vereins sind und auf dieser Grundlage kostenlos in den Vereinsräumlichkeiten auftreten. Dem Verein kommen dann die Darbietungen, die er als Veranstalter der Öffentlichkeit präsentiert, auf vereinsrechtlicher Grundlage zugute (§§ 21 ff. BGB).

V. Hallenbetreiber und Drittbeteiligte (»Vermarkter«)

Die Rechtslage wird schließlich noch dadurch komplexer, dass bekanntere Künstler, Gruppen, Entertainer und sonstige Darsteller zumeist nicht mehr selbst mit den Hallenbetreibern in Kontakt treten, sondern sich Managern, (Konzert-)Agenten, Künstlervermittlern, Gastspiel- und Konzertdirektionen, Konzertbüros, Konzert- und Tourneeunternehmen oder sonstigen Vermittlern und Veranstaltern – also Dritten – anvertrauen, die ihnen die organisatorische Arbeit mehr oder weniger abnehmen. Ich möchte diese Personengruppen, deren Aufgaben und Selbstverständnis sehr verschieden sind, unter dem Begriff »Drittbeteiligte« zusammenfassen. Ihnen ist die Zielsetzung gemeinsam, den Darsteller oder sein Produkt zu vermarkten. Durch die Einschaltung dieser »Vermarkter« werden **Tertiärbeziehungen** unterschiedlicher Art hergestellt, die rechtlich komplex sind und nachfolgend analysiert werden sollen. Die Drittbeteiligten beschreiten unterschiedliche Wege zu dem Ziel, den Darsteller oder sein Produkt zu vermarkten. Sie müssen daher entsprechend ihren Aufgaben und Methoden unterschieden werden. Hier lassen sich wenigstens drei Hauptgruppen trennen, wobei von vornherein darauf hinzuweisen ist, dass die in der Branche benutzten Bezeichnungen keineswegs einheitlich sind, teilweise von Marketinggesichtspunkten bestimmt werden und nicht immer scharfe Trennlinien aufweisen. Gleichwohl sind wegen ihrer unterschiedlichen Aufgaben und Methoden auseinanderzuhalten:

- Manager
- Agenten
- Direktionen

Manager betreuen den Künstler umfassend, nehmen ihm die organisatorische Arbeit bei Planung und Durchführung von Veranstaltungen ab, nehmen in jeder Weise seine Interessen wahr und stehen zu ihm in einer zumeist engen, vertrauensvollen Beziehung. Im Kern liegt ein Dienstvertrag mit Geschäftsbesorgungscharakter vor (§§ 611, 675 BGB).[12]

12 BGH NJW 1983, 1191. Ausführlich *Güllemann* MusterV 96 ff. mit kommentiertem Mustervertrag.

Agenten oder (Künstler- bzw. Konzert-)**Agenturen** haben dagegen eine neutralere Position. Sie haben vielfach mehrere Künstler in ihrer Datei und vermitteln diese auf Anfrage für eine bestimmte Veranstaltung an Dritte. Eine Betreuung während der Veranstaltung ist zumeist nicht vorgesehen. Der Agent führt also einen Darsteller mit einem Interessenten zusammen, sodass im Kern eine Maklertätigkeit vorliegt (§ 652 BGB).[13]

Eine (Gastspiel- bzw. Konzert-)**Direktion** verpflichtet einen Künstler oder Darsteller für sich, sei es für einen oder mehrere Auftritte, und zahlt ihm dafür ein festes Honorar und/oder eine Beteiligung an den Einnahmen. Sie nimmt dem Darsteller damit weitgehend die Risiken ab und steht zu ihm in einer werkvertraglichen Beziehung (§ 631 BGB). Die Direktion kann dann das Programm entweder an einen Dritten (zB an eine Halle) »verkaufen«, der dieses dann als Veranstalter selbst durchführt, oder aber selbst als Veranstalter in Erscheinung treten. In beiden Fällen liegen Werkverträge vor.[14] Eine solche Konzeption wird zumeist auch bei Konzertbüros und großen Konzert- und Tourneeunternehmen anzutreffen sein (auch wenn sie sich selbst als Agenturen bezeichnen). Die nachfolgenden Ausführungen zu Direktionen gelten demzufolge auch für sie.

1. Hallenbetreiber und Manager

Wie bereits beschrieben, übernehmen Manager für die Künstler weitgehend die organisatorische Arbeit, kümmern sich um Engagements, handeln die Konditionen aus, schließen für sie Verträge ab, übernehmen zumeist auch die Öffentlichkeitsarbeit und insgesamt die Förderung des Künstlers und seiner Werke (»Promotion«).

Im **Muster-Management-Vertrag** des IDKV sind die Vertragspflichten genau ausformuliert. In diesem **Vertragsmuster 7** heißt es unter anderem:

§ 1

1. Der Künstler überträgt dem Management für das In- und Ausland exklusiv sämtliche Aufgaben der Öffentlichkeitsarbeit, Planung, Koordinierung und Vermittlung, soweit diese mit der Ausübung seines Berufes als Künstler in Zusammenhang stehen.

(...)

§ 2

1. Das Management wird in angemessenem Umfang geeignete Tätigkeiten zur Förderung des Künstlers und seiner Werke und Leistungen unternehmen und dabei im Rahmen der gegebenen Möglichkeiten in Verbindung zu den Medien wie zB Rundfunk- und Fernsehunternehmen, Agenturen, Tourneeveranstaltern, Film- und Fernsehproduzenten, Presse, Journalisten und Publizisten, Tonträgerfirmen, Produzenten treten.
2. Das Management wird im Rahmen des Möglichen bei der ev. Plattenfirma des Künstlers Einfluss nehmen, dass diese den Künstler angemessen in Werbung und Promotion fördert.

Rechtlich sind solche Managementverträge als Dienstverträge mit Geschäftsbesorgungscharakter einzustufen (§§ 611, 675 BGB). Dies hat der BGH bereits in einer

13 Dazu *Güllemann* MusterV 106 ff. mit kommentiertem Mustervertrag.
14 OLG München NJW-RR 2005, 616.

grundlegenden Entscheidung[15] zu einem langjährigen Management- und Promotionvertrag im Bereich der Unterhaltungsmusik so entschieden. Mittelbar ergibt sich aus dieser Entscheidung zugleich, dass der Manager mangels Weisungsabhängigkeit in keinem Arbeitsverhältnis zum Künstler steht (wie umgekehrt ebenso wenig). Im Gegenteil handelt es sich um Dienstleistungen höherer Art, die aufgrund besonderen Vertrauens übertragen werden.[16] Folge davon ist, dass solche Managementverträge gem. § 627 BGB jederzeit ohne Angabe von Gründen kündbar sind. Das gilt laut BGH auch bei einer langjährigen, im entschiedenen Fall 14-jährigen Zusammenarbeit, die nach Meinung des Gerichts mangels genereller Abmachung einer Partnerschaft auch nicht die Annahme eines Gesellschaftsverhältnisses rechtfertige.

Soweit Manager Verträge mit Dritten abschließen, wirken diese Vereinbarungen infolge Stellvertretung regelmäßig zwischen dem Dritten und dem Künstler (§ 164 BGB). Ein Manager, der für den Künstler eine Halle anmietet, oder auch für den Künstler einen Konzertvertrag mit der Halle abschließt, verpflichtet damit rechtlich wirksam den Künstler. Er tritt in dessen Namen auf (»i. V.«) und ist regelmäßig vom Künstler dazu auch legitimiert. Die entsprechende Vertretungsmacht ergibt sich meist unmittelbar aus dem Managementvertrag. Im zitierten **Vertragsmuster 7** heißt es dazu:

§ 5

Das Management vertritt den Künstler gerichtlich und außergerichtlich.
(...)
Der Künstler erteilt dem Management mit der Unterzeichnung dieses Vertrages die Vollmacht, für ihn Verträge aller Art, insbesondere für Auftritte, Tourneen usw. abzuschließen.

Die Beziehungen des Darstellers zum Hallenbetreiber lassen sich im Falle einer Eigenveranstaltung des Hallenbetreibers, zu der er den Darsteller über seinen Manager verpflichtet hat, wie folgt darstellen:

15 BGH NJW 1983, 1191.Vgl. näher *Güllemann* MusterV 99, 105.

16 Dies ergibt sich zB auch klar aus dem Muster-Management-Vertrag nach Vertragsmuster 7, wo es in § 4 heißt: Die Vertragspartner sind sich darüber einig, dass nur eine enge und vertrauensvolle Zusammenarbeit die Karriere des Künstlers fördern kann.

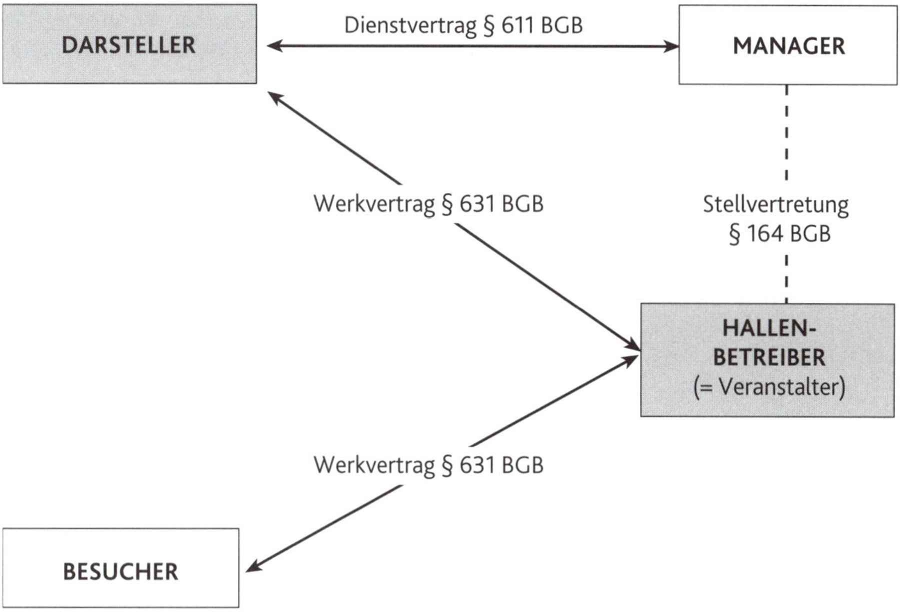

Bild 6: Rechtsbeziehung bei Einsatz von Managern

2. Hallenbetreiber und Agenturen

Vermittelt eine Künstler-, Konzert- oder Spezialagentur einen Künstler, ein Ensemble, eine Jazzband, einen Entertainer, eine Tanz- oder Trachtengruppe an ein Kulturamt, eine Konzertdirektion, einen Jazzclub, Vereine oder Betriebe, und erhält der betreffende Vermittler dafür eine Vergütung, so liegt rechtlich zumeist ein Maklervertrag (§ 652 BGB) vor.[17] Für diesen ist typisch, dass die Gelegenheit zum Abschluss eines Vertrages geboten oder ein Vertrag selbst vermittelt wurde und für die erfolgreiche Vermittlung eine Vergütung versprochen wurde, alles Elemente, die bei derartigen Vermittlungsgeschäften in der Regel vorliegen. Wesentlich ist, dass der Agent – im Unterschied zum Manager – nicht für seine bloße Tätigkeit, sondern nur für seine erfolgreiche Abschluss- oder Vermittlungstätigkeit ein Honorar erhält.

Beauftragt ein Künstler eine Agentur mit seiner Vermittlung, werden **sog. Agenturverträge**[18] geschlossen, die die Pflichten der Partner näher definieren.

In einem **Muster-Agenturvertrag** des IDKV – **Vertragsmuster 8** – heißt es dazu:

1. Der/Die KÜNSTLER/IN beauftragt R. mit ihrer/seiner Vertretung bei der Beschaffung von Engagements.

(...)

6. Kommt mit dem/der KÜNSTLER/IN durch Vermittlung von R., oder für das/die benannte(n) Programm(e), oder im Vertragsgebiet ein Engagement zustande, erhält R. bei Erst-Engagements, auch bei mehreren Auftritten, eine Vergütung in Höhe von x% des Künstlerhonorars.

17 Dazu *Güllemann* MusterV 106 ff. mit Mustervertrag.
18 Kommentiertes Vertragsmuster bei *Güllemann* MusterV 106 ff.

Hier ist klar eine Vermittlungstätigkeit vereinbart und dafür eine Vergütung bei Erfolg bestimmt, sodass zivilrechtlich ein Maklervertrag zwischen Künstler und Agent vorliegt.[19]

Graphisch lassen sich die Rechtsbeziehungen bei der Vermittlung eines Darstellers über eine Agentur an einen Veranstalter, zB eine Halle, so darstellen:

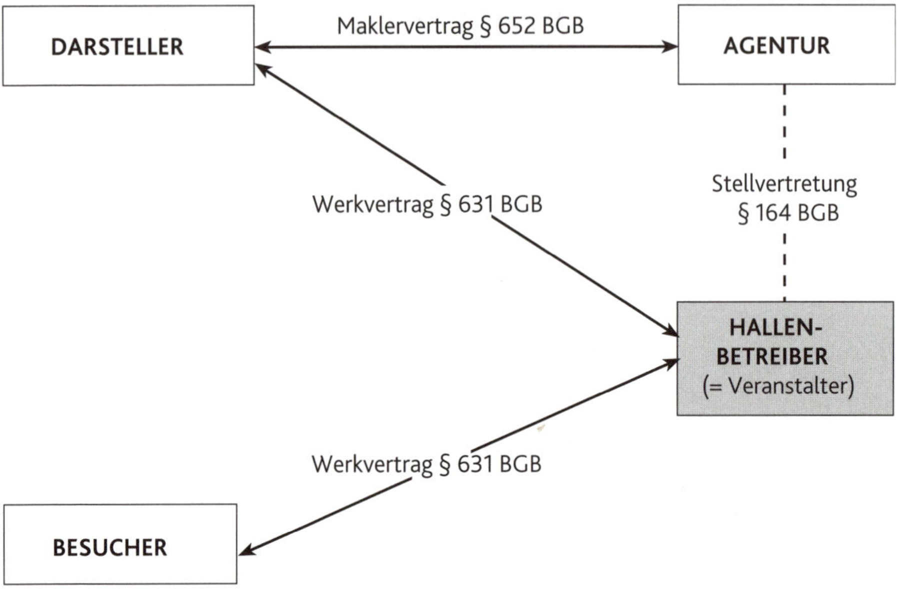

Bild 7: Rechtsbeziehung bei Einsatz von Agenturen

3. Hallenbetreiber und Direktionen

Konzertbüros, Konzert- und Gastspieldirektionen und große Tournee- und Konzertveranstalter, hier kurz »Direktionen« genannt, nehmen Künstler und andere Darsteller häufig unter Vertrag, planen Tourneen oder Einzelveranstaltungen (»Gastspiele«) und führen diese als Eigen-, Fremd- oder Gemeinschaftsveranstaltungen durch, je nachdem, ob sie selbst als Veranstalter auftreten, die Produktionen einem anderen überlassen oder mit diesem zusammen als Veranstalter in Erscheinung treten.

Sie nehmen damit dem Darsteller weitgehend die organisatorischen und wirtschaftlichen Risiken ab und übernehmen selbst – im Unterschied zu Managern oder Agenten – eine gesteigerte rechtliche und wirtschaftliche Verantwortung, die gleichermaßen die Gefahr von Verlusten als auch die Chance von Gewinnen in sich birgt. Betrachtet man zunächst das rechtliche Verhältnis zu dem Darsteller, so wird dieses im Einzelnen durch sog. **Künstler- oder Engagementverträge**[20] bestimmt. Diese legen häufig auf formularmäßiger Basis die wechselseitigen Vertragspflichten fest und regeln mehr oder minder ausführlich mindestens die folgenden Kernfragen:

19 Bei einer Vermittlung durch die Bundesagentur für Arbeit richten sich die Rechtsbeziehungen nach öffentlichem Recht (SGB III). Die BA hat entsprechende Künstlerdienste eingerichtet, beansprucht jedoch – anders als in der Vergangenheit – kein Vermittlungsmonopol mehr.

20 S. dazu *Güllemann* MusterV 14ff.

- mit welchem Programm der Darsteller engagiert wird,
- zu welchen Veranstaltungsterminen und an welchen Veranstaltungsorten er zu seinen Auftritten zur Verfügung stehen soll und
- welche Gage er von der Direktion erhält.

Diesbezüglich war beispielsweise in einem Engagementvertrag eines Schlagersängers mit einer Konzertdirektion, den später der BGH[21] zu beurteilen hatte, vorgesehen, dass der Schlagersänger sich zu einer Hitparaden-Tournee durch mehrere Städte in der Bundesrepublik zu einem festgelegten Zeitraum mit näher bestimmten Auftrittsterminen und -orten verpflichtete und je Auftritt eine feste Gage erhielt. Gleichzeitig waren – wie vielfach bei derartigen Verträgen üblich – Konventionalstrafen für den Fall schuldhafter Nichterfüllung des Vertrages vorgesehen.

Nachfolgend wird das **Vertragsmuster 9** des IDKV mit einigen zentralen Bestimmungen auszugsweise wiedergegeben.

KÜNSTLERVERTRAG

Zwischen dem Künstler
(1.) ...
(...)
und der Gastspieldirektion
2.) ...
(...)
wird folgender Vertrag geschlossen:

§ 1 Die Direktion verpflichtet den Künstler für folgende(n) konzertmäßige(n) Auftritt(e):
...
(...)
Der Künstler verpflichtet sich, rechtzeitig zum Probenbeginn am Veranstaltungsort präsent zu sein. Der Künstler unterliegt weder in der Programmgestaltung noch in seiner Darbietung Weisungen der Direktion. Der Direktion sind sein Stil und seine Art bekannt. Der Künstler ist nur an die durch diesen Vertrag vereinbarten Bedingungen gebunden. Dispositionen und Regie obliegen dem Künstler.

§ 2 Die Direktion zahlt für den Auftritt folgendes Honorar:

§ 8 Entfällt der Auftritt durch Verschulden des Künstlers oder aus einem anderen, vom Künstler verursachten Grund, zahlt der Künstler das in § 2 vereinbarte Honorar mit Umsatzsteuer zzgl. 20 % Schadensersatz. Ersparte Aufwendungen werden nicht abgezogen. Entfällt der Auftritt durch Verschulden der Direktion, ist diese zum Schadensersatz, max. jedoch bis zur Höhe des vereinbarten Honorars, verpflichtet.
Ist der Künstler oder ein Mitglied der Künstlergruppe durch Krankheit verhindert, so hat er dies unverzüglich mitzuteilen und durch ärztliches Attest nachzuweisen. Die Auftrittspflicht des Künstlers und die Vergütungspflicht des Veranstalters entfallen in diesem Fall.

Derartige Engagement- oder Künstlerverträge sind rechtlich als Werkverträge zu werten, da es – wie bereits oben angesprochen[22] – um die Erbringung einer Werkleistung in Form der Aufführung eines vertraglich umrissenen Werks geht.[23] Arbeits-

21 BGH NJW 1985, 2133.

22 Siehe oben 9.

23 Dazu ausführlich *Güllemann* MusterV 27 ff. Ebenso OLG Karlsruhe VersR 1991, 193; OLG München NJW-RR 2005, 616; MüKoBGB/*Busche* § 631 Rn. 244, 245; Palandt/*Sprau* Einf. vor

verträge scheiden nach richtiger Auffassung aus, da regelmäßig keine persönliche Abhängigkeit oder eine Weisungsabhängigkeit des Künstlers besteht, wie die eben wiedergegebenen Vertragsmuster klar belegen. Typische Kennzeichen der Arbeitnehmereigenschaft, wie Einbindung in eine Betriebsorganisation, Unterwerfung unter fremde Dispositionen oder Regie fehlen.[24] Normalerweise liegen auch keine selbstständigen Dienstverträge vor, weil die Darsteller aufgrund der abgeschlossenen Verträge ein bestimmtes Programm und damit eine Werkleistung gegenüber der Direktion schulden. Eine solche Wertschöpfung ist aber gerade typisch für einen Werkvertrag. Selbstverständlich gilt dies nur für Gastschauspieler, Gastsänger, Gastsolisten, Entertainer oder andere Darsteller, die (als »freefloater«) selbstständig für einen oder mehrere Termine ein bezahltes Engagement wahrnehmen. Wer dagegen über einen Arbeitsvertrag fest für eine Spielzeit oder länger in ein Theaterensemble aufgenommen ist, in einer Musical-Produktion mitwirkt oder in einem Orchester spielt, hat keinen Werkvertrag, sondern einen Arbeitsvertrag geschlossen.[25] Er ist aufgrund seiner Weisungsabhängigkeit – etwa von Seiten der Intendanz, des Regisseurs, des Art Directors oder Dirigenten – in einem abhängigen Beschäftigungsverhältnis nach § 611 BGB und genießt alle Vorteile eines solchen Arbeitsverhältnisses (zB Entgeltfortzahlung im Krankheitsfall, Urlaubsansprüche etc.), allerdings auch deren Nachteile wie insbesondere Weisungsabhängigkeit in Bezug auf Zeit, Ort und Inhalt seiner Tätigkeit.

Soweit es nun um die weitere »Vermarktung« der Produktion geht, muss unterschieden werden, ob die Direktion selbst als Veranstalter auftritt oder nicht.

a) Direktion als Veranstalter

Präsentiert die Direktion die Veranstaltung selbst, so tritt sie zu den **Besuchern** direkt in vertragliche Beziehungen, die wiederum werkvertraglicher Natur sind und bei Überlassung eines Sitzplatzes auch untergeordnete mietrechtliche Elemente aufweisen.[26] Sie schuldet dann jedem Besucher als Gegenleistung für die Bezahlung der Eintrittskarte das angekündigte Programm, das ihr wiederum die von ihr engagierten Darsteller aufgrund eines entsprechenden Werkvertrages zu erbringen haben.

Zum **Hallenbetreiber** bestehen im Allgemeinen mietvertragliche Beziehungen nach dem bereits oben dargestellten Muster.

Es kommt gelegentlich auch vor, dass die Halle mietfrei überlassen wird, zB weil der Hallenbetreiber aus kulturellen oder anderen Gründen ein besonderes Interesse daran hat, einen bestimmten Künstler oder eine Gruppe in die Halle zu holen. Dann würde juristisch ein Leihvertrag anzunehmen sein (§ 598 BGB). In solchen Fällen sind jedoch auch atypische Vertragsgestaltungen (§ 311 I BGB) anzutreffen, wenn etwa der Hallenbetreiber keinen Mietzins beansprucht und sich zusätzlich an dem Risiko der Veranstaltung beteiligt, zB bei einem Verlust die Hälfte der Kosten trägt; vielfach wird er andererseits bei einem Erfolg der Veranstaltung die Hälfte des Überschusses oder den Mietzins beanspruchen.

---

§ 631 Rn. 29, der allerdings Verträge mit Künstlern, die nur auf Mitwirkung an der Aufführung gerichtet sind, je nach den Umständen für Dienst- oder Arbeitsverhältnisse hält.

24 Ebenso OLG Düsseldorf NStZ 1987, 31; BGH NJW 1985, 2133.

25 Palandt/*Sprau* Einf. Vor § 631 Rn. 29; MüKoBGB/*Müller-Glöge* § 611 Rn. 136.

26 Im gleichen Sinne MüKoBGB/*Busche* § 631 Rn. 244, 245.

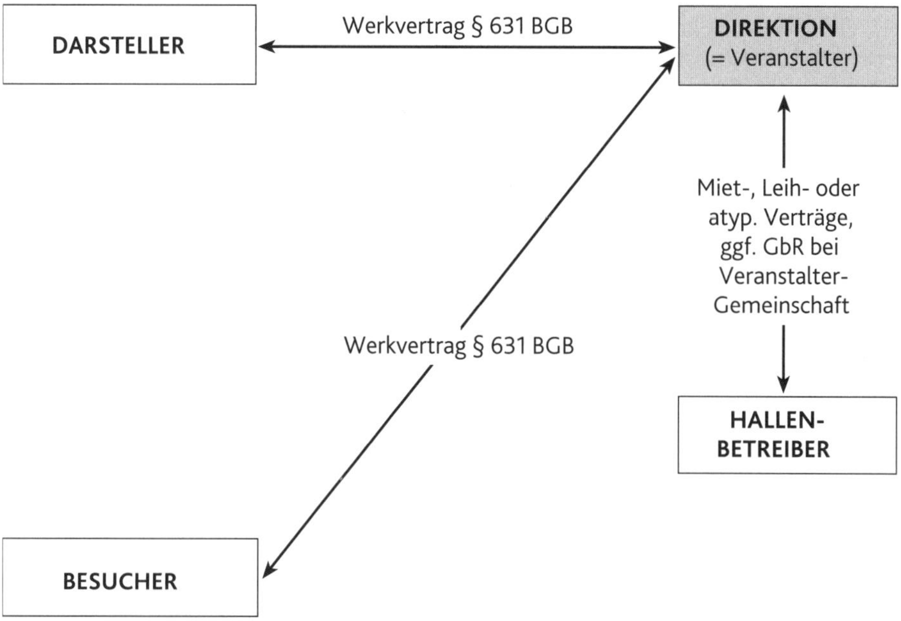

Bild 8: Rechtsbeziehung bei Einsatz von Direktionen (hallenfremde Veranstaltungen)

Manchmal tritt der Hallenbetreiber auch zusammen mit der Direktion als **gemeinschaftlicher** Veranstalter auf. Eine solche Veranstaltungsgemeinschaft kann als Gesellschaft bürgerlichen Rechts qualifiziert werden (§ 705 BGB). Wegen näherer Einzelheiten wird insoweit auf Fall 7 Bezug genommen.

b) Direktion als Lieferant eines Gastspiels

Die Direktion kann ihr Programm auch einem Dritten »verkaufen«, der dieses als eigene Veranstaltung herausbringt. So werden Theaterstücke, Shows oder Konzertveranstaltungen von Gastspieldirektionen an andere Veranstalter wie zB Hallenbetriebe oder andere Direktionen geliefert. Grundlage sind zumeist standardisierte **Gastspielverträge** folgender Muster.

Vertragsmuster 10 betrifft eine Theatervorstellung. Dort heißt es unter anderem

VERTRAG ÜBER EINE VERANSTALTUNG

Zwischen ... (nachfolgend Produzent genannt) und dem Veranstalter ... wird folgende Vereinbarung getroffen:

1. Aufführung/Zeit/Ort/Besetzung
   Der Veranstalter übernimmt vom Produzenten die nachfolgend genannte Vorstellung am ... in ...
   Aufführung: Lustspiel
   von ...
   mit ...
   Regie: ...

2. Vergütung
a) Der Produzent erhält vom Veranstalter für die genannte Vorstellung ein Honorar von ...
b) Tantieme ...
Der Veranstalter überweist die Tantieme an den Bühnenverlag ...
(...)
8. Pflichten und Haftung
(...)
b) Der Produzent versichert, dass mit den unter Ziffer 1 genannten Protagonisten feste Verträge bestehen.

Vertragsmuster 11 betrifft eine Gesangs- und Entertainershow. Dort heißt es unter anderem:

GASTSPIELVERTRAG

(...)
1. Der Veranstalter, ... (Hallenbetreiber) übernimmt folgende Programm-Inszenierung und Aufführung des Mitproduzenten, der Konzertdirektion GmbH ...
2. Darbietungen: Silvester-Gala Gastspiel mit ...
Gesangs- und Entertainershow
(...)
5. Gastspielhonorar: ...

Im **Vertragsmuster 12** über eine Konzertveranstaltung heißt es schließlich:

VERTRAGLICHE VEREINBARUNG

PARTNER I: KONZERTDIREKTION ... GMBH
PARTNER II: STADTHALLE ...
(...)
VERTRAGSPARTNER I stellt nachfolgend aufgeführte Künstler bzw. Programm:

KONZERTVERANSTALTUNG

TERMIN
VERANSTALTUNGSORT
PROGRAMMDAUER
HONORAR
NEBENKOSTEN
GESAMTKOSTEN

Derartige Gastspielverträge sind rechtlich als Werkverträge (§ 631 BGB) zu bewerten, aufgrund derer sich Direktionen verpflichten, dem Hallenbetreiber als Veranstalter ein bestimmtes Programm von Künstlern zur Verfügung zu stellen, also die Herstellung eines »Werkes«, eines durch Dienstleistung herbeizuführenden Erfolges.[27] In der Praxis ist es so, dass die Vertragsmuster, die die werkvertraglichen Beziehungen näher definieren, vorwiegend von Seiten der Direktion präsentiert werden und primär

27 Vgl. OLG Karlsruhe VersR 1991, 193.

deren Interessen wahren. Dies spiegelt sich etwa bei der Regelung von Haftungsfragen wider:

Regelmäßig wird dem Veranstalter formularmäßig die Haftung für die Sicherheit des Künstlers, seiner Musiker und Hilfskräfte und der eingebrachten Anlagen und Instrumente zugewiesen; stets wird geregelt, dass höhere Gewalt sowie Erkrankung des Künstlers beide Vertragsparteien von ihren Vertragspflichten entbindet, wobei Krankheit durch Attest nachgewiesen werden muss; teilweise wird die eigene Verantwortung der Direktion auf Fälle groben Verschuldens beschränkt. Gelegentlich wird die eigene Haftung, etwa bei schuldhaftem Nichtauftritt des Künstlers, auf maximal bis zur Höhe der vereinbarten Vergütung begrenzt.

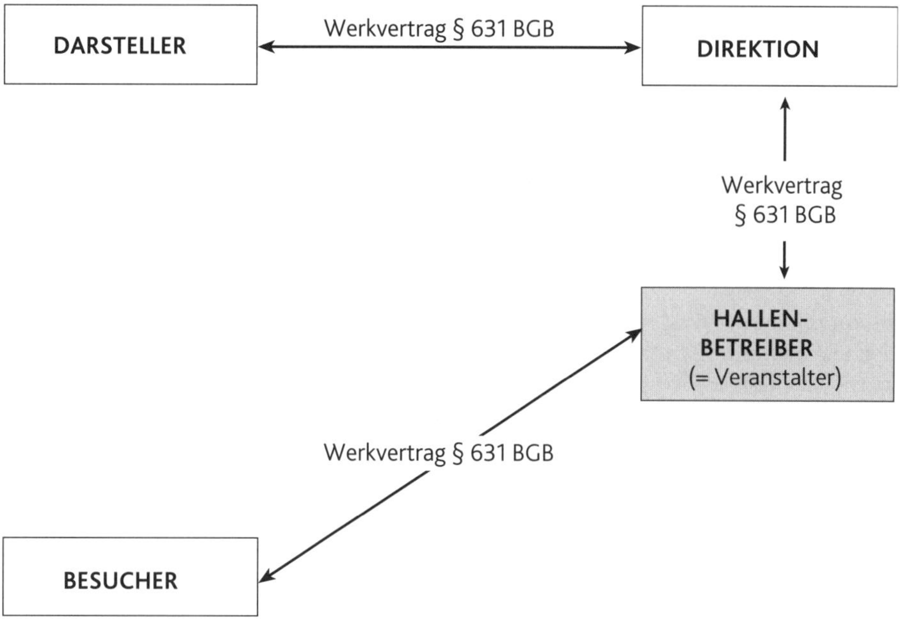

Bild 9: Rechtsbeziehung bei Einsatz von Direktionen (halleneigene Veranstaltung)

Die Künstlerverträge, die die Direktion ihrerseits mit den Darstellern getroffen hat, wurden bereits oben als Werkverträge qualifiziert. Gleiches gilt bzgl. der Verträge, die die Veranstalter (zB Hallenbetreiber) mit den Besuchern eingehen.

Insgesamt ist festzuhalten, dass die Leistung des Darstellers bei Lieferung über eine Direktion über drei selbstständige Werkverträge zum Besucher gelangt, nämlich per Künstlervertrag an die Direktion, von dort per Gastspielvertrag an den Hallenbetreiber oder sonstigen Veranstalter und von diesem schließlich über die Besucherverträge an die Besucher.

C. Fallbeispiele

Nachfolgend sollen einige typische Fallkonstellationen aus der Praxis vorgestellt werden, die die Rechtsposition des Hallenbetreibers im Verhältnis zu Veranstaltern, zu Veranstaltungsteilnehmern und zu Veranstaltungsbesuchern beleuchten.

I. Die Rechtsposition des Hallenbetreibers im Verhältnis zum Veranstalter

Ein Hauptproblem zwischen Hallenbetreiber und Veranstalter ist der Veranstaltungsausfall (»no show«). Dieser Fall – juristisch als Nichterfüllung des Vertrages bezeichnet – kann zB auf Mängel der Mietsache, eine Erkrankung oder sonstige persönliche Verhinderung, aber auch auf allgemeine Umstände wie Streik, Bombendrohung, terroristische Anschläge oder Kriegsausbruch zurückzuführen sein.

Man kann demzufolge kategorisieren:
- Risiken aus der Risikosphäre des Hallenbetreibers,
- Risiken aus der Risikosphäre des Veranstalters,
- Risiken außerhalb der Risikosphäre der Beteiligten, wie höhere Gewalt.

1. Risikosphäre des Hallenbetreibers

Es kommt immer wieder vor, wie vor einiger Zeit das Beispiel der nicht funktionierenden Hydraulik im Münchener Nationaltheater zeigte, dass technische Einrichtungen kurz- oder längerfristig versagen. Dazu folgender

Fall 1: Defekter Vorhang. Der Vorhang öffnet sich nicht. Das Publikum verlässt nach und nach die Veranstaltung und verlangt das Eintrittsgeld zurück.

a) Zunächst zur Rechtsbeziehung Publikum zu Veranstalter:

Frage: Haben die Besucher Anspruch auf Rückzahlung des Eintrittsgeldes gegen den Veranstalter?

Geht der Vorhang in einer angemieteten Halle überhaupt nicht auf und kann die Veranstaltung daher nicht durchgeführt werden, so können die Besucher zu Recht ihr volles Eintrittsgeld vom Veranstalter zurückverlangen, weil sie mit Lösung der Eintrittskarte zumeist einen Werkvertrag mit dem Veranstalter auf Durchführung eines Konzerts, einer Theater- oder sonstigen Veranstaltung geschlossen haben und diese Werkleistung aus Gründen, für die weder der Veranstalter noch das Publikum verantwortlich sind, nicht erbracht werden kann. Es liegt ein Fall beiderseits nicht zu vertretender Unmöglichkeit vor. Hier wird der Veranstalter als Schuldner von seiner Pflicht zur Erbringung der Werkleistung gem. § 275 I BGB frei. Umgekehrt entfällt die Pflicht der Besucher zur Honorierung der nicht erbrachten Leistung gem. § 326 I BGB (**Schlagwort: »Für nichts gibt's nichts«**). Da die Besucher ihr Eintrittsgeld bereits vorher bezahlt hatten, können sie dieses nach §§ 326 IV, 346 I BGB zurückverlangen.

Schulmäßige Prüfung von § 326 IV BGB:

1. Gegenseitiger Vertrag
2. Leistungsfreiheit des Schuldners nach § 275 I bis III BGB
3. bereits bewirkte, nicht geschuldete Gegenleistung

Prüfung der Anspruchsvoraussetzungen:

Zu 1): Die Besucher haben mit Lösen des Tickets einen Vertrag mit dem Veranstalter geschlossen, wonach dieser im Gegenzug für das Eintrittsgeld eine bestimmte Veranstaltung durchführt. Damit liegt ein gegenseitiger Vertrag vor.
Zu 2): Da sich der Vorhang nicht öffnen lässt, ist es dem Veranstalter unmöglich, die Veranstaltung durchzuführen. Er ist daher nach § 275 I BGB von seiner Leistungspflicht frei.
Zu 3): Da die Besucher das Eintrittsgeld vor der Vorstellung gezahlt haben, haben sie die eigentlich nicht geschuldete Gegenleistung bereits bewirkt.

Ergebnis:
Der Veranstalter schuldet den Besuchern Rückzahlung des Eintrittsgeldes nach Maßgabe von § 346 I BGB.

Ob der Anspruch auf Rückzahlung des vollen Eintrittsgeldes geht oder die Vorverkaufsgebühr abgezogen werden darf, kann zweifelhaft sein. Zum Teil wird in der Praxis nur ein gekürztes Eintrittsgeld zurückgezahlt.

Der Anspruch geht meines Erachtens auf Rückerstattung des vollen Eintrittsgeldes. Ein Abzug in Höhe der Vorverkaufsgebühr ist nicht statthaft. Es mag zwar sein, dass der Veranstalter auch bei einer ausgefallenen Veranstaltung Aufwendungen bzgl. der Kosten des Vorverkaufs hatte. Diese kann er bei einem Ausfall der Veranstaltung jedoch nicht den Besuchern anlasten, sondern muss dieses Risiko selbst tragen oder über eine Ausfallversicherung abdecken.

§ 346 I BGB belegt nämlich unzweifelhaft, dass die von den Zuschauern kassierten Eintrittsgelder als »empfangene Leistungen« ohne Abzüge rückzuerstatten sind. Es lässt sich auch nicht mit Erfolg argumentieren, der Besucher habe juristisch zwei Verträge geschlossen: einen mit der Vorverkaufsstelle und einen mit dem Veranstalter. Eine solche Konstruktion versagt ohnehin, wenn der Veranstalter sich seines eigenen Vorverkaufsnetzes bedient und keine getrennten Rechtssubjekte anzutreffen sind. Aber auch bei Vorliegen eines eigenständigen Vorverkaufsnetzes wäre es künstlich, den Kartenerwerb in einen Vertrag mit dem Veranstalter über die Durchführung der Veranstaltung und einen weiteren gesonderten Vertrag mit der Vorverkaufsstelle über den Erwerb einer Karte aufzuspalten. Der Besucher schließt beim Kartenerwerb vielmehr nur einen einzigen Vertrag, nämlich in der Regel einen Werkvertrag ab, der ihm gegen Zahlung eines Entgelts Anspruch auf den Genuss der gebuchten Veranstaltung gibt. Die Karte ist nur ein Legitimationspapier, das seine Zugangsberechtigung aufgrund des getätigten Vertragsschlusses beweist. Es liegt also ein einziger, **einheitlicher** Werkvertrag mit dem Veranstalter vor, der bei Unmöglichkeit der Durchführung auch in vollem Umfang rück abgewickelt werden muss.

Falls es sich bei der durchgeführten Veranstaltung um eine **Eigenveranstaltung** des Hallenbetreibers handelte, so hat der Besucher bei einem unverschuldeten Defekt in der Bühnentechnik gleichfalls nach §§ 326 IV, 346 I BGB Anspruch auf Rückzahlung des vollen gezahlten Eintrittspreises, diesmal gegen den Hallenbetreiber als Veranstalter.

Bei einem Verschulden des Hallenbetreibers, zB bei ungenügender Wartung der Anlage, haftet der Hallenbetreiber dem Besucher wegen verschuldeter Unmöglichkeit sogar auf Schadensersatz statt der Leistung (§§ 280 I, III, 283 BGB). Da bloße

Frustrationsschäden (bislang) nicht zu ersetzen sind, wird der Zuschauer in diesen Fällen neben Rückerstattung seines Eintrittsgeldes vor allem an einem Ersatz seiner vergeblichen Aufwendungen interessiert sein, wie etwa für Fahrt und Unterkunft. Diese müssten ihm bei schuldhafter Pflichtverletzung seitens des Veranstalters tatsächlich gem. § 284 BGB auf Verlangen erstattet werden.[28]

b) Nun zur Rechtsbeziehung des Veranstalters zum Hallenbetreiber im Falle einer **Fremdveranstaltung:**

Frage: Hat der Veranstalter gegen den Hallenbetreiber mietrechtliche Mängelansprüche?

Der Veranstalter ist infolge der nicht bespielbaren Bühne an der Nutzung der Mietsache gehindert. Diese ist mit einem Fehler behaftet, der ihre Tauglichkeit zu dem vertragsmäßigen Gebrauch aufhebt, sodass der Veranstalter als Mieter von der Zahlung des Mietzinses befreit ist (§ 536 I 1 BGB). Er kann ggf. sogar nach § 536a BGB Schadensersatz, zB wegen entgangenen Gewinns oder unnützer Aufwendungen, vom Hallenbetreiber beanspruchen.

Dabei ist zu unterscheiden: Lag der Mangel, zumindest im Ansatz, schon **bei Abschluss** des Mietvertrages vor, so müsste der Hallenbetreiber unabhängig davon, ob man ihm einen Schuldvorwurf machen kann, Schadensersatz an den Veranstalter zahlen. Es ist dabei gleichgültig, ob der Hallenbetreiber von dem Mangel wusste. Nach § 536a I 1. Alt. BGB haftet der Vermieter dem Mieter nämlich garantiemäßig dafür, dass die vermietete Sache fehlerfrei ist.[29] Kann der Mieter also nachweisen, dass ein Defekt an der Mechanik im Ansatz bereits bei Abschluss des Mietvertrages vorhanden war, ohne dass sich dieser schon durch Ausfallerscheinungen beim Öffnen oder Schließen des Vorhangs manifestiert haben müsste, dann muss der Vermieter an ihn Schadensersatz leisten.

Anders wäre es, wenn der Mangel erst **später entstanden** wäre; dann haftet der Hallenbetreiber nach der zweiten Alternative der Vorschrift nur bei einem Verschulden, zB wenn ihm hätte auffallen müssen, dass mit dem Vorhang etwas nicht stimmte oder wenn er die nötigen Wartungsarbeiten nicht in den angemessenen Intervallen hatte durchführen lassen. Den Hallenbetreiber trifft allerdings die Beweislast für fehlendes Verschulden, da es sich um Umstände aus seinem Gefahrenbereich handelt, auf die der Mieter keinen Einfluss hat.[30]

In der Praxis wird versucht, die geschilderten Haftungsrisiken **durch formularmäßige Klauseln** einzuschränken. In den **Vertragsmustern 1 und 4** heißt es zB sachlich übereinstimmend:

> Die Vermieterin übergibt die vermieteten Räume und Einrichtungen in ordnungsgemäßem Zustand, wovon sich der Mieter bei der Übergabe zu überzeugen hat.

28 Die anders lautende Entscheidung des LG Lüneburg (NJW 2002, 614) erging noch zum alten Recht und ist durch die Schuldrechtsreform überholt.

29 Vgl. Palandt/*Weidenkaff* § 536a Rn. 9.

30 BGH NJW 1964, 33; ebenso Palandt/*Weidenkaff* § 536a Rn. 11.

Eine solche formularmäßige Tatsachenbestätigung ist meines Erachtens unwirksam. Sie verstößt im Verkehr mit Privatleuten gegen das Klauselverbot von § 309 Nr. 12b BGB[31] und bei Verwendung gegenüber Unternehmern gegen §§ 307, 310 BGB.[32]

In **Vertragsmuster 2** ist eine solche Klausel nicht anzutreffen. Dort heißt es jedoch unter § 17 Nr. 6:

> Bei Versagen irgendwelcher Einrichtungen, Betriebsstörungen oder bei sonstigen, die Veranstaltung beeinträchtigenden Ereignissen haftet der Vermieter lediglich, wenn diese Ereignisse nachweisbar von ihm oder seinem Erfüllungsgehilfen vorsätzlich oder grob fahrlässig verschuldet worden sind.

Die Haftungsfreizeichnung für Zufälle und Fälle leichten Verschuldens auf Seiten des Vermieters und seiner Mitarbeiter ist für sich betrachtet rechtlich nicht zu beanstanden, da § 309 Nr. 7b BGB eine Haftungsfreizeichnung nur bei grobem Verschulden verbietet.[33]

Allerdings dürfte die Verschiebung der Beweislast auf den Mieter bzgl. von Umständen, die im Verantwortungsbereich des Vermieters liegen, gem. § 309 Nr. 12a BGB gegenüber Privatleuten und gem. §§ 307 II Nr. 1, 310 I BGB auch gegenüber Unternehmern unwirksam sein. Da jedoch nur das Wort »nachweisbar« gestrichen werden muss, dürfte die Klausel nicht insgesamt nichtig, sondern mit dieser Maßgabe wirksam sein. Es handelt sich insofern um teilbare Bestimmungen einer Vertragsklausel, bei der der unwirksame Teil der Bestimmung nach dem »blue-pencil-test«[34] einfach weg gestrichen werden kann.

Nicht aufteilbar zwischen inhaltlich unwirksamen und inhaltlich unbedenklichen Bestimmungen ist dagegen folgende Klausel aus dem **Vertragsmuster 3:**

> Für Versagen irgendwelcher Einrichtungen oder sonstige die Veranstaltung beeinträchtigende Ereignisse haftet die GmbH nicht.

Da hier pauschal jegliche Haftung ausgeschlossen wird, und zwar selbst in Fällen grober Fahrlässigkeit und Vorsatz, verstößt diese Klausel gegen § 309 Nr. 7b BGB und ist insgesamt unwirksam. Das gilt auch bei Verwendung gegenüber einem Unternehmer, da eine totale Haftungsfreizeichnung bzgl. der Hauptpflicht, die Bühne spielbereit zur Verfügung zu stellen, eine unangemessene Benachteiligung des anderen Vertragspartners darstellt (§§ 307, 310 BGB).[35]

Insgesamt zeigt sich, dass die in der Praxis verwendeten Klauseln überwiegend in diesem Punkt unwirksam sind und nur solche Klauseln Bestand haben, die bei leichter Fahrlässigkeit des Hallenbetreibers die Haftung bei einem Versagen der Innenein-

31 Die Bestätigung, der Vertragsgegner habe die Sache in einwandfreiem Zustand übernommen, ist unwirksam, vgl. Wolf/Lindacher/*Pfeiffer*/*Dammann* § 309 Nr. 12 Rn. 53; Palandt/*Grüneberg* § 309 Rn. 108; OLG Koblenz NJW 1995, 3392.

32 Vgl. BGHZ 101, 184; Palandt/*Grüneberg* § 309 Rn. 110.

33 So auch BayObLG NJW 1985, 1716.

34 Vgl. OLG Brandenburg ZMR 2004, 745; Palandt/*Grüneberg* § 306 Rn. 7.

35 BGHZ 89, 367; BGH NJW 1985, 915; NJW-RR 1988, 559. Zulässig ist aber der Ausschluss der Garantiehaftung iSv § 536a I BGB bei Mängeln, die bereits bei Abschluss des Mietvertrages vorlagen, vgl. Palandt/*Weidenkaff* § 536a Rn. 7 und (zum früheren § 538 BGB) BayObLG NJW 1985, 1716.

richtung ausschließen. Bei grobem Verschulden ist das Haftungsrisiko dagegen nicht auf den Mieter abwälzbar.

Die gleichen Rechtsgrundsätze lassen sich auf die nachfolgenden beiden Fallgestaltungen anwenden.

Fall 2: Unbespielbare Halle infolge Asbestgefahr. Eine Konzerthalle ist wegen Asbestgefahr unbespielbar. Rechtslage?

Auch hier erhalten die Besucher ihr volles Eintrittsgeld vom Veranstalter zurück (§§ 326 I und IV, 346 BGB). Handelt es sich um einen Fremdveranstalter, so muss dieser an den Hallenbetreiber keinen Mietzins zahlen (§ 536 I BGB), weil die gemietete Konzerthalle infolge Asbestbefall einen Mangel hat, der ihre Gebrauchstauglichkeit zur Nutzung für Konzerte aufhebt. Da die Ursache für die Asbestgefahr bereits bei Abschluss des Mietvertrages mit dem Veranstalter vorgelegen hat, haftet der Hallenbetreiber aufgrund seiner Garantiehaftung gem. § 536a I BGB dem Veranstalter gegenüber auf Schadensersatz.

Schulmäßige Prüfung von § 536a BGB:

1. Vorliegen eines wirksamen Mietvertrages.
2. Mangel der Mietsache bei Vertragsschluss (= Variante 1).
3. Aufhebung der Gebrauchstauglichkeit.

Prüfung der Anspruchsvoraussetzungen:

Zu 1): Dies ist bei Anmietung der Konzerthalle gegeben.
Zu 2): Eine Asbestgefahr stellt wegen der Gesundheitsgefahren für die Besucher einen Mangel der Mietsache dar.
Zu 3): Diese ist gegeben, weil bei realer Asbestgefahr die Halle nicht nutzbar ist.

Soweit das **Vertragsmuster 2** verwendet wurde, ist diese verschuldensunabhängige Garantiehaftung allerdings wirksam durch die betreffende Klausel ausgeschlossen.[36] Eine Haftung verbleibt dann auf jeden Fall aber in den Fällen, in denen dem Hallenbetreiber vorsätzliches oder grob fahrlässiges Verhalten angelastet werden kann. Davon kann praktisch wohl nur gesprochen werden, wenn es greifbare und unübersehbare Anhaltspunkte für eine Asbestverseuchung gab, über die sich der Hallenbetreiber bewusst hinweggesetzt hat oder wenn er entsprechenden Anhaltspunkten aus Nachlässigkeit nicht nachgegangen ist. Kann der Vorwurf eines solchen groben Verschuldens dagegen nicht erhoben werden, würde jede Haftung des Hallenbetreibers entfallen und nur eine Rückzahlungspflicht bzgl. des Mietzinses bestehen.

Fall 3: Veranstaltungsausfall infolge Wassereinbruchs. Bei einer Veranstaltung hat wahrscheinlich ein Besucher die Sprinkleranlage ausgelöst. Der gesamte Raum steht unter Wasser. Der Verursacher konnte nicht gefunden werden. Der Schaden ist so groß, dass das Haus 14 Tage geschlossen bleibt und alle Veranstaltungen abgesagt werden müssen. Rechtslage?

Hier müsste den Besuchern, die bereits Eintrittskarten gekauft hatten, ebenfalls der volle Eintrittspreis vom Veranstalter zurückerstattet werden (§§ 326 I und IV, 346 BGB).

36 So auch BayObLG NJW 1985, 1716.

Die Veranstalter, die die betreffenden Räumlichkeiten für spätere Veranstaltungen angemietet hatten, brauchen keinen Mietzins zu entrichten oder erhalten ihn bei evtl. Vorauszahlungen zurück (§ 536 I BGB). Schadensersatzansprüche der Veranstalter gegen den Hallenbetreiber nach § 536a I BGB bestehen nur, falls ihn bzgl. des Eintretens der Überschwemmung oder deren rechtzeitiger Beseitigung ein Verschulden trifft.

Sollte **Vertragsmuster 2** verwendet worden sein, würde insoweit einfache Fahrlässigkeit nicht genügen, sondern es müsste Vorsatz oder grobe Fahrlässigkeit seitens des Hallenbetreibers vorliegen.

2. Risikosphäre des Veranstalters

Das größte Risiko, das den Veranstalter treffen kann, ist die Verhinderung des nicht zu ersetzenden Hauptdarstellers (»Protagonist«), mit dem die Veranstaltung steht und fällt.

Beispiel: Ohne Udo Jürgens kein »Abend mit Udo Jürgens«.

Dazu folgender

Fall 4: Erkrankung des Hauptdarstellers. Die Veranstaltung fällt aus, weil der Hauptdarsteller krank wurde. Rechtsfolgen?

Hier ist zu unterscheiden, wer der Veranstalter war.

a) Falls der erkrankte **Darsteller selbst Veranstalter** und Mieter der Halle ist – Bild 2 –, geht das Risiko seiner Erkrankung zu seinen Lasten. Er müsste Besuchern, die bereits eine Eintrittskarte gelöst haben, das Geld zurückerstatten (lassen), da eine beiderseits unverschuldete Unmöglichkeit vorliegt (§§ 326 I und IV, 346 BGB). Andererseits müsste er die Miete an den Hallenbetreiber bezahlen. In § 537 I BGB ist nämlich bestimmt, dass der Mieter von der Entrichtung der Miete nicht dadurch befreit wird, dass er durch einen in seiner Person liegenden Grund an der Ausübung seines Gebrauchsrechts gehindert wird.

Darin kommt der Gedanke zum Ausdruck, dass die Miete allein aufgrund des geschlossenen Mietvertrages für die vereinbarte Gebrauchsüberlassung geschuldet wird, gleichgültig, ob der Mieter den Gebrauch tatsächlich ausübt, ausüben kann oder nicht. Er trägt als Sachleistungsgläubiger das effektive Verwendungsrisiko.[37] Selbst eine unverschuldete persönliche Verhinderung entbindet den Mieter daher nicht von der Verpflichtung zur Zahlung der Miete. Dazu zählen Krankheit oder Tod, auch naher Angehöriger, und überhaupt alles, was in seinen Risikobereich fällt, ohne Rücksicht darauf, ob er diese Umstände beeinflussen kann oder nicht.[38]

Dementsprechend hat das OLG Frankfurt[39] entschieden, dass der Mieter eines Messestandes in jedem Fall die Miete zahlen muss, auch wenn er dann für die Ausstellung keinen passenden Platz zugeteilt erhält und den gemieteten Messestand nicht nutzen kann. In Übereinstimmung mit der geschilderten Rechtslage bürden auch die erwähnten Vertragsmuster der Hallenbetreiber das Risiko einer Erkrankung oder sonstigen Verhinderung dem Mieter auf, kommen ihm allerdings teilweise bei unverschuldeter Nichtdurchführung (so Muster 1) oder rechtzeitiger Absage durch

37 Palandt/*Weidenkaff* § 537 Rn. 4.
38 Palandt/*Weidenkaff* § 537 Rn. 4.
39 OLG Frankfurt MDR 1981, 231.

völligen (so Muster 3) oder teilweisen Wegfall der Mietzahlungspflicht (so Muster 2 und 4) entgegen. Wegen näherer Einzelheiten wird auf das Folgende verwiesen.

b) Die Rechtslage ist schwieriger, falls eine **Direktion (oder Agentur)** die Halle angemietet hat und selbst der **Veranstalter** ist. Diese Situation (siehe Bild 7) lag bereits dem bekannten Marika-Rökk-Fall zugrunde, den das OLG Bremen 1952 entschieden hat:

Die beklagte Stadt Bremen vermietete der Klägerin (einem Veranstalter) für die Zeit vom 30.5. bis 1.6.1950 ihre Sporthalle zum Zwecke der Aufführung des Gastspiels »Zwei Stunden für Dich« mit Marika Rökk gemäß dem beigefügten Programm. Der Mietpreis sollte 15 % der Bruttoeinnahmen betragen, mindestens jedoch 1.500 DM (ca. 750 EUR). Das Gastspiel fiel aus, weil sich Marika Rökk eine Verletzung zugezogen hatte. Die Klägerin verlangte darauf Rückzahlung der bereits bei Vertragsabschluss entrichteten 1.500 DM (ca. 750 EUR).

Das OLG Bremen gab der Klage mit der Begründung statt, es seien nicht bloß Räumlichkeiten als solche ohne Rücksicht auf ihren Verwendungszweck vermietet worden, sondern nach dem Inhalt und Zweck des Vertrages müsse davon ausgegangen werden, dass die **Durchführung des Gastspiels** von Marika Rökk **Vertragsinhalt** geworden sei.[40] Infolge der Erkrankung sei der Vermieterin, die ihr nach dem Mietvertrag obliegende Leistung, bestehend in der Überlassung der Sporthalle zur Durchführung des genannten Gastspiels, infolge der Erkrankung von Frau Rökk unmöglich geworden. Da dies keine Seite zu vertreten habe, müsse die Stadt Bremen als Vermieterin die erhaltene Mietvorauszahlung wegen nachträglicher, unverschuldeter Unmöglichkeit (§ 323 aF, heute § 326 I, IV BGB) an den Veranstalter als Mieter zurückerstatten. Für die Anwendung von § 552 (heute: § 537) BGB sei kein Raum, weil die Erkrankung für den Veranstalter als Mieter kein bloß subjektiver, ihn persönlich treffender, sondern ein objektiver, jeden Mieter gleichermaßen treffender Hinderungsgrund gewesen sei.

Das Urteil überzeugt weder vom Ergebnis noch von der Begründung. Es beruht auf einer zu engen Interpretation des jetzigen § 537 BGB. Die Bestimmung bezweckt, das Verwendungsrisiko dem Mieter aufzuerlegen: ob er die Sache nutzen kann oder nicht, ist ausschließlich sein Problem. Wenn die Veranstaltung scheitert, weil der Protagonist erkrankt, sein Flugzeug verpasst oder in einem Verkehrsstau stecken bleibt, geht dies zulasten des Veranstalters, der die angemieteten Räumlichkeiten dann nicht nutzen kann. Dies sind typische Risiken, die in seine Sphäre fallen. Er, der Veranstalter, hat den Protagonisten unter Vertrag genommen. Erscheint dieser nicht, muss er die Folgen tragen. Damit hat der Vermieter nichts zu tun. Seine Leistungspflicht besteht nur darin, die angemieteten Räumlichkeiten in einem Zustand zur Verfügung zu stellen, wie es für die Durchführung der geplanten Veranstaltung vereinbart war. Er kann die vereinbarte Miete deshalb auch bei Ausfall der Veranstaltung verlangen, muss sich allerdings eventuell ersparte Aufwendungen für Personal- bzw. Sachleistungen (zB Einsparungen für Bühnenaufbau, Sicherheits- und Bewachungspersonal, Energiekosten etc.) anrechnen lassen.[41]

40 OLG Bremen NJW 1953, 1394.

41 Für eine Lösung über Wegfall der Geschäftsgrundlage dagegen *Kraft* NJW 1953, 1751. Zur Problematik vgl. auch *Köhler* Unmöglichkeit und Geschäftsgrundlage 166 f. Das Ergebnis, dass der Vermieter den Mietzins zurückerstatten muss, erscheint jedoch nicht interessengerecht. Vielmehr muss das Verwendungsrisiko richtiger Weise zulasten des Veranstalters gehen. So auch OLG Braunschweig in NJW 1976, 570 in folgendem Fall: Die Beklagte hatte am 20.1.1971 für die im September 1971 geplante Internationale Automobilausstellung beim Kläger 22 Hotelbetten bestellt

Anders wäre nur dann zu entscheiden, wenn Veranstalter und Mieter gemeinsame Veranstalter wären. Bei einer derartigen Co-Veranstaltung müsste der Veranstalter dann einen Teil des Risikos mit übernehmen. In einem solchen Fall könnte dann ggf. von einer Störung der Geschäftsgrundlage (heute § 313 BGB) gesprochen werden. Hervorzuheben ist aber, dass es nicht ausreicht, dass die geplante Verwendung dem Vermieter mitgeteilt oder im Mietvertrag erwähnt wird.[42] Vielmehr müsste sich der Vermieter die geplante Verwendung (zB als Co-Veranstalter) zu seinem eigenen Anliegen gemacht haben. Dann hätten die Parteien das Ausfallrisiko ersichtlich zu ihrem gemeinsamen Anliegen gemacht, sodass ein Festhalten an der Zahlung des vollen Mietzinses durch den Mieter nicht zumutbar wäre (vgl. § 313 BGB)[43].

Die gerade diskutierten schwierigen Fragen werden heute zumeist durch ausdrückliche vertragliche Gestaltung aus dem Weg geräumt.

Im **Vertragsmuster 1** heißt es etwa:

17. Ausfall oder Verschiebung der Veranstaltung

17.1 Führt der Mieter aus einem Grund, den er zu vertreten hat, die Veranstaltung nicht durch, so schuldet er die im Mietvertrag ausgewiesenen Nutzungsentgelte und Nebenkosten in voller Höhe, wenn die Veranstaltung nicht so rechtzeitig vor ihrem festgesetzten Termin abgesagt oder verlegt wird, dass eine anderweitige Verwendung der Räume möglich ist. Ansonsten sind die bereits entstandenen Kosten zu erstatten.

Diese Regelung ist mieterfreundlich und belastet ihn (günstiger als nach BGB) nur dann mit den Mietkosten, wenn ihn ein Verschulden am Ausfall der Veranstaltung trifft. Dies ist bei Erkrankung des Hauptdarstellers idR nicht der Fall, da der Veranstalter dafür nicht verantwortlich zu machen ist. Dann beschränkt sich seine Verpflichtung bloß auf die Erstattung bereits entstandener Kosten an den Hallenbesitzer.

Erheblich härter für den Mieter formuliert **Vertragsmuster 2:**

§ 18 RÜCKTRITT VOM VERTRAG

(...)

3. Führt der Mieter aus irgendeinem, vom Vermieter nicht zu vertretenden Grund die Veranstaltung nicht durch, oder tritt er vom Mietvertrag zurück bzw. kündigt ihn, so bleibt er zur Zahlung der Gesamtmiete inkl. anfallender Nebenkosten verpflichtet, ersparte Aufwendungen des Vermieters sind abzurechnen.

---

und am 28.1.1971 die Bestellung rückgängig gemacht, weil die IAA inzwischen abgesagt worden war. Das Gericht befand, dieses Risiko gehe zulasten des Mieters und er müsse die volle Miete von 11.000 DM (ca. 5.500 EUR) abzüglich ersparter Aufwendungen des Vermieters bezahlen. Die Parteien hätten keine gemeinsamen Vertragszwecke verfolgt. Der Vermieter müsse sich daher nicht an dem Risiko des Veranstaltungs-Ausfalls beteiligen. Im gleichen Sinn Palandt/*Grüneberg* § 313 Rn. 35 f. Eine andere Frage ist allerdings, ob dem Mieter bei frühzeitiger Absage eventuell nicht ein ausdrückliches oder stillschweigendes Rücktrittsrecht zusteht. Der BGH hat in einem vergleichbaren Fall (NJW 1977, 386) die Frage aufgeworfen, ob es nicht eine Verkehrsübung gebe, bis 21 Tage vor dem Termin ohne Weiteres Obligo den Rücktritt vom Vertrag erklären zu dürfen und die Sache an die Vorinstanz zurückverwiesen. Wie dort entschieden wurde, ist nicht bekannt. Meines Erachtens ist gegenüber einer solchen Übung im Hotelgewerbe Skepsis angebracht.

42 BGH NJW-RR 1992, 182; Palandt/*Grüneberg* § 313 Rn. 37.

43 Vgl. Palandt/*Grüneberg* § 313 Rn. 37 unter Hinweis auf *Larenz SchuldR I* § 21 II.

Diese Klausel erscheint auf den ersten Blick insoweit bedenklich, als sämtliche Risiken außer denen, die vom Vermieter zu verantworten sind, global auf den Mieter abgewälzt werden. Dennoch hält die Klausel der Billigkeitskontrolle des § 307 BGB stand, der eine einseitige Risikoverlagerung auf den Vertragsgegner verbietet. Eine unangemessene Benachteiligung des Mieters wird durch die nachfolgende Ziff. 4 vermieden, wo es heißt:

Kann die vertraglich festgelegte Veranstaltung aufgrund höherer Gewalt nicht stattfinden, so trägt jeder Vertragspartner seine bis dahin gehabten Kosten selbst.

Das bedeutet, dass der Mieter jedenfalls bei Ereignissen, die für ihn trotz äußerster Sorgfalt nicht abwendbar und nicht vorhersehbar sind, keine Miete schuldet.[44] Die Erkrankung einzelner Künstler oder das nicht rechtzeitige Eintreffen eines oder mehrerer Teilnehmer fällt allerdings aufgrund ausdrücklicher Regelung im Vertragsformular nicht unter den Begriff »Höhere Gewalt«.

Inhaltlich gleich verlagert auch das **Vertragsmuster 4** das Risiko des Ausfalls von Künstlern auf den Veranstalter. Es kommt allerdings dem Mieter bei längerfristiger Absage mit einer gestaffelten Regelung entgegen, wonach er bei Absage

a) vor Beginn des 5. Monats mietfrei (bleibt),
b) ab Beginn des 5. Monats 20 %
c) ab Beginn des 3. Monats 50 % und
d) innerhalb eines Monats 100 %

der Miete schuldet.

Vertragsmuster 3 unterscheidet nur zwischen kurz- und langfristigen Absagen wie folgt:

Für Veranstaltungen, die nicht spätestens 6 Wochen vor ihrem festgesetzten Termin abgesagt oder verlegt werden, sind die vollen Entgelte ... zu entrichten, sofern nicht eine anderweitige Verwendung der Räume möglich ist.

Danach würden Absagen des Veranstalters wegen kurzfristiger Erkrankung des Darstellers voll zu seinen Lasten gehen. Trotz der mieterfreundlichen Regelung bei längerfristigen Absagen erscheint mir eine derartige volle Überbürdung des Mietrisikos bei Absagen innerhalb von 6 Wochen, gleichgültig aus welchem Grund sie erfolgen, bedenklich. Nach meiner Meinung stellt es eine unangemessene Benachteiligung des Mieters dar, wenn er nicht wenigstens in Fällen höherer Gewalt und unverschuldeter Unmöglichkeit von der Mietzahlungspflicht befreit ist.[45] Die Klausel ist daher wegen Verstoß gegen § 307 BGB unwirksam.

c) Hat der **Hallenbetreiber** seinerseits den Darsteller engagiert und ist er selbst **Eigenveranstalter**, so gehen unverschuldete Erkrankungen des Darstellers zulasten des Hallenbetreibers.

44 Näher zum Begriff der höheren Gewalt unten C.3.
45 In diesem Sinn auch *Fessmann* NJW 1983, 1167.

Der Darsteller kann in einem solchen Fall unverschuldet sein Werk nicht erbringen und ist wegen nachträglich eingetretener Unmöglichkeit von seiner Leistungspflicht frei (§ 275 I BGB). Andererseits schuldet ihm dann der Hallenbetreiber kein Honorar (§ 326 I BGB). Dies wird auch teilweise in den Verträgen, die von Seiten der Darsteller vorgelegt werden, ausdrücklich unterstrichen. So heißt es zB in dem **Konzertvertragsmuster 6** des IDKV in § 8 III:

> Ist der Künstler oder ein Mitglied der Künstlergruppe durch Krankheit verhindert, so ist dies unverzüglich mitzuteilen und durch ärztliches Attest nachzuweisen. Die Auftrittspflicht des Künstlers und die Vergütungspflicht des Veranstalters entfallen in diesem Fall.

d) Die gleiche Rechtslage gilt bei **Eigenveranstaltungen** der Hallenbetreiber **im Rahmen von Gastspielverträgen** mit Direktionen.

Bei Erkrankung des nicht ersetzbaren Hauptdarstellers schulden sich beide Seiten nichts. Die Direktion wird wegen Unmöglichkeit von ihrer Vertragspflicht frei (§ 275 I BGB). In den Gastspielverträgen finden sich entsprechende Regelungen. So heißt es in **Vertragsmuster 10**[46] **für eine Theaterproduktion:**

> Umstände höherer Gewalt, zwingender künstlerischer Gründe oder von Erkrankung führen zur Aufhebung der Gastspielvereinbarung ohne gegenseitige Entschädigung, falls der Produzent weder eine Umbesetzung noch einen Ersatztermin anbieten kann.

In Vertragsmuster 12[47] ist eine inhaltlich übereinstimmende Regelung bzgl. Erkrankung zu finden, während **Vertragsmuster 11**[48] bei unverschuldeter Erkrankung des Künstlers der Direktion das Recht gibt, eine gleichwertige Ersatzdarbietung zu offerieren.

Der gesetzlichen Regelung am nächsten kommt ein **Vertragsmuster des IDKV** mit folgender klarer Regelung in § 8 III:

> Ist der Künstler oder ein Mitglied der Künstlergruppe durch Krankheit verhindert, so hat die Direktion dies unverzüglich mitzuteilen und durch ärztliches Attest nachzuweisen. Die Lieferpflicht der Direktion und die Vergütungspflicht des Veranstalters entfallen in diesem Fall.

Eine Variante des gerade behandelten Falles ist folgender

> **Fall 5: Ausfall des Hauptdarstellers wegen Alkohol oder Drogen.** Der Hauptdarsteller kann infolge von Alkohol oder Tablettenkonsum nicht auftreten. Rechtslage?

Dann ergeben sich bzgl. der Erwägungen zu Fall 4 zum Punkt a) keine Abweichungen, wohl aber bei den Punkten b), c) und d).

Im Einzelnen:

a) Ist der **Darsteller** selbst auch **Veranstalter**, sind Alkohol- und Tablettenkonsum sein persönliches Risiko und entlasten ihn nicht von der Mietzahlung (§ 537 I BGB).

46 Ziffer 8b.
47 Ziffer 7.
48 Ziffer 12.

b) Ist eine **Direktion** der **Veranstalter** in einer angemieteten Halle, so kann ihnen selbst ein schuldhafter Drogenkonsum des von ihnen engagierten Darstellers im Verhältnis zum Vermieter der Halle nicht über §278 BGB zugerechnet werden; denn im Rahmen des hier interessierenden Mietvertrages ist der Darsteller nicht Erfüllungsgehilfe des Mieters. Er wird vom Veranstalter nicht bei der Erfüllung der Mieterpflichten eingesetzt.

Andererseits gehört ein derartiger Veranstaltungsausfall zur Risikosphäre des Veranstalters. Das Engagement derartiger Darsteller ist typischerweise ein Betriebsrisiko des Veranstalters, das nach Treu und Glauben (§242 BGB) nicht auf den Vermieter verlagert werden kann.

Im Übrigen gelten die formularmäßigen Mietbedingungen, soweit diese wirksam sind.[49]

c) Ist der **Hallenbetreiber** der **Veranstalter**, so ändert sich die Lösung, weil man dem Darsteller einen exzessiven Alkohol- oder Drogenkonsum, der ihn außer Gefecht setzt, zum Schuldvorwurf machen muss (vgl. §§276 I 1, 827 S. 2 BGB). Daraus folgt: Der Darsteller wird wegen Eigenverschuldens nicht von seiner Leistungspflicht frei, sondern muss im Gegenteil gem. §§280, 283 BGB Schadensersatz an den Veranstalter leisten. Er muss abgesehen vom Verlust seiner Gage beispielsweise für nutzlose Aufwendungen des Veranstalters und für dessen entgangenen Gewinn aufkommen (§252 BGB).

Schulmäßiger Aufbau von §§280, 283 BGB
Schadensersatz wegen zu vertretender nachträglicher Unmöglichkeit

1. Schuldverhältnis
2. Pflichtverletzung durch den Schuldner (= Nichterbringen der geschuldeten Leistung)
3. Leistungsfreiheit des Schuldners nach §275 I – III BGB (= nachträgliche Unmöglichkeit)
4. Vertretenmüssen (= Eigenverschulden nach §276 BGB oder Zurechnung des Verschuldens eines Erfüllungsgehilfen nach §278 BGB)

Prüfung der Anspruchsvoraussetzungen:

Zu 1): Da der Hallenbetreiber den Darsteller für die Aufführung vertraglich verpflichtet hat, liegt ein Schuldverhältnis zwischen ihnen vor.
Zu 2): Infolge des übermäßigen Alkohol- bzw. Tablettenkonsums tritt der Hauptdarsteller nicht auf. Dazu war er als Schuldner jedoch vertraglich verpflichtet. Indem er diese seine Vertragspflicht nicht erfüllt, begeht er eine Pflichtverletzung.[50]
Zu 3): Infolge des übermäßigen Tabletten- bzw. Alkoholkonsums war es dem Hauptdarsteller nicht mehr möglich, aufzutreten. Er ist daher wegen Unmöglichkeit nach §275 I BGB von seiner Leistungspflicht zum Auftritt nachträglich befreit.
Zu 4): Übermäßiger Tabletten- oder Alkoholkonsum vor einer Aufführung stellt sich als fahrlässige Handlungsweise iSv §276 BGB dar, da sie vorliegend dazu führen, dass der Künstler

49 Vgl. Fall 4.
50 In Übereinstimmung mit *Brox/Walker* SchuldR AT Rn. 51 wird davon ausgegangen, dass »die Pflichtverletzung bei der Unmöglichkeit schon darin (liegt), dass der Schuldner die geschuldete Leistung nicht erbringt«. Die Ursache der Pflichtverletzung spielt erst beim Merkmal des »Vertretenmüssens« (Schuldvorwurf ja oder nein?) eine Rolle.

die Aufführung aufgeben musste. Er hätte dies bei Berücksichtigung der verkehrsüblichen Sorgfalt bedenken und abstinent bleiben müssen.

Ergebnis:
Der Hauptdarsteller schuldet dem Veranstalter Schadensersatz statt der Leistung.

Da sich exzessiver Alkohol- oder Drogenkonsum eines Darstellers manchmal nur schwer ermitteln lässt oder gelegentlich fraglich sein kann (Amy Winehouse oder Harald Juhnke!), wäre die Vereinbarung einer Vertragstrafe in Höhe der Gage ein sinnvolles Mittel, den Darsteller von solchen Ausrutschern abzuhalten.

Bekannte Künstler werden sich dem allerdings widersetzen und ihrerseits Vertragsformulare präsentieren, wonach in allen Fällen der Erkrankung oder Verhinderung, selbst infolge Eigenverschuldens, keine Ersatzansprüche gegen sie geltend gemacht werden können. Dies ist jedoch im Hinblick auf § 309 Nr. 7b BGB bedenklich. Danach sind Klauseln in Formularverträgen jedenfalls dann unwirksam, wenn der Verwender bei grob verschuldeten Pflichtverletzungen seine Haftung ausschließt. Bei B2B-Verträgen gilt das Gleiche über § 307 BGB.[51]

d) Hat eine Direktion (oder Agentur) einen Darsteller im Rahmen eines Gastspiels einem **Hallenbetreiber** zur Verfügung gestellt, der **das Gastspiel als Eigenveranstaltung** darbietet, so würde ein exzessiver Alkohol- oder Tablettenkonsum des Darstellers, der die Veranstaltung platzen lässt, über § 278 BGB der Direktion zuzurechnen sein. Denn diese schuldet im Rahmen des Gastspielvertrages dem Hallenbetreiber die Erbringung der verabredeten Werkleistung und bedient sich dabei zur Erfüllung ihrer werkvertraglichen Pflichten des Darstellers. Dass dieser gegenüber der Direktion nicht weisungsgebunden ist, sondern in einer eigenständigen werkvertraglichen Beziehung zu ihr steht, ist gleichgültig. So ist anerkannt, dass beim Werkvertrag der Subunternehmer Erfüllungsgehilfe des Hauptunternehmers[52] ist oder bei einer Pauschalreise der Hotelier der Erfüllungsgehilfe des Reiseunternehmens.[53] Entscheidend ist, dass der Darsteller mit dem Willen des Schuldners – also der Direktion – bei der Erfüllung einer diesem obliegenden Verbindlichkeit als seine Hilfsperson tätig wird. Das ist der Fall. Wie bereits ausgeführt, schuldet die Direktion aufgrund des Gastspielvertrages der Halle das Theater-, Konzert- oder sonstige Programm und bedient sich dabei der Mitwirkung der von ihr engagierten Darsteller. Dass diese zugleich ihre eigene Verbindlichkeit aus dem Künstlervertrag erfüllen wollen, steht nicht der Annahme entgegen, dass sie auch Erfüllungsgehilfen der Direktion bei der Durchführung des Programms sind.[54]

Daraus folgt: Verschuldet ein Protagonist oder sonstiger Darsteller durch übermäßigen Alkohol- oder Tablettenkonsum den Ausfall der Veranstaltung, so wird dieses Verschulden der Direktion nach § 278 BGB zugerechnet. Damit wird sie gegenüber dem Hallenbetreiber gem. §§ 280, 283 BGB schadensersatzpflichtig und muss ihm alle Nachteile wegen des Ausfalls der Veranstaltung ersetzen. Intern kann sie bei dem Darsteller Regress nehmen, der sich die Erfüllung seiner Vertragspflichten schuldhaft unmöglich gemacht hat (§§ 280, 283 BGB).

51 BGH NJW 2007, 3774; OLG Hamm NJW-RR 1996, 969.
52 BGHZ 66, 48.
53 BGHZ 63, 98.
54 BGHZ 13, 114.

Die vorbezeichnete Haftung kann durch **Formularklauseln** nicht unterlaufen werden. Zwar sehen Gastspielverträge von Direktionen und Künstlerverträge durchgängig formularmäßige Haftungsfreizeichnungen oder -beschränkungen bei Erkrankung des Hauptdarstellers vor. Dies ist rechtlich jedoch nur in Fällen unverschuldeter Erkrankung zulässig. Ist die Erkrankung indes auf ein grobes **Verschulden** des Darstellers zurückzuführen, so können nach § 309 Nr. 7b BGB weder seine eigene Haftung gegenüber der Direktion bzw. Agentur noch andererseits die Haftung der Direktion bzw. der Agentur gegenüber der Halle ausgeschlossen oder begrenzt werden.[55] Falls die Veranstaltung wegen übermäßigen Alkohol- oder Drogenkonsums ausfällt, wird regelmäßig ein derartiges grobes Verschulden anzunehmen sein. Der Darsteller missachtet bei einem solchen Exzess nämlich in besonderem Maße seine Sorgfaltspflichten gegenüber seinem Vertragspartner und handelt trotz der voraussehbaren und vermeidbaren Folgen in unverantwortlicher Weise (= grobe Fahrlässigkeit) oder nimmt ggf. sogar einen Ausfall billigend in Kauf (= bedingter Vorsatz). Auch bei nur leichter Fahrlässigkeit könnte die Schadensersatzpflicht gem. § 307 BGB weder ausgeschlossen noch begrenzt werden, da bei alkoholbedingtem Veranstaltungsausfall in jedem Fall ein Verstoß gegen Kernpflichten des Vertrages anzunehmen ist. Bei allen Arten des Verschuldens ist daher ein Ausschluss der Haftung unzulässig. Ferner könnte dem Vertragspartner sein Recht, vom Vertrag zurückzutreten (§§ 323 bzw. 326 BGB), nicht durch AGB genommen werden (§ 309 Nr. 8 b BGB).

Die vorstehenden Erwägungen gelten sinngemäß über §§ 310 I und 307 BGB **auch im kaufmännischen Verkehr**, zB wenn ein Gastspielvertrag zwischen Hallen-GmbH und einer Gastspiel-Direktions-GmbH geschlossen ist. Unabhängig von dem Meinungsstreit um die Tragweite der angesprochenen Klauselverbote im Verhältnis zu Unternehmen im Einzelnen[56] besteht in der Praxis Einigkeit[57] darüber, dass bei der Verletzung von wesentlichen Vertragspflichten (»Kardinalpflichten«) die Haftung für Fahrlässigkeit idR nicht ausgeschlossen werden darf. Da die Erbringung der Werkleistung eine zentrale Pflicht des Werkunternehmers (das sind Direktion sowie Künstler) ist, müssen Fälle von Alkohol- oder Drogenmissbrauch, die die Erbringung dieser Leistung zunichte machen, als Verletzung von Kardinalpflichten eingestuft werden. Daraus folgt, dass das Risiko einer verschuldeten Verhinderung hier von der Direktion bzw. letztlich vom Darsteller getragen werden muss.

Freilich dürften im Einzelfall erhebliche Beweisprobleme bestehen, was den wahren Grund der Erkrankung angeht. Zusätzlich stellt sich evtl. die Frage eines etwaigen Mitverschuldens, wenn dem Veranstalter die entsprechende Labilität des Künstlers von vornherein bekannt ist (§ 254 BGB).

---

55 Vgl. Palandt/*Grüneberg* § 309 Rn. 43 ff.

56 Vgl. die Nachweise bei Palandt/*Grüneberg* § 309 Rn. 48, 49.

57 BGHZ 89, 367; BGH NJW 1985, 915; NJW-RR 1988, 559; Wolf/Lindacher/Pfeiffer/*Dammann* § 309 Nr. 7 Rn. 96; Palandt/*Grüneberg* § 307 Rn. 35.

3. Risiken außerhalb der Risikosphäre der Beteiligten

Es kommt immer wieder vor, dass Naturkatastrophen (Erdbeben,[58] Orkanwetterlagen,[59] Überschwemmungen), Krieg, Terroranschläge,[60] innere Unruhen, Reaktorunfälle und größere Unfälle, kurz Fälle **höherer Gewalt**, zur Absage von Veranstaltungen führen. Es handelt sich dabei um Ereignisse, die von außen kommen, keinen betrieblichen Zusammenhang aufweisen und auch durch äußerste vernünftigerweise zu erwartende Sorgfalt nicht abzuwenden sind.[61]

Dazu folgender

Fall 6: Veranstaltungsausfall infolge Golfkrieg. Wegen des Golfkriegs I sagt eine Karnevalsgesellschaft (e.V.) alle Veranstaltungen ab. Sie kündigt die Hallenräume auf und bestellt die Künstler ab. Rechtslage?

a) Im Hinblick auf die Aufkündigung der bereits angemieteten Hallenräume kommt keiner der klassischen Beendigungsgründe in Betracht. Eine Kündigung nach § 542 I BGB entfällt, da die Mietzeit fest bestimmt war. Wegen Zeitablaufs ist nach § 542 II BGB keine Beendigung möglich, weil die Zeit noch nicht gekommen und dementsprechend noch nicht abgelaufen ist. Ein außerordentliches Kündigungsrecht nach § 543 BGB scheitert ebenso, weil die Gründe für eine evtl. Kündigung nicht aus der Sphäre des Vermieters stammen.[62] Eine Bedingung, dass bei Ausbruch eines Kriegs die Anmietung entfallen sollte, war weder ausdrücklich noch stillschweigend vereinbart. Ein vertragliches Rücktrittsrecht, das wegen der absehbaren Krise sicher sinnvoll gewesen wäre, war nicht vereinbart. Ein gesetzliches Rücktrittsrecht könnte sich allerdings infolge beiderseits unverschuldeter Unmöglichkeit ergeben (§ 326 V BGB). Daran wäre etwa zu denken, wenn ein behördliches Verbot ergangen wäre, öffentliche Lustbarkeiten durchzuführen, zB bei Verhängung von Staatstrauer. Davon kann hier indes keine Rede sein. Die Veranstaltung wurde vielmehr freiwillig mit Rücksicht auf die Krisensituation abgesagt. Es kann demzufolge nicht davon gesprochen werden, dass die Veranstaltung aus tatsächlichen Gründen nicht stattfinden konnte.

Da auch eine Anfechtung wegen Irrtums ausscheidet, bleibt nur die Frage, ob nicht wegen Wegfalls der Geschäftsgrundlage (§ 313 BGB) ein Recht zur Vertragsauflösung besteht. Konkret handelt es sich wie im Marika-Rökk-Fall um einen Fall der Störung des Verwendungszwecks. Hier gilt, dass das Verwendungsrisiko grundsätzlich beim Gläubiger (Mieter) liegt.[63] Das heißt, dass es im Allgemeinen ohne Bedeutung ist, ob

58 Wie im April 1992 im Rheinland.

59 Wie im Januar/Februar 1991 mit der Folge der Absage der Rosenmontagsumzüge; weiteres Beispiel der Jahrhundertorkan Georges im September 1998 an der amerikanischen Südostküste oder der Hurrikan Kathrina im Jahre 2005 in New Orleans. Letztes Vorkommnis in Deutschland war der verheerende Orkan Kyrill am 18./19.1.2007 mit 47 Toten und einem geschätzten volkswirtschaftlichen Schaden von 10 Mrd. US-Dollar; in Frankreich und Mittelnordeuropa richtete der Orkan Xynthia am 26.-28.2.2010 neben zahlreichen Toten Milliardenschäden an (Quelle Wikepedia in http://de.wikipedia.org./wiki/Liste_von_Wetterereignissen_in_Europa, besucht am 1.6.2012).

60 Wie am 11.9.2001 in New York.

61 Vgl. BGHZ 100, 185; der Begriff höhere Gewalt wird im BGB im Zusammenhang mit der Hemmung der Verjährung (§ 206 BGB) und der Kündigungsmöglichkeit eines Pauschalreisevertrages (§ 651j) erwähnt und hat nunmehr auch in § 7 II StVG Anerkennung gefunden.

62 Der wichtige Grund nach § 543 BGB muss aus dem Risikobereich des Kündigungsempfängers herrühren, vgl. Palandt/*Weidenkaff* § 543 Rn. 5.

63 BGHZ 74, 374.

der Gläubiger (Mieter) die Sache nutzen kann. Nur wenn der Verwendungszweck zur Geschäftsgrundlage (§ 313 BGB) gemacht worden ist, muss dies ausnahmsweise anders beurteilt werden; dazu reichen aber Kenntnis und Erörterung des Verwendungszwecks, wie etwa die Erwähnung gegenüber einem Juwelier, die gekauften Ringe seien für eine (später nicht stattfindende) Verlobung bestimmt, nicht aus. Vielmehr muss sich der Vertragspartner den Verwendungszweck selbst so zu Eigen gemacht haben, dass das Beharren auf einer unveränderten Vertragserfüllung trotz der eingetretenen Zweckstörung als widersprüchliches und unzumutbares Verhalten zu werten gewesen wäre.[64] Davon kann meines Erachtens nicht gesprochen werden, wenn sich der Gläubiger selbst aufgrund eigener Entscheidung zu der Absage entschließt. Dann muss er auch die Konsequenzen dieser Entscheidung selbst tragen. Dem Vertragspartner, der von dieser fremden Entscheidung betroffen wird, kann jedenfalls nicht vorgehalten werden, er verhalte sich widersprüchlich[65] und müsse sich fairerweise zu einer Vertragsanpassung bereit finden. Eine andere Beurteilung käme einem Zwang gleich, dieselbe Gewissensentscheidung zu treffen.

Das bedeutet im Ergebnis, dass die Karnevalsgesellschaft zur Zahlung des Mietzinses verpflichtet bleibt.

Diese Beurteilung gilt auch, falls der Mietvertrag auf der Grundlage der bereits zitierten Vertragsmuster abgeschlossen worden ist. Die **Vertragsmuster 2 und 4** sehen zwar bei »höherer Gewalt« eine Befreiung von der Mietzinsverpflichtung vor und bestimmen lediglich, dass jeder Vertragspartner seine bis dahin gehabten Kosten selbst zu tragen habe; aber ein Fall höherer Gewalt lag meines Erachtens im Falle des 1. Golfkrieges nicht vor. Das Beispiel der USA, die im Unterschied zu Deutschland selbst unmittelbar in den Krieg involviert waren, zeigt, dass der Veranstaltungsausfall keineswegs ein »unabwendbares Ereignis« war: In der Hochburg des Karnevals New Orleans fanden die Karnevalsveranstaltungen wie gewohnt in vollem Umfang statt (wie der Verfasser aus eigenem Erleben weiß). Umso weniger hat der Golfkrieg als solcher bei uns die Durchführung von Karnevalsveranstaltungen verhindert. Der Veranstaltungsausfall war nicht zwangsläufig, sondern Folge einer selbst zu verantwortenden Entscheidung.

Die Konsequenzen dieser freiwilligen Solidaritätsbekundungen müssen deshalb auch bei Geltung des **Vertragsmusters 1** zulasten desjenigen gehen, der die Veranstaltung absagt, dh hier des Mieters. Denn er führt die Veranstaltung aus einem Grund, den er zu vertreten hat, bewusst und gewollt nicht durch und schuldet daher nach Ziffer 17.1 die volle Miete.

Vertragsmuster 3 sieht schon von vornherein selbst bei höherer Gewalt keine kurzfristige Absagemöglichkeit zugunsten des Mieters vor. Diese Regelung verstößt zwar

64 Dabei mag dahinstehen, ob der Hallenbetreiber überhaupt die Karnevalsveranstaltung zu seinem eigenen Anliegen gemacht hat, dh ob dies zur Geschäftsgrundlage des Vertrages geworden ist.

65 *Köhler* Unmöglichkeit und Geschäftsgrundlage 143 ff.; Palandt/*Grüneberg* § 313 Rn. 37; anders OLG Karlsruhe NJW 1992, 3177 in dem allerdings anders gelagerten Fall, in dem die Gemeinde die Halle wegen des Golfkriegs nicht zur Verfügung stellte und die notwendigen gaststättenrechtlichen und polizeirechtlichen Genehmigungen für die vorgesehene Tanzveranstaltung und das Überschreiten der Sperrstunde nicht erteilte. Der Karnevalsverein musste daher den Musikern absagen. Die Klage der Musiker auf 18.000 DM (ca. 9.000 EUR) Gage gegen den Verein als Veranstalter wurde wegen Wegfalls der Geschäftsgrundlage mit der Begründung abgewiesen, das Risiko des Scheiterns aufgrund dieser gemeindlichen Versagung treffe beide Seiten gleichermaßen.

gegen § 307 BGB, die dann maßgebliche gesetzliche Regelung (§ 306 BGB) führt jedoch in diesem speziellen Fall zu keinem anderen Ergebnis. Wie eben ausgeführt, führen weder die Vorschriften über Unmöglichkeit noch die der Störung der Geschäftsgrundlage zur Befreiung von der Mietzahlungspflicht.

b) Nicht anders als die Absage gegenüber dem Vermieter ist die Absage gegenüber den bereits engagierten Künstlern zu beurteilen. Der Veranstalter – in diesem Fall die Karnevalsgesellschaft – hat zwar ein jederzeitiges Kündigungsrecht nach § 649 BGB, bleibt aber dennoch zur Zahlung der vereinbarten Vergütung verpflichtet. Diese vermindert sich allerdings um die ersparten Aufwendungen, etwa Transport- und Übernachtungskosten, sowie Erlöse aus anderweitig erzieltem oder möglichem Einsatz der Arbeitskraft, was den betreffenden Künstlern wegen der verbreiteten Absage von Karnevalsveranstaltungen nur im Ausnahmefall möglich gewesen sein dürfte.

Eine folgenlose Stornierung ohne Vergütungspflicht kann dagegen weder wegen Unmöglichkeit noch wegen Störung der Geschäftsgrundlage angenommen werden. Hier gelten sinngemäß die obigen Erwägungen.

Soweit die Werkverträge mit den Künstlern auf Formularvertragsbasis geschlossen wurden, bleibt die Beurteilung im Allgemeinen gleich. Sind hier Rücktritts- oder Kündigungsmöglichkeiten bei »höherer Gewalt« vorgesehen, trifft dies auf den vorliegenden Fall wegen der Freiwilligkeit der Absage nicht zu. Eine Vergütungspflicht bleibt auch bei einem Konzertvertrag nach dem **Vertragsmuster 6** bestehen, wo es heißt:

§ 8 Entfällt der Auftritt durch Absage des Veranstalters oder aus einem anderen, vom Veranstalter verursachten oder in seiner Risikosphäre liegenden Grund, zahlt der Veranstalter das ... vereinbarte Honorar.

Allerdings ist der nachfolgende Satz:

Ersparte Aufwendungen werden nicht abgezogen.

wegen Verstoß gegen § 307 BGB als nichtig anzusehen, da er einen wesentlichen Grundgedanken des Werkvertragsrechts, nämlich § 649 S. 2 BGB, missachtet.[66] Da aber dieser Passus nach der »blue-pencil«-Methode[67] problemlos gestrichen werden kann, bleibt die im Satz davor getroffene Regelung wirksam.

Es sei noch bemerkt, dass in der Praxis viele Hallenbetreiber seinerzeit aus Solidarität auf die ihnen an sich zustehende Miete verzichtet haben und ebenso einige Künstler auf ihre Gage; andere Künstler, die zB bereits angereist waren, haben ihr Honorar auch voll erhalten oder sich mit den Veranstaltern auf 50 % der Gage für die ausgefallene Veranstaltung und einen weiteren Auftritt im folgenden Jahr zu 100 % Gage verständigt.

Stets aktuell sind Fälle eines Veranstaltungsausfalls durch Streik. Nachfolgend sollen rechtliche Aspekte eines Streiks im öffentlichen Dienst behandelt werden und dabei insbesondere die Frage, inwieweit ein streikbedingter Veranstaltungsausfall entschädigungslos alle Leistungspflichten entfallen lässt. Dazu folgender

66 BGH NJW 1973, 1190; Palandt/*Sprau* § 649 Rn. 17.
67 Vgl. Palandt/*Grüneberg* § 306 Rn. 7; OLG Brandenburg ZMR 2004, 745.

Fall 7: Veranstaltungsausfall infolge Streiks. Eine Konzertdirektion trifft mit einer Stadthalle eine schriftliche Vereinbarung, am 30.4. in der Stadthalle gemeinsam die Veranstaltung »Tanz in den Mai« durchzuführen. Gewinn und Verlust aus der Veranstaltung sollen zwischen den Parteien geteilt werden. Mehrere Folgeveranstaltungen sind geplant. Namens der Veranstaltergemeinschaft werden verschiedene Kapellen engagiert, die mit eigener Licht- und Schalltechnik anreisen, aber wegen Streiks nicht auf die Bühne gelassen werden. Die Veranstaltung fällt aus. Die Kapellen beanspruchen ihre Gage. Zu Recht?

Das ist der Fall, wenn ein wirksamer Werkvertrag mit der Veranstaltergemeinschaft gem. § 631 BGB vorliegen würde.

Die Veranstaltergemeinschaft stellt eine Gesellschaft bürgerlichen Rechts (GbR) dar, da sich Direktion und Stadthalle zu dem gemeinsamen Zweck verbunden haben, Veranstaltungen der beschriebenen Art durchzuführen (§ 705 BGB). Dabei war im Vertrag im Einzelnen festgelegt, welche Einzelaufgaben den beiden Vertragsparteien zufielen, um die betreffenden Veranstaltungen zu organisieren und abzuwickeln. Danach oblag unter anderem das Engagement der Musikgruppen nach vorheriger gemeinsamer Festlegung der Direktion.

Die dementsprechend abgeschlossenen Engagementverträge mit den Kapellen waren demgemäß gegenüber der Stadthalle verbindlich (§ 714 BGB).

Die Musikgruppen haben ihre versprochene Leistung termingerecht angeboten (§§ 293 f. BGB) und müssten folglich von der Stadthalle und der Direktion gemeinsam ihr Honorar erhalten, wenn dieser Anspruch nicht ausnahmsweise infolge des Streiks entfiele. Das wäre anzunehmen, wenn die Vertragserfüllung streikbedingt unmöglich geworden wäre und keiner der Vertragspartner die Unmöglichkeit zu vertreten hätte (§§ 275, 326 I BGB). Damit übereinstimmend sieht auch Ziff. 2 des Engagementvertrags den Wegfall des Gegenanspruchs vor, wenn durch vom Auftraggeber nicht zu vertretende Umstände eine Veranstaltung nicht stattfinden kann. Ob die aus dem Streik resultierenden Leistungshindernisse tatsächlich so stark waren, dass sie die Veranstaltung unmöglich machten, hängt stark von den Umständen des Einzelfalls ab; sie müssten vom Auftraggeber nachgewiesen werden. Der Ausfall ersetzbarer oder notfalls entbehrlicher Arbeitskräfte reicht dazu nicht aus. Beispielsweise verhinderten der Ausstand des Hausmeisters und technischen Personals nicht notwendig die Durchführung der Veranstaltung, wenn Öffnung und Schließung der Zugänge sowie die Betätigung der Licht- und Klimaanlage durch den Hallenleiter hätten übernommen werden können. Ein größerer technischer Einsatz von Seiten der Halle war offenbar nicht zu leisten, da die Musikgruppen ihre eigenen Verstärker- und Beleuchtungsanlagen mit sich führten und selbst bedient hätten.

Neben Zweifeln, ob die Veranstaltung tatsächlich nicht stattfinden konnte, ist zu fragen, ob der Hallenbetreiber eine etwaige Unmöglichkeit wirklich **nicht zu vertreten** hat. Auch insoweit trifft ihn die Beweispflicht (§ 280 I 2 BGB). Anerkannt ist zunächst, dass ein Streik von Mitarbeitern ihm nicht automatisch über § 278 BGB (Haftung für Erfüllungsgehilfen) zuzurechnen ist.[68] Andererseits bleibt es bei dem Grundsatz der Vertragstreue (»pacta sunt servanda«), wonach der Veranstalter gegenüber den Musikgruppen verpflichtet bleibt, trotz Streiks die Veranstaltung durchzuführen. Er müsste in jedem Fall versuchen, streikbedingte Leistungshindernisse abzuwehren oder die Veranstaltung auf andere Weise, zB durch den Einsatz von

68 HM, vgl. *Richardi* JuS 1984, 825; *Dütz/Thüsing* ArbR Rn. 769; Palandt/*Grüneberg* § 278 Rn. 8.

Ersatzkräften, »durchzuziehen«.[69] Wieweit dieser Kooperationspflicht Genüge getan worden ist, lässt sich nur im Einzelfall beurteilen. Sie wäre bei einer Solidarisierung mit den Streikforderungen durch bewusste Verhinderung der Veranstaltung sicher verletzt. Die Musikergruppe würde dann ihren Anspruch auf die Gage behalten (§ 326 II BGB).

Umgekehrt würde jegliche Zahlungspflicht entfallen, wenn infolge des Streiks die Leistungshindernisse so stark gewesen sein sollten, dass die Veranstaltung unvermeidbar ausfallen musste (§§ 275, 326 I BGB).

II. Die Rechtsposition des Hallenbetreibers im Verhältnis zu Veranstaltungsteilnehmern

Im Vordergrund des Interesses stehen hier Haftungsfragen infolge von Unfällen. Dazu folgender

Fall 8: Sturz des Choristen von der Bühne. Ein Chorsänger fällt von der Bühne und verletzt sich schwer. Grund: Für Chor und Orchester war die Bühne zu klein. Die Halle hatte dem Veranstalter die Bühnenmaße zur Verfügung gestellt, die von ihm aber nicht beachtet wurden.

War der verunglückte Chorist ein **Berufssänger** im Angestelltenverhältnis, so liegt ein Arbeitsunfall vor (§§ 8 und 2 SGB VII). Die zuständige Berufsgenossenschaft müsste ihm dann, gleichgültig ob ein Fremd- oder auch ein Eigenverschulden anzunehmen ist,[70] die üblichen Leistungen der gesetzlichen Unfallversicherung erbringen, zB kostenlose ärztliche Versorgung und Verletztengeld (§ 26 SGB VII).

Ein selbstständiger Berufssänger ist im Unterschied zur früheren Rechtslage[71] heute nicht mehr kraft Gesetzes unfallversichert, könnte sich allerdings freiwillig bei der gesetzlichen Unfallversicherung versichern.

Eine Leistungspflicht der gesetzlichen Unfallversicherung besteht in keinem Fall, wenn es sich um einen **Laienchor** handelte und der verletzte Sänger dem Chor zB als Vereinsmitglied angehörte. Dann kann der verletzte Chorsänger auch nicht auf zivilrechtlicher Grundlage mit Erfolg den Hallenbetreiber auf Schadensersatz in Anspruch nehmen. Vertragliche Ansprüche wegen schuldhafter Verletzung des Mietvertrages (Pflichtverletzung gem. § 280 I BGB), in dessen Schutzbereich außer dem Veranstalter als eigentlichem Vertragspartner auch Teilnehmer und Besucher fallen, scheitern im Ergebnis ebenso wie Ansprüche aus unerlaubter Handlung (§ 823 BGB) am fehlenden Verschulden des Hallenbetreibers. Er ist mit der Durchgabe der genauen

69 So bereits eindringlich *Fessmann* NJW 1983, 1165 für den Fall eines Theaterstreiks.

70 Leistungen können nämlich nach § 101 II SGB VII nur dann ganz oder teilweise entzogen werden, wenn der Versicherungsfall bei einer von Versicherten begangenen Handlung eingetreten ist, die nach rechtskräftigem strafgerichtlichem Urteil ein Verbrechen oder vorsätzliches Vergehen ist. Auch verbotswidriges Handeln schließt einen Versicherungsfall nicht aus, vgl. § 7 II SGB VII.

71 Die Versicherungspflicht für vertraglich engagierte Schausteller, Künstler und Artisten nach § 539 I Nr. 3 RVO ist seit 1.1.1997 mit Inkrafttreten des SGB VII und der Neufassung der Versicherungspflichtigen in § 2 entfallen. Eine freiwillige Unternehmerversicherung ist seither in § 6 I Nr. 1 SGB VII vorgesehen. Außerdem ist kraft Satzungsregelung der zuständigen Berufsgenossenschaft eine Unfallversicherung für Unternehmer möglich, § 3 I Nr. 1 SGB VII.

Bühnenmaße seinen vertraglichen und allgemeinen Sorgfaltspflichten hinreichend nachgekommen.

Zusätzliche Warn- und Informationspflichten bzgl. der Größe der Bühne an jeden einzelnen Veranstaltungsteilnehmer würde ich für zu weitgehend halten und ablehnen. Allerdings kann sich der verletzte Teilnehmer wegen fehlerhafter Organisation und unterbliebener Hinweise in puncto Bühne an den Veranstalter halten und von ihm Schadensersatz gem. § 280 I BGB wegen Verletzung einer leistungsbezogenen Nebenpflicht und aus unerlaubter Handlung (§ 823 BGB) beanspruchen.

Fallübergreifend lässt sich bzgl. der Haftung des Hallenbetreibers zu Veranstaltungsteilnehmern folgendes sagen:

Zwischen beiden bestehen häufig keine direkten vertraglichen Beziehungen. Das schließt jedoch etwaige Schadensersatzansprüche nicht aus. Der Hallenbetreiber schuldet nämlich den Veranstaltungsteilnehmern und ebenso bloßen Besuchern die gleiche vertragliche Sorgfalt und Obhut wie dem Veranstalter als seinem eigentlichen Vertragspartner. Die Rechtsprechung hat dies aus der **Rechtsfigur des Vertrages mit Schutzwirkung zugunsten Dritter** entwickelt und beispielsweise anerkannt, dass Vereinsmitglieder bei einem Mietvertrag mit dem Verein[72] oder Gäste bei der Überlassung von Gaststättenraum für eine Veranstaltung[73] in den Mietvertrag mit dem Veranstalter so einbezogen sind, dass sie bei der Verletzung von Sorgfaltspflichten durch den Vermieter gegen diesen eigene vertragliche Ansprüche geltend machen können. Diese Ausweitung von Vertragspflichten über den Vertragspartner hinaus lässt sich aufgrund folgender Umstände[74] begründen:

Zum einen trifft das Moment der **Leistungsnähe** zu, weil der Veranstaltungsteilnehmer bestimmungsgemäß mit der Leistung des Hallenbetreibers in Berührung kommt und den Gefahren in gleicher Weise ausgesetzt ist wie der Veranstalter selbst als der Vertragspartner.

Sodann besteht eine **Schutzpflicht des Gläubigers** gegenüber dem Dritten, weil der Veranstalter seinen Teilnehmern aufgrund vereinsmäßiger oder vertraglicher Beziehungen Schutz und Fürsorge schuldet.

Diese Schutzpflicht und die Drittbezogenheit der Leistungen sind für den Hallenbetreiber auch ohne Weiteres **erkennbar**. Schließlich ist der Veranstaltungsteilnehmer **schutzbedürftig,** weil er sonst auf die unzureichende allgemeine Deliktshaftung mit Exculpationsmöglichkeit aus § 831 S. 2 BGB angewiesen wäre.

Die Anerkennung solcher vertraglicher Schutzpflichten gegenüber den Veranstaltungsteilnehmern führt insbesondere bei Pflichtverletzungen durch Mitarbeiter der Halle zu einer **Haftungserweiterung**, weil der Hallenbetreiber sich nicht mit dem bei unerlaubten Handlungen sonst möglichen Nachweis entlasten kann, er habe seine Mitarbeiter sorgfältig ausgewählt und überwacht (§ 831 S. 2 BGB), sondern für deren Fehler unbedingt einstehen muss (§ 278 BGB). Andererseits wird man jedoch formularmäßige **Haftungsbegrenzungen,**[75] die gegenüber dem Mieter zulässigerweise

---

72 BGH NJW 1965, 1757; OLG Schleswig SchlHA 49, 63.

73 RGZ 160, 155.

74 Zu diesen Kriterien vgl. Palandt/*Grüneberg* § 328 Rn. 16–18; *Medicus/Lorenz* SchuldR I Rn. 774–776; *Brox/Walker* SchuldR AT § 33 Rn. 1 ff.

75 Vgl. § 17 V Vertragsmuster 2 des VDSM, wo es heißt: »Der Vermieter haftet lediglich für Schäden, die auf mangelnde Beschaffenheit der vermieteten Räume und des vermieteten Inventars oder

die Haftung des Hallenbetreibers auf grobe Pflichtverstöße einschränken, auch und erst recht im Verhältnis zu Dritten, wie Veranstaltungsteilnehmern und -besuchern, anerkennen müssen.[76]

Hervorzuheben bleibt, dass die vertraglichen Ansprüche aus Pflichtverletzung nicht nur materielle Schäden umschließen, sondern bei Körper- und Gesundheitsschäden nach Neufassung des § 253 BGB auch einen Anspruch auf Ersatz des immateriellen Schadens. Solche **Schmerzensgeldansprüche** gegen den Hallenbetreiber können daher sowohl wegen Pflichtverletzung (§ 280 I BGB) als auch wegen unerlaubter Handlung (§§ 823 ff. BGB) beansprucht werden.

Schematisch lassen sich die Rechtsbeziehungen so darstellen:

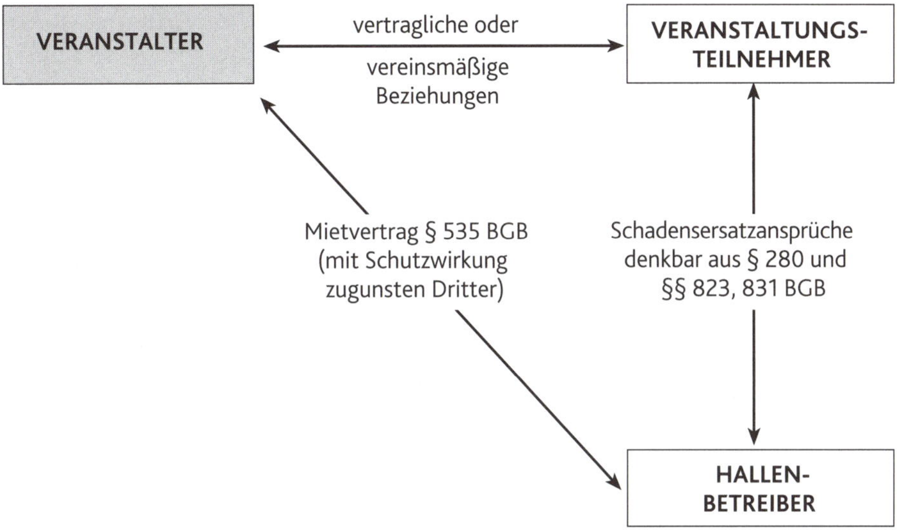

Bild 10: Rechtsstellung des Hallenbetreibers bei Schäden von Veranstaltungsteilnehmern

III. Die Rechtsposition des Hallenbetreibers im Verhältnis zu Besuchern

Die Rechtsbeziehungen des Hallenbetreibers zu Besuchern haben – wie bereits oben systematisch dargestellt (vgl. auch Bilder 2 und 3) – eine unterschiedliche Qualität, je nachdem ob der Hallenbetreiber eine eigene Veranstaltung durchführt oder seine Halle lediglich für Fremdveranstaltungen vermietet. Während im ersten Fall unmittelbare Vertragsbeziehungen zum Publikum begründet werden, fehlt es daran im zweiten Fall schon vom Ausgangspunkt her.

auf vorsätzliche oder grob fahrlässige Verletzung der von ihm übernommenen Verpflichtungen zurückzuführen sind.«

76 Vgl. Palandt/*Grüneberg* § 328 Rn. 20; BGHZ 56, 269.

1. Eigenveranstaltungen der Halle

Die Hauptproblematik des Veranstaltungsausfalls ist bereits oben ausführlich erörtert worden. In diesem Zusammenhang bleibt noch die Frage von Nebenpflichten bei einem Veranstaltungsausfall. Dazu folgender

Fall 9: Die nicht mitgeteilte Absage eines Konzerts. Ein Konzertabonnent reist aus einer 50 km entfernten Nachbarstadt zu einem Abonnementskonzert an und erfährt erst vor Ort, dass die Veranstaltung wegen Erkrankung des Dirigenten verschoben werden musste. Er möchte seine Fahrtkosten ersetzt haben.

Falls der Hallenbetreiber die Veranstaltung nicht umdisponieren konnte, kann ihm der Veranstaltungsausfall selbst nicht zur Last gelegt werden. Die Unmöglichkeit, die **Hauptleistungspflicht** zu erbringen, hat er folglich nicht zu vertreten,[77] sodass er ohne Schadensersatzpflichten von seiner Leistungspflicht frei wird (§ 275 I BGB), andererseits den anteiligen Abonnementsbeitrag an den Abonnenten zurückerstatten muss (§ 326 I BGB). Könnte die Veranstaltung später nachgeholt werden, so hat der Hallenbetreiber den eingetretenen Verzug nicht zu vertreten (§ 286 IV BGB) und muss wegen der krankheitsbedingten Verschiebung ebenfalls keinen Schadenersatz leisten.

Es stellt sich darüber hinaus jedoch noch die Frage, ob der Hallenbetreiber weitergehende **Nebenpflichten** gegenüber dem Abonnenten hat. Hier wäre an die Verletzung der Aufklärungspflichten, speziell Anzeige- und Hinweispflichten, zu denken, deren schuldhafte Verletzung nach § 280 I BGB Schadensersatzpflichten auslöst.[78]

Zu den vertraglichen Nebenpflichten eines Veranstalters gehört es, dass er den Ausfall einer Veranstaltung rechtzeitig bekannt gibt, soweit dies möglich und zumutbar ist. Dabei dürfte regelmäßig eine Bekanntgabe über die Medien ausreichen, bei lokalen Ereignissen also eine Information über Presse, Lokalfunk, Veranstaltungsblätter und Ähnliches. Bei Veranstaltungen von überlokaler Bedeutung, insbesondere bei Großveranstaltungen, sind Hinweise in überregionalen Zeitungen, in Rundfunk, Fernsehen oder im Internet nötig.

Bei einem Abonnenten, der bereits fest im Voraus gebucht hat und dessen Anschrift dem Veranstalter bekannt ist, würde ich darüber hinaus eine persönliche Benachrichtigung über Telefon, Brief, E-Mail, Fax oder Ähnliches für erforderlich halten.

Sollte dies im vorliegenden Fall nicht geschehen sein, müsste der Besucher wegen seiner nutzlosen Aufwendungen für Reise etc. aufgrund einer Pflichtverletzung gem. § 280 I BGB seitens des Veranstalters entschädigt werden.[79] Der reine Freizeitverlust ist allerdings im Unterschied zu den Reisekosten als immaterieller Schaden grundsätzlich nicht erstattungsfähig (§ 253 BGB).[80]

---

77 Anders war die Situation dagegen im Fall des AG Berlin-Schöneberg NJW 1989, 2824, wo der Besitzer einer Eintrittskarte keinen Zutritt zu der Silvesterveranstaltung fand, weil der Veranstalter zu viele Eintrittskarten verkauft hatte. Hier liegt eine zu vertretende Unmöglichkeit vor, die zum Ersatz des eingetretenen materiellen Schadens verpflichtet (§ 325 BGB aF, heute: § 283). Ob der Freizeitverlust darunter fällt, ist zweifelhaft, wurde jedoch vom erkennenden Gericht bejaht und mit 100 DM (ca. 50 EUR) honoriert.

78 Vgl. Palandt/*Grüneberg* § 280 Rn. 22 ff.

79 Die anderslautende Entscheidung des LG Lüneburg (NJW 2002, 614) überzeugt schon nach altem Recht nicht und ist zudem durch die Schuldrechtsreform überholt. In § 284 BGB wird nun der Anspruch auf Aufwendungsersatz eindeutig anerkannt.

80 So auch *Roth* JuS 1999, 223; anders AG Herne NJW 1998, 3651 (3653), das für einen verdorbenen

Wer noch keine Karte besitzt und vergebens zu einem angekündigten, nicht bereits ausverkauften Konzert fährt, weil der Star des Abends erkrankt war, kann ggf. vom Veranstalter ebenfalls Schadensersatz wegen Verletzung vorvertraglicher Hinweispflichten beanspruchen. Dies trifft zu, wenn der Veranstalter es schuldhaft versäumt hat, den Ausfall des Konzerts über die Medien bekannt zu geben. Der enttäuschte Besucher kann aus einer Pflichtverletzung bei Vertragsanbahnung gem. §§ 280 I iVm 311 II, 241 II BGB den Ersatz nutzloser Aufwendungen wie Reisekosten und Ähnliches beanspruchen. Denn der Veranstalter hatte mit der Ankündigung des Konzerts bereits einen geschäftlichen Kontakt angebahnt, auf den der Besucher seinerseits eingegangen war; er durfte mangels anderweitiger Informationen dann redlicherweise mit der Durchführung der Veranstaltung rechnen und darauf vertrauen.

Der Hallenbetreiber wird mit Haftungsrisiken vielfach auch aufgrund von Unfällen konfrontiert, die Besucher im Bereich der Hallenräumlichkeiten erleiden. Dies kann sowohl bei Eigen- wie auch Fremdveranstaltungen passieren, so dass der nachfolgende Fall in beiden Varianten erörtert werden soll.

Fall 10: Sturz auf dem Parkett bei Eigenveranstaltung. Die Besucherin einer Eigenveranstaltung der Halle stürzt beim Besuch der Halle auf dem Parkettfußboden und bricht sich den Arm. Bestehen Schadensersatzansprüche?

Hier sind sowohl vertragliche Ansprüche aus Pflichtverletzung gem. § 280 I BGB als auch außervertragliche Ansprüche gem. §§ 823 ff. BGB denkbar. In beiden Fällen ist die entscheidende Frage, ob der Hallenbetreiber seinen Verkehrssicherungspflichten schuldhaft nicht nachgekommen ist. Diese Pflichten hat allgemein jeder, der Gefahrenquellen schafft, gegenüber denjenigen, die diesen Gefahren ausgesetzt sind. Er muss die notwendigen und zumutbaren Vorkehrungen treffen, um Schäden anderer zu verhindern.[81]Dementsprechend treffen auch den Betreiber einer Stadthalle Verkehrssicherungspflichten bzgl. der Gefahren, die den Besuchern beim Betreten der Räumlichkeiten drohen.

Das Verlegen eines Parkettfußbodens, der bekanntlich häufig Stürze verursacht, ist als solches nicht als Verletzung von Verkehrssicherungspflichten anzusehen, da derartige Böden bauordnungsrechtlich gestattet sind. Entsprach also der Boden den bauordnungsrechtlichen Vorschriften, so wird man Schadensersatzansprüche nur anerkennen können, wenn der Boden übermäßig glatt gewachst oder gebohnert war. Andererseits verstoßen Verlegung und gewöhnliche Pflege eines Parkettbodens als solche nicht gegen Verkehrssicherungspflichten.

Das LG Nürnberg-Fürth hat dies auf den Kern gebracht: »Auf die dem Parkettboden eigene normale Glätte muss sich das Publikum einer Halle grundsätzlich einstellen.«[82]

Nach Auffassung der Rechtsprechung gibt es auch keinen allgemeinen Erfahrungssatz, dass das Ausrutschen eines Gastes auf dem Boden die Folge eines zu glatten Bodenbelags ist. Es kommen nämlich mehrere Ursachen für solche Stürze in Betracht, wie Unaufmerksamkeit des Gastes oder ungeeignetes Schuhwerk, sodass sich der Gast nicht auf einen Beweis des ersten Anscheins berufen kann, der Boden sei zu glatt

Nachmittag einen Betrag von 20 DM wegen nutzlos aufgewendeter Freizeit zugestand sowie AG Berlin-Schöneberg NJW 1989, 2824, s. Fn. 77.

81 Ständige Rechtsprechung des BGH, beispielsweise BGH NJW 2008, 3775; dazu näher *Brox/Walker* SchuldR BT § 41 Rn. 33 ff.

82 LG Nürnberg-Fürth ZfS 1989, 225.

gewesen. Das gilt nach dem Urteil des LG Nürnberg selbst dann, wenn sich in einem Café mit Parkettfußboden durchschnittlich ein bis zwei Stürze pro Monat ereignen. Dann möchte ich allerdings meinen, dass ein besonderes Warnschild aufgestellt werden müsste, das vor den Gefahren des betreffenden Parketts warnt.

Grafisch zusammengefasst stellen sich die Haftungsrisiken des Hallenbetreibers gegenüber Besuchern so dar:

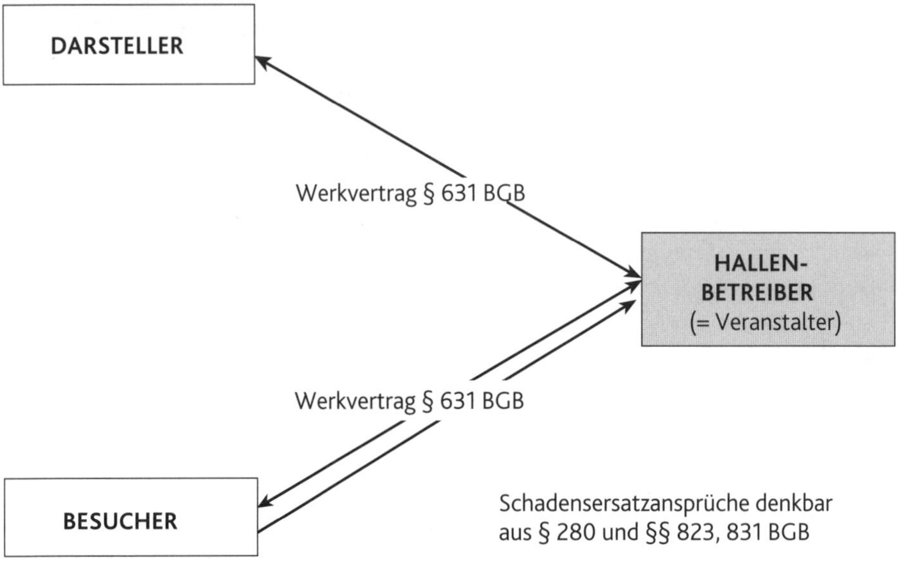

Bild 11: Rechtsstellung des Hallenbetreibers bei Schäden von Besuchern im Rahmen halleneigener Veranstaltungen

2. Fremdveranstaltungen der Halle

Der gerade behandelte Fall kann auch in folgender Variante auftreten:

Fall 10a: Sturz auf dem Parkett bei Fremdveranstaltung. Die Besucherin einer Fremdveranstaltung stürzt beim Besuch der Halle auf dem Parkettfußboden und bricht sich den Arm. Hat sie Aussicht auf Schadensersatz gegenüber der Halle?

Die inhaltlichen Fragen bzgl. des Verschuldens sind hier die gleichen wie bereits erörtert. Deliktische Ansprüche nach §§ 823 ff. BGB sind denkbar, aber problematisch. Selbst wenn sich die Verletzung von Verkehrssicherungspflichten wegen übermäßiger Glätte oder fehlender Warntafel feststellen ließe, scheitern Ansprüche aus § 831 I BGB vielfach an der Entlastungsmöglichkeit des § 831 I 2 BGB, wenn gut ausgewählte und hinreichend kontrollierte Mitarbeiter zum Einsatz gekommen waren.

Deshalb stellt sich besonders dringlich die Frage nach vertraglichen Schadensersatzansprüchen wegen Pflichtverletzung (§ 280 I BGB), weil bei vertraglichen Schadensersatzansprüchen eine solche Entlastungsmöglichkeit mangels Anwendbarkeit von § 831 BGB entfällt und eine unbedingte Einstandspflicht für ein Fremdverschulden der Erfüllungsgehilfen nach § 278 BGB besteht. Zentrale Frage ist, wieweit bei Fremdveranstaltungen, bei denen direkte Vertragsbeziehungen nur zwischen Besucher und Veranstalter einerseits und Veranstalter und Halle andererseits bestehen, vertragliche

Schutzpflichten auch gegenüber Besuchern anzuerkennen sind. Dies ist aufgrund der Rechtsfigur des **Vertrages mit Schutzwirkung zugunsten Dritter** grundsätzlich – wie bei Unfällen von Veranstaltungsteilnehmern bereits ausgeführt[83] – zu bejahen. Denn ein Besucher kommt mit den Gefahren der vermieteten Sache typischerweise ebenso in Kontakt wie der Veranstalter als eigentlicher Vertragspartner. Neben dieser **Leistungsnähe** trifft auch die weitere Voraussetzung für eine Ausweitung der vertraglichen Schutzpflichten zu, nämlich das Vorhandensein einer **Schutzpflicht des Gläubigers** gegenüber dem Dritten: Den Veranstalter trifft gegenüber seinen Besuchern eine Verpflichtung, diese vor Schäden bei Nutzung der Halle zu bewahren, also bei der bestimmungsgemäßen Leistungserbringung. Diese Tatsache ist dem Hallenbetreiber ohne Weiteres erkennbar, denn er weiß, dass die vermietete Halle bei der Veranstaltung einem größeren Publikum zugänglich sein soll. Das entsprechende Haftungsrisiko gegenüber Besuchern ist von vornherein überschaubar, lässt sich kalkulieren und versichern und erscheint somit **zumutbar**, während andererseits der Besucher **schutzbedürftig** ist.

Damit liegen alle Voraussetzungen für eine Ausweitung vertraglicher Schutzpflichten vor. Ob diese im Einzelfall von einem Mitarbeiter der Halle schuldhaft verletzt worden sind und dieser dann über § 278 BGB zugerechnet werden müssen, hängt von den Umständen des Einzelfalls ab. Falls Sorgfaltspflichten bzgl. des Bodens (insbesondere seiner Pflege und Hinweise bzgl. Gefahren) missachtet wurden, wäre die Halle der Besucherin zum Ersatz ihres materiellen und immateriellen Schadens infolge Pflichtverletzung nach §§ 280 I, 253 II BGB verpflichtet. Ggf. mindert sich die Ersatzpflicht allerdings wegen Mitverschuldens, wenn der Besucherin der übermäßig glatte Boden bei gehöriger Sorgfalt hätte auffallen müssen (§ 254 BGB).[84] Es sei aber nochmals betont, dass dann, wenn der Boden ordnungsgemäß gepflegt wurde und er nur die ihm eigentümliche Glätte besaß, alle etwaigen Ansprüche aus einer Pflichtverletzung von vornherein am fehlenden Verschulden der Hallenbediensteten oder sonstigen Mitarbeiter scheitern.

Die Risiken, denen der Hallenbetreiber im Verhältnis zu Besuchern ausgesetzt ist, sind bei einer Fremdveranstaltung wegen der geringeren Vertragsdichte zu den Besuchern im Vergleich zu Eigenveranstaltungen insgesamt geringer, da die veranstalterspezifischen Verkehrssicherungspflichten dann nicht die Halle, sondern eben nur den Veranstalter treffen. So hat die Halle bei Durchführung einer Veranstaltung durch einen Fremdveranstalter regelmäßig keine Pflicht, sich um die Abstimmung der Verstärkeranlage der Musikergruppe oder den Sicherheitsdienst zu kümmern, sondern hat diese Aufgaben auf den Veranstalter übertragen.

83 Siehe Fall 8, S. 41 ff.

84 Aus diesem Grunde hat das AG Wermelskirchen (MDR 1988, 407) ein hälftiges Mitverschulden mit dem zusätzlichen Argument angenommen, der Boden sei an mehreren Stellen glatt gewesen und die Geschädigte sei nicht die erste gewesen, die gestürzt sei.

Grafisch lassen sich die Rechtsbeziehungen wie folgt festhalten:

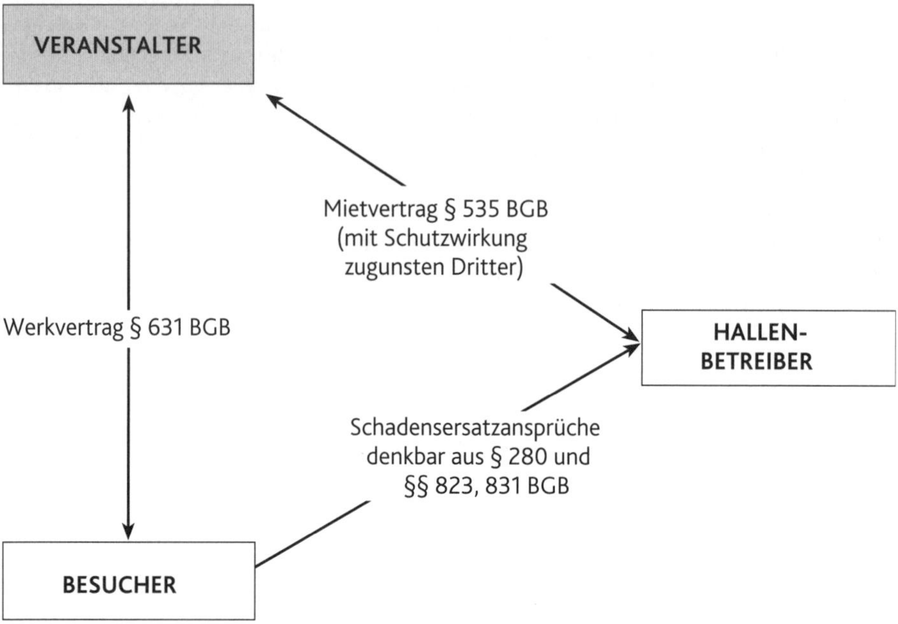

Bild 12: Rechtsstellung des Hallenbetreibers bei Schäden von Besuchern im Rahmen hallenfremder Veranstaltungen

Fall 11: Die tödliche Hochzeitsfeier[85].

Der Besitzer eines Gebäudes mit einer Tanzhalle im 3. Stockwerk vermietete diese für eine Hochzeitsfeier an die Brautleute. Die Feier hatte gerade mit einem ausgelassenen Tanz begonnen, als der Boden unter den Gästen mit einem dumpfen Knall einbrach. Die Tanzhalle stürzte ein und riss die Gäste 30 Meter in die Tiefe. Dabei wurden 26 Gäste getötet und über 350 Gäste verletzt. Als Ursache zeichnet sich ab, dass der Besitzer des Gebäudes vier tragende Säulen beseitigt hatte, um mehr Platz für zahlende Gäste zu haben. Die Betroffenen fragen nach ihren Ansprüchen.

Hier kommen vor allem Schadensersatzansprüche aus unerlaubter Handlung in Frage, die in Deutschland aus der Grundnorm des § 823 I BGB abzuleiten wären.

Schulmäßiger Aufbau des § 823 I BGB:

1. eine Rechtsgutverletzung, die ursächlich auf ein Verhalten des Gebäudebesitzers zurückzuführen sein müsste,
2. die Widerrechtlichkeit der Schadenszufügung,
3. ein Verschulden des Gebäudebesitzers.

85 Der Fall ist einem tragischen Vorfall in Israel nachgebildet, über den seinerzeit die Medien berichteten (vgl. NOZ v. 26.5.2001).

Prüfung der Anspruchsvoraussetzungen:

Zu 1): Wenn sich tatsächlich bewahrheitet, dass der Besitzer eigenhändig vier tragende Säulen entfernt hat oder evtl. durch eine Baufirma entfernen ließ, so hat er damit eine Ursache gesetzt, die den Einsturz bewirkt hat und auch kausal für die Tötung von 26 Gästen und die Körperverletzung von über 350 weiteren Gästen war. Damit hat er Leben, Körper und Gesundheit zahlreicher Menschen durch seine Handlungsweise adäquat kausal verletzt.
Zu 2): Diese Handlung war durch nichts gerechtfertigt und damit widerrechtlich.
Zu 3): Ein Verschulden liegt zumindest in Form von Fahrlässigkeit vor, da er in keinem Fall vier tragende Säulen eines zum Aufenthalt von Menschen bestimmten Raums entfernen durfte und damit seine Sorgfaltspflichten sträflich vernachlässigt hat.
Er haftet damit den Verletzten auf Schadensersatz, der zum einen den Ersatz des materiellen Schadens umfasst. Dazu zählen zB Arzt- und Krankenhauskosten, soweit nicht versichert, sonstige Heilungskosten, Kosten wegen vorübergehender Arbeitsunfähigkeit oder wegen Einschränkung der Erwerbsfähigkeit nach § 843 BGB. Zum anderen können die Verletzten aber auch den immateriellen Schaden in Form eines angemessenen Schmerzensgeldes ersetzt verlangen (§ 253 II BGB).
Bei den Todesopfern können die Hinterbliebenen zum einen die Beerdigungskosten ersetzt verlangen, aber ggf. auch eine Geldrente beanspruchen, wenn ihnen der Verstorbene zum Unterhalt verpflichtet war, zB als Ehepartner oder als Elternteil (§ 844 BGB), oder wenn er ihnen kraft Gesetzes Dienstleistungen im Haushalt erbringen musste (§ 845 BGB).
Der Vollständigkeit halber sei erwähnt, dass eine Haftung des Grundstücksbesitzers sich ggf. auch wegen mangelhafter Unterhaltung aus § 836 BGB und wegen Mietmangels aus § 536a I BGB bzw. wegen Pflichtverletzung aus § 280 I BGB gegenüber den Brautleuten als Mietern ergeben kann. Die Hinterbliebenen könnten über die Rechtsfigur eines (Miet-)Vertrages zugunsten Dritter ebenfalls entsprechende vertragliche Schadensersatzansprüche haben, denen hier allerdings nicht weiter nachgegangen werden soll, weil sie keine weiterreichenden Ansprüche auslösen würden.

Ergebnis:
Die Betroffenen und die Hinterbliebenen haben in jedem Fall gegen den Gebäudebesitzer Schadensersatzansprüche wegen unerlaubter Handlung nach § 823 I BGB.

Zum Abschluss der Erörterungen noch ein Fall aus dem Leben:

Fall 12: Aller Segen kommt von oben. Ein Ballsaal mit Empore. Während der Veranstaltung übergibt sich ein Teilnehmer über die Emporenbrüstung. Ein vollbesetzter Tisch wird getroffen, Essen und Getränke sind verschmutzt, die Kleidung muss gereinigt werden. Der Verursacher kann nicht ermittelt werden, Die Besucher verlangen deshalb Ersatz von der Stadthalle.

Juristisch gesehen existiert keine Haftung der Stadthalle, weil sie oder ihre Mitarbeiter keinen haftungsrelevanten Handlungs- oder Unterlassungsbeitrag zu diesem Vorkommnis geliefert haben. Damit scheiden Schadensersatzansprüche wegen Pflichtverletzung nach § 280 I BGB ebenso aus wie aus unerlaubter Handlung nach § 823 BGB. Eine Zurechnung des fremden Verhaltens über § 278 BGB im Falle vertraglicher Pflichtverletzung scheitert, da der Besucher kein Erfüllungsgehilfe des Hallenbetreibers ist. Ebenso wenig kann § 831 1 BGB angewendet werden, da der Besucher kein Verrichtungsgehilfe der Halle war. Die Betroffenen sind daher allein auf Ansprüche gegen den Übeltäter angewiesen, der bei Vermeidbarkeit des Vorfalls gem. § 823 I BGB haften würde. Gelingt es ihnen aber nicht, ihn ausfindig zu machen oder ließ sich das Geschehen nicht verhindern, so bleiben sie ohne Entschädigung. Dann bleibt das Risiko dort, wo es sich verwirklicht hat.

Damit schließt sich der Kreis zu der römischen Rechtstradition, die den Satz prägte: »Casum sentit dominus« oder frei übersetzt: »Schicksalsschläge muss jeder selbst ertragen«, eine Auffassung, wie sie in der mittelalterlichen Szene mit dem Auftritt des Baders auf dem Dorfplatz noch ganz selbstverständlich war. Heute freilich lässt sich der Besucher ungern – obwohl es der Rechtslage entspricht – mit dem Hinweis abspeisen, dass man gewisse Risiken selbst tragen muss.

Geschäftlich klug und erfrischend menschlich wäre es daher, wenn die Halle kulanterweise einen Ausgleich geben würde, um die frustrierten Gäste zufrieden zu stellen. Das ist im beschriebenen Fall tatsächlich geschehen und wird regelmäßig mehr Zufriedenheit schaffen als das Beharren auf Rechtspositionen, selbst wenn sie noch so begründet sind.

D. Die Rechtsbeziehungen zwischen dem Veranstalter einerseits und Besuchern, Darstellern und Veranstaltungsteilnehmern andererseits

I. Vertrags- und Haftungsfragen

Während in den beiden vorausgegangenen Kapiteln die rechtlich relevanten Fragen aus Sicht des Hallenbetreibers betrachtet wurden, soll der Blick nunmehr auf die Rechtsebene zwischen Veranstalter einerseits und Besuchern, Darstellern und Veranstaltungsteilnehmern andererseits geworfen werden. Damit wird die Rechtsposition des zweiten Akteurs im Veranstaltungsbereich beleuchtet, dessen organisatorischer Einsatz in maßgeblicher Weise zum Gelingen oder Misslingen einer Veranstaltung beiträgt. Stellt der Hallenbetreiber mit der »location« sozusagen das sachliche Substrat zur Verfügung, so ist der Veranstalter der schöpferisch und zugleich planvoll organisierende Dienstleister, dessen Aufgabe es ist, die Veranstaltung von der Idee bis zur Umsetzung und Abwicklung zu begleiten. Gedankliche Konzeption, planvolle Umsetzung mit Auswahl von Personen und Teams, die die Veranstaltung tragen, Auswahl der geeigneten Räumlichkeiten für das zu erwartende Publikum, Organisation der sonstigen Sachmittel, Kontrolle und Begleitung der Veranstaltung sowie Nachbereitung sind nur einige wesentliche Aufgaben, die sich auf folgende Kurzformel bringen lassen: Zentrale Aufgabe des Veranstalters ist es, die richtigen Personen und Mittel an der richtigen Stelle und zur rechten Zeit zusammenzuführen, damit die Erwartungen und Ansprüche des Publikums und des etwaigen Auftraggebers befriedigt werden. Dementsprechend sind vertragliche Absprachen und die haftungsrechtlichen Konsequenzen bei Nicht- und Schlechterfüllung die juristischen Brennpunkte, auf die sich die nachfolgenden Ausführungen konzentrieren.

II. Fallbeispiele

Nachstehend werden einige typische Fallkonstellationen aus der Praxis vorgestellt, die die Rechtsposition des Veranstalters im Verhältnis zu Besuchern, Darstellern und

Veranstaltungsteilnehmern beleuchten. Sie basieren auf eigenem Erleben, Medienberichten oder Gerichtsurteilen.

1. Die Rechtsposition des Veranstalters im Verhältnis zu Besuchern

Abgesehen vom Fall des Veranstaltungsausfalls, über den bereits oben berichtet wurde, kann es bei Veranstaltungen zu Verzögerungen kommen, die entweder aus der Sphäre des Besuchers (Fall 14: »Wer zu spät kommt, den bestraft das Leben«) oder des Veranstalters stammen (Fall 15: »Open air mit Verzögerung«). Es kann ferner zu einem Ausschluss von der Veranstaltung wegen ungebührlichen Betragens kommen (Fall 13: »Isoldes Liebestod«) oder zu einem Abbruch der Veranstaltung wegen Erschöpfung des Hauptakteurs (Fall 16: »Milvas Zusammenbruch«). Schließlich kann es zu einer Reihe von Pannen kommen (Fall 17: »Pannen beim Auftritt des Megastars«) oder zu einer Schädigung von Besuchern (Fall 18: »Hörsturz beim Heavy-Metal Konzert« und Fall 19: »Feuer in der Discothek«). Dazu im Einzelnen:

a) Risikosphäre der Besucher

Hauptprobleme, die die Sphäre von Besuchern betreffen, sind ungebührliches Verhalten und Unpünktlichkeit.

Fall 13: »Isoldes Liebestod«. Herr S. besucht seiner Freundin zuliebe einen Wagner-Abend mit einer Solo-Darbietung einer bekannten Opern-Diva, die von einem Pianisten begleitet in einem kleinen Saal mit etwa 100 Besuchern auftritt. Er sitzt in der ersten Reihe, raschelt während der Darbietung im Konzertprogramm, stiert gegen die Decke und sackt dann von Müdigkeit übermannt mit dem Kopf auf die Schulter. Die Diva kommt aus der Fassung und Herr S. wird gebeten, in den hinteren Reihen Platz zu nehmen. Dort erliegt er dem Schlafdrang. Nach dem Auftreten längerer sägender Schnarchgeräusche wird er von der Diva, die auch zugleich Veranstalterin des Konzerts war, des Saales verwiesen. Er verlangt darauf Rückzahlung des Eintrittsgeldes.

Der Fall, der einer Gerichtssendung im ZDF (»Streit um Drei«) nachempfunden ist, gibt Veranlassung, über Verhaltenspflichten von Zuschauern und Zuhörern bei Veranstaltungen zu reflektieren. Zunächst jedoch zur Grundlage des Anspruchs. Falls man die Leistungserbringung durch die veranstaltende Künstlerin als unmöglich ansieht, könnte sich der Rückzahlungsanspruch aus §§ 326 I und IV sowie § 346 BGB ergeben. Falls man die Leistung trotz Störung für möglich hält, käme ein Rücktritt wegen Leistungsverweigerung nach §§ 323 I, II Nr. 1, 346 BGB in Betracht. Vom Ergebnis unterscheiden sich beide Lösungen nicht. Da Unmöglichkeit als Spezialfall anzusehen ist, soll zunächst darauf eingegangen werden.

§ 326 I BGB stellt darauf ab, dass der Schuldner die Leistung wegen Unmöglichkeit gem. § 275 I–III BGB nicht zu erbringen hat. Hier wäre ggf. § 275 III BGB anwendbar. Die erste Voraussetzung passt, da der Schuldner – hier die Künstlerin – die Leistung persönlich zu erbringen hat. Die Frage ist, ob ihr die Leistung nicht zugemutet werden kann und sie diese daher verweigern darf. Hier stellt sich nun die Frage, welche Störungen ein Künstler hinnehmen muss und wo die Grenzen der Zumutbarkeit liegen. Ein Künstler kann sicher nicht erwarten, dass ihm die ungeteilte Aufmerksamkeit aller Besucher zuteil wird. Unaufmerksamkeit, Apathie, Rascheln, Hüsteln, Blättern im Programmheft, Tuscheln mit Mitbesuchern müssen in gewissem Umfang hingenommen werden. Hier kommt es sicher entscheidend auf den Inhalt und den Rahmen der Veranstaltung an. Bei ernsten Veranstaltungen ist vom Besucher deutlich mehr Zurückhaltung und Aufmerksamkeit zu erwarten als bei Aufführungen von U-Musik. Bei Großveranstaltungen muss ebenfalls wesentlich mehr an Störungen akzeptiert werden als bei kleineren Veranstaltungen mit intimerem Charakter. Bei Theaterbesuchen und Konzerten mit ernster Musik lässt sich wohl sagen, dass sich für den Besucher folgende Verhaltenspflichten ergeben: Er hat den Anordnungen des Personals Folge zu leisten, Gebots- und Verbotshinweise (zB keine Fotos; keine Mitschnitte) zu beachten, das Handy auszuschalten und Störungen wie lautes Unterhalten und Zwischenrufe während der Veranstaltung zu unterlassen.[86] Verstöße gegen diese Pflichten können nach vorheriger Abmahnung zum Ausschluss von der Veranstaltung führen. Misst man das Verhalten des Besuchers vorliegend an diesen Maßstäben, so reichen das Rascheln im Programmheft, Gähnen oder an die Decke Stieren für sich genommen nicht für einen Ausschluss aus. Anders werden länger anhaltende störende Schnarchgeräusche zu werten sein. Diese empfindlichen Störungen überschreiten das Maß des Zumutbaren, besonders nach den vorausgegangenen Ereignissen im vorliegenden Fall.

Da das Leistungsinteresse des Gläubigers (Besuchers) hier offensichtlich auf Null geschrumpft war, wird man unter Abwägung der beiderseitigen Interessen die Leistungserbringung durch die veranstaltende Künstlerin als unzumutbar einstufen können. Sie konnte daher zu Recht ihre Leistung gegenüber dem Besucher verweigern (§ 275 III BGB).

Die Folge wäre in der Regel, dass der Besucher von seiner Gegenleistungspflicht frei wäre und das gezahlte Eintrittsgeld zurückverlangen könnte (§ 326 I und IV BGB).

Dies gilt hier jedoch nicht, weil der Besucher als Gläubiger für die Umstände, die das Leistungsverweigerungsrecht der Künstlerin begründen, allein verantwortlich ist. Ein Rückzahlungsanspruch scheitert daher an § 326 II BGB.

Würde man keine Unmöglichkeit, sondern eine Leistungsverweigerung der Künstlerin nach § 323 I und II Nr. 1 BGB annehmen, würde ein Rücktritt des Besuchers dennoch aus den gleichen Gründen scheitern. Er wäre für die Umstände, die ihn an sich zum Rücktritt berechtigten, allein verantwortlich und könnte daher nach § 323 VI BGB keinen Rücktritt vom Vertrag erklären.

Ergebnis:
In keinem Fall kommt eine Rückzahlung des Eintrittsgeldes in Frage.

Fall 14: »Wer zu spät kommt, den bestraft das Leben«. Eine Gruppe von Theaterinteressierten trifft sich vor Beginn der Vorstellung zu einem gemütlichen Beisammensein. Über einem guten Wein vergessen die Freunde die Zeit und verspäten sich. Als sie im Theater ankommen, hat die Vorstellung schon begonnen. Das Personal verweigert den Einlass in den Theatersaal, da die Vorstellung schon zwanzig Minuten läuft. Die Gruppe muss bis zum zweiten Akt warten und verlangt deshalb einen Teil ihres Eintrittsgeldes zurück.

Der Anspruch auf Rückzahlung eines Teils des Eintrittsgeldes könnte sich möglicherweise aus §§ 326 I, IV, 346 BGB unter dem Gesichtspunkt ergeben, dass es den Besuchern unmöglich war, den ersten Akt der Vorstellung mitzuerleben. Sie könnten wegen dieser nicht erbrachten Teilleistung daher evtl. anteilige Rückzahlungsansprüche haben, die sich am Umfang des versäumten Teils zu dem ganzen Programm orientieren müssten. Das würde bei einer Gesamtlänge von 180 Minuten Spielzeit und einer Länge von 45 Minuten für den versäumten ersten Akt bedeuten, dass ein Viertel des Eintrittsgeldes unter Umständen rückzuerstatten wäre.

Eine solche Betrachtung lässt jedoch unberücksichtigt, dass sich die verspäteten Besucher den Ausfall des ersten Aktes, der unwiederbringlich für sie vorbei war und ihnen wegen Zeitablaufs unmöglich noch einmal geleistet werden konnte, selbst zuschreiben lassen müssen. Die Unmöglichkeit der Leistungserbringung ihnen gegenüber trat nämlich ein, als sie sich selbst in Annahmeverzug mit der Leistung befanden. In einem solchen Fall bleibt der Anspruch auf die Gegenleistung bestehen und es können keine Rückforderungsansprüche geltend gemacht werden, § 326 II BGB.

86 *Funke/Müller* HdB EventR Rn. 251 ff.

Die von dem Veranstalter zugesagte Leistung war die Durchführung der betreffenden Oper und das Bereitstellen eines Sitzplatzes der gebuchten Kategorie. Dabei handelt es sich um einen gemischten Vertrag mit Elementen des Werk- und Mietvertrages, bei dem aber die werkvertraglichen Elemente als hervorgehobene Leistungsmerkmale überwiegen. Der Veranstalter war verpflichtet, die Veranstaltung zur zugesagten Zeit beginnen zu lassen. Dem hat er hier entsprochen. Umgekehrt waren die Besucher gehalten, das dargebotene Werk zu diesem Zeitpunkt entgegenzunehmen. Das ist jedoch nicht geschehen. Damit gerieten die verspäteten Besucher mit Vorstellungsbeginn in Annahmeverzug, da sie die ihnen tatsächlich dargebotene Leistung nicht angenommen haben, §§ 293, 294 BGB. Man könnte nun argumentieren, der Annahmeverzug sei mit dem verspäteten Erscheinen (also 20 Minuten nach Beginn der Vorstellung) beendet gewesen und der Eintritt zu der Veranstaltung sei jetzt möglich gewesen. Dies berücksichtigt jedoch nicht genügend, dass die Veranstaltung durch den Eintritt während der laufenden Veranstaltung erheblich gestört worden wäre. Die Verweigerung der Zulassung kann dann auch nicht als schuldhafte Pflichtverletzung seitens des Veranstalters gewertet werden, sodass etwaige Schadensersatzansprüche nach §§ 281, 280 BGB von vornherein scheitern. Durch den Eintritt der Gruppe wäre nämlich erhebliche Unruhe entstanden, die den Ablauf der Veranstaltung und den ungestörten Genuss der übrigen Zuschauer beeinträchtigt hätte. Es war daher gerechtfertigt, den Nachzüglern den Zutritt erst zum nächsten Akt zu gestatten. Für diese Umstände sind sie und nicht der Veranstalter verantwortlich, sodass sie sich auch die Wartezeit mit der für sie unmöglichen Teilnahme selbst zuzuschreiben haben. Selbst wenn man also den Annahmeverzug mit dem verspäteten Erscheinen für beendet hielte, wären sie für die fortwirkende Unmöglichkeit der Teilnahme selbst ganz überwiegend verantwortlich, sodass Rückforderungsansprüche an § 326 II 1, 2. Alt. BGB scheitern würden.

Ergebnis:
Die Besucher haben keinen Anspruch auf Rückerstattung des Eintrittsgeldes.

Zu dem gleichen Ergebnis ist seinerzeit auch das Amtsgericht Hamburg im Fall des verspäteten Erscheinens eines Besuchers zu dem Musical »Phantom der Oper« gekommen.[87] Der Besucher verlangte wegen 25 Minuten Wartens bis zum Einlass ein Drittel des gezahlten Eintrittsgeldes zurück und wurde dahingehend beschieden:

»Wer zu einer Theateraufführung 10 Minuten zu spät kommt und vom Personal erst zu einem passend erscheinenden Zeitpunkt 35 Minuten nach Beginn der Vorstellung eingelassen wird, hat keinen Anspruch auf teilweise Rückzahlung des Eintrittsgeldes.« Das Amtsgericht wies daher die Klage, für die es seinerzeit keine eigentliche Anspruchsgrundlage finden konnte, unter anderem mit dem Hinweis darauf ab: »Wer zu spät kommt, den bestraft das Leben.« Dem ist aus den genannten Rechtsgründen voll zuzustimmen.

b) Risikosphäre des Veranstalters

Hauptrisiken aus dem Verantwortungsbereich des Veranstalters sind Verspätungen, Ausfälle oder Abbruch der Veranstaltung, schlechte Leistungen und Schädigungen der Besucher.

87 AG Hamburg MDR 1994, 665.

Fall 15: Open Air mit Verzögerung. Ein Konzertbesucher verlässt ermüdet um 22.30 Uhr eine Open-Air-Veranstaltung, welche von 17.00–22.00 Uhr angesetzt war, jedoch aufgrund von Schwierigkeiten im Bühnenaufbau tatsächlich erst mit viereinhalb Stunden Verspätung begann. Um 19.30 Uhr hatte der Besucher bereits vergeblich versucht, vom Konzertveranstalter das Eintrittsgeld in Höhe von 45 EUR zurückzufordern.

Das AG Passau hatte in seiner Entscheidung vom 12.2.1993[88] dem Besucher grundsätzlich einen Rückzahlungsanspruch wegen verspäteter Werkherstellung (§ 636 BGB aF) zugebilligt. Nach Wegfall dieser Vorschrift aufgrund des Schuldrechtsmodernisierungsgesetzes kommt als Anspruchsgrundlage nunmehr der neu gefasste § 323 BGB in Betracht, der ein Rücktrittsrecht bei Nichterbringung einer fälligen Leistung unter bestimmten weiteren Voraussetzungen vorsieht. Dann müsste der Veranstalter nach § 346 BGB das Eintrittsgeld zurückzahlen.
Der Konzertveranstalter hatte hier aufgrund des mit dem Konzertbesucher abgeschlossenen Werkvertrages für einen termingerechten Beginn und programmgemäßen Ablauf der Veranstaltung Sorge zu tragen. Das bedeutet, dass die Veranstaltung grundsätzlich zur angekündigten Zeit beginnen muss, wobei allerdings je nach Eigenart der Veranstaltung gewisse zeitliche Zugeständnisse zu machen sind. Bei Konzertveranstaltungen erscheinen kleinere Verzögerungen im üblichen Rahmen tolerabel.[89] Dabei ist auf die Umstände des Einzelfalls abzustellen. Hier handelte es sich um ein Open-Air-Konzert, für das eigens eine Bühne aufgebaut werden musste. Die hierbei möglichen Schwierigkeiten rechtfertigen jedoch in keinem Fall eine Verzögerung von viereinhalb Stunden. Es gehörte zu den veranstaltereigenen Vertragspflichten, diesen Aufbau so rechtzeitig vorzunehmen, dass die Veranstaltung pünktlich beginnen konnte. Die regelmäßig erforderliche Fristsetzung zur Leistungserbringung war hier nach § 323 II Nr. 2 BGB entbehrlich, da die Leistung zu einem vertraglich bestimmten Termin (angekündigter Beginn: 17.00 Uhr) zu erfolgen hatte und das Leistungsinteresse der Besucher selbstverständlich an die Einhaltung des angekündigten Veranstaltungsbeginns gebunden war.
Da bei einer viereinhalbstündigen Verspätung (tatsächlicher Beginn: 21.30 Uhr) auch keineswegs von einer unerheblichen Pflichtverletzung gesprochen werden kann (vgl. § 323 V 2 BGB), war der Besucher zum Rücktritt vom Vertrag berechtigt.
Das AG Passau zog dem Besucher allerdings ein Fünftel (im Beispielfall entspräche dies 9 EUR) mit der Begründung ab, dass er immerhin eine Stunde an dem Konzert teilgenommen habe und sich insoweit die geleisteten Dienste zurechnen lassen müsse (§ 346 S. 2 BGB aF). Dieses vermag aber aufgrund der gravierenden Verspätung und der hinzukommenden Beeinträchtigungen wie auftretende Verärgerung und Kälte nicht zu überzeugen. An der solchermaßen erbrachten (Teil-)Leistung hatte der Besucher kein Interesse (§ 323 V 1 BGB nF). Das wird auch daran deutlich, dass er bereits um 19.30 Uhr die Veranstaltung verlassen wollte und vergeblich vom Veranstalter Rückerstattung des Eintrittsgeldes verlangt hatte. Bei richtiger Betrachtung[90] führt dies zu folgendem

Ergebnis:
Der Besucher hat Anspruch auf Rückzahlung des vollen Eintrittsgeldes.

88 AG Passau NJW 1993, 1473.
89 Ebenso *Funke/Müller* HdB EventR Rn. 264.
90 So auch *Peters* JuS 1993, 805.

Fall 16: Milvas Zusammenbruch. Die italienische Sängerin Milva erlitt am 18.2.2002 während eines Konzerts in Berlin einen Schwächeanfall. Nachdem sie den ersten Teil ihres Konzerts absolviert hatte, brach sie wegen akuter Erschöpfung in der Konzertpause zusammen und musste ins Krankenhaus eingeliefert werden. Wahrscheinlicher Grund war, dass sie seit dem Morgen nichts mehr zu sich genommen hatte und sich bis zur Pause voll verausgabt hatte. Einige empörte Fans verlangten darauf vom Veranstalter die Hälfte ihres Eintrittsgeldes zurück, weil ihnen nur die Hälfte des Konzerts geboten worden sei.

Die Fans könnten gegenüber dem Veranstalter einen entsprechenden Anspruch evtl. aus §§ 326 I, IV, 346 BGB haben. Dazu müssten folgende Voraussetzungen vorliegen:

1. Vorliegen eines gegenseitigen Vertrages

Dies trifft zu, da die Besucher mit Lösen der Eintrittskarte einen Werkvertrag (§ 631 BGB) mit dem Veranstalter auf Durchführung des Konzerts »Best of Milva« geschlossen haben.

2. Ausschluss der Leistungspflicht gem. § 275 I–III BGB

Dem Veranstalter ist die Durchführung der Veranstaltung, soweit es sich um den zweiten Teil des Konzerts handelt, unmöglich. Die Sängerin musste sich wegen akuter gesundheitlicher Probleme ins Krankenhaus begeben; ein Auftritt nach der Konzertpause war aus diesem Grunde nicht möglich. Der Veranstalter war demzufolge nicht in der Lage, das versprochene Programm weiter darzubieten. Da es sich allerdings um eine für sich genommen abgeschlossene Teildarbietung handelte, liegt nur eine teilweise Unmöglichkeit vor, sodass nach §§ 326 I, 441 III BGB der Anspruch auf die Gegenleistung nicht voll entfällt, sondern sich auf die Hälfte reduziert.

Ergebnis:
Die Fans können ihre bereits erbrachte Gegenleistung – also die Hälfte des Eintrittsgeldes – nach §§ 326 I, IV, 441 III, 346 BGB zu Recht zurückfordern.

Anzumerken ist, dass selbstverständlich auch der Veranstalter von Milva die Hälfte der Gage aus dem gleichen Grund zurückverlangen könnte. Darüber hinaus sind sogar Schadensersatzansprüche nach §§ 283, 280 BGB vorstellbar, da die Unmöglichkeit des Auftritts nach Lage der Dinge auf eine schuldhafte Pflichtverletzung von Milva zurückzuführen ist. Die Pflichtverletzung (im objektiven Sinn) ist darin zu sehen, dass es Milva unmöglich war, das vertraglich vereinbarte Konzert in vollem Umfang zu absolvieren. Diese Pflichtverletzung ist von ihr subjektiv zu vertreten. Sie hätte sich vor einem derartig anstrengenden Konzertabend, bei dem sie sich voll verausgabte, körperlich soweit stärken müssen, dass sie einen kompletten Abend konditionell durchstehen konnte. Die fehlende Stärkung ist daher als Fahrlässigkeit zu werten. Ob es entlastende Gründe gab, die die Pflichtverletzung entschuldigen könnten (zB andere nicht zu vertretende Gesundheitsprobleme), wurde in den Medien nicht erwähnt. Bleibt unklar, worauf der Kollaps zurückzuführen war, geht dies zulasten von Milva, da nach § 280 I 2 BGB ein Verschulden grundsätzlich vermutet wird. Der Veranstalter könnte daher von ihr nach § 283 BGB Schadensersatz statt der Leistung bzgl. des nicht erbrachten 2. Teils des Konzertabends beanspruchen.

Fall 17: Pannen beim Auftritt des Megastars. Im Sommer 2002 veranstaltete der Betreiber eines größeren überdachten Stadions mit einem Fassungsvermögen von 10.000 Personen ein Popkonzert mit einer international bekannten Sängerin und bot Karten zum Preise von 40, 50, 60 und 75 EUR an. Einem Besucher, der telefonisch eine Karte der zweitbesten Kategorie gebucht hatte, wurde ein Platz in der obersten Reihe seitlich von der Bühne angewiesen, von wo aus er die Akteure nur von der Seite sehen konnte. Seiner Bitte, einen anderen Platz zu erhalten, wurde nicht entsprochen. Zusätzlich traten folgende Probleme auf:
Aufgrund der sommerlichen Temperaturen herrschten saunaartige Verhältnisse; Ventilation oder Klimatisierung waren nicht vorhanden. Die Akustik war so, dass der Gesang nur verschwommen ankam, Ansagen nicht zu hören waren und die Lautstärke oben nur gering war.
Der Auftritt war nach einer Stunde bereits zu Ende.
Der Megastar war nicht bei Stimme. Die von den CDs bekannten Songs kamen verfremdet an, da die bekannt hohen Partien um einige Töne tiefer gesungen wurden und stattdessen von der Background-Sängerin übernommen wurden.
Der enttäuschte Besucher verlangt nun vom Veranstalter die Hälfte des Eintrittsgeldes, also 30 EUR zurück. Zu Recht?

Dieser Fall betrifft das Thema von Mängeln einer Veranstaltung und ihre rechtlichen Folgen. Da es sich bei dem gebuchten Konzert um das aktuelle Programm der Tournee handelte, wird man den Besuchervertrag als Werkvertrag mit mietrechtlichem Einschlag einstufen können. Je nach Art der geschilderten Widrigkeiten kommen Mietmängel und Werkmängel in Betracht. Schlechte Sicht, schlechte Akustik und Raumklima sind von der Art des gemieteten Sitzplatzes abhängig, beurteilen sich daher nach Mietrecht. Länge und Qualität des Programms sind Fragen, die das Werk als solches betreffen, und sind daher nach Werkvertragsrecht zu bewerten.[91]

1. Mietmängel

Bei Mietmängeln kann der Mieter nach § 536 I BGB Mietminderung beanspruchen.
Hier könnte es sich um Mängel handeln, die die Tauglichkeit der Mietsache zu dem vertragsgemäßen Gebrauch mindern. Bei einem Sitzplatz der zweitbesten Kategorie ist zu erwarten, dass eine **gute Sicht** auf die Bühne möglich ist. Die Zuweisung eines Sitzplatzes in der obersten Reihe, von wo aus dann nur ein seitlicher statt frontaler Blick auf die Bühne ermöglicht wird, muss unter diesen Umständen als Mangel angesehen werden. Dieser Mangel war dem Mieter bei Buchung am Telefon nicht offenbart worden, sodass eine Kenntnis vom Mangel nach § 536b BGB ausscheidet. Auch eine nachträgliche Billigung kommt nicht in Betracht, da der Besucher ausdrücklich protestiert und einen anderen Platz verlangt hat.
Das Raumklima kann ggf. auch als Mangel eingestuft werden. Sicher müssen im Sommer auch hohe Temperaturen akzeptiert werden, aber saunaartige Temperaturen aufgrund fehlender Ventilation oder Klimatisierung überschreiten das Maß des Erträglichen. Wer ein überdachtes Stadion als Veranstaltungsstätte anbietet, muss meines Erachtens dafür Sorge tragen, dass entweder das Dach geöffnet werden kann oder eine andere Art der Ventilation oder Klimatisierung stattfindet, die einen Aufenthalt erträglich macht. Dauerhaft Temperaturen von weit über 40 Grad ausgesetzt zu sein, wie das hier der Fall war, stellt sich danach bei einem Konzertbesuch als Sachmangel dar, der den vorgesehenen Gebrauch deutlich einschränkt. Generell meine ich, dass bei überdachten Stadien die Temperaturen im Schnitt nicht höher als maximal 35 Grad betragen dürfen.

91 Ebenso im Sinne einer Aufspaltung nach Art der spezifischen Pflichten AG Herne NJW 1998, 3651 mit eingehender Besprechung durch *Roth* JuS 1999, 220.

Die Akustik des betreffenden Sitzplatzes muss den Verhältnissen entsprechen, die bei einer Räumlichkeit der vorgesehenen Art und der gewählten Preiskategorie normalerweise erwartet werden können. Bei einem Stadion kann dementsprechend nicht eine Akustik wie in einem Konzertsaal als Maßstab zugrunde gelegt werden. Andererseits werden bei einem Popkonzert Verstärkeranlagen eingesetzt, die nach heutigem Standard eine hohe Qualität der Tonwiedergabe ermöglichen. Diese müssen dann so ausgelegt werden, dass bei einem Sitzplatz der zweitbesten Kategorie eine einwandfreie Akustik herrscht. Ist die Lautstärke zu gering (oder zu hoch), sind Ansagen nicht zu hören, ist der Gesang nicht klar, sondern nur verschwommen zu hören, handelt es sich bei einer Konzertdarbietung daher um Mängel, die die Tauglichkeit der Mietsache einschränken.

Ergebnis:
Die schlechte Sicht auf die Bühne, das unerträgliche Raumklima und die schlechten akustischen Verhältnisse stellen sämtlich negative Abweichungen von der Sollbeschaffenheit eines Sitzplatzes der gehobenen Preiskategorie dar, die meines Erachtens nach § 536 BGB eine Mietminderung im Umfang von einem Viertel rechtfertigen.

2. Werkmängel

Die Kürze der Darbietung und die Indisposition des Megastars könnten programmbezogene Mängel, dh Mängel der Werkleistung sein, die dem Besucher nach §§ 634 Nr. 3, 638 BGB ein Recht auf Minderung der Vergütung geben könnten.
Ein Sachmangel liegt bei einem Werkvertrag nach § 633 BGB vor, wenn das Werk nicht von der vereinbarten Beschaffenheit ist oder es sich nicht für die nach dem Vertrag vorausgesetzte Beschaffenheit oder die gewöhnliche Verwendung eignet.
Die kurze Dauer des Programms kann unter Umständen einen Werkmangel begründen. Dabei ist zu berücksichtigen, dass eine bestimmte Länge bei Konzerten üblicherweise mit den Besuchern nicht vereinbart wird. Sie ergibt sich aus der Eigenart des betreffenden Programms, so wie es angekündigt und beworben ist. Bei sinfonischen Konzerten gelten sicher andere Maßstäbe als bei Popkonzerten. Ein abendfüllendes Programm setzt meines Erachtens unter Berücksichtigung des erheblichen Eintrittspreises bei einem Popkonzert mindestens eine Programmlänge von 90 Minuten voraus, die der Besteller üblicherweise nach der Art des Werks erwarten kann. Eine Darbietung von nur einer Stunde Dauer bei dem Auftritt eines teuer zu bezahlenden Popstars bleibt unter diesem fairer Weise zu erwartenden Rahmen und muss deshalb als Werkmangel eingestuft werden.
Die Qualität des Programms wird dagegen nur in seltenen Fällen juristisch als Werkmangel eingestuft werden können. Denkbar wäre dies bei eklatanten Abweichungen von dem angekündigten Programm, so wenn statt der Life-Band nur ein Play-back erklingen würde. Eine individuelle Indisposition muss dagegen bei einem Live-Auftritt eines Popstars regelmäßig hingenommen werden. Es gehört sicher auch zur künstlerischen Freiheit, Passagen anders als auf der betreffenden CD zu singen.

Ergebnis:
Die Kürze des Programms rechtfertigt eine Minderung. Eine vorhergehende Fristsetzung scheidet nach § 323 II Nr. 3 BGB wegen der besonderen Umstände der Veranstaltung aus: Der Konzertbesucher hat keine zumutbare Möglichkeit, von dem Veranstalter eine Verlängerung des Konzerts zu erwirken. Bei der Bemessung des Minderungsbetrages erscheint eine Kürzung von 25 % meines Erachtens angemessen. Nimmt man die Mietmängel hinzu, so ist eine Gesamtrückforderung von 50 % des Eintrittsgeldes aus meiner Sicht gerechtfertigt. Das bedeutet, dass der Besucher insgesamt 30 EUR des von ihm gezahlten Eintrittsgeldes zurückverlangen könnte.

Fall 18: Hörsturz beim Heavy-Metal-Konzert. Ein jugendlicher Konzertbesucher von 15 Jahren trägt nach der Teilnahme an einem Heavy-Metal-Konzert einen Hörschaden davon.

1. Der Veranstalter eines Konzertes hat bei der Durchführung Verkehrssicherungspflichten zu übernehmen. Werden diese widerrechtlich und schuldhaft von ihm verletzt, kann er zu Schadensersatzleistungen und insbesondere zur Zahlung eines Schmerzensgeldes verpflichtet sein (§§ 823, 253 BGB). Bei einer Musikveranstaltung mit großer Lautstärke betreffen die Verkehrssicherungspflichten insbesondere die Auswahl des geeigneten Veranstaltungsortes und seine technische Ausstattung sowie die Begrenzung oder Messung der Lautstärke.

Begehrt ein Konzertbesucher Schadensersatz, besonders Schmerzensgeld aufgrund eines erlittenen Hörschadens, muss er allerdings dem Veranstalter nachweisen, dass dieser seiner Verkehrssicherungspflicht nicht nachgekommen ist und der Hörschaden auf der Verletzung der Verkehrssicherungspflicht beruht.[92] Eine Beweiserleichterung aufgrund Anscheinsbeweis wird von den Instanzgerichten zumeist abgelehnt. Wenn bei einem Besucher zB nach einem Konzert Tinnitus-Beschwerden aufgetreten sind, beweist das nach Meinung einiger Gerichte nicht prima-facie, dass die Ursache durch das Konzert gesetzt wurde und zu hohe Lautstärken vorlagen. Zumeist wird darauf verwiesen, dass auch andere Ursachen, wie etwa eine besondere Stressbelastung, in Betracht kommen und es für einen Anscheinsbeweis an einer monokausalen Verursachung fehle.[93]

Das überzeugt nicht sonderlich. Wer als junger Mensch gesund und munter in ein Konzert geht und dann mit einem Hörsturz zurückkehrt, hat diesen mit großer Wahrscheinlichkeit aufgrund der Lautstärke erlitten. Nur eine solche Betrachtung ermöglicht einen hinreichenden Rechtsschutz; denn sonst wird dem Besucher, dem regelmäßig weder Messgeräte noch sachverständige Zeugen zur Verfügung stehen, jede Chance einer Rechtsverfolgung genommen.[94]

---

92 Ein 17-jähriges Mädchen hatte mit ihrer Klage auf Schmerzensgeld zunächst keinen Erfolg, da ihr dieser Beweis nicht gelang. Sie besuchte ein Rockkonzert in einem Musikzelt und erlitt einen Hörschaden. Das OLG Karlsruhe (JZ 2000, 789) hielt den Beweis für nicht erbracht. Das Urteil ist inzwischen vom BGH durch Urteil vom 13.3.2001 (NJW 2001, 2019) aufgehoben worden.

93 So zB Urt. des AG Osnabrück v. 1.10.1997 – 15 C 317/97 –, das die Klage einer Konzertbesucherin auf Schmerzensgeld gegen einen Konzertveranstalter wegen eines unmittelbar nach dem Konzert erlittenen Hörsturzes mit den folgenden, wenig überzeugenden Argumenten abwies: »Es fehlt bereits an ausreichend substantiiertem und unter Beweis gestellten Vortrag der Klägerin über die bei dem Konzert aufgetretenen Frequenzen und Lautstärken. Das Gericht ist sich bewusst, dass entsprechende Informationen für die Klägerin schwer zugänglich sind. Letzten Endes beruht aber das Vorbringen der Klägerin nur auf der Schlussfolgerung, dass bei ihr nach dem Konzert Tinnitus-Beschwerden aufgetreten seien und deshalb die Ursache ihrer Beschwerden durch das Konzert gesetzt worden sein müsse. Ein Beweis für zu hohe Lautstärken bedeutet dies freilich nicht. Es ist gerichtsbekannt, dass Tinnitus-Beschwerden nicht nur durch hohe Lautstärken verursacht werden, sondern auch andere Ursachen wie beispielsweise eine Stressbelastung in Betracht kommen. Insoweit greift zugunsten der Klägerin auch kein Anscheinsbeweis, da es gerade bei Tinnitus-Beschwerden an einer monokausalen Verursachung fehlt. Dies zeigt sich auch daran, dass nicht bei allen Besuchern des Konzertes, sondern nur bei einzelnen Konzertbesuchern Beschwerden aufgetreten sein sollen.«

94 Erfreulich ist eine neuere Entscheidung des OLG Köln v. 13.9.2001 (Az. 5 U 1324/00): Danach wurde einem 13-jährigen Mädchen, das ein Popkonzert besucht hatte, ein Schmerzensgeld-Anspruch zuerkannt. Hier betrug der Abstand zur Bühne weniger als 2 Meter und der Schallpegel bis zu 104 dB (A). Nach dem Konzert traten bei dem Mädchen Ohrenprobleme auf. Der von ihr aufgesuchte Arzt diagnostizierte eine »hochgradige Lärmtraumatische Innenohrschädigung mit Tinnitus beidseits« und eine »Schwindelsymptomatik«, die eine längere auch stationäre Behandlung zur Folge hatte. Die Richter stellten fest: Gesundheitsgefahren hätten auch dann bestanden, wenn über die gesamte Konzertdauer hinweg ein mittlerer Pegel von 90 dB (A) gegeben gewesen wäre. Sie hatten keinen Zweifel daran, dass die Klägerin gesundheitsgefährdenden und damit verkehrssicherungspflichtwidrigen Schalleinflüssen ausgesetzt war. Andere Schadensursachen seien

Der BGH hat in einer grundlegenden Entscheidung[95] die Pflicht des Konzertveranstalters betont, Konzertbesucher vor Gehörschäden durch übermäßige Lautstärke der dargebotenen Musik zu schützen. Eine Verletzung dieser Verkehrssicherungspflicht komme nicht erst, wie das OLG Karlsruhe als Vorinstanz entschieden hatte,[96] in Betracht, wenn ein übermäßiger Schalldruck **festgestellt** werden könne. Die Verkehrssicherungspflichten des Veranstalters zum Schutz der Besucher vor Schädigungen umfassten auch Maßnahmen, die geeignet seien, »eine gesundheitsgefährliche Lautstärke der Musik **aufzuzeigen**«.[97] Dazu könnten ggf. fortdauernde Schallmessungen gehören, wie sie etwa in der DIN-Norm 15 905 Teil 5 betreffend die »Tontechnik in Theatern und Mehrzweckhallen« vorgeschrieben seien, sowie die Aufzeichnung oder Anzeige dieser Messungen. Diese DIN-Norm mit dem Untertitel »Maßnahmen zum Vermeiden einer Gehörgefährdung des Publikums durch hohe Schalldruckpegel bei Lautsprecherwiedergabe« beinhalte eine Dokumentationspflicht, könnte aber ggf. auch weitergehend dahin zu verstehen sein, dass die Messung des Beurteilungspegels den Veranstalter in die Lage versetzen solle, die »zum Vermeiden einer Gehörgefährdung entsprechenden Maßnahmen zu ergreifen«. Diese DIN-Norm könnte sich – wie der BGH erwägt, aber nicht abschließend beurteilt – als eine technische Regel erweisen, die eine (auch fortlaufende) Messung des Beurteilungspegels vorsieht, um ein als gesundheitsgefährdend angesehenes Überschreiten des Grenzwerts für den Schalldruck möglichst zu vermeiden. »Sie umfasste bei einem solchen Verständnis die Pflicht des Musikveranstalters, durch Lärmpegelmessungen in näher bezeichneter Weise sowie durch deren Aufzeichnung oder Anzeige eine rechtzeitige Herabsetzung des Schalldruckpegels zu ermöglichen und so das in seiner Macht Stehende zum Schutz der Konzertbesucher vor Gehörschäden ... wahrzunehmen«.[98] Der BGH betont in diesem Zusammenhang, dass der Beklagte seiner Verkehrssicherungspflicht nicht nachgekommen sei, wenn er nur gelegentliche Messungen mit einem Handmessgerät statt in der von der technischen Regel vorgesehenen Weise habe durchführen lassen. Die Vorinstanz habe allerdings in tatsächlicher Hinsicht zu überprüfen, welchem Zweck die in der DIN-Norm vorgesehene Messpflicht diene und ob sie bei einem Konzert in einem Zelt zu beachten sei. Wenn ein Verstoß gegen eine aus der DIN-Norm abzuleitende Verkehrssicherungspflicht in Betracht käme, so könnte durchaus ein Beweis des ersten Anscheins dafür sprechen, dass Schädigungen in örtlichem und zeitlichem Zusammenhang mit der Verletzung der Verkehrssicherungspflicht durch den Pflichtenverstoß verursacht seien. Dem Veranstalter bliebe dann die Erschütterung des Anscheinsbeweises vorbehalten. Er könnte insbesondere dartun, dass die Schäden nicht auf die Verletzung der DIN-Norm zurückzuführen seien.

Der BGH weist noch besonders darauf hin, dass der Umfang der Verkehrssicherungspflicht nicht allein durch DIN-Normen bestimmt werde. Wie jeder, der eine Gefahrenquelle eröffne, habe der Veranstalter einer Musikdarbietung grundsätzlich **selbstständig** zu prüfen, ob und welche Sicherungsmaßnahmen zur Vermeidung von Schädigungen der Zuhörer notwendig seien; er habe ungeachtet etwaiger gesetzlicher oder anderer Anordnungen, Unfallverhütungsvorschriften oder technischer Regeln wie DIN-Normen **eigenverantwortlich** die erforderlichen Maßnahmen zu treffen; denn derartige Bestimmungen enthielten im Allgemeinen

auszuschließen. Es könne ihr auch nicht zum Vorwurf gemacht werden, sich in die unmittelbare Nähe einer Lautsprecherbox begeben zu haben. Sie habe sich, wie auch die anderen Besucher, darauf verlassen können, dass das Konzert keine Gefahren für sie mit sich bringen werde, und zwar unabhängig von dem Platz, den der einzelne Besucher eingenommen habe. Das OLG Köln verurteilte den Veranstalter des Popkonzertes auf Schadensersatz und Schmerzensgeld in Höhe von 9.000 DM (~ 4.500 EUR). Weitere Rechtsprechung bei PWW/*Schaub* § 823 Rn. 162.

95 BGH NJW 2001, 2019.

96 OLG Karlsruhe JZ 2000, 789.

97 BGH NJW 2001, 2020.

98 BGH NJW 2001, 2020.

keine abschließenden Verhaltensanforderungen gegenüber den Schutzgütern. Damit hat der BGH erfreulicherweise die Rechtsposition des Besuchers erheblich gestärkt, indem er die Verkehrssicherungspflichten des Veranstalters ausgedehnt hat. Der Umfang dieser Pflichten bestimmt sich zum einen nach den einschlägigen Vorgaben insbesondere in DIN-Normen, zum anderen jedoch nach den eigenverantwortlich zu beurteilenden Notwendigkeiten im Einzelfall. Soweit die Frage der Verkehrssicherungspflichten und ihrer Be- bzw. Missachtung im hier geschilderten Fall zu beantworten ist, kommt es auf die Umstände im Einzelnen an. So gehen bei einem Heavy-Metal-Konzert bekanntermaßen aufgrund der »übermäßigen« Lautstärke erhebliche Gefahren für den Hörsinn der Zuhörer aus. Hieraus resultieren erhöhte Anforderungen an die Erfüllung der Verkehrssicherungspflicht.
Das LG Trier[99] gestand in dem konkreten Fall dem jugendlichen Besucher des Heavy-Metal-Konzertes Schmerzensgeld und materiellen Schadensersatz zu, da der Veranstalter nach Meinung des Gerichts seine Verkehrssicherungspflicht schuldhaft verletzt hatte. Insbesondere waren keine Vorkehrungen gegen eine mögliche Überschreitung von Lärmgrenzwerten getroffen worden. Im Gegenteil, es wurde vom Veranstalter besonders hervorgehoben, dass Lärmgrenzwerte – wie bei Heavy-Metal üblich – wahrscheinlich überschritten worden seien. Außerdem war der Veranstaltungsort – ein Kellergewölbe – denkbar ungeeignet für eine Veranstaltung dieser Art.

2. Ein Mitverschulden des Geschädigten am Zustandekommen des Hörschadens ist allerdings gem. § 254 I BGB ggf. mit zu berücksichtigen. Es liegt vor, wenn der Geschädigte die ihm in eigenen Angelegenheiten obliegende Sorgfalt verletzt hat. Die Schädigung muss dementsprechend vorhersehbar und vermeidbar gewesen sein.[100] Bei dem erwähnten Heavy-Metal-Konzert begab sich der Geschädigte auf die Bühne zwischen die Boxen. Somit hatte er sich erkennbar einer höheren Gefahr ausgesetzt, da bekanntlich nahe den Boxen die Belastung des Hörsinns nochmals verstärkt wird. Dies muss auch ihm erkennbar gewesen sein. Trotz seines jugendlichen Alters von fünfzehn Jahren nahm das Gericht an, dass er die erforderliche Reife besaß, sich nicht von der angeheizten Stimmung mitreißen zu lassen und sich nicht leichtsinnig der erhöhten Gefahr in der Nähe von Boxen auszusetzen. Hier war daher grundsätzlich ein Mitverschulden anzunehmen.[101]
Der Umfang der Ersatzpflicht ist durch Abwägung der Umstände des Einzelfalles zu bestimmen. Im vorliegenden Fall wog die Pflichtverletzung des Veranstalters, der über besondere fachliche Erfahrungen verfügte, gegenüber dem gefahrerhöhenden Verhalten des Jugendlichen nach Ansicht des Gerichts deutlich schwerer. Der Veranstalter musste für 4/5 und der Zuhörer für 1/5 des Schadens aufkommen.

3. Es stellte sich weiter die Frage, ob die Haftung wegen eines Aufdrucks auf der Eintrittskarte entfiel, wo es hieß: »Keine Haftung für Sach- und Körperschäden.« Dies ist schon aus formalen Gründen abzulehnen, weil die Klausel erst nach Vertragsschluss eingeführt wurde und damit nicht wirksam in den Vertrag einbezogen wurde (§ 305 II BGB). Darüber hinaus ist sie inhaltlich bedenklich. Die Haftung für Körper- und Gesundheitsschäden kann heute formularmäßig nicht mehr ausgeschlossen werden. Durch das Gesetz zur Modernisierung des Schuldrechts ist der Ausschluss oder die Begrenzung der Haftung für Schäden aus der Verletzung des Körpers oder der Gesundheit, die auf einer fahrlässigen Pflichtverletzung des Verwenders oder einer vorsätzlichen oder fahrlässigen Pflichtverletzung eines gesetzlichen Vertreters oder Erfüllungsgehilfen des Verwenders beruhen, als Klauselverbot in den § 309 Nr. 7a BGB aufgenommen worden. Die genannte Klausel verstößt gegen dieses Verbot und ist somit unwirksam.

99 LG Trier NJW 1993, 1474.
100 Palandt/*Grüneberg* § 254 Rn. 9.
101 Anders dagegen in dem vom OLG Köln entschiedenen Fall, Urt. v. 13.9.2001 – Az. 5 U 1324/00.

Ergebnis:
Der Veranstalter schuldet dem jugendlichen Besucher Schadensersatz in Höhe von 4/5 des Schadens. Das vom Gericht zugebilligte Schmerzensgeld wegen des Hörsturzes wurde auf 1.600 DM (heute ca. 800 EUR) festgesetzt, ein Betrag, der angesichts der Schwere der Folgen deutlich zu niedrig angesetzt ist und heute eher zwischen 3.500 bis 4.000 EUR liegen dürfte.[102]

Fall 19: Feuer in der Diskothek. Ein Diskotheken-Besitzer veranstaltete eine Halloween-Party. Eintrittsgeld: 30 EUR. Im Laufe des Abends zündeten einige Gäste bengalische Feuer an, ohne dass der Inhaber oder sein Personal dagegen einschritten. Gegen Mitternacht zündete ein Gast zwei bengalische Feuer an. Plötzlich entwickelte sich eine enorme Stichflamme, die die Deckendekoration in Brand setzte. Es kam zu einer Panik. Da alle Notausgänge durch Boxen und Büffet-Tische verstellt waren, kamen einige Gäste nicht mehr rechtzeitig durch den total verstopften Hauptausgang ins Freie und zogen sich schwere Brandverletzungen zu. Sie fragen nach ihren Ansprüchen.

Es kommen vertragliche Ansprüche aus Pflichtverletzung (§ 280 I BGB) sowie außervertragliche Ansprüche aus unerlaubter Handlung (§ 823 I BGB) gegen den Discotheken-Besitzer in Betracht.

1. Zu den **vertraglichen Ansprüchen:**

Schadensersatzansprüche aus § 280 I BGB setzen zunächst ein **Schuldverhältnis** voraus. Das ist anzunehmen, weil die Gäste für den Besuch der Party ein Eintrittsgeld bezahlen mussten. Das bedeutet juristisch, dass sie mit dem Veranstalter einen gegenseitigen Vertrag besonderer Art eingegangen sind, der ihnen den Eintritt und die Teilnahme an der Veranstaltung gegen Bezahlung von 30 EUR erlaubte.
Des Weiteren müsste eine **Pflichtverletzung** feststellbar sein. Hauptpflicht des Veranstalters war die Organisation und Durchführung der angekündigten Party. Daneben bestanden aber auch Schutzpflichten, sich bei der Abwicklung des Schuldverhältnisses so zu verhalten, dass Körper, Leben, Eigentum und sonstige Rechtsgüter des anderen Vertragsteils nicht verletzt wurden (§ 241 II BGB).[103] Dieser Pflicht ist der Veranstalter insoweit nicht nachgekommen, als er nicht verhinderte, dass einige Gäste ein gefährliches Spiel mit bengalischem Feuer unternahmen, das auf keinen Fall in Innenräumen gezündet werden darf. Für Versammlungsräume über 200 Besucher ergeben sich die konkreten Pflichten des Betreibers aus den Vorschriften des Versammlungsstättenrechts. Nach § 35 II MVStättV ist das Verwenden von offenem Feuer, brennbaren Flüssigkeiten und Gasen, von pyrotechnischen Gegenständen und anderen explosionsgefährlichen Stoffen ausdrücklich verboten. Dies blieb unbeachtet. Eine weitere – gravierende – Pflichtverletzung lag in dem Versperren von Fluchtwegen und Notausgängen mit Boxen und Tischen. Fluchtwege und Notausgänge müssen in jedem Fall frei gehalten bleiben, damit in Notsituationen ein sicheres Verlassen möglich ist; alle Türen von Rettungswegen müssen unverschlossen sein, § 31 MVStättV. Werden Ausstattungen und Ausschmückungen vom Veranstalter als Dekomaterial eingesetzt, so müssen diese aus mindestens schwer entflammbarem Material bestehen, § 33 III und V MVStättV. Auch dagegen wurde seitens des Betreibers verstoßen. Die Nichtbeachtung solcher öffentlich-rechtlichen Pflichten ist nicht nur ordnungswidrig und zieht Bußgelder nach sich (§ 47 MVStättV), sondern ist zugleich zivilrechtlich als Pflichtverletzung gegenüber den Besuchern einzustufen, da sie nach § 241 II BGB vor solchen sicherheitsrelevanten Gefahren bewahrt werden müssen. Der Betreiber der Diskothek hat also im Ergebnis in mehrfacher Weise gegen seine vertraglichen

102 Wie die Urteile des BGH NJW 2001, 2019 und des OLG Köln, Urt. v. 13.9.2001 – Az. 5 U 1324/00 zeigen.
103 Palandt/*Grüneberg* § 280 Rn. 28.

Schutzpflichten verstoßen, indem er gegen das Entzünden von bengalischem Feuer nicht einschritt, gegen das Versperren von Fluchtwegen und Notausgängen nichts unternahm und brennbaren Dekorationsstoff verwendete.
Diese Pflichtverletzungen hatten insgesamt zur Folge, dass sich ein Brand entwickeln konnte und einige Besucher nicht rechtzeitig die Diskothek verlassen konnten und daher Brandverletzungen davontrugen.
Nach § 280 I BGB wird das **Verschulden** des Schuldners vermutet, so lange er nicht das Gegenteil bewiesen hat. Hier ist für eine Entlastung des Discothekenbesitzers keinerlei Anhalt gegeben, sodass von seinem Verschulden auszugehen ist.

Ergebnis:
Er muss daher den Brandopfern gem. § 280 I BGB eine Entschädigung zahlen, die den materiellen Schaden sowie den immateriellen Schaden in Form eines Schmerzensgeldes umfasst (§ 253 BGB).

2. Die Betroffenen könnten darüber hinaus **außervertragliche Ansprüche** haben, die ihnen ebenfalls einen Anspruch auf Ersatz materieller Schäden und auf Schmerzensgeld geben würden.
Derartige Ansprüche gem. § 823 I BGB setzen zunächst eine Rechtsgutverletzung voraus, die ursächlich auf dem Verhalten des Schädigers beruhte. Hier hat der Betreiber zentrale Verkehrssicherungspflichten unbeachtet gelassen: Er hat das Abbrennen von Fackeln nicht unterbunden, die Fluchtwege nicht offen gehalten und brennbares Dekomaterial verwendet. Das führte in der Summe dazu, dass es zu einem Brand kam und die Besucher nicht auf schnellstem Wege ins Freie gelangen konnten. Damit war sein Verhalten dafür ursächlich, dass eine Anzahl von Besuchern Brandverletzungen erlitt. Der Betreiber hat also aufgrund seiner Versäumnisse Körper und Gesundheit seiner Gäste verletzt.
Dieses Verhalten war mangels Rechtfertigungsgrund rechtswidrig und wegen Nichtbeachten der Verkehrssicherungspflichten auch schuldhaft, da ihm zumindest der Vorwurf eines fahrlässigen Verhaltens zu machen ist.

Ergebnis:
Der Betreiber haftet daher den betroffenen Besuchern ebenfalls gem. § 823 I BGB auf Schadensersatz, der nach § 253 BGB auch den immateriellen Schaden in Form eines Schmerzensgeldes umfasst.

2. Die Rechtsposition des Veranstalters im Verhältnis zum Darsteller

Zwischen Veranstalter und Darsteller können vielfältige Probleme auftreten, die entweder aus der Sphäre des Darstellers, des Veranstalters oder Dritter stammen. Typische Fälle aus dem Verantwortungsbereich des Darstellers sind Nichterscheinen, Verspätungen oder schlechte Darbietungen, womit dann ein Ausfall der Veranstaltung (»no show«), eine Verzögerung der Veranstaltung (»late show«) oder eine Schlechtleistung (»bad show«) verbunden sein kann. Dazu verhalten sich Fall 20 (»Der DJ kommt nicht«), Fall 21 (»Der Pianist tritt nicht auf«), Fall 22 (»Der Solist verspätet sich«) sowie Fall 23 (»Tusch mit Zeitverzögerung«). Typische Probleme aus der Veranstaltersphäre sind Nichtzahlen oder verspätetes Zahlen der Gage (Fall 24: »great show but no money«), fehlende Werbeaktivitäten (Fall 25: »keine Werbung, kein Publikum«) oder fehlende Sicherheitsmaßnahmen (Fall 26: »Die ungesicherte Künstlergarderobe«). Ein Beispiel für Probleme außerhalb der Sphäre von Veranstalter und Darsteller ist der Veranstaltungsausfall wegen terroristischer Anschläge (Fall 27: »Die Folgen des 11. September«). Dazu im Einzelnen:

a) Risikosphäre des Darstellers

Fall 20: Der DJ kommt nicht. Zwei Veranstalter planten die Durchführung einer Benefiz-Veranstaltung in einer Diskothek in Wiefelstede bei Oldenburg und engagierten dazu einen DJ aus Köln für die Nacht vom 25. auf den 26.12. Die Gage sollte laut dem zugrunde liegenden »Booking-Vertrag« 1.500 EUR zzgl. Mehrwertsteuer betragen, wovon die Hälfte im Voraus gezahlt wurde. In dem Vertrag hieß es dann unter Ziffer 4: »Sollte einer der Vertragspartner seinen in diesem Vertrag genannten Verpflichtungen ganz oder teilweise nicht nachkommen, so wird eine Vertragsstrafe in Höhe von 1.500 EUR fällig. Ausgenommen sind Fälle der höheren Gewalt, wie sie im BGB definiert sind.« Am Tage der Veranstaltung traf der DJ nicht mit dem Vertreter der Veranstalter im Hauptbahnhof Bremen zusammen, wo er abgeholt werden sollte. Er erschien auch nicht in der Diskothek. Er wurde daraufhin von den Veranstaltern auf Rückzahlung der erhaltenen halben Gage und zusätzlich auf Zahlung von 1.500 EUR Vertragsstrafe in Anspruch genommen. Er weigerte sich zu zahlen und behauptete im nachfolgenden Prozess, per Zug nach Bremen gereist, dort aber entgegen der Vereinbarung nicht abgeholt worden zu sein. Die Veranstalter behaupteten dagegen, ein Vertreter von ihnen habe vergeblich am Bahnhof gewartet und den Beklagten erfolglos über Lautsprecher ausrufen lassen. Wie ist die Rechtslage?

1. Klageanspruch auf Rückzahlung der halben Gage

Der Rückzahlungsanspruch der Kläger (Veranstalter) könnte sich aus §§ 326 I, IV, 346 BGB ergeben. Danach verliert der Schuldner bei Unmöglichkeit der Leistung seinen Anspruch auf die Gegenleistung. Falls diese bereits bewirkt ist, kann das Geleistete zurückgefordert werden. Außerdem kann dann der Rücktritt vom ganzen Vertrag erklärt werden (§ 326 V BGB). Die Voraussetzungen für den Rückzahlungsanspruch sind folgende:

a) Vorliegen eines gegenseitigen Vertrages

Der Booking-Vertrag ist ein gegenseitiger Vertrag, weil der DJ bei der Benefiz-Veranstaltung der Kläger auftreten und dafür im Gegenzug eine Vergütung erhalten sollte.

b) Unmöglichkeit der Leistung, die den Schuldner von seiner Leistungspflicht gem. § 275 I–III BGB befreit

Die Beteiligten hatten die Vereinbarung getroffen, dass der Beklagte als DJ an dem festgelegten Termin und zu der festgelegten Zeit in der Diskothek der Kläger bei Oldenburg auftreten sollte. Dieser Auftritt erfolgte nicht. Er kann auch nicht nachgeholt werden, da es sich um ein **absolutes Fixgeschäft** handelte, bei dem die Nichteinhaltung der Leistungszeit zum Eintritt einer dauernden Unmöglichkeit führte. Denn es handelte sich um eine Benefizveranstaltung am 1. und 2. Weihnachtstag, bei der die Einhaltung des Termins von ausschlaggebender Bedeutung war. Mit anderen Worten war die Einhaltung der Leistungszeit so wesentlich, dass mit der zeitgerechten Leistung das Geschäft stand und fiel. Die Veranstaltung war auf diesen bestimmten Termin bewusst wegen Weihnachten gelegt worden und entsprechend angekündigt. Die Räumlichkeiten waren entsprechend frei gehalten worden. Alles hing also an der Einhaltung des Termins. Es handelte sich deshalb nicht bloß um ein einfaches Fixgeschäft, das nach § 323 II Nr. 2 BGB zu behandeln wäre,[104] sondern nach Ablauf des Abends war ein Nachholen der Veranstaltung unmöglich. Aufgrund des Zeitablaufs war die Leistung also unmöglich und der Schuldner von seiner Leistungspflicht gem. § 275 I BGB frei.

104 Vgl. Palandt/*Grüneberg* § 323 Rn. 19.

c) Bewirken der nicht geschuldeten Gegenleistung

Da die Gage bereits zur Hälfte bezahlt, aber infolge des verpassten Termins nicht geschuldet war, liegt diese Voraussetzung vor.
Der Beklagte müsste daher die erhaltene Teilgage zurückzahlen und die Kläger könnten vom gesamten Vertrag zurücktreten, es sei denn, sie seien selbst für die eingetretene Unmöglichkeit allein oder überwiegend verantwortlich, § 326 II BGB. Dies müsste ihnen jedoch, da es sich um einen Ausnahmetatbestand von dem Grundsatz des Abs. 1 handelt, nachgewiesen werden. Der Schuldner muss also beweisen, dass die Unmöglichkeit auf einem Ereignis beruht, das aus dem Organisations- oder Herrschaftsbereich des Gläubigers stammt.[105] Das bedeutet, dass der Beklagte den Nachweis hätte führen müssen, dass er am Hauptbahnhof in Bremen eingetroffen, dort aber nicht abgeholt worden war und er daher den Aufführungstermin nicht wahrnehmen konnte.
Selbst wenn ihm der Beweis gelingen würde, dass er zur vereinbarten Zeit im Bahnhof vergeblich auf die Kontaktperson der Kläger gewartet hatte, würde dies jedoch nicht ausreichen, um den Klägern die Verantwortung für den Ausfall der Veranstaltung zuzuweisen. Denn es wäre, worauf das AG Westerstede[106] zu Recht hinweist, »aufgrund der getroffenen Absprache ohne Weiteres zumutbar und möglich gewesen, anderweitig zum Veranstaltungsort zu gelangen, zumal der Beklagte (später) ... mit dem Taxi von Bremen nach Köln zurückgefahren ist. Ihm wäre es deshalb auch möglich gewesen, die weitaus nähere Strecke von Bremen nach Wiefelstede mit dem Taxi zurückzulegen.«

Ergebnis:
Der Beklagte muss die halbe Gage zurückzahlen.

2. Klageanspruch auf Zahlung der Vertragsstrafe

Des Weiteren stellt sich die Frage, ob der Beklagte den Klägern auch die Zahlung der vereinbarten **Vertragsstrafe** schuldet. Ein entsprechender Anspruch könnte aus § 339 BGB erwachsen. Dafür müssten folgende Voraussetzungen vorliegen:

a) Wirksame Vereinbarung einer Vertragsstrafe

In dem Booking-Vertrag hatten die Vertragspartner sich wechselseitig versprochen, für den Fall, dass einer von ihnen seinen in dem Vertrag genannten Verpflichtungen nicht nachkommt, eine Vertragsstrafe von 1.500 EUR zu zahlen. Diese Vereinbarung verstößt nicht gegen AGB-rechtliche Bestimmungen. Nach § 309 Nr. 6 BGB ist zwar die AGB-mäßige Vereinbarung einer Vertragsstrafe für den Fall der Loslösung vom Vertrag unwirksam, sodass nur individuelle und nicht formularmäßige Vereinbarungen dieser Art zulässig sind. Dies gilt aber nur, wenn der Schuldner ein Verbraucher ist. Hier ist der Beklagte aber Unternehmer, da er als professioneller DJ im Rahmen seiner selbstständigen beruflichen Tätigkeit handelte, § 14 BGB. Die Beschränkungen, die gegenüber Verbrauchern nach §§ 309 und 308 BGB gelten, treffen daher nicht auf ihn zu (§ 310 BGB); das Versprechen einer Vertragsstrafe im Rahmen eines vorformulierten Vertrages durch einen Unternehmer ist daher rechtlich unbedenklich.[107]

b) Verletzung der sanktionsbewehrten Leistungspflichten

Dies ist der Fall, da der Beklagte zu dem vereinbarten Abend nicht erschienen war, um als DJ in der Diskothek der Kläger aufzutreten.

---

105 Palandt/*Grüneberg* § 326 Rn. 14.
106 Urt. v. 22.10.1996 – 1626-8-2a C 773/96 VII, das mir freundlicherweise Herr Dipl. Kfm. Marc Schmidt zur Verfügung gestellt hat.
107 So auch die hM, vgl. Palandt/*Grüneberg* § 309 Rn. 38.

c) Verschulden

Ein Verschulden des Beklagten liegt darin, dass – wenn er überhaupt nach Bremen gefahren sein sollte – er dann nicht den Weg zur Diskothek bei Oldenburg fortgesetzt hat. Er hätte notfalls ein Taxi nehmen und alles daran setzen müssen, seinen zugesagten Auftritt wahrzunehmen. Mit der behaupteten Rückkehr nach Köln hat er eine falsche Entscheidung getroffen und zumindest fahrlässig den Veranstaltungsausfall bewirkt. Damit liegen die Voraussetzungen für die Verwirkung der Vertragsstrafe vor.

Ergebnis:
Der DJ schuldet den Veranstaltern daher neben der Rückzahlung der Gage auch die versprochene Vertragsstrafe von 1.500 EUR.

Fall 21: Der Pianist tritt nicht auf. Der international bekannte Pianist Justus F. hatte ein Konzert in einem großen Kurhotel in Hessen am Abend von Ostersonntag 2002 zugesagt. Das Hotel hatte dazu einen großen Konzertflügel aus Hamburg einfliegen lassen, diesen durch einen Experten stimmen lassen, Werbemaßnahmen durch Plakat- und Zeitungswerbung durchgeführt sowie zusätzliches Personal für den Abend engagiert. Für das Konzert waren bereits 170 Karten à 20 EUR und 25 EUR verkauft worden. Das war dem Meister zuwenig. Mit den Worten: »Das mach' ich nicht!« verließ er das Hotel, das ihm eine große Suite zur Verfügung gestellt hatte und das nun den enttäuschten Besuchern das Eintrittsgeld zurückerstatten musste. Die Hotelleitung fragt sich, ob sie nicht wenigstens die Aufwendungen von dem Meister erstattet verlangen kann.

Ein solcher Fall von »Null Bock«[108] kann ggf. juristische Konsequenzen in Form von Ersatzansprüchen haben. Anspruchsgrundlage für den Ersatz der getätigten Aufwendungen könnten §§ 280 I, III, 283, 284 BGB sein. Aufwendungsersatz kann danach anstelle der Leistung unter folgenden Voraussetzungen[109] verlangt werden:

1. **Vorliegen eines Schuldverhältnisses**

   Dieses liegt aufgrund des Engagement-Vertrages vor.

2. **Pflichtverletzung durch den Schuldner**

   Justus F. schuldete laut Vertrag die Erbringung des vereinbarten Konzerts. Diese Pflicht hat er infolge seiner vorzeitigen Abreise nicht erfüllt. Damit hat er seine vertraglich geschuldete Pflicht verletzt.

3. **Leistungsfreiheit des Schuldners nach § 275 I–III BGB**

   Daran könnte man zweifeln, da J. F. ja bewusst das Publikum sitzen gelassen hat, also selbst das Scheitern des Konzerts verursacht hat. Dies könnte ein Fall der Pflichtverletzung nach § 281 BGB sein, bei der grundsätzlich erst nach einer Fristsetzung Schadensersatz statt der Leistung verlangt werden kann. Diese Vorschrift setzt aber voraus, dass die Leistung grundsätzlich noch erbracht werden kann. Dies dürfte jedoch von dem Moment an nicht mehr möglich gewesen sein, wo J. F. seinen Entschluss, nicht aufzutreten, in die Tat umgesetzt hat. Mit der Abreise kurz vor dem Konzert wurde die terminbezogene Leistung unmöglich. Infolge Abwesenheit des Künstlers scheiterte das Konzert. Da es sich um ein absolutes Fixgeschäft handelte, das nur an dem angekündigten Ostersonntag-Abend erbracht werden konnte, ist nach Verstreichen dieses Termins ein Oster-Konzert nicht mehr möglich und schlichtweg nicht nachholbar. Der **Leistungserfolg**, auf den bzgl. der Unmöglichkeit nach § 275 I BGB abzustellen ist,[110] kann nicht mehr eintreten. Damit liegt ein Fall der Unmög-

108 So die Landecksche Landeszeitung v. 2.4.2002 und weiter: »F. lässt Publikum sitzen«.
109 Ähnliches Aufbauschema bei *Wörlen/Metzler-Müller* SchuldR AT Rn. 199c.
110 Vgl. Palandt/*Grüneberg* § 275 Rn. 18.

lichkeit vor, auch wenn die **Leistungshandlung** seinerzeit durchaus möglich war. Infolge Unmöglichkeit ist J. F. daher von seiner Leistungspflicht frei.

4. **Der Schuldner müsste das Leistungshindernis zu vertreten haben**

   Die Abwesenheit an dem Konzertabend mit der Folge des Konzertsausfalls (»no show«) geht ausschließlich auf das Konto von J. F. Er hatte keine Lust aufzutreten und hat damit bewusst einen Vertragsbruch begangen. Entlastungsgründe, die die Pflichtverletzung als unverschuldet erscheinen lassen könnten, sind nicht ersichtlich. Aufgrund des abgeschlossenen Engagementvertrages bestand für ihn die Verpflichtung, an dem betreffenden Abend aufzutreten.

   Der Vertrag enthielt keine Klausel, wonach er bei Nichterreichen einer bestimmten Besucherzahl das Recht hatte, das Konzert abzusagen. Es war auch keineswegs unzumutbar (§ 242 BGB), vor dem zu erwartenden Teilnehmerkreis zu spielen. Bereits 170 verkaufte Karten und etwa noch 50 zu erwartende Besucher (laut Presse) ergeben ein auch für einen Spitzenmusiker ausreichendes Auditorium. Es ist dabei besonders zu berücksichtigen, dass nach dem Vertrag die Veranstaltung in einem Hotelsaal stattfinden sollte und das maximale Fassungsvermögen ungefähr bei der doppelten Teilnehmerzahl lag. Die Empörung des Meisters war also durchaus unberechtigt. 220 Gäste sind ein Teilnehmerkreis, der einen Auftritt in jedem Fall zumutbar erscheinen lässt. Es liegt also ein bewusster und nicht zu entschuldigender Vertragsbruch vor. Die Abreise, also das den Konzertausfall bewirkende Leistungshindernis, ist mithin von J. F. zu vertreten.

Rechtsfolge:
Der Veranstalter – hier das Kurhotel – kann Schadensersatz statt der Leistung geltend machen. Alternativ kann stattdessen auch Ersatz der vergeblichen Aufwendungen (§ 284 BGB) verlangt werden, die der Gläubiger im Vertrauen auf den Erhalt der Leistung gemacht hat. Hier waren die Aufwendungen zu ideellen Zwecken gemacht worden, da der Veranstalter den Erlös aus dem Verkauf der Eintrittskarten vollständig dem Künstler überlassen wollte. Davon ausgenommen war nur der Erlös aus dem Verkauf von etwa 75 Karten, die zur Bestreitung der eigenen Kosten dienten. Da diese Einnahmen infolge Rückzahlung des Eintrittsgeldes entfallen sind, kann das Hotel nunmehr Aufwendungsersatz beanspruchen, der die Kosten für Werbung, Hotelunterkunft des Künstlers, die Miete und den Transport des Flügels einschließlich seiner Stimmung betrifft sowie die Aufwendungen für das zusätzliche Personal.

Ergebnis:
Zu Recht kann die Hotelleitung den Meister auf Ersatz ihrer Aufwendungen in Anspruch nehmen.

Fall 22: Der Solist verspätet sich. Der Solist kommt mit einer halben Stunde Verspätung zum Konzertauftritt. Das Konzert kann dementsprechend nicht um 20.00 Uhr, sondern erst um 20.30 Uhr beginnen. Rechtsfolge?

Verspätungen sind bei Künstlern ein verbreitetes Übel und können Rechtsfolgen auslösen, weil dann im Regelfall Schuldnerverzug eintritt. Schadensersatz wegen Verzögerung der Leistung kann in einem solchen Fall vom Veranstalter unter folgenden Voraussetzungen nach §§ 280 I, II, 286 BGB verlangt werden:

1. **Schuldverhältnis**

   Hier liegt ein Konzertvertrag vor, der den Solisten zu einem Auftritt an einem bestimmten Termin verpflichtete.

2. **Nichterbringung der Leistung trotz Fälligkeit**

   Die Leistung war von dem Solisten zur vereinbarten Zeit an dem betreffenden Termin zu erbringen. Sie erfolgte aber nicht.

3. **Mahnung**

   Sie ist wegen der terminlichen und zeitlichen Festlegung nach § 286 II Nr. 1 BGB unnötig.

4. **Vertretenmüssen**

   Nach dem Wortlaut des § 286 IV BGB wird vermutet, dass die Verzögerung vom Schuldner zu vertreten ist. Falls der Solist kein überzeugendes Argument für seine Verspätung vorbringen kann – dabei reicht nicht der Hinweis auf einen Verkehrsstau, da damit bei den heutigen Verkehrsverhältnissen zu rechnen ist –, muss er also für den Verzögerungsschaden haften. Dieser kann beispielsweise darin bestehen, dass der Veranstalter das Personal an dem Veranstaltungstag für einen entsprechend längeren Zeitraum bezahlen muss.
   Darüber hinaus kann sogar Schadensersatz statt der Leistung beansprucht werden (§§ 281, 280 BGB), da eine Fristsetzung wegen der besonderen Umstände entbehrlich ist. Ebenso wäre ein Rücktritt ohne Fristsetzung wegen des Termincharakters der Leistung möglich (§§ 323 I, II Nr. 2 BGB). Von beiden Rechten wird der Veranstalter aber praktisch nur ausnahmsweise Gebrauch machen, da er regelmäßig trotz Verzögerung noch an der Durchführung der Veranstaltung interessiert sein wird.

Ergebnis:
Der verspätete Solist riskiert, dem Veranstalter den durch seine Verzögerung bedingten Schaden ersetzen zu müssen.

Fall 23: Tusch mit Zeitverzögerung. Bei einer Karnevalssitzung spielte die Kapelle den fälligen Tusch nach einer Pointe des Büttenredners ständig mit mehreren Sekunden Zeitverzögerung, sodass der Effekt verpuffte. Außerdem spielte sie entgegen der getroffenen Verabredung statt Karnevalslieder vorwiegend Volkslieder. Bitten des Karnevalvereins nach Einhaltung des vereinbarten Programms entsprach die Kapelle nicht. Nach und nach verließ das Publikum enttäuscht den Saal. Der Karnevalsverein verweigerte daraufhin die Auszahlung der Gage an die Kapelle. Zu Recht?

Bei zulässigem Rücktritt vom Vertrag könnte die vereinbarte Gage verweigert werden. Ein Rücktritt könnte hier nach §§ 634 Nr. 3, 636, 323 BGB in Frage kommen. Dann müssten folgende Voraussetzungen vorliegen:

1. **Ein Werkvertrag zwischen dem Karnevalsverein und der Musikkapelle**

   Das Engagement beruht hier auf einem Werkvertrag, weil nicht ein beliebiges Musizieren für eine gewisse Zeit vereinbart war wie im Falle eines Dienstvertrages, sondern eine Werkleistung. Diese bestand in pointengenauen Tuschs bei den Büttenreden und im Vortrag von Karnevalsliedern. Die Darbietung der Kapelle war also erfolgsorientiert.

2. **Das erbrachte Werk müsste mangelhaft sein**

   Unter den gegebenen Umständen war das erbrachte Werk mangelhaft. Vereinbart waren zeitgenaue Tuschs und Karnevalslieder. Dieser Beschaffenheit entsprachen die phasenverzögerten Einlagen ebenso wenig wie die vorwiegend gespielten Volkslieder. Damit lag ein Sachmangel nach § 633 II BGB vor.

3. Vergebliche Fristsetzung

Eine Fristsetzung nach § 323 I BGB erübrigte sich hier, da die Musiker, die um eine Änderung gebeten worden waren, hier durch ihr eigenwilliges Verhalten die geforderte und vertraglich vereinbarte Leistung endgültig und ernsthaft verweigerten (§ 323 II Nr. 1 BGB).

Ergebnis:

Der Karnevalsverein konnte den Engagementvertrag rückgängig machen und musste aufgrund des Rücktritts keine Vergütung an die Kapelle leisten. Die von dieser erbrachten Leistungen waren wertlos und mussten nicht honoriert werden.

b) Risikosphäre des Veranstalters

Fall 24: »great show but no money«. Am Ende der Veranstaltung verlangt der Darsteller vom Veranstalter die Gage. Dieser erklärt, er habe leider kein Bargeld dabei und kündigt baldige Überweisung an. Nach 14 Tagen ist das Geld noch immer nicht auf dem Konto. Der Darsteller führt daraufhin in den folgenden vier Wochen eine Reihe von Telefongesprächen mit dem Veranstalter, verlangt eine zügige Überweisung und erhält auch entsprechende Zusagen. Nach zwei Monaten schaltet er einen Rechtsanwalt ein, um seine Gage zu bekommen. Rechtslage?

Wann die Gage zu zahlen ist, ist eine Frage der vertraglichen Vereinbarung. Mangels einer entsprechenden Vereinbarung ist die Vergütung erst nach Erbringung der Werkleistung, also nach Vollendung der künstlerischen, sportlichen, wissenschaftlichen oder sonstigen Darstellung fällig, §§ 646, 641 I BGB. Das bedeutet, dass der Darsteller grundsätzlich vorleistungspflichtig ist und dann ggf. nach seiner Darbietung kein Geld erhält, sondern von dem Veranstalter immer wieder vertröstet wird. Allerdings wäre die Gage mit Fertigstellung des Werks zu verzinsen, §§ 646, 641 IV BGB. Der gesetzliche Zinssatz beträgt jedoch nur 4 % (§ 246 BGB). Ab Eintritt des Verzugs, der grundsätzlich erst durch Mahnung eintritt, erhöht er sich dann immerhin auf 8 % über dem Basiszins (§§ 286, 288 II BGB), dh zZt auf 8,12 % (Der Basiszins betrug am 1.7.2012: 0,12 %). Im vorliegenden Fall würde der Verzug spätestens aufgrund des telefonischen Verlangens nach zügiger Überweisung eintreten. War vereinbart, dass die Gage nach der Darbietung zu zahlen war, würde eine kalendermäßige Bestimmung vorliegen und bei Nichtzahlung zu diesem Termin sofortiger Verzug eintreten, § 286 II Nr. 1 BGB. Derartige Zinsansprüche dürften in der Veranstaltungsbranche allerdings eher auf dem Papier stehen, da es sich zumeist nur um geringe absolute Zinsbeträge handelt und der Darsteller den Veranstalter, mit dem er in Zukunft häufig weiterarbeiten möchte, nicht verärgern will.

Es ist daher **dringend zu empfehlen**, von vornherein klare Absprachen bzgl. der Gagenauszahlung zu treffen. Üblich und unbedingt empfehlenswert ist eine Auszahlung der Gage unmittelbar vor Veranstaltungsbeginn oder in der Pause. Nur so hat der Darsteller überhaupt ein Druckmittel in der Hand und könnte notfalls den (weiteren) Auftritt verweigern, wenn er nicht die vereinbarte Gage erhält. Handelt es sich um größere Veranstaltungen oder erstmalige Geschäftsbeziehungen, wird sich eine (teilweise) Vorabzahlung der Gage vor der Veranstaltung anbieten, um nicht Gefahr zu laufen, dass der Veranstalter insolvent wird und die Gage später nicht mehr zahlen kann oder irgendwelche Vorwände sucht, sich zu drücken.

Wenn die Einschaltung eines Rechtsanwalts notwendig wird, um die Gagenzahlung durchzusetzen, ist das Kind zumeist in den Brunnen gefallen. »No money« trotz erbrachter Leistung ist wirtschaftlich unergiebig, erzeugt Frust und belastet die Beziehungen zwischen Darsteller und Veranstalter erheblich. Vorsorge durch glasklare schriftliche Vereinbarung mit Auszahlungstermin spätestens bei der Veranstaltung und Auszahlung in bar ist dagegen das Gebot für jeden Darsteller. Nur so erspart er sich, seiner Gage hinterherzulaufen und ggf. bis zum St. Nimmerleinstag vertröstet zu werden. Falls nicht geschehen, bleibt als Trost: Auch die Anwaltskosten gehen als Verzugsschaden zu Lasten des Veranstalters, § 280 II BGB.

Fall 25: Keine Werbung, kein Publikum. Ein Veranstalter bewirbt entgegen den getroffenen Vereinbarungen nicht genügend den Auftritt eines bekannten Kabarettisten. Dieser fordert ihn noch mal nachhaltig auf, bestimmte ausdrücklich vereinbarte Werbemaßnahmen (Medien- und Plakatwerbung) innerhalb der nächsten Woche durchzuführen. Der Veranstalter unternimmt nichts. Nach gänzlich unbefriedigendem Kartenabsatz im Vorverkauf sagt der Darsteller seinen Auftritt ab und verlangt Schadensersatz. Zu Recht?

Ein Recht zur Absage könnte sich aufgrund gesetzlichen **Rücktrittsrechts** nach § 323 I BGB ergeben.[111] Der Veranstalter hatte es hier vertragsgemäß übernommen, seinerseits die Veranstaltung in **bestimmter Weise zu** bewerben. Dieser Verpflichtung war er jedoch trotz Fristsetzung nicht hinreichend nachgekommen. Damit hatte er als Schuldner der Werbeaktivitäten diese fällige Leistung nicht vertragsgemäß erbracht. Nach Fristsetzung war demzufolge ein Rücktritt möglich, es sei denn, die Pflichtverletzung wäre unerheblich gewesen, § 323 V 2 BGB. Das hängt entscheidend von den Umständen ab. Wenn zentrale Werbeaktivitäten nicht entfaltet wurden, wie dies hier bei der Medien- und Plakatwerbung anzunehmen sein wird, und daraufhin ein gänzlich unbefriedigender Kartenvorverkauf stattfindet, wird man eine erhebliche Pflichtverletzung des Veranstalters annehmen müssen. Das bedeutet, dass der Darsteller zu Recht den Rücktritt vom Vertrag erklärt hat.
Weiterhin könnte er **Schadensersatzansprüche** besitzen, die neben dem Rücktritt möglich sind (§ 325 BGB).[112] Diese können auf Schadensersatz statt der Leistung gerichtet werden, wenn die Voraussetzungen von §§ 281, 280 BGB vorliegen. Diese sind:

1. **Bestehen eines Schuldverhältnisses**

   Aufgrund des Engagementvertrages liegt ein Schuldverhältnis zwischen Veranstalter und Kabarettist vor.

2. **Der Schuldner erbringt die geschuldete Leistung nicht oder nicht wie geschuldet (Pflichtverletzung)**

   Der Veranstalter hatte hier ausdrücklich vertraglich bestimmte Werbemaßnahmen im Hinblick auf die geplante Veranstaltung übernommen. Die geschuldeten Werbeaktivitäten hat er aber nur unzureichend erfüllt. Er hat daher seine Pflichten nicht wie geschuldet erbracht und damit eine Pflichtverletzung begangen.

3. **Erfolglose Fristsetzung**

   Der Darsteller hatte vergeblich eine Frist von einer Woche für die Medien- und Plakatwerbung gesetzt.

111 Ferner könnte sich ein Kündigungsrecht aus § 643 BGB wegen unterlassener Mitwirkung ergeben, das an ähnliche Voraussetzungen wie § 323 BGB geknüpft ist. Beide Ansprüche können nebeneinander bestehen, vgl. Palandt/*Sprau* § 643 Rn. 1. Aus didaktischen Gründen soll hier nur das allgemeine Leistungsstörungsrecht betrachtet werden.

112 Etwaige Ansprüche aus § 642 BGB bleiben hier aus den gleichen Gründen wie vorstehend ausgeführt unberücksichtigt.

4. Vertretenmüssen

Der Veranstalter hat es schuldhaft versäumt, die notwendigen Werbemaßnahmen zu ergreifen. Entlastende Gründe sind nicht ersichtlich. Dies geht zulasten des Schuldners, weil dessen Verschulden vermutet wird, § 280 I 2 BGB.

Ergebnis:
Der Darsteller kann daher nicht nur absagen (Rücktritt vom Vertrag), sondern vom Veranstalter auch Schadensersatz statt der Leistung verlangen, der zB Zahlung der Gage und Bezahlung nutzlos getätigter Aufwendungen umfassen würde.

Fall 26: Die ungesicherte Künstlergarderobe. Einem Solisten werden aus der Künstlergarderobe ein wertvolles Instrument und Bargeld während seines Auftritts entwendet. Der Veranstalter hatte zugesagt, dass der Wachdienst die Garderobe sichern werde. Dies wurde versäumt. Kann Schadensersatz verlangt werden?

Der Solist könnte wegen des Verlustes seines Instruments möglicherweise den Veranstalter nach § 280 I BGB auf Schadensersatz in Anspruch nehmen.

Voraussetzungen dafür sind:

1. Bestehen eines Schuldverhältnisses

Zwischen den Beteiligten liegt ein Schuldverhältnis vor.

2. eine Pflichtverletzung

Der Veranstalter hatte hier vertraglich die Pflicht übernommen, die Künstlergarderobe sichern zu lassen. Diese Pflicht, die sich als Nebenpflicht aus dem Engagementvertrag verstehen lässt, umfasste entsprechende organisatorische Vorkehrungen durch den Veranstalter, die hier jedoch versäumt wurden.

3. Vertretenmüssen

Wenn der Veranstalter nicht dartun und beweisen kann, weshalb er nicht dafür verantwortlich zu machen ist, dass die Garderobe nicht hinlänglich gesichert wurde, hat er die Pflichtverletzung zu vertreten und muss den entstandenen Schaden dem Solisten ersetzen (§ 280 I 2 BGB).
Diesen kann allerdings evtl. ein Mitverschulden treffen, wenn ihm etwa die fehlende Absicherung hätte auffallen müssen oder er gebotene Maßnahmen der Eigensicherung schuldhaft unterlassen hat. Dann würde sich der Ersatzanspruch ggf. nach § 254 I BGB entsprechend mindern. Dies hängt entscheidend von den Umständen im Einzelfall ab, denen hier nicht näher nachgegangen werden kann.

Ergebnis:
Der Veranstalter, der eine Bewachung der Garderobe zugesagt hat, haftet also dem Grunde nach auf Schadensersatz wegen der entwendeten Gegenstände nach § 280 I BGB.

Anmerkung: Für die Anwendung der §§ 282, 241 II BGB ist kein Raum, da nur »einfacher« Schadensersatz und nicht Schadensersatz »statt der Leistung« verlangt wird.

c) Risiken außerhalb der Risikosphäre von Veranstalter und Darsteller

Wie bereits oben geschildert, gibt es eine Reihe von Risiken, die zum Ausfall oder zumindest zur Verschiebung von geplanten Veranstaltungen führen können, und auf die die Vertragspartner keinen Einfluss haben. Krieg, Naturgewalten, Katastrophen können derartige Fälle **höherer Gewalt** darstellen. Dazu ein Beispiel:

Fall 27: Die Folgen des 11. September. Die Ereignisse des 11.9.2001 verhindern den Abflug einer New Yorker Musikergruppe. Der Veranstalter muss daraufhin das kurz danach geplante Konzert absagen. Rechtslage?

Hier entfällt die Leistungspflicht der Musikergruppe gem. § 275 I BGB, weil es ihnen nicht möglich war, den Flug anzutreten und in Deutschland aufzutreten. Es mag auch Fälle gegeben haben, wo zwar Flüge durchführbar waren, aber die Darsteller aus persönlichen Gründen nicht auftreten konnten, weil sie beispielsweise nahe Verwandte verloren hatten oder selbst von den Ereignissen unmittelbar betroffen waren. Solche Situationen fallen unter § 275 III BGB, da es sich um persönliche Leistungen handelt, die unter den betreffenden Umständen zumutbarer Weise nicht erbracht werden können. Umgekehrt wird der Veranstalter von seiner Vergütungspflicht gegenüber den Darstellern gem. § 326 I BGB frei.
Was das Verhältnis des Veranstalters zu Besuchern angeht, gilt sinngemäß das Gleiche: Hier wird der Veranstalter infolge Unmöglichkeit von seiner Leistungspflicht frei (§ 275 I BGB) und Karteninhaber könnten ihrerseits Rückzahlung des Eintrittsgeldes verlangen (§§ 326 I, IV, 346 BGB).

Ergebnis:
Bei Unmöglichkeit der Leistung entfallen die gegenseitigen Vertragsansprüche.

3. Die Rechtsposition des Veranstalters im Verhältnis zu Veranstaltungsteilnehmern

Der Veranstalter tritt zumeist nicht nur zu Darstellern und Hallenbetrieben in vertragliche Beziehungen, sondern übernimmt häufig weitere organisatorische Leistungen. Dazu können zB die Organisation des Transports, des Catering, der Unterkunft, der Werbung, der Medienpräsentation oder auch die Verpflichtung von Ton- und Beleuchtungstechnikern gehören. Überall kann es zu Störungen bei der Vertragsabwicklung kommen, wofür beispielhaft der folgende Fall stehen soll:

Fall 28: Die geplatzte Tournee und der Beleuchtungstechniker (BGH NJW 2002, 595). Die beklagte Konzertveranstalterin bereitete für September bis November 1997 eine Tournee der Musikgruppe »Tic Tac Toe« vor und engagierte für diesen Zeitraum den Kläger, der Inhaber eines Betriebs für Beleuchtungstechnik und Lichtdesign ist, als Beleuchtungstechniker. Für jeden Konzert-, Aufbau- und Probeabend sollte er 450 DM Vergütung erhalten und für jeden vorbereitungsfreien, reise- und veranstaltungsfreien Tourneetag 225 DM zuzüglich Mehrwertsteuer. Der Beginn der Tournee wurde verschoben und scheiterte dann endgültig am 21.11.1997, weil sich die Mitglieder der Gruppe, drei Sängerinnen, zerstritten hatten. Der Kläger nahm die Beklagte auf Ersatz des ihm entgangenen Verdienstausfalls in Anspruch und verlangte von ihr Zahlung von insgesamt 13.820 DM (heute etwa 7.000 EUR).

Der Bundesgerichtshof sprach in seiner Entscheidung vom 18.10.2001 dem Kläger den geltend gemachten Anspruch in voller Höhe zu und stützte diesen wahlweise auf § 615 BGB (Annahmeverzug beim Dienstvertrag) oder § 324 I BGB aF (vom Gläubiger zu vertretende nachträgliche Unmöglichkeit).
Zunächst ordnete das Gericht den Vertrag als Dienstvertrag ein, weil der Kläger dafür sorgen musste, während der geplanten Tournee als Chef der Lichtabteilung für die Beleuchtung und die Lichteffekte entsprechend dem Gestaltungsplan des Lichtdesigners zu sorgen. Dieses ist nach Auffassung des BGH »eher einer für den Dienstvertrag charakteristischen allgemeinen, laufenden Tätigkeit zuzuordnen als dem fest umrissenen Leistungsgegenstand eines

Werkvertrages«.[113] Dies werde indiziell auch dadurch bestätigt, dass die Vergütung sich ausschließlich nach der Zahl der jeweiligen Konzert-, Aufbau- und Probenabende (voller Vergütungssatz) einerseits und der vorbereitungs-, reise- und veranstaltungsfreien Tourneetage (geminderter Vergütungssatz) andererseits richtete, also von der Erzielung eines bestimmten Leistungserfolges unabhängig war.[114]

Das Gericht billigt dann die Auffassung des Berufungsgerichts, dass durch das endgültige Zerwürfnis der Gruppe »Tic Tac Toe« die Tournee nicht mehr habe stattfinden können, weil niemand die Gruppe zu einem Auftritt hätte zwingen können und diese auch nicht durch eine andere Gruppe zu ersetzen gewesen wäre. Dennoch lässt es letztlich offen, ob der Vergütungsanspruch aus Annahmeverzug (§ 615 BGB) oder aus vom Gläubiger zu vertretender, nachträglicher Unmöglichkeit (§ 324 BGB aF) abzuleiten sei, da beides zum gleichen Ergebnis führe. Die Beklagte habe hier das Leistungshindernis zwar nicht verschuldet, aber dennoch »zu vertreten«. Sie habe nämlich in dem Vertrag zumindest konkludent (schlüssig) das Risiko des betreffenden Leistungshindernisses – hier also das Risiko des endgültigen Scheiterns der Tournee – übernommen.[115]

Meines Erachtens liegt hier tatsächlich ein endgültiges Hindernis vor, sodass sich die Lösung über die nachträgliche Unmöglichkeit eher angeboten hätte, weil bei Annahmeverzug stets vorausgesetzt werden muss, dass die Leistung überhaupt erbringbar ist. Würde man den Fall heute nach neuem Schuldrecht behandeln, hieße dies, dass § 326 II BGB nF zur Anwendung käme. Der Gläubiger muss nämlich als Veranstalter das Risiko übernehmen, dass die Veranstaltung auch durchgeführt wird. Er trägt in einem weiteren Sinne das Verwendungsrisiko bzgl. der Dienste des Klägers. Wegen dieser Verantwortung der Beklagten für die Durchführung der Veranstaltung geht das Risiko des Scheiterns zu ihren Lasten und sie wäre verpflichtet, die zugesagte Vergütung unter Abzug ersparter Aufwendungen trotz der eingetretenen Unmöglichkeit zu zahlen.

Eine schulmäßige Prüfung würde folgende Anspruchsvoraussetzungen zu prüfen haben:

Anspruchsvoraussetzungen von § 326 II BGB

1. Gegenseitiger Vertrag
2. Leistungsfreiheit des Schuldners nach § 275 I–III BGB
3. Alleinige oder weit überwiegende Verantwortung des Gläubigers für den Eintritt der Unmöglichkeit bzw. bereits bestehender Annahmeverzug des Gläubigers

Rechtsfolge:
Der Schuldner behält den Anspruch auf die Gegenleistung

Prüfung der Anspruchsvoraussetzungen:

Zu 1): Der Kläger hatte sich vertraglich dazu verpflichtet, für den Beklagten als Inhaber einer Beleuchtungs- und Lichtdesignfirma für die Beleuchtung und Lichteffekte bei der vom Beklagten durchgeführten Tournee der Musikgruppe Tic Tac Toe gegen entsprechende Bezahlung von 225 DM netto zzgl. Mehrwertsteuer pro Tourneetag zu sorgen. Zwischen den Parteien lag dementsprechend ein Dienstvertrag (§ 611 BGB) und somit ein gegenseitiger Vertrag vor.

Zu 2): Da es nach Vertragsschluss zu einem endgültigen Zerwürfnis der Musikgruppe Tic Tac Toe kam, konnte die Tournee nicht mehr stattfinden. Es kam somit zu einem endgültigen

113 BGH NJW 2002, 595.
114 BGH NJW 2002, 595.
115 BGH NJW 2002, 595.

Leistungshindernis, das es unmöglich machte, dass der Kläger seine Leistung erbringen konnte. Er wurde infolge dieser Unmöglichkeit nach § 275 I BGB von seiner Leistungspflicht frei.
Zu 3): Dieses Hindernis lag ausschließlich im Verantwortungsbereich des Beklagten als Veranstalter. Ihn allein trifft als Organisator der Tournee das Risiko des Scheiterns der Veranstaltung. Dementsprechend muss er auch die Folgen tragen, wenn er die vereinbarte Leistung des Klägers nicht in Anspruch nehmen kann. Die Verantwortung für das Scheitern der Tournee Veranstaltung und somit für die eingetretene Unmöglichkeit liegt ausschließlich bei ihm.

Ergebnis:
Bei Scheitern der Veranstaltung wegen Auflösung der Gesanggruppe muss der Veranstalter dennoch den Beleuchtungstechniker, den er für die gesamte Tournee engagiert hatte, bezahlen.

2. Teil. Grundlagen des Vertrags- und Haftungsrechts

A. Vertragsrecht

I. Grundbegriffe

Veranstaltungen fallen nicht vom Himmel, sondern basieren auf sorgfältiger Planung und guten rechtlichen Absprachen. Diese finden ihren Niederschlag in schriftlichen oder – im Veranstaltungsrecht häufig – mündlichen Verträgen. Ein Vertrag stellt eine Einigung von mindestens zwei Parteien über die wesentlichen Grundlagen eines Rechtsgeschäfts dar. Er besteht aus zwei übereinstimmenden Willenserklärungen, dem Angebot und der Annahme. Unter Willenserklärung versteht man eine auf einen rechtlichen Erfolg gerichtete Äußerung des Willens.[1] Wesentlich ist dabei das Vorhandensein eines **Rechtsbindungswillens**, also des Willens, eine rechtlich erhebliche Erklärung abzugeben.[2]

Beispiel: Ein Veranstalter erkundigt sich bei dem kaufmännischen Leiter einer Stadthalle, ob diese zu einem bestimmten Termin zu mieten sei. Dieser prüft seinen Terminkalender und bejaht. Liegt ein Vertragsschluss vor?

Die Frage ist zu verneinen, weil noch keine Willenserklärungen ausgetauscht wurden, sondern die Parteien sich erst in dem Vorstadium von Verhandlungen befanden. Weder der Veranstalter noch der kaufmännische Leiter hatten bereits die Absicht, sich rechtlich zu binden. Der Veranstalter wollte – ohne sich schon endgültig festlegen zu wollen – nur erfahren, ob der Termin zur Disposition stand. Ebenso wenig wollte der kaufmännische Leiter sich mit der Bejahung des Termins bereits endgültig binden. Dazu waren noch zu viele Fragen offen, die für den endgültigen Abschluss des Vertrags von wesentlicher Bedeutung sind: genaue Angaben zu dem Mietobjekt, Dauer der Mietzeit, Höhe der Miete einschließlich der Nebenkosten, etc. Die essentialia negotii, also die wesentlichen Vertragsbestandteile waren noch nicht vereinbart. Folglich ist noch kein Vertrag zustande gekommen.

Erst wenn die Parteien über alle wesentlichen Bestandteile eines Vertrages eine verbindliche Einigung erzielt haben, liegt ein Vertrag vor. Dieser begründet zwischen ihnen ein Schuldverhältnis gem. § 311 I BGB. Ein Schuldverhältnis löst zwischen den Parteien Rechte und Pflichten aus. Sie schulden sich die versprochenen Leistungen und sind rechtlich verpflichtet, diese gemäß den getroffenen Vereinbarungen zu erbringen (**Prinzip der Vertragstreue**). Wer sich daran nicht hält, kann dazu von Rechts wegen gezwungen werden, etwa durch ein entsprechendes Gerichtsurteil und notfalls durch eine Zwangsvollstreckung des Urteils.

Beispiel: Der Finanzdienstleister D beauftragt den Caterer C, für eine Firmenveranstaltung am 17.8.2012 ab 19.00 Uhr in der Firmenzentrale von D in Dortmund ein genau festgelegtes Catering (Essen und Getränke) zu einem bestimmten Preis zu liefern. Alle Vertragspunkte wurden einvernehmlich und verbindlich festgelegt. Zwei Tage später sagt D mit dem Hinweis ab, wegen der Finanzkrise könne die Veranstaltung nicht stattfinden. Wie ist die Rechtslage?

---

1 Palandt/*Ellenberger* Einf. vor § 116 Rn. 1.
2 Dazu näher *Aunert-Micus* WirtschaftsPrivR Rn. 219.

C könnte von D gem. § 433 II BGB die Abnahme und Bezahlung der georderten Speisen und Getränke verlangen, wenn ein entsprechender Kaufvertrag vorliegen würde. Dann müssten sich die Parteien auf einen entsprechenden Kauf geeinigt haben. Das setzt übereinstimmende Willenserklärungen über die wesentlichen Vertragspunkte voraus. Dazu zählen Einigung über die Kaufvertragsparteien, den Kaufgegenstand und den Kaufpreis. All diese Punkte waren hier einvernehmlich und verbindlich vereinbart. Außerdem war geklärt, wo und wann die Lieferung erfolgen sollte. Da es sich um ein Termingeschäft für ein bestimmtes Event handelte, war auch darüber eine Einigung nötig, aber auch erfolgt. Folglich lag ein rechtsverbindlicher Kauf vor, der D zur Abnahme und Bezahlung verpflichtete, wenn er nicht ausnahmsweise ein Rücktrittsrecht besaß. Mangels eines vertraglichen oder gesetzlichen Rücktrittsrechts ist dies zu verneinen. Im Ergebnis ist daher D rechtlich verpflichtet, den Kaufvertrag zu erfüllen (»pacta sunt servanda«).

II. Vertragsfreiheit

Vertragsfreiheit besagt, dass grundsätzlich niemand gezwungen ist, einen Vertrag abzuschließen (**Abschlussfreiheit**) und dass er den Inhalt des Vertrages mit dem Vertragspartner frei aushandeln kann (**Inhalts- oder Gestaltungsfreiheit**). Die Vertragsfreiheit ist durch die allgemeine Handlungsfreiheit (Art. 2 I GG) grundgesetzlich geschützt. Der Staat respektiert damit die Privatautonomie, also die Freiheit der Bürger, ihre Rechtsbeziehungen untereinander frei und ohne staatliche Bevormundung selbstständig zu regeln. Die drei tragenden Säulen der Privatautonomie sind

- die Vertragsfreiheit (in § 311 BGB vorausgesetzt),
- die Eigentumsfreiheit (Art. 14 GG; § 903 BGB),
- die Testierfreiheit (Art. 14 GG; § 1937 BGB).

Beispiel: Veranstalter V holt bei Comedian C ein Angebot ein und lehnt dies anschließend grundlos ab.

Die Vertragsfreiheit (Art. 2 GG) gestattet es jedermann, einen Vertrag einzugehen oder es zu lassen. Diese Abschlussfreiheit gibt das Recht, ein Angebot anzunehmen und damit einen Vertragsschluss zu bewirken, oder das Angebot abzulehnen und damit den Vertragsschluss zu verhindern. Hier ist der Vertragsschluss durch Ablehnung des Angebots gescheitert.

III. Einschränkungen der Vertragsfreiheit (Kontrahierungszwang)

Die Vertragsfreiheit wird durch eine Reihe von gesetzlichen Vorschriften eingeschränkt und insbesondere in folgenden Bereichen durch einen Abschluss- oder Kontrahierungszwang ersetzt:

- Im Bereich der Daseinsvorsorge, insbesondere bei der Versorgung mit Strom und Gas
- Beim Personentransport, zB Taxifahrten
- Bei der Kfz-Haftpflichtversicherung

Im Veranstaltungsbereich sind vor allem Einschränkungen durch das Allgemeine Gleichbehandlungsgesetz (AGG), (landesrechtliches) Kommunalverfassungsrecht und das Gesetz gegen Wettbewerbsbeschränkungen (GWB) von Bedeutung.

Beispiel (Diskriminierungsverbot nach AGG): Der Türsteher weist einen ausländisch aussehenden Mann mit dem Hinweis ab, man möchte in der Disco keine Rambos. Zulässig?

Grundsätzlich gestattet die Abschlussfreiheit nach Art. 2 GG jedem, frei zu entscheiden, mit wem er in rechtsgeschäftliche Beziehungen eintreten möchte. Der Besucher mit Migrantenhintergrund könnte jedoch nach § 21 AGG bei einem Verstoß gegen das Benachteiligungsverbot von § 19 I Nr. 1 AGG einen Anspruch auf Beseitigung der Beeinträchtigung haben, der ggf. einen Anspruch auf Zulassung zu der Discothek begründet.

Hier wurde die Begründung eines zivilrechtlichen Schuldverhältnisses wegen der ethnischen Herkunft des Besuchers abgelehnt. Weitere Voraussetzung von § 19 I Nr. 1 AGG müsste das Vorliegen eines Massengeschäfts sein, also nach der Legaldefinition der 1. Alt. der Bestimmung eines Schuldverhältnisses, das »typischerweise ohne Ansehen der Person zu vergleichbaren Bedingungen in einer Vielzahl von Fällen zustande kommt«. Ohne Ansehen der Person kommen typischerweise Verträge im Bereich der Konsumgüterwirtschaft und bei standardisierten Dienstleistungen zustande, wie zB im Einzelhandel, in der Gastronomie, im Transportgewerbe, in Freizeiteinrichtungen oder bei Fernabsatzverträgen.[3] Hier handelt es sich um ein Vertragsverhältnis im Bereich der Gastronomie, bei dem es um standardisierte Dienstleistungen, nämlich das Bereitstellen einer Tanzfläche mit dem typischen Sound und den Lichteffekten einer Discothek, geht. Nach meiner Ansicht handelt es sich daher um ein **Massengeschäft,** das eine Diskriminierung wegen der ethnischen Herkunft verbietet. Für die Ausnahme von § 19 V AGG bedürfte es eines besonderen Nähe- oder Vertrauensverhältnisses, von dem bei einem Disco-Besuch keine Rede sein kann, weil es sich hier gerade um ein Massengeschäft handelt, bei dem nicht mehr an Kontakt aufgebaut wird, als es bei jedem Schuldverhältnis naturgemäß der Fall ist.[4] Auch der in § 20 I 2 Nr. 1 AGG angesprochene Grund der Vermeidung von Gefahren oder Verhütung von Schäden gibt keine Handhabe zu einer Abweisung, da dies bei ethnischen Diskriminierungen nach dem Wortlaut der Vorschrift gerade nicht als Rechtfertigungsgrund herangezogen werden darf. Die Zurückweisung wegen der Abstammung und des allgemeinen Vorurteils einer damit verbundenen Gewaltbereitschaft ist somit nicht zulässig. Allerdings: wären konkrete Anhaltspunkte für eine Gewaltanwendung gegeben, wie etwa Waffenbesitz oder verbale Gewaltandrohungen, so wäre die Verweigerung des Zutritts zulässig, weil dann keine Diskriminierung aus ethnischen Gründen, sondern eine Maßnahme zur Verhinderung von Ausschreitungen gegeben wäre. Dazu reicht aber das fremdländische Aussehen als solches nicht aus, sondern der Besucher müsste konkrete Anhaltspunkte für ein gewaltsames Handeln geliefert haben. Da es daran im geschilderten Fall fehlt, stellt die Zurückweisung einen Verstoß gegen § 19 I Nr. 1 AGG dar mit der Folge, dass der Besucher nach § 21 I 1 AGG einen Anspruch auf Beseitigung der Beeinträchtigung in Form der Zulassung zu der Discothek hat. Die Diskriminierung kann nämlich nicht anders beseitigt werden als durch Zulassung des Besuchers. Insoweit enthält § 21 I 1 AGG nach richtiger Auffassung einen Kon-

3 Palandt/*Grüneberg* AGG § 19 Rn. 2.
4 Palandt/*Grüneberg* AGG § 19 AGG Rn. 8.

trahierungszwang, der die Vertragsfreiheit in Fällen unerlaubter Diskriminierung einschränkt.[5] Diese Einschränkung ist nach Art. 2 I GG erlaubt, weil ein Gastronom bei rechtswidriger Abweisung eines Besuchers in die Rechte Dritter – der Besucher – eingreift und die allgemeine Handlungsfreiheit bei Verletzung der Rechte anderer ihre Grenze findet.

Ein Kontrahierungszwang lässt sich im Einzelfall auch aus dem landesrechtlichen Gemeinderecht ableiten, das in den Gemeindeordnungen bzw. Kommunalverfassungsgesetzen der Bundesländer niedergelegt ist.

So lautet **§ 30 des Niedersächsischen Kommunalverfassungsgesetzes:**

Benutzung öffentlicher Einrichtungen

(1) Die Einwohnerinnen und Einwohner sind im Rahmen der bestehenden Vorschriften berechtigt, die öffentlichen Einrichtungen der Kommune zu benutzen, und verpflichtet, die Gemeindelasten zu tragen.

(2) Grundbesitzende und Gewerbetreibende, die ihren Wohnsitz nicht in der Gemeinde haben, sind in gleicher Weise berechtigt, die öffentlichen Einrichtungen zu benutzen, die in der Kommune für Grundbesitzende und Gewerbetreibende bestehen. Sie sind verpflichtet, für ihren Grundbesitz oder Gewerbebetrieb im Gebiet der Kommune die Kosten für die Einrichtungen mitzutragen, soweit Rechtsvorschriften dies bestimmen.

(3) ....

Ähnliche Regelungen enthalten auch die Gemeindeordnungen der anderen Bundesländer.[6]

Beispiel (Einschränkungen der Vertragsfreiheit durch Kommunalverfassungsrecht): Die Stadthalle im niedersächsischen O. hat für den angefragten Termin Räumlichkeiten zu vermieten, lehnt aber eine Vermietung an Einwohner E ab, der hier ein Jubiläum feiern möchte. Rechtslage?

Grundsätzlich gibt die Vertragsfreiheit das Recht, frei zu entscheiden, mit wem ein Vertrag geschlossen werden soll. Dieses Recht wird aber hier durch § 30 I Niedersächsisches Kommunalverfassungsgesetz insoweit eingeschränkt, dass alle Einwohner die öffentlichen Einrichtungen im Rahmen der bestehenden Vorschriften benutzen dürfen. Daraus folgt, dass E als Einwohner von O im Rahmen der bestehenden Vorschriften einen Anspruch auf Vermietung hat. Das bedeutet, dass die Gemeinde mit ihm einen Mietvertrag abschließen muss, soweit ein freier Termin zur Verfügung steht und die für alle Bürger geltenden Mietbedingungen eingehalten werden.

Schließlich ist darauf hinzuweisen, dass für Messen und Ausstellungen der Grundsatz der Gewerbefreiheit gilt, der ebenfalls Einschränkungen der Abschlussfreiheit zur Folge haben kann. So hat der Veranstalter einer Messe oder Ausstellung einen Anspruch auf Festsetzung (= Genehmigung) einer solchen Veranstaltung nach § 69 GewO, soweit kein Ablehnungsgrund nach § 69a GewO besteht.

Beispiel (Anspruch auf Festsetzung einer Ausstellung): A möchte für ein Wochenende eine größere Gartenausstellung auf städtischem landwirtschaftlichen Gelände durchführen und Besucher mit

5 So auch mit überzeugender Begründung *Wendt/Schäfer* JuS 2009, 206; MüKoBGB/*Thüsing* AGG § 21 Rn. 18; Bamberger/Roth/*Wendland* AGG § 21 Rn. 13 ff.; *Adomeit/Mohr* AGG § 21 Rn. 6; aA Palandt/*Grüneberg* AGG § 21 Rn. 7. Im konkreten Fall würde sich der Streit aber nicht auswirken, da auch die Gegenmeinung einen Anspruch auf Vertragsschluss dann gewährt, wenn »der Vertrag ohne den Verstoß gegen das Benachteiligungsverbot zustande gekommen wäre«. Genau das ist hier der Fall, weil der Besucher ohne die ethnischen Ablehnungsgründe ohne Weiteres in die Discothek gekommen wäre.

6 ZB in § 8 II GO NRW: »Alle Einwohner einer Gemeinde sind im Rahmen des geltenden Rechts berechtigt, die öffentlichen Einrichtungen der Gemeinde zu benutzen ...«.

einem großen Angebot unterschiedlicher Anbieter von Produkten des Gartenbaus ansprechen. Sein Antrag auf Genehmigung wird mit der Begründung abgelehnt, dafür bestehe kein Bedürfnis.

Die Stadt darf den Antrag von A auf Festsetzung nach § 69 GewO nur ablehnen, wenn ein Ablehnungsgrund nach § 69a GewO besteht. Dazu zählt nicht der angegebene Grund eines fehlenden Bedürfnisses. Folglich hat der A einen Anspruch auf Festsetzung, der er notfalls im Widerspruchs- und/oder Klagewege durchsetzen kann. Wird dem Antrag stattgegeben, muss die Stadt dem A auch das Gelände für die Dauer der Ausstellung zur Verfügung stellen.

Auch die Teilnehmer und Besucher von Messen und Ausstellungen haben im Rahmen von § 70 GewO ein Recht auf Teilnahme an einer behördlich festgesetzten Veranstaltung. Firmen, die an einer solchen Messe teilnehmen wollen und die allgemeinen Voraussetzungen dafür erfüllen, dürfen daher nicht grundlos abgewiesen werden. Auch insoweit besteht ein Kontrahierungszwang des Veranstalters. Er kann nur aus sachlichen Gründen, insbesondere wenn der zur Verfügung stehende Platz nicht ausreicht, nach § 70 GewO einzelne Aussteller, Anbieter und Besucher von der Teilnahme ausschließen. Wegen näherer Einzelheiten wird auf Teil 3 Messen und Ausstellungen verwiesen.

Soweit Veranstaltungsorte von Unternehmen mit marktbeherrschender Stellung vermietet werden, kann sich ein **Kontrahierungszwang** zum Abschluss eines betreffenden Mietvertrages auch **aufgrund der §§ 19 und 20 des Gesetzes gegen Wettbewerbsbeschränkungen** ergeben. § 19 I GWB verbietet nämlich die missbräuchliche Ausnutzung einer marktbeherrschenden Stellung durch ein oder mehrere Unternehmen. Marktbeherrschend ist ein Unternehmen, soweit es als Anbieter oder Nachfrager einer bestimmten Art von Waren oder Dienstleistungen auf dem sachlich und räumlich relevanten Markt ohne Wettbewerber ist oder keinem wesentlichen Wettbewerb ausgesetzt ist oder eine im Verhältnis zu seinen Wettbewerbern überragende Marktstellung hat, § 19 II GWB. Nach § 20 I GWB bestehen ein Diskriminierungsverbot und das Verbot unbilliger Behinderung, die es marktbeherrschenden Unternehmen verbieten, »ein anderes Unternehmen in einem Geschäftsverkehr, der gleichartigen Unternehmen üblicherweise zugänglich ist, weder unmittelbar noch mittelbar unbillig (zu) behindern«. Das Gleiche gilt nach § 20 II GWB auch für nicht marktbeherrschende Unternehmen, »soweit von ihnen kleine oder mittlere Unternehmen als Anbieter oder Nachfrager einer bestimmten Art von Waren oder gewerblichen Leistungen in der Weise abhängig sind, dass ausreichende und zumutbare Möglichkeiten, auf ein Unternehmen auszuweichen, nicht bestehen«.

Beispiel (kartellrechtliches Diskriminierungsverbot): Die Sportstadium Betreiber-GmbH betreibt eigene Veranstaltungen und vermietet auch ihre Anlagen zur Durchführung von Groß-Sportveranstaltungen. Sie ist im Umkreis von 100 km ohne Wettbewerber und verweigert gegenüber einem Sportveranstalter, der auf der Anlage ein großes Sportevent durchführen möchte, grundlos den Abschluss eines entsprechenden Mietvertrages. Dieser sieht sich diskriminiert und unbillig behindert und verlangt den Abschluss eines Mietvertrages zu den üblichen Konditionen.

Ein Abschlusszwang könnte sich aus § 19 GWB ergeben. Dann müsste die Betreiber-GmbH eine marktbeherrschende Stellung nach § 19 I GWB missbräuchlich ausgenutzt haben. Auf dem relevanten Markt von Groß-Sportveranstaltungen nimmt die Betreiber-GmbH eine marktbeherrschende Stellung ein, weil im Umkreis von 100 km keine vergleichbare Anlage zur Durchführung von derartigen Veranstaltungen zur Verfügung steht und somit kein Wettbewerber vorhanden ist, § 19 II Nr. 1 GWB. Es stellt einen Missbrauch der marktbeherrschenden Stellung nach Art. 19 I GWB dar, wenn die Betreiber-GmbH einem Sportveranstalter die Vermietung der Anlage verweigert, obwohl sie dies sonst regelmäßig tut und der Veranstalter einen Mietvertrag zu den üblichen Bedingungen abzuschließen bereit ist. Wegen missbräuchlicher Ausnutzung ihrer Monopolstellung ist die Betreiber-GmbH somit zum Abschluss eines Mietvertrages mit dem Sportveranstalter zu den üblichen Konditionen verpflichtet. Auch § 20 I GWB trifft zu, da die Vertragsverweigerung eine unbillige Behinderung durch ein marktbeherrschendes Unternehmen darstellt.

IV. Vorstufen des Vertrages

Bevor es zum endgültigen Vertragsschluss kommt, befinden sich die Parteien in dem Vorstadium der Vertragsverhandlungen. Dieses löst noch keine Vertragspflichten aus, wohl aber Pflichten zur Rücksichtnahme (§§ 311 II, 241 II BGB), deren Verletzung nach § 280 I BGB schadensersatzpflichtig machen kann. Gerade im Eventbereich ist es mitunter schwierig festzustellen, ob die Parteien noch im Verhandlungsstadium waren oder bereits eine verbindliche Vereinbarung getroffen haben, weil vielfach eine formale Zäsur in Form eines schriftlichen Vertrages fehlt. Bei mündlichen Absprachen kann es im Einzelfall zweifelhaft sein, ob die Parteien bereits ihre Verhandlungen abgeschlossen hatten und eine verbindliche Einigung erzielt hatten.

Beispiel (Vertragsschluss?): Ein Veranstalter V einigt sich telefonisch mit dem Agenten A eines Künstlers K über ein Gastspiel. Dabei wird Einigkeit erzielt über die Art des Gastspiels, über den Veranstaltungstag, den Veranstaltungsort, die Veranstaltungszeit, die Dauer des Auftritts und das Honorar. Eine Woche später übersendet A einen von ihm unterzeichneten schriftlichen Vertrag, in dem alle besprochenen Fragen zutreffend wiedergegeben werden, aber ergänzend noch bestimmt ist, dass V die Reise- und Übernachtungskosten trägt und für Getränke und Verpflegung bei dem Auftritt sorgt. V lehnt ab und hält den Vertrag für gescheitert. Rechtslage?

Falls der A Abschlussvollmacht für K besaß, konnte er gem. § 164 BGB wirksam als Stellvertreter für diesen die Verhandlungen führen und rechtlich bindend den Künstlervertrag mit V vereinbaren. Der Abschluss des Vertrages hängt allerdings davon ab, ob beiderseits bereits rechtlich wirksame Willenserklärungen abgegeben wurden. Dass »nur« mündliche Absprachen getroffen wurden, steht zunächst einem Vertragsschluss nicht entgegen, da Künstlerverträge auch mündlich wirksam sind. Es gilt – wie auch sonst bei Schuldverträgen – das Prinzip der Formfreiheit.

Entscheidende Frage ist, ob die Parteien schon zu einem endgültigen Abschluss gekommen sind. Das hängt davon ab, ob sie über alle für den Vertrag maßgebenden Fragen eine verbindliche Einigung erzielt haben. Maßgebende Fragen bei einem Künstlervertrag sind, wer für wen, wo, wann, wie lange und für welches Entgelt welche Leistung erbringen soll. Ist über diese Fragen eine endgültige (auch mündliche) Einigung erzielt worden, liegt ein Vertrag vor. Sollte eine Partei allerdings noch weitere Fragen ins Spiel gebracht haben, zB Reise- und Übernachtungskosten, Getränke und Verpflegung, und wurde darüber kein Einvernehmen erzielt, wäre der Vertrag trotz Einigung auf die sechs anderen Fragen gescheitert. Es liegt dann ein offener Einigungsmangel vor, der nach § 154 I BGB grundsätzlich zur Unwirksamkeit des Vertrages führt. Hatte der Agent A also diese Fragen bei den Verhandlungen zum Thema gemacht, ohne dass eine Einigung zustande kam, wäre kein wirksamer mündlicher Vertrag zustande gekommen und V hätte Recht.

Anders könnte es dann sein, wenn die Nebenkosten nicht Vertragsgegenstand waren. Dann müsste der Vertrag grundsätzlich als geschlossen angesehen werden, wenn über die zentralen Vertragspunkte eine abschließende Einigung erzielt wurde. Was die fraglichen Nebenpunkte angeht, müsste durch Auslegung (§ 157 BGB) ermittelt werden, wen die betreffenden Kosten und Pflichten treffen. Es entspricht Treu und Glauben und insbesondere der Verkehrssitte, dass Künstler bei einem abendfüllenden Programm Getränke und zumindest eine kalte Mahlzeit vom Veranstalter gestellt bekommen. Ohne diese wird die Leistungsfähigkeit des Künstlers in Frage gestellt, ein abendfüllendes Programm durchzustehen. Dass er selbst Getränke und Speisen in die Künstlergarderobe mitbringt, erscheint unangemessen. Es entspricht vielmehr der Verkehrssitte, dass der Veranstalter dafür Sorge trägt. Der Vertrag ist folglich um diese Verpflichtungen auch ohne besondere Absprache zu ergänzen (sog. ergänzende Vertragsauslegung nach § 157 BGB).

Heikel ist die Frage der Reise- und Übernachtungskosten. Auch hier sind wiederum Treu und Glauben und die Verkehrssitte von maßgeblicher Bedeutung. Soweit es sich um Auftritte im Umkreis von 100 km handelt, ist es angemessen und üblich, dass der Künstler dafür selbst sorgt, wenn er nicht – was regelmäßig zu erwarten ist – nach dem Auftritt den Heimweg auf eigene Kosten antritt. Anderes müsste ausdrücklich vereinbart werden. Bei längeren An- und Abfahrten und großen Auftritten ist erst recht eine besondere Vereinbarung empfehlenswert. Eine stillschweigende Kostenübernahme durch den Veranstalter wird jedenfalls meistens nicht im Wege einer ergänzenden Vertragsauslegung anzunehmen sein. Im Ergebnis ist somit der mündliche Vertrag mit dem Inhalt wirksam, wie er mündlich festgelegt war, allerdings ergänzt um die stillschweigende Pflicht des V zur Gestellung von Getränken und eine kalte Mahlzeit.

Fraglich ist die Bedeutung der erfolglosen Übersendung eines schriftlichen Vertrages.

Die Übersendung eines schriftlichen Vertrages und die fehlende Unterschrift von V stellen die getroffene Vereinbarung dann nicht in Frage, wenn die schriftliche Fixierung allein Beweiszwecken diente und die mündliche Vereinbarung in jedem Fall gelten sollte. War bei den Vereinbarungen allerdings vereinbart, dass der Vertrag nur gelten sollte, falls dieser schriftlich verfasst und unterschrieben war, würde der Vertrag mangels Einhaltung der vereinbarten Schriftform nach §§ 127 I, 125 S. 2 BGB im Zweifel nichtig sein.[7]

Als Ergebnis ihrer mündlichen Vereinbarungen können die Parteien auch im Wege des **Vorvertrages** festhalten, dass sie bereits jetzt die wesentlichen Eckpunkte ihrer Einigung für verbindlich erklären, und sich verpflichten, den Hauptvertrag demnächst abzuschließen. An einen solchen Vorvertrag sind einerseits nicht die gleichen Anforderungen zu stellen, wie an eine die Sache endgültig regelnde Vereinbarung, andererseits setzt er aber voraus, dass sich die Parteien über alle wesentlichen Punkte geeinigt haben und der Inhalt des Hauptvertrages zumindest bestimmbar ist.[8] Das gilt etwa, wenn die Parteien die besprochenen wichtigsten Vertragspunkte (zB in einem »letter of intent«) handschriftlich festgehalten, für verbindlich erklärt und

7 Vgl. dazu näher unten in Kapitel IX.
8 BGH DNotZ 1963, 36; NJW 1990, 1234; Palandt/*Ellenberger* Einf. Vor § 145 Rn. 20.

unterschrieben haben, und bestimmen, dass ein Rechtsanwalt den ausführlichen Vertrag ausformulieren soll.[9]

V. Angebot und Annahme

Angebot und damit übereinstimmende Annahme bewirken das Zustandekommen des Vertrages. Sowohl Angebot wie auch Annahme sind empfangsbedürftige Willenserklärungen, verlangen also eine rechtsverbindliche Erklärung des Willens. Dabei bedarf es nicht unbedingt der Abgabe verbaler Erklärungen, sondern es reicht auch eine schlüssige Erklärung aus (sog. konkludentes Handeln).

Beispiel (konkludentes Handeln): Am Tisch mit Merchandising-Artikeln sucht der Fan eine mit 18 EUR ausgezeichnete CD heraus und legt sie mit einer 20 EUR Note dem Verkäufer auf den Tisch. Dieser gibt ihm dankend 2 EUR Wechselgeld zurück. Was ist juristisch geschehen?

Hier könnte ein Kaufvertrag über eine CD für 18 EUR Kaufpreis zustande gekommen sein. Ein Angebot ist zwar noch nicht in der Auslage zu sehen, da damit erst – wie bei Schaufensterauslagen – eine Aufforderung an interessierte Käufer zur Abgabe von Willenserklärungen zu sehen ist, sog. invitatio ad offerendum. Der Fan hat mit der Präsentation der CD und der Beilage der EUR-Note schlüssig zum Ausdruck gebracht, dass er die betreffende CD zu dem ausgezeichneten Preis von 18 EUR käuflich erwerben möchte. Dieses Angebot hat der Verkäufer mit seiner dankenden Erklärung und Rückgabe des Wechselgeldes angenommen. Folglich haben die Parteien einen Kaufvertrag über die CD geschlossen und diesen wechselseitig sogleich durch Übereignung der CD bzw. des Geldes erfüllt.

Angebote müssen **rechtzeitig** angenommen werden. Bei gleichzeitiger Anwesenheit muss das Angebot nach § 147 I BGB sofort angenommen werden, es sei denn dem anderen wurde eine längere Annahmefrist zugebilligt (§ 148 BGB). Der einem Abwesenden gemachte Antrag kann nur bis zu dem Zeitpunkt angenommen werden, in welchem der Antragende den Eingang der Antwort unter regelmäßigen Umständen erwarten darf (§ 147 II BGB). Diese setzt sich aus einer angemessenen Bearbeitungs- und Überlegungsfrist sowie der Versendungsfrist zusammen. Im elektronischen Verkehr ist letztere heute praktisch zu vernachlässigen, sodass es nach Zugang eines Angebots im Wesentlichen auf die Bearbeitungs- und Überlegungsfrist ankommt. Besondere Probleme stellen sich im Messe- und Ausstellungsbereich. Insbesondere bei Anmeldung zur Teilnahme an einer internationalen Messe verzögert sich die Zusage der Messegesellschaft häufig um mehrere Wochen. Ob dann noch ein wirksamer Vertragsschluss anzunehmen ist, kann zweifelhaft sein. Wegen der einschlägigen Fragen wird insoweit auf die Ausführungen auf S. 152 ff. und Fall 29 (S. 166) verwiesen.

Wenn ein Angebot nur unter Veränderungen angenommen wird, liegt darin eine Ablehnung, verbunden mit einem neuen Angebot, § 150 II BGB.

Beispiel: Ein Feuerschlucker bietet einer Firma seine Künste für ein Firmenjubiläum gegen ein Honorar von 1.500 EUR per Mail an. Die Firma mailt zurück, man sei mit 1.200 EUR einverstanden. Diese Entgegnung stellt eine Annahme des Angebots unter Veränderungen dar und ist nach § 150 II BGB als neues Angebot der Firma zu werten, das von dem Feuerschlucker angenommen oder abgelehnt werden kann.

9 *Risch/Kerst* EventR 11 mit Beispiel.

Durch **Schweigen** kommt es in der Regel nicht zu einem Vertragsschluss, da Schweigen im Rechtsverkehr weder als Annahme noch als Ablehnung zu werten ist. Dies ist im Ausnahmefall nach Treu und Glauben ggf. anders zu bewerten. Insbesondere hat die Rechtsprechung das Schweigen auf ein **kaufmännisches Bestätigungsschreiben** als Zustimmung gewertet. Dieses setzt voraus, dass zwischen Kaufleuten mündliche Vertragsverhandlungen stattgefunden haben und einer der beiden Partner zeitnah das Ergebnis dieser Verhandlungen dem anderen schriftlich bestätigt. Der Empfänger eines solchen Bestätigungsschreibens muss dann den Inhalt sorgfältig und unverzüglich prüfen und bei etwaigen Abweichungen dem Vertragspartner gegenüber rügen. Unterlässt er dies, so ist der Inhalt des Bestätigungsschreibens als verbindlich anzusehen.[10] Wer ohne Kaufmann zu sein, in erheblichem Maße wie ein Kaufmann selbstständig am Rechtsverkehr beteiligt ist, wird in gleicher Weise behandelt.[11]

Beispiel: Eine Gastspieldirektion bietet einer Veranstaltungs GmbH eine bestimmte Musical Produktion zum Gesamtpreis von 50.000 EUR an. In den mündlichen Verhandlungen wird über alle Vertragspunkte Einigung erzielt und auf die Gage ein Nachlass von 10 % eingeräumt. Zwei Tage später erhält die GmbH von der Gastspieldirektion ein Schreiben, in dem es unter anderem heißt: »bedanken wir uns hiermit für den uns erteilten Auftrag, den wir der guten Form wegen noch einmal wie folgt schriftlich bestätigen«. Es folgen alle getroffenen Vereinbarungen. Beim Preis heißt es »Gesamtpreis 50.000 EUR abzüglich 5 % Nachlass, zahlbar zu 50 % einen Monat vor und zu 50 % eine Woche vor dem Gastspiel«. Die Veranstaltungs GmbH reagiert auf dieses Schreiben nicht. Rechtsfolge?

Die Vereinbarung könnte zu den in dem Schreiben genannten Konditionen gelten, wenn es sich um ein kaufmännisches Bestätigungsschreiben handelte und die GmbH diesem nicht unverzüglich widersprochen hätte. Voraussetzung ist, dass zwischen den Parteien eine mündliche Vereinbarung getroffen wurde oder zumindest Vertragsverhandlungen stattgefunden hatten. Hier war es zu einer mündlichen Vereinbarung über die Lieferung einer Musical Produktion zum Preise von 50.000 EUR abzüglich 10 % Nachlass gekommen. Weitere Voraussetzung ist, dass die Beteiligten Kaufleute sind oder zumindest wie ein Kaufmann selbstständig in erheblichem Maße am Rechtsverkehr teilnehmen. Die GmbH ist Formkaufmann nach § 6 HGB, die Gastspieldirektion ist Kaufmann nach § 1 HGB. Das Verhandlungsergebnis müsste schließlich zeitnah noch einmal dem anderen Vertragspartner schriftlich zugegangen sein. Das ist der Fall, da die Vereinbarung der GmbH im Abstand von zwei Tagen in Schriftform zugestellt wurde. Allerdings weicht sie beim Nachlass von der getroffenen Vereinbarung ab. Außerdem war über die Zahlungsziele nicht gesprochen worden. Da die GmbH dem jedoch nicht unverzüglich widersprochen hat, ist der Vertrag zu den bestätigten Konditionen – also zu nur 5 % Nachlass auf den Preis von 50.000 EUR und zu den vereinbarten Zahlungszielen – rechtsverbindlich geworden.

VI. Zugang

Empfangsbedürftige Willenserklärungen müssen, um wirksam zu werden, dem Empfänger zugehen, § 130 BGB. Ist der Empfänger anwesend, so gehen sie ihm dann zu, wenn er die betreffende verbale Äußerung hört oder die schriftliche Erklärung entgegennimmt. Ist der Empfänger nicht anwesend, so ist der Zugang dann anzunehmen,

10 BGH 7, 189; 11, 3, stRspr. Zusammenfassung bei Palandt/*Ellenberger* § 147 Rn. 8 ff.
11 Palandt/*Ellenberger* § 147 Rn. 9.

wenn die Willenserklärung so in den Machtbereich des Empfängers gelangt, dass er davon unter normalen Umständen Kenntnis nehmen kann.[12] Bei Briefen ist aufgrund der heutigen Zustellpraxis richtigerweise davon auszugehen, dass bis zum Nachmittag vom Briefträger in den Hausbriefkasten eingeworfene Briefe noch am selben Tag zugehen.[13] Ob der Empfänger ein Schreiben liest oder nicht, ist belanglos, da es allein auf die Möglichkeit der Kenntnisnahme ankommt. Ist der Empfänger krank, im Urlaub oder sonst ortsabwesend, so ist das sein Risiko, dem er durch geeignete Vorkehrungen begegnen muss.[14]

Beispiel (Zugang): Dem Alleinunterhalter wird während seiner Urlaubsabwesenheit seitens der Hotelunternehmung schriftlich gekündigt. Der Brief landet vormittags im Hausbriefkasten und wird erst zwei Monate später zur Kenntnis genommen.

Die Kündigung ist nach § 130 BGB bereits an dem Tag zugegangen, in dem der Brief in den Hausbriefkasten eingeworfen worden ist, da er unter normalen Umständen hätte zur Kenntnis genommen werden können. Das Risiko der Urlaubsabwesenheit trifft nicht den Absender, sondern den Empfänger, der für eine Nachsendung oder sonstige Information sorgen muss.[15]

E-Mails gehen zu, wenn der Empfänger sie in seiner Mailbox oder der seines Providers abrufen kann, beim Eingang zu nächtlicher Stunde oder am Sonntag erst am nächsten Tag.[16]

VII. Verbindlichkeit des Vertrages und Widerruf bei Fernabsatzverträgen

Willenserklärungen werden mit ihrem Zugang wirksam, es sei denn, dem Betroffenen ginge vorher oder gleichzeitig ein Widerruf zu, § 130 I BGB.

Wurde ein Vertrag geschlossen, so ist dieser grundsätzlich für die Vertragsparteien verbindlich und muss nach dem Grundsatz der Vertragstreue eingehalten werden.

Ausnahmsweise können allerdings Verbraucherverträge ohne Angaben von Gründen binnen 14 Tagen widerrufen werden, soweit das Gesetz dies ausdrücklich bestimmt. Im Veranstaltungsbereich sind hier besonders **Fernabsatzverträge** praktisch bedeutsam. Bei diesen sieht § 312d BGB ein Widerrufsrecht vor. Unter Fernabsatzverträgen versteht § 312b I BGB Verträge über die Lieferung von Waren oder die Erbringung von Dienstleistungen, die zwischen einem Unternehmer und einem Verbraucher unter ausschließlicher Verwendung von Fernkommunikationsmitteln abgeschlossen werden, es sei denn, dass der Vertragsschluss nicht im Rahmen eines für den Fernabsatz organisierten Vertriebs- oder Dienstleistungssystems erfolgte. Fernkommunikationsmittel sind nach Abs. 2 Kommunikationsmittel, die zur Anbahnung oder zum Abschluss eines Vertrags zwischen einem Verbraucher und einem Unternehmer ohne gleichzeitige körperliche Anwesenheit der Vertragsparteien eingesetzt werden

---

12 BGH 67, 271; stRspr.

13 Palandt/*Ellenberger* § 130 Rn. 6 mit Rspr.-Nachweisen; str.: Nach starker Gegenmeinung Zugang am selben Tag nur bei vormittags eingeworfenen Briefen.

14 BGH NJW 2004, 1320.

15 Erman/*A. Arnold* § 130 Rn. 7.

16 Ebenso Erman/*A. Arnold* § 130 Rn. 8 und 14 sowie Palandt/*Ellenberger* § 130 Rn. 7a, der von Eingang zur »Unzeit« spricht.

können, insbesondere Briefe, Kataloge, Telefonanrufe, Telekopien, E-Mails sowie Rundfunk, Tele- und Mediendienste.

Es sei hervorgehoben, dass das Gesetz in §§ 312b III und 312d IV, V BGB zahlreiche Ausnahmen benennt, in denen kein Widerrufsrecht besteht. Relevant sind im Eventbereich vor allem die Fälle von § 312b III Nr. 6 BGB (terminbezogene Dienstleistungen) und § 312d IV Nr. 2 (entsiegelte Audio- und Videodatenträger), die ein Widerrufsrecht ausschließen.

Fall: Internetbestellung eines Fan-Artikels: Fußballfan F bestellt im Internetshop eines Versandhändlers V elektronisch Fanartikel für 150 EUR. V hatte seine Pflichten nach § 312c und g BGB beachtet. Zwei Tage nach Erhalt sendet F die Ware kommentarlos zurück. Liegt ein wirksamer Widerruf vor?

F könnte nach §§ 312d, 355 BGB ggf. ein gesetzliches Widerrufsrecht zustehen, das ihn zur Rücksendung berechtigte.

Das setzt voraus:

1. **Bestehen eines Fernabsatzvertrages nach § 312b I, II BGB.**

   Das ist anzunehmen, da der Vertrag die Lieferung von Ware betraf, V Unternehmer und F Verbraucher waren, ausschließlich Fernkommunikationsmittel (Internet) eingesetzt wurden und der Vertrag im Rahmen eines für den Fernabsatz organisierten Vertriebssystems erfolgte.

2. **Kein Ausnahmefall nach § 312b III oder § 312d IV, V BGB.**

   Keiner der dort genannten Ausnahmefälle trifft hier zu.

Ergebnis:
F hat ein gesetzliches Widerrufsrecht nach § 312d BGB. Dieses hat er nach § 355 BGB fristgerecht geltend gemacht, indem er den Widerruf durch Rücksendung der Ware erklärte und die 14 Tage-Frist gewahrt hat.

Zur Illustration der Ausnahmefälle folgen noch zwei Beispiele.

Beispiel (CD Bestellung im Internet): F bestellt im geschilderten Beispielfall statt Fanartikel mehrere CDs und Videokassetten zum gleichen Kaufwert. Er entsiegelt die Datenträger und sendet sie wegen Missfallens anschließend an V zurück. Liegt ein wirksamer Widerruf vor?

Die Voraussetzungen für ein Widerrufsrecht nach § 312d I BGB liegen zwar – wie bereits oben geprüft – vor, aber das Widerrufsrecht ist nach § 312d IV Nr. 2 BGB infolge Entsiegelung der Datenträger entfallen. Daher liegt kein wirksamer Widerruf vor und F muss den Kaufpreis bezahlen.

Beispiel (Kartenbestellung im Internet): Musikfan M bestellt bei der Tickethotline des Veranstalters zwei Karten für ein Musical. Termin: 1.10.2012. Preis: 180 EUR. Zwei Tage nach Erhalt der Karten möchte er die Bestellung rückgängig machen und beruft sich darauf, telefonische Bestellungen könnten innerhalb von 14 Tagen immer widerrufen werden. Hat er Recht?

Grundsätzlich besteht bei telefonischen Bestellungen über die Erbringung von Dienstleistungen nach § 312d I BGB in Verbindung mit § 312b I, II BGB ein Widerrufsrecht. Die eingerichtete Hotline des Veranstalters entspricht auch einem für den Fernabsatz organisierten Vertriebssystem.

Hier kommt aber die Ausnahme nach § 312b III Nr. 6 BGB in Betracht. Danach sind die Vorschriften über Fernabsatzverträge nicht anzuwenden auf Verträge über die

Erbringung von Dienstleistungen in den Bereichen Unterbringung, Beförderung, Lieferung von Speisen und Getränken sowie Freizeitgestaltung, wenn die Dienstleistungen zu einem bestimmten Zeitpunkt oder innerhalb eines genau angegebenen Zeitraums zu erbringen sind. Hier sollte eine Musicaldarbietung, also eine Dienstleistung im Bereich Freizeitgestaltung stattfinden. Der Veranstalter wollte und sollte die Dienstleistung am 1.10.2012 erbringen. Sie sollte also an einem bestimmten Zeitpunkt erfolgen. Danach trifft die Ausnahmeregelung von § 312b III Nr. 6 BGB zu, sodass M keinen Widerruf erklären kann und an den Vertrag gebunden ist.

VIII. Stellvertretung

Im Eventbereich werden beim Abschluss von Verträgen nicht nur die Vertragsschließenden selbst tätig, sondern vermittelnd auch Dritte, die im Namen und mit Vollmacht eines anderen stellvertretend mit Wirkung für diesen Willenserklärungen abgeben. Dabei werden etwa Manager des Künstlers aktiv, die für diesen den Vertrag aushandeln und abschließen. Vielfach lassen sich auch die Veranstalter durch Projektleiter oder kaufmännische Direktoren vertreten. Schließlich werden Künstler-, Konzert- und Eventagenturen vermittelnd tätig und schließen – soweit sie über eine entsprechende Abschlussvollmacht verfügen – Verträge im Namen von Künstlern oder Veranstaltern ab. Stets stellt sich die Frage, ob derartige Verträge wirksam sind und mit wem sie zustande kommen. Dies ist eine Frage der Stellvertretung, die sich nach den zivilrechtlichen Bestimmungen der §§ 164 ff. BGB richtet.

Die Voraussetzungen für eine wirksame Stellvertretung sind:

1. Abgabe einer eigenen Willenserklärung
2. Handeln im Namen des Vertretenen
3. Bestehen einer Vertretungsmacht

Stellvertretung ist nur bei rechtsgeschäftlichem Handeln zulässig, dh bei der Abgabe von Willenserklärungen. Der Stellvertreter gibt dabei eine **eigene Willenserklärung** ab. Wer fremde Erklärungen nur weiter gibt, handelt als Bote, auf den die Regelungen der §§ 164 ff. BGB grundsätzlich nicht anwendbar sind. Ein Stellvertreter steht dagegen hinter seiner Erklärung als eigener Erklärung und hat im Unterschied zum Boten einen mehr oder weniger weiten Entscheidungsspielraum. Manager, Projektleiter, kaufmännische Direktoren und Agenturen sind in der Regel Stellvertreter, die selbstständig Verträge aushandeln und eigene Willenserklärungen abgeben, die zum Vertragsschluss führen.

Stellvertretung erfordert zwingend das Handeln **im fremden Namen**. Wer im eigenen Namen handelt, verpflichtet sich nur selbst. Im deutschen Recht gilt das Offenkundigkeitsprinzip. Das bedeutet, dass das Vertretergeschäft nur dann Fremdwirkung hat, wenn der Vertreter erkennbar im Namen des Vertretenen auftritt. Das muss nicht unbedingt ausdrücklich geschehen, sondern kann sich auch aus den Umständen ergeben, § 164 I 2 BGB. So wird das Handeln eines Künstlermanagers im Regelfall keinen Zweifel daran aufkommen lassen, dass nicht der Manager, sondern der Künstler Vertragspartner sein soll – schließlich soll nicht der Manager, sondern der Künstler auf der Bühne stehen und den Vertrag erfüllen. Aber vielfach bleibt bei Konzerten fraglich, wer eigentlich der Veranstalter ist und an wen sich ein Besucher bei Problemen mit seinen Ansprüchen richten soll. Werbung, Plakate, Internet, Eintrittskarten verschweigen häufig, wer eigentlich der Veranstalter und damit der Vertragspartner des Besuchers ist. Zur Illustration wird auf die zahlreichen Beispiele im hinteren Teil des Buches verwiesen.[17]

Ist tatsächlich unklar, ob jemand für sich selbst oder für jemand anderen handeln will, so muss er nach § 164 II BGB selbst haften. Dahinter steht das Prinzip der offenen Stellvertretung. Aus Gründen des Vertrauensschutzes bestimmt dieses, dass eine Stellvertretung offengelegt werden muss. Wer seinen Vertretungswillen dagegen nicht hinreichend erkennbar macht, ist aus dem Rechtsgeschäft selbst berechtigt und verpflichtet. Enge Ausnahmen gestattet die Rechtspraxis bei **Geschäften des täglichen Lebens**, die sofort abgewickelt werden und bei denen es für die Vertragsschließenden ohne Bedeutung ist, ob der andere Teil im eigenen oder fremden Namen handelt.[18] Solche **Geschäfte für den, den es angeht**, kommen aber nur dann mit dem versteckt Vertretenen zustande, wenn der Vertreter für diesen handeln wollte und er bevollmächtigt war.[19] Als Beispiel ist der Erwerb einer Eintrittskarte für einen ungenannten Dritten zu nennen, der sich eine Karte zu einer Großveranstaltung besorgen lässt. Soweit es sich um ein Bargeschäft handelt, ist es dem Veranstalter regelmäßig egal, mit wem der Vertrag zustande kommt. Mangels Schutzbedürfnis kann dann von einem Vertrag mit dem Dritten ausgegangen werden, für den der Kartenbesteller handeln wollte, ohne dies aufzudecken.

Für eine wirksame Stellvertretung bedarf es schließlich einer **Vertretungsmacht.** Diese kann auf Gesetz oder Rechtsgeschäft (Vollmacht) beruhen. Gesetzliche Vertretungsmacht haben der Geschäftsführer einer GmbH nach § 35 I GmbHG oder der Vereinsvorstand nach § 26 I BGB. Wer mit dem Geschäftsführer einer Stadthallen Betriebs GmbH einen Mietvertrag geschlossen hat, ist auf der sicheren Seite, da der Vertrag aufgrund der gesetzlichen Vertretungsmacht mit der GmbH zustandegekommen ist. Das Gleiche gilt für einen Aufführungsvertrag, den ein Künstler mit dem Vorstand eines musikalischen Vereins (e.V.) geschlossen hat. Der Verein ist Vertragspartner. Ansonsten kommt es beim Vertragsschluss mit Vertretern darauf an, ob sie eine rechtsgeschäftliche Vollmacht zum Abschluss des Vertrages besaßen. Diese kann nach § 167 BGB formlos erteilt werden. Auch im Nachhinein kann eine Vollmacht ausgesprochen und das Rechtsgeschäft auf diese Weise nachträglich genehmigt werden, § 177 I BGB. Das Risiko des Bestehens einer Vollmacht geht zulasten des Vertragspartners: Fehlt diese, wird der Vertretene grundsätzlich nicht verpflichtet.

Praxistipp: Überzeugen Sie sich beim Abschluss eines Vertrages mit einem angeblichen Stellvertreter stets vom Vorhandensein einer Vollmacht. Bei Zweifeln erkundigen Sie sich bei dem Vertretenen, ob der Verhandlungspartner vertretungsbefugt ist und lassen Sie sich bei Zweifeln die Zustimmung zu dem verabredeten Vertrag geben, am besten durch Unterschrift.

Sind alle genannten Voraussetzungen einer wirksamen Stellvertretung gegeben, so treten die Rechtswirkungen des geschlossenen Vertrages nicht mit dem Vertreter, sondern mit dem Vertretenen ein: dieser ist nach § 164 I S. 1 BGB der Vertragspartner, der aus dem Vertrag unmittelbar berechtigt und verpflichtet ist. Er hat als Gläubiger die betreffenden Leistungsansprüche und schuldet die betreffende Gegenleistung.

17 S. unten 5. Teil A.
18 BGH NJW 1955, 587; 1991, 2283.
19 Palandt/*Ellenberger* § 164 Rn. 8.

Fehlt es an der Vertretungsmacht des Stellvertreters und kann er diese auch nachträglich nicht beibringen, so haftet er nach §§ 177, 179 BGB als **vollmachtloser Vertreter** selbst. Er kann also auf Vertragserfüllung in Anspruch genommen werden oder wahlweise auf Schadensersatz.

Beispiel: Ein Künstlermanager schließt namens des Künstlers einen Aufführungsvertrag ohne entsprechende Abschlussvollmacht. Der Künstler verweigert die Genehmigung.

Der Vertragspartner ist in einem solchen Fall auf Ansprüche gegen den Manager nach §§ 177, 179 BGB angewiesen. Da eine Vertragserfüllung durch den Manager selbst regelmäßig unmöglich ist, ist der Vertragspartner auf Schadensersatzansprüche gegen den Manager beschränkt.

Nur ganz ausnahmsweise wird ein Dritter bei Fehlen einer Vollmacht nach § 242 BGB in seinem guten Glauben an das Vorhandensein einer Vollmacht geschützt. Dies trifft in Fällen einer Duldungs- sowie einer Anscheinsvollmacht zu. Eine **Duldungsvollmacht** liegt vor, wenn der Vertretene es willentlich geschehen lässt, dass ein Anderer für ihn wie ein Vertreter auftritt und der Geschäftsgegner dieses Verhalten (Dulden des Auftretens) nach Treu und Glauben dahingehend verstehen darf und versteht, der Handelnde sei bevollmächtigt.[20]

Beispiel: Der Agent eines Künstlers hat zwar keine Vollmacht, schließt aber mehrfach Verträge mit dem Veranstalter für den Künstler ab, die dieser in der Vergangenheit nie beanstandet hat. In einem neuen Fall verweigert der Künstler unter Hinweis auf fehlende Vertretungsmacht des Agenten die Erfüllung eines von diesem geschlossenen Vertrages.

Da der Künstler wusste, dass sein Agent keine Vertretungsmacht hatte, aber den Abschluss entsprechender Verträge in der Vergangenheit mehrfach willentlich geduldet hat, konnte der Veranstalter nach Treu und Glauben davon ausgehen, dass der Künstler mit dem Handeln seines Agenten auch dieses Mal einverstanden war. Aufgrund Duldungsvollmacht ist der Vertrag daher wirksam zwischen Veranstalter und Künstler zustande gekommen.

Von **Anscheinsvollmacht** spricht man, wenn der Vertretene zwar das Handeln des Vertreters tatsächlich nicht kannte, dies aber bei pflichtgemäßer Sorgfalt hätte erkennen und verhindern können, und der andere Teil davon ausgehen konnte, der Vertretene billige und dulde das Handeln des Vertreters. Auch hier geht die ständige Rechtsprechung des BGH von einer wirksamen Stellvertretung aus.[21]

Beispiel: Dem Geschäftsführer einer Betreiber-GmbH entgeht es infolge Nachlässigkeit, dass ein Mitarbeiter – der weder Prokura noch eine sonstige Vollmacht hat – schon mehrfach Mietverträge mit Kunden unterzeichnet hat. In einem Wiederholungsfall mit einem solchen Kunden beanstandet der Geschäftsführer nun die fehlende Vollmacht seines Mitarbeiters, während der Kunde sich auf das bisherige Verfahren beruft, auf dessen Ordnungsgemäßheit er auch dieses Mal vertraut habe.

Hier liegt keine Duldungsvollmacht vor, da dem Geschäftsführer der Abschluss von Verträgen durch seinen nicht vertretungsberechtigten Mitarbeiter unbekannt war. Es hatte allerdings den Anschein, der Mitarbeiter sei abschlussbefugt. Der Geschäftsführer der GmbH hätte dieses bei entsprechender Sorgfalt auch erkennen und dagegen einschreiten können. Da er das nicht getan hat, konnte der gutgläubige Geschäftspartner darauf vertrauen, der Mitarbeiter habe Vertretungsmacht. Auf-

20 StRspr. des BGH, zB NJW 2002, 2325; Palandt/*Ellenberger* § 172 Rn. 8.
21 BGH NJW 1956, 1673; 2007, 987; Palandt/*Ellenberger* § 172 Rn. 11.

grund Anscheinsvollmacht ist der Vertrag daher wirksam mit der Betreiber-GmbH zustande gekommen.

Im Eventbereich sind auch die handelsrechtlichen Sonderformen der **Prokura und Handlungsvollmacht** relevant. Allerdings setzt dies stets das Vorhandensein eines kaufmännischen Unternehmens voraus, da nur ein Kaufmann eine Prokura oder eine Handlungsvollmacht erteilen kann. Ein Veranstalter ist in der Regel Kaufmann nach § 1 HGB, da er ein Handelsgewerbe betreibt. Auch alle Unternehmungen in Form einer Handelsgesellschaft können eine Prokura oder eine Handlungsvollmacht vergeben, da sie Formkaufleute sind (§ 6 HGB). Das wäre also beispielsweise dann der Fall, wenn das Unternehmen in Form einer GmbH geführt würde, wie zB eine Künstler Agentur GmbH. Der Künstler selbst dagegen kann einem Mitarbeiter keine handelsrechtliche Vollmacht einräumen, da er als solcher kein Kaufmann ist. Er führt keinen Gewerbebetrieb iSv § 1 HGB. Anders wäre es aber bei den Vermarktern des Künstlers, vom Manager über Künstleragenturen, Direktionen, Konzertbüros, Tourneeunternehmen (sog. Drittbeteiligte)[22] oder Veranstaltungsteilnehmern[23] wie Licht- und Tontechnikfirmen. Sie nehmen selbst keine künstlerische Tätigkeit wahr, sondern profitieren von den künstlerischen Leistungen. Sie verfolgen gewerbliche Zwecke und betreiben ein Handelsgewerbe, sind also folglich Kaufleute kraft Betätigung nach § 1 HGB. So könnten selbstverständlich ein namhafter Veranstalter oder eine große Lichttechnik-Firma als Einzelkaufleute Prokura oder Handlungsvollmacht erteilen.

Wem eine Prokura eingeräumt wurde, ist nach § 49 HGB zu allen Arten von gerichtlichen und außergerichtlichen Geschäften und Rechtshandlungen ermächtigt, die der Betrieb eines Handelsgewerbes mit sich bringt. Interne Beschränkungen des Umfangs der Vollmacht sind Dritten gegenüber unwirksam, § 50 I HGB. Bei einer Handlungsvollmacht erstreckt sich die Vollmacht auf alle Geschäfte und Rechtshandlungen, die der Betrieb eines derartigen Handelsgewerbes oder die Vornahme derartiger Geschäfte gewöhnlich mit sich bringt, § 54 HGB.

Beispiel: Der Veranstalter von Megakonzerten hat mit seinem Prokuristen vereinbart, dass Vertragsabschlüsse ab 1 Mio. EUR Größenordnung nur mit seiner Zustimmung getätigt werden dürfen. Der Prokurist hält sich nicht daran und schließt mit einem Star einen Vertrag mit 10 Mio. EUR Gage ab.

Der Vertrag zwischen Veranstalter und dem Star ist nach § 164 I BGB wirksam. Die nötige Vertretungsmacht ist nach § 49 I HGB gegeben, da die Prokura zu allen Arten von Geschäften ermächtigt, die der Betrieb eines Handelsgewerbes mit sich bringt. Der Betrieb eines Veranstaltungsunternehmens schließt Engagements von Künstlern ein. Irgendwelchen Einschränkungen kann die Vertretungsmacht nach außen nicht unterworfen werden, § 50 I HGB. Die Überschreitung des internen Limits von 1 Mio. EUR Gage ist nach außen hin daher bedeutungslos. Allerdings können im Innenverhältnis der Entzug der Prokura, die Entlassung und etwaige Schadensersatzansprüche drohen, was aber – wie gesagt – keine Auswirkungen auf die Wirksamkeit des geschlossenen Künstlervertrages hat.

22 Siehe S. 14 mit Begriffserläuterung.
23 Siehe S. 3 mit Begriffserläuterung.

IX. Form von Rechtsgeschäften

Im BGB gilt der unausgesprochene **Grundsatz der Formfreiheit** von Rechtsgeschäften. Das bedeutet, dass – soweit kein gesetzlicher Formzwang besteht oder Formzwang verabredet war – keine besondere Form erforderlich ist und insbesondere mündliche Verträge ohne Weiteres gültig sind. Für die im Eventbereich relevanten Verträge bestimmt das Gesetz keine besondere Form. So sind Mietverträge über Locations ohne Weiteres mündlich wirksam (Umkehrschluss aus §§ 550, 578 BGB). Gleiches gilt für die Verpflichtung von Künstlern und anderen Darstellern: Soweit es sich um Arbeitsverhältnisse handelt, sind in §§ 611 ff. BGB oder anderen Gesetzen keine Formerfordernisse aufgestellt. Bei selbstständigen Engagementverträgen gilt gleiches, egal ob man diese als Dienst- oder – was regelmäßig eher zutrifft – als Werkverträge einstuft. Weder §§ 611 ff. noch §§ 631 ff. BGB stellen Formerfordernisse auf. Maklerverträge mit Agenturen unterliegen §§ 652 ff. BGB und sind mangels Formvorschriften ebenso mündlich wirksam. Gleiches gilt von Managerverträgen, die zutreffender Weise als Dienstverträge mit Geschäftsbesorgungscharakter (§§ 675, 611 BGB) einzustufen sind. Auch soweit Waren gekauft (zB Technikgeräte; Elektronik) oder verkauft werden (zB Fan-Artikel), unterliegen derartige Kaufverträge keinem Formzwang. Ebenso wenig ist der Kauf von Eintrittskarten formbedürftig, gleichgültig ob im traditionellen Kartenabsatz oder elektronisch. Die Informationspflichten für Fernabsatzverträge nach §§ 312c BGB, Art. 246 §§ 1 und 2 EGBGB, die zT in Textform zu erfüllen sind, entfallen nach § 312b III Nr. 6 BGB, da es sich um termingebundene Dienstleistungen im Bereich der Freizeitgestaltung handelt.

Im Ergebnis lässt sich daher festhalten, dass bei den typischen Verträgen des Event- und Veranstaltungsbereichs keine gesetzlichen Formvorschriften zu beachten sind. Es gilt mithin das Mündlichkeitsprinzip.

Anderes gilt nur, soweit die Parteien ausdrücklich vereinbart haben, dass der von ihnen geschlossene Vertrag nur dann gelten soll, wenn er in schriftlicher oder sonstiger Form verfasst ist, sog. **gewillkürte Schriftform,** § 127 BGB. Eine solche rechtsgeschäftliche Formvorgabe ist verbreitet im Bereich von Messeteilnahmeverträgen und der gewerblichen Vermietung von Hallenflächen anzutreffen. So ist zB in Abschnitt III Teilnahmebedingungen der CeBIT 2013

Folgendes festgelegt:

»1. Vertragsschluss

Die Bestellung eines Grundpaketes und/oder eines fair-package erfolgt durch Einsendung der ausgefüllten Anmeldeformulare.
Mit der Standbestätigung durch die Deutsche Messe kommt der Messebeteiligungsvertrag zwischen Aussteller und Deutsche Messe zustande ...

11. Ausstelleransprüche, Schriftform, Erfüllungsort, Gerichtsstand

....

....

Vereinbarungen, die von diesen Bedingungen oder den sie ergänzenden Bestimmungen abweichen, bedürfen der Schriftform; faksimilierte Unterschriften sind ausreichend.«

Auch die gewerbliche Vermietung von Hallenflächen erfolgt in der Regel auf der Grundlage von entsprechenden schriftlichen Musterverträgen. Dennoch bleibt die Frage, ob die Einhaltung dieser Formerfordernisse nach dem Willen der Parteien **konstitutive oder nur deklaratorische Bedeutung** haben soll. Anders gefragt: Sollte die Einhaltung der Form Voraussetzung für die Wirksamkeit des Rechtsgeschäfts sein oder sollte diese lediglich dessen Abschluss und Inhalt zu Beweiszwecken festhalten?[24] Die Nichteinhaltung der konstitutiven Form führt gem. § 125 S. 2 BGB im Zweifel zur Nichtigkeit des Rechtsgeschäfts, während das rein deklaratorische Formerfordernis keine Wirksamkeitsvoraussetzung darstellt, sondern lediglich einen Anspruch auf Einhaltung des Formerfordernisses begründet.[25] Was im Einzelfall von den Parteien gewollt war, muss durch Auslegung gem. §§ 133, 157 BGB ermittelt werden. Waren sich die Vertragsschließenden bereits mündlich über alle wesentlichen Vertragspunkte einig und hatten abschließend vereinbart, das Vertragsergebnis der guten Form halber noch einmal in Papierform festzuhalten, so wird darin meines Erachtens nur die Absicht liegen, zu Beweiszwecken das Vertragswerk schriftlich festzuhalten. Sie werden dann nicht die Absicht gehabt haben, dass erst die schriftliche Vereinbarung den Vertrag perfekt macht, sondern dass das Vereinbarte in jedem Fall schon so und jetzt gelten sollte.

Beispiel: Veranstalter V und Künstler K, dieser vertreten durch seinen abschlussbefugten Manager M, einigen sich über den Inhalt, die Dauer, das Datum und den Zeitpunkt eines Auftritts sowie über die Höhe und Zahlungsmodalitäten eines künstlerischen Gastspiels. Die Eckpunkte werden in Stichworten verbindlich festgelegt und es wird vereinbart, dass der Vertrag noch der guten Ordnung halber in Schriftform von V an M zur Unterschrift gehen soll. So geschieht es. M verweigert aber die Unterschrift mit fadenscheinigen Gründen. Liegt ein wirksamer Vertrag vor?

Es ist eine Vereinbarung zwischen V und K über alle wesentlichen Vertragspunkte rechtsverbindlich zustande gekommen. Dabei wurde K wirksam gem. § 164 I BGB von seinem Manager M vertreten. Fraglich ist, ob der Vertrag gem. § 125 BGB an Nichteinhaltung der Schriftform scheitert. Das Gesetz verlangt keine Form. Fraglich ist, ob die Parteien vertraglich nach § 127 BGB die Schriftform vereinbart haben. Die Schriftform sollte hier nicht konstitutive Wirksamkeitsvoraussetzung sein, sondern nur Beweiszwecken dienen (»der guten Ordnung halber«). Unter diesen Umständen hatte die Schriftformvereinbarung nur deklaratorische Bedeutung mit der Folge, dass der mündlich geschlossene Vertrag als solcher nicht in Frage gestellt wird.

Generell ist bei einer Auslegung nach §§ 133, 157 BGB vom Wortlaut der Vereinbarung ausgehend vor allem auf Sinn und Zweck abzustellen und dabei auf die Interessenlage der Parteien, auf Treu und Glauben und die Verkehrssitte Rücksicht zu nehmen. Es mag sein, dass eine sorgfältige und alle Umstände berücksichtigende Auslegung dennoch im Einzelfall nicht zu einem klaren Ergebnis darüber führt, ob die Schriftform bloß deklaratorische oder vielmehr konstitutive Bedeutung haben sollte. Für diesen Fall bestimmt § 125 S. 2 BGB, dass die Einhaltung der Form im Zweifel Wirksamkeitsvoraussetzung ist, also konstitutive Bedeutung hat.[26]

---

24 Erman/*A. Arnold* § 127 Rn. 5.
25 Erman/*A. Arnold* § 127 Rn. 5.
26 PWW/*Ahrens* § 125 Rn. 23.

X. Allgemeine Geschäftsbedingungen (AGB)

Unter AGB sind nach § 305 I BGB zu verstehen: »alle für eine Vielzahl von Verträgen vorformulierten Vertragsbedingungen, die eine Vertragspartei (Verwender) der anderen Vertragspartei bei Abschluss eines Vertrags stellt«.

Diese zumeist in kleingedruckten Allgemeinen Lieferbedingungen, Allgemeinen Mietbedingungen oder sonstigen Allgemeinen Vertragsbedingungen niedergelegten Vertragsklauseln nehmen häufig einseitig die Interessen des Verwenders wahr, der sie zwecks gleichmäßiger Behandlung seiner Geschäftsabläufe aufstellt und damit einen Rationalisierungseffekt verfolgt. Daher werden vom BGB zum Schutz des Vertragspartners in den §§ 305 ff. BGB bestimmte formale und inhaltliche Voraussetzungen für die Wirksamkeit solcher Klauseln aufgestellt:

Nach § 305 II BGB bedarf es **formal** einer Einbeziehungsvereinbarung, also einer Vereinbarung, mit der solche Klauseln in den Vertrag integriert werden. Eine wirksame Einbeziehungsvereinbarung verlangt dreierlei:

1. den ausdrücklichen Hinweis auf die AGB, der bei Massengeschäften ausnahmsweise auch durch einen deutlich sichtbaren Aushang ersetzt werden darf,
2. die Verschaffung der Möglichkeit, von den AGB in zumutbarer Weise Kenntnis zu nehmen und
3. das Einverständnis der anderen Vertragspartei.

All dies muss spätestens im Zeitpunkt des Vertragsschlusses geschehen.

Soweit der Vertragspartner Unternehmer ist, sind die Anforderungen nach § 310 I BGB nicht ganz so streng; dennoch bedarf es auch hier einer vertraglichen Einbeziehungsvereinbarung.

Inhaltlich unterliegen die Klauseln einer allgemeinen Inhaltskontrolle nach § 307 I BGB. Wenn sie den Vertragspartner entgegen den Geboten von Treu und Glauben unangemessen benachteiligen, sind sie unwirksam.

Ist der Vertragspartner Verbraucher (§ 13 BGB), so gelten vorrangig die speziellen Klauselverbote der §§ 308 und 309 BGB. Im Veranstaltungssektor sind vor allem wichtig:

1. Das Verbot nachträglicher Änderung der versprochenen Leistung nach § 308 Nr. 4 BGB außer bei Zumutbarkeit,
2. Grenzen für die Pauschalierung von Schadensersatzansprüchen nach § 309 Nr. 5 BGB,
3. Vorgaben zur Zulässigkeit von Vertragsstrafen, die in AGB versteckt werden, § 309 Nr. 6 BGB,
4. enge Grenzen für Haftungsausschlüsse nach § 309 Nr. 7 BGB: bei Personenschäden nach Buchstabe a) keinerlei Haftungsausschluss zulässig, bei Sach- und Vermögensschäden nach Buchstabe b) kein Haftungsschluss bei grober Fahrlässigkeit,
5. das Verbot der Verlagerung der Beweislast nach § 309 Nr. 12 BGB.

Ist der Vertragspartner Unternehmer, so gelten nach § 310 BGB die strengen Klauselverbote der §§ 308, 309 BGB nicht. Allerdings gilt nach § 310 BGB in jedem Fall die Generalklausel von § 307 BGB. Das bedeutet, dass das grundlegende Verbot unangemessener Klauseln auch im B2B-Geschäft Wirksamkeit besitzt.

Sowohl gegenüber Verbrauchern als auch gegenüber Unternehmern sind überraschende und mehrdeutige Klauseln nach § 305c BGB unwirksam.

Soweit Klauseln unwirksam sind, bleibt der Vertrag im Übrigen wirksam (§ 306 I BGB) und richtet sich dann bezüglich der unwirksamen Klauseln nach den gesetzlichen Vorschriften (§ 306 II BGB).

Beispiel (Einbeziehung von nicht beigefügten AGB): Es wird ein schriftlicher Mietvertrag nach einem Vertragsmuster des Vermieters geschlossen. In § 2 heißt es:
»Die Benutzungsordnung des Bürgerhauses... ist wesentlicher Bestandteil des Vertrages.«
Gilt dies, wenn die Benutzungsordnung nicht beigefügt und dem Mieter unbekannt ist?

Soweit der Mieter ein **Verbraucher** ist, gilt für die Einbeziehung von AGB § 305 II BGB. Die Benutzungsordnung stellt AGB dar, da sie vorformulierte Vertragsbedingungen enthält, die für eine Vielzahl von Verträgen bestimmt sind, § 305 I BGB. Für die wirksame Einbeziehung der Benutzungsordnung bedarf es zunächst eines ausdrücklichen Hinweises, dass diese Bestandteil des Vertrages sein soll. In § 2 des Mietvertrages wurde ausdrücklich auf die Benutzungsordnung hingewiesen, sodass diesem Erfordernis entsprochen wurde. Weitere Voraussetzung für die Wirksamkeit der Einbeziehungsvereinbarung ist aber nach § 305 II Nr. 2 BGB, dass der Verwender dem Vertragspartner die Möglichkeit verschafft, davon in zumutbarer Weise Kenntnis zu nehmen. Daran fehlt es. AGB, die nicht beigefügt sind, gelten gegenüber privaten Vertragspartnern nicht. Die Benutzungsordnung ist mangels wirksamer Einbeziehung nicht Vertragsbestandteil geworden.

Ist der Mietvertrag mit einem **Unternehmer** (§ 14 BGB), also zB mit einem Veranstalter, geschlossen worden, so ist zu beachten, dass nach § 310 BGB nicht die strengen Voraussetzungen von § 305 II BGB gelten. AGB gelten für Verträge mit Unternehmern allerdings auch nur, wenn sie durch rechtsgeschäftliche Einbeziehung Vertragsbestandteil geworden sind.[27] Sie können jedoch auch durch schlüssiges Verhalten einbezogen werden, indem der Verwender erkennbar auf seine AGB verweist und der Empfänger ihrer Geltung nicht widerspricht. Bei ständiger Geschäftsbeziehung reicht zB ein Hinweis in Rechnungen auf AGB aus.[28] Auch ein Bestätigungsschreiben, das auf AGB verweist, wird als ausreichend angesehen.[29] Was die Möglichkeit der Kenntnisnahme angeht, brauchen die AGB laut BGH nicht zwingend beigefügt zu werden.[30] Es kann genügen, wenn der Verwender den Hinweis gibt, dass die AGB auf Wunsch übersendet werden.[31] Da der Vermieter ausdrücklich darauf hingewiesen hatte, dass die Benutzungsordnung wesentlicher Bestandteil sei, würde dies für eine wirksame Einbeziehung gegenüber einem Unternehmer ausreichen. Eine Beifügung der AGB bereits bei Vertragsschluss ist nach höchstrichterlicher Rechtsprechung nicht zwingend erforderlich.

Beispiel (Haftungsausschluss): In Ziff. 6 der »Allgemeinen Vertragsbedingungen« einer Stadthalle,[32] die vom Mieter nach Kenntnisnahme unterschrieben worden waren, heißt es:

---

27 BGHZ 117, 190; Palandt/*Grüneberg* § 305 Rn. 49.
28 BGHZ 42, 55; BGH NRW-RR 1991, 571 (str.).
29 Palandt/*Grüneberg* § 305 Rn. 52.
30 BGH NJW 1976, 1886; BGHZ 82, 1750.
31 OLG Düsseldorf VersR 1996, 1394; zustimmend Palandt/*Grüneberg* § 305 Rn. 53.
32 Siehe Vertragsmuster unten Teil 5 A.

»Die technischen Einrichtungen dürfen nur vom Personal der Stadthalle bedient werden. Für Versagen irgendwelcher Einrichtungen oder sonstige die Veranstaltung beeinträchtigende Ereignisse haftet die GmbH nicht.«

Wegen eines technischen Defekts fällt die Stromversorgung infolge maroder Kabel der Halle aus. Die Veranstaltung muss abgesagt werden. Dem Veranstalter entsteht durch den Veranstaltungsausfall ein Schaden von 50.000 EUR, den er vom Vermieter ersetzt verlangt. Dieser verweist auf den Haftungsausschluss. Zu Recht?

Es fragt sich, ob der vertragliche Haftungsausschluss wirksam ist.

Der Haftungsausschluss bezüglich Schadensersatzansprüchen des Mieters aus § 536a BGB ist zwar formal nach § 305 II BGB wirksam in den Mietvertrag einbezogen worden, da auf die AGB ausdrücklich hingewiesen wurde, die Möglichkeit zumutbarer Kenntnisnahme bestand und das Einverständnis mit ihnen durch Unterschrift gegeben wurde.

Inhaltlich muss sich die Klausel aber an § 309 Nr. 7b BGB messen lassen, wonach die Haftung für Sach- und Vermögensschäden zwar für leichte, nicht aber für grobe Fahrlässigkeit ausgeschlossen werden kann. Da hier in toto sämtliche, auch ev. grob fahrlässig verursachte Haftungsfälle ausgeschlossen werden sollten, geht dies über das Maß des Erlaubten hinaus und ist unwirksam. Die Klausel gilt demzufolge nicht und wird nach § 306 BGB durch die gesetzliche Regelung ersetzt. Diese sieht bei anfänglichen Mietmängeln, die wie hier bereits bei Vertragsschluss vorhanden waren, eine Garantiehaftung für Schäden des Mieters vor, § 536a I BGB 1. Alt. Die Halle schuldet dem Veranstalter daher 50.000 EUR Schadensersatz wegen des Veranstaltungsausfalls.

Checkliste für AGB:

1. Liegen überhaupt AGB vor?
2. Sind diese vereinbart?
   a) gegenüber Privatleuten (dann § 305 II BGB beachten)
   b) gegenüber Unternehmern (dann gilt § 305 II BGB nicht, dh erleichterte formale Einbeziehung, vgl. § 310 BGB)
3. Widerspruch zu individueller Vereinbarung? (§ 305b BGB)
4. Überraschende Klausel? (§ 305c I BGB)
5. Inhaltliche Überprüfung
   a) gegenüber Privatleuten zu prüfen:
      § 309 BGB verletzt?
      § 308 BGB verletzt?
      § 307 BGB verletzt?
   b) gegenüber Unternehmern zu prüfen:
      § 307 BGB verletzt?
6. Auslegungsregel (§ 305c II) und Umgehungsverbot beachten (§ 306a BGB)
7. Falls AGB nicht gelten, bleibt Vertrag im Übrigen bestehen. Anstelle der nicht gültigen Klauseln gelten die gesetzlichen Vorschriften, also insbesondere das BGB, § 306 BGB.

XI. Beendigung von Verträgen

Schuldverhältnisse enden aus einer Vielzahl von Gründen, zu denen vor allem zählt:

- Erfüllung, § 362 BGB

- Aufrechnung, § 387 BGB
- Erlass, § 397 BGB
- Aufhebungsvertrag, § 311 BGB
- Rücktritt, § 346 BGB
- Kündigung, 314 BGB

Erfüllung tritt ein, wenn die geschuldete Leistung an den Gläubiger bewirkt wird, § 362 I BGB.

Beispiel: Der Käufer zahlt den vereinbarten Kaufpreis an den Gläubiger.

Nimmt der Gläubiger eine andere als die geschuldete Leistung an Erfüllungs Statt vom Schuldner an, dann erlischt nach § 364 I BGB das Schuldverhältnis ebenso.

Beispiel: Der Käufer eines neuen Autos gibt für einen Teil des Kaufpreises sein altes Fahrzeug in Zahlung.

Bei der **Aufrechnung** stehen Gläubiger und Schuldner jeweils gleichartige Leistungen zu. Dann kann jeder Teil seine Forderung gegen die Forderung des anderen Teils aufrechnen, sobald er die ihm gebührende Leistung fordern und die ihm obliegende Leistung bewirken kann, § 387 BGB. Das ist der Fall, wenn die Gegenforderung fällig und durchsetzbar ist und die Hauptforderung des Aufrechnungsgegners erfüllbar ist.

Beispiel: Autohändler A hat gegen Handwerker H eine Kaufpreisforderung von 10.000 EUR aus dem Verkauf eines Gebrauchtwagens. H steht aus einer Heizungsreparatur gegen A eine Vergütungsforderung in gleicher Höhe zu.

Hier kann H seinen Werklohnanspruch aufrechnen, da beide Forderungen auf Geld gerichtet sind, also gleichartig sind, die Werklohnforderung fällig und durchsetzbar ist und die Hauptforderung auf den Kaufpreis erfüllbar ist.

Wenn die Aufrechnung erklärt wird (§ 388 BGB), erlöschen beide Forderungen, soweit sie sich decken, und zwar schon in dem Moment, in dem sie zur Aufrechnung geeignet einander gegenübergetreten sind, § 389 BGB. Es tritt also eine rückwirkende Tilgung ein. Die Aufrechnung verhindert ein überflüssiges Hin- und Herschieben von Leistungen und führt zu einer Erleichterung der Tilgung. Im Sprachgebrauch wird häufig von Verrechnung gesprochen.

Das Schuldverhältnis erlischt ferner, wenn der Gläubiger dem Schuldner durch Vertrag die Schuld erlässt, § 397 BGB. Der **Erlass** ist ein Verzicht auf eine schuldrechtliche Forderung, die damit untergeht. Dieser Verzicht ist nach dem BGB aber nicht durch einseitige Erklärung möglich, sondern bedarf einer Einigung zwischen Gläubiger und Schuldner.

Beispiel: Der Vater stellt seiner Tochter ein unverzinsliches Darlehen zur Verfügung und einigt sich später mit ihr darauf, dass dieses nur zu einem Bruchteil zurückgezahlt wird.

Die Vertragsparteien können einen abgeschlossenen Vertrag auch durch einen **Aufhebungsvertrag** gänzlich aufheben und ihr Schuldverhältnis auf diese Weise beenden. Das ergibt sich aus dem Grundsatz der Vertragsfreiheit, § 311 BGB.

Beispiel: Veranstalter und Künstler einigen sich darauf, die Veranstaltung nicht durchzuführen und den geschlossenen Künstlervertrag aufzuheben.

Aufgrund Vertragsfreiheit ist es den Parteien ebenso möglich, einen Abänderungsvertrag zu schließen und beispielsweise einen anderen Termin für einen Auftritt zu vereinbaren.

Beispiel: Wegen eines Fußballspiels der Champions League kommen Veranstalter und Künstler überein, den Aufführungstermin zu verlegen.

Im Veranstaltungsbereich kommt dem **Rücktritt** als Beendigungsgrund für ein Schuldverhältnis eine besondere Bedeutung zu. Der Rücktritt stellt einen Ausnahmefall vom Prinzip der Vertragstreue dar und ist nur zulässig, wenn ein gesetzliches Rücktrittsrecht besteht oder der Rücktritt vertraglich vorbehalten war, § 346 BGB. Der Rücktritt stellt eine einseitige empfangsbedürftige Willenserklärung dar (§ 349 BGB), durch den ein Vertrag rückgängig gemacht wird und in ein Rückgewährschuldverhältnis umgewandelt wird. Nach § 346 BGB sind dann die empfangenen Leistungen zurückzugewähren und die gezogenen Nutzungen herauszugeben.

Vertragliche Rücktrittsrechte sind bei vielen Vertragstypen des Veranstaltungsrechts verbreitet. So sehen die Mietverträge von Veranstaltungshäusern für beide Seiten zumeist Rücktrittsrechte vor. Dem Vermieter wird etwa ein Rücktrittsrecht eingeräumt, wenn die Miete nicht rechtzeitig entrichtet worden ist und eine Zahlungsfrist vergeblich verstrichen ist. Soweit dem Mieter ein vertragliches Rücktrittsrecht eingeräumt ist, bestehen vielfach zeitlich gestaffelte Stornoregelungen, wonach je nach Absagezeitpunkt unterschiedliche Stornosätze zu zahlen sind.

Beispiel: In einem Mustermietvertrag[33] heißt es:
»Der Mieter kann bis sechs Monate vor Beginn der Veranstaltung mietfrei vom Vertrag zurücktreten. Danach ist ein Rücktritt nur mit folgenden Stornosätzen möglich:

Bis 4 Monate vor Veranstaltungsbeginn:	25 %
Bis 3 Monate vor Veranstaltungsbeginn:	50 %
Bis 2 Monate vor Veranstaltungsbeginn:	75 %
Weniger als 2 Monate vor Veranstaltungsbeginn:	100 %

der vertraglich vereinbarten Miete. Der Mieter hat das Recht nachzuweisen, dass der Vermieterin ein geringerer oder keinerlei Schaden entstanden ist.«

Generell müssen sich Stornoregelungen in Formularverträgen und AGB an den Vorgaben des § 307 BGB bei der Vermietung an Unternehmer und an § 309 Nr. 5 BGB bei der Vermietung an Verbraucher messen lassen. Sie müssen also angemessen sein und insbesondere dem gewöhnlicherweise zu erwartenden Schaden entsprechen.

Gesetzliche Rücktrittsrechte sind vor allem bei Nichterbringung oder nicht vertragsgemäßer Erbringung einer fälligen Leistung nach § 323 I BGB vorgesehen. Grundsätzlich ist dabei eine Nachfrist zu setzen. Diese ist jedoch in den Fällen des § 323 II BGB unnötig.

Beispiel (Nichterscheinen des Künstlers): Der Künstler, der bei einer Kreuzfahrt spielen soll, erscheint nicht zum vereinbarten Zeitpunkt an Bord. In diesem Fall kann der Veranstalter gegenüber dem Künstler nach einer angemessenen Wartezeit (zB per Telefon) den Rücktritt erklären, § 323 I BGB 1. Alt. Ein gegenseitiger Vertrag war geschlossen. Die Leistung des Künstlers war fällig. Die Leistung war termingebunden und das Leistungsinteresse an die Rechtzeitigkeit der Leistung gebunden, da nur bei rechtzeitigem Erscheinen an Bord ein Interesse an den künstlerischen Leistungen bestand. Damit bedurfte es nach § 323 II Nr. 2 BGB für den Rücktritt keiner weiteren Fristsetzung.

Im Unterschied zum Rücktritt, bei dem der Vertrag rückwirkend aufgehoben wird, bewirkt eine **Kündigung** nur für die Zukunft die Beendigung des Vertrages. Eine Kündigung ist bei Dauerschuldverhältnissen nach § 314 BGB aus wichtigem Grund möglich. Dieser liegt vor, wenn dem kündigenden Teil unter Berücksichtigung aller

33 *Güllemann* MusterV 71.

Umstände des Einzelfalls und unter Abwägung der beiderseitigen Interessen die Fortsetzung des Vertragsverhältnisses nicht zugemutet werden kann, § 314 I 2 BGB. Abgesehen von Dauerschuldverhältnissen ist im Gesetz insbesondere bei Dienst- und bei Werkverträgen ein Kündigungsrecht vorgesehen.

Für **Dienstverhältnisse** bestimmen die §§ 620–623 BGB Kündigungsrechte bei selbstständigen und unselbstständigen Dienstverhältnissen. Dienstverhältnisse, die keine Arbeitsverhältnisse sind, können ohne Gründe mit den in § 621 BGB bestimmten Fristen beendet werden.

Beispiel: Ein Veranstalter lässt die Lohnkonten durch eine Steuerberatungsfirma führen und bezahlt dafür monatlich eine bestimmte Summe. Es handelt sich um ein Dienstverhältnis, das kein Arbeitsverhältnis ist und daher nach § 621 Nr. 3 BGB spätestens am 15. eines Monats für den Schluss des Kalendermonats kündbar ist. Falls § 627 BGB zutrifft, ist sogar eine fristlose Kündigung möglich.

Bei Arbeitsverhältnissen ist die Kündigungsfrist nach § 622 BGB zu bestimmen. Darüber hinaus kann im Einzelfall das Kündigungsschutzgesetz gelten, das willkürliche Kündigungen verbietet und eine soziale Rechtfertigung für die Kündigung verlangt. Das setzt allerdings eine Betriebsgröße von mehr als zehn Arbeitnehmern voraus und eine Betriebszugehörigkeit von mindestens sechs Monaten, §§ 1 I, 23 I 2 KSchG.

Beispiel: Eine Lichttechnikfirma beschäftigt zwölf ständige Vollzeitkräfte und will sich von einem Mitarbeiter trennen, der seit fünf Jahren zum Betrieb gehört. Unter welchen Voraussetzungen und zu wann könnte eine Kündigung erfolgen?

Da die nötige Betriebsgröße nach § 23 I 2 KSchG erreicht wird und die sechsmonatige Betriebszugehörigkeit überschritten wird, gilt das KSchG. Nach § 1 KSchG kann daher eine Kündigung nur dann ausgesprochen werden, wenn sie sozial gerechtfertigt ist. Dazu müssen Gründe vorliegen, die in der Person des Arbeitnehmers liegen (zB Dauererkrankung), in seinem Verhalten begründet sind (zB ständige Unpünktlichkeit) oder durch dringende betriebliche Erfordernisse bedingt sind (zB zwingender Personalabbau), § 1 II KSchG[34]. Nur wenn der Arbeitgeber einen solchen Grund nachweisen kann, wäre überhaupt eine Kündigung zulässig. Ist das der Fall, wäre hier die Kündigungsfrist nach § 622 II Nr. 2 BGB zu beachten, da der Mitarbeiter in dem Betrieb seit fünf Jahren beschäftigt ist. Das bedeutet, dass die Kündigungsfrist zwei Monate zum Monatsende beträgt.

Besteht ein wichtiger Grund, so kann ein Dienstverhältnis nach § 626 I BGB von jedem Vertragsteil ohne Einhaltung einer Kündigungsfrist gekündigt werden. Für eine solche fristlose Kündigung bedarf es aber Tatsachen, die dem Kündigenden unter Berücksichtigung aller Umstände des Einzelfalls und unter Abwägung des Interesses beider Vertragsteile die Fortsetzung des Dienstverhältnisses nicht zumutbar erscheinen lässt.

Bei **Werkverträgen** enthält § 649 BGB ein jederzeitiges Kündigungsrecht des Bestellers bis zur Vollendung des Werkes. Wer also ein Werk in Auftrag gibt, wie zB ein Veranstalter, kann so lange das Werk noch nicht vollendet ist, jederzeit den Vertrag aufkündigen. Das hat allerdings seinen Preis: Der Auftraggeber muss dennoch bezahlen. Er darf von der vereinbarten Vergütung nur das abziehen, was der Auftragnehmer infolge der Aufhebung des Vertrages erspart oder durch anderweitige Verwendung seiner Arbeitskraft erwirbt oder zu erwerben böswillig unterlässt, § 649 S. 2 BGB.

34 Einzelheiten bei *Senne* ArbeitsR 208 ff.

5 % Ersparnis darf der Auftraggeber nach der Vermutung von Satz 3 regelmäßig pauschal abziehen.

Beispiel: Ein Veranstalter engagiert eine Musikgruppe für einen bestimmten Auftritt. Die Gage soll 1.000 EUR zzgl. 200 EUR Fahrtkosten betragen. Kurz vor dem Termin sagt er ohne Angabe von Gründen ab.

Da ein Werkvertrag (§ 631 BGB) mit der Musikgruppe geschlossen war, konnte der Auftraggeber (»Unternehmer«) nach § 649 S. 1 BGB bis zur Vollendung des Werkes jederzeit den Vertrag kündigen. Er muss den Musikern allerdings die vereinbarte Gage von 1.000 EUR zahlen. Da die Fahrtkosten durch die Absage entfallen, erspart sich die Musikgruppe diese Kosten. Die 200 EUR sind daher abziehbar.

XII. Verjährung

Ansprüche verjähren nach der Regelverjährungsfrist von drei Jahren (§ 195 BGB) und geben dem Schuldner das Recht, nach Eintritt der Verjährung die Leistung zu verweigern, § 214 I BGB. Die Verjährung führt also nicht automatisch zum Untergang des Anspruchs, sondern gibt nur ein Leistungsverweigerungsrecht, auf das sich der Schuldner berufen muss. Die regelmäßige Verjährungsfrist beginnt nach § 199 I BGB mit dem Schluss des Jahres, in dem der Anspruch entstanden ist und der Gläubiger von den den Anspruch begründenden Umständen und der Person des Schuldners Kenntnis erlangt oder ohne grobe Fahrlässigkeit erlangen müsste.

Beispiel: Die Gage für einen Auftritt der Band, der am 20.9.2009 stattfand, wird vom Veranstalter nicht gezahlt. Die Angelegenheit gerät in Vergessenheit. Als die Band am 21.9.2012 auf die Sache zurückkommt, beruft sich der Veranstalter auf Verjährung. Zu Recht?

Die erhobene Verjährungseinrede könnte dazu führen, dass der Veranstalter die Gage nicht mehr bezahlen müsste, § 214 I BGB. Dann müsste die Verjährung tatsächlich eingetreten sein. Die Verjährung beginnt mit Entstehen des fälligen Anspruchs und Kenntnis von Schuldner und Anspruchsgrund. Letztere Punkte waren der Musikgruppe aufgrund des geschlossenen Engagementvertrages bekannt, sodass die Verjährungsfrist für den Werklohnanspruch mit der Fälligkeit beginnt. Der Werklohnanspruch war nach dem Auftritt am 20.9.2009 fällig, §§ 641, 646 BGB. Seit dem Auftritt sind drei Jahre vergangen. Nach § 199 I BGB ist aber zusätzlich zu beachten, dass die dreijährige Verjährungsfrist erst am Schluss des Jahres 2009 zu laufen beginnt und folglich die Verjährung erst mit Ablauf des 31.12.2012 eintritt. Am 21.9.2012 war daher noch keine Verjährung eingetreten. Die Verjährungseinrede geht daher fehl.

Der Eintritt der Verjährung wird durch Mahnungen nicht aufgehalten. Vielmehr wird die Verjährung nur durch ernsthafte Verhandlungen gehemmt (§ 203 BGB) oder durch Rechtsverfolgung, insb. durch Klageerhebung (§ 204 I Nr. 1 BGB) oder Zustellung eines Mahnbescheids im Mahnverfahren (§ 204 I Nr. 3 BGB).

Anstelle der regelmäßigen Verjährungsfrist von drei Jahren kennt das BGB zahlreiche andere Verjährungsfristen. Hervorzuheben ist die zweijährige Verjährungsfrist bei Kaufmängeln (§ 438 I Nr. 3 BGB), die bereits mit der Ablieferung der Sache beginnt.

Merkpunkte

1. **Vertrag:** Einigung zwischen mindestens zwei Parteien. Er besteht aus zwei übereinstimmenden Willenserklärungen.
2. **Willenserklärung:** Eine auf einen rechtlichen Erfolg gerichtete Äußerung des Willens.
3. **Angebot:** Eine auf den Abschluss eines Vertrages gerichtete Willenserklärung.
4. **Annahme:** Zustimmung zum Abschluss des Vertrages durch entsprechende Willenserklärung.
5. **Rechtsbindungswille:** Notwendiges Element für die Bejahung einer Willenserklärung, das den Willen beinhaltet, eine rechtlich verbindliche Erklärung abgeben zu wollen.
6. **Vertragstreue:** Wer einen Vertrag geschlossen hat, muss diesen auch einhalten (»pacta sunt servanda«). Andernfalls kann er dazu im Gerichtswege gezwungen werden und/oder muss Schadensersatz leisten.
7. **Schuldverhältnis:** Rechtsverhältnis, das Ansprüche des Gläubigers gegen den Schuldner auslöst. Gläubiger ist, wer einen Anspruch hat, Schuldner ist, wer diesen erfüllen muss.
8. **Vertragsfreiheit:** Die durch Art. 2 GG garantierte Freiheit zum Abschluss und zur inhaltlichen Gestaltung eines Vertrages.
9. **Privatautonomie:** Die Freiheit eines jeden Bürgers, ohne staatliche Bevormundung seine Rechtsbeziehungen zu gestalten.
10. **Kontrahierungszwang:** Gesetzlicher Zwang zum Abschluss eines Vertrages. Dieser kann sich im Veranstaltungsrecht insbesondere aus dem Diskriminierungsverbot von §§ 19 ff. AGG, aus landesrechtlichem Gemeinderecht und aus den kartellrechtlichen Diskriminierungsverboten von §§ 19 f. GWB ergeben.
11. **Vorvertrag:** Vertrag, der die Eckpunkte einer Einigung beinhaltet und dazu verpflichtet, demnächst den Hauptvertrag abzuschließen.
12. **Vertragsauslegung:** Verträge sind gem. §§ 133, 157 BGB so auszulegen, wie Treu und Glauben mit Rücksicht auf die Verkehrssitte es erfordern; dabei ist nicht beim Wortlaut zu verharren, sondern der wirkliche Wille der Parteien zu ermitteln.
13. **Annahmefrist für Angebote:** Bei beiderseitiger Anwesenheit sofort, sonst nach angemessener Übersendungs-, Bearbeitungs- und Überlegungsfrist, § 147 BGB.
14. **Kaufmännisches Bestätigungsschreiben:** Unter Kaufleuten übliches Schreiben, mit dem nach mündlichen Vereinbarungen der Inhalt der Vereinbarung noch einmal schriftlich bestätigt wird. Der Empfänger muss unverzüglich prüfen, ob die schriftliche Bestätigung der mündlichen Vereinbarung entspricht, und etwaige Abweichungen unverzüglich rügen. Unterlässt er dies, gilt die Vereinbarung mit dem Inhalt des Bestätigungsschreibens als vereinbart.
15. **Zugang:** Empfangsbedürftige Willenserklärungen werden mit Zugang wirksam, § 130 BGB. Zugang liegt vor, wenn die Willenserklärung so in den Machtbereich des Empfängers gelangt, dass er unter normalen Umständen von deren Inhalt Kenntnis nehmen kann. Briefeinwurf in Hausbriefkasten bewirkt Zugang (aber nicht zur Unzeit, zB am Sonntag; dann Zugang erst am folgenden Werktag). Urlaubsabwesenheit steht Zugang nicht entgegen.
16. **Widerruflichkeit von Fernabsatzverträgen:** Ein Fernabsatzvertrag ist nach § 312b BGB ein Vertrag über Lieferung von Waren oder Erbringung von Dienstleistungen, der zwischen einem Unternehmer und einem Verbraucher unter ausschließlicher Verwendung von Fernkommunikationsmitteln abgeschlossen werden, und zwar im Rahmen eines für den Fernabsatz organisierten Vertriebs- oder Dienstleistungssystems. Nach § 312d BGB steht dem Verbraucher ein Widerrufsrecht zu. Dieses muss gem. § 355 BGB binnen 14 Tagen ausgeübt werden.

17. **Kartenbestellung im Internet:** Ist verbindlich und kann wegen § 312b III Nr. 6 BGB nicht widerrufen werden.
18. **Stellvertretung:** Rechtsgeschäftliches Handeln für einen anderen mit Vertretungsmacht. Die Wirkungen des Geschäfts treffen nach § 164 I BGB unmittelbar den Vertretenen.
19. **Offenkundigkeitsprinzip:** Der Stellvertreter muss erkennbar im Namen eines anderen handeln, sonst wird er nach § 164 II BGB selbst Vertragspartner. Ausnahmen gelten beim Geschäft für den, den es angeht.
20. **Vollmacht:** Rechtsgeschäftliche, formlos zu erteilende Vertretungsmacht, § 167 BGB.
21. **Prokura, Handlungsvollmacht:** Besonders weitreichende handelsrechtliche Formen der Vertretungsmacht, §§ 48 ff. HGB.
22. **Duldungsvollmacht:** Wer willentlich geschehen lässt, dass ein Anderer für ihn auftritt, muss gegenüber gutgläubigen Dritten dieses Vertreterhandeln gegen sich gelten lassen.
23. **Anscheinsvollmacht:** Wer hätte erkennen und verhindern können, dass ein Anderer wie ein Vertreter für ihn auftritt, muss dies gegenüber einem gutgläubigen Dritten gegen sich gelten lassen.
24. **Form von Rechtsgeschäften:** Rechtsgeschäfte sind grundsätzlich formfrei gültig. Etwas anderes gilt nur, soweit das Gesetz eine besondere Form vorschreibt (§ 125 ff. BGB) oder die Parteien dies durch Rechtsgeschäft vereinbaren (§ 127 BGB).
25. **AGB:** Vorformulierte Vertragsbedingungen für eine Vielzahl von Verträgen, die eine Partei der anderen Vertragspartei bei Abschluss eines Vertrages stellt, § 305 I BGB.
26. **Einbeziehungsvereinbarung:** Vereinbarung, mit der die Parteien AGB zum Inhalt ihres Vertrages machen. Sie muss gegenüber Verbrauchern den Voraussetzungen von § 305 II BGB entsprechen.
27. **Inhaltskontrolle von AGB:** AGB dürfen gegenüber Verbrauchern nicht gegen die Klauselverbote von §§ 309, 308 oder 307 BGB verstoßen. Gegenüber Unternehmern gelten nach § 310 BGB zwar nicht die speziellen Klauselverbote von §§ 308 und 309 BGB, wohl aber die Generalklausel von § 307 BGB.
28. **Rücktritt:** Empfangsbedürftige Willenserklärung, durch den ein Vertrag rückgängig gemacht wird. Das Rücktrittsrecht kann auf Gesetz oder Vertrag beruhen, § 346 BGB. Nach Ausübung des Rücktrittsrechts gestaltet sich der Vertrag in ein Rückgewährschuldverhältnis um (Gestaltungsrecht), welches zur Herausgabe der empfangenen Leistungen und der gezogenen Nutzungen verpflichtet.
29. **Kündigung:** Beendigung des Vertrages für die Zukunft durch entsprechende empfangsbedürftige Willenserklärung. Hervorzuheben ist das gesetzliche Kündigungsrecht bei Werkverträgen nach § 649 BGB.
30. **Verjährung:** Einrede, die nach Ablauf einer bestimmten Frist das Recht gibt, die Leistung zu verweigern, § 214 BGB. Die normale Verjährungsfrist beträgt drei Jahre (§ 195 BGB) und beginnt mit dem Schluss des Jahres, in dem der Anspruch entstanden ist und der Gläubiger von der Person des Schuldners und den anspruchsbegründenden Tatsachen weiß oder ohne grobe Fahrlässigkeit hätte wissen müssen, § 199 BGB.

B. Typische Verträge bei Veranstaltungen

Das BGB hat im Besonderen Teil des Schuldrechts ab §§ 433 ff. BGB einige wichtige Vertragstypen geregelt, die sich in drei große Gruppen gliedern lassen:

- Veräußerungsverträge

- Gebrauchsüberlassungsverträge
- Dienstleistungsverträge

Veräußerungsverträge sind auf die Eigentums- und Besitzübertragung an einer Sache gerichtet. Dazu zählen der Kauf, der Tausch und die Schenkung .

Gebrauchsüberlassungsverträge zielen ab auf die vorübergehende Überlassung von Sachen zur Nutzung. Dazu zählen Miete, Pacht, Leihe, Darlehen und Verträge über Teilzeitwohnrechte.

Dienstleistungsverträge haben menschliche Dienstleistungen zum Inhalt. Dazu gehören Dienstverträge, Werkverträge, Auftrag, Geschäftsbesorgung, Reisevertrag, Maklervertrag und Verwahrung.

Im Veranstaltungssektor sind folgende Vertragstypen des BGB besonders verbreitet und daher wichtig:

- Kaufverträge
- Mietverträge
- Dienstverträge
- Werkverträge
- Pauschalreiseverträge

Vertragstyp	Vertragsinhalt	Rechtsgrundlagen
Kaufvertrag	Veräußerung von Sachen oder Rechten gegen Geld	§§ 433 – 479 BGB
Mietvertrag	Zeitweilige Überlassung von Sachen zum Gebrauch gegen Geld	§§ 535 – 580a BGB
Dienstvertrag	Erbringung von Dienstleistungen (Tätigkeiten) gegen Vergütung	§§ 611 – 630 BGB
Werkvertrag	Herstellung eines Werks (Leistungsergebnis) gegen Vergütung	§§ 631 – 651 BGB
Reisevertrag	Erbringung einer Gesamtheit von Reiseleistungen gegen Vergütung	§§ 651a – 651 m BGB

Dazu einige Erläuterungen:

I. Kaufverträge

Beispiel: Verkauf von Artikeln auf einer Verkaufsausstellung: Der Kauf ist das wichtigste Umsatzgeschäft des täglichen Lebens. Er zielt auf Veräußerung einer Sache oder eines Rechts gegen Entgelt. Es handelt sich also um einen gegenseitigen Vertrag, bei dem Leistung und Gegenleistung im Austauschverhältnis stehen. Der Verkäufer ist verpflichtet, dem Käufer das Eigentum und den Besitz an einer Sache zu verschaffen oder beim Rechtskauf das Recht zu verschaffen. Dabei muss die Sache oder das Recht frei von Mängeln sein. Umgekehrt hat der Käufer im Gegenzug den Kaufpreis zu bezahlen und die Sache abzunehmen.

Kaufverträge können grundsätzlich formfrei abgeschlossen werden.

II. Mietverträge

Beispiel: Vermietung eines Messestandes: Die Miete ist die zeitweilige Gebrauchsüberlassung an einer Sache gegen Entgelt. Sie stellt gleichfalls einen gegenseitigen Vertrag dar. Der Vermieter ist verpflichtet, dem Mieter die Mietsache während der Mietzeit zur vertraglich vereinbarten Nutzung in einem mangelfreien Zustand zu überlassen und in ordnungsgemäßem Zustand zu erhalten. Hinzutreten können weitere Nebenpflichten. Dazu zählt zB die Verkehrssicherungspflicht, dh die Pflicht dafür zu sorgen, dass die Mietsache selbst (zB die Räume) wie auch die Zugänge (zB Treppen, Gänge, etc.) sich in einem sicheren Zustand befinden und gefahrlos betreten und benutzt werden können. Der Mieter hat seinerseits die vereinbarte Miete, ggf. auch eine Mietkaution und Nebenkosten zu entrichten.

Mietverträge können grundsätzlich formfrei abgeschlossen werden.

III. Dienstverträge

Beispiel 1: Beauftragung eines Steuerberaters durch eine Messegesellschaft
Beispiel 2: Einstellung einer Sekretärin für die Messeleitung: Der Dienstvertrag verpflichtet zur Leistung von Diensten gegen Entgelt. Im Unterschied zum verwandten Werkvertrag wird nur die Tätigkeit als solche, nicht jedoch ein weitergehender Erfolg geschuldet. Der Dienstvertrag ist also tätigkeits- und zeitbestimmt, der Werkvertrag dagegen erfolgsbestimmt. Er ist ein gegenseitiger Vertrag mit wechselseitigen Pflichten und kommt in zwei Formen vor: zum einen als selbstständiger Dienstvertrag – Beispiel 1 – und zum anderen als unselbstständiger Dienstvertrag – Beispiel 2 –. Im letzten Fall handelt es sich um ein Arbeitsverhältnis, für das die Weisungsgebundenheit des Dienstverpflichteten, die Fremdbestimmtheit seiner Tätigkeit und die Fremdnützigkeit der Arbeit charakteristisch sind. Für Arbeitsverhältnisse gelten besondere arbeitsrechtliche Schutzvorschriften, zB bzgl. des Kündigungsschutzes (KSchG) oder bzgl. der Weiterzahlung der Bezüge bei Krankheit (Entgeltfortzahlungsgesetz).

Dienstverträge sind formfrei gültig.

IV. Werkverträge

Beispiel 1: Engagement einer Kapelle für eine Karnevalssitzung
Beispiel 2: Theaterbesuch: Der Werkvertrag verpflichtet den Unternehmer zur Herstellung des versprochenen Werks, den Besteller im Gegenzug zur Zahlung der versprochenen Vergütung. Gegenstand können die Herstellung oder Veränderung einer Sache, aber auch – wie im Veranstaltungsbereich vorwiegend – ein durch Arbeit oder Dienstleistung herbeizuführender Erfolg sein. Während der Dienstvertrag tätigkeitsorientiert ist, ist der Werkvertrag ergebnisorientiert. In Beispiel 1 handelt es sich nicht um einen Dienstvertrag, weil nicht bloß eine irgendwie geartete Tätigkeit geschuldet wird – Musizieren als solches –, sondern pointengenaue Tuschs bei Büttenreden und Karnevalslieder entsprechend der Stimmungslage. Es handelt sich daher um eine ergebnisorientierte Werkleistung.
Auch im Beispielsfall 2 erwartet der Besucher nicht nur ein redliches Sichbemühen der Darsteller, sondern eine abgerundete Theatervorstellung des Werks eines bestimmten Dramatikers oder Tonschöpfers. Auf ein solches Werk hat der Besucher mit Lösen der Eintrittskarte einen Anspruch. Es liegt also ein Werkvertrag zugrunde. Auszuscheiden ist auch ein Kauf- oder Mietvertrag, obwohl in dem Erwerb der Karte gewisse Elemente des Kaufs und in der Nutzung des Sitzplatzes gewisse Elemente der Miete liegen. Beides prägt jedoch nicht den Vertragstyp. Der Erwerb der Eintrittskarte ist bloßes Mittel zum Zweck, ebenso die Anmietung des Sitzplatzes. Entscheidend ist das Werk, das aufgeführt werden soll und für das Eintrittsgeld bezahlt wird. Im Vordergrund steht daher der Werkvertragscharakter. Wegen des Austauschcharakters zwischen Werk und Vergütung ist auch der Werkvertrag ein gegenseitiger Vertrag.

Werkverträge sind formfrei gültig.

V. Pauschalreiseverträge

Beispiel: Pauschalreise »Jazz on Sea«: Der Vertrag über eine Pauschalreise beinhaltet die Erbringung von mindestens zwei Reiseleistungen, also eines Leistungspaketes, das von dem Veranstalter als Gesamtleistung zu einem Gesamtpreis versprochen wird. Im Beispielsfall bietet der Reiseveranstalter Transport, Unterkunft und Verpflegung an Bord sowie musikalische Unterhaltung in einem Gesamtpaket. Der Reisende bezahlt dafür einen Gesamtpreis. Auch hier handelt es sich wieder um einen gegenseitigen Vertrag.

Der Pauschalreisevertrag ist ebenfalls formfrei gültig.

Merkpunkte

1. **Veranstaltungsrelevante Verträge:** Im BGB sind einige veranstaltungsrelevante Verträge geregelt. Dazu zählen der Kaufvertrag, der Mietvertrag, der Dienstvertrag, der Werkvertrag und der Pauschalreisevertrag
2. Der **Kaufvertrag** zielt auf den Austausch von Ware gegen Entgelt: der Käufer hat Anspruch auf Eigentums- und Besitzverschaffung an der Sache, der Verkäufer hat im Gegenzug Anspruch auf Bezahlung des Kaufpreises und Abnahme der Ware, § 433 BGB.
3. Der **Mietvertrag** geht auf die Nutzung einer Sache auf Zeit gegen Entgelt, § 535 BGB. Die Vermietung von Hallenflächen ist ein Raummietvertrag und unterliegt § 578 II BGB.
4. Der **Dienstvertrag** gibt Anspruch auf Leistung von Diensten gegen Entgelt, § 611 BGB. Er tritt als selbstständiger oder unselbstständiger Dienstvertrag (= Arbeitsvertrag) in Erscheinung. Für letzteren gelten zusätzlich zum BGB zahlreiche arbeitsrechtliche Vorschriften, zB das Entgeltfortzahlungsgesetz oder das Kündigungsschutzgesetz.
5. Der **Werkvertrag** beinhalt die Erbringung einer Werkleistung gegen Vergütung, § 631 BGB. Er ist im Unterschied zum Dienstvertrag auf einen Erfolg gerichtet, also ergebnisorientiert.
6. Der **Pauschalreisevertrag** verpflichtet den Reiseveranstalter, dem Reisenden eine Gesamtheit von Reiseleistungen zu erbringen, während der Reisende zur Zahlung des Reisepreises verpflichtet ist, § 651a BGB. Es werden also mehrere Reiseleistungen in einem Paket zusammengefasst, zB Transport und Unterkunft am Reiseort.

C. Leistungsstörungen

I. Einführung

Unter Leistungsstörungen versteht man, dass ein Vertrag nicht ordnungsgemäß abgewickelt wird. Die Probleme bei der Abwicklung eines Vertrages entstehen, wenn »etwas schief läuft«.[35] Eigentlich sollte ein gutes Risikomanagement dafür sorgen, dass es nicht zum Eintritt eines Risikos kommt. So sind rechtliche Risiken durch eine vorausschauende Risikoanalyse und genaue Beachtung rechtlicher Normen bei Organisation und Durchführung einer Veranstaltung sicher weitgehend beherrschbar. Wer zB die Sicherheitsvorschriften des Versammlungsstättenrechts einhält, riskiert nicht eine Einstellung der Veranstaltung durch das Ordnungsamt wegen akuter Gefahren für die Besucher oder Mitarbeiter. Andere Risiken wie Naturgewalten oder das Massenverhalten von Zuschauern lassen sich dagegen nicht oder nur in begrenztem Maße planerisch steuern. So können Unwetter, Dauerregen, Schneefälle, Erdrutsche,

35 *Kittner* SchuldR Rn. 639.

unerträgliche Hitze, Starkwinde oder Kälteeinbrüche zum Abbruch von Open Air Veranstaltungen führen. Ausschreitungen von Zuschauern (Werfen von Nebelkerzen oder Abbrennen pyrotechnischer Gegenstände) können Großveranstaltungen torpedieren. Auch Gesundheitsrisiken wie eine plötzliche Erkrankung oder sogar der Tod des Stars (Michael Jackson) können eine gut organisierte Veranstaltung zunichte machen. Schließlich können unüberwindliche technische Probleme einen Strich durch die Rechnung ziehen. So stürzte vor kurzem bei einer Theateraufführung in Osnabrück der Computer ab, mit dem die Bühnentechnik gesteuert wurde. Trotz allen Einsatzes konnte das Problem am Veranstaltungsabend nicht gelöst werden. Die Veranstaltung musste abgebrochen und die Besucher nach Hause geschickt werden. Derartige Beispiele von Veranstaltungsausfällen oder Verlegungen sind zwar Ausnahmefälle, treten aber immer wieder auf und schaffen rechtliche Probleme, die unter dem Stichwort »Leistungsstörungen« zusammengefasst werden. Das Recht der Leistungsstörungen ist im Allgemeinen Schuldrecht des BGB geregelt und wird nachfolgend in Kurzform zusammengestellt.[36] Im Veranstaltungssektor sind nachstehende Fallgruppen zu unterscheiden:

- **Unmöglichkeit der Leistung.**

Die Leistung kann nicht erbracht werden. Sie bleibt endgültig aus.

Beispiel: Die Veranstaltung kann nicht stattfinden und es kommt zu einem totalen oder zumindest teilweisen Ausfall.

- **Schuldnerverzug**

Die Leistungserbringung verzögert sich und erfolgt mit zeitlichem Aufschub.

Beispiel: Der Veranstalter erbringt seine Leistung wegen technischer Probleme oder zeitlicher Verzögerung des Künstlers verspätet.

- **Annahmeverzug**

Der Gläubiger nimmt die angebotene Leistung nicht an.

Beispiel: Der Besucher erscheint nicht rechtzeitig zu der Veranstaltung.

- **Schlechtleistung**

Der Schuldner erbringt die geschuldete Leistung nicht ordnungsgemäß.

Beispiele: Der angestellte Schauspieler kann den Text nicht.
Der Tontechniker des Veranstalters dreht so stark auf, dass einige Besucher Lärmschäden davontragen.

- **Störung der Geschäftsgrundlage**

Die dem Vertrag zugrunde liegenden Umstände haben sich nachträglich geändert oder die von den Parteien vorausgesetzten Umstände haben tatsächlich nicht vorgelegen.

Beispiel: Der Besucher eines Karnevalumzugs hat einen Balkonplatz angemietet. Der Umzug fällt wegen eines terroristischen Anschlags aus.

36 Für ein vertieftes Verständnis empfehlenswert *Brox/Walker* SchuldR AT Kapitel 8.

II. Unmöglichkeit

Falls die Veranstaltung aus rechtlichen oder tatsächlichen Gründen nicht stattfinden kann, liegt ein Fall der Unmöglichkeit vor. Der Schuldner, dh der Veranstalter, wird dann von seiner Leistungspflicht gegenüber den Besuchern frei. Dabei spielt es keine Rolle, ob er die Unmöglichkeit der Leistungserbringung zu vertreten oder nicht zu vertreten hat, und ob das Leistungshindernis bereits bei Vertragsschluss vorlag oder nachträglich eintrat. In jedem Fall ist der Anspruch auf die Leistung nach § 275 I BGB ausgeschlossen. Das gilt auch bei faktischer Unmöglichkeit nach § 275 II BGB und persönlicher Unzumutbarkeit nach § 275 III BGB: Auch in diesen Fällen kann der Schuldner seine Leistung verweigern.

Beispiel: Die Veranstaltung fällt aus, weil der Pianist nicht auftreten will oder wegen Erkrankung nicht auftreten kann. Der Veranstalter wird hier nach § 275 I BGB von seiner Leistungspflicht gegenüber den Besuchern wegen Unmöglichkeit der Leistungserbringung frei.

Prüfungsschema für § 275 BGB (Entfallen der Leistungspflicht)

1. Bestehen eines Schuldverhältnisses
2. Unmöglichkeit (Absatz 1, 2 oder 3)

Ein wichtiger Hinweis:
- **Schuldner** ist im Kontext der Leistungsstörungen, wer die **Sachleistung** zu erbringen hat.
- **Gläubiger** ist, wer die **Sachleistung** verlangen kann.

Welche Rechte dem Vertragspartner – im Beispielsfall also den Besuchern – zustehen, beurteilt sich gem. § 275 IV BGB nach den §§ 280, 283–285, 311a und 326 BGB. Das bedeutet:

Der Vertragspartner schuldet keine Gegenleistung, also keine Bezahlung für die nicht erbrachte Leistung, § 326 I BGB. Falls er diese bereits erbracht hatte, kann er sie zurückfordern, §§ 326 IV, 346 BGB.

Prüfungsschema für § 326 I BGB (Entfallen der Zahlungspflicht)

1. Bestehen eines gegenseitigen Vertrages
2. Leistungsfreiheit des Schuldners nach § 275 BGB

Beispiel: Die Besucher hatten bereits Eintrittskarten erworben. Wenn das angekündigte Konzert ausfällt, haben sie Anspruch auf Rückzahlung ihres Eintrittsgeldes (§§ 326 IV, 346 BGB).

Darüber hinaus kommen im Falle der Unmöglichkeit Schadensersatzansprüche des Gläubigers in Betracht, wenn eine schuldhafte Pflichtverletzung seitens des Schuldners vorliegt, §§ 283, 280 I BGB. Der Anspruch geht auf Schadensersatz statt der Leistung bzw. nach Wahl des Gläubigers auf Aufwendungsersatz, § 284 BGB.

Prüfungsschema für §§ 283, 280 BGB (Schadensersatz bei verschuldeter Unmöglichkeit)

1. Bestehen eines Schuldverhältnisses
2. Leistungsfreiheit des Schuldners nach § 275 BGB
3. Pflichtverletzung (= objektive Nichterfüllung der Leistungspflichten)
4. Vertretenmüssen seitens des Schuldners (wird vermutet)

Ist die Pflichtverletzung jedoch unverschuldet, entfällt eine Schadensersatzpflicht.

Besonderheiten treten ein, wenn die Unmöglichkeit von einem der Vertragspartner zu vertreten ist.

Beispiel: Der Pianist verweigert seinen Auftritt, weil ihm entgegen der vertraglichen Abmachung die vor Konzertbeginn zu zahlende Gage vom Veranstalter nicht ausgezahlt wurde. Hier geht der Ausfall des Konzerts und damit die eingetretene Unmöglichkeit der Leistung gegenüber den Besuchern, die bereits im Besitz einer Eintrittskarte waren, auf das Konto des Veranstalters. Er muss sich die Unmöglichkeit als schuldhafte Pflichtverletzung zurechnen lassen und haftet den frustrierten Besuchern daher auf Schadensersatz statt der Leistung, §§ 280, 283 BGB. Diese können dann beispielsweise den Ersatz ihrer vergeblichen Aufwendungen verlangen. Wenn sie eine lange Reise für das Konzert unternommen hatten und vielleicht auch eine Hotelübernachtung notwendig wurde, so könnten sie diese Kosten dem Veranstalter in Rechnung stellen, § 284 BGB. Daneben können sie selbstverständlich Rückzahlung des Eintrittsgeldes beanspruchen, §§ 326 IV, 346 BGB; denn Rücktritt und Schadensersatzansprüche können nebeneinander geltend gemacht werden, § 325 BGB.
Was das Rechtsverhältnis zwischen Pianist und Veranstalter angeht, fragt sich, ob dieser trotz Ausfalls des Konzerts seine Gage beanspruchen kann. Das ist gem. § 326 II BGB der Fall, da die Unmöglichkeit vom Veranstalter, also dem Gläubiger zu vertreten ist.

Falls ein nicht zu beseitigendes Leistungshindernis bereits bei Abschluss des Vertrages bestand, ist der geschlossene Vertrag zwar gültig, § 311a BGB. Allerdings ist der Anspruch auf die Leistung auch in diesem Fall der **anfänglichen Unmöglichkeit** ausgeschlossen. Der Gläubiger kann den Schuldner dann auf Schadensersatz in Anspruch nehmen. Das gilt aber nicht, wenn der Schuldner seinerseits das Leistungshindernis nicht kannte und auch nicht hätte kennen müssen, § 311a II BGB.

Beispiel: Die von einem Veranstalter über eine Agentur gebuchte Girl-Group existierte wegen eines harten Streits schon bei Vertragsschluss nicht mehr. Der Vertrag mit der Agentur ist zwar gültig (§ 311a I BGB), ein Anspruch auf die Leistung ist aber wegen Unmöglichkeit nach § 275 I BGB ausgeschlossen. Der Veranstalter hat Schadensersatzansprüche gegen die Agentur nach § 311a II BGB. Diese entfallen allerdings dann, wenn die Agentur nachweisen kann, dass sie bei Vertragsschluss von dem Auseinanderbrechen der Band noch nichts wusste oder wissen konnte.

III. Schuldnerverzug

Die neben der unmöglichen Leistung wichtigste Leistungsstörung ist die verspätete Leistung, also der Verzug. Erbringt der Schuldner seine Leistung nicht rechtzeitig, kommt er in Schuldnerverzug und begeht damit eine Pflichtverletzung, § 280 I, II BGB.

Schuldnerverzug liegt gem. § 286 I BGB vor, wenn der Schuldner

1. in einem bestehenden Schuldverhältnis,
2. nach Eintritt der Fälligkeit, also dem Leistungszeitpunkt,
3. auf eine Mahnung des Gläubigers nicht leistet und
4. der Schuldner die Verspätung zu vertreten hat.

In den in § 286 II BGB genannten Fällen ist eine Mahnung entbehrlich. Dazu zählt insbesondere der Fall, dass die Leistung nach dem Kalender bestimmt ist.

Beispiel: Die für 20.00 Uhr angekündigte Musikveranstaltung beginnt erst um 20.45 Uhr. Wegen der kalendermäßigen Fixierung bedarf es keiner Mahnung. Der Veranstalter kommt vielmehr mit seiner Leistung automatisch in Verzug.

Die wichtigsten Fälle, in denen ein Zahlungsverzug ohne Mahnung eintritt, sind:

Es wurde ein Zahlungsziel vereinbart – § 286 II Nr. 1 BGB – sowie unabhängig von einem gesetzten Zahlungsziel laut Gesetz: 30 Tage nach Erhalt einer Rechnung, § 286 III BGB.

Ferner kann das Zahlungsziel von einem bestimmten Ereignis abhängig gemacht werden, § 286 II Nr. 2 BGB.

> **Beispiel:** In der Rechnung über die Hallenmiete steht: »Zahlbar innerhalb von 2 Wochen nach Erhalt.« Trifft die Rechnung am 2.3. ein, müsste sie bis zum 16.3. bezahlt werden. Danach befindet sich der Mieter auch ohne Mahnung in Verzug.

Bei einer Geldschuld ist bei Verzug mindestens ein Zins von 5 % über dem Basiszins zu zahlen, bei Forderungen zwischen Unternehmen 8 % über dem Basiszins (seit 1.7.2012: 0,12 %), §§ 288 I, II, 247 BGB.

Allgemein gilt, dass der Schuldner dem Gläubiger den durch die Verzögerung entstehenden Schaden ersetzen muss, § 280 II BGB.

Prüfungsschema für §§ 280, 286 BGB (Schadensersatz wegen Verzögerung der Leistung)

1. Bestehen eines Schuldverhältnisses
2. Nichterbringen einer fälligen Leistung
3. Mahnung (ev. entbehrlich nach § 286 II BGB)
4. Vertretenmüssen

Außerdem ist ein Rücktritt vom Vertrag möglich, wenn die Leistung trotz Fälligkeit und einer angemessen bestimmten Nachfrist nicht erbracht worden ist, § 323 I BGB. In bestimmten Fällen ist die Fristsetzung entbehrlich, § 323 II BGB.

Prüfungsschema für Rücktritt nach § 323 I BGB

1. Bestehen eines gegenseitigen Vertrages
2. Nichterbringen oder nicht vertragsmäßiges Erbringen der fälligen Leistung
3. Erfolglose Fristsetzung (ggf. nach Abs. 2 entbehrlich)

> **Beispiel:** Die für 20.00 Uhr angekündigte Musikveranstaltung hat um 20.45 Uhr noch nicht begonnen.

Hier handelte es sich um eine ersichtlich fristgebundene Leistung nach § 323 II Nr. 2 BGB sowie um besondere Umstände, die eine Fristsetzung nicht zulassen (Nr. 3), sodass ein Besucher ohne Weiteres seinen Rücktritt erklären und das Eintrittsgeld zurückverlangen könnte.

IV. Schlechtleistung

Wenn der Schuldner die Vertragsleistung nicht »wie geschuldet« erbringt, handelt es sich um eine Schlechtleistung oder Schlechterfüllung, die gem. § 281 iVm § 280 BGB dem Gläubiger das Recht gibt, Schadensersatz statt der Leistung zu verlangen. Dabei kann es sich um Haupt- oder Nebenleistungspflichten handeln.

Beispiele: Der Tourcrew-Busfahrer weigert sich, zum nächsten Auftrittsort abzufahren. Hier liegt die Verletzung einer Hauptleistungspflicht vor.
Die Verletzung einer Nebenleistungspflicht ist zB gegeben, wenn auf naheliegende Gefahren eines Produkts nicht hingewiesen wird.

Der Gläubiger kann den Vertrag im allgemeinen nur dann rückgängig machen und Schadensersatz statt der Leistung beanspruchen, wenn er zuvor dem Schuldner vergeblich eine entsprechende Frist gesetzt hatte, § 281 I 1 BGB.

Hält der Gläubiger an seinem Leistungsanspruch fest, kann er dies selbstverständlich auch. Daneben kann er Schadensersatz wegen der Pflichtverletzung verlangen, § 280 BGB.

Prüfungsschema für § 280 BGB (Schadensersatz wegen Pflichtverletzung)

1. Bestehen eines Schuldverhältnisses
2. Pflichtverletzung
3. Vertretenmüssen

V. Gläubigerverzug

Die Verspätung einer Leistung kann auch auf das Verhalten des Gläubigers zurückgehen, insbesondere dann, wenn er eine ihm angebotene Leistung nicht annimmt. In diesen Fällen spricht man von Gläubiger- oder auch Annahmeverzug. Nach § 293 BGB setzt dieser nur voraus, dass der Gläubiger eine ihm angebotene Leistung nicht annimmt. Weshalb dies geschieht, insbesondere, ob den Gläubiger ein Verschulden oder kein Verschulden trifft, ist rechtlich ohne Bedeutung. Allein ausschlaggebend ist, dass die Leistung dem Gläubiger so, wie sie zu bewirken ist, tatsächlich angeboten und von ihm nicht angenommen wurde, § 294 BGB. Die Leistung muss dem Gläubiger in rechter Weise, am rechten Ort und zu rechter Zeit angeboten werden.

Beispiel: Der Besucher hat ein Ticket für eine Opern-Aufführung im Opernhaus der Stadt D. am 22.12.2012, Beginn 20.00 Uhr. Die Vorstellung beginnt pünktlich. Der Besucher erscheint erst nach Beginn der Veranstaltung. Er befindet sich, da ihm die Leistung vertragsgemäß angeboten wurde, in Annahmeverzug. Das gilt auch dann, wenn er in einen Verkehrsstau geraten war und ihn an der Verspätung evtl. kein Verschulden trifft.

Diejenigen Folgen des Gläubigerverzugs, die bei Veranstaltungen eine praktische Relevanz haben, sind vor allem:

- Kommt es nach Eintritt des Gläubigerverzugs zu einer vom Schuldner nicht zu vertretenden Unmöglichkeit der Leistung, so behält der Schuldner entgegen dem Grundsatz des § 326 I BGB den Anspruch auf die Gegenleistung, § 326 II BGB.
- Im Arbeitsverhältnis hat der in Annahmeverzug geratene Arbeitgeber das Arbeitsentgelt für die nicht erbrachte, aber angebotene Arbeitsleistung zu bezahlen. Der Arbeitnehmer muss sich jedoch ersparte Aufwendungen und einen anderweitig erzielten oder böswillig unterlassenen Verdienst anrechnen lassen, § 615 BGB. Die Regelung gilt auch für selbstständige Dienstleistungen.

Beispiel: Die Garderobenfrau, die rechtzeitig zu der Veranstaltung erscheint, wird wieder nach Hause geschickt, weil nicht genügend Besucher da sind. Sie behält ihren Anspruch auf Bezahlung ihres Arbeitsentgelts aufgrund des zugrundeliegenden Arbeitsvertrages und des eingetretenen Annahmeverzugs seitens ihres Arbeitgebers, § 615 BGB. In der Regel wird sie das volle Arbeitsentgelt beanspruchen können, da sie nichts erspart hat oder anderweitig verdient hat.

VI. Störung der Geschäftsgrundlage

Die Abwicklung eines Vertrages kann dadurch gestört werden, dass selbstverständlich vorausgesetzte Umstände sich nachträglich ändern oder bereits bei Vertragsschluss fehlten. Dann kommt eine Anpassung des Vertrages nach § 313 BGB in Betracht oder ein Rücktritts- oder Kündigungsrecht.

Beispiele:
- Vermietung eines Balkonplatzes für einen Rosenmontagszug, der wegen einer Naturkatastrophe abgesagt wird
- Beide Parteien legen einen Grundstückspreis zugrunde, den die Gemeide offiziell bekanntgegeben hat, der aber falsch angegeben ist (mit 200 EUR im amtlichen Mitteilungsblatt bekanntgegeben statt mit 300 EUR)

Im ersten Fall besteht ein Rücktrittsrecht, im zweiten Fall ein Recht auf Anpassung des Preises.

Merkpunkte

1. **Leistungsstörungen:** Bei der Abwicklung eines Vertrages kommt es zu Problemen.
2. **Unmöglichkeit:** Die Leistung kann aus objektiven oder subjektiven Gründen nicht erbracht werden.
3. **Rechtsfolgen** der Unmöglichkeit: der Schuldner wird von seiner Leistungspflicht frei, § 275 BGB (Motto: Was nicht geht, das geht nicht).
   Der Gläubiger braucht nicht zu zahlen, § 326 I BGB (Motto: Für nichts gibt es nichts); hatte er bereits bezahlt, hat er einen Rückzahlungsanspruch, § 326 IV BGB.
4. **Vom Schuldner zu vertretende Unmöglichkeit:** Der Schuldner muss an den Gläubiger Schadensersatz zahlen, §§ 283, 280 BGB.
5. **Vom Gläubiger zu vertretende Unmöglichkeit:** Fortbestand der Zahlungspflicht, § 326 II BGB.
6. **Schuldnerverzug:** Zu vertretende Verzögerung der Leistung, die normalerweise angemahnt sein muss, § 286 BGB. Rechtsfolgen: Anspruch auf Ersatz des Verzögerungsschadens, § 280 I, II BGB. Bei Geldschulden besteht ein Zinsanspruch gegenüber einem Verbraucher mindestens in Höhe von 5 % über dem Basiszins und von 8 % über dem Basiszins gegenüber einem Unternehmer, § 288 BGB. Weitere Folge: Rücktritt vom Vertrag nach § 323 BGB.
7. **Schlechtleistung:** Die Leistung wird nicht so wie geschuldet erbracht, was zu Schadensersatzansprüchen nach §§ 281, 280 BGB führen kann.
8. **Gläubigerverzug:** Der Gläubiger nimmt die ihm angebotene Leistung nicht an, § 293 BGB.
9. **Störung der Geschäftsgrundlage:** Umstände, die zur Grundlage des Vertrages geworden sind, haben sich nach Vertragsschluss schwerwiegend geändert. Dann ist der Vertrag anzupassen, § 313 I BGB. Falls das nicht möglich oder unzumutbar ist, hat der benachteiligte Teil ein Rücktrittsrecht, § 313 III 1 BGB.

D. Mängelhaftung

Wer eine mangelhafte Hauptleistung erbringt, begeht eine Pflichtverletzung und muss nach der grundsätzlichen Haftungsnorm des § 280 I BGB dem Vertragspartner Schadensersatz leisten. Diese Aussage gilt für alle Arten von Verträgen. Dennoch existieren für einige Verträge, die gerade im Veranstaltungsrecht von besonderem

Interesse sind, Besonderheiten: Das BGB enthält für Kaufverträge, Mietverträge, Werk- und Reiseverträge einige spezifische Regelungen zur Mängelhaftung, die vorrangig zu beachten sind.

I. Kaufmängel

Der Verkäufer hat dem Käufer die gekaufte Sache frei von Sach- und Rechtsmängeln zu verschaffen, § 433 I 2 BGB. Ein Sachmangel liegt vor, wenn die Kaufsache bei Gefahrübergang nicht die vereinbarte Beschaffenheit hat (subjektiver Fehlerbegriff). Jede negative Abweichung der tatsächlichen Beschaffenheit von der vereinbarten Beschaffenheit stellt also einen Mangel dar, § 434 I 1 BGB. Wurde keine Beschaffenheitsvereinbarung geschlossen, ist nach Satz 2 auf die vertraglich vorausgesetzte Verwendung, sonst auf die übliche Verwendung abzustellen. Rechtsmängel stehen einem Sachmangel gleich. Nach § 435 BGB ist eine Sache frei von Rechtsmängeln, wenn Dritte keine oder nur die im Kaufvertrag übernommenen Rechte gegen den Käufer geltend machen können.

Bei Vorliegen eines Sach- oder Rechtsmangels kann der Käufer nach § 437 BGB

- in erster Linie Nacherfüllung, dh nach seiner Wahl Beseitigung des Mangels oder Lieferung einer mangelfreien Sache verlangen,
- bleibt diese aus, den Rücktritt erklären
- oder den Kaufpreis mindern,
- und/oder Schadensersatz oder Aufwendungsersatz verlangen.

Es gilt der Vorrang der Nacherfüllung. Der Verkäufer hat also ein Recht zur zweiten Andienung und muss bei Mängeln nicht sogleich den Kaufpreis zurückerstatten. Rücktritt oder Minderung kommen regelmäßig erst nach vergeblicher Fristsetzung zur Nacherfüllung in Betracht, § 323 I BGB, oder wenn diese endgültig fehlschlägt, unmöglich oder unzumutbar ist oder verweigert wird, § 440 BGB.

> **Beispiel:** Der Verkäufer hat zweimal vergeblich versucht, die Mängel zu beseitigen.
> Rechtsfolge: Der Käufer kann nunmehr wegen Fehlschlagens der Nachbesserung vom Vertrag zurücktreten oder den Kaufpreis mindern, vgl. § 440 BGB.
> Schadensersatz kommt grundsätzlich nur in Betracht, wenn der Verkäufer den Mangel zu vertreten hat, dh bei Verschulden oder einer Garantie, §§ 437 Nr. 3, 440, 280, 281, 283, 311a BGB.

II. Mietmängel

Bei Mängeln der Mietsache kann der Mieter die Miete mindern, § 536 I BGB. Dies gilt zB, wenn der versprochene Stromanschluss am Messestand fehlt. Ist die Gebrauchstauglichkeit ganz aufgehoben, braucht überhaupt keine Miete gezahlt zu werden. Ferner kann der Mieter nach § 536a I BGB Schadensersatz verlangen, wenn der Mietmangel bereits bei Vertragsschluss vorhanden war (Fall verschuldensunabhängiger Haftung) – § 536a I 1. Alt. BGB – **oder** der Mangel später infolge eines Verschuldens des Vermieters entstanden oder infolge Verzugs nicht rechtzeitig beseitigt worden ist (Fälle verschuldensabhängiger Haftung) – § 536a I 2. und 3. Alt. BGB.

III. Werkmängel

Ist das Werk mangelhaft, kann der Besteller primär Nacherfüllung verlangen; in einem solchen Fall kann der Unternehmer nach seiner Wahl den Mangel beseitigen oder ein neues Werk herstellen, §§ 634 Nr. 1, 635 BGB. Der Mängelbegriff deckt sich weitgehend mit dem beim Kaufvertrag, umschließt aber nicht fehlerhafte Werbeaussagen. Auch beim Werkvertrag steht die Nacherfüllung an erster Stelle, bevor auf die weiteren Rechte der Selbstvornahme, des Rücktritts, der Minderung und des Schadens- bzw. Aufwendungsersatzes zurückgegriffen werden darf, § 634 BGB.

Beispiel: Der Messeaussteller hatte den Bau eines speziellen Messestandes in Auftrag gegeben. Die Ausführung entspricht nicht der Vereinbarung. Falls der Aussteller vom Messebauer Nacherfüllung verlangt, kann dieser entweder den Mangel beseitigen oder einen ganz neuen Stand herstellen, §§ 634 Nr. 1, 635 BGB.

Eine Selbstvornahme mit Aufwendungsersatz kommt regelmäßig erst nach erfolgloser Fristsetzung in Betracht, §§ 634 Nr. 2, 637 BGB.

Rücktritt vom Vertrag oder Minderung sind ebenfalls grundsätzlich nur nach erfolgloser Fristsetzung möglich, §§ 634 Nr. 3, 636, 323 BGB. Bei missglückten Aufführungen ist wegen der Termingebundenheit der Leistung eine Fristsetzung allerdings entbehrlich, vgl. § 323 II Nr. 2 BGB. Bei künstlerischen oder anderen »just-in-time«-Leistungen bedarf es daher keiner Fristsetzung, sondern die Vergütung kann bei Mängeln des Werks sofort gekürzt bzw. zurückverlangt werden. Eine volle Rückerstattung kommt allerdings nur bei gänzlicher Untauglichkeit des Werks in Frage.

Trifft den Unternehmer an der Entstehung des Mangels ein Verschulden (zB war die Karnevalskapelle infolge Trunkenheit nicht mehr reaktionsfähig), so muss er den Besteller entschädigen, §§ 634 Nr. 4, 280, 281, 284 BGB. Das würde etwa gelten, wenn das Publikum infolge der miserablen musikalischen Darbietungen scharenweise die Veranstaltung verlässt und der Veranstalter dadurch hohe Umsatzeinbußen hat.

IV. Reisemängel

Beim Pauschalreisevertrag kann der Reisende bei Mängeln Abhilfe verlangen, Minderung des Reisepreises beanspruchen und bei erheblichen Mängeln kündigen, §§ 651c bis e BGB. Schadensersatz kann er beanspruchen, wenn der Mangel auf einem Umstand beruht, den der Veranstalter zu vertreten hat, § 651 f BGB.

Beispiel: Buchung einer Reise mit Unterkunft zwecks Besuchs eines Musicals für 2 Personen. Bei Ankunft erhalten die Reisenden ihre Karten und müssen feststellen, dass sie getrennte Sitzplätze bekommen haben. Hier ist anzunehmen, dass der Veranstalter bereits bei Buchung auf diesen Umstand hätte hinweisen müssen, der bei einer gemeinsamen Reise als Mangel zu werten ist. Folglich besteht ein Anspruch auf Schadensersatz.

V. Ausschluss der Mängelhaftung

Bei Verträgen über die Lieferung neu hergestellter Sachen und über Werkleistungen (§ 309 Nr. 8b aa) BGB) kann die Mängelhaftung durch AGB nicht ausgeschlossen werden oder auf bloße Nacherfüllungsansprüche beschränkt werden (Kleinbuchstabe bb).

Bei Individualverträgen darf dagegen die Haftung für Kaufmängel nach § 444 BGB ausgeschlossen werden, es sei denn der Verkäufer hatte den Mangel arglistig verschwiegen oder eine Garantie für die Beschaffenheit übernommen. Gleiches gilt nach § 639 BGB für Werkverträge. Allerdings darf beim Verbrauchsgüterkauf die gesetzlich bestimmte Mängelhaftung generell nicht zum Nachteil des Verbrauchers abgeändert werden, § 475 I BGB. Auch die Verjährungsfrist darf bei Kaufverträgen über neue Sachen nicht unter zwei Jahre und bei gebrauchten Sachen nicht unter ein Jahr abgesenkt werden, § 475 II BGB.

Bei Mietverträgen sind Vereinbarungen über den Ausschluss oder die Beschränkung der Haftung des Vermieters nach § 536d BGB grundsätzlich zulässig, nicht jedoch bei Arglist des Vermieters.

Bei Pauschalreisen dürfen nach § 651 h BGB Schadensersatzansprüche wegen Körperschäden überhaupt nicht ausgeschlossen werden; Schadensersatzansprüche wegen anderer Schäden – also Sach- und Vermögensschäden – dürfen nur bei leichter Fahrlässigkeit des Reiseveranstalters, nicht aber bei grobem Verschulden auf den dreifachen Reisepreis beschränkt werden. Gleiches gilt, wenn der Reiseveranstalter für einen dem Reisenden entstandenen Schaden nur wegen eines Verschuldens eines Leistungsträgers verantwortlich ist.

Beispiel zur Kaufmängelhaftung: Verkauf eines neuen oder eines gebrauchten Pkw.
Der Privatverkauf darf gem. § 444 BGB unter Ausschluss jeder Gewährleistung erfolgen, allerdings nicht bei Arglist oder Garantieübernahme. Beim Verkauf durch einen Händler an einen Verbraucher (Verbrauchsgüterkauf) dürfen keine nachteiligen Abweichungen von der gesetzlichen Mängelhaftung vorgenommen werden, § 475 I BGB. Mängelausschlüsse oder -beschränkungen sind demnach unzulässig. Auch die Verjährungsfrist darf nur bei gebrauchten, nicht aber bei neuen Sachen eingeschränkt werden. Sie muss hier mindestens zwei Jahre betragen, bei gebrauchten Sachen darf sie nicht unter einem Jahr liegen. Für einen Gebrauchtwagen dürfte der Händler folglich Mängelansprüche zwar nicht ausschließen, wohl aber die Haftung auf ein Jahr beschränken.

Merkpunkte

1. **Beim Kaufvertrag** muss der Verkäufer dem Käufer die Kaufsache frei von Sach- und Rechtsmängeln verschaffen, § 433 I 2 BGB. Ein Sachmangel ist gegeben, wenn die Sache bei Gefahrübergang nicht die vereinbarte Beschaffenheit aufweist, § 434 I 1 BGB. Wurde keine Beschaffenheit vereinbart, muss sich die Sache für die nach dem Vertrag vorausgesetzte, sonst für die gewöhnliche Verwendung eignen.
   Ist die Sache mangelhaft, hat der Käufer die in § 437 BGB bestimmten Rechte. Vorrangig besteht ein Anspruch auf Nacherfüllung, dh auf Beseitigung des Mangels oder nach Wahl des Käufers auf Lieferung einer mangelfreien Sache, §§ 437 Nr. 1, 439 BGB. Rücktritt und Minderung sind nur nachrangig für den Fall vorgesehen, dass die Nacherfüllung scheitert, § 437 Nr. 2 BGB. Schadensersatz oder Aufwendungsersatz verlangen, dass der Verkäufer den Mangel zu vertreten hat, § 437 Nr. 3 BGB.
2. Auch **beim Werkvertrag** muss das Werk frei von Sach- und Rechtsmängeln sein, § 633 BGB. Der Begriff des Sachmangels entspricht weitgehend dem beim Kauf. Auch beim Werkvertrag entscheidet in erster Linie die Vereinbarung der Parteien, welche Beschaffenheit das Werk haben muss (subjektiver Fehlerbegriff). Weicht die Beschaffenheit davon ungünstig ab, liegt ein Werkmangel vor. Der Besteller hat dann die in § 634 BGB bestimmten Rechte. Er kann dann vorrangig Nacherfüllung beanspruchen, § 634 Nr. 1. Darüber hinaus sind Selbstvornahme, Rücktritt und Minderung vorgesehen. Sie setzen aber grundsätzlich eine vorherige fruchtlose Fristsetzung zur Nacherfüllung voraus,

§ 634 Nr. 2 und 3 BGB. Bei verschuldeten Werkmängeln kann der Besteller auch Schadensersatz und Aufwendungsersatz verlangen, § 634 Nr. 4 BGB.

3. Beim **Mietvertrag** kann der Mieter bei Mängeln der Mietsache die Miete nach § 536 BGB mindern. Darüber hinaus sind Schadensersatzansprüche unter den Voraussetzungen von § 536a BGB vorgesehen.
4. Beim **Reisevertrag** kann bei Mängeln in erster Linie Abhilfe nach § 651c BGB beansprucht werden. Ferner sind Minderung, Kündigung und Schadensersatz nach Maßgabe der §§ 651d–f BGB möglich.
5. Der **Ausschluss der Mängelhaftung** muss sich bei Kaufverträgen an §§ 309 Nr. 8b, 444, 475 BGB messen lassen und ist im Wesentlichen nur bei Privatverkäufen zulässig, nicht dagegen beim Verbrauchsgüterkauf. Bei Werkverträgen ist § 639 BGB zu beachten, bei Mietverträgen § 536d BGB und beim Pauschalreisevertrag § 651 h BGB.

E. Haftung

Haftung bedeutet die rechtliche Verantwortlichkeit für fehlerhaftes Handeln. Das Zivilrecht sieht in diesen Fällen vor, dass der Verantwortliche dem Geschädigten Schadensersatz leisten muss. Es ist zwischen vertraglicher und außervertraglicher Haftung zu unterscheiden. Eine vertragliche Haftung kommt nur bei Bestehen eines Schuldverhältnisses in Betracht, im Regelfall also bei einem Vertrag zwischen den Parteien. Hauptfall einer vertraglichen Haftung ist die schuldhafte Pflichtverletzung nach § 280 BGB. Bei der außervertraglichen Haftung beruht die Haftung nicht auf der Verletzung von Vertragspflichten, sondern auf der Verletzung von Rechtsgütern des Betroffenen, die von dem Schädiger widerrechtlich und schuldhaft verletzt wurden. Zentrale Anspruchsgrundlage ist § 823 BGB.

Beiden Haftungsarten ist gemeinsam, dass eine Haftung nur bei einem Verschulden gegeben ist, sog. Verschuldensprinzip. Das bedeutet, dass der Täter vorsätzlich oder fahrlässig gehandelt haben muss. Eine Haftung ohne Verschulden sieht das Gesetz nur in Ausnahmefällen vor. Eine Gefährdungshaftung des Veranstalters für Schäden der Besucher ist diskutiert worden, aber nie gesetzlich eingeführt worden. Es bleibt also in diesem Bereich bei der allgemeinen Verschuldenshaftung.

I. Vertragshaftung

Essentielle Haftungsnorm ist § 280 BGB, der bei schuldhafter Verletzung von Vertragspflichten Anspruch auf Ersatz des entstandenen Schadens gibt. Die Anspruchsvoraussetzungen sind

- **Bestehen eines Schuldverhältnisses**
- **Pflichtverletzung**
- **Vertretenmüssen**

Das notwendige Schuldverhältnis ist zumeist ein Vertrag. Es genügt aber auch ein vorvertragliches Vertrauensverhältnis, das beispielsweise durch Vertragsverhandlungen oder einen geschäftlichen Kontakt hergestellt worden ist, § 311 II BGB.

1. Verletzung vertraglicher Pflichten

Bei der Pflichtverletzung ist nur darauf abzustellen, ob das vertragliche Pflichtenprogramm objektiv erfüllt worden ist oder nicht. Es kommt also auf die bloße Nichterfüllung von Vertragspflichten an. Beispiel: Nichtauftritt des Darstellers wegen Krankheit. Dies stellt eine objektive Pflichtverletzung dar, weil die betreffende Pflicht aus dem Engagementvertrag nicht erfüllt wurde. Die Frage des Schuldvorwurfs stellt sich erst bei der nachfolgenden Frage des Vertretenmüssens.

Zu vertreten hat der Schuldner grundsätzlich Vorsatz und Fahrlässigkeit. Vorsatz bedeutet bewusstes und gewolltes Handeln. Fahrlässigkeit definiert § 276 II BGB als Außerachtlassen der im Verkehr erforderlichen Sorgfalt. Hier reichen bereits kleine Verstöße im Sinne leichter Fahrlässigkeit aus. Der Geschädigte muss Vertrag und Pflichtverletzung nachweisen. Das Verschulden muss er nicht beweisen, da dieses vermutet wird. Dabei ist es gleichgültig, ob den Schuldner selbst – also zB den Veranstalter in Person – oder einen Mitarbeiter von ihm ein Verschulden trifft; denn auch für diese sog. Erfüllungsgehilfen muss er wie für eigenes Verschulden einstehen (§ 278 BGB).

2. Verletzung vorvertraglicher Pflichten

Ein Schuldverhältnis kann bereits durch Aufnahme von Vertragsverhandlungen, durch die Anbahnung eines Vertrages oder ähnliche geschäftliche Kontakte begründet werden, § 311 II BGB. Bereits in diesem vorvertraglichen Stadium besteht beiderseits die Verpflichtung zur Rücksicht auf die Rechte, Rechtsgüter und Interessen des anderen Teils, § 241 II BGB. Wer diese Anforderungen verletzt, hat dem anderen Teil Schadensersatz wegen Pflichtverletzung nach § 280 I BGB zu leisten, es sei denn, er hat die Pflichtverletzung nicht zu vertreten.

> **Beispiel:** Dem auswärtigen Besucher wird telefonisch erklärt, es gebe für die Abendveranstaltung noch reichlich Karten. Schon zu diesem Zeitpunkt war die Veranstaltung aber bereits ausverkauft.

Hier sind durch den Anruf geschäftliche Kontakte aufgenommen worden, die den Veranstalter zur Rücksicht auf die Interessen des Anrufers verpflichteten. Die fehlerhafte Auskunft berechtigt den Anrufer, Schadensersatz wegen der vergeblichen Anreise nach § 280 I BGB zu verlangen.

II. Außervertragliche Haftung

Unter außervertraglicher Haftung ist eine Haftung zu verstehen, die unabhängig von einem Vertragsverhältnis aufgrund Gesetzes ausgelöst wird. Haftungsgrund ist zumeist eine unerlaubte Handlung (vgl. §§ 823 ff. BGB).

> **Zu beachten ist:** Sollte im Einzelfall ein Vertragsverhältnis bestehen, hindert dies nicht Ansprüche aus § 823 BGB. Vertragliche und außervertragliche Ansprüche können nebeneinander bestehen.

1. Schadensersatz nach § 823 I BGB

Verletzt der Veranstalter selbst oder sein Geschäftsführer (§ 31 BGB) fremde Rechtsgüter, so muss er für etwaige unerlaubte Handlungen nach § 823 BGB persönlich einstehen.

Beispiel: Nach einem Rockkonzert zerstören unzufriedene Besucher das Mobiliar, werfen Scheiben ein und reißen den Teppichboden heraus. Diese Ausschreitungen konnten nicht unterbunden werden, weil der Veranstalter, der die Halle gemietet hatte, einen personell unzureichenden Ordnungsdienst eingesetzt hatte, der nicht in der Lage war, wirkungsvoll einzuschreiten.
Haftet auch der Veranstalter?

Eine Haftung des Veranstalters könnte sich aus § 823 I BGB ergeben, wenn folgende Voraussetzungen erfüllt sind:

a) Der Schädiger (hier der Veranstalter) müsste »das Leben, den Körper, die Gesundheit, die Freiheit, das Eigentum oder ein sonstiges Recht eines anderen ... verletzt« haben, sog. **Rechtsgutverletzung.** Nur bei Verletzung eines solchen Rechtsguts kommt ein Schadensersatzanspruch in Frage. Eine reine Vermögensschädigung reicht nicht aus. Sonstige Rechte sind weitere absolut geschützte Rechtsgüter wie zB Patent- und Urheberrechte, das Allgemeine Persönlichkeitsrecht oder der Eingriff in den eingerichteten und ausgeübten Gewerbebetrieb.

Die Rechtsgutverletzung kann entweder durch aktives Tun oder Unterlassen einer gebotenen Handlung erfolgen.

Der Schädiger, der zum Schadensersatz herangezogen werden soll, muss ferner durch sein Handeln oder Unterlassen **ursächlich** die **Rechtsgutverletzung** herbeigeführt haben (**Kausalität**).

Im Beispielsfall hat der Veranstalter es versäumt, einen ausreichenden Ordnungsdienst zu organisieren und einzusetzen. Infolge pflichtwidrigen Unterlassens dieser gebotenen Maßnahme hat er eine Ursache dafür gesetzt, dass Randalierer in der Lage waren, das Eigentum der Halle zu beschädigen. Der Veranstalter hat für diese Rechtsgutverletzung also eine relevante Ursache gesetzt.

b) Die Rechtsgutverletzung muss ferner **widerrechtlich** sein.

Das ist grundsätzlich zu vermuten, wenn kein spezieller Rechtfertigungsgrund wie Notwehr, Einwilligung, Notstand oder Ähnliches in Bezug auf die Rechtsgutverletzung vorliegt.

Mangels Rechtfertigung (Personal- oder Geldknappheit würden keine Rechtfertigung sein) war hier die Rechtsgutverletzung widerrechtlich, also unerlaubt.

c) Schließlich muss ein **Verschulden** in Form von **Vorsatz oder Fahrlässigkeit** vorliegen.

Der Einsatz eines personell unzureichenden Ordnungsdienstes durch den Veranstalter entspricht nicht der im Verkehr erforderlichen Sorgfalt und muss daher als fahrlässig bezeichnet werden.

Falls der Veranstalter keine Einzelperson, sondern eine GmbH ist, wäre auf das Verschulden des Geschäftsführers oder der sonstigen Leitungspersonen (zB des Art Directors) abzustellen, § 31 BGB. Es wäre also zu fragen, ob einem von ihnen ein Fehlverhalten vorzuhalten ist.

Liegen die vorbezeichneten Voraussetzungen vor, muss der Schädiger dem Geschädigten Ersatz des angerichteten Schadens leisten. Im Beispielsfall muss der Veranstalter also dem Hallenbetreiber die Kosten für die Wiederherstellung der Halle ersetzen.

Anzumerken ist, dass selbstverständlich auch die Randalierer selbst aufgrund der vorsätzlichen Sachbeschädigung haften. Da man sie aber häufig nicht identifizieren kann, verbleibt dem Hallenbetreiber bei unzureichendem Sicherheitsdienst dann praktisch nur eine Inanspruchnahme des Veranstalters.

Im Veranstaltungsbereich führt vor allem die Verletzung von **Verkehrssicherungspflichten** zu einer Haftung des Veranstalters. Unter einer Verkehrssicherungspflicht versteht man die Verpflichtung, dass derjenige, der der Öffentlichkeit Räumlichkeiten, Wege, Treppen, Messestände, Boxen oder Ähnliches eröffnet, Vorkehrungen treffen muss, um daraus erwachsende Gefahren im Rahmen des Zumutbaren abzuwenden.[37] Jeder, der in der Lage ist, über die Sache zu verfügen – also auch der Veranstalter als Mieter –, ist verpflichtet, entsprechende Abwehrmaßnahmen zu treffen. Der Veranstalter muss demzufolge dafür Sorge tragen, dass keine Bühnendekorationen herabfallen, ein gefahrloses Betreten und Verlassen der Räumlichkeiten möglich ist, nicht zu viele Besucher eingelassen werden, der Geräuschpegel durch Musikgruppen im erträglichen Rahmen bleibt und vieles mehr.

Prüfungsschema bei § 823 I BGB

1. Ursächliche Verletzung eines der in § 823 I BGB genannten Rechtsgüter
2. Widerrechtlichkeit
3. Verschulden

2. Schadensersatz nach § 831 BGB

Wer einen anderen zu einer Verrichtung bestellt, ist für den Schaden verantwortlich, den dieser sog. Verrichtungsgehilfe in Ausübung der Verrichtung einem Dritten widerrechtlich zufügt, § 831 I BGB. Die Haftung entfällt allerdings, wenn der Geschäftsherr nachweisen kann, dass ihn bzgl. der Auswahl und Überwachung des Verrichtungsgehilfen kein Verschulden trifft.

Beispiel: Der vom Veranstalter eingesetzte Mitarbeiter, der für die Tonabmischung zuständig ist, überzieht den Lautstärkepegel so stark, dass es bei einigen Besuchern zu einem Hörsturz kommt. Diese von dem Mischer des Veranstalters begangene unerlaubte Handlung gegenüber den Besuchern geht auch zulasten des Veranstalters, da der Mischer als weisungsabhängiger Mitarbeiter Verrichtungsgehilfe des Veranstalters ist. Kann der Veranstalter nicht den Nachweis erbringen, dass er den Mitarbeiter gut ausgewählt und genügend überwacht hat, muss er selbst Schadensersatz an die betroffenen Besucher zahlen. Das gilt für den gesamten Sach- und Personenschaden einschließlich Schmerzensgeld.

Prüfungsschema bei § 831 BGB (Haftung für den Verrichtungsgehilfen)

1. Bestellung zu einer Verrichtung
2. Rechtsgutverletzung durch den Verrichtungsgehilfen
3. in Ausübung der Verrichtung
4. Widerrechtlichkeit
5. Vorliegen eines Auswahl- oder Überwachungsverschuldens (wird vermutet; Geschäftsherr muss sich entlasten)

III. Art und Umfang des Schadensersatzes

Art und Umfang des Schadensersatzes richten sich nach §§ 249 ff. BGB sowie darüber hinaus bei unerlaubten Handlungen nach §§ 842 ff. BGB.

---

37 Palandt/*Sprau* § 823 Rn. 46.

Der Schadensersatzpflichtige hat nach § 249 I BGB den Zustand herzustellen, der bestehen würde, wenn der zum Ersatz verpflichtende Umstand nicht eingetreten wäre. Auch der entgangene Gewinn ist nach § 252 BGB zu ersetzen. Als entgangen gilt der Gewinn, der nach dem gewöhnlichen Lauf der Dinge mit Wahrscheinlichkeit erwartet werden konnte. Grundsätzlich ist der gesamte materielle Schaden, den der Betroffene erlitten hat, zu ersetzen. Haftungshöchstgrenzen kennt das BGB nicht.

Prinzipiell ist nur der erlittene **Vermögensschaden** ersatzfähig, § 253 I BGB. Nach § 253 II BGB kann jedoch bei einer Verletzung des Körpers, der Gesundheit, der Freiheit oder der sexuellen Selbstbestimmung eine billige, dh angemessene Entschädigung in Geld verlangt werden. Dieses sog. **Schmerzensgeld** kommt im Veranstaltungsbereich zB dann in Betracht, wenn es bei einer Veranstaltung durch Ausschreitungen oder Lärmschädigung zu einer Körper- oder Gesundheitsschädigung kommt. Was die Höhe des Schmerzensgeldes angeht, sind die Gerichte gefordert, diese unter Berücksichtigung aller Umstände des Einzelfalls zu bestimmen. Dabei spielen vor allem Art und Dauer der Beeinträchtigung eine maßgebliche Rolle.

Für unerlaubte Handlungen enthalten §§ 842–845 BGB Sonderregeln für Art und Umfang des zu ersetzenden Schadens im Falle von Körperschäden. Bei Verletzung einer Person muss der Schädiger alle Nachteile für den Erwerb oder das Fortkommen des Verletzten tragen, § 842 BGB. Bei einer Aufhebung oder Minderung der Erwerbsfähigkeit ist dem Verletzten gem. § 843 BGB durch Entrichtung einer Geldrente Schadensersatz zu leisten. Bei tödlichen Verletzungen müssen nach § 844 I BGB die Beerdigungskosten getragen werden. Außerdem haben unterhaltsberechtigte Dritte (zB die Witwe) nach § 844 II BGB Anspruch auf Entrichtung einer Geldrente für die Zeit, für die der Getötete während der mutmaßlichen Dauer seines Lebens zur Gewährung von Unterhalt verpflichtet gewesen wäre.

Falls den Geschädigten an der Schadensentstehung oder der Ausweitung des Schadens ein eigenes Verschulden trifft, mindert dieses **Mitverschulden** je nach Ausmaß gem. § 254 BGB den Schadensersatzanspruch. Der Umfang des zu ersetzenden Schadens hängt von den Umständen, insbesondere davon ab, ob der Schaden vorwiegend von dem einen oder dem anderen Teil verursacht worden ist.

IV. Vertragliche Haftungsbegrenzung und Haftungserweiterung

Grundsätzlich ist zu beachten, dass ein **formularmäßiger Haftungsausschluss** nur bei Sach- und Vermögensschäden in Fällen leichter Fahrlässigkeit, nicht jedoch bei grober Fahrlässigkeit oder Vorsatz erlaubt ist, (§ 309 Nr. 7b BGB). Bei Verletzung von Leben, Körper oder Gesundheit ist überhaupt kein Haftungsausschluss erlaubt, § 309 Nr. 7a BGB. Bei Sach- und Vermögensschäden ist noch zu beachten, dass ein Haftungsausschluss auch bei Begrenzung auf Fälle leichter Fahrlässigkeit nicht zulässig ist, wenn eine Verletzung elementarer Pflichten vorliegt, sog. Kardinalpflichten. Dies wäre eine unangemessene Klausel, die nach § 307 I BGB unwirksam ist. Es lässt sich also im Ergebnis feststellen, dass die Haftung für Personenschäden als solche überhaupt nicht und für Sach- und Vermögensschäden nur in begrenztem Maße ausschließbar ist.

Umgekehrt ist auch eine **formularmäßige Haftungserweiterung** gem. § 307 BGB insoweit unzulässig, als keine schuldunabhängige Haftung begründet werden darf. Dass der Schuldner nach BGB nur haftet, wenn er den Schaden zu vertreten hat (also verschuldet hat), ist ein wesentlicher Grundgedanke des bürgerlichen Rechts und darf daher nicht durch AGB abgeändert werden.[38] Demzufolge ließe sich eine schuldunabhängige Haftung des Mieters für Verschlechterungen der Mietsache nicht per AGB festlegen.[39]

V. Gesetzliche Haftungsbeschränkungen bei Arbeitsunfällen

Zu beachten ist, dass es bei Arbeitsunfällen nach §§ 104, 105 SGB VII weitreichende Haftungsbeschränkungen gibt, weil in diesen Fällen die gesetzliche Unfallversicherung eingreift und die zivilrechtliche Haftung weitgehend ausschließt. Gleiches gilt für die Haftung der Arbeitnehmer bei betriebsbedingten Schäden nach feststehender Rechtsprechung des BAG.

1. Haftungsausschluss für Unternehmer bei Arbeitsunfällen

Der Unternehmer haftet seinen Mitarbeitern, die einen Personenschaden im Betrieb (Unfall) erleiden, grundsätzlich nicht auf Schadensersatz nach BGB oder anderen zivilrechtlichen Vorschriften. Seine Haftung ist selbst bei Vorliegen von Verschulden (außer bei Vorsatz) ausgeschlossen, § 104 I SGB VII. Grund: Die Betroffenen haben Leistungsansprüche gegen die gesetzliche Unfallversicherung. Dabei ist ein Mitverschulden der Betroffenen ohne Bedeutung.

2. Haftungsausschluss für Arbeitnehmer bei Arbeitsunfällen

Unterläuft dem Arbeitnehmer bei Ausführung seiner Arbeit ein Fehler, so muss er dafür eigentlich nach §§ 280 und 823 BGB haften. Davon gibt es aber eine wichtige Ausnahme:

Fügt der Arbeitnehmer einem Kollegen einen **Personenschaden** zu, so entfällt seine Haftung auch bei Verschulden nach § 105 SGB VII vollständig (also genauso wie bei der Unternehmerhaftung). Die Verletzten haben aufgrund Arbeitsunfalls dann einen Anspruch auf die Leistungen der gesetzlichen Unfallversicherung nach §§ 8, 26 SGB VII).

VI. Richterrechtliche Haftungsbegrenzung bei betriebsbedingten Schäden

Fügt der Arbeitnehmer seinem Unternehmen einen **Sach- oder Vermögensschaden** zu, so wird bei betrieblicher Veranlassung seine zivilrechtliche Haftung aus §§ 823 ff. BGB, oder sonstigen Vorschriften abgemildert. Es kommt dabei für die Haftung bei betriebsbedingten Schäden auf das Maß des Verschuldens an. Nach der Rechtsprechung des BAG[40] gelten für **die betriebsbedingte Haftung** folgende Grundsätze:

- Bei leichtester Fahrlässigkeit entfällt jegliche Haftung des Arbeitsnehmers.
- Bei mittlerer Fahrlässigkeit haftet der Arbeitnehmer idR nur zur Hälfte.
- Bei grober Fahrlässigkeit und Vorsatz bleibt es regelmäßig bei der vollen Schadensersatzpflicht des Arbeitnehmers.

38 BGH NJW 2006, 47; Palandt/*Grüneberg* § 307 Rn. 32.
39 OLG Celle Nds. Rpfl. 1990, 88.
40 BAG NZA 1988, 579; näher dazu *Brox/Thüsing* ArbR § 5 Rn. 203.

Merkpunkte:

1. **Verschuldenshaftung**: grundlegendes Prinzip im deutschen Recht, wonach eine Haftung nur bei einem Verschulden in Form von Vorsatz oder Fahrlässigkeit begründet wird.
2. **Vertragshaftung**: eine Haftung, die einen Vertrag oder zumindest ein vorvertragliches Schuldverhältnis voraussetzt. Haupterscheinungsform ist die Haftung für Pflichtverletzungen nach § 280 BGB.
3. **Außervertragliche Haftung**: eine Haftung, die aufgrund Gesetzes begründet wird. Haupterscheinungsform ist die Haftung aus unerlaubter Handlung nach § 823 BGB.
4. **Haftung für den Erfüllungsgehilfen**: im Rahmen vertraglicher Haftung muss auch für das Verschulden einer Person gehaftet werden, die für die Erfüllung eigener vertraglicher Verpflichtungen eingesetzt wird, § 278 BGB.
5. **Haftung für Verrichtungsgehilfen**: im Rahmen der außervertraglichen Haftung muss der Geschäftsherr nach § 831 BGB auch für eine widerrechtliche Rechtsgutverletzung von Personen haften, die von ihm für eine Verrichtung bestellt wurden und von ihm weisungsabhängig sind. Kernvoraussetzung dafür ist ein Verschulden des Geschäftsherrn bei der Auswahl oder Überwachung des Verrichtungsgehilfen. Kann sich der Geschäftsherr insoweit von einem Schuldvorwurf entlasten (sog. Exculpationsbeweis), so haftet er nach § 831 BGB nicht. Angesichts der heutigen strengen Auswahlverfahren bei Bewerbungen und der verbreiteten strengen Kontrollen von Mitarbeitern ist ein solcher Beweis praktisch häufig möglich.
6. **Vorvertragliches Schuldverhältnis**: wird bereits durch Vertragsverhandlungen oder geschäftlichen Kontakt begründet, § 311 II BGB und begründet bereits Pflichten zur Rücksichtnahme, § 241 II BGB. Werden diese Pflichten schuldhaft verletzt, muss dem anderen nach § 280 BGB Schadensersatz geleistet werden.
7. **Ersatzfähiger Schaden**: der gesamte entstandene Vermögensschaden (sog. materieller Schaden) ist nach §§ 249 ff. BGB zu ersetzen. Schmerzensgeld (sog. immaterieller Schaden) ist nur nach Maßgabe von § 253 II BGB zu ersetzen, dh vor allem bei Körperschäden.
8. **Vertraglicher Haftungsausschluss**: durch AGB bei Personenschäden gar nicht möglich, § 309 Nr. 7a BGB. Bei Vermögens- und Sachschäden nur bei leichter Fahrlässigkeit, Nr. 7b, aber auch dann nicht, falls Kardinalpflichten verletzt wurden, § 307 BGB.
9. **Gesetzlicher Haftungsausschluss nach SGB VII**: bei Arbeitsunfällen besteht keine zivilrechtliche Unternehmerhaftung, § 104 SGB VII. Gleiches gilt für die Haftung von Arbeitskollegen zueinander bei Arbeitsunfällen, § 105 SGB VII.
10. **Richterliche Haftungsbeschränkungen nach Arbeitsrecht**: Generell ist laut Rechtsprechung des BAG die Haftung von Arbeitnehmern gegenüber ihrem Arbeitgeber bei betriebsbedingten Schäden nach dem Maß ihres Verschuldens begrenzt: Für leichteste Fahrlässigkeit wird überhaupt nicht gehaftet, für mittlere Fahrlässigkeit in der Regel nur hälftig; für grobe Fahrlässigkeit und Vorsatz wird in der Regel voll gehaftet.

F. Sicherung und Durchsetzung von Ansprüchen

I. Vertragsstrafen

Als wirkungsvolles Mittel zur Sicherung und Durchsetzung von Leistungsansprüchen haben sich zivilrechtliche Vertragsstrafen bewährt. Gem. § 339 BGB kann vertraglich vereinbart werden, dass der Schuldner für den Fall, dass er seine Verbindlichkeit nicht erfüllt, die Zahlung einer bestimmten Summe als Strafe verspricht.

Beispiel: Der Künstler verspricht für den Fall seines Nichterscheinens eine Vertragsstrafe in Höhe der sonst zu zahlenden Gage.

Erscheint er aus Gründen, die er zu vertreten hat, nicht, so muss er dem Gläubiger die versprochene Summe zahlen, da er seine Verbindlichkeit nicht erfüllt hat, § 340 I BGB.

Es ist klar, dass dies ein gehöriges Druckmittel ist, damit der Schuldner seinen Vertragspflichten nachkommt. So riskiert der Künstler, der nicht zum Auftritt kommt, nicht bloß den Verlust der Gage, sondern muss seinerseits Geld in gleicher Höhe berappen. Ein solches Verlustgeschäft wird er sich zweimal überlegen. Für den Gläubiger sichert die Vertragsstrafe nicht nur die Erfüllung der Vertragspflichten ab, sondern erspart ihm auch für den Fall des Nichterscheinens des Künstlers den schwierigen Nachweis, welcher Schaden ihm im Einzelfall überhaupt entstanden ist. So ist es bei Veranstaltungen trotz der Erleichterungen nach § 252 BGB häufig schwer bis unmöglich darzulegen und zu beweisen, welche Einnahmen nach dem gewöhnlichen Verlauf der Dinge erzielt worden wären und welcher Gewinn letztlich verblieben wäre.

Eine Vertragsstrafe kann auch für den Fall vereinbart werden, dass der Schuldner seine Leistung nicht in gehöriger Weise, insbesondere nicht zu der bestimmten Zeit erfüllt, § 341 BGB. Dies sichert die vertragsgemäße und pünktliche Erbringung der Leistung.

Beispiel: Der Künstler sagt sein Erscheinen zu einem genau festgelegten Zeitpunkt zu, erscheint aber erst eine Stunde später. Es entstehen zusätzliche Produktionskosten. Im Vertrag war das pünktliche Erscheinen zu dem festgelegten Zeitpunkt durch Vertragsstrafe abgesichert.

Auch hier erweist es sich schon aus Beweisgründen als äußerst vorteilhaft, die angefallenen Produktionskosten nicht im Einzelnen darlegen und beweisen zu müssen, sondern von vornherein eine feste Summe vereinbart zu haben, die für den Fall einer verspäteten Leistung zu erbringen ist. Hinzu kommt, dass die Vertragsstrafe einen hohen Druck erzeugt, die versprochene Leistung in gehöriger Weise zu erbringen.

Vertragsstrafen müssen ausdrücklich vertraglich vereinbart werden. Sie dürfen gegenüber Unternehmern – auch in AGB – festgelegt werden (Umkehrschluss aus §§ 309 Nr. 6, 310 BGB). [41]

Beispiel: Der Veranstalter hat in dem Formular-Vertrag mit einer Tontechnikfirma festgelegt: Der Aufbau der Tontechnik für das Konzert erfolgt zwischen 9 und 12 Uhr des Konzerttages. Der pünktliche Aufbau muss aus technischen Gründen unbedingt um 12 Uhr des Konzerttages abgeschlossen sein. Kommt der Vertragspartner seinen Pflichten überhaupt nicht, nicht termingerecht oder unvollkommen nach, schuldet er die Zahlung einer Vertragsstrafe in Höhe von 5.000 EUR.

Kommt die Tontechnikfirma erst um 17.00 Uhr des Konzerttages und verspäten sich dadurch die Proben, der Soundcheck und der Veranstaltungsbeginn, muss die Technikfirma wegen verspäteter Erfüllung nach §§ 339, 341 BGB die Vertragsstrafe zahlen.

Dagegen sind gegenüber Verbrauchern (§ 13 BGB) die Schranken für eine formularmäßige Festlegung nach § 309 Nr. 6 BGB zu beachten. Das bedeutet, dass eine Vertragsstrafe dann nicht in AGB[42] vereinbart werden könnte, sondern einer getrennten individuellen Vereinbarung bedarf. Damit soll der Verbraucher vor den einschnei-

41 BGH NJW 1979, 212.
42 Palandt/*Grüneberg* § 309 Rn. 34 ff.

denden Folgen einer möglicherweise von ihm übersehenen Vertragsstrafe in einem Formularvertrag oder sonstigen AGB bewahrt werden.

> **Beispiel:** In einem formularmäßigen Konzertvertrag mit einer Gruppe von Hobbymusikern heißt es:
> »Bei Absage oder Nichterscheinen der Band ist eine Vertragsstrafe in Höhe der Gage zu zahlen.«
> Die Band sagt wegen Terminschwierigkeiten kurzfristig ab. Müssen die Bandmitglieder eine Vertragsstrafe zahlen?

Hier handelt es sich um einen Vertrag, der von der Band weder zu gewerblichen Zwecken noch im Rahmen einer selbstständigen beruflichen Tätigkeit abgeschlossen worden ist. Die Musiker sind folglich gem. § 14 BGB als Verbraucher einzustufen. Eine formularmäßige Vereinbarung einer Vertragsstrafe unterliegt demnach den Einschränkungen nach § 309 Nr. 6 BGB. Der Fall der Absage entspricht der Alternative der Lösung vom Vertrag. Sie darf nicht durch AGB an eine Vertragsstrafe gekoppelt werden. Das Vertragsstrafeversprechen ist daher ungültig (§ 306 BGB). Die Bandmitglieder sind nicht zur Zahlung einer Vertragsstrafe verpflichtet.

II. Sicherheiten

Sicherheiten in Form von Kautionen kommen im Veranstaltungsbereich in erster Linie bei den Mietverträgen über Veranstaltungsräume in Betracht. Bei der Geschäftsraummiete – um die es sich handelt – ist eine Mietkaution frei vereinbar.[43] Die in § 551 BGB bestimmten Grenzen gelten nicht, da es sich nicht um Wohnraum-Miete handelt. Eine Sicherheitsleistung ist sinnvoll, um Forderungen des Vermieters aus dem Mietverhältnis abzusichern. Was die Miete selbst angeht, erscheint dies nicht nötig, wenn die Miete bereits im Voraus zu zahlen ist. Dies zu vereinbaren ist unbedingt empfehlenswert.[44] Was die Absicherung der Mietnebenkosten angeht ist zu empfehlen, sich bereits vor Durchführung der Veranstaltung eine angemessene Vorauszahlung geben zu lassen.[45] Auch insoweit bedarf es daher nicht unbedingt einer Kaution. Was die ordnungsgemäße Rückgabe der Mietsache angeht, wäre eine Mietkaution zwar als Option denkbar; zur Sicherung etwaiger Haftpflichtansprüche wegen Beschädigung der Mietsache käme aber eher der Nachweis einer Haftpflichtversicherung seitens des Mieters in Betracht, um im Eventualfall Schadensersatzansprüche realisieren zu können.

Falls dennoch eine Kaution verlangt wird, ist diese separat anzulegen[46] und mit dem Satz wie bei § 551 III BGB zu verzinsen.[47]

III. Versicherungen

Um sich selbst vor den Folgen unkalkulierbarer Schadensersatzforderungen zu bewahren, ist der Abschluss einer Berufshaftpflichtversicherung für alle zwingend geboten, die im Veranstaltungsbereich professionell tätig werden. Eine derartige

43 Palandt/*Weidenkaff* Einf. vor § 535 Rn. 122.
44 *Güllemann* MusterV 66 f.
45 Vorschlag in § 4 von *Güllemann* MusterV 67.
46 KG NJW-RR 1999, 738; OLG Nürnberg MDR 2006, 1100.
47 BGH NJW 1994, 3287; Palandt/*Weidenkaff* Einf. vor § 535 Rn. 125.

Haftpflichtversicherung dient der Deckung berechtigter Schadensersatzansprüche und der Abwehr unberechtigter Ersatzforderungen, § 100 VVG. Zwar besteht kein gesetzlicher Zwang zum Abschluss einer Haftpflichtversicherung, aber eine faktische Notwendigkeit, um sich vor den finanziellen Folgen einer zivilrechtlichen Haftung zu bewahren. Dabei sei daran erinnert, dass bereits kleine Fehler eine zivilrechtliche Verantwortlichkeit zur Folge haben kann und Schadensersatzansprüche auch bei leichter Fahrlässigkeit summenmäßig nicht begrenzt sind.

IV. Gerichtliche Durchsetzung

Zivilrechtliche Ansprüche aus dem Veranstaltungssektor sind vor den normalen Zivilgerichten geltend zu machen. Bei Streitwerten bis 5.000 EUR sind gem. § 23 GVG die Amtsgerichte zuständig, bei einem höheren Streitwert gem. § 71 I GVG die Landgerichte. Diese streitwertabhängige Zuständigkeit gilt auch für Streitigkeiten aus Geschäftsraum-Miete (Beispiel: Hallenvermietung), da die ausschließliche Zuständigkeit der Amtsgerichte nach § 23 Nr. 2a) GVG sich nur auf Mietverhältnisse über Wohnraum bezieht.

Zahlungsansprüche können auch im gerichtlichen Mahnverfahren per Mahnbescheid geltend gemacht werden. Diese kosten- und zeitsparende Alternative bietet sich insbesondere bei unbestrittenen Zahlungsansprüchen an.

Merkpunkte

1. **Vertragsstrafe:** wirkungsvolles Mittel zur Sicherung und Durchsetzung eines Anspruchs. Bei entsprechender Vereinbarung muss der Schuldner, der seine Verbindlichkeit nicht oder nicht gehörig erfüllt, die versprochene Summe an den Gläubiger als Strafe bezahlen, §§ 339–341 BGB. Vertragsstrafe sollte individuell vereinbart werden, da formularmäßige Festlegung gegenüber einem Verbraucher gegen § 309 Nr. 6 BGB verstoßen kann.
2. **Sicherheiten:** können bei Mietverträgen vereinbart werden, um im Falle der Beschädigung der Mietsache oder Nichtzahlen der Miete oder der Nebenkosten abgesichert zu sein. Die Höhe ist frei vereinbar. Die Sicherheit ist zu verzinsen.
3. **Versicherungen:** Berufshaftpflichtversicherung ist unabdingbar, um vor unkalkulierbarem Haftpflichtrisiko wirtschaftlich geschützt zu sein. Dem Geschädigten wird zugleich die Durchsetzung von Ansprüchen gegen finanzschwache Schuldner ermöglicht.
4. **Gerichtliche Durchsetzung:** Forderungen können im Klagewege bis 5.000 EUR vor dem Amtsgericht, jenseits dieser Summe vor dem Landgericht geltend gemacht werden. Bei unstreitigen Ansprüchen bietet sich das einfachere, schnellere und kostengünstigere Mahnverfahren an.

3. Teil. Rechtsfragen bei Messen und Ausstellungen

Das Messe- und Ausstellungswesen in Deutschland hat – wie bekannt – eine lange und glanzvolle Tradition, die bis ins Mittelalter zurück reicht. Heutzutage genießt der Messeplatz Deutschland weltweite Anerkennung und nimmt mit seinen großen Messeplätzen[1] eine Spitzenstellung ein, die globale Akzente und Maßstäbe setzt. Zahlreiche internationale Leitmessen und das zunehmende ausländische Interesse lassen einen hohen Stellenwert des Messestandorts Deutschland erkennen, der weit über die Grenzen Deutschlands hinaus reicht. Zur Verdeutlichung: Weltweit finden im Jahr etwa 5000 Messen statt, darunter 150 Leitmessen. 100 davon werden allein in Deutschland durchgeführt.[2] Damit ist der Messeplatz Deutschland in der Durchführung internationaler Messen weltweit die Nr. 1. Die Ausstellungsflächen der internationalen und überregionalen Messen in Deutschland wuchsen in 2011 um 4,8 % auf 6,2 Mio. qm, die Besucherzahlen der 134 durchgeführten Messen legten im Durchschnitt um 4,1 % zu, die Ausstellerzahlen um 3,1 %.[3] Dies unterstreicht zum einen die hohe Bedeutung des Messeplatzes Deutschland und zum anderen die hohe Konzentration internationaler Leitmessen. Der starke Konzentrationsgrad wird noch dadurch verstärkt, dass etwa 70 % des deutschen Messemarktes auf die sechs großen Messeplätze in Deutschland entfallen. Nach einer Umfrage des Forschungsinstituts FORSA bei den 500 umsatzstärksten deutschen Unternehmen nach den wichtigsten und bekanntesten deutschen Leitmessen ergaben sich im Jahr 2003 folgende Befunde:[4]

Wichtigste deutsche Leitmessen für den deutschen Export und für das Image der deutschen Wirtschaft im Ausland

Welche internationalen Leitmessen sind die Zugpferde des deutschen Exports, welche prägen am stärksten das Image der deutschen Wirtschaft im Ausland? Nach Ansicht der Mehrheit der Entscheider aus den TOP-500 trägt die HANNOVER MESSE am meisten zur Unterstützung des Exports der deutschen Wirtschaft bei (46 %) und prägt am stärksten das Ansehen Deutschlands im Ausland (43 %).

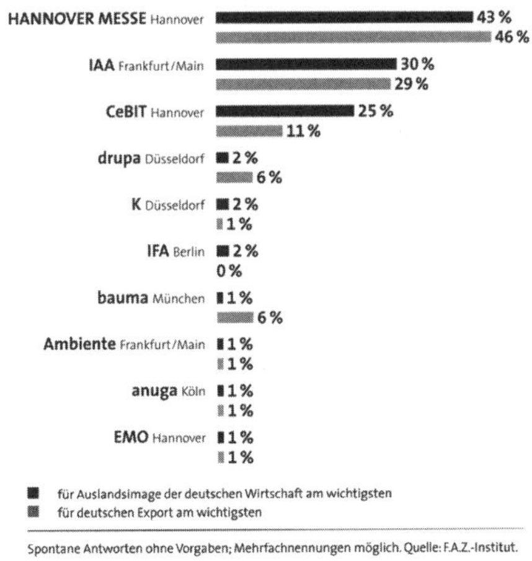

Bild 13: Bekannteste Leitmessen in Deutschland

1 Zu nennen sind vor allem die sechs großen Messestandorte Frankfurt, Hannover, München, Köln, Düsseldorf und Nürnberg sowie seit der Eröffnung des neuen Messegeländes am Flughafen im Jahr 2006 auch die Landesmesse Stuttgart.

2 Vgl. Gemeinschaft der Großmessen, Die großen Messen in Deutschland, 6. Nähere Einzelheiten auch fortlaufend in den AUMA-Mitteilungen sowie unter www.auma.de.

3 Siehe die vom AUMA e.V. Branchenkennzahlen 2011 unter http://www.auma.de/_pages/d/01_Branchenkennzahlen/0101_InternationaleMessen/010102_Internationalitaet.aspx.

4 Vgl. den Geschäftsbericht 2003 der DMAG, 8.

Welche große ökonomische Bedeutung Messen und Ausstellungen zukommt, wird am Beispiel der Deutschen Messe AG deutlich: Sie ist seit 1947[5] Veranstalterin der größten Industriemesse der Welt, der HANNOVER MESSE. Diese vereinigt allein 13 Fachmessen, wovon sich fünf zu den größten ihrer Art entwickelt haben. Die HANNOVER MESSE ist eine technische Messe, mit der sich Hannover »unumstritten Weltruf erworben«[6] hat. Aufgrund der Entwicklung der Informations- und Telekommunikations-Technologie und ihrer immer größer gewordenen Bedeutung für Wirtschaft und Verbraucher wurde die CeBIT (Centrum für Büro- und Informationstechnik), die bis 1985 ein Bestandteil der HANNOVER MESSE war, ausgegliedert und 1986 erstmals als eigenständige Veranstaltung durchgeführt. In den 1990er-Jahren hatte die CeBIT ihre »Mutter«, die HANNOVER MESSE, hinsichtlich Ausstellungsfläche zeitweise deutlich überrundet. Trotz der in den vergangenen Jahren festzustellenden Flächenverkleinerung ist sie die größte IT-Veranstaltung für Geschäftskunden und kommunale Anwender.

Die HANNOVER MESSE und die CeBIT gehören heute zu den wichtigsten Leitmessen des Messestandortes Hannover.[7] An diesem Messestandort verfügt die Deutsche Messe AG über eine Gesamthallenfläche von 496.000 qm in insgesamt 27 Hallen, 58.000 qm Freifläche und eine gesamte Geländefläche von etwa 1 qkm.[8] An der CeBIT nahmen 2011 insgesamt 3.612 Aussteller sowie 322.550 Besucher aus 90 Nationen teil,[9] an der HANNOVER MESSE 2011 ca. 6.333 Aussteller und 228.395 Besucher. Bezogen auf sämtliche am Messeplatz Hannover im Jahr 2011 durchgeführten Veranstaltungen ergibt sich folgendes Bild:

1. 62 Veranstaltungen davon 12 Eigenveranstaltungen und 50 Gastveranstaltungen 25.150 Aussteller
2. ca. 2,5 Mio. qm belegte Ausstellungsfläche
3. ca. 2,2 Mio. Besucher

Nach einer Emnid Umfrage von Oktober 2005 rangieren Messen in der B2B-Kommunikation auf Platz 1.

Angesichts der geschilderten Datenlage kann es nicht verwundern, dass eine Fülle von organisatorischen und juristischen Fragen bei der Organisation und Durchführung von Messen und Ausstellungen zu bewältigen ist. Über diese sollen die folgenden Ausführungen informieren, wobei der Schwerpunkt auf juristischen Fragestellungen von Messen liegt: Nach einführenden Begriffsklärungen werden öffentlich- und privatrechtliche Aspekte im Kontext eines Messeauftritts zunächst systematisch dargestellt. Es folgen – nach bewährtem Muster – ein gutes Dutzend Fallbeispiele, die das theoretisch Dargestellte erläutern und weiterführen. Abgerundet wird das Kapitel durch eine Checkliste für eine Messeteilnahme und durch einen Mustervertrag der Deutschen Messe AG nebst Teilnahmebedingungen, der in Teil 6 Kapitel E abgedruckt ist.

---

5 Damals noch unter der Bezeichnung »Deutsche Messe- und Ausstellungs-AG Hannover Laatzen«.

6 *Tasch* 50 Jahre Zukunft 29.

7 *Tasch* 50 Jahre Zukunft 54 f. Insgesamt verzeichnet die DMAG 19 Intern. Leitmessen im Jahre 2007; vgl. www.messe.de/leitmessen.html.

8 www.messe.de/messegelaende.

9 Geschäftsbericht 2011 der Deutschen Messe AG, 32.

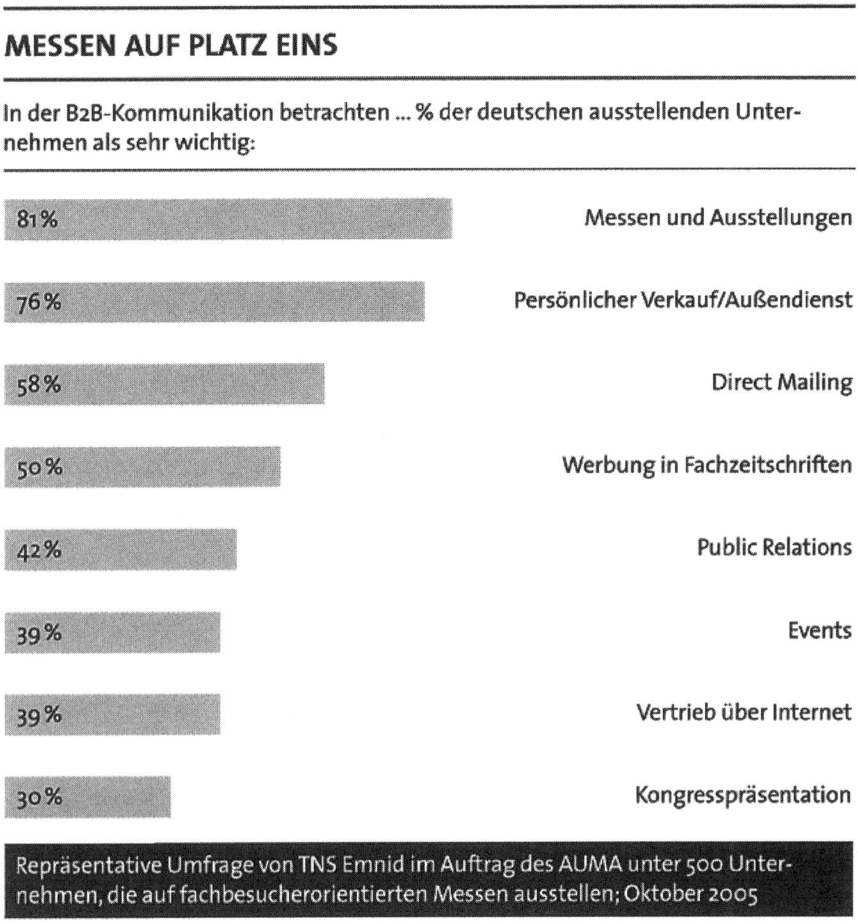

Bild 14: Bedeutung von Messen in der B2B-Kommunikation[10]

A. Definitionen und Funktionen

I. Begriff der Messe

Mit der Föderalismusreform haben die Länder zwar die Möglichkeit erhalten, jeweils eigene, die bisherigen Regelungen der GewO ersetzende Messegesetze zu erlassen. Von dieser neuen Gesetzgebungskompetenz hat aber bis heute kein Bundesland Gebrauch gemacht. Für die Ausrichtung von Messen und Ausstellungen in Deutschland sind daher weiterhin die Regelungen der GewO einschlägig.

Nach § 64 GewO ist eine Messe eine

- zeitlich begrenzte
- im Allgemeinen wiederkehrende Veranstaltung

10 Geschäftsbericht 2005 der DMAG, 11.

- auf der eine Vielzahl von Ausstellern
- das wesentliche Angebot eines oder mehrerer Wirtschaftszweige ausstellt
- und überwiegend nach Muster an gewerbliche Wiederverkäufer, gewerbliche Verbraucher oder Großabnehmer vertreibt
- und bei der Verbraucher gar nicht oder nur in beschränktem Umfang an einzelnen Tagen während bestimmter Öffnungszeiten zugelassen sind.

Kurz gesagt handelt es sich bei der Messe um eine »Veranstaltung mit Marktcharakter, die sich im Gegensatz zur Ausstellung an Fachbesucher, dh Wiederverkäufer oder gewerbliche Käufer richtet«.[11] Dabei bieten Messen das wesentliche Angebot eines Wirtschaftszweiges (Branchenmesse, Fachmesse) oder mehrerer Wirtschaftszweige (Universalmesse, Mehrbranchenmesse) an und finden in der Regel in einem bestimmten Turnus am gleichen Ort statt. Sie stehen zT zu bestimmten Öffnungszeiten auch einem allgemeinen Publikum offen.

II. Begriff der Ausstellung

Eine Ausstellung ist gem. § 65 GewO

- eine zeitlich begrenzte Veranstaltung
- auf der eine Vielzahl von Ausstellern
- ein repräsentatives Angebot eines oder mehrerer Wirtschaftszweige oder Wirtschaftsgebiete ausstellt und vertreibt
- oder über dieses Angebot zum Zwecke der Absatzförderung informiert.

Die wesentlichen Unterschiede zur Messe liegen – wie bereits erwähnt – darin,

- dass sich die Messe in erster Linie an gewerbliche Fachbesucher richtet, während Ausstellungen sich an das allgemeine Publikum wenden,
- die Messe im Allgemeinen eine regelmäßig wiederkehrende Veran staltung ist und
- ein wesentliches und nicht nur repräsentatives Angebot bietet.

In der Praxis vermischen sich die rechtlichen Unterschiede von Messen und Ausstellungen. Dies wird bei einem Blick auf das Messekonzept der DMAG in Hannover deutlich. Schwerpunkte der Messeaktivitäten der DMAG bilden mit der HANNOVER MESSE und der CeBIT große internationale Investitionsgüter- und Technologie-Leitmessen, die aktuelle Markttendenzen und Techniktrends auf internationaler Ebene aufzeigen und widerspiegeln. Dies sind eindeutig Messen iSv § 64 GewO, da es sich um wiederkehrende Veranstaltungen handelt, die ein wesentliches Angebot bieten und sich an gewerbliche Fachbesucher richten.

Neben diesen Leitmessen stehen jedoch ebenfalls wichtige branchenspezifische internationale Leitmessen wie CeMAT (Intralogistik), Domotex (Bodenbeläge), LIGNA (Holzbearbeitung) und BIOTECHNICA (Biotechnologie) auf dem Programm.[12] Im Jahr 2011 wurden am Messeplatz Hannover neben den großen Industrieschauen auch eine Reihe von Verbrauchermessen, wie zB ABF, infa, Pferd & Jagd veranstaltet.[13] In der nachfolgenden Übersicht sind die Veranstaltungstypen und die jeweiligen Aussteller- und Besucherzahlen verdeutlicht:

---

11 Brockhaus Lexikon, auch unter www.lexi-tv.de/lexikon/brockhaus, Stichwort Messe.
12 Vgl. Geschäftsbericht 2011 der DMAG, 31–41.
13 Geschäftsbericht 2011 der DMAG, 42.

		2011		2010	
		Fachmessen	Publikumsmessen und sonstige Veranstaltungen	Fachmessen	Publikumsmessen und sonstige Veranstaltungen
Eigenveranstaltungen	Anzahl	8	4	10	5
Gastveranstaltungen	Anzahl	13	37	19	39
	Gesamt	21	41 62	29	44 73
ausstellende Unternehmen	Anzahl Gesamt	21.552	3.598 25.150	20.355	3.148 23.503
belegte Ausstellungsflächen	Tsd. qm Gesamt	2.017	463 2.480	1.696	443 2.139
Besucher	Tsd. Gesamt	1.395	844 2.239	1.232	590 1.822

Das internationale Messe- und Ausstellungsprogramm im Inland umfasste als internationale Fachmessen in:

2011	2010
• DOMOTEX HANNOVER	• DOMOTEX HANNOVER
• CeBIT	• CeBIT
• HANNOVER MESSE	• HANNOVER MESSE
• CeMAT	• IAA NUTZFAHRZEUGE
• LIGNA HANNOVER	• BIOTECHNICA
• BIOTECHNICA	• EuroBLECH
• EMO	• EuroTier
• AGRITECHNICA	• INTERSCHUTZ, Leipzig

Bild 15: Inlandsveranstaltungen der DMAG[14]

Diese Aufstellung zeigt, dass im Geschäftsleben unter dem Begriff Messen praktisch sowohl Messen ieS als auch Ausstellungen verstanden werden.

Erstere – die Fachmessen – zielen auf die speziellen Bedürfnisse von gewerblichen Fachbesuchern, sind also B2B-Veranstaltungen und iSv § 64 GewO Messen. Letztere – die Publikumsmessen – wollen dagegen vorwiegend einer breiten Besuchermasse interessante Angebote näher bringen. Sie sind B2C-Veranstaltungen und im engeren rechtlichen Sinn Ausstellungen gem. § 65 GewO.[15]

Hervorzuheben ist schließlich, dass die in der GewO definierten Begriffe der Messen, Ausstellungen und Märkte gesetzlich nicht geschützt sind. Das bedeutet, dass Veranstalter sich möglicherweise dieser Begriffe bedienen, ohne sie inhaltlich auszufüllen. Wer zB eine private Camping-Ausstellung durchführt, ohne ein repräsentatives Angebot dieses Wirtschaftszweiges vorzustellen, erfüllt nicht den Begriff der Ausstellung nach § 65 GewO, kann aber gleichwohl diese Bezeichnung wählen. Seine

14 Geschäftsbericht der DMAG 2011, Jahresabschluss, 5.

15 Die Unschärfe der Begriffe dokumentiert zB der Geschäftsbericht 2003 der DMAG, der einmal von Fach- und Publikumsmessen spricht (Jahresabschluss 2003, 3), an anderer Stelle von Publikumsausstellungen. Die Begriffe Publikumsmesse und Publikumsausstellung werden dort synonym gebraucht. Dagegen ist nichts einzuwenden, weshalb dem hier gefolgt wird.

Ausstellung unterliegt dann nicht behördlicher Festsetzung. Die nach der GewO vorgesehenen Privilegien gelten für ihn nicht.

III. Funktionen von Messen und Ausstellungen

Aus Marketingsicht lassen sich für Messen und Ausstellungen folgende Gemeinsamkeiten hervorheben:[16]

Sie umfassen als Kommunikationsinstrumente die Planung, Organisation, Durchführung sowie Kontrolle und Nachbearbeitung aller Aktivitäten, die mit der Teilnahme an einer zeitlich begrenzten und räumlich festgelegten Veranstaltung verbunden sind, deren Zweck in der Möglichkeit zur Produktpräsentation, Information eines Fachpublikums und der interessierten Allgemeinheit, Selbstdarstellung des Unternehmens, Möglichkeit zum unmittelbaren Vergleich mit der Konkurrenz liegt, um damit gleichzeitig spezifische Marketingziele (vor allem Kommunikations- und Verkaufsziele) zu erreichen.

Messen sind nach verbreitetem Verständnis[17]

- »Märkte auf Zeit«
- Konzentrieren Angebot und Nachfrage auf wenige Tage an einem Ort
- Bieten nahezu komplette Marktübersicht/Transparenz
- Erschließen neue Märkte (regional und branchenmäßig)
- Ermöglichen direkten Leistungsvergleich
- Sprechen alle menschlichen Sinne an
- Haben Erlebnischarakter

IV. Messegesellschaften

Messegesellschaften sind die Unternehmen, die Messegelände und Ausstellungshallen entweder selbst als Veranstalter nutzen (Eigenveranstaltungen) oder einem Veranstalter zur Durchführung von Messen und Ausstellungen auf vertraglicher Grundlage zur Verfügung stellen (Gastveranstaltungen). Sie sind in Deutschland zumeist auch Eigentümer der Gelände und Ausstellungshallen. Gelegentlich sind sie auch bloße Pächter oder Managementgesellschaften fremder Immobilien. Messegesellschaften trennen manchmal aus fiskalischen und steuerrechtlichen Gründen Besitz und Betrieb und spalten sich in Besitz- und Betriebsgesellschaften. Messeunternehmen werden vorwiegend als GmbH, aber auch als AG geführt (Beispiel: Deutsche Messe AG). Die Messegesellschaften gehören in der Regel mehrheitlich der jeweiligen Stadt und/oder dem Bundesland ihres Standortes.[18]

Im Unterschied zum anglo-amerikanischen Raum treten die Messegesellschaften nicht nur als Vermieter auf, sondern organisieren und realisieren vielfach Eigenveranstaltungen. Sie sind dann zugleich Veranstalter. Der Trend geht dahin, dass sich

16 *Bruhn* Kommunikationspolitik 454.
17 *Bruhn* Kommunikationspolitik 454.
18 Vgl. etwa die DMAG: Ihre Gesellschafter sind zu 50 % das Land Niedersachsen, die Landeshauptstadt Hannover zu 49,871 % und zu 0,129 % die Region Hannover (Quelle: Geschäftsbericht der DMAG 2011, 55).

Messegesellschaften mehr und mehr als Anbieter von Kommunikationsdienstleistungen in Form von Messen und Ausstellungen verstehen.

V. Messeveranstalter

Unter Messeveranstalter ist derjenige zu verstehen, der eine Messe eigenverantwortlich, also im eigenen Namen und auf eigene Rechnung plant, organisiert und durchführt.[19] Er ist für den Inhalt und den Ablauf der Veranstaltung, für die Finanzen und die Haftungsfrage wirtschaftlich und rechtlich verantwortlich. Man kann ihn auch als Produzent der Dienstleistung Messeveranstaltung bezeichnen. In Deutschland sind dies zumeist die großen Messegesellschaften, die als Spezialveranstalter von Messen und Ausstellungen auftreten und zumeist gleichzeitig auch die Betreiber der Messegelände sind. Nicht selten treten aber auch Verbände als Veranstalter einer Messe auf. Erwähnt seien beispielsweise die Internationale Automobilausstellung, die in Frankfurt für Pkw und in Hannover als IAA Nutzfahrzeuge vom Verband der Deutschen Autoindustrie durchgeführt wird, oder die Frankfurter Buchmesse, die der Verband des deutschen Buchhandels ausrichtet. Selbstverständlich muss der Veranstalter einer Messe nicht alle Aufgaben selbst übernehmen, sondern wird diese häufig an andere Unternehmen, Organisationen oder Einzelpersonen abgeben (Outsourcing). Dementsprechend wird eine Vielzahl von Aufgaben an Messe-, Ausstellungs- und Event-Agenturen und andere Dienstleister (Catering, Veranstaltungstechnik, Security) abgegeben, die darauf spezialisiert sind, diese Aufgaben zu übernehmen.

Rechtlich gesehen sind diese Dienstleister Erfüllungsgehilfen des Veranstalters, § 278 BGB. Sie werden auf vertraglicher Grundlage im Verantwortungsbereich des Veranstalters tätig. Fehler, die ihnen verschuldetermaßen unterlaufen, werden dem Veranstalter (VA) wie eigene Fehler zugerechnet. Den VA trifft also seinen Vertragspartnern gegenüber die Verantwortung für Pflichtverletzungen dieser Spezialisten, die er für sich einsetzt. Der Gedanke ist einsichtig: wer andere im eigenen Interesse bei der Erfüllung seiner Aufgaben einsetzt, muss für diese gerade stehen, falls sie schuldhaft einen Fehler begehen.

VI. Aussteller

Hier können private Unternehmen, Verbände, Branchen, Städte. Kreise, Regionen etc. auftreten. Denkbar sind sowohl Individualausstellungen als auch Zusammenschlüsse mehrerer Aussteller zu Gemeinschaftspräsentationen. Im letzteren Fall handelt es sich um Gelegenheitsgesellschaften iSv BGB-Gesellschaften (§ 705 BGB), da die Aussteller sich zu einem zeitlich begrenzten Zeitraum zusammenschließen, um einen gemeinsamen Zweck zu verfolgen.

VII. Messedienstleister

Am Erfolg einer Messe sind nicht allein die Messegesellschaften, die Veranstalter, Aussteller und Besucher beteiligt, sondern eine Reihe von Service-Anbietern. Dazu

19 Vgl. S. 2.

zählen zB Standbauunternehmen, Architekten, Grafiker und Designer, Speditionen, Agenturen (Werbe-, Verkaufsförderungs- und PR-Agenturen, Messeconsulter, Hostessen- und Modelagenturen, Zimmervermittler, Dolmetscherdienste) oder Anbieter von Mietmobiliar und Mietbekleidung.[20]

1. Standbauunternehmen, Architekten, Grafiker, Designer

Aussteller prüfen in der Regel, ob es sich für sie lohnt, ihren Stand selbst auf- und abzubauen und ob sie dazu genügend geschultes Personal zur Verfügung haben oder ob sie einen Auftrag an einen Messebauer erteilen. Falls sie sich zu Leistungen in eigener Regie entscheiden, stellt sich für sie die Frage, ev. Standbaumaterial zu kaufen, zu leasen oder zu mieten. Dementsprechend kommt es ggf. zum Abschluss von Kaufverträgen (§§ 433 ff. BGB) oder Mietverträgen (§§ 535 ff. BGB). Falls sie sich für ein Messebauunternehmen entscheiden, können sie diesem einen Einzelauftrag für ein spezielles Gewerk erteilen. Zunehmende Verbreitung finden jedoch Full-Service-Unternehmen, die das komplette Handling aller Gewerke übernehmen: dazu zählen vor allem die Planung einschl. Standentwurf, die Erstellung des Messestandes, Auf- und Abbau, Instandsetzung und Einlagerung des Messestandes. Derartige Verträge sind als Werkverträge (§ 631 BGB) zu qualifizieren, da Werkleistungen – nämlich vor allem Erstellung und Aufbau des Messestandes sowie dessen Abbau – im Mittelpunkt des Vertrages stehen.[21]

Als Werkverträge sind ebenfalls Aufträge an freiberufliche Architekten, Grafiker und Designer zu werten, die Standentwürfe oder Corporate-Identity-Konzepte erarbeiten.

Mittlerweile gehen Messegesellschaften auch dazu über, neben der Vermietung von Hallenfläche, Kompaktangebote zusammenzustellen, in denen sie ihren Ausstellern zu Messebeginn einen »schlüsselfertigen« Stand übergeben. Der fertige Stand umfasst die eigentlichen Standaufbauten, dessen Versorgung mit Strom, Wasser, Telekommunikation usw., Mobiliar und sogar Versicherungsschutz. Das Angebot richtet sich insbesondere an kleine Unternehmen und Messeneulinge, die das Risiko und den Aufwand eigener Standplanung vermeiden wollen. Sie sind so in der komfortablen Situation, zu Messebeginn nur ihre Exponate im Stand aufbauen und Personal, das die Produkte präsentiert, einsetzen zu müssen. Nach dem Ende der Veranstaltung verlassen sie das Gelände, der Abbau ist wieder Sache des Veranstalters.

2. Mietmobiliar und Mietbekleidung

Aussteller können nicht nur das Standbaumaterial, sondern auch das Mobiliar (Stühle, Tische, Theken usw.) oder Messebekleidung für die Mitarbeiter kaufen, mieten oder leasen. Entsprechende Anbieter halten passende Kollektionen vor und sind gern zum Abschluss entsprechender Kauf- oder Mietverträge bereit.

20 Hierzu und zum Folgenden vgl. *Selinski/Sperling* Marketinginstrument Messe 50–51.

21 Hinzukommen mögen noch etwaige weitere Serviceleistungen wie die Betreuung während der Messe: Dienstvertrag mit Geschäftsbesorgungscharakter, §§ 675, 611 BGB oder spätere Einlagerung: entgeltliche Verwahrung, § 688 BGB.

3. Vermittlung von Hostessen, Dolmetschern oder Künstlern

Eine Reihe von Agenturen hat sich darauf spezialisiert, Zeitpersonal an die Aussteller zu vermitteln. Sie verfügen über entsprechende Kontakte zu qualifizierten Freiberuflern wie Hostessen, Dolmetschern, Künstlern. Eine solche Vermittlung lässt sich als Maklertätigkeit einstufen (§ 652 BGB), wenn die Aussteller mit diesem Personenkreis dann selbstständige Dienst- oder ggf. auch Werkverträge abschließen. In diesem Fall fällt für die Vermittlung ein entspr. Maklerhonorar für die Agentur an, § 652 BGB sowie nach Erbringung der Dienst- oder ggf. Werkleistung eine entspr. Vergütung an die jeweiligen Freiberufler, §§ 611, 614 BGB bzw. §§ 613, 641, 646 BGB.

Denkbar sind in diesen Fällen auch Zeitarbeitsverhältnisse, falls weisungsabhängige Beschäftigungsverhältnisse dieser Personen mit den Agenturen eingegangen werden. Hier ist dann das Zeitarbeitsgesetz zu beachten.

4. Beauftragung von Marktforschungsinstituten

Aussteller und Messegesellschaften beauftragen vielfach Marktforschungsinstitute damit, den Einzel- bzw. Gesamterfolg der Messe empirisch nachzuweisen. Die zugrunde liegenden Verträge sind – da ergebnisorientiert – am ehesten als Werkverträge (§ 631 BGB) einzustufen.

5. Beauftragung von Messeconsultern

Messeconsulter sind Dienstleister, die sich auf die Beratung von Ausstellern im Hinblick auf Messebeteiligungen spezialisiert haben. Sie erarbeiten Messebeteiligungskonzeptionen, geben Strategie- und Handlungsempfehlungen und übernehmen auch das Messetraining für das Standpersonal des Ausstellers. Derartige Beratungs- und Trainingsverträge lassen sich als Geschäftsbesorgungsverträge mit Dienstleistungscharakter (§§ 675, 611 BGB) einstufen, da die Consulter Geschäfte wahrnehmen, die eigentlich dem Aussteller obliegen. Sie sind wohl – anders als im Falle der Marktforschung – vorwiegend tätigkeitsorientiert und daher im Kern selbstständige Dienstverträge.

6. Messespediteure

Um Probleme mit Zollterminen, Zeitplänen und einer Zwischenlagerung des Standes und des Verpackungsmaterials zu vermeiden, bietet sich der Einsatz erfahrener Spediteure an. Mit diesen werden entsprechend Speditions- und ggf. auch Frachtverträge geschlossen, §§ 453 ff., 407 ff. HGB, die Grundlage des An- und Abtransports der Exponate zum und vom Messegelände sind.

VIII. Besucher

Je nach Art der Veranstaltung – Fach- oder Publikumsveranstaltung – sind die Besucher in zwei Hauptkategorien zu unterteilen. Bei Fachmessen handelt es sich um gewerbliche Wiederverkäufer und gewerbliche Käufer. Soweit sie in Ausübung ihrer gewerblichen Tätigkeit oder einer selbstständigen beruflichen Tätigkeit handeln, sind sie Unternehmer nach § 14 BGB.

Dagegen sind bei Publikumsmessen (im Rechtssinne Ausstellungen) die Besucher Privatleute oder Verbraucher iSv § 13 BGB.

Das kann bei der Beurteilung von AGB zu unterschiedlichen rechtlichen Konsequenzen führen. Bei Publikumsveranstaltungen, also B2C-Veranstaltungen, kommt dem Besucher der volle Schutz des AGB-Rechts (§§ 305 ff. BGB) zugute. Gegenüber gewerblichen Fachbesuchern gilt nur ein eingeschränkter Schutz (§ 310 I BGB), da es sich um eine B2B-Vertragsbeziehung handelt. Dies gilt vor allem auch in der Rechtsbeziehung zwischen Veranstalter und Aussteller.

B. Einige rechtliche Besonderheiten der deutschen Messewirtschaft

I. Staatliche/kommunale Eigentümerstellung

Die privatrechtliche Organisationsform der deutschen Messegesellschaften als GmbH oder Aktiengesellschaft darf nicht darüber hinwegtäuschen, dass sie zumeist im Eigentum der öffentlichen Hand stehen. In aller Regel sind die Kommune und das Bundesland, in denen sich das Messegelände befindet, gemeinsam Gesellschafter. Die großen Sieben der Branche (Frankfurt, Hannover, München, Köln, Düsseldorf, Stuttgart und Nürnberg) sind allesamt kommunale und staatliche Gesellschaften.

Auf die Rechtsbeziehungen, welche die Messegesellschaften insbesondere mit Ausstellern und Besuchern eingehen, hat diese Konstellation kaum Auswirkungen. Die unmittelbaren Rechtsverhältnisse zwischen den Messeveranstaltern und ihren Kunden gestalten sich überwiegend nach privatrechtlichen Grundsätzen. Die staatlich-kommunale Eigentümerschaft schlägt nicht auf die von den Gesellschaften geschlossenen Außenverträge durch. Zwar nehmen Messegesellschaften mit ihrer Funktion der Absatz- und Wirtschaftsförderung eine öffentliche Aufgabe wahr. Eine Messe kann dennoch nicht der allgemeinen Daseinsvorsorge zugerechnet werden, wie etwa die städtische Müllabfuhr oder ein Wasserwerk, deren privatrechtliche Organisationsform die Pflichten ihres öffentlichen Eigentümers nicht zu verdrängen vermag. Die Messegesellschaften sind heute eben keine »Messeämter« mehr.

Nicht einmal bei der Vergabe von Großaufträgen, wie etwa dem Bau von Messehallen, unterliegen die Messegesellschaften immer dem Ausschreibungsgebot der öffentlichen Hand. Viele Messeveranstalter vergeben ihre Aufträge wie ein privates Wirtschaftsunternehmen. Demgegenüber hat das Kammergericht Berlin in einer vielbeachteten Entscheidung (Beschl. v. 27.7.2006 – 2Verg 5/06) festgestellt, die Messe Berlin sei öffentlicher Auftraggeber im Sinne der §§ 97 ff. GWB. Maßgeblich für diese Einschätzung sei das fehlende wirtschaftliche Eigenrisiko, ohne das die Messe Berlin ihre Geschäftstätigkeit betreiben könne. Das Land Berlin ist mit 99,7 % an der Messegesellschaft beteiligt und finanziert sie fortlaufend mit hohen Zuwendungen (Kammergericht Berlin a. a. O.).

Angesichts nur noch sehr weniger Messeveranstalter, die gänzlich ohne finanzielle Beiträge ihrer öffentlichen Anteilseigner auskommen, ist nicht auszuschließen, dass künftig weitere Messegesellschaften von einer freien Vergabe absehen und sich den Anforderungen öffentlicher Vergabekriterien werden unterwerfen müssen.

Schon heute kommt den öffentlichen Eigentümern im Innenverhältnis weitaus größere Bedeutung zu. Die Organe der Messegesellschaften und ihre sonstigen Gremien (Aufsichtsrat, Beirat usw.) sind grundsätzlich auch mit Vertretern ihrer Anteilseigner besetzt. Zuweilen lassen es sich das Land oder die Kommune auch nicht nehmen, einen ihrer Vertreter, etwa einen hohen Beamten oder Staatsekretär in die Geschäftsführung oder den Vorstand ihrer Messegesellschaften zu entsenden.

II. Einsatz öffentlicher Mittel

Der besonderen Bedeutung zur Förderung der wirtschaftlichen Entwicklung ihrer Regionen entsprechend, welche die öffentlichen Anteilseigner ihren jeweiligen Messegesellschaften beimessen, erhalten die meisten von ihnen Mittel der öffentlichen Hand.

So hat etwa die Messe München für den Bau ihres Geländes auf dem ehemaligen Flughafen München Riem eine Eigenkapitalspritze der Stadt München und des Freistaats Bayern von 1 Milliarde EUR erhalten. Die restlichen 1,3 Milliarden EUR des im ersten Bauabschnitt 2,3 Milliarden EUR teuren Bauvorhabens wurden mit Fremdmitteln finanziert. Für den Kapitaldienst treten der Freistaat und die Stadt ebenfalls ein, soweit die Messegesellschaft dazu aus eigenem Cash Flow nicht in der Lage ist.[22]

Auch Stuttgart hat nachgerüstet. Im Jahr 2007 wurde das neue Messegelände am Stuttgarter Flughafen mit einer Ausstellungsfläche von inzwischen (2012) ca. 105.000 qm eröffnet. Die Baukosten von ca. 805 Mio. EUR wurden im Wesentlichen von der Stadt Stuttgart und dem Land Baden-Württemberg getragen.[23] Angesichts des guten wirtschaftlichen Umfeldes in der Region Stuttgart erreichte die Dauermieterin und Betreiberin des Geländes, die aus der Stuttgarter Messe- und Kongressgesellschaft mbH hervorgegangene Landesmesse Stuttgart GmbH, aus dem Stand heraus eine zufriedenstellende Auslastung.

Für die Städte und Länder sind diese Fördermittel in aller Regel gut investiertes Geld. Selbst wenn viele Messegesellschaften seit Jahren defizitär arbeiten und ihre öffentlichen Anteilseigner kaum hoffen können, das Geld unmittelbar, etwa in Form von Dividenden, zurückgezahlt zu bekommen, rechnet sich die Förderung. Die durch die Veranstaltung großer Messen in die jeweilige Region geholte Wirtschaftskraft kommt mittel- und unmittelbar den Städten und Ländern zugute. Die Deutsche Messe AG wurde vor diesem Hintergrund öffentlich damit betraut, durch Veranstaltung von Messen Verbraucherinformation und Wirtschaftsförderung am Standort Hannover durchzuführen.

Die im Auftrag des Niedersächsischen Ministeriums für Wirtschaft, Technologie und Verkehr erstellte Studie »Regionalwirtschaftliche Effekte der EXPO 2000 – Eine Schlussbilanz« kommt zu dem Ergebnis, dass die Weltausstellung mit einem gesamtwirtschaftlichen Impuls von 11,2 Milliarden DM (ca. 5,6 Milliarden EUR) verbunden war, zu einer Wertschöpfung infolge des dadurch ausgelösten Nachfrageanstoßes von 13,4 Milliarden DM (ca. 6,7 Milliarden EUR) geführt und eine Beschäftigungswirkung von reichlich 100.000 Personenjahren nach sich gezogen habe.[24]

Diese wirtschaftlichen Auswirkungen lassen sich von dem singulären Großereignis EXPO 2000 sicherlich nicht uneingeschränkt auf die wirtschaftsfördernde Funktion

22 Süddeutsche Zeitung v. 23.6.2004.
23 Stuttgarter Zeitung v. 3.4.2004.
24 *Brandt* Expo 2000 133.

von Messen übertragen. Der wirtschaftliche Effekt turnusgemäß immer wieder an einem Standort durchgeführter Veranstaltungen stellt sich für die betreffende Region aber ganz ähnlich dar.

Diesen Effekt streben letztlich alle Kommunen und Länder an, wenn sie die bei ihnen ansässigen Messegesellschaften selbst dann finanziell fördern, wenn der vordergründige wirtschaftliche Nutzen angesichts der Wettbewerbssituation auf dem Messemarkt zunächst zweifelhaft erscheinen mag.

Immerhin scheint die in den vergangenen Jahren feststellbare Entwicklung des subventionierten Aus- und Neubaus von Ausstellungskapazitäten mittlerweile zum Stillstand zu kommen. Während die Hallenkapazität in Deutschland von 2,3 Mio. qm im Jahr 1998 auf 2.675.600 qm zum Stichtag 1.1.2006 (ca. 16 % in acht Jahren) angestiegen ist, rechnet der AUMA für den Fünfjahreszeitraum 2008 bis 2013 nur noch mit einem Anwachsen der Kapazität um insgesamt 30.000 qm (ca. 1 %). Die von den Betreibern in dem genannten Zeitraum geplanten Investitionen von 360 Mio. EUR fließen vorrangig in den Ersatz alter Hallen und Renovierungsmaßnahmen.[25]

III. Einheit von Besitz und Betrieb

Für den deutschen Messemarkt ist kennzeichnend, dass die meisten Messeveranstalter zugleich auch Geländeeigentümer sind. Diese Aussage trifft insbesondere für die großen Messegesellschaften der öffentlichen Hand zu. Die Ursache ist historisch bedingt und resultiert aus der deutschen Messetradition, dass Städte wie zB Leipzig und Frankfurt schon seit Jahrhunderten innerhalb ihrer Gemeindegrenzen eigene Veranstaltungen auf eigenen Messeplätzen durchführen.

Mit dem Entstehen der großen Messen, auch an anderen Orten, stellte sich auch dort die wirtschaftliche Tragfähigkeit des Konzeptes der Einheit von Besitz und Betrieb ein. Es wird heute von fast allen großen deutschen Messegesellschaften praktiziert und ist auch Ausdruck für die regionale Bedeutung und Verhaftung der Messegesellschaften mit ihren jeweiligen Standorten. Eine »Produktionsverlagerung«, wie sie in anderen Branchen heute gang und gäbe ist, kennt die deutsche Messewirtschaft in dieser Form nicht. Die von ihr im Ausland durchgeführten Veranstaltungen sind zumeist Ableger der großen heimischen Messen. Sie bilden keine Alternative zu den hiesigen Veranstaltungen, sondern eine Ergänzung. Eine Verlagerung in ein Billiglohnland findet erst recht nicht statt.

Zwingend ist die Einheit von Besitz und Betrieb keineswegs. Die ausländische Messewirtschaft, hier sind insbesondere die angelsächsischen Gesellschaften Reeds und MackBrooks zu nennen, verfügen über keine eigenen Messegelände und veranstalten ihre Messen weltweit auf fremden Geländen. Sie arbeiten mit diesem Konzept hochprofitabel, da sie auf diese Weise die hohen Kosten der Geländeinfrastruktur vermeiden. Zudem sind sie mit ihren Veranstaltungen standortungebunden und damit flexibler als ein deutscher Veranstalter, der gezwungen ist, sein Gelände auszulasten.

Natürlich erwarten die öffentlichen Eigentümer der Messegesellschaften diese Standorttreue. Die deutschen Messeveranstalter sind in ihrer Entscheidung zur Durchführung ihrer Messen auf eigenem Gelände also nicht immer frei. Der vorab geschilderte

25 AUMA-Presse-Information v. 29.5.2008.

Einsatz öffentlicher Mittel und die darin zum Ausdruck kommende Form der regionalen Wirtschaftsförderung führen eben auch dazu, dass vorhandene Kapazitäten gesichert und ausgelastet werden sollen. Der Veranstalter hat seine Messen vor allem erst einmal auf eigenem Grund und Boden und in seiner eigenen Wirtschaftsregion durchzuführen.

Derzeit zeigen sich Tendenzen, dass einige der in öffentlicher Hand stehenden Messegesellschaften eine Aufteilung von Besitz und Betrieb anstreben. Die Messe Frankfurt hat eine Ausgliederung beider Geschäftsanteile in eine Betriebs- und eine Besitzgesellschaft vollzogen. Beide Gesellschaften werden nach diesem Modell noch unter dem Dach einer gemeinsamen Holdinggesellschaft zusammengehalten.

IV. Kooperationen im Messewesen

In zunehmendem Maße, sicherlich auch als Folge des steigenden Wettbewerbsdrucks, kommt es in der Messewirtschaft zu Vereinbarungen von Messegesellschaften und -veranstaltern untereinander, mit denen die Kooperationspartner bestehende Veranstaltungen zusammenführen, um deren Potentiale gemeinsam zu nutzen. Üblicherweise bringt einer der Partner ein eigenes Veranstaltungsthema ein, das um Ausstellungsbereiche des anderen erweitert wird. Die Veranstaltung erfährt auf diese Weise eine Abrundung ihrer Inhalte und erreicht breitere Zielgruppen als die Messen, aus denen sie hervorgegangen ist. Derartige Kooperationen im Messewesen sind häufig auf Initiative von Ausstellergruppen oder ihrer Verbände zurückzuführen. Diese versprechen sich, durch die Zusammenführung miteinander verknüpfter Ausstellungsthemen, Kosten zu sparen (es muss nur noch eine Veranstaltung besucht werden) und eine höhere Effizienz ihrer Messeteilnahme oder der ihrer Verbandsunternehmen zu erreichen (es werden größere Besuchergruppen erreicht).

Die Gestaltung derartiger Kooperationsvereinbarungen lässt sich unterschiedlich gestalten. In jedem Fall ist bei den Kooperationsvereinbarungen jedoch auch immer das Kartellrecht im Auge zu behalten.

1. GbR-Modell

In der Struktur einer Gesellschaft bürgerlichen Rechts (GbR) nach §§ 705 ff. BGB vereinbaren die Partner zur Erreichung ihres Ziels, der gemeinsamen Durchführung von Messen, zusammenzuarbeiten. Jeder der Kooperationspartner leistet die ihm zugewiesenen Beiträge (wie zB Bereitstellung des Messegeländes, markenrechtlich geschützter Messename, Adresslisten potentieller Aussteller, Akquisitionsleistungen, technischer Service usw.), um den Veranstaltungserfolg sicherzustellen. Jeder trägt zur Realisierung der Messe bei. Eine Vergütung im Sinne der Bezahlung der Leistung aus einem Auftragsverhältnis erfolgt nicht. Jeder der Kooperationspartner ist als Mitunternehmer am Gewinn oder Verlust der gemeinsamen Messe beteiligt. Er handelt in unternehmerischer Initiative und auf unternehmerisches Risiko. Seine Vergütung besteht in seiner Gewinnbeteiligung.

2. Auftragsmodell

Die Kooperation kann auch darin bestehen, dass einer der Partner die gemeinsame Veranstaltung federführend durchführt und verantwortet. Die von dem anderen, dem nicht federführenden Partner, erbrachten Leistungen werden diesem vergütet (Geschäftsbesorgungsvertrag, § 675 BGB). Das unternehmerische Risiko, eine defizitäre Veranstaltung durchzuführen und die unternehmerische Chance, Nutznießer einer erfolgreichen Messe zu sein, liegt im idealtypischen Fall dieser Konstellation allein bei dem federführenden Partner. Mischformen sind gegeben, wenn der nicht federführende Partner für die von ihm entgeltlich erbrachten Leistungen eine variable Vergütung erhält, deren Höhe sich am Veranstaltungsergebnis orientiert.

3. GmbH-Modell

Als dritte Variante kommt die Gründung einer gemeinsamen Kapitalgesellschaft, zB einer GmbH, in Betracht, an der die Kooperationspartner als Gesellschafter beteiligt sind. Diese gemeinsame Beteiligungsgesellschaft (Joint Venture Gesellschaft) ist eine eigene juristische Person, die als Veranstalter auftritt. Sie mietet ggf. das Veranstaltungsgelände bei einem der Partner oder bei Dritten an, schließt die Verträge mit den Ausstellern, beauftragt Marketingdienstleistungen und berechnet die Standmieten an die Aussteller in eigenem Namen. Die Kooperationspartner, die ja zugleich Gesellschafter der Veranstaltungsgesellschaft sind, partizipieren am Erfolg des Unternehmens erst im Zuge der Ergebnis- oder Dividendenausschüttung. Um die Veranstaltungsgesellschaft nicht mit Personal zu überfrachten, erteilt diese oftmals auch Dienstleistungsaufträge an ihre eigenen Gesellschafter, die dann veranstaltungsbezogene Leistungen zur Durchführung der Messe erbringen. Diese können in Akquisition, Werbung, Fakturierung, aber auch in der Erteilung von Lizenzen, zB an Veranstaltungs- und Durchführungsrechten bestimmter Messen, bestehen.

4. Kartellrechtliche Aspekte

Wie bei allen Kooperationsvereinbarungen zwischen Wettbewerbern sind auch im Messewesen die Bestimmungen des GWB (»Kartellgesetz«) zu berücksichtigen. Mit bestechender Klarheit heißt es in § 1 GWB, dass Vereinbarungen zwischen miteinander im Wettbewerb stehenden Unternehmen verboten sind. Freilich ergeben sich aus § 1 GWB und den nachfolgenden Bestimmungen der § 2 ff. GWB Ausnahmen von diesem Verbot, die Kooperationsvereinbarungen in bestimmten Konstellationen zulässig werden lassen.

Auch die Fusion oder Gründung einer gemeinsamen GmbH kann kartellrechtliche Implikationen auslösen. Zwar werden kooperierende Messegesellschaften nur selten den kumulierten Schwellenwert von 500 Mio. EUR Jahresumsatz erreichen, der zur Beachtung der Fusionskontrolle des GWB (vgl. §§ 35 ff. GWB) entscheidend ist. Steht das Bundeskartellamt aber auf dem Standpunkt, dass die Anteilseigner einen beherrschenden Einfluss auf eine oder mehrere beteiligte Messegesellschaften ausüben, so sind auch deren Umsätze und die der von ihnen beherrschten Beteiligungen in die Summenbildung einzubeziehen. Spätestens wenn öffentliche Energieversorgungsunternehmen, wie zB die Stadtwerke einer Kommune, die zugleich Inhaber des betreffenden Messeunternehmens ist, zu berücksichtigen sind, werden die Schwellenwerte in der Regel »gerissen«.

Um Rechtssicherheit zu erlangen, empfiehlt sich für die Kooperationspartner, die zuständigen Kartellbehörden zu Beginn ihrer Zusammenarbeit einzubinden. Auf diese Weise können die im Kartellrecht sehr empfindlichen Bußgelder und eine etwaige Nichtigkeit der Kooperationsvereinbarung vermieden werden – nicht nur im Messewesen hat es schon Fälle gegeben, in denen ein unwillig gewordener Kooperationspartner seinen vorzeitigen Ausstieg aus einer langfristig vereinbarten Zusammenarbeit unter Hinweis auf eine kartellrechtlich begründete Unwirksamkeit des Vertrages gestützt hat.

Hervorzuheben ist aber auch, dass Kooperationen im Messewesen gegenüber denen in anderen Branchen eine Besonderheit zukommen dürfte. Beide, Messewesen und Kartellrecht, sind Garanten des Wettbewerbs. Auf Messen werden die Anbieter eines Wirtschaftszweigs nebeneinander und damit unmittelbar vergleichbar präsentiert. Sie schaffen damit eine Grundvoraussetzung funktionierender Marktmechanismen: die Vergleichbarkeit von Leistung und Preis verschiedener Wettbewerber. Der ordnungspolitische Ansatz der Kartellgesetzgebung erfährt auf Messen somit seine Unterstützung durch Schaffung optimaler Marktbedingungen. Angesichts der tendenziell wettbewerbsfördernden Funktion von Messen sind die einschlägigen, kartellrechtlichen Grundsätze bei Kooperationen in diesem Bereich eher zurückhaltend anzuwenden, denn eine Verbindung mehrerer Messen zu einer einzelnen, umfassenden Industrieschau garantiert den Abnehmern natürlich einen besseren Marktüberblick, als die zersplitterte Präsentation verwandter Industriezweige auf mehreren Veranstaltungen.

C. Öffentlich-rechtliche Aspekte bei Messen und Ausstellungen

Ein inländisches oder ausländisches Unternehmen, das in Deutschland Messen oder Ausstellungen durchführen möchte, kann hier relativ einfach eine Messegesellschaft

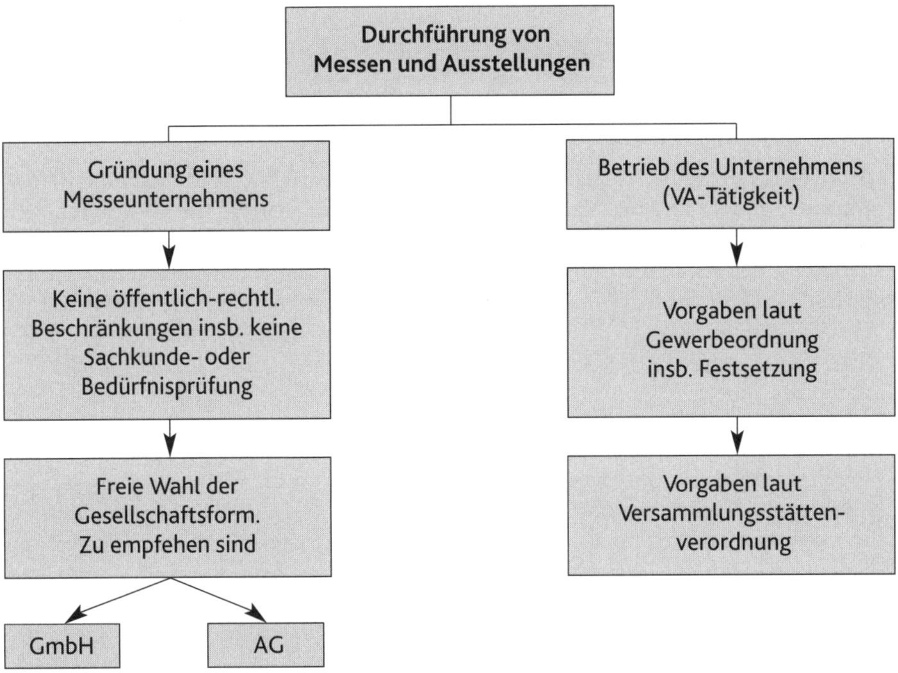

Bild 16: Durchführung von Messen und Ausstellungen

gründen oder sich als Messeveranstalter betätigen. Hierbei muss man zwischen der Gründung eines entsprechenden Messeunternehmens als solches und der späteren Betätigung als Messeveranstalter unterscheiden.

I. Gründung eines Messeunternehmens

Im Unterschied zu manchen ausländischen Rechtsordnungen ist die Gründung eines Messeunternehmens in Deutschland frei und unterliegt keiner besonderen staatlichen Kontrolle. Auch ausländische Unternehmen oder Verbände dürfen eine Messegesellschaft in Deutschland gründen. Ausländische Einzelpersonen müssen allerdings die Vorgaben des Ausländergesetzes beachten, soweit nicht aufgrund von EU-Recht oder zwischenstaatlicher Vereinbarungen Privilegierungen bestehen. So genießen EU-Bürger, die sich als Messeveranstalter betätigen möchten, die EU-weite Niederlassungs- und Dienstleistungsfreiheit (Art. 45 und 56 AEUV). Deutsche können sich zudem auf das Grundrecht der Berufsfreiheit nach Art. 12 GG berufen.

Bei der Wahl einer Gesellschaftsform werden gleichfalls keine besonderen rechtlichen Vorschriften gemacht. Es sind demnach alle Gesellschaftsformen des Handelsrechts möglich, seien es Personengesellschaften (wie oHG oder KG) oder Kapitalgesellschaften (wie GmbH oder AG). Aus haftungsrechtlichen Gründen, Gründen der Kapitalbeschaffung und -ausstattung und Kontinuitätsgründen empfehlen sich für eine Messegesellschaft oder einen Messeveranstalter in erster Linie die GmbH und die AG. Für das Gründungsprozedere[26] sind dann die Vorgaben des GmbH-Gesetzes und des AktG zu beachten. Das bedeutet vor allem:

AG	GmbH
• Feststellung der Satzung • Mindestnennbetrag des Grundkapitals: 50.000 EUR • Ein oder mehrere Gründer • Aktienübernahme durch die Gründer • Bestellung des ersten Aufsichtsrats, der Abschlussprüfer und des Vorstandes • Einzahlung auf das Aktienkapital (mindestens ¼ des Aktiennennbetrages) • Gründungsbericht • Gründungsprüfung • Anmeldung zum Handelsregister	• Abschluss des notariellen Gesellschaftsvertrages • Mindeststammkapital: 25.000 EUR, bei der neuen Unternehmergesellschaft: 1 EUR • Angabe der Höhe der Stammeinlagen • Ein oder mehrere Gesellschafter • Bestellung der/des Geschäftsführer/s • Erbringung der Stammeinlagen (mindestens ¼ bei Bareinlage im Zeitpunkt der Anmeldung) • Anmeldung zum Handelsregister

Bild 17: Wichtige Gründungsvoraussetzungen bei AG und GmbH

Nach Eintragung als GmbH oder Aktiengesellschaft im Handelsregister sind diese als juristische Personen existent, vgl. § 11 GmbHG; § 41 AktG. Das bedeutet vor allem, dass die Unternehmen rechtsfähig sind. Sie sind also Träger von Rechten und Pflichten. Als solche können sie zB Eigentümer (zB von Immobilien oder beweglichen Sachen) oder Forderungsinhaber sein, Prozesse führen oder verklagt werden

26 Genauer dazu *Klunzinger* GesR § 8 zur AG und § 11 zur GmbH.

und Verbindlichkeiten haben. Ihr Vermögen ist juristisch von dem der jeweiligen Gesellschafter getrennt, vgl. § 13 GmbHG; § 1 AktG.

II. Durchführung von Messen

Während die soeben beschriebene juristische Geburt keine nennenswerten Probleme aufwirft, reglementiert der Staat die Betätigung von Messegesellschaften und Messeveranstaltern durch spezielle öffentlich-rechtliche Vorschriften.

Hervorzuheben sind hier besonders die Gewerbeordnung und die Muster-Versammlungsstätten-Verordnung.[27]

1. Die Gewerbeordnung

Wie jede Art gewerblicher Tätigkeit unterliegt auch die gewerbliche Durchführung von Messen, Ausstellungen und Märkten öffentlich-rechtlichen Vorgaben, dh gewissen staatlichen Restriktionen und Kontrollen. Rechtliche Grundlage dafür ist die Gewerbeordnung, die auch als »Grundgesetz des Gewerberechts«[28] bezeichnet wird. Sie verfolgt in erster Linie ordnungs- und polizeirechtliche Ziele und wird von dem grundlegenden Prinzip der Gewerbefreiheit dominiert. Dieses in § 1 GewO verankerte Prinzip besagt, dass der Betrieb eines Gewerbes jedermann gestattet ist, soweit nicht durch dieses Gesetz Ausnahmen und Beschränkungen vorgeschrieben oder zugelassen sind. Diese ist je nach Gewerbeart unterschiedlich stark verwirklicht, weshalb ein Blick auf die drei verschiedenen Arten gewerblicher Tätigkeit geworfen werden soll.

Dass die Beteiligten am Messegeschehen, insbesondere Messegesellschaften, Messeveranstalter, Dienstleister, Aussteller mit Ausnahme von Hobby-Ausstellern als Gewerbetreibende anzusehen sind und damit der GewO unterliegen, ist eindeutig. Denn sie üben eine selbstständige nachhaltige Tätigkeit mit der Absicht der Gewinnerzielung aus und beteiligen sich am allgemeinen wirtschaftlichen Verkehr, ohne zu den Berufsgruppen der Freiberufler der Land- und Forstwirtschaft, Künstler oder Wissenschaftler zu zählen.[29] Die GewO ist daher einschlägig.

Wie bereits erwähnt, unterscheidet die GewO drei Arten gewerblicher Betätigung:

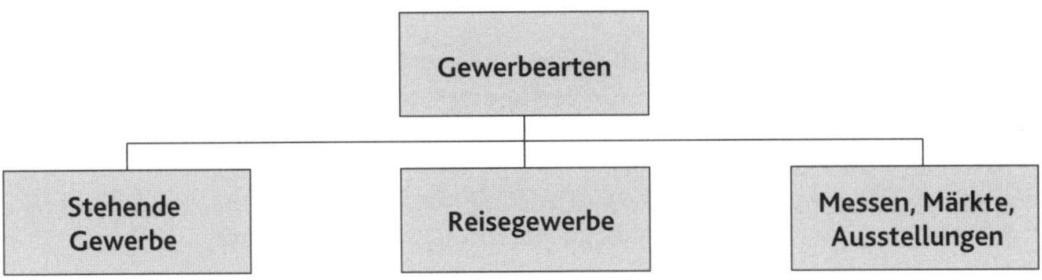

Bild 18: Die verschiedenen Gewerbearten nach der GewO

27 Siehe 4. Teil Kap. A.

28 *Stober* Einführung zur NWB-Textausgabe, Wichtige Wirtschaftsverwaltungs- und Gewerbegesetze, S. XV. Nach der Föderalismusreform können die Länder im Bereich der Messen und Ausstellungen eigene, landesrechtliche Regelungen einführen, Art. 74 I Nr. 11 GG; sie haben davon jedoch keinen Gebrauch gemacht.

29 Vgl. § 15 II EStG; *Stober* WirtschaftsVerwR BT § 46 I.

a) Das stehende Gewerbe (Titel II, §§ 14 ff. GewO)

Unter einem stehenden Gewerbe ist ein Gewerbe mit fester Niederlassung zu verstehen, das innerhalb oder außerhalb der Räume seiner gewerblichen Niederlassung zumeist auf Bestellung ausgeübt wird. Diese Grundform der Gewerbeausübung ist in §§ 14 ff. GewO geregelt. Sie unterliegt dem grundlegenden Prinzip der Gewerbefreiheit und damit wenig rechtlichen Beschränkungen. Das bedeutet genauer gesagt, dass das Gewerbe ohne besondere Genehmigung nach einer bloßen formalen Anzeige gegenüber der Behörde ohne inhaltliche Prüfung von Sachkunde, wirtschaftlicher Leistungsfähigkeit, Nachfragesituation etc. ausgeübt werden darf.

Beispiel: Eröffnung eines Getränkemarktes

Es besteht nur eine Anzeigepflicht. Der zuständigen Behörde ist die Aufnahme der gewerblichen Tätigkeit bloß auf einem entspr. Formblatt und gegen Zahlung einer geringen Gebühr anzuzeigen. Sie bestätigt dem Antragsteller binnen drei Tagen den Eingang dieser Anzeige. Diese Bestätigung heißt Gewerbeschein (vgl. § 15 GewO). Eine inhaltliche Überprüfung im Hinblick auf fachliche Qualifikation oder finanzielle Leistungsfähigkeit erfolgt ebenso wenig wie zB eine Bedürfnisprüfung. Hat der Unternehmer im Beispielfall die betr. behördliche Bestätigung erhalten, kann er den Getränkemarkt eröffnen. Ein Scheitern infolge Fehlkalkulation, fachlicher Unkenntnis, ausreichender finanzieller Mittel, falscher Standortwahl etc. regelt der Markt, nicht der Staat.

Das hier zur Anwendung kommende Prinzip lautet: Erlaubnis mit Verbotsvorbehalt.

Das bedeutet für jedermann die genehmigungsfreie Möglichkeit der Aufnahme einer gewerblichen Betätigung und einer nachträglichen Gewerbeuntersagung bei Unzuverlässigkeit, bei Gefahren für die Allgemeinheit, Mitarbeiter und Ähnliches nach § 35 GewO.

Im Messemarkt sind als Beispiele für genehmigungsfreie, nur anzeigepflichtige gewerbliche Tätigkeiten zu nennen:

- die Dienstleistungen von Messe- und Kongressgesellschaften, soweit sie in der Vermietung von Hallen und anderen Leistungen an andere Veranstalter bestehen (Fremdveranstaltungen)
- die Dienstleistungen von Standbauunternehmen vorbehaltlich handwerksrechtlicher Einschränkungen[30]
- die Dienstleistungen von Catering-Firmen, Agenturen, die Hostessen, Dolmetscher oder Künstler vermitteln oder zur Verfügung stellen
- die Dienstleistungen von Schaufensterdekorateuren oder Floristen, die für die passende Standdekoration sorgen
- die Dienstleistungen von Beratungsfirmen, die Aussteller und Messegesellschaften bei der Konzeption von Messen oder Messebeteiligungen beraten

Ausnahmsweise besteht bei einigen gefährlichen Gewerben eine Genehmigungspflicht. Diese ist in den §§ 30 ff. GewO bzw. in weiteren gewerberechtlichen Gesetzen wie dem Gaststättengesetz, der Handwerksordnung oder sonstigen Rechtsnormen

30 Soweit zB die Dienstleistung in wesentlichen Teilen in einer Tischler- oder evtl. Zimmerertätigkeit besteht, müsste die Handwerksordnung bedacht werden, die insoweit noch immer grundsätzlich einen Meistertitel fordert. Zu den inzwischen stark reduzierten meistergebundenen Tätigkeiten vgl. die Anlage A zur HandwO.

wie im Bundesimmissionsschutzgesetz geregelt. Hier müssen bestimmte fachliche und sachliche Voraussetzungen erfüllt werden.

Beispiel: Wer eine Event-Gastronomie betreiben möchte, muss nach § 4 GastG seine Zuverlässigkeit, einen Unterrichtungsnachweis, die Geeignetheit der Räumlichkeiten und fehlende Beeinträchtigung der Nachbarschaft und ähnliches nachweisen und erhält nur nach entspr. positiver Überprüfung eine Erlaubnis.

Es gilt hier das Prinzip des Verbots mit Erlaubnisvorbehalt, das die Gewerbefreiheit aus Gründen der Gefahrenabwehr einschränkt.

Umgekehrt fallen einige Betätigungen im Messe- und Ausstellungsbereich von vornherein aus der Gewerbeordnung heraus, weil es sich nicht um die Ausübung eines Gewerbes handelt. Sie können also ohne Berücksichtigung der GewO ausgeübt werden. Dazu einige Beispiele:

- Freiberufliche Tätigkeit von Architekten, die Standentwürfe planen und realisieren
- Freiberufliche Tätigkeit von Hostessen, Dolmetschern, Künstlern
- Wissenschaftliche Tätigkeit von Marktforschungsinstituten
- Freiberufliche Tätigkeit von Patentanwälten

b) Das Reisegewerbe (Titel III, §§ 55 ff. GewO)

Dies sind Tätigkeiten, die ohne vorhergehende Bestellung und außerhalb einer Niederlassung oder ohne eine entsprechende Niederlassung selbstständig ausgeübt werden.

Wer Waren feilbietet oder Leistungen anbietet, bedarf bei ambulanter Tätigkeit einer Reisegewerbekarte, § 55a GewO. Die Behörde muss hier vor allem die Zuverlässigkeit des Betreffenden überprüfen, da dieser bei schlechter Qualität schnell auf und davon ist und der Kunde das Nachsehen hat. Wegen dieses up-and-away-Effekts soll eine vorbeugende Gefahrenkontrolle stattfinden.

Beispiel: Verkauf teurer Fanartikel, CD, Video etc. anlässlich von Sport-, Unterhaltungs- oder Kulturveranstaltungen außerhalb der Geschäftsniederlassung. Hier bedarf es regelmäßig im Interesse der Gefahrenabwehr der Beantragung einer Reisegewerbekarte, bei der besonders die Zuverlässigkeit des Betreffenden überprüft wird.

c) Messe-, Ausstellungs- und Marktgewerbe (Titel IV, §§ 64 ff. GewO)

Messen, Ausstellungen und Märkte im Sinne der GewO sind mit staatlicher Erlaubnis durchgeführte und mit bestimmten Vergünstigungen (»Marktprivilegien«) versehene Verkaufs-, Vertriebs- oder Informationsveranstaltungen an einem bestimmten Ort. Die Definitionen finden sich im Einzelnen in den §§ 64–68 GewO.[31]

Sie unterliegen präventiver staatlicher Kontrolle. Der Veranstalter von Messen, Ausstellungen und Märkten benötigt, wenn er in den Genuss bestimmter Marktprivilegien kommen möchte, eine entsprechende Festsetzung nach § 69 GewO. Allerdings ist zu betonen, dass das Festsetzungsverfahren von der Gewerbeordnung nicht zwingend vorgeschrieben ist, sondern auf einer freiwilligen Entscheidung des Antragstellers beruht. Messen und Ausstellungen können auch ohne Festsetzung im Sinne der Gewerbeordnung durchgeführt werden.[32] Denn die GewO schreibt nicht vor, dass

31 Vgl. ferner *Stober* WirtschaftsVerwR BT § 46 VI.
32 So zu Recht *Kresse/Engelsberg* MessewirtschaftsR 101; ebenso *Hilderscheid* MesseR 45 ff.

die dort genannten Veranstaltungstypen nur nach erfolgter Festsetzung durchgeführt werden dürfen.[33] Die Festsetzung ist nur Voraussetzung für die Erlangung der Marktprivilegien. Das bedeutet, dass Messen, Ausstellungen und Märkte auch ohne Festsetzung »gewissermaßen als Privateinrichtung durchgeführt werden«[34] können. Wer eine solche Veranstaltung durchführt, muss dann punktuell alle gewerberechtlichen und sonstigen Vorschriften (zB baurechtliche, arbeitsrechtliche, straßenrechtliche, gaststättenrechtliche, ladenschlussrechtliche, ausländerrechtliche Normen) beachten und genießt nicht die mit einer Festsetzung verbundenen Marktprivilegien. Im Klartext: Jeder kann ohne Festsetzung Messen, Ausstellungen und Märkte abhalten, muss dann aber zahlreiche baurechtliche, arbeits(zeit-)rechtliche, straßenrechtliche, gaststättenrechtliche, ladenschlussrechtliche oder ausländerrechtliche Vorschriften beachten und eventuell Erlaubnisse einholen, von denen er bei einer Festsetzung (weitgehend) befreit wäre.

Die Teilnehmer einer einmal festgesetzten Veranstaltung genießen ihrerseits die Messe-, Ausstellungs- und Marktfreiheit nach § 70 GewO und bedürfen insoweit regelmäßig keiner besonderen Genehmigung.

Beispiel: Wer als Aussteller einer behördlich festgesetzten Esoterik-Messe Pendel, Quarzsteine, CD und Ähnliches verkauft, bedarf keiner Reisegewerbekarte.

d) Die Festsetzung nach § 69 GewO

Um Marktprivilegien[35] umfassend für den Veranstalter, teilnehmende Aussteller sowie interne und externe Lieferanten in Anspruch nehmen zu können, bedürfen Messen, Ausstellungen und Märkte also einer behördlichen Genehmigung. Diese Genehmigung bezeichnet § 69 GewO als Festsetzung. Sie stellt die Erlaubnis zur Abhaltung der beantragten Veranstaltung unter den Freiheiten dar, die durch die Marktprivilegien gewährt werden.

Voraussetzung für die Erteilung der Festsetzung ist, dass eine als Messe beantragte Veranstaltung den Anforderungen des § 64 GewO und eine Ausstellung denen des § 65 GewO genügen. Insbesondere muss eine Messe oder Ausstellung somit einen repräsentativen Überblick über das Angebot der auf ihr präsentierten Wirtschaftszweige bieten und sich insbesondere an gewerbliche Wiederverkäufer richten. Aus dieser Charakterisierung folgt zB das häufig in Teilnahmebedingungen der Veranstalter anzutreffende Verbot des Kleinverkaufs, das nicht zuletzt den örtlichen Einzelhandel schützen soll, der seinerseits ja keine Marktprivilegien bei den Öffnungs- und Arbeitszeiten genießt.

Die Festsetzung umfasst Gegenstand, Öffnungszeit, Dauer und Platz der Veranstaltung. Die Genehmigung hat der Veranstalter bei der für ihn zuständigen Behörde einzuholen. Das wäre im Falle der CeBIT das Ordnungsamt (Gewerbemeldeangelegenheiten) der Landeshauptstadt Hannover.

Bei der Festsetzung besteht Typenzwang. Die Veranstaltung muss also in vollem Umfang dem betreffenden gesetzlichen Veranstaltungstyp entsprechen (Messe, Ausstel-

33 *Kresse/Engelsberg* MessewirtschaftsR 101.
34 Tettinger/Wank/Ennuschat/*Ennuschat* GewO § 69 Rn. 21.
35 Vgl. S. 143.

lung, Markt etc.), so wie er in den §§ 64–68 GewO definiert ist.[36] Eine Kombination verschiedener Veranstaltungstypen ist nicht statthaft.

Eine gesetzliche Durchführungspflicht wie bei Wochen-, Spezial- und Jahrmärkten besteht bei Messen und Ausstellungen nicht.[37] Wegen der hohen Investitionskosten für Veranstalter von Messen und Ausstellungen besteht ohnehin von vornherein ein hinreichendes Interesse daran, die festgesetzten Veranstaltungen durchzuführen. Für eine gesetzliche Durchführungspflicht besteht somit kein Bedürfnis. Allerdings muss der Veranstalter der Behörde die Nichtdurchführung der Messe oder Ausstellung anzeigen.

Die Festsetzung hat seitens der zuständigen Behörde zu erfolgen, wenn keine Ablehnungsgründe vorliegen. Diese sind gem. § 69a GewO:

1. **Nichterfüllung der Begriffsmerkmale**, dh wenn die für Messen und Ausstellungen in den §§ 64 und 65 GewO bezeichneten Voraussetzungen nicht erfüllt sind.
2. **Unzuverlässigkeit des Antragstellers**, dh wenn der Veranstalter nach dem Gesamteindruck seines Verhaltens nicht die Gewähr dafür bietet, die Veranstaltung ordnungsgemäß und den Vorschriften entsprechend durchzuführen. Beispiele: vorsätzliche Nichtabführung von Sozialversicherungsbeiträgen an die Sozialversicherungsträger; Beschäftigung von Schwarzarbeitern.
3. **Verstöße gegen das öffentliche Interesse**, zB bei Gefahr für Leben und Gesundheit der Veranstaltungsteilnehmer oder bei erheblichen Störungen der öffentlichen Sicherheit und Ordnung.

Wenn keiner dieser Ablehnungsgründe vorliegt und die Veranstaltung die gesetzlichen Voraussetzungen einer Messe, Ausstellung oder eines Marktes erfüllt, muss die Festsetzung durch die Behörde erfolgen (»gebundene Entscheidung«).[38] Der Veranstalter hat in diesem Fall einen Rechtsanspruch gegen die Behörde, den er mit der Verpflichtungsklage vor dem Verwaltungsgericht durchsetzen kann.[39]

e) Marktprivilegien

Die Festsetzung einer Messe oder Ausstellung gewährt dem Aussteller – abgesehen von dem Vorteil, nur eine einzige, allgemeine Genehmigung statt vieler einzelner Genehmigungen einholen zu müssen – weitere Vergünstigungen, die als Marktprivilegien bezeichnet werden.[40]

Zu diesen Privilegien zählen:

1. Die Aussteller unterliegen weder einer Anzeige- oder Genehmigungspflicht, noch bedürfen sie einer Reisegewerbekarte. Die Teilnahme an der festgesetzten Veranstaltung steht vielmehr jedem ohne weitere gewerberechtliche Reglementierung frei, der zum Teilnehmerkreis der festgesetzten Veranstaltung gehört, § 70 GewO. Dabei finden die Vorschriften über das stehende Gewerbe (zB Gewerbeanzeige, Gewerbeuntersagung) ebenso wenig Anwendung wie die Bestimmungen über das Reisegewerbe. Die Behörde kann allerdings einem Aussteller oder

36 Tettinger/Wank/Ennuschat/*Ennuschat* GewO § 69 Rn. 18.
37 Tettinger/Wank/Ennuschat/*Ennuschat* GewO § 69 Rn. 50.
38 Tettinger/Wank/Ennuschat/*Ennuschat* GewO § 69 Rn. 28.
39 Tettinger/Wank/Ennuschat/*Ennuschat* GewO § 69 Rn. 28.
40 Dazu näher *Stober* WirtschaftsVerwR BT § 46 VI 4; Schmidt/Vollmöller/*Vollmöller* ÖffWirtschaftsR § 8 Rn. 67.

Anbieter die Teilnahme an einer bestimmten Veranstaltung oder mehreren Arten von Veranstaltungen untersagen, wenn Tatsachen die Annahme rechtfertigen, dass er die hierfür erforderliche Zuverlässigkeit nicht besitzt, § 70a I GewO.

2. Bei Messen und Ausstellungen gelten nicht die allgemeinen Ladenschlusszeiten, sondern die im Festsetzungsbescheid genannten Öffnungszeiten.
3. Bestimmte arbeits- und jugendschutzrechtliche Bestimmungen gelten nicht. Weder gilt das Verbot der Beschäftigung an Sonn- und Feiertagen, noch die Regeln des Arbeitszeitgesetzes. Ebenso wenig findet das Jugendarbeitsschutzgesetz Anwendung. Diese Privilegien gelten nicht nur für die Ausstellertätigkeit als solche, sondern auch für die mit dem Auf- und Abbau der Stände verbundenen Tätigkeiten.
4. Das generelle Verbot für Ausländer, ohne behördliche Genehmigung in Deutschland keiner gewerblichen Tätigkeit nachgehen zu dürfen, gilt für die Teilnahme an Messen mit internationaler Beteiligung nur eingeschränkt. Auch ohne ausdrückliche Genehmigung der Bundesagentur für Arbeit und einem entsprechenden Vermerk im Einreisevisum ist es den Mitarbeitern ausländischer Unternehmen, die als Aussteller einer als Messe festgesetzten Veranstaltung registriert sind, gestattet, den Stand ihres Unternehmens auf dem Messegelände auf- und abzubauen. Gleiches gilt selbstverständlich auch für die Mitarbeiter des Ausstellers, die ihr Unternehmen während der Messe auf dem Messestand präsentieren. Die Privilegierung gilt indes nicht für Mitarbeiter eines vom Aussteller beauftragten, ausländischen Standbauunternehmens. Diese unterliegen, sofern es sich nicht um Deutsche oder EU-Ausländer handelt, auch auf Messen, auf denen sie Stände ihrer aus dem gleichen Land stammenden Auftraggeber aufbauen, wiederum uneingeschränkt dem Arbeitsverbot, sofern nicht vor Einreise eine Einzelarbeitsgenehmigung und ein zur Arbeitsaufnahme in Deutschland berechtigendes Visum erteilt worden ist.
5. Die Sonderregel des § 68a GewO verdrängt die strengeren Vorschriften des Gaststättenrechts. Das bedeutet: es dürfen auf Märkten und Volksfesten alkoholfreie Getränke und Speisen zum Verzehr an Ort und Stelle verabreicht werden. Bei Messen und Ausstellungen gilt dies aber nur für entgeltliche und unentgeltliche Kostproben. Sonst stellt hier das Verabreichen von Speisen und Getränken die Ausübung eines Gaststättengewerbes nach § 1 GastG dar und bedarf einer Erlaubnis nach § 2 GastG oder zumindest einer Gestattung nach § 12 GastG (vgl. § 68a GewO). Ggf. kann auch ein Reisegewerbe vorliegen, für das eine Reisegewerbekarte (§ 55 GewO) oder eine Ausnahmeerlaubnis nach § 55a I Nr. 1 GewO nötig ist. Die Festsetzung nach § 69 GewO ersetzt diese notwendigen Genehmigungen dann nicht.[41]

f) Der Teilnahmeanspruch nach §§ 70, 70a GewO

Vorbehaltlich § 70a GewO steht jedem, der dem Teilnehmerkreis der festgesetzten Veranstaltung angehört, das Recht zur Teilnahme an der Veranstaltung zu, § 70 I GewO. Dieses Recht wird als Teilnehmer- oder Marktfreiheit bezeichnet.

Der Veranstalter hat allerdings unter den Voraussetzungen des § 70 III GewO das Recht, einzelne Aussteller aus bestimmten Gründen auszuschließen:

41 Vgl. zu Vorstehendem ausführlich *Friauf/Wagner* GewO § 68a Rn. 5 u. 13 ff.

g) Einzelne Ausschließungsgründe

Sachlich gerechtfertigt ist der Ausschluss aus folgenden Gründen:[42]

- Die Angebote der Aussteller entsprechen nicht dem vom Veranstalter gewählten Veranstaltungstyp.

> **Beispiel:** Bei der CeBIT entsprechen Handyhersteller dem Veranstaltungstyp, bis zur CeBIT 2003 nicht jedoch Hersteller von Handyzubehör, die zB Handytaschen produzieren.

- Die Attraktivität des Angebots entspricht nicht den Vorstellungen des Veranstalters, wobei dem Veranstalter hier ein Gestaltungsspielraum einzuräumen ist.
- Aussteller, die bei früheren Veranstaltungen gegen die allgemeinen Teilnahmebedingungen verstoßen haben (zB Sauberkeit, Standgestaltung), können vom Veranstalter im Interesse der geordneten Durchführung der Veranstaltung zeitweilig oder dauernd ausgeschlossen werden. Ein wichtiger Fall sind auch Aussteller, die dem Veranstalter aus einer früher durchgeführten Veranstaltung noch Geld schulden. Von ihnen kann eine Begleichung der früheren Verbindlichkeiten verlangt werden, bevor sie zu einer neuen Veranstaltung zugelassen werden. Geschieht dies nicht, dürfen sie ausgeschlossen werden.

h) Platzmangel

Ein eventueller Platzmangel wird vom Gesetz ausdrücklich als sachlicher Grund für einen Ausschluss von Bewerbern anerkannt. Reicht der zur Verfügung stehende Veranstaltungsplatz nicht aus, um allen Bewerbungen zu entsprechen, so dürfen einzelne Bewerber ausgeschieden werden. Dem Veranstalter steht dabei ein Entscheidungsspielraum zu, der aber nicht willkürlich ausgeübt werden darf.

Über die Art der sachlichen Auswahlkriterien als solche besteht heute wenig Streit, wohl aber über deren Gewichtung.

Als Auswahlkriterien sind vor allem zu nennen:[43]

- Bewährt und bekannt. Das bedeutet, dass sich der Bewerber in der Vergangenheit durch Qualität einen guten Namen gemacht hat.
- Zeitliche Priorität. Die Auswahl wird nach der Reihenfolge des Eingangs der Bewerbungen vorgenommen. Wer sich früh anmeldet, hat also einen Vorsprung.
- Rollierendes System. Der Bewerber wird nur in bestimmten zeitlichen Abständen zugelassen und nach erfolgreicher Zulassung für eine bestimmte Zeit ausgeschlossen.
- Attraktivität des Angebots.
- Losverfahren. Der Zufall entscheidet.

Hervorzuheben ist, dass es eine perfekte Auswahl nicht geben kann. Wichtig ist aber, dass nicht nur die »alten Hasen« zum Zuge kommen, sondern auch »Newcomern« die Chance einer Teilnahme gegeben wird.

Die im deutschen Rechtsystem grundsätzlich garantierte Vertrags- und Dispositionsfreiheit privater Marktteilnehmer kann im Bereich des Messewesens neben der genannten Kontrahierungspflicht nach § 70 I GewO eine weitere Beschneidung durch die Regelungen des Gesetzes gegen Wettbewerbsbeschränkungen (GWB) erfahren.

---

42 Vgl. *Friauf/Wagner* GewO § 70 Rn. 54 ff.
43 Vgl. *Frotscher/Kramer* WirtschaftVerwR Rn. 355 ff. Laut BVerwG (GewArch 2006, 81) gibt es keinen Vorrang eines Kriteriums, auch ein Losentscheid sei legitim.

Marktbeherrschende Unternehmen sind nach dem Diskriminierungsverbot des § 20 GWB, der eine willkürliche Ungleichbehandlung von Kunden untersagt, verpflichtet, mit Unternehmen, die an einer marktbeherrschenden Messe teilnehmen wollen, Standmietverträge abzuschließen, den Ausstellern also den Zugang zu der Veranstaltung zu ermöglichen.

Das daraus resultierende Zulassungs- oder Kontrahierungsgebot erfährt gleichwohl seine Beschränkung im Faktischen. Bei einer Veranstaltung, die überbucht ist, ergibt sich für den Messeveranstalter bereits aus Platzmangel der Zwang, einzelne Anmeldungen zurückzuweisen oder zumindest Standwünsche in ihrer Größe zu beschneiden. Auch hier darf er aber nicht willkürlich vorgehen und kann die Zulassung nur sachlich begründet verweigern. Das Argument des Platzmangels allein reicht nicht aus, denn es wäre bei der nach dem GWB gebotenen Gleichbehandlung aller angemeldeten Unternehmen gleichermaßen jedem Nachfrager entgegenzuhalten. So darf der Veranstalter zunächst grundsätzlich weder Großunternehmen unangemessen kleinen Nachwuchsfirmen vorziehen, noch die Flächenwünsche seiner Altaussteller vorrangig vor denen seiner Neukunden befriedigen. Vielmehr ist er gehalten, einen branchentypischen Spiegel des Marktes abzubilden und muss Alt- und Neuaussteller, zB im Rahmen des oben genannten rollierenden Systems, in angemessenem Verhältnis zulassen. Erst wenn nach Ausschöpfung aller sachlich gerechtfertigten Gründe immer noch ein Anmeldeüberhang gegenüber dem verfügbaren Flächenangebot gegeben ist, kann der Veranstalter Aussteller zurückweisen. Selbst in dieser Situation ist er aber gehalten, willkürliches Verhalten zu vermeiden. Die restliche freie Ausstellungsfläche ist im Kreis der verbliebenen, gleichermaßen zur Messeteilnahme geeigneten Anmelder zu verlosen, um ein möglichst gerechtes Verteilungsverfahren sicherzustellen.

Auch führt das Diskriminierungsverbot des § 20 GWB nicht zu einer Verpflichtung, blindlings jedem in die Angebotspalette der Messe passenden Aussteller gleiche Flächen anbieten zu müssen. Die Präsenz der Marktführer ist ein wirtschaftliches und inhaltliches Muss für jeden Veranstalter. Diese sind auch mit großen Flächenwünschen eher zu berücksichtigen, als die sprichwörtliche Garagen-Softwareschmiede der ersten IT-Generation, die nie über dieses Stadium hinausgewachsen ist. Der Anspruch und Charakter einer Messe, das relevante Angebot einer Branche widerzuspiegeln (§ 64 GewO), führt dazu, dass es für den Veranstalter nicht nur aus wirtschaftlichen Gründen notwendig ist, deren Marktführer für seine Veranstaltung zu gewinnen. Die Bedeutung eines Unternehmens für den auf der Messe präsentierten Markt ist daher geeignet, einen sachlichen Grund im Sinne des GWB zu bieten und diese Aussteller gegenüber anderen, die in ihrer Branche nur das Mittelmaß bilden (zB auch Hersteller gegenüber Händlern), bevorzugt zu behandeln. Die Marktführerschaft kann sich dabei sowohl auf die wirtschaftliche Bedeutung eines Unternehmens, als auch auf seine Innovationskraft beziehen, denn eine Messe spiegelt sowohl den aktuellen Stand ihrer Branche als auch deren Potential für die Zukunft wider.

Die Ablehnung eines Teilnahmeantrags folgt den allgemeinen Regelungen des § 146 BGB. Die privatrechtlich organisierte Messegesellschaft lehnt die Anmeldung des Ausstellers entweder ausdrücklich ab (§ 146 1. Alt. BGB) oder nimmt diesen nach den §§ 147–149 BGB nicht rechtzeitig an. Der Teilnahmevertrag kommt nicht zustande. Aus dem privatrechtlichen Charakter der Messeteilnahme (Vertrag zwischen Aussteller und Veranstalter) folgt, dass es keiner Begründung bedarf, wenn der Veranstalter einen Teilnehmer ablehnt oder nicht zulässt. Eine Klage auf Teilnahme könnte allenfalls dann erfolgreich sein, wenn der Veranstalter den Anforderungen der Marktfreiheit nicht genügt oder im Falle einer marktbeherrschenden Veranstaltung gegen das Diskriminierungsverbot verstoßen und zB die Auswahl seiner Teilnehmer nicht sachgerecht getroffen hat.

Die Ablehnung der Teilnahme wäre allenfalls bei kommunal, dh in der Regel vom Marktamt einer Gemeinde, durchgeführten Messen als Verwaltungsakt zu qualifizieren. In diesen Fällen[44] muss für den abgewiesenen Bewerber erkennbar sein, nach welchen Maßstäben die Auswahl erfolgt ist. Der Bescheid muss die wesentlichen tatsächlichen und rechtlichen Überlegungen und insbesondere die tragenden Gesichtspunkte für die Ausübung des Ermessens offen legen.

Geschieht dies nicht oder ist keine ausreichende Begründung vorhanden, ist die Ablehnung rechtswidrig. Sie kann dann mit Widerspruch und Verwaltungsklage angegriffen werden.

2. Muster-Versammlungsstätten-Verordnung

Für Messen und Ausstellungen ist neben der GewO besonders die MVStättV von Bedeutung. Diesbezüglich wird auf Teil 4 Kap. A näher verwiesen.

D. Privatrechtliche Aspekte bei Messen und Ausstellungen

I. Typisierung des Teilnahmevertrages zwischen Veranstalter und Aussteller

Als Konsequenz der heute überwiegend nicht mehr öffentlich-rechtlichen Strukturen des deutschen Messewesens stellt sich das Rechtsverhältnis zwischen Messeveranstalter und Aussteller gemeinhin als privatrechtliches Schuldverhältnis dar.

Der Vertrag über die Messeteilnahme folgt dabei in weiten Teilen den Bestimmungen des Mietrechts (§§ 535 ff. BGB), denn ein nicht unwesentlicher Teil der vertraglich geschuldeten Leistungen liegt in der temporären Überlassung von Ausstellungsfläche in der Ausstellungshalle oder dem Freigelände einer Messegesellschaft gegen Entgelt. Als Mietvertrag zur Ausübung von Tätigkeiten im Rahmen der geschäftlichen Tätigkeit des Ausstellers kann man ihn zugleich, trotz deutlicher atypischer Charakteristika, in Teilen der Spezialform des Gewerbemietvertrags zuordnen, § 578 II BGB.

Auf Seiten des Messeveranstalters steht die typische mietvertragliche Pflicht, ein abgegrenztes oder zumindest abgrenzbares Areal dem Mieter zur Nutzung während eines bestimmten Zeitraums zur Verfügung stellen zu müssen, § 535 I BGB. Der Mieter ist zur Einbringung seiner Sachen (Standbaumaterialien und Exponate), zum Aufenthalt und zur Ausübung der zugelassenen Geschäftstätigkeit (Vertrieb seiner Produkte) berechtigt.

Umgekehrt ist der Aussteller schuldrechtlich verpflichtet, seine Standmiete zu zahlen (§ 535 II BGB) und den Stand spätestens bei Beendigung des Mietverhältnisses (Ablauf der vertraglich vereinbarten Abbauzeit) geräumt an den Vermieter, die Messegesellschaft, zu übergeben, § 546 I BGB.

44 Vgl. *Frotscher/Kramer* WirtschaftsVerwR Rn. 343 ff. mit dem Beispiel des Cannstatter Volksfestes, das von der Stadt Stuttgart veranstaltet und festgesetzt wird.

Ebenfalls typisch für den Charakter eines Vertrages über die Vermietung von Gewerbeflächen ist die entgeltliche Erbringung von Nebenleistungen durch den Vermieter. Auf besonderen Auftrag des Ausstellers, in der Regel also durch jeweils gesonderte Lieferverträge, stellt die Messegesellschaft eine Reihe zusätzlicher Leistungen zur Verfügung, die der Messeteilnehmer zur Durchführung seiner Produktpräsentation benötigt oder die ihm diese erleichtern. Das Spektrum dieser Serviceleistungen reicht von der Installation eines Stromanschlusses und der Versorgung mit elektrischer Energie (idR wird der Stromliefervertrag nicht mit dem örtlichen Versorgungsunternehmen, sondern ebenfalls mit der Messegesellschaft geschlossen), über Druckluftanschlüsse zum Betrieb von Werkzeugmaschinen und Kompressoren, über Wasser (für die Teeküche oder zur Kühlung von Maschinen) bis hin zu Telekommunikationsdienstleistungen, Stand-Catering, Versicherungsleistungen und persönlicher Standbewachung. Die Bestellung der Serviceleistungen erfolgt überwiegend online. Der Aussteller erhält nach seiner Zulassung zur Veranstaltung einen Zugangscode zum Online-Bestellsystem, über den er zB bei der Deutschen Messe AG ca. 1.000 Spezialleistungen beauftragen kann.

Trotz dieser grundsätzlichen Übereinstimmungen mit einem Mietvertrag über gewerbliche Flächen weist der Vertrag über eine Messeteilnahme aber auch zahlreiche und wesentliche Besonderheiten auf, die es verbieten, ihn ausschließlich nach den typisierten Regeln der §§ 535 ff. BGB zu behandeln. Der wirtschaftliche Gehalt des zwischen Messeteilnehmer und -veranstalter geschlossenen Vertrages richtet sich insbesondere auf die Durchführung (Pflicht des Veranstalters) und Teilnahme (zumeist ebenfalls vertraglich geschuldete Pflicht des Ausstellers) an einer Messe, also einer Veranstaltung, auf der ein repräsentativer Überblick des relevanten Marktgeschehens präsentiert wird. Die Überlassung der Fläche bildet in diesem Umfeld nur das Mittel zur Erreichung des eigentlichen vertraglichen Inhalts, der Teilnahme an einer Messe.

Der besondere, weit über die Überlassung von Gewerbefläche hinausgehende Charakter des vertraglichen Inhaltes wird deutlich, wenn man sich vergegenwärtigt, dass der Messeveranstalter dasselbe Messegelände innerhalb kurzer Zeitspannen Vertretern völlig unterschiedlicher Branchen vermietet. Das Entscheidende für die störungsfreie Erfüllung der schuldrechtlichen Verpflichtungen des Veranstalters ist die Zuweisung einer Standfläche auf der für seinen Kunden passenden Messe. Es nützt dem Süßwarenhersteller wenig, die Produktionsvorgänge seiner Gummibärchen dem interessierten Publikum einer Automobilausstellung vorführen zu dürfen, selbst wenn dies auf derselben Standfläche passierte, die er im Vorjahr zur dort stattfindenden Süßwarenmesse innehatte. Umgekehrt wird der wirtschaftliche Erfolg des Sportwagenherstellers, der seine Karossen stolz auf einer Messe für Holzbearbeitungsmaschinen präsentiert, eher bescheiden bleiben, auch wenn er dieselbe Halle belegt wie auf der zuvor dort durchgeführten Automobilausstellung. Ebenso wenig würde die Bereitstellung der vermieteten Ausstellungsflächen in einer ansonsten leeren Halle den Interessen des Süßwaren- oder Sportwagenherstellers gerecht, selbst wenn der mietvertragliche Anteil des Vertrages von der Messegesellschaft penibel erfüllt würde. Vielmehr erwarten beide zu Recht, während der Dauer der Anmietung (Messedauer) umfassend auf Nachfrager ihrer Produkte zu treffen.

Hinweis: Wesentlicher Inhalt des schuldrechtlichen Leistungsverhältnisses beim Messeteilnahmevertrag ist also die zeit- und raumgleiche Zusammenführung von Marktteilnehmern einer oder mehrerer Branchen zum Zwecke wirtschaftlichen Handelns. Der Aussteller tritt in dieser Konstellation zumeist als Anbieter, der Messebesucher als Nachfrager auf.

Die Messegesellschaften tragen dieser Konstellation Rechnung, indem sie klar definierte, in den Teilnahmevertrag einfließende Vorgaben machen, welche Produkte auf einer Messe ausgestellt werden dürfen. Diese sog. Waren- und Dienstleistungsverzeichnisse (oft wird auch der Begriff »Nomenklatur« verwendet) bilden als *Positivliste* der Leistungen, die ausschließlich auf der Messe präsentiert werden dürfen, einen wesentlichen Bestandteil des Teilnahmevertrages. Nicht ausdrücklich aufgeführte Produkte sind ausnahmsweise nur dann zur Ausstellung zugelassen, wenn sie benötigt werden, um die Arbeitsweise eines anderen, dem Waren- und Dienstleistungsverzeichnis entsprechenden Produktes zu demonstrieren. Als Beispiel wäre eine auf der IT-Messe CeBIT nicht zugelassene Werkzeugmaschine zu nennen, mit der die Funktionalität der gesondert verkäuflichen (zugelassenen) Betriebssoftware der Werkzeugmaschine vorgeführt wird.

Der Aussteller ist also vertraglich gehalten, seine Exponate nach den Vorgaben des Veranstalters auszuwählen und nur die Produkte auszustellen, die der Produktpalette der mit der Messe abgebildeten Branche entsprechen. Umgekehrt weiß der Besucher somit, von welchen Produkten er erwarten kann, sie auf der Messe vorzufinden, um seine Nachfrage zu befriedigen. In dieser Konstellation wechselseitiger Pflichten und Leistungen entwickelt sich aus den vorbereitenden Tätigkeiten des Veranstalters, wie Konzeption, Vermarktung und Vermietung die *Kommunikationsplattform »Messe«*. Sie bildet typischerweise den eigentlich Schwerpunkt des im Messeteilnahmevertrag vereinbarten Austauschverhältnisses. Zur Schaffung dieses Marktes wird selbstverständlich auch »Raum«, nämlich das betreffende Messegelände benötigt, deren Vermietung damit zweifellos einen erheblichen Anteil des schuldrechtlichen Vertragsinhalts bildet. Mindestens ebenso bedeutsam ist daneben aber auch die Organisationsleistung des Veranstalters, sein Gelingen, den Markt »Messe« zu schaffen. Gleichwohl schuldet er aber nicht den wirtschaftlichen Erfolg der Messe und gibt insbesondere auch keine Garantie dafür ab, dass der Aussteller seine Kunden auf der Veranstaltung auch tatsächlich trifft.

Dennoch überlassen es nur noch wenige Messegesellschaften allein dem Ausstellungskatalog, Anbieter und Kunde, also Aussteller und Besucher, zusammenzuführen. Besucher einer Messe werden inzwischen standardgemäß beim Erwerb oder bei Initialisierung ihrer Eintrittskarte im Internet registriert und um Angaben zu Branchen- und Firmenzugehörigkeit, Einkaufsbedarf sowie um ihre geschäftlichen Kontaktdaten gebeten. Die erhobenen Daten werden, sofern eine dafür erforderliche datenschutzrechtliche Freigabe erfolgt ist, genutzt, den Besucher zielgerichtet zu Ausstellern zu leiten, die das von ihm benötigte Produkt anbieten.

Im Ergebnis wird man damit feststellen können, dass der zwischen Veranstalter und Aussteller geschlossene Messeteilnahmevertrag ein gesetzlich nicht normierter und benannter, aber verkehrstypischer Vertrag sui generis ist, der wesentliche Elemente eines Mietvertrages mit untergeordneten Aspekten eines Dienst- sowie Werkvertrages verbindet.

II. Der Vertragsschluss

1. Das Angebot

Der Messeteilnahmevertrag kommt nach den generellen Regeln der §§ 145 ff. BGB durch Angebot und Annahme zustande. Ungefähr ein Jahr vor dem eigentlichen Veranstaltungstermin versendet die Messegesellschaft ihre Akquisitionsunterlagen, denen in der Regel auch bereits die Anmeldeunterlagen beigefügt sind. Diese bestehen aus einem Satz Formulare, mit denen die für die Messeteilnahme wichtigen Daten (Name, Rechtsform, Ansprechpartner, Produkte usw.) des potentiellen Ausstellers abgefragt werden. Die Formulare sind unterschrieben zurückzusenden. Mit seiner Unterschrift erkennt der Antragsteller die den Anmeldeunterlagen beigefügten Allgemeinen Geschäftsbedingungen der Messegesellschaft an.[45]

Während die Versendung der Akquisitionsunterlagen und Anmeldeunterlagen noch als eine für die Messegesellschaft unverbindliche invitatio ad offerendum (Aufforderung zur Abgabe eines Angebots) anzusehen ist, gibt der potentielle Aussteller bei Einsendung seiner ordnungsgemäß ausgefüllten Anmeldung ein nach § 145 BGB verbindliches Angebot zum Abschluss des Messeteilnahmevertrages ab.

2. Die Annahme

Zum Abschluss des Vertrages bedarf es der Annahme des Antrags durch die Messegesellschaft. Dies geschieht im standardisierten Verfahren einer Großveranstaltung wie der CeBIT oder der HANNOVER MESSE durch Versendung der sog. »Standbestätigung«. Mit dieser wird dem Aussteller ein bestimmter Messestand auf der Veranstaltung zugewiesen. Ähnlich wie bei Konkretisierung einer Gattungsschuld durch Aussonderung der schließlich gelieferten Sache (§ 243 II BGB) konkretisiert die Standbestätigung den für die Messegesellschaft nicht verbindlichen Standwunsch des Ausstellers und weist diesem seinen Standort innerhalb des künftigen Messegeschehens zu.

Mit der Standbestätigung wird die Standfläche exakt definiert durch

- Benennung der Messehalle, in der sich der Aussteller befinden wird (zB Halle 5),
- Angabe von Gang und Standnummer (zB Gang B, Stand-Nr. 23) zur Positionierung innerhalb der Halle
- und schließlich die konkreten Standabmessungen (zB Länge 4 m, Breite 5 m),

kurz auch: H 5, B/23,4 m x 5 m.

Der Versand der Standbestätigung erfolgt zumeist durch einen Kurierdienst, der deren Zustellung beim Aussteller dokumentiert. Das Zustandekommen des Standmietvertrages kann damit in einem möglichen späteren Gerichtsverfahren nachgewiesen werden.

Mit Zugang der Standbestätigung beim Aussteller stehen die wechselseitigen Hauptpflichten des Messeteilnahmevertrages fest: Name, Inhalt und Zeit der Veranstaltung, konkreter Ort der Messeteilnahme des Ausstellers und der von ihm dafür zu

45 Vgl. Teilnahmebedingungen zur CeBIT 2013, Teil I (Grundlagen des Vertrages), abgedruckt im 6. Teil, Kap. E.

entrichtende Beteiligungspreis. Spätestens jetzt ist das Vertragsverhältnis zwischen Veranstalter und Aussteller entstanden.

III. Besonderheiten beim Zustandekommen des Messevertrages

Die Besonderheiten des Messegeschäfts führen zu einer Reihe von Abweichungen des Messeteilnahmevertrages im Vergleich mit herkömmlichen Mietverträgen. Besondere Schwierigkeiten ergeben sich aus der Notwendigkeit, eine Vielzahl von Unternehmen innerhalb vergleichsweise geringer Fläche bei optimaler Besucherführung unterbringen zu müssen und branchenspezifische Besonderheiten, wie technische oder wirtschaftliche Synergien einzelner Produkte und Firmen, sensible Wettbewerbsverhältnisse zwischen Unternehmen, konkrete Flächenwünsche (»... dort haben wir aber schon immer gestanden...«, »...ich möchte nicht wieder am Westtor stehen, dort zieht es immer ...«) usw. zu berücksichtigen.

Das Ergebnis ist im Idealfall ein fein austariertes System von Standflächen mit Ausstellern, die einander ergänzen, und dazwischen liegenden Gangflächen, die alle Stände gut auffindbar und erreichbar werden lassen. Erst aus diesem mit sehr viel Fingerspitzengefühl gebildeten Gesamtsystem aus einer Vielzahl nach außen sichtbarer Unternehmen, Produkte und Infrastruktur sowie der sie verbindenden, unsichtbaren Netzwerke technischer, wirtschaftlicher und soziologischer Zusammenhänge erhebt sich das »Gesamtkunstwerk Messe« über die Summe seiner (profanen) Mietverträge.

1. Die Verplanungsphase

Der Veranstalter sammelt zunächst die bis zum Datum des Anmeldeschlusses eingehenden Anmeldungen seiner späteren Aussteller. Um aus den vorhandenen Anmeldungen auch tatsächlich ein in sich stimmiges Platzierungssystem zusammenzustellen, benötigt der Veranstalter bei einer Großveranstaltung wie der CeBIT oder der HANNOVER MESSE im Durchschnitt dann weitere vier bis fünf Monate. In dieser Zeit sortiert er die ihm vorliegenden Anmeldungen, um ihnen je einen Messestand auf seinem Gelände und in seinen Messehallen zukommen zu lassen. Er schiebt auf dem Reißbrett (heute zumeist CAD gestützt) Stände hin und her, verlegt Gang- und Standflächen, vergrößert und verkleinert sie, bis die ihm vorliegenden Anmeldungen auf Grundlage seines Veranstaltungskonzeptes systematisiert und bestimmten Hallen, Hallenbereichen und schließlich Ständen zugewiesen sind.

Das Ergebnis ist das vermietete Messegelände, auf dem jeder der Aussteller einen bestimmten Platz innehat.

Dieser Verplanungsprozess bedarf sowohl planerischen, als auch vertrieblichen Aufwands. Er erfolgt in enger Abstimmung mit den angemeldeten Ausstellern, um diese nach vollendeter Planungsphase nicht durch eine unvorhergesehene Platzierung und Standbestätigung zu überraschen. Grundsätzlich obliegt dem Veranstalter aber die Planungshoheit über das Messegelände und es ist seine Sache, abschließend zu entscheiden, wo welcher Aussteller schließlich seinen Platz findet.

2. Rücktritt bei Abweichung von Wunschfläche und Standbestätigung

Trotz dieses interaktiven, den Aussteller einbeziehenden Planungsprozesses, kann nicht allen Vorstellungen entsprochen werden. Der Aussteller hat daher das Recht, von seiner Anmeldung zurückzutreten bzw. diese zu widerrufen, wenn dem in der Anmeldung genannten Standwunsch nicht entsprochen wird.

Der Teilnahmevertrag bleibt bis zum Ablauf des Widerrufs- oder Rücktrittsrechts in einem rechtlichen Schwebezustand. Die Frist beträgt üblicherweise zwei Wochen.

Der Messeveranstalter trägt mit dieser Regelung der juristischen Überlegung Rechnung, dass bei einer Abweichung von Anmeldung und Standbestätigung übereinstimmende Willenserklärungen nicht gegeben sind und ein Vertrag nicht zustande kommt.[46]

Dieses Ergebnis wäre unpraktikabel und nicht gewollt. Zum einen wäre das Ergebnis der monatelangen Hallenverplanung in einer Vielzahl von Fällen hinfällig, zum anderen ist den meisten Ausstellern – durchaus aber auch nicht allen – die Messeteilnahme als solche wichtiger als ein bestimmter Standort.

Die Teilnahmebedingungen sehen daher vor, dass der Teilnahmevertrag in einem Fall fehlender Übereinstimmung zwischen Anmeldung und Standbestätigung auf Grundlage des Inhalts der Standbestätigung zustande kommt, es sei denn, dass der Aussteller fristgerecht widerspricht.[47] Faktisch bedeutet diese Regelung eine im Falle nicht übereinstimmender Willenserklärungen automatisch erfolgende Fortgeltung des Teilnahmeantrags unter gleichzeitiger Ersetzung des konkreten Flächenwunsches durch eine Leistungsbestimmung (§ 315 BGB) des Veranstalters, die ihrerseits unter die Bedingung gestellt ist, dass der Aussteller nicht fristgerecht widerspricht.

3. Bindung des Ausstellers an den Teilnahmeantrag nach § 147 II BGB

Zwischen dem offiziellen Anmeldeschluss einer Veranstaltung und dem Versand der Standbestätigung liegen bei Großveranstaltungen wie der CeBIT oder der HANNOVER MESSE mehrere Monate. Ein umsichtig planendes Unternehmen, das seine Teilnahmeunterlagen bereits lange vor Anmeldeschluss eingereicht hat, wartet unter Umständen ein halbes Jahr auf seine Standbestätigung, mit der sein Teilnahmevertrag zustande kommt. Es ist nicht ohne Weiteres einsichtig, dass der Antragende nach dieser langen Zeitspanne noch immer an seine Anmeldung zur Messe gebunden sein soll und sein Antrag mangels Annahme durch den Veranstalter nicht nach § 146 BGB erloschen ist.

In aller Regel meldet sich der Aussteller schriftlich durch Übersendung der ausgefüllten Anmeldeformulare oder in Textform mit einer Internetanmeldung bei dem Messeveranstalter als Teilnehmer der Messe an und trägt ihm den Abschluss des Messeteilnahmevertrages an. Der Abschluss des Vertrages wird daher nicht unter Anwesenden iSd § 147 I BGB angetragen. Ein Erlöschen des Antrags mangels sofortiger Annahme durch den Messeveranstalter kommt damit so gut wie nie vor.

---

46 Es läge bloß ein neues Angebot des Veranstalters vor, § 150 II BGB, das ebenso angenommen wie abgelehnt werden kann.

47 Vgl. Teilnahmebedingungen CeBIT 2013, Teil III, Ziff. 1, S. 15; abgedruckt unten im 6. Teil, Kap. E.

Vielmehr liegt ein Antrag unter Abwesenden iSd § 147 II BGB vor, den der Messeveranstalter so lange annehmen kann, wie der antragende Aussteller »den Eingang der Antwort unter regelmäßigen Umständen erwarten darf«. Im üblichen Zeitrahmen einer Rückantwort des Messeveranstalters bleibt der Aussteller an seinen Antrag gebunden. Innerhalb welchen Zeitraums kann ein Unternehmen, das sich zur Teilnahme an einer Messe anmeldet, aber nun erwarten, dass der Veranstalter seinen Antrag annimmt?

Zunächst einmal, so mag man einwenden, sind lange Lieferzeiten bei aufwendig herzustellenden oder individuell anzufertigenden Produkten keine Seltenheit. Man denke nur an Automobile oder Einbauküchen. Der entscheidende Unterschied ist aber, dass der Käufer eines Neuwagens oder der ungeduldig auf Kochmulde und Arbeitsplatte wartende Hobbykoch bereits bei Auftragserteilung Vertragspartner ihrer Lieferanten werden. Beide Seiten binden sich.

Anders stellt es sich bei Anmeldung zu einer Messe dar. Die Messegesellschaft behält sich bis zum Abschluss der Verplanungsphase vor, ob und wie sie das Angebot ihres Kunden auf Abschluss eines Messeteilnahmevertrages annimmt. Sie schickt dem Aussteller erst dann seine Standbestätigung, wenn sie genau weiß, wo auf der Messe sein Ausstellungsstand sein soll.

Die Motivation des Veranstalters für dieses Verfahren ist offenkundig. Bis zum Abschluss der komplizierten Verplanungsphase (siehe oben Kap. III 1.) ist er schlichtweg nicht in der Lage, eine eindeutige Aussage darüber zu treffen, welche konkrete Standfläche er seinem Aussteller zur Verfügung stellen kann. Es nützt dem Aussteller ja nur wenig, wenn er kurz nach Einreichung seiner Anmeldeunterlagen erfährt, dass er herzlich willkommen sei an der Messe teilzunehmen und auch einen Standplatz bekomme, man wisse leider nur noch nicht wo und in welcher Größe, bemühe sich aber aufrichtig, etwas Passendes für ihn zu finden.

Der Messeveranstalter baut eben kein Auto und keine Küche, für deren Herstellung der Fabrikant passende Bauteile und Komponenten entweder bereits auf Lager oder zumindest durch belastbare Lieferverträge gesichert hat. Kennzeichnend für das Produkt Messe ist, dass es sich erst durch die Summe aller teilnehmenden Aussteller und die mit ihnen geschlossenen Teilnahmeverträge gestaltet. Jeder Aussteller und Teilnehmer trägt also selbst dazu bei, dass die Messe überhaupt eine Messe wird. Er ist Bestandteil des eigentlichen Produkts – so als würde der Autokäufer zum Lenkrad mutieren und vom Hersteller vor dem Fahrersitz (einem anderen mutierten Autokäufer) eingebaut.

Dieser Gedanke wird vom Amtsgericht Montabaur (Urt. v. 28.12.2007)[48] sogar soweit geführt, dass es den Messeveranstalter letztlich dafür verantwortlich macht, wenn Aussteller eine Veranstaltung vorzeitig verlassen und damit den Charakter der Messe als umfassende Plattform für die Darstellung einer Branche unterlaufen. Das Gericht spricht in der zitierten Entscheidung einem Aussteller das Recht zu, die für die Ausstellungsfläche geschuldete Miete wegen «Minderqualität der Messe« zu kürzen, nachdem Mitaussteller ihre Stände vor offiziellem Messeende geräumt hatten.

Für den Veranstalter folgt daraus, dass er einerseits zwar auf die verbindliche, aber bewusst noch einseitige Teilnahmezusage seiner Aussteller (in Form des Vertragsan-

48 AG Montabaur, Urt. v. 28.12.2007 – 5 C 196/07.

gebots) angewiesen ist, um sein Produkt, die Messe, fertigen zu können. Andererseits kann er selbst sich aber erst dann bei seinen Anmeldern ins Obligo begeben und vertraglich binden, wenn aufgrund ausreichend vorhandener Teilnahmezusagen absehbar ist, dass er sein Produkt auch fertigen, dh den Branchenüberblick seines Messethemas zusammenstellen und die Vielzahl der Firmen sachgerecht auf seinem Veranstaltungsgelände platzieren kann.

Nun erst, nach Sicherung der hinreichenden Branchenpräsenz iSd § 64 GewO, werden die Standbestätigungen versandt. Das Angebot des Ausstellers wird angenommen und der Messeteilnahmevertrag kommt zustande.

Dieses messetypische Verfahren ist sowohl in der Messewirtschaft selbst, als auch in der ausstellenden Wirtschaft bekannt und üblich. Man wird daher davon ausgehen können, dass die lange Bearbeitungsdauer des Messeveranstalters notwendig und für den Antragenden absehbar ist. Sofern nicht außergewöhnliche, für den Aussteller nicht erkennbare Erschwernisse die Bearbeitung des Teilnahmeantrags zusätzlich verzögern, wird eine Bindung des Ausstellers an seinen Antrag auf Abschluss des Messeteilnahmevertrages auch über einen Zeitraum von mehreren Monaten anzunehmen sein. Die bei größeren Veranstaltungen üblicherweise langen Verplanungszeiten, die auch erst nach Ablauf des Anmeldeschlusses beginnen, führen im Ergebnis also dazu, dass der Aussteller unter regelmäßigen Umständen nicht mit einer Annahme seines Antrags vor Ablauf der üblichen Verplanungsphase rechnen kann und sich auf die genannte lange Bearbeitungs- und Annahmedauer seines Antrags einstellen muss.[49]

Die Annahmeerklärung des Veranstalters darf unter regelmäßigen Umständen daher nicht früher erwartet werden. Der Aussteller bleibt an seine Anmeldung gebunden. Die dem Aussteller kurz nach Ablauf der üblichen Verplanungsfrist zugegangene Standbestätigung ist daher als rechtzeitig erfolgte Annahmeerklärung zur Konstituierung des Vertragsschlusses iSd § 147 II BGB anzusehen.

Dieser Auffassung hat sich auch der BGH in seiner Entscheidung vom 19.7.2007[50] angeschlossen und darauf erkannt, dass die Annahmefrist gem. § 147 II BGB jedenfalls dann gewahrt ist, wenn der Messeveranstalter dem potentiellen Aussteller, etwa durch Übermittlung eines Terminplans, deutlich macht, dass die Standbestätigung bzw. Zulassungserklärung erst nach Abschluss der Verplanungsphase, die mehrere Monate in Anspruch nehmen könne, erteilt werde. Dies gelte insbesondere dann, wenn der Aussteller bereits mehrfach an einer Messe teilgenommen habe, deren Abläufe kenne und ihm eine ausreichende Zeit der Messevorbereitung (im entschiedenen Fall ca. drei Monate) verbliebe.[51]

4. Die Zahlungspflicht des Ausstellers

Mit dem Zustandekommen des Messeteilnahmevertrages durch Zugang der Standbestätigung entsteht das wechselseitige Schuldverhältnis zwischen Aussteller und Mes-

49 Vgl. auch MüKoBGB/*Kramer* § 147 Rn. 7, der zu Recht darauf hinweist, dass es bei der Berechnung der Überlegungsfrist ganz auf das jeweilige Angebot ankomme, auf dessen Tragweite, Komplexität, auf branchenspezifische Gebräuche sowie auf den Umstand, welche Frist die Geschäftspartner bei ständiger Geschäftsbeziehung bisher geübt haben. Dementsprechend wurde zB entschieden, dass auf Maklerangebote eine Antwort iSv § 147 II BGB uU auch noch nach einigen Monaten erwartet werden könne, OLG München NJW 1978, 2100 sowie OLGZ 78, 444 ff.

50 BGH, Urt. v. 19.12.2007 – XII ZR 13/06.

51 Wie vorherige Fn., S. 8 und 9 des Urteils.

severanstalter. Für den Messeveranstalter entsteht damit sein Anspruch auf Zahlung des Beteiligungspreises durch den Aussteller.

Auf Grundlage der aus der Standfläche ersichtlichen Standfläche und der vertraglich vereinbarten Standmiete pro Quadratmeter erfolgt nun die Fakturierung des Beteiligungspreises. Dieser kann neben der unmittelbar flächenbezogenen Standmiete weitere Zuschläge für besondere Ausrichtungen oder Lagen des Messestandes (Reihen-, Block- oder Kopfstand) sowie Werbe- oder Medienbeiträge, Beiträge für den AUMA usw. sowie eine Kostenvorauszahlung für Nebenleistungen beinhalten.

Der Versand der Rechnungen über den Beteiligungspreis erfolgt zumeist einige Wochen[52] nachdem der Veranstalter den Ausstellern die Standbestätigungen hat zustellen lassen. Er überprüft in dieser Zeit, inwieweit Rückläufer eintreffen und ob Aussteller ihr Widerrufsrecht ausüben, denn selbstverständlich sollen nur die Aussteller eine Rechnung erhalten, mit denen ein wirksamer Teilnahmevertrag zustande gekommen ist.

Die Fälligkeit der Rechnungen über den Beteiligungspreis tritt je nach Veranstalter vertragsgemäß teilweise mehrere Monate vor dem eigentlichen Messetermin ein. Diese Regelung trägt der Erfahrung vieler Messegesellschaften Rechnung, dass Forderungen nach Abschluss einer Veranstaltung schwierig durchzusetzen sind und insbesondere Zahlungsverzögerungen eintreten, wenn diese im Ausland vollstreckt werden müssten. Die frühe Fälligkeit eröffnet dem Messeveranstalter die Möglichkeit, säumigen Ausstellern den Zutritt zum Messegelände zu verweigern und sie von der Teilnahme auszuschließen, die Stromzufuhr auf ihren Messestand zu unterbrechen (Ausübung eines Zurückbehaltungsrechts gem. § 369 HGB bzw. § 273 BGB) oder gar die von ihnen auf das Messegelände eingebrachten Sachen dem Vermieterpfandrecht (§ 562 BGB) zu unterwerfen.

Dieser faktische Druck ist oftmals hilfreicher als ein vollstreckbarer Titel.

Auch ist zu beachten, dass die Messegesellschaft schon lange vor der Eröffnung der Veranstaltung einen großen Anteil ihrer organisatorischen Leistungen erbringt. Insbesondere im Marketingbereich zur Bewerbung der Veranstaltung auf der Besucherseite werden erhebliche Vorlaufkosten investiert, um die oftmals langfristig planenden potentiellen Kunden der Aussteller rechtzeitig zu der Veranstaltung auf das Messegelände eingeladen zu haben.

AGB-rechtliche Bedenken bestehen auch im Hinblick auf § 307 BGB nicht. Denn nach höchstrichterlicher Rechtsprechung sind Vorleistungsklauseln dann zulässig, wenn für sie ein sachlicher Grund gegeben ist und keine überwiegenden Belange des Kunden entgegenstehen.[53] Die sachlichen Gründe für eine Vorabzahlung sind nach dem Gesagten evident. Überragende Belange des Kunden werden nicht verletzt: Fällt die Messe aus, braucht er angesichts der Liquidität der zumeist in öffentlicher Hand befindlichen Messegesellschaften keine Befürchtungen bzgl. Rückerstattung der Miete zu haben. Findet die Messe statt, tritt zwar ein vorzeitiger Liquiditätsabfluss statt, den er aber wegen der berechtigten Belange des Veranstalters hinnehmen muss.

Für die zu erwartenden Forderungen aus der Bestellung von Neben- oder Serviceleistungen durch den Aussteller wird eine Vorauszahlungspauschale erhoben. Diese

52 Bei der DMAG circa drei bis vier Wochen.
53 Vgl. BGHZ 100, 157 (161).

betrug zB bei der CeBIT 2013 48 EUR pro vermieteten Quadratmeter. Ungefähr 2 Monate nach Abschluss der Messe, wenn alle Verbrauchsdaten erfasst und an die Buchhaltung übermittelt sind, erteilt der Veranstalter dem Aussteller eine Schlussabrechnung über die Nebenkosten. Differenzbeträge zur Nebenkostenvorauszahlung werden nachgefordert oder ausgezahlt.

5. Die Absage von Veranstaltungen durch den Veranstalter oder den Aussteller

Gerade in wirtschaftlich schwierigen Zeiten und auf Messemärkten mit hohem Wettbewerbsdruck, wie er in der deutschen Messelandschaft gegenwärtig besteht, kommt es vor, dass der Veranstalter eine geplante Messe absagen muss oder Aussteller, die sich verbindlich angemeldet hatten oder mit denen sogar schon ein wirksamer Teilnahmevertrag besteht, ihre Entscheidung revidieren und ihre Teilnahmezusage stornieren wollen. Diese Situation wirft eine Reihe rechtlicher Fragen auf, wie das durch Vertrag oder vertragsähnliche Bindungen entstandene Schuldverhältnis für beide Seiten sachgerecht wieder gelöst werden kann.

a) Absage durch den Veranstalter

Die Absage einer Messe, die bereits das Stadium erster Vorausplanung durchlaufen hat, stellt für einen Messeveranstalter – je nach Stand der Vorbereitung mehr oder weniger – eine finanzielle und ideelle Belastung dar, die es tunlichst zu vermeiden gilt. Die Situation ist durchaus mit dem Produktionsstopp eines Automobilherstellers zu vergleichen. Hier wie dort hat das Unternehmen viel Geld und Ideen in sein Produkt gesteckt, ohne dass dessen Vermarktung folgt.

Die Gründe für eine Messeabsage können vielfältig sein. Sie reichen von Fällen höherer Gewalt bis hin zur Absage mangels Ausstellerinteresse. In allen Fällen ist der Schaden für den Veranstalter immens. Selbst eine Absage aus Gründen höherer Gewalt, die in der Regel auch dann nicht zu weitergehenden Schadensersatzansprüchen von Ausstellern führt, wenn mit diesen schon vertraglichen Bindungen bestehen, kostet wegen der nutzlos gewordenen Vorlaufkosten sehr viel Geld. Letztendlich sind Fälle einer Absage aus übergeordneten, vom Veranstalter nicht zu vertretenden Gründen glücklicherweise aber auch sehr selten. Zuletzt wurde die Frage anlässlich der Anschläge vom 11.9.2001 erwogen, als der Verband der deutschen Automobilindustrie die Absage der unmittelbar vor ihrer Eröffnung stehenden Internationalen Automobilausstellung Frankfurt zu prüfen hatte. Bekanntlich wurde die Veranstaltung nicht abgesagt, sicherlich waren auch hier nicht zuletzt wirtschaftliche Gründe und die bereits investierten Vorlaufkosten ein wichtiges Argument.

Auch die CeBIT '86, die wegen eines im März eingetretenen heftigen Wintereinbruchs im Schneechaos unterzugehen drohte, wurde nicht abgesagt. Stattdessen organisierte die Deutsche Messe AG einen Räumdienst unter Anmietung sämtlichen in der Region Hannover verfügbaren Geräts. Die Kosten dafür waren noch immer deutlich niedriger als die Absage der Messe. Die Veranstaltung wurde ein Erfolg und ging unter dem Titel SchneeBIT in die Annalen der Deutschen Messe AG ein.

Relativ häufig kommt es hingegen zu Absagen von Messen, weil der Veranstalter erkennen muss, dass sein Veranstaltungskonzept vom Markt nicht angenommen wird und es ihm nicht gelingt, genügend Aussteller zu gewinnen. Der hohe Wettbewerbsdruck führt zu einem Kampf um Marktanteile, der von den gleich bleibenden Messebudgets der ausstellenden Wirtschaft nicht aufgefangen wird. Bestehende und auch lang etablierte Messen gehen unter. Neu geschaffene Messekonzepte werden nicht angenommen. Man schätzt, dass rund die Hälfte aller neuen Messen, die jährlich geplant und bereits beworben wurden, zurückgenommen wird, ohne dass die Veranstaltung ein einziges Mal stattfindet.[54]

Die Dunkelziffer der Veranstaltungen, die über das Planungsstadium nicht hinauskommen, dürfte um ein Vielfaches höher liegen.

Bei Absage einer Messe aus wirtschaftlichen Gründen stellt sich für den Veranstalter grundsätzlich die Frage, inwieweit mit Schadensersatzansprüchen von Ausstellern gerechnet werden muss und ob diese durchgreifen können, weil die vertraglichen Verpflichtungen nicht eingehalten worden sind. Zu unterscheiden ist danach, wieweit sich die vertraglichen Bindungen zwischen Aussteller und Veranstalter bereits verdichtet haben, ob es gerade erst zu Anbahnungsgesprächen in der Akquisitionsphase gekommen ist oder ob bereits ein rechtswirksamer Messeteilnahmevertrag besteht. Im letzten Fall wird der Veranstalter kaum aus seiner Verantwortung entlassen werden können. Er unterliegt als Messeveranstalter der Verantwortung, seine Verträge einzuhalten, wie jeder andere Teilnehmer des Marktgeschehens auch. Die Absage einer Messe aus wirtschaftlichen Gründen trifft seine Risikosphäre und drohender wirtschaftlicher Misserfolg des eigenen Konzeptes stellt keinen anerkannten Kündigungsgrund dar.

Schwieriger ist die Situation zu beurteilen, wenn der Veranstalter bereits in der Verplanungsphase feststellt, dass es ihm nicht gelingt, ein repräsentatives Spektrum der Branche zusammenzustellen und die geplante Ausstellungsfläche nicht annähernd gefüllt wird. Zu diesem Zeitpunkt sind die Messeteilnahmeverträge noch nicht abgeschlossen und der Veranstalter wird sich hüten, auch nur eine Standbestätigung zu versenden, solange er befürchten muss, die Messe nicht durchführen zu können.

Die zahlreichen Abstimmungsgespräche und häufige Korrespondenz zwischen Veranstalter und bereits angemeldeten Ausstellern bergen aber das Risiko, dass im Zuge dieser Kontakte bereits ein Schuldverhältnis mit Pflichten nach § 241 II BGB entsteht. Die Aufnahme von Vertragsverhandlungen, die Anbahnung eines Vertrages oder ähnliche geschäftliche Kontakte begründen nach § 311 II BGB eine schuldrechtliche Bindung. Bei einer schlecht anlaufenden Messe befindet sich der Veranstalter auf einer Gratwanderung. Ihm droht einerseits die Gefahr, gewonnene Unternehmen, die sich bereits angemeldet haben, durch mangelnde Kundennähe zu verlieren. Andererseits läuft er Gefahr, ein vertragsähnliches Vertrauensverhältnis aufzubauen, das ihn dem Risiko von Schadensersatzansprüchen aussetzt, wenn er die Veranstaltung absagen muss. Diesem Dilemma kann er sich nicht entziehen.

So hat das Landgericht Hannover[55] einen Messeveranstalter zur Zahlung erheblicher Vorlaufkosten eines Ausstellers verurteilt, weil eine Messe nach Weggang eines bedeutenden Industriezweigs abgesagt werden musste. Der Veranstalter hatte, ohne freilich den Messestand formell bestätigt zu haben, dem Unternehmen bei Eingang

54 Vgl. *Kresse*, früherer Hauptgeschäftsführer des AUMA in einer Sendung der Deutschen Welle v. 6.9.2004, in www.dw-world.de/german.

55 Urt. v. 12.9.2001 – 23 0 1300/01-41. Die Urteilssumme belief sich auf mehr als 181.000 DM, also ca. 92.000 EUR.

seiner Anmeldung mitgeteilt, dass man sich freue, ihn als Aussteller begrüßen zu dürfen. Formal mag diese Entscheidung auch schon unter den Regeln des BGB aF aus dem Gesichtspunkt der culpa in contrahendo richtig gewesen sein. Fraglich ist jedoch, ob das Gericht vom Veranstalter wirklich erwarten durfte, sich formal vertragsgemäß zu verhalten und eine Messe durchzuführen, die diese Bezeichnung mangels Ausstellerinteresses nicht verdient hätte. Der Schaden wäre dann für alle Seiten erheblich größer gewesen. Im Grunde hat der Veranstalter mit seiner Absage lediglich seiner Schadensminderungspflicht gem. § 254 BGB genüge getan.

b) Absage durch den Aussteller

Weitaus häufiger als die Absage einer gesamten Messe durch deren Veranstalter kommt es vor, dass Aussteller entgegen erklärter Absicht an einer Veranstaltung doch nicht mehr teilnehmen möchten. Sie ziehen die eingereichte Anmeldung zurück oder wollen den bereits bestehenden Messeteilnahmevertrag kündigen.

Wie auch sonst bei Mietverträgen, die auf eine bestimmte Zeit fest, dh ohne Kündigungsmöglichkeit, abgeschlossen sind, entfaltet eine solche einseitige Erklärung idR jedoch keine Rechtswirkung. Aber auch bereits mit rechtsverbindlicher Anmeldung zur Veranstaltung und noch vor erfolgter Standbestätigung kann der Aussteller seinen Antrag auf Messeteilnahme rechtlich einwandfrei nicht mehr ohne Weiteres zurückziehen. Aus der zumeist sehr langen Bindung des Ausstellers an seinen Teilnahmeantrag während der Verplanungsphase (vgl. oben Ziff. III 1.) folgt, dass er zu seiner Anmeldung stehen muss. Auch sachlich wäre eine Unverbindlichkeit seiner Anmeldung nicht vertretbar. Der Messeveranstalter ist in der Verplanungsphase zwingend darauf angewiesen, sich auf die ihm vorliegenden Anmeldungen verlassen, sie sinnvoll zuordnen und verplanen zu können.

Die Deutsche Messe AG spricht in ihrem Teilnahmebedingungen daher auch nur von einem möglichen, von ihr gesondert zu erklärenden Zugeständnis, dem Aussteller nach erfolgter Anmeldung oder nach Abschluss des Teilnahmevertrages einen Rücktritt zu gewähren (vgl. Teilnahmebedingungen der CeBIT 2013, Teil III, Ziffer 9; abgedruckt unten, 6. Teil Kap. E).

Mit diesen standardisierten Regelungen wird deutlich, dass ein Rechtsanspruch auf Rücktritt nicht besteht, der Vertrag also wie ein befristeter Mietvertrag ohne Sonderkündigungsrecht zu Ende zu führen ist und sogar ein Aussteller, der seine Entscheidung zur Teilnahme noch vor Zugang der Standbestätigung revidiert und seine Anmeldung zurückziehen möchte, auf Schadensersatz in Anspruch genommen werden kann. Die Schärfe dieser Regelung wird insoweit relativiert, als dass die Höhe des zu diesem frühen Absagezeitpunkt fällig werdenden pauschalierten Schadensersatzanspruchs noch gering ist. Bei Absage eines Ausstellers vor Erhalt seiner Standbestätigung beträgt der Schadensersatz bei einer CeBIT oder HANNOVER MESSE zeitlich bedingt zB nur 10 % des auf Basis der Anmeldung absehbaren Standmietpreises, oftmals verzichtet der Veranstalter sogar auf ihre Geltendmachung.

Je näher der Zeitpunkt der Veranstaltung rückt, desto höher wird jedoch der Anteil der vom Aussteller im Falle eines zugestandenen Rücktritts zu zahlenden pauschalen Schadensersatzes und die Bereitschaft des Veranstalters, diese auch einzufordern.

Das Prinzip der steigenden Rücktrittskosten bei zeitlicher Nähe des vereinbarten Ereignisses entspricht dem bei Absage frühzeitig gebuchter Pauschalreisen. Der Mes-

Zeitpunkt des Zugangs der Absage bei der Deutschen Messe AG	Entschädigung in % vom regulären Beteiligungspreis auf Grundlage der angemeldeten oder bestätigten Standfläche
später als zwei Monate vor dem ersten Messetag	100%
später als drei, aber nicht später als zwei Monate vor dem ersten Messetag	50%
später als vier, aber nicht später als drei Monate vor dem ersten Messetag	25%
vier Monate vor dem ersten Messetag oder früher	10%

Bild 19: Stornoregelung bei Messeabsagen

severanstalter trägt mit der Staffelung des pauschalierten Schadensersatzes dem Umstand Rechnung, dass die Neuverplanung und -vermietung der durch die Absage frei werdenden Fläche kurz vor der Veranstaltung immer aufwendiger und schwieriger – wenn überhaupt – zu realisieren ist. Sein Akquisitions- und Verwaltungsaufwand zur Gewinnung eines Nachmieters ist ungleich höher, wenn ihn die Absage einige Tage vor der Messe und nicht schon in der Verplanungsphase erreicht. Zudem hat er zu einem späteren Zeitpunkt bereits zahlreiche Nebenleistungen (Katalogeintrag, Versand der Serviceunterlagen, Einkauf von Nebenleistungen bei Subunternehmern usw.) erbracht, die rückabzuwickeln sind. Notfalls muss sogar die frei bleibende Standfläche des abgesprungenen Ausstellers kaschiert, dh so hergerichtet werden, dass sie für den Messebesucher nicht als Vakanz erkennbar ist (zumeist handelt es sich dann um Ruheflächen im Messetrubel mit Pflanzen und Bänken). Das alles kostet Geld und Zeit. Der Nachweis im konkreten Einzelfall ist aber oftmals nur sehr schwierig zu führen.

Mit Pauschalierung des Schadensersatzes entgeht der Veranstalter der Mühe, den ihm entstandenen Schaden konkret nachweisen zu müssen. Die zeitliche Staffelung der Höhe dieser Schadenspauschale entspricht der gesetzlichen Forderung (vgl. § 309 Nr. 5a BGB), dass ein pauschalierter Schadensersatz den in den geregelten Fällen nach dem gewöhnlichen Lauf der Dinge zu erwartenden Schaden nicht übersteigen darf, um wirksam vereinbart werden zu können (branchenüblicher Durchschnittsschaden).[56]

6. Gewährleistung

Gesonderte Vereinbarungen in den Messeteilnahmeverträgen, mit denen ausdrücklich eine Gewähr für bestimmte Leistungen des Veranstalters übernommen wird,

56 Näher dazu MüKoBGB/*Basedow* § 309 Rn. 10 ff. Im Vergleich: In der Reisebranche wurden bei kurzfristigem Rücktritt Pauschalen von 35 bis 75 % für zulässig erklärt, MüKoBGB/*Basedow* § 309 Rn. 19.

sind im deutschen Messewesen unüblich. Das eigentliche Ziel des Ausstellers, das er mit seiner Messeteilnahme erreichen will, liegt in der Regel in der Präsentation seiner Produkte und seines Unternehmens im Kreise potentieller Kunden. Sein Motiv dafür liegt natürlich in Generierung neuer Absatzbereiche und der Sicherung des bestehenden Kundenstammes.

Zur Umsetzung dieser Ziele liefert der Messeveranstalter lediglich die Basis. Er kann sie fördern, indem er mit seiner Messe das passende Umfeld für einen erfolgreichen Produktabsatz schafft. Den wirtschaftlichen Erfolg der Messeteilnahme des Ausstellers gewährleisten kann er nicht. Die Herbeischaffung bestimmter Kunden, die dann auch noch Verträge mit einem bestimmten Aussteller abzuschließen bereit sind, kann von dem Veranstalter daher seriöserweise nicht vertraglich zugesagt, geschweige denn zugesichert werden. Er liefert im Rahmen der allgemeinen vertraglichen Vereinbarungen dem Aussteller lediglich die Plattform, auf der die Anbahnung der gewünschten Kundenkontakte wahrscheinlich wird und eine bessere Vertriebsprognose gegeben werden kann als ohne die Messeteilnahme. Ob und inwieweit sich diese Prognose realisiert, ist offen und von diversen, durch den Messeveranstalter teilweise nicht beeinflussbarer Faktoren abhängig. Nicht zuletzt ist auch der Aussteller seines eigenen Glückes Schmied. Er bestimmt auch auf der Messe die wesentlichen Kriterien seines Absatzerfolges selbst, wie zB die Art seiner Präsentation, die Qualität seiner Produkte und nicht zuletzt auch deren Preis.

Für die Übernahme besonderer Gewährleistungspflichten des Messeveranstalters für den Erfolg der Messebeteiligung bleibt in dieser Konstellation kein Raum.

Davon strikt zu trennen ist allerdings die Frage einer evtl. Mängelhaftung wegen Mängel des Messestandes und etwaigen Zubehörs. Sind diese nicht zum vertragsgemäßen Gebrauch geeignet, so können mietrechtliche Mängelansprüche gegen den Messeveranstalter nach §§ 536 ff. BGB gerichtet werden. Fehlen etwa Telefon-, Wasser-, Stromanschlüsse oder sonstige vereinbarte Installationen am Stand, besteht die Möglichkeit der Mietminderung, § 536 BGB. Bei zu vertretenden Mängeln sind sogar Schadensersatzansprüche denkbar, § 536a BGB. Zu bedenken ist allerdings auch hier, dass der Veranstalter oftmals versucht, diese gesetzlichen Gewährleistungsansprüche mit seinen AGB vertraglich abzubedingen.

7. Haftung

Immer wieder kommt es auf Messeveranstaltungen zu Schäden, in deren Folge sich dann die Frage nach der Haftung stellt.

Zum einen bildet die Häufigkeit von Diebstählen auf Messen und in deren Auf- und Abbauzeit ein bis heute für alle Messegesellschaften ungelöstes Problem. Zum anderen kommt es in der Hektik des Auf- und Abbaus, angesichts der zahlreichen, gleichzeitig in einer Halle tätigen Personen, die mit Anlieferung und Abholung von Exponaten und dem Standbau beschäftigt sind, immer wieder zu großen oder kleinen Schadensfällen. Die Messegesellschaften versuchen zwar, diese mit ordnenden Maßnahmen zu verhindern und genehmigen das Befahren des Geländes mit Pkw und Lkw oder den Betrieb von Gabelstaplern nur in relativ engem Rahmen. Dennoch können nicht alle Unfälle vermieden werden. Regelmäßig stellt sich dann die Frage, wer für die entstandenen finanziellen Nachteile einzustehen hat.

Für die verschiedenen Kreise derer, die an der Organisation und Abwicklung der Veranstaltung beteiligt sind, gelten untereinander in aller Regel zunächst die allgemeinen deliktischen Haftungsregeln, die im Wesentlichen in den §§ 823 ff. BGB zu finden sind. Der gemeinsame Zweck der Anwesenheit der Messeteilnehmer auf dem Messegelände, die Vorbereitung der Veranstaltung, führt nicht zu einer übergeordneten, rechtlich relevanten Vertrags- oder Gemeinschaftsbeziehung. Insbesondere lässt sich kein Entstehen einer Gesellschaft bürgerlichen Rechts oder einer Gefahrengemeinschaft generell konstituieren. Sofern nicht konkrete Auftragsverhältnisse, wie etwa zwischen dem Aussteller und seinem Standbauer oder zwischen Standbauer und Hallenelektriker oder Spediteur bestehen, dürften vielfach keine vertraglichen Ansprüche auf Schadensersatz nach § 280 BGB herzuleiten sein. Wird beim Befahren einer Halle mit einem Lkw der gerade fertig gestellte Standbau eines anderen Ausstellers zusammengefahren, haften Fahrer, Halter und Kfz-Haftpflichtversicherer für den entstandenen Schaden nach §§ 7, 18 StVG, § 115 VVG, soweit das Gelände als öffentlicher Verkehrsraum anzusehen ist. Anspruchsteller wäre, je nachdem ob die Abnahme des Standes durch den Aussteller bereits erfolgt wäre oder nicht, das Standbauunternehmen oder der Aussteller selbst.

Gleiches gilt auch im Rechtsverhältnis zwischen der Messegesellschaft einerseits und Standbauunternehmen, Speditionen und sonstigen Lieferanten andererseits. Hier bestehen in aller Regel keine direkten vertraglichen Beziehungen. Sie werden auch nicht angebahnt oder vorbereitet, sodass auch nicht von einem vorvertraglichen Schuldverhältnis ausgegangen werden kann. Auch in diesen Rechtsverhältnissen beschränkt sich die Haftungsgrundlage somit nach bisheriger Praxis auf deliktische Schadensersatzansprüche. Inwieweit die Rechtsprechung bereit ist, Standbauer und sonstige Auftragnehmer des Ausstellers in den Schutzbereich des Mietvertrages einzubeziehen, bleibt abzuwarten. Soweit ersichtlich wurde bislang keine Entscheidung veröffentlicht, die einen nach § 328 BGB erweiterten Schutz auch im Zusammenhang mit Messeteilnahmeverträgen, ähnlich wie bei allgemeinen Mietverträgen, angenommen hat. Konsequent wäre eine derartige Ausweitung des Schutzzwecks indes schon.

Die »nur« deliktische Haftung geht dann aber auch in beide Richtungen:

Die Messegesellschaft nimmt den unachtsamen Stapler- oder Lkw-Fahrer, der bei der Einfahrt in die Halle ein Schiebetor rammt und beschädigt aus § 823 I BGB in Anspruch und nicht etwa wegen Pflichtverletzung nach § 280 BGB, da kein Vertragsverhältnis zu diesem besteht. Eine Herleitung von Schadensersatzansprüchen aus straßenverkehrsrechtlichen Gesichtspunkten, wie zB §§ 7 I, 18 I StVG, ist hingegen oftmals nicht möglich, da die Messegelände in vielen Fällen nicht dem öffentlichen Verkehrsraum zugerechnet werden.

Umgekehrt haften die Messegesellschaften für Unfälle von Standbauern, Spediteuren usw., die aus der Verletzung einer Verkehrssicherungspflicht des Geländebetreiber herzuleiten sind, ebenfalls nach §§ 823 ff. BGB. Bei Unfällen von Besuchern, die mit dem Erwerb einer Eintrittskarte ein Vertragsverhältnis mit der Messegesellschaft eingegangen sind, ist demgegenüber eine Haftung nach § 280 BGB gegeben.

Auch im Verhältnis der Messegesellschaft zu ihren Ausstellern bestehen aufgrund des Messeteilnahmevertrages grundsätzlich zunächst auch vertragliche Haftungsansprüche.

Die Inanspruchnahme der Messegesellschaften für Schäden oder Verlust des Ausstellungsgutes oder des Standbaus wird aber durch die vereinbarten Teilnahmebedingungen zugleich wieder weitgehend ausgeschlossen. Der Haftungsrahmen des Veranstalters wird damit erheblich eingeschränkt und im praktischen Ergebnis wohl noch geringer, als könnte sich der Geschädigte allein auf deliktische Anspruchsgrundlagen – die aber vertraglich ebenfalls mit ausgeschlossen werden – verlassen.

Die Haftungseinschränkungen der Allgemeinen Geschäftsbedingungen der Veranstalter werden lediglich durch die gesetzlichen Mindestanforderungen limitiert, die den Ausschluss der Haftung für vorsätzliches Handeln und in AGB auch für eine grob fahrlässige Schadensverursachung für unwirksam erklären.[57]

Praktisch bedeutet ein solcher Haftungsausschluss aber gleichwohl, dass Schadensersatzansprüche von Ausstellern, die diese gegen die Messegesellschaft wegen Verlust oder Beschädigung ihrer Exponate erheben, so gut wie nie durchdringen. Ein vorsätzliches oder grob fahrlässiges Handeln des Veranstalters ist in aller Regel nicht gegeben. Selbst bei einer Beschädigung von Exponaten durch Ereignisse, die zweifelsfrei der Verantwortung des Veranstalters unterliegen, wenn etwa ein PC durch Tropfwasser eines undichten Hallendaches in Mitleidenschaft gezogen wird, kann sich der Veranstalter zumeist durch entsprechende AGB von der Haftung freimachen. Eine entsprechende Haftungsfreizeichnung bei leichter Fahrlässigkeit ist nach § 309 Nr. 7b BGB erlaubt.

Es ist daher Sache des Ausstellers – und die Veranstalter heben diesen Aspekt auch immer wieder deutlich hervor – selbst auf seine Sachen zu achten. Der Veranstalter übernimmt keinerlei Obhutspflicht.

Diese zunächst harschen Regularien mögen auf den ersten Blick zu der Beurteilung führen, der Aussteller werde unangemessen benachteiligt. Bei näherer Betrachtung stellt sich die geschilderte Verfahrensweise jedoch als sachgerecht und geboten dar.

Zum einen weiß der Veranstalter nur in einem sehr geringen Maße, welche Sachen konkret bei ihm eingebracht sind. Ob ein Aussteller nur ein oder zwei oder noch mehr Notebooks, eine funktionsfähige Werkzeugmaschine oder nur eine Attrappe mitbringt, ist allein Sache des Ausstellers und wird vom Veranstalter weder reglementiert noch überprüft. Auch der Wert der Exponate ist dem Veranstalter nicht bekannt. Es wird geschätzt, dass auf der Werkzeugmaschinenausstellung EMO 2001, die in Hannover stattgefunden hat, Maschinen im Wert von fast 1 Milliarde EUR ausgestellt wurden. Wollte er für diese Werte in die Haftung eintreten oder den Aussteller gar von allen eintretenden Schäden im Sinne der Übernahme einer Obhutspflicht freistellen, wären organisatorische Maßnahmen zur Erfassung der Exponate und Überwachung des Geländes notwendig, die den Veranstaltungsablauf massiv behindern würden. Die Kosten einer Risikoübernahme durch die Messegesellschaften wären nur durch erhebliche Erhöhungen der Beteiligungspreise zu decken.

Die zunächst rigoros anmutende Verfahrensweise, die Verantwortung für die auf das Veranstaltungsgelände eingebrachten Sachen beim Aussteller zu belassen, erscheint daher sachlich geboten.

57 § 309 Nr. 7b BGB.

8. Versicherungen

Dafür können die infolge der vertraglichen Haftungsbeschränkungen des Messeteilnahmevertrages beim Aussteller entstehenden Risiken weitgehend über eine sog. Transport- und Ausstellungsversicherung in Deckung gegeben werden, deren Abschluss der Veranstalter erleichtert und fördert.

Es handelt sich um eine Sachversicherung, mit der Verluste (Diebstahl, Abhandenkommen) und Beschädigungen von Exponaten, Standbaumaterialen, Eigentum der Standbeauftragten usw. versichert werden können. Der Versicherungsschutz umfasst aber nur den reinen Sachschaden. Vermögensschäden, wie etwa die infolge Diebstahls des Hauptexponats sinnlos gewordene Messebeteiligung, werden von der Transport- und Ausstellungsversicherung nicht ersetzt.

Die Transport- und Ausstellungsversicherung deckt nicht nur die Risiken des Aufenthaltes auf dem Messegelände oder gar nur während der Veranstaltung selbst ab. Bei rechtzeitigem Abschluss des Versicherungsvertrages beginnt der Versicherungsschutz bereits beim Ladevorgang der versicherten Sachen am Ausgangsort des Transports zum Messegelände und endet erst nach Abschluss des Entladevorgangs am Zielort des Transports vom Messegelände.

Zur Vermeidung von Verlusten ist diese Versicherungssparte für das an einer Messe teilnehmende Unternehmen überaus wichtig. Nicht zuletzt, um die harten Konsequenzen des Haftungsausschlusses in den Teilnahmebedingungen abzumildern, erleichtern die Messegesellschaften den Abschluss entsprechenden Versicherungsschutzes für ihre Aussteller durch Bereitstellung standardisierter Bestellmöglichkeiten in ihrem Serviceangebot. Zu diesem Zweck haben die Veranstalter bereits lange vor der Veranstaltung Rahmenvereinbarungen mit Versicherungsunternehmen geschlossen, in denen die Konditionen festgelegt sind, zu denen Exponate und sonstige Gegenstände anlässlich der Messe versichert werden können. Der Aussteller muss nur noch eintragen, welche seiner Sachen er über den Rahmenvertrag der Transport- und Ausstellungsversicherung versichern will und wie hoch deren Wert ist. Bereits mit Zugang des ausgefüllten und unterzeichneten Formulars beim Versicherer oder bei der Messegesellschaft besteht Versicherungsschutz. Je nach Art der versicherten Ware beträgt die Prämie zwischen 1,5 und 5,5 Promille der Versicherungssumme. Für ein Notebook im Wert von 10.000 EUR wären circa 55 EUR an Prämie zu zahlen. Angesichts des hohen Diebstahlrisikos, dem diese Geräte gerade auch auf Messen unterliegen, eine durchaus überlegenswerte Investition.

Einige Messeveranstalter, insbesondere im Ausland, verpflichten ihre Aussteller sogar zum Abschluss einer solchen Transport- und Ausstellungsversicherung. Der Versicherungsschutz ist in den Beteiligungspreis der Messe einkalkuliert und jeder Messeteilnehmer genießt Versicherungsschutz.

Die oftmals gestellte Frage, ob auch eine Betriebshaftpflichtversicherung den Ausstellern zu empfehlen sei, muss eindeutig bejaht werden. Auf seinem Messestand genießt der Aussteller einerseits das Hausrecht, kann also bestimmen, wer ihn auf seinem Stand aufsuchen darf und wer nicht. Anderseits ist er dort aber auch Träger der Verkehrssicherungspflicht. Kommt es zu einem Unfall, der zB auf fehlerhaften Standbau zurückzuführen ist, haftet der Aussteller gegenüber dem Verletzten. Gesonderter Haftpflichtversicherungsschutz wird von den Messegesellschaften dennoch üblicherweise nicht angeboten. Man geht davon aus, dass Unternehmen, die an Messen teilnehmen, bereits über eine eigene Betriebshaftpflichtversicherung verfügen. Diese deckt zumeist auch das Risiko einer Messebeteiligung als Element der allgemein versicherten geschäftlichen Tätigkeit des Unternehmens ab. Zu empfehlen ist jedoch eine Unterrichtung des Versicherers vor Beginn der Veranstaltung, um sich im Schadensfall nicht dennoch mit dem Argument einer nicht gemeldeten Risikoerhöhung auseinandersetzen zu müssen.

Auf Seiten des Messeveranstalters ist der Bestand an betrieblichen Versicherungen relativ umfangreich. Auch er verfügt über eine Betriebshaftpflichtversicherung, mit der die speziellen Risiken seiner Geschäftstätigkeit abgedeckt sind. Außerhalb der Messestände trägt der Veranstalter die Verkehrssicherungspflicht und haftet bei deren Verletzung beispielsweise gegenüber Besuchern, die sich auf dem Gelände verletzen oder sonstigen Schaden erleiden.

Darüber hinaus sind auch seine Messehallen und sonstigen Gebäude sowie seine Betriebs- und Geschäftsausstattung umfassend versichert. Für den Fall, dass ein Schadenfall zur Einschränkung oder sogar zur Absage einer Veranstaltung führt, besteht Versicherungsschutz im Rahmen einer Betriebsunterbrechungsversicherung. Sie ersetzt die infolge des Schadens entstehenden Umsatzausfälle abzüglich der wegen des Ausfalls der Messe vermeidbaren variablen Kosten. Schließlich verfügen Messeveranstalter, die Kapital im Ausland, zB in den Bau von Messegeländen, investiert haben, über Investitionsschutzversicherungen oder haben ihr Investment über sog. Hermesbürgschaften versichert.

9. Verantwortlichkeiten der Betreiber von Messegeländen

a) Umfang der Betreiberverantwortung

Mit seinem Urteil zum Brand des Düsseldorfer Flughafens hat das OLG Düsseldorf[58] der Flughafen-Gesellschaft einen Großteil der Verantwortung zugewiesen, die sie als Betreiberin des Flughafens treffe. Das Bauunternehmen, das mit Schweißarbeiten den eigentlichen Brand überhaupt ausgelöst hatte, haftet daneben, ohne damit aber den Flughafen-Betreiber von seiner Verantwortung entlasten zu können.

Maßgeblich für die Haftung des Betreibers waren bauliche Mängel, die den Brand beschleunigt und seine Ausdehnung begünstigt haben sollen. Für diese macht das OLG die Flughafen-Gesellschaft verantwortlich. Sie treffe als Betreiber die Pflicht zur Wahrnehmung umfangreicher Verkehrssicherungspflichten, die bereits bei vermeidbarer Unkenntnis erkennbarer Gefahrenquellen und erst recht bei wissentlicher Hinnahme baulicher Mängel verletzt werden und eine Betreiberhaftung begründe.

Es ist evident, dass dieser Entscheidung unmittelbare Bedeutung für Betreiber von Messegeländen zukommt. Vermeidbare bauliche Mängel, die zu Sach- oder Personenschäden Dritter führen, liegen demnach in der Verantwortung der Geländeinhaber. Sie begründen eine Schadensersatzpflicht und können auch die Grundlage für strafrechtliche Konsequenzen der verantwortlichen Personen bilden.

Den Messegesellschaften als Eigentümer und Betreiber ihrer Veranstaltungsfaszilitäten obliegt somit die Verantwortung dafür, dass sich ihre Hallen und betrieblich genutzten Freiflächen in einem Zustand befinden, der keine vermeidbaren Gefahren

58 OLG Düsseldorf, Urt. v. 11.1.2011 – 23 U 28/10.

für die Rechtsgüter (Leben, Gesundheit, Eigentum usw.) Dritter schafft und diese den baurechtlichen Vorschriften entsprechen.

Vor diesem Hintergrund und des von den Messegesellschaften betriebenen Geschäfts, der Veranstaltung von Messen und Ausstellungen und der Vermietung ihrer Messegelände an Dritte für Veranstaltungen, muss beachtet werden, dass baurechtliche Vorgaben sich nicht nur auf die ordnungsgemäße Erstellung des Baukörpers eines Gebäudes erstrecken. Bestandteil einer Baugenehmigung ist grundsätzlich immer auch die vom Bauamt mit dem Bauantrag genehmigte Nutzungsart. Eine von der genehmigten Nutzung eines Gebäudes abweichende Nutzung im konkreten Betrieb stellt eine Verletzung baurechtlicher Bestimmungen dar und kann im Schadensfall zur Begründung einer Schadensersatzpflicht führen.

Die Messegesellschaften müssen damit organisatorisch und faktisch sicherstellen, dass die auf den Geländen durchgeführten Veranstaltungen den baurechtlichen Nutzungsvorgaben entsprechen und nicht zur Schaffung vermeidbarer Gefahrenquellen führen. Dieser Grundsatz gilt auch für Gastveranstalter, denen die Gelände oder Teile davon zur Durchführung ihrer Veranstaltungen temporär zur Nutzung überlassen werden.

Der Geländeinhaber als Vermieter hat sich aber darüber zu vergewissern, dass der Gastveranstalter seine Verantwortung als Veranstalter gewissenhaft ausüben kann. Dafür ist in der Regel eine Gelände- oder Hallenübergabe vorzunehmen, die mit einer Einweisung in die baulichen und baurechtlichen Gegebenheiten einhergeht.

Zudem muss sichergestellt sein, dass während einer laufenden Veranstaltung keine Maßnahmen getroffen werden, die zu einer faktischen Änderung der zulässigen baulichen Nutzung führen oder die vorhandene und notwendige Sicherheitsstandards beeinträchtigen. Die Verantwortung dafür liegt grundsätzlich beim Veranstalter, wenn dieser die Hoheit über Gebäude und Hallen übernommen hat.

Die Verantwortung des Geländeinhabers für die Betriebssicherheit der Gebäude bleibt davon unberührt, es besteht aber eine Schnittstelle zwischen beiden Verantwortungsbereichen, die zur Vermeidung von Kompetenzzuweisungen im Geländemietvertrag definiert werden muss.

b) Maßnahmen zur Wahrnehmung der Betreiberverantwortung

Aus der Bindung an die baurechtlich zugelassene Nutzung von Messehallen und sonstigen Gebäude (zB Kongresszentren) ergibt sich die Notwendigkeit, dass eine Kongruenz zwischen baurechtlich zulässiger und faktischer Nutzung besteht. Ein entsprechender Abgleich ist zur Vermeidung von mietvertraglichen Pflichtverletzungen und Verletzung baurechtlicher Vorschriften vor verbindlichem Abschluss eines Hallen- oder Geländemietvertrages vorzunehmen.

In der Praxis des Tagesgeschäfts, dh bei »normaler« Nutzung von Messehallen und Tagungsräumen zu ihrem genehmigten Zweck, ergibt sich in der Regel kein besonderer Abstimmungsbedarf, denn die Hallen werden dann für ihren üblichen und baurechtlich genehmigten Zweck (Messen und Ausstellungen) genutzt.

Kritisch wird es hingegen bei sonstigen Veranstaltungen und Events, die nicht dem herkömmlichen Schema eines Tagung, eines Kongresses oder einer Messe oder Ausstellung entsprechen. Sie können leicht in Grenzbereiche einer zulässigen baulichen Nutzung führen. Noch vor Bewerbung einer entsprechenden Eigenveranstaltung des

Betreibers oder der Abgabe eines verbindlichen Angebots an den Kunden muss der Geländebetreiber daher unbedingt klären, ob die beabsichtigte Nutzungsart von der Baugenehmigung gedeckt ist oder eine Sondernutzungsgenehmigung für die konkrete Art der Veranstaltung beim Bauamt eingeholt werden muss.

Ergibt sich, dass eine geplante Nutzung baurechtlich nicht zulässig ist, darf es nicht zu einer Vermietung des Veranstaltungsortes zu dem beabsichtigten Zweck kommen. Das Gebäude ist in seiner genehmigungsrechtlichen Kapazität ebenso als begrenzt zu betrachten, wie beispielsweise für eine zu große Veranstaltung. Überschreitungen der baurechtlich zulässigen Nutzbarkeit müssen zu der abschließenden Bewertung führen, dass das Gebäude für die geplante Veranstaltung ungeeignet ist. Es darf für diese nicht genutzt und damit auch nicht vermietet werden.

Entsprechendes gilt, wenn eine Sondernutzungsgenehmigung des Bauamtes nur unter Auflagen (zB Schaffung besonderer Fluchtwege, Brandwachen, Einhaltung von Obergrenzen der Besucher- oder Teilnehmerzahl) erteilt wird. Die Nutzung oder Vermietung darf dann dauerhaft, dh über die gesamte Veranstaltungsdauer, nur unter Beachtung der erteilten Auflagen erfolgen. Eine Missachtung kann erhebliche haftungsrechtliche Konsequenzen nach sich ziehen.

Zur Wahrnehmung der Betreiberverantwortung empfiehlt es sich, eine eigene Organisationsstruktur für diesen Bereich zu schaffen. In ihr sind die Prüfungs- und Arbeitsabläufe zur Wahrnehmung der Betreiberverantwortung zu regeln, die verantwortlichen Führungskräfte zur Einweisung und Überwachung von Mitarbeitern und außerbetrieblichen Auftragnehmern zu benennen sowie die Bereitstellung der betrieblichen Mittel zu gewährleisten.[59]

IV. Fallbeispiele

Nachfolgend sollen einige typische Fallkonstellationen aus der Praxis behandelt werden, die vor allem Messegesellschaften, Aussteller und Besucher in Vertrags- und Haftungssituationen betreffen.

Fall 29: Die lange Standbestätigung. Ein Aussteller gibt am 16.7.2012 eine schriftliche Bestellung für eine 50 qm große Standfläche bei der H-Messe ab, die vom 5.–9.3.2013 stattfindet. Er erhält erst am 30.10.2012 eine schriftliche Standbestätigung seitens der Messegesellschaft. Ist ein gültiger Vertrag zustande gekommen?

Ein Vertrag kommt durch das Angebot zum Abschluss eines Vertrages mit einem bestimmten Inhalt und durch die Annahme dieses Angebots zustande (vgl. § 151 BGB). Hier geht es um einen Messeteilnahmevertrag, der einen Vertrag sui generis mit wesentlichen Elementen eines Mietvertrages darstellt.[60]

Die Bestellung der Standfläche enthält eine konkrete Beschreibung, welche Fläche zu welchem Zeitpunkt und zu welchem Preis angemietet werden soll und welche weiteren Leistungen wie Standaufbau, Licht, Wasser, Kommunikation, Bewachung und ähnliches ggf. gleichzeitig mit geordert werden sollen. Sie stellt ein rechtsverbindliches Angebot dar, weil der Besteller den ernsthaften Willen hatte und diesen auch zum Ausdruck gebracht hat, sich vertraglich zu binden. Er wollte für eine Zeit – den Messezeitraum – eine Standfläche einer bestimmten

59 Vgl. beispielhaft dazu *Leber* 7 ff.

60 Siehe oben Kap. D. I.

Größenordnung zu einem bestimmten Preis fest ordern.[61] An dieses Angebot ist der Besteller mangels anders lautender Erklärung gem. § 145 BGB gebunden. Die Bindung trat mit Zugang der Bestellung bei der Messegesellschaft am 16.7.2012 ein, § 130 BGB.
Dieses Angebot wurde von der Messegesellschaft auch angenommen. Die maßgebliche Frage ist jedoch, ob dies auch rechtzeitig geschah und damit zu einem wirksamen Vertragsschluss führte. Das Angebot erfolgte hier schriftlich, dh unter Abwesenden. Nach § 147 II BGB kann der einem Abwesenden gemachte Antrag nur bis zu dem Zeitpunkt angenommen werden, in welchem der Antragende den Eingang der Antwort unter regelmäßigen Umständen erwarten darf. Diese Frist setzt sich zusammen aus der Zeit für die Übermittlung des Angebots an den Empfänger, dessen Bearbeitungs- und Überlegungszeit sowie aus der Zeit für die Übermittlung der Antwort.[62] Die Bearbeitungs- und Überlegungszeit hängt sehr von den Umständen des Einzelfalls ab. In der Kommentarliteratur werden hier Fristen von 27 Tagen bei Änderung eines Versicherungsvertrages als rechtzeitig bezeichnet, Fristen von 2 Monaten teilweise als zu lang.[63] Bei der Ausschreibung von Bauleistungen durch eine Gemeinschaft wurden vom BGH Fristen von 2 Monaten 6 Tagen als zulässig beurteilt.[64]
Welche Frist angemessen ist, ist richtigerweise nach dem Inhalt und der wirtschaftlichen Bedeutung des Vertrages unter Berücksichtigung der beiderseitigen Interessen und der Verkehrsanschauung zu entscheiden.[65] Der besondere Charakter des Messeteilnahmevertrages liegt in der raum- und zeitgleichen Zusammenführung von Marktteilnehmern einer oder mehrerer Branchen.[66] Diese Zusammenführung stellt sich als ein zeit- und arbeitsintensiver Prozess dar, bei dem sich die Teilnehmer nach und nach anmelden und entsprechend ihren Spezifika zusammengeführt oder disloziert werden müssen. Dieser Prozesscharakter ist den Beteiligten geläufig. Es liegt im Eigeninteresse der Aussteller, nicht stumpf im Zeitraster ihrer Anmeldung einen Platz zugewiesen zu erhalten, so wie er gerade kommt, sondern in einer stimmigen, ihren Bedürfnissen entsprechenden Weise. Eine optimale Platzzuweisung liegt ebenfalls im Interesse der Messegesellschaft. Es lässt sich somit festhalten, dass es im beiderseitigen Interesse von Messegesellschaft und Ausstellern liegt, dass eine gute, aber naturgemäß zeitaufwendige Planung und Koordination der Standflächen stattfindet, um den Messeerfolg zu sichern. Bei dieser Einschätzung der Interessen und der Verkehrsanschauung erscheint eine Frist von drei Monaten für die zu leistende Koordinationsarbeit im Ergebnis durchaus akzeptabel.[67]

Ergebnis:
Die Annahmefrist nach § 147 II BGB ist gewahrt. Der Vertrag ist demzufolge wirksam zustande gekommen.

Noch zwei Empfehlungen:

- Falls der Aussteller schneller Klarheit haben möchte, könnte er seinen Antrag von vornherein nach § 148 BGB befristen.
- Hat er dies versäumt, könnte er auch den Ausweg wählen, den Rücktritt vom Vertrag zu erklären. Dies würde ihn hier bei einer Absage gut 5 Monate vor der Messe allerdings ggf. mit Stornierungskosten in der Größenordnung von etwa 1/10 des Beteiligungspreises belasten.[68]

---

61 Dies geschieht nicht zuletzt aus Gründen der eigenen Planungssicherheit.
62 BGH NJW 1996, 921.
63 Vgl. Palandt/*Ellenberger* § 147 Rn. 6.
64 BGHZ 116, 149.
65 Palandt/*Grüneberg* § 308 Rn. 4 im vergleichbaren Kontext von § 308 Nr. 1 BGB.
66 Siehe oben Kap. D. I.
67 So auch der BGH im Urt. v. 19.7.2007 – XII ZR 13/06.
68 So die gestaffelte Stornoregelung bei der DMAG im Falle einer Absage vier Monate vor dem ersten Messetag oder früher, vgl. Teilnahmebedingungen oben Bild 19.

Fall 30: Der Standplatz widerspricht den Erwartungen.

Ein Aussteller kreuzt in der Bestellung einer Individual-Standfläche an: *»Wir wünschen den alten Standort beizubehalten: Halle 3, Standnummer 5«.* Dabei handelte es sich um einen Eckstand. Mit der Standbestätigung wird ihm in der gleichen Halle ein Reihenstand mit der Standnummer 4 zugewiesen. Rechtslage?

Hier weicht die Standbestätigung vom Antrag des Ausstellers ab. Nach § 150 II BGB gilt eine Annahme unter Änderungen als Ablehnung verbunden mit einem neuen Antrag. Gleichgültig ist, ob es sich um wesentliche oder unwesentliche Änderungen handelt.[69] Es bedarf daher keiner Bewertung der Frage, ob ein Eck- oder ein Reihenstand vorteilhafter ist. Allein die Tatsache der Abweichung von dem Antrag des Ausstellers führt zu dem Ergebnis, dass ein Vertrag mit der Standbestätigung nicht zustande gekommen ist. Es hängt nun von der Zustimmung des Ausstellers ab, um einen Vertragsschluss zu bewirken.
Vielfach sehen die AGB von Messeveranstaltern aber eine andere Lösung vor. So heißt es zB in den Teilnahmebedingungen der CeBIT 2013 unter III. Geschäftsbedingungen:[70]

»1. Vertragsabschluss
»… Weicht der Inhalt der Standbestätigung vom Inhalt der Anmeldung des Ausstellers ab, so kommt der Vertrag nach Maßgabe der Standbestätigung zustande, es sei denn, dass der Aussteller binnen 2 Wochen schriftlich widerspricht.
Abweichende Hallenzuweisung sowie Nichtberücksichtigung von Sonderwünschen/Besonderheiten begründen jedoch kein Widerspruchsrecht.«

Gegen eine solche Klausel ist rechtlich nichts einzuwenden. Insbesondere wird die AGB-rechtliche Bestimmung des § 307 BGB nicht verletzt. Es stellt keine unangemessene Benachteiligung dar, dass der Aussteller bei Abweichungen widersprechen statt zustimmen muss. Denn wie bereits oben herausgestellt, ist die Standortzuweisung Teil des Messeteilnahmevertrages, der eine möglichst optimale Zusammenführung von Marktteilnehmern einer oder mehrerer Branchen erfordert. Damit wird allen Beteiligten von vornherein eine große Flexibilität abverlangt. Abweichungen von Standwünschen müssen insoweit einkalkuliert werden. Dementsprechend ist in der Bestellung auch nur von einem Standortwunsch die Rede. Unter Berücksichtigung des komplizierten Planungsprozesses erscheint es daher nicht unangemessen, sondern als plausible Vereinfachung, wenn der Aussteller nur bei einem Missfallen mit einem anderen Stand seinerseits aktiv werden muss.

Ergebnis:
Bei Geltung der AGB ist trotz der vorgenommenen Abweichung in der Standbestätigung der Vertrag wirksam. Er steht aber unter der auflösenden Bedingung des Widerspruchs des Ausstellers.[71] Falls dieser innerhalb 2 Wochen schriftlich widerspricht, ist der Vertrag unwirksam.

Fall 31: Der Standplatz wird nach Bestätigung geändert. Nachdem dem Aussteller der gewünschte Eckplatz in Halle 3, Standnummer 5 schriftlich bestätigt worden ist, teilt ihm die Messegesellschaft später mit, dass ihm wegen nachträglicher Zulassung weiterer Aussteller nunmehr der Reihenstand Nr. 4 in der gleichen Halle zugewiesen werden müsse. Rechtslage?

Eine solche Erklärung stellt sich als nachträgliches Angebot zur Änderung eines bereits geschlossenen Vertrages dar, dessen Annahme von der Zustimmung des Ausstellers abhängig

69 BGH NJW 2001, 222.
70 Siehe 6. Teil Kap. E.
71 Siehe oben Ziff. III. 3.

ist. Verweigert er diese, bleibt es bei dem ursprünglichen Vertrag. Stimmt er zu, gilt die neue Vereinbarung. Einseitige Veränderungen sind somit nicht möglich.
Auch hier sehen AGB von Messeveranstaltern ggf. eine andere Lösung vor. So heißt es in den Teilnahmebedingungen für die CeBIT 2013 unter III. Geschäftsbedingungen:[72]

»3. Platzierung des Ausstellers auf der Veranstaltung
(1) Die Zuweisung einer Ausstellungsfläche erfolgt durch die Deutsche Messe aufgrund der Zugehörigkeit der angemeldeten Ausstellungsgegenstände zu einem Ausstellungsthema bzw. Ausstellungsschwerpunkt.
(2) Die Deutsche Messe behält sich das Recht vor, den Aussteller auch nachträglich umzuplatzieren und ihm abweichend von der Standbestätigung einen Stand in anderer Lage zuzuweisen, die Größe seiner Ausstellungsfläche zu ändern, Ein- und Ausgänge zum Messegelände und zu den Hallen zu verlegen oder zu schließen und sonstige bauliche Veränderungen vorzunehmen, soweit sie wegen besonderer Umstände ein erhebliches Interesse an solchen Maßnahmen hat.
(3) Der Aussteller ist in diesem Fall berechtigt, innerhalb von einer Woche nach Erhalt der Mitteilung über eine derartige Änderung vom Mietvertrag schriftlich zurückzutreten, wenn hierdurch seine Belange in unzumutbarer Weise beeinträchtigt werden.«

Derartige Klauseln müssen sich an dem Verbot einseitiger Änderungsvorbehalte in § 308 Nr. 4 BGB messen lassen, der nach allgemeiner Meinung nicht nur bei B2C-Geschäften, sondern über §§ 307 II Nr. 1, 310 I BGB auch bei B2B-Geschäften gilt.[73] Das bedeutet, dass die Klausel nur wirksam ist, wenn die Änderung unter Berücksichtigung der Interessen des Verwenders für den Kunden zumutbar ist und wenn für die Änderung ein triftiger Grund vorliegt.[74] Das letztgenannte Erfordernis ergibt sich aus Ziff. 1k des Anhangs der EG-Richtlinie 93/13[75] über missbräuchliche Klauseln in Verbraucherverträgen, die verbietet, dass »der Gewerbetreibende die Merkmale des zu liefernden Erzeugnisses oder der zu erbringenden Dienstleistung einseitig ohne triftigen Grund ändern kann«. Dementsprechend sind Änderungsklauseln ohne das Zumutbarkeitskriterium unzulässig. Ein Klauselvorbehalt, dem Mieter eines Messestandes einen anderen Platz zuzuweisen, ist dementsprechend für ungültig erklärt worden.[76]

Ziff. 3 Abs. 3 der Teilnahmebedingungen für die CeBIT 2013 enthält dagegen ausdrücklich den Hinweis, dass der Kunde zum Rücktritt berechtigt ist, wenn seine Belange in unzumutbarer Weise beeinträchtigt werden. Im Umkehrschluss bedeutet dies, dass der Kunde zumutbare Änderungen tolerieren muss. Dem Zumutbarkeitskriterium ist somit Rechnung getragen. Die Klausel entspricht auch dem zentralen Anliegen der AGB-Vorgaben, keine einseitigen und willkürlichen Änderungen der versprochenen Leistung in AGB zuzulassen und dem Verwender nur bei einem triftigen Grund eine Änderung der versprochenen Leistung zu gestatten. Denn die Messegesellschaft darf nach Ziff. 3 Abs. 2 ihrer Bedingungen eine Leistungsabweichung eben nur vornehmen, soweit sie »wegen besonderer Umstände« ein »erhebliches Interesse« an solchen Maßnahmen hat. Damit können nur triftige Gründe eine Abweichung rechtfertigen. Im Ergebnis hält die besagte Klausel somit den §§ 308 Nr. 4, 307 II Nr. 1, 310 I BGB bei richtliniengetreuer Auslegung stand.

Gesamtergebnis:
Ob die Zuweisung des Reihenstandes anstelle des vertraglich bestätigten Eckstandes gerechtfertigt ist, muss im Einzelfall überprüft werden und hängt davon ab, ob das Hinzutreten weiterer Aussteller »besondere Umstände« darstellen und ein erhebliches Interesse an der

72 Siehe 6. Teil Kap. E.
73 MüKoBGB/*Basedow* § 308 Rn. 12; Palandt/*Grüneberg* BGB § 308 Rn. 24.
74 Palandt/*Grüneberg* BGB § 308 Rn. 28.
75 Abgedruckt in Palandt/*Grüneberg* BGB § 310 Rn. 27.
76 OLG Köln NJW-RR 1999, 1232.

Standänderung rechtfertigen. Ist dies der Fall, so muss der betroffene Aussteller die Änderung tolerieren, soweit sie zumutbar ist. Bei Fehlen triftiger Gründe wäre die Standänderung dagegen ungültig. Sollten zwar triftige Gründe vorliegen, die Standänderung aber unzumutbar sein, könnte der Aussteller binnen 1 Woche den Rücktritt vom Vertrag erklären.

Fall 32: Ölspuren auf dem Teppich. Am Abend vor der Übergabe des Messestandes an den Aussteller fährt ein Gabelstapler über den Teppich seines Standes und hinterlässt Ölspuren. Rechtslage?

Falls der Aussteller mit der Messegesellschaft einen Mietvertrag mit der zusätzlichen Vereinbarung der Einrichtung des Messestandes geschlossen hatte, hat er einen Erfüllungsanspruch gegen die Messegesellschaft, bis zu Messebeginn einen einwandfreien sauberen Teppich zu erhalten. Geschieht dies nicht, kann er nach § 536 BGB eine Mietminderung vornehmen und außerdem bei Verzug der Messegesellschaft mit der Mängelbeseitigung den Mangel selbst beseitigen oder beseitigen lassen und Ersatz der erforderlichen Aufwendungen verlangen (§ 536a II BGB).
Falls der Teppich nicht zum Lieferumfang des Messevertrages gehörte und im Eigentum des Ausstellers stand, könnte er nach §§ 280 I, 278 BGB Ansprüche auf Schadensersatz gegen die Messegesellschaft richten, wenn der Gabelstapler-Fahrer zu ihrem Personal zählte. Er wäre dann als Erfüllungsgehilfe der Messegesellschaft anzusehen, der schuldhaft Nebenpflichten aus dem Ausstellungsvertrag zur Rücksichtnahme auf die Rechtsgüter des Ausstellers (§ 241 II BGB) verletzt hätte. Für dieses Fehlverhalten muss die Messegesellschaft einstehen.
Eine Haftung der Messegesellschaft scheidet jedoch aus, wenn ein wirksamer Haftungsausschluss vertraglich vereinbart worden ist. Aus diesen, bei Messeveranstaltern üblichen Klauseln, ergibt sich, dass sie nur dann für Schäden am Standbau oder an Exponaten einstehen, wenn sie diese vorsätzlich oder grob fahrlässig verursacht haben. Eine solche Klausel entspricht den Wirksamkeitsvoraussetzungen nach § 309 Nr. 7b BGB. Die Messegesellschaft kann sich somit in Fällen leichter Fahrlässigkeit von der Haftung für ihren Fahrer lossagen, jedoch nicht, wenn dieser bewusst oder ohne die geringste Umsicht über den Teppich gefahren ist.
Sollte der Fahrer nicht zum Personal der Messegesellschaft zählen, könnte sie dagegen überhaupt nicht verantwortlich gemacht werden. Dann bliebe nur eine Inanspruchnahme des Fahrers selbst gem. § 823 I BGB wegen Eigentumsverletzung und eine Inanspruchnahme seiner Firma gem. § 831 I BGB, die aber ggf. erfolgreich den Entlastungsbeweis nach Satz 2 führen könnte.

Ergebnis:

1) Hatte die Messegesellschaft den Teppich zu stellen, bestehen Erfüllungsansprüche auf einwandfreie Gestellung eines sauberen Teppichs und widrigenfalls Mietminderungs- und Aufwendungsersatzansprüche.
2) Handelte es sich um den Teppich des Ausstellers, kann er bei haftungseinschränkenden Klauseln nur bei grobem Verschulden Schadensersatz von der Messegesellschaft verlangen, wenn es sich um deren Fahrer handelte. Sonst muss er sich an den Fahrer selbst oder/und deren Firma halten.

Fall 33: Verlust von Ausstellergut. Die Messe wird abends um 20.00 Uhr geschlossen. Am nächsten Morgen fehlt einem Aussteller wertvolles Ausstellungsgut im Umfang von 50.000 EUR. Er nimmt nunmehr die Messegesellschaft dafür in Anspruch. Zu Recht?

Als Anspruchsgrundlage kommt § 280 I BGB in Betracht. Dieser setzt voraus:

1) ein Schuldverhältnis, das hier aufgrund des Ausstellungsvertrages gegeben ist
2) eine Pflichtverletzung sowie
3) ein Vertretenmüssen, das vermutet wird.

Problematisch ist hier die Pflichtverletzung. Die Messegesellschaft hatte neben der vertraglichen Hauptpflicht zur Überlassung des Messestandes auch vertragliche Nebenpflichten zur Rücksichtnahme auf die Rechtsgüter des Ausstellers, § 241 II BGB. Dazu zählt die Schutzpflicht, sich bei Abwicklung des Schuldverhältnisses so zu verhalten, dass Körper, Leben, Eigentum und sonstige Rechtgüter des anderen Teils nicht verletzt werden.[77] Das bedeutet vor allem, geeignete Maßnahmen zu treffen, damit eine ausreichende Sicherheit in den Messehallen und auf dem Messegelände gewährleistet ist. Die Messegesellschaft muss also dafür sorgen, dass das Messeareal zu einer bestimmten Zeit am Abend geschlossen wird und Besucher und Unbefugte die Messehallen und das Messegelände verlassen. Die Ausstellungsräume müssen sodann verschlossen werden und der Sicherheitsdienst muss in Abständen Kontrollgänge durch die Hallen und über das Messegelände vornehmen. Zusätzlich bietet sich die Installation von Videokameras an. Wären hier gravierende Sicherheitsmängel feststellbar, begründete dies eine Pflichtverletzung. Der Aussteller müsste sodann nachweisen, dass der Verlust seines Ausstellungsgutes auf diesen Sicherheitsmängeln beruht, wobei ihm die Regeln des Anscheinsbeweises ggf. zu Hilfe kämen. Es wäre dann Sache der Messegesellschaft nachzuweisen, dass die Pflichtverletzung nicht von ihr zu vertreten ist, § 280 I 2 BGB. Gelingt ihr das nicht, müsste sie den nachgewiesenen Schaden des Ausstellers vorbehaltlich seines etwaigen Mitverschuldens (§ 254 BGB) ersetzen.

Der Spielraum für ein Mitverschulden des Ausstellers ist in der Regel allerdings recht groß. Dem Aussteller obliegt es selbst, auf seine Sachen zu achten. Die Messegesellschaften übernehmen ausdrücklich keine Obhutspflicht für die eingebrachten Sachen. Wer Sachen, die gestohlen werden können und für die er verantwortlich ist, ungesichert lässt, trägt das Risiko ihres Verlustes selbst.

Durch Haftungsfreizeichnungsklauseln könnte diese Haftung allenfalls für Fälle leichter Fahrlässigkeit ausgeschlossen werden, da die Verbote des § 309 Nr. 7 BGB gem. §§ 307, 310 I BGB auch im Verkehr zwischen Unternehmern anzuwenden sind.[78] Selbst für leichte Fahrlässigkeit dürfte aber weder die Haftung für Körperschäden ausgeschlossen werden (vgl. § 309 Nr. 7a BGB), noch – was hier relevant sein könnte – die Haftung für Sach- und Vermögensschäden, soweit diese auf der Verletzung von Kardinalpflichten beruht.[79] Dabei dürfte die Einhaltung der oben bezeichneten Sicherheitsstandards zu den Kardinalpflichten eines Messeausstellungsvertrages gehören. Dementsprechend sind für Haftungsfreizeichnungen nur geringe Spielräume gegeben.[80]

Falls die Messegesellschaft für ausreichende Sicherheit gesorgt hat, entfällt eine Haftung für das Ausstellergut. Da die Sicherheitsstandards seitens der Messegesellschaften regelmäßig eingehalten und insbesondere für eine Räumung, ein Verschließen der Messehallen und des Messegeländes sowie für regelmäßige Kontrollgänge gesorgt wird, dürfte in der Praxis der Nachweis einer Pflichtverletzung seitens der Messegesellschaft schwer fallen und der Aussteller auf seinem Schaden sitzen bleiben. Anders ist es, wenn er eine entsprechende Ausstellerversicherung abgeschlossen hat, deren Abschluss ihm seitens der Messegesellschaften zumeist angeboten und empfohlen wird.

Ergebnis:

Nur im (praktisch seltenen) Fall der Verletzung von Sicherheitsstandards, die für den eingetretenen Verlust ursächlich waren, kann der betroffene Aussteller von der Messegesellschaft

77 Vgl. Palandt/*Grüneberg* § 241 Rn. 7.

78 BGH NJW 2007, 3774; OLG Frankfurt NJW 1983, 1681; OLG Hamm NJW-RR 1996, 969; Palandt/*Grüneberg* § 309 Rn. 55, hM, str., aA OLG Bremen VersR 1987, 773.

79 BGH NJW 1985, 915; Palandt/*Grüneberg* § 309 Rn. 48.

80 Vgl. daher die differenzierte Regelung in Ziff. 8 der Teilnahmebedingungen für die CeBIT 2013, Teil III, wiedergegeben unten im 6. Teil Kap. E.

Schadensersatz für gestohlenes Ausstellungsgut beanspruchen. Ihm ist angesichts dieser erheblichen rechtlichen Risiken dringend zu empfehlen, wertvolles Ausstellungsgut auf eigene Rechnung zu versichern oder/und durchgängig bewachen zu lassen.

Fall 34: Die Standparty mit Folgen. Am Messeabend findet eine genehmigte Standparty statt, in deren Verlauf es zu Ausschreitungen und Verwüstungen kommt. Am Morgen danach findet der Standnachbar seinen Stand in verwüstetem Zustand vor und fragt sich, ob er von der Messegesellschaft oder dem Veranstalter der Party Schadensersatz wegen der angerichteten Sachschäden verlangen kann.

I. Ansprüche gegen die Messegesellschaft könnten auf § 280 I BGB basieren, wenn nachfolgende Voraussetzungen erfüllt sind:

1) Schuldverhältnis
2) Pflichtverletzung
3) Vertretenmüssen

Zu 1:
Aufgrund des Messeteilnahmevertrages besteht ein Schuldverhältnis zwischen dem Geschädigten und der Messegesellschaft.

Zu 2:
Eine Pflichtverletzung könnte in dem Verstoß gegen vertragliche Nebenpflichten liegen, nämlich sich bei der Abwicklung des Schuldverhältnisses so zu verhalten, dass Körper, Leben, Eigentum und sonstige Rechtsgüter des anderen Teils nicht verletzt werden (§ 241 II BGB). Wenn die ausgelassene Stimmung zu Ausschreitungen führte, drängt sich die Frage auf, ob die Party von der Messegesellschaft überhaupt hätte genehmigt werden dürfen und ob nicht Sicherheitsmaßnahmen die Schäden verhindert hätten. Dazu ist zu bemerken:
Sowohl die Messegesellschaft als auch die Aussteller haben ein Interesse daran, dass die Messe als Kommunikationsplattform genutzt wird. Dazu gehört auch eine Standparty nach der offiziellen Öffnungszeit. Die bloße Genehmigung kann deshalb nur dann als Pflichtverletzung gewertet werden, wenn die Verwüstungen vorhersehbar gewesen wären, zB infolge von negativen Erfahrungen mit dem Ausrichter der Standparty. Sie scheidet daher im Regelfall als Pflichtverstoß aus.
Allerdings könnte die Messegesellschaft zu verschärften Sicherheitskontrollen verpflichtet gewesen sein, um die umliegenden Stände besser zu schützen. Dazu ist zu sagen, dass ein Mindeststandard an Sicherheitskontrollen selbstverständlich zu erwarten ist. Andererseits müssen aber auch die Grenzen des Zumutbaren im Auge behalten werden. Die Verantwortung für den sicheren Ablauf der Standparty liegt eindeutig bei dem Ausrichter, von dem die Messegesellschaft erwarten darf, dass er den Ablauf des Abends unter Kontrolle behält. Mehr als die üblichen Kontrollgänge durch das Sicherheitspersonal kann bei zivilisierten Ausstellern nicht erwartet werden. Wenn die Party dennoch aus dem Ruder läuft, kann dafür jedenfalls nicht die Messegesellschaft verantwortlich gemacht werden, sondern die Randalierer oder ggf. der Ausrichter der Party.

Ergebnis:
Im Regelfall scheitern Ansprüche an die Messegesellschaft mangels Pflichtverletzung.

II. Ansprüche gegen den Ausrichter der Standparty könnten sich ggf. aus § 823 I BGB ableiten lassen. Das setzt voraus:

1) Eine Rechtsgutverletzung, die kausal auf den Schädiger zurückzuführen ist
2) Rechtswidrigkeit
3) Verschulden

Zu 1:
Hier liegt zwar eine Verletzung des Eigentums des Nachbarn vor, es ist jedoch fraglich, ob diese auf ein Handeln oder Unterlassen des Ausrichters der Party zurückzuführen ist. Die Rechtsgutverletzung wurde nicht von ihm, sondern seinen Gästen begangen. Dafür kann er nur dann im Sinne eines eigenen Tatbeitrags (mit) verantwortlich gemacht werden, wenn er die Gäste dazu animiert oder nicht in ihrem erkennbaren Tatendrang gebremst hat. Dies dürfte im Regelfall kaum von dem Geschädigten nachgewiesen werden können, sodass Ansprüche gegen den Ausrichter zumeist scheitern.
Eine Verantwortung nach § 831 BGB für die Ausschreitungen seiner Gäste scheidet von vornherein aus, da die Partygäste selbstverständlich keine Verrichtungsgehilfen des Ausrichters der Party sind.

Ergebnis:
Schadensersatzansprüche gegen den Ausrichter der Party sind in der Regel nicht gegeben. Es bleibt dem Geschädigten daher nur die Suche nach den Tätern, die ihm nach § 823 I BGB zum Schadensersatz verpflichtet wären oder die Inanspruchnahme einer evtl. abgeschlossenen Ausstellerversicherung.

Fall 35: Die Show mit Sicherheitsmängeln. Als besondere Attraktion wollte ein Aussteller seinen Standbesuchern die Funktionsweise seiner Produkte praktisch demonstrieren. Bei einer Vorführung riss ein Aggregat aus der Verankerung und verletzte einen Besucher erheblich. Dieser verlangt von dem Aussteller Schadensersatz einschließlich Schmerzensgeld.

Schadensersatzansprüche können sich in erster Linie aus § 280 I BGB wegen Verletzung vorvertraglicher Schutzpflichten ergeben. Voraussetzung wäre im Einzelnen:

1) ein Schuldverhältnis
2) eine Pflichtverletzung
3) Vertretenmüssen.

Zu 1:
Hier ist zwischen Besucher und Aussteller kein Vertragsverhältnis gegeben, wohl aber haben bereits geschäftliche Kontakte stattgefunden, die durch das Interesse an den Produkten des Ausstellers geweckt wurden. Dies reicht gem. § 311 II Nr. 3 BGB für das Entstehen eines Schuldverhältnisses aus.

Zu 2:
Wer geschäftliche Kontakte anbahnt und Produktpräsentationen mit praktischen Vorführungen vornimmt, muss in besonderer Weise für den sicheren Ablauf Sorge tragen. Er muss auf die Rechtsgüter der Interessenten, die sich zu der Vorführung einfinden, Rücksicht nehmen (§ 241 II BGB) und dafür sorgen, dass es nicht zu Unfällen kommt. Diese Pflicht ist objektiv nicht eingehalten worden, sodass eine Pflichtverletzung vorliegt.

Zu 3:
Gem. § 280 I 2 BGB wird dies regelmäßig vermutet. Es ist Sache des Ausstellers, ein mangelndes Verschulden nachzuweisen. Er müsste also den Nachweis führen, dass ihm in puncto Vorbereitung und Durchführung der Produktdemonstration keine Nachlässigkeit anzulasten ist und der Unfall auf Umständen beruhte, die von ihm nicht zu verantworten sind. Gelingt ihm dies nicht, muss er für die Folgen des Unfalls einstehen und dem geschädigten Besucher den eingetretenen materiellen Schaden ersetzen und bei einer erheblichen Verletzung auch ein angemessenes Schmerzensgeld nach § 253 BGB zahlen.

Ergebnis:
Der Aussteller haftet dem geschädigten Besucher auf Schadensersatz einschließlich Schmerzensgeld, wenn ihm nicht der Nachweis gelingt, dass ihn bei Vorbereitung und Durchführung der Präsentation kein Verschulden trifft.

Fall 36: Verletzung durch herabfallende Teile. An einem Messestand wurden verschiedene Dekorationsgegenstände hängend an einer Oberkonstruktion angebracht. Der Besucheransturm am ersten Messetag führte zu einer starken Belastung der unteren Konstruktion. Die entstehenden Schwingungen übertrugen sich von der Unterkonstruktion auf den Überbau. Dadurch lösten sich plötzlich einige schwere Dekorationsteile und verletzten mehrere Besucher an Kopf und Brust. Sie verlangen von dem Aussteller Schadensersatz einschließlich Schmerzensgeld.

Schadensersatzansprüche der verletzten Besucher gegen den Aussteller könnten sich aufgrund einer Pflichtverletzung aus § 280 I BGB ergeben. Dazu sind folgende Voraussetzungen nötig:

1) ein Schuldverhältnis
2) eine Pflichtverletzung
3) Vertretenmüssen.

Zu 1:
Wie in Fall 35 sind durch die geschäftlichen Kontakte (vor-)vertragliche Schuldverhältnisse zwischen den Besuchern und dem Aussteller entstanden, § 311 II Nr. 3 BGB.

Zu 2:
Wer geschäftliche Kontakte herstellt, ist verpflichtet, auf die Rechte, Rechtsgüter und Interessen des anderen Teils Rücksicht zu nehmen, § 241 II BGB. Diese Pflicht ist objektiv von dem Aussteller nicht eingehalten worden, da die Dekoteile seines Standes herab fielen und mehrere Besucher körperlich verletzten.

Zu 3:
Wie bereits in Fall 35 erörtert, wird ein Verschulden bei vorhandener Pflichtverletzung vermutet und der Aussteller müsste gem. § 280 I 2 BGB nachweisen, dass er die Pflichtverletzung nicht zu vertreten hat. Diese Entlastung wird kaum gelingen, da entweder er oder die von ihm beauftragte Messebaufirma die Dekoteile mangelhaft an der Oberkonstruktion befestigt hatte. Diese müssen den Belastungen von Besuchern gewachsen sein und entsprechende Schwingungen aushalten. Falls er selbst den Messestand aufgebaut hat, würde er nach § 276 BGB für sein Fehlverhalten einzustehen haben. Hatte er Mitarbeiter oder eine Messebaufirma mit dem Standaufbau betraut, so würden Fehler dieser Personen oder Unternehmen gem. § 278 BGB von ihm wie ein eigenes Verschulden zu vertreten sein, da diese für in seinem Auftrag tätig wurden und die (eigentlich von ihm selbst) den Besuchern gegenüber geschuldeten Sicherheitsmaßnahmen wahrgenommen, aber nicht ordentlich durchgeführt haben.

Ergebnis:
Der Aussteller ist den verletzten Besuchern gem. § 280 I BGB zur Zahlung von Schadensersatz einschließlich Schmerzensgeld verpflichtet, weil diese körperlich verletzt wurden (§ 253 BGB).

Fall 37: Dröhnung ohne Ende. Um das Besucherinteresse stärker auf seinen Messestand zu lenken, hat ein Aussteller zwei Rockbands verpflichtet, die mit leistungsstarken Anlagen auftreten und sich im Wechsel insgesamt 9 Stunden lang beim Dauerrocken verausgaben. Ein Aussteller am Nachbarstand dreht entnervt durch und verlangt sofortige Unterlassung. Zu Recht?

Ob der Nachbaraussteller wegen der Lärmstörung einen Anspruch auf Unterlassung hat, beurteilt sich nach § 862 BGB. Die Voraussetzungen für diesen Anspruch wegen Besitzstörung sind:

1) Der betroffene Nachbar muss Besitzer sein
2) in seinem Besitz gestört werden, und zwar
3) durch verbotene Eigenmacht.
4) Es muss Wiederholungsgefahr bestehen.

Zu 1:
Als Aussteller und Messestandbetreiber übt der Nachbar die tatsächliche Gewalt über den Messestand aus und ist daher unmittelbarer Besitzer im Sinne des § 854 BGB.

Zu 2:
Durch die von ihm veranlasste, über Stunden reichende und lautstarke Rockdarbietung wird der Standnachbar in seinem Besitz gestört.

Zu 3:
Verbotene Eigenmacht liegt vor, wenn die Störung ohne den Willen des Betroffenen geschieht und das Gesetz die Störung nicht gestattet, § 858 I BGB.
Die musikalische Bedröhnung erfolgt ohne Einwilligung des betroffenen Nachbarn. Fraglich ist allein, ob er die akustische Offensive nicht evtl. zu dulden hat. Dabei ist vorweg zu sagen, dass Aussteller gern zu unkonventionellen Marketingmaßnahmen greifen, um sich von anderen Messeständen zu unterscheiden. Dies ist zunächst völlig legitim. Manchmal treibt der Konkurrenzkampf allerdings besondere Blüten; denn was dem einen eine besondere Aufmerksamkeit sichert, stört leicht den anderen bei seiner Präsentation. Der daraus entstehende Konflikt ist schwer beizulegen, insbesondere wenn die Marketingaktion Erfolg hat.
Die rechtlichen Maßstäbe bei Lärmeinwirkungen und anderen Immissionen finden sich vor allem in § 906 BGB. Danach sind unwesentliche Lärmbeeinträchtigungen hinzunehmen. Das wäre der Fall, wenn die gesetzlich oder in Verwaltungsvorschriften nach § 48 BImSchG normierten Grenz- oder Richtwerte nicht überschritten werden. Besonders relevant als Verwaltungsvorschrift ist die Technische Anleitung Lärm,[81] die bestimmte Dezibel-Werte festlegt, die nicht überschritten werden sollen. Ob eine solche Überschreitung hier stattgefunden hat, könnte exakt nur durch eine Lärmmessung vor Ort festgestellt werden. Es ist allerdings anzunehmen, dass unabhängig von einer solchen Messung die Tatsache einer über viele Stunden gehenden heftigen Einwirkung durch Rockmusik schon für sich genommen ausreicht, um von einer wesentlichen Beeinträchtigung auszugehen. Diese ist infolge ihrer Dauer und Intensität auch nicht mehr als ortsüblich anzusehen. Selbst wenn man einen hohen allgemeinen Lärmpegel bei Messen konzediert, stellt doch eine über Stunden laufende Rockveranstaltung mit zwei sich abwechselnden und sich völlig verausgabenden Gruppen eine nicht mehr messe-übliche Geräuschbeeinträchtigung dar. Schon deshalb ist die Darbietung nicht vom Messenachbarn zu dulden. Außerdem entfällt eine Duldungspflicht deshalb, weil die Musikdarbietung jederzeit abgebrochen werden kann, also die Beeinträchtigung durchaus zu verhindern ist.
Insgesamt stellt sich die Dauerbedröhnung daher als verbotene Eigenmacht dar.

Zu 4:
Da weitere Lärmbeeinträchtigungen zu erwarten sind, kann der betroffene Nachbar die Einstellung der Störung beanspruchen.
Falls er im Klageweg vorgeht, wird er am besten eine einstweilige Verfügung bei dem zuständigen Zivilgericht beantragen und im Eilweg auch schnell erhalten. Er könnte sich der verbotenen Eigenmacht sogar gem. § 859 I BGB mit Gewalt erwehren, also etwa durch Unterbrechung der Stromzufuhr oder Wegnahme der PA, wobei hier wohl eher List als Gewalt anzuempfehlen wäre.

81 6. BImSchVwV (TA Lärm) v. 26.8.1998 (GMBl. 503). Nach Zif. 6.2 liegt zB der Immissionsrichtwert in Gebäuden tags bei 35 dB(A), nachts bei 25 dB(A) mit zulässiger Überschreitung um bis 10 dB(A) bei einzelnen kurzfristigen Geräuschspitzen.

Ergebnis:
Der betroffene Nachbaraussteller hat einen Anspruch auf Einstellung der lauten Dauermusik und kann sich dieser auch mit Gewalt erwehren.

Hinweis: Die Teilnahmebedingungen untersagen vielfach »visuelle und akustische Belästigungen der benachbarten Stände«[82] und geben der Messeleitung das Recht, »belästigende oder behindernde Präsentationen zu untersagen und bei erneuter Zuwiderhandlung den Standmietvertrag fristlos zu kündigen«. Von da aus hätte der Aussteller auch die Möglichkeit, sich direkt an die Messeleitung mit der Bitte um Intervention zu wenden.

Fall 38: Running gags. Ein Aussteller engagiert brasilianische Tänzerinnen, die in einem Hauch von Nichts auftreten, die massenhaft angelockten Besucher antörnen, einen Striptease veranstalten und die Besucher zum Skateboarden in Unterwäsche animieren. Kann die Messeleitung einschreiten?

Klauseln in den AGB der Messegesellschaften geben, wie soeben angeführt, der Messeleitung vielfach das Recht, bei belästigenden oder behindernden Präsentationen einzuschreiten, diese zu untersagen und notfalls den Mietvertrag aufzukündigen. Ist das der Fall, hätte die Messeleitung eine wirksame Möglichkeit, derartige Shows zu unterbinden.
Wo dies nicht der Fall sein sollte, ließe sich ein Unterlassungsanspruch aus der Verletzung unausgesprochener vertraglicher Nebenpflichten (vgl. § 241 II BGB) ableiten. Der Messeteilnehmer schuldet nämlich der Messegesellschaft Rücksicht auf deren Rechte, Rechtsgüter und Interessen, die hier eindeutig durch derartige Grenzüberschreitungen verletzt wären.

Ergebnis:
Die Messeleitung kann entweder aufgrund entsprechender AGB oder auf der Basis von § 241 II BGB gegen solche running gags einschreiten.

Fall 39: Pflichten zur Rücksichtnahme als Standnachbar. Während bei einer Esoterik-Messe auf dem einen Stand sensible Vorführungen mit tibetanischen Klangschalen stattfinden, dröhnt vom Nachbarstand laute Reggaemusik aus der PA. Die Performance-Künstlerin ist empört. Ihr Standnachbar entgegnet nur, jeder versuche eben auf seine Weise, das Publikum in Trance zu versetzen. Lebensfrohe karibische Klänge seien blutleerem tibetanischen Geklingel in jeder Weise überlegen. Eine gewisse Power müsse sein. Rechtslage?

I. Die Künstlerin könnte hier ggf. Ansprüche auf Unterlassung der lauten Musikbeschallung gegen den Standnachbarn nach § 862 BGB besitzen. Anders als in Fall 37 ist hier die Frage der Besitzstörung aber durchaus fraglich, weil Musikdarbietungen naturgemäß mit Geräuschen verbunden sind, die der eine als angenehm und der andere als lästig empfinden mag (»Musik wird als störend oft empfunden weil sie mit Geräusch verbunden«, Wilhelm Busch). Ein objektiver Maßstab für eine Besitzstörung ist hier schwer zu finden. Außerdem ist zweifelhaft, ob von einer wesentlichen Beeinträchtigung gesprochen werden kann. Andererseits müssen die Aussteller aber ein Mindestmaß an wechselseitiger Rücksichtnahme aufbringen. Die Maßstäbe zu der Beurteilung liefern in erster Linie die Bestimmungen der §§ 862, 858, 906 BGB. Ob hier tatsächlich eine Besitzstörung vorliegt, kann nicht abschließend beurteilt werden und hängt stark von den Umständen des Einzelfalls ab, wie Dauer und Intensität der Musikbeschallung, Entfernung zur Schallquelle, Abschirmung durch Schallschutzwände oder freie Ausbreitung des Schalls und Ähnliches. Der Gedanke des

82 So zB Teil III. Ziff. 4.1 Abs. 2 der Teilnahmebedingungen für die CeBIT 2013, s. unten 6. Teil Kap. E.

nachbarlichen Gemeinschaftsverhältnisses vermag darüber hinaus vielleicht noch den Sinn dafür zu schärfen, dass nach § 242 BGB für den Bereich des notwendigen Zusammenlebens von Grundstücksnachbarn Pflichten zur gegenseitigen Rücksichtnahme entspringen.[83] Dieses Rechtsinstitut ist allerdings primär für Grundstücksnachbarn entwickelt worden und passt nur bedingt für Nachbarn eines Messestandes, die bloß vorübergehende Nutzer sind und sich im Wettbewerb profilieren müssen.

Ergebnis:
Die Aussichten eines Vorgehens gegen den Standnachbarn sind als sehr ungewiss einzuschätzen.

II. Bessere Chancen verspricht dagegen eine Kontaktaufnahme zur Messeleitung, die – wie bereits in Fall 37 dargestellt – aufgrund ihrer AGB zumeist eine Handhabe besitzen, gegen akustische Belästigungen der benachbarten Stände vorzugehen, belästigende oder behindernde Präsentationen zu untersagen und bei erneuter Zuwiderhandlung ggf. den Standmietvertrag fristlos zu kündigen. Allerdings setzt sie sich dann selbst der Gefahr aus, eine Kündigung ohne hinreichende Kündigungsgründe ausgesprochen zu haben, wenn die Reggae-Musik doch noch hinnehmbar gewesen wäre. Schadensersatzansprüche wären dann die Folge.

III. Schließlich ist darauf zu verweisen, dass bei eklatanten Planungsfehlern evtl. Ansprüche auf Mietminderung gegen die Messegesellschaft nach § 536 BGB gerichtet werden können. Das setzt voraus, dass wegen starker akustischer Beeinträchtigung ein Mietmangel feststellbar wäre und die Nutzung des Messestandes dadurch gemindert wäre.

Ergebnis:
Ansprüche gegen den Standnachbarn auf Einstellung der Musik sind wenig Erfolg versprechend. Bei eklatanter Fehlplanung und Vorliegen eines Mietmangels kann eine Mietminderung von der Messegesellschaft beansprucht werden. Eine Beschwerde bei der Messegesellschaft mit der Bitte um Eingreifen verspricht am meisten Erfolg.

Fall 40: Schwarzverkauf bei Messe. Entgegen ausdrücklicher Vereinbarung verkauft ein Aussteller Produkte an Messebesucher. Rechtslage?

Die Messegesellschaft kann in derartigen Fällen aufgrund vertraglicher Vereinbarung sofortige Unterlassung verlangen. Das Verbot des Handverkaufs ist zumeist in entsprechenden AGB vereinbart, wie zB in den Teilnahmebedingungen zur CeBIT 2013. Dort heißt es in Teil III. 4.4.: »Jeglicher Hand- oder Kleinverkauf – insbesondere von Ausstellungsware oder Messemustern an Privat- oder Geschäftspersonen – ist untersagt. Hand- oder Kleinverkauf ist jede entgeltliche Abgabe von Ware und jede Erbringung von Dienstleistung seitens des Ausstellers auf dem Messegelände ...«.

Eine derartige Klausel begegnet keinen durchgreifenden rechtlichen Bedenken, weil es sich bei Messen um Veranstaltungen handelt, bei denen das wesentliche Angebot eines Wirtschaftszweiges einem Fachpublikum präsentiert wird, das dort nach Muster ordern kann. Eine unangemessene Benachteiligung der Aussteller ist nicht ersichtlich (§ 307 BGB).

Ergebnis:
Aufgrund vertraglicher Vereinbarung kann die Messegesellschaft die Einstellung des Handverkaufs verlangen.

83 Vgl. dazu Palandt/*Bassenge* § 903 Rn. 13.

Fall 41: Der Streit um den Namen des Ausstellers. Ein deutsches Unternehmen der Telekommunikation nimmt an einer Messe teil und muss im Vorfeld der Veranstaltung erschrocken feststellen, dass ein taiwanesischer Wettbewerber, der einen klanglich identischen und nur in der Schreibweise etwas abweichenden Unternehmensnamen führt, im Internetkatalog des Veranstalters als Aussteller derselben Messe unter dem verwechselungsfähigen Namen aufgeführt wird. Der deutsche Telekommunikationskonzern fordert den Messeveranstalter auf, das taiwanesische Unternehmen aus dem Online-Aussteller- und Produktverzeichnis zu löschen und in den noch nicht veröffentlichten Veranstaltungskatalog gar nicht erst aufzunehmen. Als der Veranstalter sich unter Hinweis auf seine vertragliche Verpflichtung, auch das taiwanesische Unternehmen als Aussteller nennen zu müssen, weigert, beantragt der deutsche Telekommunikationskonzern den Erlass einer einstweiligen Verfügung gegen den Messeveranstalter als Herausgeber der Online-Publikationen und des Messekataloges.
Der Messeveranstalter beruft sich seinerseits darauf, selbst nicht beurteilen zu können und zu müssen, welcher der beiden Aussteller tatsächlich Inhaber der streitigen Namensrechte ist.

Zunächst stellt sich die Frage, ob die Messegesellschaft in dem einstweiligen Verfügungsverfahren überhaupt passiv legitimiert, also der richtige Adressat der Antragsschrift ist. Nutzer des zwischen deutschem und taiwanesischem Unternehmen streitigen Namens ist schließlich nicht die Messegesellschaft selbst, sondern der in Asien ansässige Wettbewerber des deutschen Konzerns. Und in der Tat spricht viel dafür, dass der Antragsteller nur deshalb gegen die deutsche Messegesellschaft vorgeht, weil er das aufwendige und zeitraubende Zustellungsverfahren in Taiwan scheut und nicht sicher sein kann, dort noch eine Entscheidung vor Beginn der Veranstaltung zu erlangen.
Letztendlich ist die Verwendung des Firmennamens durch den Messeveranstalter vergleichbar mit einem Eintrag in ein Namens- und Adressverzeichnis oder in ein Telefonbuch. Die streitigen Kennzeichnungen (Firmennamen) werden nicht markenmäßig, sondern beschreibend genutzt. Eine derartige beschreibende Darstellung in einem Firmen- oder Adressverzeichnis ist nach § 23 Nr. 2 MarkenG freigestellt und dürfte dem Messeveranstalter somit nicht untersagt werden.
In der Rechtsprechung ist indes anerkannt, dass ein Dritter als Herausgeber von Publikationen im Zusammenhang mit der Schaltung wettbewerbs- oder urheberrechtswidriger Anzeigen nach den Grundsätzen der »Störerhaftung« (§ 1004 BGB) in Anspruch genommen werden kann, wenn er willentlich und kausal an der Herbeiführung oder Aufrechterhaltung eines rechtswidrigen Zustandes mitwirkt und er bei dieser Mitwirkungshandlung zumutbare Prüfungspflichten verletzt.[84] Die Passivlegitimation des Messeveranstalters als zumindest möglichem Störer wird man somit im Ergebnis bejahen können.
Um einen Unterlassungsanspruch zu begründen, müsste ihm die Prüfung der Namensrechte aber auch möglich und zumutbar sein. Der alleinige Hinweis des deutschen Telekommunikationsunternehmens auf die Nutzung seines Firmennamens reicht als Beweis nicht aus, gegenüber dem taiwanesischen Namensvetter bevorrechtigt zu sein. Sollte das taiwanesische Unternehmen auf dem deutschen Markt bereits vor dem deutschen Unternehmen unter demselben Namen aktiv gewesen sein, ständen dem Asiaten die prioritätsälteren Rechte zu. Der Messeveranstalter würde vertragsbrüchig werden und sich rechtswidrig verhalten, wenn er dem taiwanesischen Aussteller die Präsenz im Messekatalog verweigern würde.
Ohne weitere Informationen und Beweismittel des deutschen Ausstellers wäre es der Messegesellschaft nur unter erheblichem Aufwand möglich, die Berechtigung der Namensführung zu ermitteln. Ob ihm eine derartige Ermittlungstätigkeit zumutbar ist, muss bezweifelt werden. Für den BGH kommt bei Presseunternehmen in der Anzeigenaufnahme eine Störerhaftung

84 Vgl. etwa BGH GRUR 2001, 1038 (1039).

erst bei groben, unschwer zu erkennenden Rechtsverletzungen in Betracht,[85] um die tägliche Arbeit nicht zu erschweren und die Verantwortlichen nicht zu überfordern.
Dieser Gedanke ist auch auf die vergleichbare Tätigkeit von Messegesellschaften bei Erstellung ihrer Veranstaltungskataloge zu übertragen. Bei einer Großveranstaltung, wie zB der CeBIT mit über 6.200 Ausstellern ist es dem Veranstalter völlig unmöglich, auch nur ansatzweise zu überprüfen, ob durch die von Ausstellern verwendeten Marken oder Firmennamen Kennzeichenrechte Dritter verletzt werden.
Bei der Bestimmung des Umfangs der Prüfungspflichten des Messeveranstalters ist zwischen der Schutzbedürftigkeit des Kennzeichenrechtsinhabers und der Zumutbarkeit einer etwaigen Überprüfung für den Messeveranstalter eine Interessenabwägung vorzunehmen. Ein Unterlassungsanspruch des deutschen Ausstellers ließe sich in der oben geschilderten Konstellation begründen, wenn für den Veranstalter offenkundig wäre, dass die Verwendung des Firmennamens im Messekatalog eine Verletzung fremder Namensrechte bedeutete. Bei offenkundigen Zweifeln wird eine weitergehende Prüfungspflicht in zumutbarem Rahmen, wie zB der Anforderung von Eintragungsurkunden über Marken, angenommen werden können. Die Beibringungspflicht dafür sollte analog der zivilprozessualen Regularien bei dem liegen, der eine Verletzung seiner Rechte behauptet.

Ergebnis:
Grundsätzlich sollte der Rechtsstreit vorrangig auf der Ebene der eigentlichen Kontrahenten, der namensgleichen oder -ähnlichen Aussteller, geführt werden. Nur ausnahmsweise, bei Missachtung offenkundig gegebener Kennzeichenrechte, kann ein Anspruch auf Unterlassung der Katalogaufnahme gegen den Messeveranstalter durchdringen.

E. Checkliste für eine Messeteilnahme

Die möglichen und vielfältigen Leistungsinhalte ergeben sich aus nachfolgender

85 Vgl. BGH GRUR 1999, 418; 2002, 360 (366).

Checkliste

Themenblock im Servicekatalog	Service-Bezeichnung
01. Einladungs-Services & Tickets	Fachbesucher-Tickets
	e-Tickets (digitale-Fachbesucher-Tickets)
	Premium Pass
	Werbemittel für Einladungen
	Ausstellerausweise
	Parkscheine
02. Unternemensdarstellung (ACMS)	Unternehmensdarstellung
	Tätigkeitsbereich
	Standbeschreibung
	Produkte
	Ansprechpartner
03. Kontaktmanagement	Match & Meet
	Lead Management am Messestand
	Lead Generierung
04. Begleitende Werbung & Sponsoring	Außenwerbung
	Onlinewerbung
	Printwerbung
05. Presse-Services	Pressefächer
	Online-Pressefächer
	PR-Kontakte der Aussteller (kostenlos)
	Produkte und Innovationen (kostenlos)
	Themenservice aktuell
	Streaming Media/Internt-TV/Videoproduktion
06. Organisation von Kongressen, Konferenzen und sonstigen Veranstaltungen	Anmietung von Konferenzräumen
	Musiknutzung zur Messe
	Standpartys
07. Systemstände	Systemstände
	Systemstand Typ Double
08. Ausstattung für Ihren Messestand	Bodenbeläge
	Mietmöbel
	Küchenausstattung

Wo finde ich Preise?	Wie/wo kann ich buchen?	Bis wann sollte ich buchen (im Messe-vorlauf)?	Diesen Service gibt es nicht zu allen Messen
OBS	OBS	ca. 6 Wochen	
OBS	OBS	ca. 1 Woche	
OBS	OBS	ca. 8 Wochen	X
kostenlos	Download/OBS	ca. 10 Wochen	
OBS	OBS	ca. 6 Wochen	
OBS	OBS	ca. 6 Wochen	
kostenlos*	OBS	ca. 6 Wochen	
kostenlos*	OBS	ca. 6 Wochen	
kostenlos*	OBS	ca. 6 Wochen	
kostenlos*	OBS	ca. 6 Wochen	
kostenlos*	OBS	ca. 6 Wochen	
OBS	OBS	ca. 6 Wochen	X
OBS	OBS	ca. 2 Wochen	X
OBS	auf Anfrage/OBS	ganzjährig	X
auf Anfrage/OBS	auf Anfrage	ca. 10 Wochen	
auf Anfrage/OBS	auf Anfrage/OBS	ca. 10 Wochen	
auf Anfrage/OBS	OBS	ca. 12 Wochen	
OBS	OBS	24 Stunden	
OBS	OBS	24 Stunden	
kostenlos	OBS	ca. 4 Wochen	
kostenlos	OBS	ca. 10 Wochen	X
kostenlos	OBS	ca. 1 Woche	
OBS	OBS	24 Stunden	X
OBS	OBS	ca. 8 Wochen	
OBS	OBS	24 Stunden	
OBS	auf Anfrage/OBS	ca. 2 Wochen	X
S. 42 ff.	OBS	ca. 6 Wochen	
S. 77 f.	OBS	ca. 10 Wochen	
S. 81 f.	OBS	ca. 6 Wochen	
S. 83 ff.	OBS	ca. 6 Wochen	
S. 92 f.	OBS	ca. 6 Wochen	

* im Marketingbeitrag enthalten

Checkliste

Themenblock im Servicekatalog	Service-Bezeichnung
09. Technik und Logistik	Elektroversorgung
	Kommunikationstechnik
	Antennenanschluss
	Wasserversorgung
	Deckenabhängungen
	Propangas/Technische Gase
	Druckluftversorgung
	IAT-Hardware und Audio-Video-Services
10. Dienstleistungen für Ihren Messestand	Standreinigung
	Abfallentsorgung
	Standpersonal
	Standbewachung
	Transport- und Austellungsversicherung
	Pflanzen und Blumen
11. Unterkunft, Planung des Messeaufenthalts und Anreise	Anfrage Privatzimmer
	Anfrage Hotelzimmer
12. Gastronomie	Catering und Standbelieferungen
	Getränke- und Snack-Service
13. Online Business Service (OBS)	Bestellung per OBS

Wo finde ich Preise?	**Wie/wo kann ich buchen?**	**Bis wann sollte ich buchen (im Messe-vorlauf)?**	**Diesen Service gibt es nicht zu allen Messen**
S. 95	OBS	ca. 6 Wochen	
S. 96 f.	OBS	ca. 12 Wochen	
S. 98	OBS	ca. 6 Wochen	
S. 98	OBS	ca. 6 Wochen	
S. 99	auf Anfrage	ca. 6 Wochen	
auf Anfrage	auf Anfrage	ca. 12 Wochen	
S. 102	OBS	ca. 6 Wochen	X
auf Anfrage	auf Anfrage	ca. 1 Woche	
S. 105	OBS	ca. 4 Wochen	
S. 105	OBS	ca. 4 Wochen	
auf Anfrage	OBS	24 Stunden	
S. 106	OBS	ca. 1 Woche	
auf Anfrage/OBS	OBS	ca. 6 Wochen	
OBS	OBS	ca. 10 Wochen	
www.hannover.de/hotels	OBS	ca. 12 Wochen	
www.hannover.de/hotels	OBS	ca. 12 Wochen	
www.catering.messe.de	online	24 Stunden	
OBS	OBS	24 Stunden	

4. Teil. Öffentlich-rechtliche Vorschriften, Genehmigungen

Wer als Veranstalter eine Veranstaltung plant und durchführt oder als Darsteller daran beteiligt ist, wird gut daran tun, sich nicht nur mit den zivilrechtlichen Vertrags- und Haftungsfragen auseinander zu setzen, sondern auch einen Blick auf die sonstigen zivil- und vor allem öffentlich-rechtlichen Rahmenbedingungen zu werfen, die bei der erfolgreichen Durchführung einer Veranstaltung zu beachten sind. Ferner sollte er sich fragen, ob er durch Abschluss geeigneter Versicherungen ein sinnvolles risk management betreiben bzw. als Künstler eine soziale Absicherung durch die Künstlersozialkasse vornehmen sollte oder muss. Dazu sollen die nachfolgenden Ausführungen Auskunft geben. Sie behandeln in kompakter Form die Themen:

- Versammlungsstättenrecht (MVStättV)
- Behördliche Genehmigungen für Veranstaltungen
- Künstlersozialversicherung
- Verwertungsgesellschaften, insbesondere GEMA
- Steuerfragen bei der Beschäftigung ausländischer Künstler

A. Die Muster-Versammlungsstätten-Verordnung

I. Einführung

Die Versammlungsstätten-Verordnungen der Bundesländer[1] regeln den Bau und den Betrieb von Hallen, Opern- und Konzerthäusern, Stadien und anderen Versammlungsstätten unter dem Aspekt des sicheren Betriebs und insbesondere des Brandschutzes. Diese detaillierten Regelungen sind eine Antwort auf einschneidende Erfahrungen in der Vergangenheit, wo es immer wieder zu verheerenden Bränden von Opernhäusern und Konzertsälen gekommen war. Exemplarisch sei der Brand der Wiener Staatsoper im Jahre 1881 erwähnt, der das Opernhaus in Schutt und Asche legte und den Tod zahlreicher Menschen zur Folge hatte. Das rückte schlagartig die Frage nach der Sicherheit von Versammlungsstätten ins öffentliche Bewusstsein und führte in der Folge zur Ausbildung einer Reihe rechtlicher Regelungen. Meilenstein dieser Entwicklung ist die Reichs-Polizeiverordnung über die baulichen Anlagen, die innere Einrichtung und den Betrieb von Theatern, öffentlichen Veranstaltungsräumen und Zirkusanlagen, die sog. Theaterverordnung von 1909. Sie wurde 1944 zu einem Muster mit 131 Paragrafen für das Deutsche Reich weiter entwickelt. Nach Kriegsende galt die Verordnung in den einzelnen Ländern zunächst weiter und wurde später von dem Musterentwurf einer Versammlungsstättenverordnung im Jahre 1969 abgelöst, der in zahlreichen Bundesländern umgesetzt wurde. Eine neue Musterversammlungsstättenverordnung wurde dann 1978 beschlossen, die rund 25 Jahre Gültigkeit besaß, bis erneut eine Revision erfolgte und die grundlegend neu gestaltete MVStättV von 2002 verabschiedet wurde. Sie ist in der etwas veränderten Fassung

1 Texte des einschlägigen Landesrechts und der MVStättV 2002 und 2005 im Internet abrufbar unter www.vstaettv.de.

von Juni 2005 Vorbild für die einzelnen Bundesländer geworden, die auf dieser Basis eigene landesrechtliche Versammlungsstättenverordnungen geschaffen haben. Verfassungsgemäß steht den Ländern nämlich in Fragen des Bauordnungsrechts, des Feuerschutzes und allgemein der polizeilichen Fragen von Sicherheit und Ordnung, die in der MVStättV geregelt sind, die Regelungs- und Vollzugskompetenz zu.

II. Umsetzung der MVStättV in den Bundesländern

Die Vorgaben der MVStättV 2002/2005 sind bzw. werden in den einzelnen Bundesländern in entsprechende landesspezifische Verordnungen oder Verwaltungsrichtlinien umgesetzt. Das ist in den Ländern Baden-Württemberg, Brandenburg, Hamburg, Mecklenburg-Vorpommern, Niedersachsen, Nordrhein-Westfalen,[2] Saarland, Sachsen, Sachsen-Anhalt und Schleswig-Holstein als allgemeinverbindliche Verordnung erfolgt. Berlin hat am 10.10.2007 die Betriebsvorschriften des Regelwerks in seiner Sonderbau-Betriebs-Verordnung (Stand 3.5.2005) umgesetzt. Bayern hat die MV-StättV 2005 in abgewandelter Form mit Wirkung ab 1.1.2008 in Kraft gesetzt. Hessen hat die Muster-Versammlungsstätten-Verordnung als Verwaltungsrichtlinie erlassen.[3] Sie stellt damit in diesen Ländern kein allgemeinverbindliches Regelwerk dar, sondern eine die Verwaltung bindende Richtlinie, die bei jeder einschlägigen Erteilung eines Bescheids von der zuständigen Behörde beachtet werden muss. Weder als Verordnung, noch als Verwaltungsrichtlinie wurde die Muster-Versammlungsstätten-Verordnung in Bremen,[4] Rheinland-Pfalz (es gilt der Stand vom 1.8.1990) und Thüringen[5] umgesetzt. Allerdings planen einige der genannten Länder die baldige Umsetzung und haben zudem ihre zuständigen Baubehörden angewiesen, die Bestimmungen der Muster-Versammlungsstätten-Verordnung im Genehmigungsverfahren bei der Ermessensausübung zu beachten.

III. Regelungsgegenstand der MVStättV

Rechtstechnisch handelt es sich bei den Versammlungsstätten-Verordnungen der Länder (VStättVO) um Spezialregelwerke, welche die allgemeinen Landes-Bauordnungen um bauliche und betriebliche Sonderbestimmungen für Baulichkeiten, in denen Veranstaltungen stattfinden, ergänzen (sog. Sonderbauverordnungen). Aus dieser Systematik folgt, dass die jeweiligen Landes-Bauordnungen parallel zu den Bestimmungen der VStättVO Anwendung finden und ggf. durch die Spezialvorschriften der VStättVO verdrängt werden, wie etwa die spezifischen Regelungen zu Rettungswegen, die bei Versammlungsstätten, in denen funktionsgemäß häufig eine Vielzahl von Menschen auf engem Raum anzutreffen ist, selbstverständlich großzügiger ausgestaltet sein müssen als in einem Einfamilienhaus.

2 Im Rahmen der Sonderbauverordnung v. 17.11.2009 (GV.NRW 2009, 681). Diese enthält neben der Umsetzung der MVStättV auch Regelungen zu Hochhäusern, Garagen etc.

3 Auf der Basis der MVStättV 2005.

4 In Bremen sind die Bauordnungsämter aber verwaltungsintern angewiesen, die MVStättV 2005 bei Ausübung ihres Verwaltungsermessens anzuwenden.

5 In Thüringen gilt, dass Baugenehmigungen für Versammlungsstätten nach § 52 Landesbauordnung erteilt werden, aber den Bauordnungsämtern die Anwendung der MVStättV 2005 empfohlen wird.

Folge der rechtssystematischen Zuordnung der VStättVO zum öffentlichen Baurecht ist aber auch, dass sie sowohl bauliche als auch betriebliche Bestimmungen enthält. Diese Unterscheidung ist im öffentlichen Baurecht von großer Bedeutung, denn die für ein Bauwerk erteilte Baugenehmigung enthält immer sowohl eine Aussage über die bauliche Gestaltung, als auch über die zulässige Nutzung des Gebäudes. Logik und Notwendigkeit dieser doppelten Genehmigungsstruktur erschließen sich sofort, wenn man sich vergegenwärtigt, dass ein Wohnhaus im innerstädtischen Bereich natürlich weder als Endlager für Nuklearmaterial noch als industrielle Produktionsstätte benutzt werden darf. Die VStättVO regelt somit zum einen die bauliche Gestaltung von Versammlungsstätten (zB Stadien, Konzert- oder Messehallen), als auch betriebliche Erfordernisse, die bei deren bestimmungsgemäßer Nutzung zu beachten sind. Der Sinn dieser doppelten Regelungsstruktur liegt darin, dass die hohen baulichen Anforderungen (zB breite, eine schnelle Evakuierung ermöglichende Rettungswege) durch betriebliche Nachlässigkeiten (zB Versperren von Notausgängen) nicht wieder aufgehoben werden sollen.[6] Denn das gesetzgeberische Ziel der VStättVO ist es, einen möglichst optimalen Schutz von Personen während ihres Aufenthaltes und eine rasche Evakuierung bei Ausbruch von Feuer zu gewährleisten.[7]

Der Verordnungsgeber hat den Betriebsvorschriften der VStättVO demzufolge auch eine besonders hohe Bedeutung beigemessen, die nicht zuletzt darin zum Ausdruck kommt, dass § 47 MVStättV die Verletzung von Betriebsvorschriften als Ordnungswidrigkeit ausgestaltet, die mit Bußgeldern von bis zu 500.000 EUR geahndet werden können. Neben dem Freihalten von Rettungswegen, der Einhaltung zulässiger Bestuhlungs- und Rettungswegeplanung, der Nutzung von Requisiten, die bestimmte Normierungen bei ihrer Entflammbarkeit zu erfüllen haben, und äußerst restriktiver Bestimmungen bei der Verwendung von offenem Feuer und pyrotechnischen Gegenständen werden zudem Anforderungen an die Qualifikation des eingesetzten Personals gestellt.

IV. Anwendungsbereich der MVStättV

In § 1 der MVStättV 2005 heißt es in vorbildlicher Klarheit:

Anwendungsbereich

(1) Die Vorschriften dieser Verordnung MVStättV gelten für den Bau und Betrieb von

1. Versammlungsstätten mit Versammlungsräumen, die einzeln mehr als 200 Besucher fassen und für Versammlungsstätten mit mehreren Versammlungsräumen, die insgesamt mehr als 200 Besucher fassen, wenn diese Versammlungsräume gemeinsame Rettungswege haben;
2. Versammlungsstätten im Freien mit Szenenflächen, deren Besucherbereich mehr als 1.000 Besucher fasst und ganz oder teilweise aus baulichen Anlagen besteht;
3. Sportstadien, die mehr als 5.000 Besucher fassen.

(2) Die Anzahl der Besucher ist wie folgt zu bemessen:

1. für Sitzplätze an Tischen:	1 Besucher je qm Grundfläche des Versammlungsraumes
2. für Sitzplätze in Reihen und für Stehplätze:	2 Besucher je qm Grundfläche des Versammlungsraumes
3. für Stehplätze auf Stufenreihen:	2 Besucher je lfd. MeterStufenreihe

6 So *Löhr/Gröger* Bau und Betrieb 384.
7 *Löhr/Gröger* Bau und Betrieb 78.

4. bei Ausstellungsräumen: 1 Besucher je qm Grundfläche des Versammlungsraumes

Für Besucher nicht zugängliche Flächen werden in die Berechnung nicht einbezogen. Für Versammlungsstätten im Freien und für Sportstadien gelten Satz 1 Nr. 1 bis 3 und S. 2 entsprechend.

(3) Die Vorschriften dieser Verordnung gelten nicht für

1. Räume, die dem Gottesdienst gewidmet sind,
2. Unterrichtsräume in allgemein- und berufsbildenden Schulen,
3. Ausstellungsräumen in Museen,
4. Fliegende Bauten.

§ 2 MVStättV enthält einen umfangreichen Katalog an Definitionen, in dem diese und weitere Begriffe beschrieben werden. Daraus sei der Begriff Versammlungsstätte in Abs. 1 hervorgehoben:

»Versammlungsstätten sind bauliche Anlagen oder Teile baulicher Anlagen, die für die gleichzeitige Anwesenheit vieler Menschen bei Veranstaltungen, insbesondere erzieherischer, wirtschaftlicher, geselliger, kultureller, künstlerischer, politischer, sportlicher oder unterhaltender Art, bestimmt sind sowie Schank- und Speisewirtschaften.«

V. Übersicht über die wichtigsten Regelungen

Zunächst ein Blick auf den Aufbau der MVStättV 2005. Sie ist wie folgt gegliedert:

1. Überblick[8]

Teil 1	Allgemeine Vorschriften	§§ 1 und 2
Teil 2	Allgemeine Bauvorschriften	
Abschnitt 1	Bauteile und Baustoffe	§§ 3 bis 5
Abschnitt 2	Rettungswege	§§ 6 bis 9
Abschnitt 3	Besucherplätze und Einrichtungen für Besucher	§§ 10 bis 13
Abschnitt 4	Technische Anlagen und Einrichtungen, besondere Räume	§§ 14 bis 21
Teil 3	Besondere Bauvorschriften	
Abschnitt 1	Großbühnen	§§ 22 bis 25
Abschnitt 2	Versammlungsstätten mit mehr als 5.000 Besucherplätzen	§§ 26 bis 30

8 Eine hervorragende bildliche Umsetzung der einzelnen Bestimmungen in Form von farbigen Grafiken findet sich bei *Spittank/Dietmann/Kremer*, Muster-Versammlungsstättenverordnung, 2008, 1 ff. Die sperrigen technischen Bestimmungen werden auf diese Weise detailliert, verständlich und lebendig vor Augen geführt.

Teil 4	Betriebsvorschriften	
Abschnitt 1	Rettungswege, Besucherplätze	§§ 31 und 32
Abschnitt 2	Brandverhütung	§§ 33 bis 35
Abschnitt 3	Betrieb technischer Einrichtungen	§§ 36 und 37
Abschnitt 4	Verantwortliche Personen, besondere Betriebsvorschriften	§§ 38 bis 43
Teil 5	Zusätzliche Bauvorlagen	§§ 44 bis 45
Teil 6	Bestehende Versammlungsstätten	§ 46
Teil 7	Schlussvorschriften	§§ 47 und 48

Bild 21: Aufbau der Muster-Versammlungsstättenverordnung 2005

Die MVStättV gliedert sich demnach in zwei Hauptbereiche:
- Die Bauvorschriften (Teil 2 und 3) einerseits und
- Die Betriebsvorschriften (Teil 4) andererseits.

2. Wesentliche Regelungsbereiche

a) Die Bauvorschriften

Die **Bauvorschriften** der §§ 3–30 MVStättV enthalten Regelungen für die Errichtung neuer Versammlungsstätten, bei denen vor allem der Brandschutz und die schnelle Evakuierung der Besucher durch entsprechende bauliche Gestaltung im Vordergrund stehen. Ferner werden Vorgaben im Hinblick auf Toiletten, technische Anlagen und Einrichtungen sowie besondere Räume gemacht. So müssen etwa Messegesellschaften, die neue Messe- und Ausstellungshallen planen, neben anderen landesrechtlichen Bauvorschriften diese spezifischen Vorgaben berücksichtigen. Sie betreffen vor allem die Führung und Bemessung von Rettungswegen, Art und Material von Treppen, Beschaffenheit und Funktion von Türen und Toren, Bestuhlung, Gänge und Stufengänge, Abschrankungen und Schutzvorrichtungen, Toilettenräume sowie technische Einrichtungen wie Sicherheitsbeleuchtung, Rauchableitung, Lüftungsanlagen und Alarmierungsanlagen mit Brandmeldern, Lautsprecheranlagen und Brandfallsteuerung.[9]

Einige, besonders sicherheitsrelevante Vorschriften aus der MVStättV schränken sogar den ansonsten im öffentlichen Baurecht anerkannten **Bestandsschutz** von Altanlagen (Bauwerke, die schon vor Erlass oder Änderung einer Bauvorschrift errichtet worden waren) ein. In diesem Fall sind bestehende Versammlungsstätten mit einer Übergangsfrist von zwei Jahren an das neue Regelwerk anzupassen, § 46 MVStättV. Hierzu rechnen baulich-technische Nachrüstmaßnahmen in Bezug auf die Kennzeichnung der Ausgänge und der Rettungswege, die Sitzplätze, die Lautsprecheranlage, die Einsatzzentrale für die Polizei, Abschrankungen von Besucherbereichen und Stehplätzen vor Szenenflächen sowie Wellenbrecher.[10]

9 Vgl. dazu ausführlich *Güllemann/Schmidt/Erdmann*, Handbuch Kultur und Recht, *Rechtsfragen bei* Eventagenturen unter öffentlich-rechtlichen Aspekten anhand von praktischen Beispielen, Bd. 3, K 2.2 (Stand: November 2004).

10 Vgl. *Löhr/Fischer* 51.

b) Die Betriebsvorschriften

Neben diesen Bauvorschriften enthalten die §§ 31–38 MVStättV **Betriebsvorschriften,** die sich an die Betreiber, Veranstalter und Beauftragten von Versammlungsstätten wenden. Im Messebereich betrifft dies als Adressaten vor allem die Messegesellschaften und Gastveranstalter. Die Abgrenzung zwischen Bau- und Betriebsvorschriften ist in der Praxis nicht immer einfach, im Zweifel aber sehr bedeutsam, da Betriebsvorschriften keinen Bestandsschutz genießen. Offen ist zB die Frage, ob eine seit Jahren von einer Messegesellschaft praktizierte Hallenaufplanung (Verlauf der Gänge und Lage der Stände in einer Messehalle) dem Bau oder dem Betrieb zuzuordnen ist. Diese Frage ist für die Aussteller, die vielfach ihre Standaufbauten für mehrere Jahre geplant und finanziert haben, außerordentlich bedeutsam. Wird aufgrund einer Betriebsvorschrift der MVStättV eine Verlegung von dem gewohnten Standort in der Halle notwendig und der bisherige Standbau ist nicht mehr verwendbar, griffe ein Bestandsschutz – als Folge der Charakterisierung der maßgeblichen Norm als Betriebsvorschrift – nicht zugunsten des Ausstellers ein und der Stand wäre aufgrund der MVStättV möglicherweise nicht mehr zu verwenden.

Die wichtigsten Rechtsvorschriften sind:

Teil 4: Betriebsvorschriften

Abschnitt 1: Rettungswege, Besucherplätze

§ 31 Rettungswege, Flächen für die Feuerwehr
(1) Rettungswege auf dem Grundstück sowie Zufahrten, Aufstell- und Bewegungsflächen für Einsatzfahrzeuge von Polizei, Feuerwehr und Rettungsdiensten müssen ständig frei gehalten werden. Darauf ist dauerhaft und gut sichtbar hinzuweisen.
(2) Rettungswege in der Versammlungsstätte müssen ständig frei gehalten werden.
(3) Während des Betriebes müssen alle Türen von Rettungswegen unverschlossen sein.

§ 32 Besucherplätze nach dem Bestuhlungs- und Rettungswegeplan
(1) Die Zahl der im Bestuhlungs- und Rettungswegeplan genehmigten Besucherplätze darf nicht überschritten und die genehmigte Anordnung der Besucherplätze darf nicht geändert werden.
(2) Eine Ausfertigung des für die jeweilige Nutzung genehmigten Planes ist in der Nähe des Haupteinganges eines jeden Versammlungsraumes gut sichtbar anzubringen.
(3) Ist nach der Art der Veranstaltung die Abschrankung der Stehflächen vor Szenenflächen erforderlich, sind Abschrankungen nach § 29 auch in Versammlungsstätten mit nicht mehr als 5.000 Stehplätzen einzurichten.[11]

Abschnitt 2: Brandverhütung

§ 33 Vorhänge, Sitze, Ausstattungen, Requisiten und Ausschmückungen
(1) Vorhänge von Bühnen und Szenenflächen müssen aus mindestens schwerentflammbarem Material bestehen.
(2) Sitze von Versammlungsstätten mit mehr als 5000 Besucherplätzen müssen aus mindestens schwerentflammbarem Material bestehen. Die Unterkonstruktion muss aus nichtbrennbarem Material bestehen.
(3) Ausstattungen müssen aus mindestens schwerentflammbarem Material bestehen. Bei Bühnen oder Szenenflächen mit automatischen Feuerlöschanlagen genügen Ausstattungen aus normalentflammbarem Material.
(4) Requisiten müssen aus mindestens normalentflammbarem Material bestehen.
(5) Ausschmückungen müssen aus mindestens schwerentflammbarem Material bestehen. Ausschmückungen in notwendigen Fluren und notwendigen Treppenräumen müssen aus nichtbrennbarem Material bestehen.

11 Abs. 3 ist in die MVStättV 2005 neu aufgenommen.

(6) Ausschmückungen müssen unmittelbar an Wänden, Decken oder Ausstattungen angebracht werden. Frei im Raum hängende Ausschmückungen sind zulässig, wenn sie einen Abstand von mindestens 2,50 m zum Fußboden haben. Ausschmückungen aus natürlichem Pflanzenschmuck dürfen sich nur so lange sie frisch sind in den Räumen befinden.
(7) Der Raum unter dem Schutzvorhang ist von Ausstattungen, Requisiten oder Ausschmückungen so freizuhalten, dass die Funktion des Schutzvorhangs nicht beeinträchtigt wird.
(8) Brennbares Material muss von Zündquellen, wie Scheinwerfern oder Heizstrahlern, so weit entfernt sein, dass das Material durch diese nicht entzündet werden kann.

§ 34 Aufbewahrung von Ausstattungen, Requisiten, Ausschmückungen und brennbarem Material
(1) Ausstattungen, Requisiten und Ausschmückungen dürfen nur außerhalb der Bühnen und der Szenenflächen aufbewahrt werden; dies gilt nicht für den Tagesbedarf.
(2) Auf den Bühnenerweiterungen dürfen Szenenaufbauten der laufenden Spielzeit bereitgestellt werden, wenn die Bühnenerweiterungen durch dichtschließende Abschlüsse aus nicht brennbaren Baustoffen gegen die Hauptbühne abgetrennt sind.
(3) An den Zügen von Bühnen oder Szenenflächen dürfen nur Ausstattungsteile für einen Tagesbedarf hängen.
(4) Pyrotechnische Gegenstände, brennbare Flüssigkeiten und anderes brennbares Material, insbesondere Packmaterial, dürfen nur in den dafür vorgesehenen Magazinen aufbewahrt werden.

§ 35 Rauchen, Verwendung von offenem Feuer und pyrotechnischen Gegenständen
(1) Auf Bühnen und Szenenflächen, in Werkstätten und Magazinen ist das Rauchen verboten. Das Rauchverbot gilt nicht für Darsteller und Mitwirkende auf Bühnen- und Szenenflächen während der Proben und Veranstaltungen, soweit das Rauchen in der Art der Veranstaltungen begründet ist.
(2) In Versammlungsräumen, auf Bühnen- und Szenenflächen und in Sportstadien ist das Verwenden von offenem Feuer, brennbaren Flüssigkeiten und Gasen, pyrotechnischen Gegenständen und anderen explosionsgefährlichen Stoffen verboten. § 17 Abs. 1 bleibt unberührt. Das Verwendungsverbot gilt nicht, soweit das Verwenden von offenem Feuer, brennbaren Flüssigkeiten und Gasen sowie pyrotechnischen Gegenständen in der Art der Veranstaltung begründet ist und der Veranstalter die erforderlichen Brandschutzmaßnahmen im Einzelfall mit der Feuerwehr abgestimmt hat. Die Verwendung pyrotechnischer Gegenstände muss durch eine nach Sprengstoffrecht geeignete Person überwacht werden.
(3) Die Verwendung von Kerzen und ähnlichen Lichtquellen als Tischdekoration sowie die Verwendung von offenem Feuer in dafür vorgesehenen Kücheneinrichtungen zur Zubereitung von Speisen ist zulässig.
(4) Auf die Verbote der Absätze 1 und 2 ist dauerhaft und gut sichtbar hinzuweisen.

Abschnitt 3: Betrieb technischer Einrichtungen

§ 36 Bedienung und Wartung der technischen Einrichtung
(1) Der Schutzvorhang muss täglich vor der ersten Vorstellung oder Probe durch Aufziehen und Herablassen auf seine Betriebsbereitschaft geprüft werden. Der Schutzvorhang ist nach jeder Vorstellung herabzulassen und zu allen arbeitsfreien Zeiten geschlossen zu halten.
(2) Die Automatik der Sprühwasserlöschanlage kann während der Dauer der Anwesenheit der Verantwortlichen für Veranstaltungstechnik abgeschaltet werden.
(3) Die automatische Brandmeldeanlage kann abgeschaltet werden, soweit dies in der Art der Veranstaltung begründet ist und der Veranstalter die erforderlichen Brandschutzmaßnahmen im Einzelfall mit der Feuerwehr abgestimmt ist.
(4) Während des Aufenthaltes von Personen in Räumen, für die eine Sicherheitsbeleuchtung vorgeschrieben ist, muss diese in Betrieb sein, soweit die Räume nicht ausreichend durch Tageslicht erhellt sind.

§ 37 Laseranlagen
Auf den Betrieb von Laseranlagen in den für Besucher zugänglichen Bereichen sind die arbeitsschutzrechtlichen Vorschriften anzuwenden.

c) Die verantwortlichen Personen beim Betrieb

Die §§ 38 ff. MVStättV regeln die Verantwortungsbereiche beim Betrieb der Versammlungsstätte, benennen die maßgeblichen Personen und stellen besondere Betriebsvorschriften auf.

In § 38 MVStättV sind die zentralen Pflichten von Betreiber, Veranstalter und Beauftragten festgelegt. Hier werden dem Betreiber der Versammlungsstätte (also zB der Stadthalle oder der Messegesellschaft) folgende grundlegende Pflichten auferlegt:

Abschnitt 4: Verantwortliche Personen, besondere Betriebsvorschriften

§ 38 Pflichten der Betreiber, Veranstalter und Beauftragten
(1) Der Betreiber ist für die Sicherheit der Veranstaltung und die Einhaltung der Vorschriften verantwortlich.
(2) Während des Betriebes von Versammlungsstätten muss der Betreiber oder ein von ihm beauftragter Veranstaltungsleiter ständig anwesend sein.
(3) Der Betreiber muss die Zusammenarbeit von Ordnungsdienst, Brandsicherheitswache und Sanitätswache mit der Polizei, der Feuerwehr und dem Rettungsdienst gewährleisten.
(4) Der Betreiber ist zur Einstellung des Betriebes verpflichtet, wenn für die Sicherheit der Versammlungsstätte notwendige Anlagen, Einrichtungen oder Vorrichtungen nicht betriebsfähig sind oder wenn Betriebsvorschriften nicht eingehalten werden können.
(5) Der Betreiber kann die Verpflichtungen nach den Absätzen 1 bis 4 durch schriftliche Vereinbarung auf den Veranstalter übertragen, wenn dieser oder dessen beauftragter Veranstaltungsleiter mit der Versammlungsstätte und deren Einrichtungen vertraut ist. Die Verantwortung des Betreibers bleibt unberührt.

Kernaussage dieser Regelung ist:

Die zentrale Sicherheitsverantwortung liegt beim Betreiber der Versammlungsstätte. Er muss die Sicherheit gewährleisten und die maßgebenden Vorschriften einhalten. Betreiber ist, wer rechtlich befugt und tatsächlich in der Lage ist, bestimmenden Einfluss auf die Versammlungsstätte auszuüben.[12] Das kann der Eigentümer, aber auch der Dauermieter oder der Pächter der Versammlungsstätte sein, wenn sie zur Durchführung von Eigen- oder Gastveranstaltungen berechtigt und zum Unterhalt der Versammlungsstätte verpflichtet sind.[13]

Besondere Bedeutung kommt in diesem Zusammenhang dem gem. § 38 II MVStättV vom Betreiber einzusetzenden **Veranstaltungsleiter** zu. Der Veranstaltungsleiter hat in der Versammlungsstätte anwesend zu sein, wenn diese sich in Betrieb befindet. »Betrieb« im Sinne der MVStättVO ist unzweifelhaft der Zeitraum, an dem die Veranstaltung, sei es ein Konzert, ein sportlicher Wettkampf oder eine Messe oder Ausstellung, dort stattfindet. Ob auch Auf- und Abbauzeiten als Betriebszeiten der Versammlungsstätte anzusehen sind und demnach auch dann ein Veranstaltungsleiter anwesend zu sein hat, wird hingegen nicht einheitlich beantwortet werden können. In der Auslegung des § 38 II MVStättV sollte man sich von dem oben genannten Schutzziel der Norm leiten lassen und immer dann einen Veranstaltungsleiter bestimmen, der vor Ort zu sein hat, wenn bereits in der Aufbauphase eine Vielzahl von Personen einer unmittelbaren Gefährdung im Schadensfall ausgesetzt sein könnte.[14]

---

12 BVerwG 90, 255 (264).

13 *Löhr/Gröger* Bau und Betrieb 428.

14 AA *Löhr/Gröger* Bau und Betrieb 433, die unter Hinweis auf den Wortlaut eine Anwesenheitspflicht des Veranstaltungsleiters nur während der offiziellen Öffnungszeiten für Besucher annehmen.

Die Aufgabe des Veranstaltungsleiters liegt darin, die Einhaltung der betrieblichen Bestimmungen der MVStättV während der Betriebszeit der Versammlungsstätte sicherzustellen. Eine weitere wesentliche Aufgabe besteht darin, im akuten Gefährdungsfall die Zusammenarbeit mit Polizei, Feuerwehr und Rettungsdiensten sicherzustellen. Auf eine griffige Formel gebracht könnte man sagen, der Veranstaltungsleiter ist die »im Gefahrenfall zuständige Person auf der Versammlungsstätte«. Der Veranstaltungsleiter hat sich qua Amt in allen Fällen abstrakter Gefährdung (zB versperrte Notausgänge) und akuter Gefährdungslagen (Ausbruch eines Feuers, Auffinden eines herrenlosen Koffers in dicht gedrängten Besucherbereichen) als verantwortlich zu zeigen und muss reagieren.

Wichtig für die Praxis zahlreicher Versammlungsstätten ist § 38 V MVStättV. Diese Regelung bestimmt, dass der Betreiber der Versammlungsstätte berechtigt ist, die nach Abs. 1 originär bei ihm liegende Pflicht zur Stellung eines Veranstaltungsleiters auf den Veranstalter zu übertragen (Delegationsrecht). Der Eigentümer der Halle (zB eine Messegesellschaft, der ein Messegelände gehört) kann dem Fremdveranstalter (zB dem Konzertveranstalter oder dem Wirtschaftsverband als Ausrichter einer Investitionsgütermesse) mit dem Mietvertrag für das Veranstaltungsgelände die Pflicht übertragen, einen Veranstaltungsleiter stellen zu müssen. Diese Übertragung ist in der Regel auch sinnvoll, denn üblicherweise überlässt der Geländebetreiber dem Fremdveranstalter seinen Veranstaltungsort zur eigenen Disposition. Dieser kann die Ausstellungsstände in der Halle nach eigener Verantwortung und eigenem Bedarf vermieten und gestalten. Die Verplanung ist seine ureigenste Aufgabe als Veranstalter, auf die der Betreiber in der Regel keinen Einfluss hat. Zur Vermeidung von Kompetenzverwirrungen ist die nach § 38 V MVStättV mögliche Übertragung der Verpflichtung, einen Veranstaltungsleiter bestimmen zu müssen, daher unbedingt empfehlenswert.

VI. Fallbeispiele

Zur Veranschaulichung und Vertiefung folgen einige Übungsfälle auf der Basis der MVStättV 2005:

Fall 42: Anwendbarkeit der MVStättV am Beispiel einer Kunst-Galerie. Ein Galerist verfügt über Räumlichkeiten von 25 x 10 m für wechselnde Ausstellungen; davon entfallen 20 qm auf abgetrennte, nur dem Galeristen zugängliche Büroflächen. Gilt die MVStättV?

Die MVStättV gilt, wenn die Versammlungsstätte nach § 1 I Nr. 1 einen Versammlungsraum aufweist, der mehr als 200 Besucher fasst. Die Besucher-Kapazität bemisst sich nach § 1 II 1 Nr. 4 für die hier einschlägige Nutzung als Ausstellungsraum mit 1 Besucher pro qm Grundfläche des Versammlungsraums. Diese beträgt 250 qm, von denen 20 qm Bürofläche abgehen, da diese für Besucher nicht zugänglich sind, § 1 II 2. Die verbleibenden 230 qm erlauben eine Besucherzahl von 230 Besuchern. Damit unterliegt die Galerie der MVStättV. Die für Museen geltende Ausnahme von § 1 III Nr. 3 gilt nicht für Galerien, sodass es bei dem gefundenen Ergebnis bleibt.

Fall 43: Breite von Rettungswegen. Eine unbestuhlte Mehrzweckhalle hat eine Grundfläche von 3500 qm. Die Bühneninstallation hat eine Fläche von 300 qm, die Bereiche für Catering, Garderobe, Produktionsbüros und Sanitätsräume haben insgesamt 600 qm. Welche Breite müssen die Rettungswege haben?

Die Bemessung der Rettungswege erfolgt nach § 7 MVStättV. Nach Abs. 4 berechnet sich die Breite der Rettungswege nach der größtmöglichen Besucherzahl.
Die Besucherzahl ist nach § 1 II Nr. 2 MVStättV für unbestuhlte Versammlungsräume mit 2 Besuchern pro qm zu ermitteln. Unter Versammlungsräumen sind nach § 2 III MVStättV »Räume für Veranstaltungen oder für den Verzehr von Speisen und Getränken« zu verstehen. Daher sind Bühne und Nebeneinrichtungen nicht zu berücksichtigen.

Mithin ergibt sich folgender Rechenvorgang:
Gesamtfläche abzüglich der Flächen für Bühne und Nebeneinrichtungen =
3.500 qm – (300 qm + 600 qm) = 2.600 qm.
Daraus ergibt sich die rechnerische (max.) Besucherzahl:
Nettofläche multipliziert mit 2 Besuchern pro qm =
2.600 qm x 2 Besucher = 5.200 Besucher

Nach § 7 IV 3 Nr. 2 MVStättV muss die lichte Breite eines jeden Teiles von Rettungswegen bei anderen Versammlungsstätten als Versammlungsstätten im Freien und Sportstadien betragen: 1,20 m je 200 Personen.[15]
Die gesamte Rettungswegbreite ergibt sich daher wie folgt:
Besucherzahl geteilt durch 200, Ergebnis x 1,20 m
(5.200 : 200) x 1,20 m = 31,20 m
So wären zB folgende Varianten denkbar unter Berücksichtigung einer Mindestbreite von 1,20 m (§ 7 IV 2 MVStättV):
Bei 1,20 m Breite: 26 Ausgänge
Bei 1,80 m Breite: 18 Ausgänge
Bei 2,40 m Breite: 13 Ausgänge

Wichtiger Hinweis: Mindestens 2 voneinander unabhängige bauliche Rettungswege müssen vorhanden sein, § 6 II MVStättV.

Fall 44: Open-air Stadion. Es handelt sich um ein Open-air-Stadion mit 2.000 Sitzplätzen, das für Sport- und Konzert-Veranstaltungen genutzt wird. Gilt dafür die MVStättV?

Ja, nach § 1 I Nr. 2 MVStättV, da hier kein reines Sportstadium vorliegt (dann gilt nach Nr. 3 erst ab 5.000 Besucher die MVStättV), sondern eine Versammlungsstätte im Freien über 1.000 Besucher. Eine Versammlungsstätte liegt nach § 2 I MVStättV vor, da eine bauliche Anlage für die gleichzeitige Anwesenheit vieler Menschen bei Veranstaltungen, insbesondere künstlerischer, sportlicher oder unterhaltender Art gegeben ist.

Fall 45: Toiletten. Welche Ausstattung müssen in dem vorgenannten Stadion die Toilettenräume aufweisen?

Die Antwort ergibt sich aus § 12 MVStättV. Danach müssen Versammlungsstätten getrennte Toilettenräume für Damen und Herren haben und in jedem Geschoss angeordnet werden. Es werden folgende Mindestzahlen vorgeschrieben:

Für die **Damentoiletten** gilt, dass bis 1.000 Besucherplätze pro Hundert Besucher 1,2 Toilettenbecken vorhanden sind. Bei 1.000 Besuchern sind das:

12 D-Toilettenbecken

15 Aufgrund empirischer Untersuchungen hat sich herausgestellt, dass für eine Person eine Breite von 0,60 m erforderlich ist und je 2 Personen ohne gegenseitige Behinderung einen Rettungsweg benutzen können. Darauf basiert das Ausgangsmodul von 1,20 m (ARGEBAU, Begründung u. Erläuterung zur MVStättV, S. 14).

Für die nächsten 1.000 Besucherplätze sind 0,8 Toilettenbecken pro Hundert weitere Damen vorgeschrieben. Das sind also weitere
8 D-Toilettenbecken

Für die **Herrentoiletten** gilt bis 1.000 Besucherplätze die Größenordnung von 0,8 Toilettenbecken und 1,2 Stehklos (im Bürokratendeutsch: »Urinalbecken«). Dies ergibt in den Herrentoiletten eine Anzahl von 8 H-Toilettenbecken
sowie 12 H-Stehklos.

Für die nächsten 1.000 Besucherplätze gelten folgende Zahlen:
Pro weitere Hundert Besucherplätze 0,4 Toilettenbecken + 0,6 Urinalbecken.
Das sind also 4 H-Toilettenbecken
sowie 6 H-Stehklos

Ergebnis:
Die Toilettenräume müssen mindestens aufweisen:
20 Toilettenbecken für die Damentoilette sowie 18 Urinalbecken und 12 Toilettenbecken für die Herrentoilette.

Fall 46: Zahl der Rettungswege. Wie viele Rettungswege müssen in dem Stadion vorhanden sein und wie lang dürfen sie maximal sein, wenn das Stadion zwei Tribünen für jeweils 1.000 Besucher aufweist? Wie müssen sie geführt werden?

Nach § 6 II MVStättV müssen auf jeder Tribüne 2 voneinander unabhängige Rettungswege vorhanden sein. Nach Abs. 4 dürfen die Rettungswege nur dem jeweiligen Geschoss zugeordnet sein.
Die Rettungswege müssen ins Freie zu öffentlichen Verkehrsflächen führen. Die betr. Gänge, Stufengänge, Ausgänge aus Räumen, notwendigen Flure und Treppen, die Ausgänge ins Freie, Balkons, Dachterrassen, Außentreppen und Rettungswege im Freien sind unbedingt frei zu halten, § 6 I MVStättV.
Die Entfernung von der Bühne bis zum nächsten Ausgang darf nach § 7 I MVStättV nicht länger als 30 m sein.

Fall 47: Lüftungsanlage im Stadion. Muss das Stadion eine Lüftungsanlage haben?

Nein, dies ist nur für Versammlungsräume nach § 17 II MVStättV vorgeschrieben ist. Hier liegt kein Versammlungsraum nach § 2 III MVStättV vor, wenn das Stadion offen und nicht nach allen Seiten baulich umschlossen ist. Sollte es sich um ein geschlossenes Stadion handeln, wäre es anders zu beurteilen.

Fall 48: Lüftungsanlage in einer Hochschul-Aula. Eine Fachhochschule richtet eine Aula mit Sitzplätzen mit einer Grundfläche von 2.500 qm ein. Müsste hier eine Lüftungsanlage vorgesehen werden?

Dies könnte nach § 17 II MVStättV der Fall sein. Zunächst wäre zu fragen, ob die MVStättV überhaupt Anwendung findet. Diese Frage beantwortet sich nach § 1 I Nr. 1 MVStättV und hängt davon ab, ob die Fachhochschule eine Versammlungsstätte ist. Das ist nach § 2 I MVStättV zu bejahen, weil sie eine bauliche Anlage für die gleichzeitige Anwesenheit vieler Menschen bei Veranstaltungen (Vorlesungen, Seminare) bestimmt ist. Die Aula ist auch ein Versammlungsraum nach der ausdrücklichen Erwähnung in § 2 III 2 MVStättV.

Die Ausnahmen nach § 1 III MVStättV treffen nicht zu. Insbesondere ist Nr. 2 nicht einschlägig, da hier nur Unterrichtsräume in allgemein- und berufsbildenden Schulen genannt sind,[16] nicht jedoch Hochschulen.
Allerdings unterliegt die Fachhochschule nur dann der MVStättV, wenn sie über einen Versammlungsraum mit mehr als 200 Besucher Fassungsvermögen verfügt, § 1 I Nr. 1 MVStättV. Alternativ reicht auch, dass mehrere Versammlungsräume vorhanden sind, die insgesamt mehr als 200 Besucher fassen, wenn diese Versammlungsräume gemeinsame Rettungswege haben. Die Anzahl der Besucher ist nach § 1 II Nr. 2 MVStättV zu berechnen, da die Räume Sitzplätze in Reihen aufweisen. Hier ist von zwei Besuchern je qm auszugehen. Bei 2.500 qm führt das zu 5.000 Besucherplätzen. Damit gilt die MVStättV für die Fachhochschule.
Die Notwendigkeit einer Lüftungsanlage wird an eine Grundfläche von 200 qm geknüpft, § 17 II MVStättV. Da auch diese Voraussetzung zutrifft, ergibt sich folgendes

Ergebnis:
Nach § 17 II MVStättV ist eine Lüftungsanlage für das Bauvorhaben vorgeschrieben.

B. Behördliche Genehmigungen und Anmeldepflichten

I. Einführung

Veranstaltungen berühren häufig nicht nur die Interessen der unmittelbar beteiligten Akteure (Veranstalter, Darsteller, Besucher etc.), die durch das Zivilrecht geregelt werden, sondern auch die Interessen der Allgemeinheit, weil durch die Veranstaltungen Gefahren ausgehen und die öffentliche Sicherheit betroffen ist. Insbesondere Großveranstaltungen und Events wie Großkonzerte, Sportveranstaltungen oder Volksfeste beinhalten neben ihrem Spaßfaktor ganz erhebliche Gefahren für die öffentliche Sicherheit und Ordnung, wie die Love-Parade in Duisburg mit 21 Toten und zahlreichen Verletzten gerade dramatisch vor Augen geführt hat. Ziel des öffentlichen (Veranstaltungs-)Rechts ist primär der Schutz dieser öffentlichen Sicherheit, zu dem noch weitere Ziele wie der des Umweltschutzes hinzutreten können.

Unter **öffentlicher Sicherheit** versteht man die Unversehrtheit des Einzelnen in Bezug auf Leben, Körper, Gesundheit, Freiheit, Ehre, und Vermögen sowie die Sicherung des Bestandes und Funktionierens des Staates und seiner Einrichtungen.[17] Es geht also um den Schutz von Individual- und Gemeinschaftsinteressen, die zu schützen eine der wichtigsten Aufgaben des Staates und der staatlichen Einrichtungen ist. Zu Recht betont deshalb die Charta der Grundrechte der Europäischen Union v. 12.12.2007 das Recht des Menschen auf Freiheit und Sicherheit (Art. 6), darüber hinaus das Recht auf Achtung seines Privat- und Familienlebens (Art. 7) und weiterer fundamentaler Rechte.

Die öffentliche Sicherheit bei Veranstaltungen wird in Deutschland nicht in einem einheitlichen Versammlungs- oder Versammlungsstättengesetz geregelt, sondern es existiert eine Vielzahl von Gesetzen, Rechtsverordnungen, Satzungen, Richtlinien und Erlassen, die auf Bundes-, Landes- und kommunaler Ebene bestehen und die von dem Veranstalter im Einzelfall berücksichtigt und erfüllt werden müssen.[18] Sie

16 Grund: Für diese gelten spezielle Bauvorschriften.
17 Im gleichen Sinne *Risch/Kerst* EventR 363.
18 Dazu detailliert und ausführlich *Funke/Müller* HdB EventR Teil E 182 ff.

reichen vom Versammlungsrecht über das allgemeine Bau- und Bauordnungsrecht, Versammlungsstättenrecht, das Gewerberecht, das Gaststättenrecht und das Straßenrecht bis zum Jugendschutzrecht und Umweltschutz- und Nachbarrecht. Hinzukommen GEMA-Anmeldung, Abführung von Künstlersozialabgaben und Steuern, insb. bei Einsatz ausländischer Künstler.

Der Veranstalter steht damit vor zahlreichen Anmelde- und Genehmigungserfordernissen bei der Planung und Organisation und muss auch bei der Durchführung der Veranstaltung eine Vielzahl von Rechtsnormen beachten.

Relevante öffentlich-rechtliche Vorschriften für die Genehmigung und Anmeldung von Veranstaltungen:

Versammlungsgesetz
Baurecht
Bewerbeordnung
Gaststättengesetz
Straßen- und Straßenverkehrsrecht
Jugendschutzgesetz
Immissionsschutzrecht
Künstlersozialversicherungsgesetz
GEMA-Recht (UrhG, WahrnG)
Steuerrecht (EStG, UStG)

Bild 22: Relevante öffentlich-rechtliche Vorschriften

Diese öffentlich-rechtlichen Normen können sein:

- Bundesgesetze (Beispiel: JugendschutzG)
- Landesgesetze (Beispiel: Gaststättenrecht)
- Rechtsverordnungen (Beispiel: BImSchV)
- Satzungen (Beispiel: städtische Gebührensatzungen für Sondernutzung von Straßen)

Für die verschiedenen Regelungsbereiche können in einer Kommune ganz **unterschiedliche Behörden** zuständig sein. Das kann Reibungsverluste und Abstimmungsprobleme nach sich ziehen. So kamen bei der Love Parade in Duisburg die einzelnen Ämter zu durchaus unterschiedlichen Einschätzungen der Gefahrenlage. Das kann für den Veranstalter zu Irritationen führen und bedeutet vor allem, dass häufig lange Zeiträume zwischen Antragstellung und Genehmigung liegen. Ein Zeitvorlauf von drei bis sechs Monaten muss daher etwa für die erstmalige Genehmigung eines Straßenfestes eingeplant werden. Bei Großveranstaltungen sind sogar längere Zeiträume von bis zu zwölf Monaten einzuplanen. Eine rechtzeitige Antragstellung ist daher unbedingt nötig und im eigenen Interesse empfehlenswert.

Um dem Veranstalter die Zuständigkeitsprobleme und die Beachtung der einschlägigen Antrags- und Genehmigungsvoraussetzungen auf Grundlage der diversen Rechtsnormen zu erleichtern, haben einige Kommunen wie zB die Stadt Wuppertal eigene **Leitfäden** für die Genehmigung von Events mit entsprechenden Antragsformularen entwickelt und auch ins Internet gestellt. Daraus sind auch die einschlägigen Gebühren zu ersehen. Solche Leitfäden sind aber keineswegs durchgängig in der Bundesrepublik anzutreffen.[19]

Vor der Genehmigung nimmt die zuständige Behörde eine **Risiko- und Gefährdungsanalyse** vor und hört dazu alle betroffenen Stellen und den Veranstalter an.[20] Das sind zB die Ordnungs- und Bauämter, das Gesundheitsamt (zB im Rahmen des Infektionsschutzgesetzes), Feuerwehr, Polizei, Umweltbehörden, Verkehrsbetriebe, Sanitätsdienste (DRK, Arbeiter-Samariter-Bund), TÜV, Bau- oder Brandschutzsachverständige. Dabei werden je nach Veranstaltungsgröße und Gefahrenlage hohe Ansprüche an die Sicherheit gestellt, zB an den Brandschutz, die sichere Verankerung von Licht- und Tonanlagen, Schallschutz, Pyrotechnik oder sichere Fluchtwege.[21] Die nach Landes- und Kommunalrecht zuständige Behörde trifft dann nach Abstimmung mit diesen Ämtern und Stellen eine eigenverantwortliche Entscheidung. Es kann aber auch sein, dass jedes Amt für seinen Zuständigkeitsbereich eine eigene Entscheidung trifft. Soweit dem Antrag stellenden Veranstalter ein Bescheid zugeht, handelt es sich rechtlich um einen **Verwaltungsakt.** Ein Verwaltungsakt ist nach § 35 VwVfG »jede Verfügung, Entscheidung oder andere hoheitliche Maßnahme, die eine Behörde zur Regelung eines Einzelfalls auf dem Gebiet des öffentlichen Rechts trifft und die auf unmittelbare Rechtswirkung nach außen gerichtet ist.« Ein belastender Verwaltungsakt, der eine Genehmigung für eine Veranstaltung versagt, kann auf einen entsprechenden Widerspruch und Klage des Betroffenen auf seine Rechtmäßigkeit zur Überprüfung gestellt werden. Mit einer entsprechenden Verpflichtungsklage vor dem Verwaltungsgericht kann gem. § 42 I VwGO der Erlass des abgelehnten Verwaltungsakts begehrt werden. Die Genehmigung der Veranstaltung kann uU auch nur teilweise erfolgen, mit Auflagen oder Bedingungen versehen oder befristet sein (§ 36 II VwVfG).

II. Versammlungsrecht

Nach dem Versammlungsgesetz besteht für öffentliche Versammlungen unter freiem Himmel oder einen Aufzug eine Anmeldungspflicht. § 14 Versammlungsgesetz (VersammlG) lautet:

19 ZB nicht in Osnabrück.
20 Vgl. *Funke/Müller* HdB EventR 184.
21 *Funke/Müller* HdB EventR 184.

(1) Wer die Absicht hat, eine öffentliche Versammlung unter freiem Himmel oder einen Aufzug zu veranstalten, hat dies spätestens 48 Stunden vor der Bekanntgabe der zuständigen Behörde unter Angabe des Gegenstandes der Versammlung oder des Aufzuges anzumelden.
(2) In der Anmeldung ist anzugeben, welche Person für die Leitung der Versammlung oder des Aufzuges verantwortlich sein soll.

Fraglich ist, ob damit jede öffentliche Versammlung unter freiem Himmel gemeint ist und einer Anzeigepflicht unterliegt.

Beispiel Straßenfest: Die Bürgergemeinschaft Gartenstadt e.V. möchte auf einem städtischen Platz ein Sommerfest veranstalten. Unterliegt die Veranstaltung § 14 VersammlG?

Das träfe dann zu, wenn es sich um »eine öffentliche Versammlung unter freiem Himmel« handeln würde. Eine Versammlung ist laut höchstrichterlicher Rechtsprechung nur dann gegeben, »wenn mehrere Menschen zur gemeinsamen Meinungsbildung oder Meinungsäußerung zusammenkommen.«[22] Zweck der Zusammenkunft muss es sein, gemeinsame Diskussionen zu führen oder eine Meinung kundzutun. Es geht um die Wahrnehmung der Versammlungsfreiheit nach Art. 8 GG. Das trifft bei einem Straßenfest nicht zu, da dieses nicht der Meinungskundgebung dient, sondern geselligen und evtl. kulturellen Zwecken. Eine Anmeldepflicht nach § 14 VersG besteht daher nicht.

Allgemein sind Veranstaltungen nicht von § 14 VersammlG erfasst, die künstlerischen, wissenschaftlichen, privaten, gewerblichen oder unterhaltenden Zwecken dienen.[23]

Beispiele für Versammlungen, die nicht dem VersammlG unterliegen, sind:
- Konzerte
- Ausstellungen
- Märkte
- Vorträge
- Kongresse
- Fußballspiele
- Musik- und Tanzveranstaltungen (auch wenn dabei ein bestimmtes Lebensgefühl zum Ausdruck gebracht wird, wie bei früheren Love Parades in Berlin für Schwule und Lesben).

Beispiel für Versammlungen, die dem VersammlG unterliegen
- Protestversammlung gegen Transport von Uranstäben
- Sympathiekundgebung für Syrien

III. Baurecht

Soweit bauliche Anlagen für Events geschaffen werden oder abgebrochen werden oder vorhandene bauliche Anlagen, die bislang einem anderen Zweck dienten, für ein Event umfunktioniert werden, ist Baurecht zu beachten. Dieses ist zum einen
- Bundesrecht – geregelt im Baugesetzbuch und in der Baunutzungsverordnung – und zum anderen
- Landesrecht – geregelt in den Bauordnungen der Länder.

Hinzu kommen Bausatzungen der Gemeinden, die ebenfalls zu beachten sind.

22 BVerwGE 82, 34; OVG Weimar NVwZ-RR 1998, 497. Im Gegensatz zur Rechtsprechung wird in der Literatur zT ein weiter Versammlungsbegriff vertreten. Danach soll schon jeder beliebige gemeinsame Zweck ausreichen. Vgl. näher *Risch/Kerst* EventR 367.
23 VGH Mannheim DVBl. 1995, 361; *Kniesel* NJW 1992, 2611.

Die Errichtung und der Abbruch baulicher Anlagen sowie die Änderung der bisherigen Nutzung unterliegen einem **Genehmigungsvorbehalt.**[24] Das bedeutet, dass ohne eine entsprechende Baugenehmigung ein solches Bauvorhaben nicht ausgeführt werden darf. Der Grund liegt in dem hohen Gefahrenpotenzial von baulichen Anlagen und ihrer Nutzung für die körperliche Unversehrtheit, das Leben und das Eigentum der Menschen, die eine bauliche Anlage betreten oder nutzen.[25] Aus Gründen der öffentlichen Sicherheit und Ordnung bedarf es daher einer strengen staatlichen Kontrolle, ob das Bauvorhaben den öffentlich-rechtlichen Vorschriften entspricht. Dabei sind vor allem die Bestimmungen des Bauplanungs- und des Bauordnungsrechts zu beachten.

Zum **Bauplanungsrecht** gehören die Vorschriften des Baugesetzbuches über die Zulässigkeit von Bauvorhaben im Allgemeinen, insb. die §§ 29–38 BauGB. Sie werden ergänzt durch §§ 1–15 Baunutzungsverordnung, die die Zulässigkeit in den verschiedenen Baugebieten regelt.

Das **Bauordnungsrecht** ist in den Bauordnungen der einzelnen Bundesländer geregelt und bestimmt, welche baulichen Anlagen erfasst sind, und welche allgemeine und besondere Anforderungen an die Bauausführung zu stellen sind.

- Als allgemeine Anforderungen bestimmt zB § 3 I Bau NRW[26], dass bauliche Anlagen so anzuordnen, zu errichten, zu ändern und instandzuhalten sind, dass die öffentliche Sicherheit oder Ordnung, insbesondere Leben, Gesundheit oder die natürlichen Lebensgrundlagen nicht gefährdet werden. Die der Wahrung dieser Belange dienenden allgemein anerkannten Regeln der Technik sind dabei zu beachten.
- Bei den besonderen Anforderungen sind vor allem Standsicherheit, Brandschutz, Wärmeschutz und Verkehrssicherheit angesprochen (vgl. §§ 15–19 BauO NRW). Ferner werden genaue Anforderungen an die Bauprodukte und Bauarten gestellt (§§ 20–28 BauO NRW) sowie Vorschriften bzgl. Wänden, Decken, Dächern, Treppen, Rettungswegen, Aufzügen, Öffnungen, haustechnischen Anlagen, Aufenthaltsräumen und Wohnungen sowie besonderen Anlagen gemacht (§§ 29–55 BauO NRW). Im Baugenehmigungsverfahren wird dann geprüft, ob diesen Vorgaben im Einzelfall Rechnung getragen ist. Nur wenn dies der Fall ist, darf die Genehmigung erteilt werden.

Bauplanungs- und Bauordnungsrecht betrifft **bauliche Anlagen.** Was darunter zu verstehen ist, wird im Bauordnungsrecht der einzelnen Länder definiert. So bestimmt § 2 I BauO NRW:

»**Bauliche Anlagen** sind mit dem Erdboden verbundene, aus Bauprodukten hergestellte Anlagen. Eine Verbindung mit dem Erdboden besteht auch dann, wenn die Anlage durch eigene Schwere auf dem Erdboden ruht oder auf ortsfesten Bahnen begrenzt beweglich ist oder wenn die Anlage nach ihrem Verwendungszweck dazu bestimmt ist, überwiegend ortsfest benutzt zu werden.«

Beispiele für genehmigungsbedürftige bauliche Anlagen sind:
- Bauwerke jeder Art, insb. Gebäude
- Ausstellungsplätze in Wohngebieten und im Außenbereich über 300 qm[27]

24 Zum folgenden eingehend *Funke/Müller* HdB EventR 184 ff. Rn. 582 ff. sowie *Risch/Kerst* EventR 409 ff.

25 So auch *Risch/Kerst* EventR 409.

26 Beispielhaft wird auf die Landesbauordnung NRW abgestellt. Die Regelungen in den anderen Bundesländern sind inhaltlich weitgehend deckungsgleich.

27 § 65 Nr. 26 BauO NRW.

- Stellplätze, außer bestimmte Abstellplätze[28]
- Bühnen, Tribünen
- Fahrgeschäfte.

Nicht erfasst sind:[29]
- Festzelte (= fliegende Bauten)
- Einfache Verkaufsstände oder Imbissbuden

Beispiel Straßenfest: Bei dem oben genannten Sommerfest sollen auch Verkaufsstände und Imbissbuden aufgebaut werden. Ist eine Baugenehmigung nötig?

Es handelt sich zwar um bauliche Anlagen, die aber nach §65 Nr.40 BauO NRW genehmigungsfrei sind, wenn sie bei Straßenfesten, Märkten und ähnlichen Veranstaltungen nur für kurze Zeit aufgestellt sind. Da die Verkaufsstände und Imbissbuden bloß für die kurze Zeit des Straßenfestes aufgestellt werden, bedarf es daher keiner baurechtlichen Genehmigung.

Soweit bauliche Anlagen in Rede stehen, die nicht ausnahmsweise genehmigungsfrei sind, besteht Genehmigungspflicht. Das Bauordnungsrecht des jeweiligen Bundeslandes bestimmt dann im Einzelnen die Genehmigungsvoraussetzungen und das Genehmigungsverfahren.

Beispiel Open Air Bühne: Der Veranstalter plant, in einem ländlichen Gebiet von NRW ein Rockfestival durchzuführen und möchte dafür eine Konzertbühne errichten.

Da es sich hier um eine bauliche Anlage handelt, ist die Errichtung der Bühne genehmigungspflichtig, falls es sich nicht ausnahmsweise um ein genehmigungsfreies Vorhaben handelt. Diese sind in §§65 bis 67 BauO NRW aufgeführt. Bühnen sind dort nicht erwähnt. Daher muss der Veranstalter eine Baugenehmigung beantragen. Nach Bauordnungsrecht NRW[30] verläuft das Genehmigungsverfahren wie folgt:

1. Stellen eines schriftlichen Bauantrags
2. Einreichung entsprechender Bauzeichnungen mit Statikberechnung
3. Bautechnische Prüfung
4. umfassende rechtliche Prüfung der öffentlich-rechtlichen Vorschriften
5. Genehmigung, falls in Einklang mit Baurecht und Bauordnungsrecht

§75 BauO NRW bestimmt im Hinblick auf die **Erteilung der Baugenehmigung** Folgendes:

(1) Die Baugenehmigung ist zu erteilen, wenn dem Vorhaben öffentlich-rechtliche Vorschriften nicht entgegenstehen. Die Baugenehmigung bedarf der Schriftform; sie braucht nicht begründet zu werden.

(5) Vor Zugang der Baugenehmigung darf mit der Bauausführung nicht begonnen werden.

Die Baugenehmigung kann dementsprechend nur dann erteilt werden, wenn das Vorhaben den öffentlich-rechtlichen Vorschriften entspricht bzw. **wenn öffentlich-rechtliche Vorschriften nicht entgegenstehen**. Die Baurechtsbehörde hat dementsprechend in eigener Verantwortung oder unter Beteiligung anderer Behörden zu prüfen, ob das Vorhaben den Vorschriften des öffentlichen Rechts entspricht. Damit sind vor allem die Normen des Bauplanungs- und Bauordnungsrechts gemeint, die vom BauGB über die Baunutzungsverordnung (Bundesrecht) über das Bauordnungsrecht

28 Genehmigungsfrei sind gewisse Stell- und Abstellplätze nach §65 Nr.24ff. BauO NRW, zB für Pkw bis 100 qm.
29 *Funke/Müller* HdB EventR 196 Rn.615 und 616.
30 §§69ff. BauO NRW.

(Landesrecht) bis zu den Bausatzungen (Kommunalrecht) reichen. Stehen dem Vorhaben die betreffenden öffentlich-rechtlichen Vorschriften nicht entgegen, so ist die Baugenehmigung zu erteilen. Der Antragsteller hat darauf einen Anspruch, den er notfalls im Klagewege vor den Verwaltungsgerichten durchsetzen kann (Verpflichtungsklage nach § 42 VwGO).

Verstößt die Anlage gegen baurechtliche Vorschriften, werden dem Antragsteller Auflagen erteilt, um die Defizite zu beseitigen. Geschieht dies nicht oder ist eine Nachbesserung nicht möglich, wird der Bauantrag zurückgewiesen. Würde die Veranstaltung dennoch durchgeführt, droht ein Zwangsgeld oder die Versiegelung des Veranstaltungsorts.

Zu beachten ist, dass auch **Nutzungsänderungen** vorhandener Bauwerke baurechtlich genehmigungspflichtig sind. Das bestimmen die landesrechtlichen Bauordnungen. Auch für die Bauplanung (Bebauungspläne) sind Nutzungsänderungen ausdrücklich der Errichtung oder Änderung einer baulichen Anlage gleichgestellt (§ 29 I BauGB).

In der BauO NRW heißt es wörtlich:

§ 63 Genehmigungsbedürftige Anlagen

(1) Die Errichtung, die Änderung, die Nutzungsänderung und der Abbruch baulicher Anlagen und Einrichtungen im Sinne des § 1 Abs. 1 Satz 2 bedürfen der Baugenehmigung, soweit in den §§ 65 bis 67, 79 und 80 nichts anderes bestimmt ist.

....

Allerdings bedarf es in NRW bei Nutzungsänderungen aufgrund des § 2 Nr. 4c) Bürokratieabbaugesetzes »in der Regel« keiner förmlichen Baugenehmigung, sondern nur einer schriftlichen Anzeige, der die für eine Prüfung des Vorhabens erforderlichen Bauvorlagen beizufügen sind. Der Antragsteller kann aber selbst auf die Durchführung eines Baugenehmigungsverfahrens bestehen. Umgekehrt kann die Bauaufsichtsbehörde innerhalb von zwei Wochen nach Eingang der Anzeige und der Bauvorlagen erklären, dass das Genehmigungsverfahren durchgeführt werden soll. Tut sie das nicht innerhalb dieser Frist, so kann die Nutzungsänderung vorgenommen werden. Mit diesen Regelungen soll bei kleineren Nutzungsänderungen eine Verfahrensvereinfachung erreicht werden. Sobald es um größere Änderungen geht, bleibt es jedoch bei dem in § 63 I BauO NRW beschriebenen Genehmigungsverfahren. Die Bürokratievereinfachung kann nicht darüber hinwegtäuschen, dass Nutzungsänderungen nicht ohne Weiteres durchgeführt werden dürfen, sondern unter Vorlage der Bauvorlagen zuvor der Baugenehmigungsbehörde zur Kenntnis gebracht werden müssen. Diese entscheidet, ob sie im Einzelfall auf Durchführung des Genehmigungsverfahrens besteht oder nicht.

Beispiel Disco in früherer Kirche: Eine frühere Kirche, die nicht mehr dem Gottesdienst dient, soll jetzt zu einer Discothek umgewandelt werden.

Es handelt sich um eine Nutzungsänderung, die als solche baurechtlich zu genehmigen ist. Der naheliegende Grund ist: Es handelt sich um eine atypische Nutzung, für die der Versammlungsort nicht ausgelegt ist. Das kann erhebliche Gefahren für Gesundheit und Leben der Anwesenden bergen (Einsturzgefahr, unzureichender Brandschutz, fehlende Rettungswege usw.). Folglich ist jede Nutzungsänderung baurechtlich genehmigungspflichtig und im Einzelnen bautechnisch zu überprüfen. Außerdem müssen dabei auch die Auswirkungen auf die Nachbarschaft (insb. Lärmbelästigung durch den Betrieb und an- und abfahrende Autos und sonstige Immissionen) bedacht werden. Im Einzelnen muss die Genehmigungsbehörde eine intensive Risikoanalyse und -bewertung vornehmen. Daher eignet sich der Fall auch nicht für einen – in NRW möglichen – Verzicht auf das Genehmigungsverfahren. Falls keine Risiken im Hinblick auf Statik, Brandschutz, Lärmbelästigung etc. bestehen, müsste das Vorhaben genehmigt werden. Sind dagegen Risiken gegeben, müssten entsprechende Auflagen erteilt werden oder das Vorhaben abgelehnt werden.

Aktuelles Beispiel aus Bielefeld: Eine frühere Gaststätte soll nunmehr als Privattheater genutzt werden. Bedarf es einer Baugenehmigung?

Da es sich um eine Nutzungsänderung des Gebäudes handelt, bedarf es einer Baugenehmigung nach § 63 I BauO NRW. Stellt der Betreiber des Theaters einen entsprechenden Antrag auf Nutzungsänderung, so sind alle für die geplante Nutzung relevanten Vorschriften zu beachten. Die Stadt Bielefeld hat wegen der wesentlichen Nutzungsänderung erklärt, dass nach § 2 Nr. 4c) Bürokratieabbaugesetz ein echtes Genehmigungsverfahren durchgeführt werden soll. Zu den prüfungsrelevanten Vorschriften zählen neben Vorgaben des Immissionsrechts insbesondere Rechtsnormen zu Brandschutzmauern oder Notausgängen. Diese können auch dann verlangt werden, wenn sie vorher nicht nötig waren. Denn bei einer Umnutzung besteht kein Bestandsschutz.

Neben dem eigentlichen Baurecht kann zusätzlich auch Sonderbaurecht in Form des Versammlungsstättenrechts zur Anwendung kommen, das zusätzliche Sicherheitsvorgaben enthält. Darauf wurde bereits oben (4. Teil A.) in einem eigenen Abschnitt gesondert eingegangen.

IV. Gewerberecht

Bei der Durchführung eines Events kann unter bestimmten Umständen die Gewerbeordnung zur Anwendung kommen. Wie bereits im Zusammenhang mit dem Messerecht dargestellt, versteht man unter einem **Gewerbe:**

Jede erlaubte, auf Gewinnerzielung gerichtete und auf Dauer angelegte selbstständige Tätigkeit. Ausgenommen sind die Verwaltung eigenen Vermögens, die Urproduktion, freie wissenschaftliche, künstlerische und schriftstellerische Tätigkeit sowie die Ausübung eines freien Berufs (Arzt, Zahnarzt, Rechtsanwalt, Steuerberater und Ähnliches).[31]

Im Eventbereich sind somit alle selbstständigen künstlerischen Tätigkeiten gewerberechtlich irrelevant. Dazu zählen etwa die selbstständig ausgeübten Tätigkeiten von

- Komponisten
- Textern, Librettisten
- Schriftstellern und Dichtern
- Arrangeuren
- Dirigenten, Chorleitern
- Musikern
- Schauspielern
- Kabarettisten

31 AllgM in Rechtsprechung und Literatur, vgl. BVerwG NJW 1977, 772; Steiner/*Arndt/Fetzer* VerwR BT VI Rn. 203; *Stober* WirtschaftsVerwR BT § 46 I.

- Performance-, Aktions- oder Videokünstlern
- Tänzern
- Dramaturgen, Regisseuren

Wann im Einzelfall eine künstlerische Tätigkeit vorliegt, ist nicht immer einfach zu entscheiden. Vorausgesetzt wird eine persönliche, schöpferische Tätigkeit mit einer gewissen Gestaltungstiefe.[32]

Beispiel: Ein Musicalkomponist, der ein Musical komponiert, schafft eine eigenschöpferische Leistung mit gehobenem Anspruch und ist daher Künstler. Das gilt auch, wenn er das Werk selbst aufführt. Die Gewerbeordnung findet keine Anwendung.

Dagegen ist derjenige, der als Veranstalter, Künstleragentur, Eventagentur oder Gastspieldirektion musikalische, schauspielerische oder sonstige künstlerische Darbietungen vermarktet, selbst kein Künstler, sondern erfüllt die Voraussetzungen eines Gewerbetreibenden, wenn er erlaubterweise, nachhaltig (dh nicht nur gelegentlich) und mit Gewinnerzielungsabsicht tätig wird.

Welche gewerberechtlichen Voraussetzungen ein Gewerbetreibender zu erfüllen hat, hängt davon ab, ob er ein stehendes Gewerbe, ein Reisegewerbe oder eine gewerbliche Tätigkeit im Bereich von Messen, Märkten und Ausstellungen ausübt. Je nachdem bestehen bloße Anzeige- oder bereits Erlaubnispflichten, ggf. auch Verbote oder Gebote. Unter Bezugnahme auf die Ausführungen im Messerecht[33] gilt:

- Wer ein **stehendes Gewerbe** ausübt, hat grundsätzlich nur eine Anzeigepflicht gem. § 14 GewO. Er braucht sein Gewerbe daher bloß der zuständigen Behörde anzuzeigen, ohne dass eine inhaltliche Prüfung in Bezug auf Sachkunde, wirtschaftliche Leistungsfähigkeit oder Nachfrage erfolgt. Das in § 1 GewO verankerte Prinzip der Gewerbefreiheit ist hier in hohem Maße verwirklicht.

Beispiele: Eventagenturen, Veranstalter

Selbstständige Eventagenturen üben ihre Tätigkeit von einer festen Niederlassung aus und betreiben daher ein stehendes Gewerbe. Sie müssen ihre Tätigkeit daher zu Beginn beim Gewerbeamt der betreffenden Gemeinde anzeigen. Dies ist eine reine Formsache, die mit der Ausfüllung eines Vordrucks und der Zahlung einer (niedrigen) Verwaltungsgebühr[34] verbunden ist. Innerhalb von drei Tagen erhalten sie darüber eine Empfangsbescheinigung, sog. Gewerbeschein (§ 15 GewO).

Das Gleiche gilt für alle anderen Veranstalter von beliebigen Veranstaltungen, es sei denn, es handele sich um ein Reisegewerbe oder die Veranstaltung einer Messe oder Ausstellung.

- Wer ein Reisegewerbe ausübt, benötigt eine **Reisegewerbekarte** nach § 55 GewO, dh eine echte Erlaubnis. Das Gesetz nennt in § 55 GewO das Anbieten von Leistungen ohne vorhergehende Bestellung außerhalb oder ohne gewerbliche Niederlassung sowie unterhaltende Tätigkeiten als Schausteller oder nach Schaustellerart.

Beispiele: Betreiben eines Karussels oder eines Circus.

Auch der ambulante Verkauf von Eintrittskarten kann dazu zählen.

32 BFH NJW 1983,1224. Steiner/*Arndt/Fetzer* VerwR BT VI Rn. 217 stellen vor allem auf Charakter und Qualität der Betätigung ab.
33 Siehe oben 3. Teil Kap. C. II. 1.
34 Im Allgemeinen um 30 EUR.

- Für **Messen, Ausstellungen und Märkte** gelten die besonderen Bestimmungen der §§ 64 ff. GewO, auf die oben[35] im Einzelnen eingegangen wurde. Für sie kann, muss aber nicht zwingend eine besondere Genehmigung in Form einer Festsetzung nach § 69 GewO eingeholt werden. Wird ein solcher Antrag nicht gestellt, gelten zwar keine besonderen gewerberechtlichen Vorschriften. Die Veranstaltung kann aber dann ggf. aus sonstigen Gründen genehmigungspflichtig sein.

Beispiel: Auf einer Ausstellung ohne Festsetzung sollen auch Getränke und Speisen offeriert werden. Dann kann eine gaststättenrechtliche Erlaubnis nach § 2 GastG oder zumindest eine Gestattung nach § 12 GastG nötig sein.

Besonderheiten gelten für **Volksfeste**. Dies sind nach § 60b GewO im allgemeinen regelmäßig wiederkehrende, zeitlich begrenzte Veranstaltungen, auf denen eine Vielzahl von Anbietern unterhaltende Tätigkeiten ausüben oder Waren feilbieten. Beispiele sind das Münchener Oktoberfest, der Hamburger Dom oder der Bremer Freimarkt. Solche Veranstaltungen können auf Antrag nach § 60b II, 69 I GewO festgesetzt werden, sodass dann einige der Marktprivilegien gelten (zB Freistellung von Ladenschlusszeiten, gelockerte Arbeitsschutzbestimmungen). Dann müsste der Veranstalter allerdings einen entsprechenden Antrag auf Festsetzung stellen. Ob er dies tut, ist seine eigene freie Entscheidung.[36] Einen gesetzlichen Zwang dazu gibt es nicht.[37] Wird kein entsprechender Antrag auf Festsetzung gestellt, muss die Veranstaltung gewerberechtlich nach §§ 60b, 55c GewO angezeigt werden. Im Übrigen gelten dann die allgemeinen verwaltungsrechtlichen Vorschriften, die zB Genehmigungen aufgrund von baurechtlichen, feuerpolizeilichen, gaststättenrechtlichen, arbeitsschutzrechtlichen oder immissionsrechtlichen Vorschriften erforderlich machen können.

Für die Veranstaltung von **Spielen** sind gewerberechtlich die §§ 60a und 33c GewO zu beachten.

Die **Schaustellung von Personen** unterliegt für stehende Gewerbe einer Erlaubnis nach § 33a GewO und im Reisegewerbe einer Reisegewerbekarte, § 55a GewO.

V. Gaststättenrecht

Bei den meisten Veranstaltungen werden auch Getränke und/oder Speisen angeboten. Es stellt sich die Frage, ob der Veranstalter deshalb eine Gaststättenkonzession benötigt. Wer **im stehenden Gewerbe** Getränke verabreicht oder zubereitete Speisen an Ort und Stelle verabreicht, betreibt ein genehmigungspflichtiges Gaststättengewerbe, wenn der Betrieb jedermann oder bestimmten Personenkreisen zugänglich ist, § 1 I GastG. Das Gesetz unterscheidet Schank- und Speisewirtschaften. Beide Betriebstypen kommen in der Praxis vielfach kombiniert vor (»Schank- und Speisewirtschaft«), wofür selbstverständlich dann nur eine einheitliche Konzession nötig ist.

Beispiele für Gaststätten im stehenden Gewerbe
- Restaurant, Café, Kneipe, Pizzeria, Diskothek, Bistro, Bar

35 3. Teil Kap. C. II. 1.
36 *Kresse/Engelsberg* MessewirtschaftsR 101; *Hilderscheid* MesseR 45 ff.
37 Siehe dazu näher oben im Kontext von Messen und Ausstellungen Teil 3 Kap. C. II.

Auch wer als selbstständiger Gewerbetreibender **im Reisegewerbe** von einer für die Dauer der Veranstaltung ortsfesten Betriebsstätte aus Getränke oder zubereitete Speisen zum Verzehr an Ort und Stelle verabreicht, betreibt ein Gaststättengewerbe, wenn der Betrieb jedermann oder bestimmten Personenkreisen zugänglich ist, § 1 II GastG.

Beispiele für Gaststätten im Reisegewerbe:
- Bierzelte,
- Verkaufsstände bei Straßen- oder Volksfesten

Wer ein Gaststättengewerbe betreibt, bedarf dazu grundsätzlich einer **Erlaubnis,** § 2 I GastG. Genehmigungsfrei ist nach § 2 II GastG das Verabreichen von

1. alkoholfreien Getränken,
2. unentgeltlichen Kostproben (zB bei Messen oder Ausstellungen)
3. zubereiteten Speisen
4. Getränken und zubereiteten Speisen an Hotelgäste.

Voraussetzungen für die Erteilung einer Erlaubnis sind gem. § 4 GastG:

1. Zuverlässigkeit des Antragstellers (insb. keine einschlägigen Vorstrafen)
2. Geeignetheit der Räume mitsamt Barrierefreiheit (insb. Zugänglichkeit für Rollstuhlfahrer)
3. kein Widerspruch zu öffentlichen Interessen, insbesondere im Hinblick auf schädliche Umwelteinwirkungen (vor allem nicht zuviel Lärm)
4. Lebensmittelkundenachweis

Beispiel Betreiben einer Discothek: Der Gastronom müsste seinem Antrag für eine Betriebserlaubnis danach insbesondere beifügen:

1. ein polizeiliches Führungszeugnis für den Nachweis, dass er nicht unzuverlässig ist,
2. Bauplan für die vorgesehenen Räumlichkeiten
3. Lärmgutachten bzgl. des Betriebs einschließlich An- und Abfahrt durch Kfz
4. Nachweis der IHK über eine erfolgreiche Unterrichtung im Lebensmittelkunderecht.

Hervorgehoben sei, dass nur für öffentliche Events eine Erlaubnispflicht besteht. Wer im Rahmen privater Feiern seine Gäste mit Getränken und Speisen versorgt, braucht selbstverständlich keine Gaststättenerlaubnis. Hier fehlt es sowohl an der Gewerbsmäßigkeit als auch an dem Merkmal, dass die Veranstaltung für jedermann oder bestimmte Personenkreise zugänglich sein muss, § 1 GastG.

Anders wäre dagegen der professionelle Ausrichter von öffentlichen Veranstaltungen, ggf. auch für »private« Feiern zu beurteilen. Wer ein Festzelt für orientalische Hochzeiten betreibt, in denen regelmäßig um 800–1.000 Gäste von ihm bewirtet werden, ist Gewerbetreibender und bietet die Bewirtung zwar nicht jedermann, aber einem bestimmten Personenkreis an, der nicht mehr allein durch verwandtschaftliche und freundschaftliche Beziehungen miteinander verbunden ist. Aufgrund des überindividuellen Personenkreises besteht hier die erforderliche Öffentlichkeit der Veranstaltung. Die allgemeine Zugänglichkeit besteht auch dann, wenn – wie zB beim Münchener Oktoberfest – ein Eintrittsgeld an den Festwirt zu zahlen ist. Denn der Begriff dient lediglich der Abgrenzung von privaten Geselligkeiten und ist daher weit zu verstehen. So reicht es für die allgemeine Zugänglichkeit, wenn Speisen und Getränke ausschließlich an Angehörige einer bestimmten Personengruppe, zB an Vereinsmitglieder bei nicht begrenzter Mitgliederzahl oder an die Fahrgäste eines Omnibusses oder Schiffs, verabreicht werden.[38]

38 Schmidt/Vollmöller/*Landherr/Diederichsen* ÖffWirtschaftsR § 10 Rn. 9.

Aus besonderem Anlass kann der Betrieb eines erlaubnispflichtigen Gaststättengewerbes nach § 12 GastG unter erleichterten Voraussetzungen vorübergehend auf Widerruf gestattet werden. Eine solche **Gestattung** kommt bei Events in Frage, bei denen die gastronomische Tätigkeit nicht im Vordergrund steht. Zu denken ist etwa an Sportevents, Jubiläumsfeiern, Umzüge oder Werbeveranstaltungen.[39]

Beispiel Straßenfest: Der Veranstalter eines Festivals bietet seinen Besuchern in der Pause Champagner, Wein und alkoholfreie Drinks sowie Canapées und Bretzeln an. Benötigt er dafür eine Gaststättenerlaubnis nach § 2 GastG?

Dies wäre nach § 2 I GastG an sich zu bejahen, da es sich um die gewerbemäßige Versorgung mit Getränken und Speisen handelt und die Ausnahmen von Absatz 2 nicht zutreffen. Aber im Hinblick darauf, dass es sich bei dem Festival um ein zeitlich begrenztes, besonderes Ereignis handelt, bei dem die gastronomische Versorgung gegenüber der kulturellen Darbietung nicht im Vordergrund steht, ist hier eine Gestattung aus besonderem Anlass zulässig. Die Tätigkeit kann auf diese Weise nach § 12 GastG unter erleichterten Voraussetzungen vorübergehend gestattet werden.

Die Gestattung erfolgt auf einen entsprechenden Antrag, der nach nachstehendem Muster an das Ordnungsamt der Gemeinde zu richten ist und nach den Kostengesetzen der einzelnen Bundesländer gebührenpflichtig ist.[40]

Die Gestattung wird im Regelfall an zahlreiche Auflagen geknüpft, die hygienische, sanitäre und sicherheitstechnische Einrichtungen betreffen. Dadurch soll sichergestellt werden, dass zB WC-Anlagen in ausreichendem und ordnungsgemäßem Zustand vorhanden sind oder nur ordnungsgemäß abgenommene Schankanlagen zum Einsatz kommen.

Zu bedenken ist noch, dass § 18 GastG es den einzelnen Ländern erlaubt, durch Rechtsverordnung festzulegen, dass Schank- und Speisewirtschaften sowie öffentliche Vergnügungsstätten zu allgemein festgelegten **Sperrzeiten** geschlossen bleiben müssen. Davon haben die Länder unterschiedlich Gebrauch gemacht.[41] Insgesamt ist eine liberale Handhabung zu verzeichnen: so haben zB Berlin, Sachsen oder NRW die Sperrzeiten auf die Zeit zwischen 5:00 und 6:00 Uhr begrenzt. In jedem Fall ist zu beachten, dass es nach der Rechtsprechung des Bundesverwaltungsgerichts[42] verboten ist, zwischen 22:00 und 6:00 Uhr die Lärmgrenze von 55 Dezibel in Wohngebieten und von 60 Dezibel in gemischten Wohn-Gewerbegebieten zu überschreiten.

Wer als Koch, Servicekraft oder sonstige Person tätig wird, die im Rahmen von Veranstaltungen gewerbsmäßig mit Lebensmitteln in Berührung kommt, muss eine Bescheinigung des Gesundheitsamtes gem. §§ 42 ff. InfektionsschutzG (IfSG) besitzen. Darin wird nachgewiesen, dass der Betreffende belehrt worden ist über Krankheitserreger in Lebensmitteln, ihre Übertragbarkeit und Beschäftigungsverbote bei einer Infektion. Diese **Belehrungsbescheinigung nach IfSG** gilt lebenslang. Im Unterschied zum früheren Bundesseuchengesetz ist seit 1.1.2001 jedoch weder eine amtsärztliche Untersuchung noch ein Gesundheitszeugnis mehr erforderlich.

39 Beispiele von *Funke/Müller* HdB EventR 223 Rn. 654.
40 Die Kosten liegen zwischen 30 bis 50 EUR.
41 Dazu näher *Funke/Müller* HdB EventR 233 ff. Rn. 660 ff.
42 BVerwG NVwZ-RR 1992, 68.

Bayerischer Behördenwegweiser

An:		**Antrag auf Gestattung eines vorübergehenden Gaststättenbetriebes (§ 12 Abs. 1 GastG)**
Straße/Postfach		
PLZ	Ort	

Ich/Wir beantrage(n) hiermit die Gestattung einer

☐ **Schankwirtschaft**

☐ **Speisewirtschaft**

☐ ______________________
Besondere Betriebsart (z.B. Discothek, Tanzlokal, Bar usw.)

Antragsteller

Name, Vorname (evtl. auch Geburtsname)		
ggf. Bezeichnung der juristischen Person oder des nichtrechtsfähigen Vereins (bei mehreren Vertretern ist je ein Formular auszufüllen)		
Anschrift (Straße, Haus-Nr. PLZ, Ort)		
Geburtsdatum	Geburtsort	Staatsangehörigkeit
Bei Ausländern: Aufenthaltserlaubnis erteilt durch		gültig bis
Ist ein Strafverfahren anhängig	☐ ja	☐ nein
Ist ein Bußgeldverfahren wegen Verstößen bei einer gewerblichen Tätigkeit anhängig	☐ ja	☐ nein
Ist ein Gewerbeuntersagungsverfahren nach § 35 GewO anhängig	☐ ja	☐ nein

Inhalt der Gestattung

Aus Anlass (z.B. Volksfest, Sportfest)		
Im Zeitraum (Datum und Uhrzeit)		
Tanzveranstaltungen sind vorgesehen	☐ ja	☐ nein
Musikalische Darbietungen sind vorgesehen	☐ ja	☐ nein
Außerdem ist vorgesehen:		

Räumliche Verhältnisse

Ort (genaue Bezeichnung des Gebäudes bzw. Grundstück, Lage, Anschrift)						
Name und Anschrift des Eigentümers des Anwesens						
Festzelt wird errichtet ☐ ja ☐ nein	☐ Baurechtl. Abnahme hierfür wird besonders beantragt		Größe der Räume/ Fläche in m²		Anzahl der Sitzplätze	
Vorhandene Nebenräume (z.B. Toiletten, Anzahl eintragen)						
___ Damenspül-Toiletten	___ Herrenspül-Toiletten	___ Personal-Toiletten	___ Urinale mit	___ St.Becken oder	___ lfd. m. Rinne	___ Toiletten-Wagen
Zum Ausschank alkoholischer und nichtalkoholischer Getränke ☐ aller ☐ folgender						
Zur Abgabe zubereiteten Speisen ☐ aller ☐ folgender						
Bescheinigung nach § 42 und 43 Infektionsschutzgesetz besteht für (alle Personen, die Speisen zubereiten und in Verkehr bringen)						

 Seite: 1 von 3

Bild 23: Antrag auf vorübergehende gaststättenrechtliche Gestattung – Auszug[43]

43 Gekürztes Muster aus Bayern.

Wer mit Lebensmitteln zu tun hat, muss die Vorschriften des Lebensmittelrechts beachten. Dazu gehört vor allem das Lebensmittel-, Bedarfsgegenstände- und Futtermittelgesetzbuch **(LFGB)**, das den Gesundheitsschutz und den Täuschungsschutz von Verbrauchern beinhaltet. Nach § 5 LFGB ist es verboten, Lebensmittel für andere derart herzustellen oder zu behandeln, dass ihr Verzehr gesundheitsschädlich oder gesundheitsschädliche Stoffe, die keine Lebensmittel sind, als Lebensmittel in den Verkehr zu bringen. Nach § 11 LFGB ist es ebenfalls verboten, Lebensmittel unter irreführender Bezeichnung, Angabe oder Aufmachung in den Verkehr zu bringen oder für Lebensmittel mit irreführenden Angaben zu werben. Aufgrund der Ermächtigungen in §§ 13 und 14 LFGB sind zum Gesundheits- und Täuschungsschutz daher zahlreiche Verordnungen zu bestimmten Lebensmitteln ergangen, wie zB die Hackfleischverordnung, die Käseverordnung, die Eierverordnung oder die Bierverordnung.

VI. Straßen- und Straßenverkehrsrecht

Falls Events auf öffentlichen Straßen stattfinden, können straßen- und straßenverkehrsrechtliche Vorschriften Genehmigungen wegen Sondernutzung der Straße erfordern oder eine straßenverkehrsrechtliche Genehmigung nach StVO nötig machen. Während das Straßenrecht die besondere Inanspruchnahme der Straße als solche betrifft, geht es beim Straßenverkehrsrecht um die Auswirkungen auf den Straßenverkehr, insb. um Sicherheit und Leichtigkeit des Verkehrs.[44] Straßenrecht ist vor allem Landesrecht und in den Landesstraßengesetzen der Länder geregelt, während Straßenverkehrsrecht Bundesrecht darstellt und in der StVO geregelt ist.

1. Sondernutzungserlaubnis nach Straßenrecht

Öffentliche Straßen stehen jedermann im Rahmen ihrer Widmung zum allgemeinen Gebrauch zur Verfügung (sog. Gemeingebrauch). Kein Gemeingebrauch liegt jedoch vor, wenn die Straße nicht vorwiegend zu dem Verkehr benutzt wird, dem sie zu dienen bestimmt ist (vgl. § 14 I und III StrWG NRW). Eine solche Nutzung über den Gemeingebrauch hinaus ist Sondernutzung und bedarf der Erlaubnis der Straßenbaubehörde, bei Ortsdurchfahrten der Erlaubnis der Gemeinde (§ 18 I StrWG NRW). Wer also eine Straße oder einen Platz nicht vorwiegend zu Zwecken des Verkehrs, sondern zu anderen Zwecken nutzen möchte, bedarf einer Sondernutzungserlaubnis. Das trifft demzufolge auf alle Veranstaltungen zu, die auf öffentlichen Straßen oder Plätzen durchgeführt werden.

Beispiele:[45]
- Straßenfeste
- Wochen- und Flohmärkte, Weihnachtsmärkte
- Karnevalsumzüge, Christopher-Street-Day
- Kirmesveranstaltungen auf öffentlichen Plätzen
- Kinderfeste

Bei derartigen Aktivitäten mit einer Vielzahl von Teilnehmern kommt es zwangsläufig zu einer Einschränkung der Benutzung der Straße zu Zwecken der Fortbewegung,

44 Zu diesen Zielen des Straßenverkehrsrechts vgl. Steiner/*Steiner* VerwR BT 588.
45 Vgl. *Risch/Kerst* EventR 398; *Funke/Müller* HdB EventR 203 Rn. 630.

was durch Absperrungen, das Aufstellen von Verkaufsständen, Fahrgeschäfte, Sitzgelegenheiten, Imbissbuden und Ähnlichem noch zusätzlich gesteigert wird.

Die straßenrechtliche Erlaubnis wird nur auf Zeit oder auf Widerruf erteilt und kann mit Bedingungen und Auflagen verbunden werden (§ 18 II StrWG NRW). Die Voraussetzungen für die Erteilung einer Sondernutzungserlaubnis werden im Einzelnen durch entsprechende Gemeindesatzungen festgelegt. Zumeist ist allgemeine Voraussetzung, dass die benötigte Fläche überhaupt zur Verfügung steht und die besonderen Belange von Fußgängern, Radfahrern sowie des Auto- und Lieferverkehrs ausreichend berücksichtigt werden.[46] Auch die Interessen der Straßenanlieger, der Schutz der Straßensubstanz oder des Stadtbildes können bei der Genehmigungsentscheidung, die im Ermessen der Behörde steht, eine Rolle spielen.[47]

Der Erlaubnisnehmer hat die mit der Sondernutzung verbundenen Anlagen nach den bestehenden gesetzlichen Vorschriften und nach den anerkannten Regeln der Technik zu errichten und zu unterhalten (§ 18 IV StrWG NRW). Außerdem können für Sondernutzungen Gebühren erhoben werden, die in Ortsdurchfahrten den Gemeinden und im Übrigen dem Straßenbaulastträger zustehen (§ 19a StrWG NRW). Die Kreise und Gemeinden können die Gebühren nur aufgrund von Satzungen erheben, das für Straßen zuständige Ministerium auch durch Rechtsverordnung. Bei Bemessung der Gebühren sind Art und Ausmaß der Einwirkung auf die Straße und den Gemeingebrauch sowie das wirtschaftliche Interesse des Gebührenschuldners zu berücksichtigen (§ 19a II StrWG NRW).

Beispiel Straßenfest: Das Straßenfest findet in Wuppertal statt. Dann wäre folgendes Verfahren zu beachten.[48]

Zunächst müsste ein entsprechender Antrag auf Erteilung einer Sondernutzungserlaubnis nach § 18 StrWG NRW bei der Stadt Wuppertal nach nachstehendem Formblatt gestellt werden.

Wegen der Stellungnahmen zu beteiligender Behörden ist eine frühzeitige Beantragung von ca. 4 Wochen vor Durchführung der Veranstaltung erforderlich. Neben dem Antrag auf eine Sondernutzungserlaubnis muss beim Ordnungsamt ein Antrag auf die Durchführung einer einmaligen Veranstaltung gestellt werden. Die einzureichenden Unterlagen sollen Angaben über den Zeitraum und einen Plan über die gewünschte in Anspruch zu nehmende Fläche enthalten. Die zu zahlenden Gebühren betragen in der Gebührenzone 1 (zB bestimmte Fußgängerzonen) 11,30 EUR pro qm und in der Gebührenzone 2 (übriges Stadtgebiet) 7,70 EUR pro qm.

Beispielrechnung: Das Straßenfest nimmt eine Straßenfläche von 50 m Länge und 10 m Breite in der Gebührenzone 2 in Anspruch. Dann belaufen sich die Gebühren dafür in Wuppertal auf 3.850 EUR.

Bei Neuanträgen wird zusätzlich eine einmalige Verwaltungsgebühr je nach Aufwand von mindestens 37,50 EUR erhoben. Die betreffenden Kosten belaufen sich nur auf die in Anspruch genommene Verkehrsfläche. Die Kosten für einen erforderlichen Sanitätsdienst und für die Durchführung der Veranstaltung durch das Ordnungsamt sind hinzuzurechnen.

---

46 So zB § 4 der Satzung der Stadt Osnabrück vom 1.2.2000 über die Sondernutzung an Ortsstraßen und Ortsdurchfahrten.

47 Steiner/*Steiner* VerwR BT 631.

48 Die folgenden Angaben basieren auf den Internetangaben der Stadt Wuppertal-Sondernutzung Straßenfest. www.wuppertal.de/vv/produkte/104/104.12_Sondernutzung_Strassenfest, abgerufen am 21.8.2012. Dort findet sich auch ein Formular für einen Antrag auf Sondernutzungserlaubnis.

Wuppertal

Antrag auf Erteilung einer Sondernutzungserlaubnis für öffentliche Straßen und Gehwege

gemäß § 18 Straßen- und Wegegesetz des Landes Nordrhein-Westfalen (StrWG NRW)

Stadt Wuppertal
Straßenrecht und Sondernutzung - 104.12
Am Clef 58 - 62
42269 Wuppertal

Fax (0202) 563 4759

1. Antragsteller/in

Name der juristischen Person	Name/Ansprechpartner/in bei jur. Personen			Vorname
Straße	Hausnummer	PLZ	Ort	
Telefon (Angabe freiwillig)	Fax (Angabe freiwillig)			E-Mail (Angabe freiwillig)

2. Ort der Nutzung

Straße	Hausnummer	PLZ	Ort

3. Dauer der Nutzung

☐ während der Ladenöffnungszeiten
☐ von ____ Uhr bis ____ Uhr

☐ jährlich bis auf Widerruf (von - bis)
☐ am/an folgenden Tag/en

4. Art und Größe der Nutzung

☐ Informationsstand zum Thema
☐ Werbestand zum Thema
☐ Werbeaufsteller
☐ Verkaufsstand
☐ Tische/ Stühle
☐ Getränkestand
☐ Imbissstand

☐ sonstiges

Fläche: Anzahl Meter x Anzahl Meter

5. Ergänzungen/Bemerkungen

Mit freundlichen Grüßen

Ort, Datum	Unterschrift	Anlagen ☐ Maßstabgerechte Lageskizze

Seite 1 von 1

Bild 24: Antrag auf Erteilung einer straßenrechtlichen Sondernutzungserlaubnis

2. Straßenverkehrsrechtliche Erlaubnis

Bei Beeinträchtigungen des Straßenverkehrs durch übermäßige Straßennutzung bedarf es einer Erlaubnis nach § 29 II StVO. Diese Vorschrift bestimmt bundeseinheitlich, dass Veranstaltungen, für die Straßen mehr als verkehrsüblich in Anspruch genommen werden, einer Erlaubnis bedürfen. Dies ist immer dann anzunehmen, wenn die Benutzung der Straße für den Verkehr wegen der Zahl oder des Verhaltens der Teilnehmer oder der Fahrweise der beteiligten Fahrzeuge eingeschränkt wird. Kraftfahrzeuge in geschlossenem Verband nehmen die Straßen stets mehr als verkehrsüblich in Anspruch. Der Veranstalter hat laut gesetzlicher Vorgabe dafür zu sorgen, dass die Verkehrsvorschriften sowie etwaige Bedingungen und Auflagen befolgt werden.

Die Vorschrift zielt in erster Linie auf Beeinträchtigungen des Straßenverkehrs durch andere Verkehrsteilnehmer ab. Nach einer Faustregel muss der Veranstalter immer dann, wenn es auf seinen Veranstaltungen »nach Benzin riecht« oder wenn öffentliche Straßen mit Geltung der StVO in die Veranstaltungsplanung einbezogen werden, an die Einholung einer Erlaubnis nach § 29 StVO denken.[49] Typischer Fall ist die Veranstaltung von Oldtimer-Rallyes, bei der öffentliche Straßen mehr als verkehrsüblich in Anspruch genommen werden. Weitere Fälle sind:

- Radrennen
- Umzüge bei Volksmärschen
- Volksläufe
- Skateboard-Veranstaltungen
- Beachvolleyball-Turniere[50]

Ortsübliche Prozessionen (»Telgter Springprozession«) sollen dagegen ebenso wie kleinere örtliche Brauchtumsveranstaltungen (»Schützenumzüge«) verkehrsüblich und damit erlaubnisfrei sein.[51]

Für Motorsportveranstaltungen mit 30 und mehr Fahrzeugen besteht dagegen eine Erlaubnispflicht, ebenso unabhängig von der Zahl der teilnehmenden Fahrzeuge, wenn Vorgaben zu Geschwindigkeit, Strecke oder Zeit gemacht werden, Sonderprüfungen stattfinden oder in geschlossenem Verband gefahren wird.[52] Es ist aber darauf hinzuweisen, dass Rennen mit Kraftfahrzeugen nach § 29 I StVO generell verboten sind.

Falls eine Genehmigung nach § 29 StVO erteilt wird, bedarf es keiner weiteren Sondernutzungserlaubnis nach dem Straßen- und Wegerecht der Länder.[53]

Im Genehmigungsverfahren spielen Art und Intensität der geplanten Straßennutzung, Auswirkungen auf die Nutzungseinschränkungen anderer Verkehrsteilnehmer, Lärmbelästigungen sowie Aspekte des Naturschutzes eine wesentliche Rolle. Dementsprechend hat die Genehmigungsbehörde auch die dafür zuständigen anderen Behörden bei der Entscheidungsfindung zu beteiligen, also zB Polizei, Straßenbaulastträger, Forst- und Naturschutzbehörden. Die Erlaubnis wird nur dann erteilt, wenn die beteiligten Behörden keine Bedenken geäußert haben. Wegen des umfassenden Beteiligungsverfahrens dauert das Erlaubnisverfahren bis zu 2 Monate ab Antragstellung.[54] Ein rechtzeitiger Antrag ist demzufolge in jedem Fall empfehlenswert.[55]

49 So einprägsam *Funke/Müller* HdB EventR 215 f. Rn. 636.
50 Vgl. *Funke/Müller* HdB EventR 219 Rn. 645 sowie *Risch/Kerst* EventR 401.
51 *Hentschel/König/Dauer* StraßenverkehrsR § 29 Rn. 1a.
52 *Funke/Müller* HdB EventR 218 Rn. 642.
53 *Funke/Müller* HdB EventR 217 Rn. 640.
54 *Funke/Müller* HdB EventR 217 Rn. 641.
55 Ebenso *Risch/Kerst* EventR 402.

VII. Jugendschutzgesetz

Wer Veranstaltungen mit einem jugendlichen Publikum durchführen will, muss auch die Bestimmungen des Jugendschutzgesetzes beachten. Hier sind vor allem Discothekenbetreiber und Veranstalter von Live-Konzerten angesprochen. Das JSchG regelt in seinem Abschnitt 2 den Jugendschutz in der Öffentlichkeit und reglementiert hier den Aufenthalt in Gaststätten (§ 4), bei Tanzveranstaltungen (§ 5), in Spielhallen (§ 6), bei anderen Arten der Jugendgefährdung (§§ 7 und 8), den Verzehr von alkoholischen Getränken (§ 9) sowie das Rauchen (§ 10). Gestaffelt nach Altersgrenzen gelten unbedingte oder eingeschränkte Verbote für Kinder und Jugendliche. Kinder sind Personen unter 14 Jahren, Jugendliche sind Personen zwischen 14 und 17 Jahren, § 1 I JSchG. Der Jugendschutz kennt im Wesentlichen zwei Altersgrenzen: Kinder und Jugendliche unter 16 Jahren sowie Jugendliche unter 18 Jahren. Im Einzelnen gelten folgende Verbote:

1. In **Gaststätten** dürfen sich Kinder und Jugendliche **unter 16 Jahren** grundsätzlich nur in Begleitung eines Personensorgeberechtigten oder Erziehungsbeauftragten aufhalten (§ 4 I 1 JSchG). Personenberechtigt ist, wem nach BGB die Personensorge zusteht, im Regelfall also die Eltern. Erziehungsbeauftragter ist, wer über 18 Jahre alt ist und aufgrund einer Vereinbarung mit dem Personensorgeberechtigten auf Dauer oder auf Zeit Erziehungsaufgaben wahrnimmt (zB volljährige Geschwister oder au-pair Mädchen) oder wer ein Kind oder einen Jugendlichen im Rahmen der Ausbildung (zB Ausbilder) oder der Jugendhilfe (zB Erzieher) betreut, § 1 I Nr. 4 JSchG).

Beispiel: Ein 15-Jähriger möchte eine Live-Veranstaltung in einer Szene-Kneipe besuchen. Der Zutritt zu der Veranstaltung ist ihm grundsätzlich nach § 4 I JSchG verboten. Erlaubt wäre nur ein Besuch in Begleitung wenigstens eines Elternteils oder eines Erziehungsbeauftragten.

Eine Ausnahme gestattet das Gesetz, wenn ein Kind oder ein Jugendlicher unter 16 Jahren zwischen 5 Uhr und 23 Uhr kein Event besuchen, sondern bloß eine Mahlzeit oder ein Getränk in einer Gaststätte einnehmen will, § 4 I 1 JSchG.

Jugendliche **ab 16 Jahren** dürfen Gaststätten generell auch ohne Begleitung einer personenberechtigten oder einer erziehungsbeauftragten Person zwischen 5 und 24 Uhr besuchen. Danach ist ihnen das nur in Begleitung einer personenberechtigten oder erziehungsbeauftragten Person gestattet.

Beispiel: Im vorigen Beispiel will ein 16-Jähriger die Veranstaltung besuchen.
Das ist ihm gestattet, wenn die Veranstaltung spätestens um 24:00 Uhr endet und er die Gaststätte dann verlässt. Ausnahme: wenn er in Begleitung eines Personenberechtigten oder Erziehungsbeauftragten ist, darf er bleiben, § 4 I 2 JSchG.

Der Aufenthalt in **Nachtbars oder Nachtclubs** darf Kindern und Jugendlichen nicht gestattet werden, § 4 III JSchG. Gleiches gilt für **Spielhallen**, § 6 I JSchG.

2. Die Anwesenheit bei **öffentlichen Tanzveranstaltungen** ohne Begleitung einer personensorgeberechtigten oder erziehungsbeauftragten Person darf Kindern und Jugendlichen unter 16 Jahren nicht und Jugendlichen ab 16 Jahren längstens bis 24 Uhr gestattet werden, § 5 I JSchG. Abweichend darf die Anwesenheit Kindern bis 22 Uhr und Jugendlichen unter 16 Jahren bis 24 Uhr nach Absatz 2 gestattet werden, wenn die Veranstaltung von einem anerkannten Träger der Jugendhilfe durchgeführt wird oder der künstlerischen Betätigung oder der Brauchtumspflege dient.

Beispiel: Eine 17-Jährige möchte am Wochenende mit Zustimmung ihrer Eltern eine Discothek besuchen. Das ist ihr nach § 5 I JSchG bis 24.00 Uhr gestattet. Danach muss sie – falls sie nicht von einem Personensorgeberechtigten oder Erziehungsbeauftragten, zB mit Zustimmung der Eltern von ihrer volljährigen Schwester begleitet wird – die Tanzveranstaltung verlassen.

Erziehungsbeauftragte haben auf Verlangen ihre Berechtigung darzulegen. Veranstalter und Gewerbetreibende haben in Zweifelsfällen die Berechtigung zu überprüfen, § 2 I JSchG. Wer als Kind oder Jugendlicher Altersgrenzen zu beachten hat, muss auf Verlangen sein Alter in geeigneter Weise nachweisen. Veranstalter und Gewerbetreibende haben in Zweifelsfällen das Lebensalter zu überprüfen, § 2 II JSchG.

3. Für **Alkohol, Rauchen und das Anbieten von Tabakwaren** gelten gem. §§ 9 und 10 JSchG weitreichende Verbote. Insbesondere dürfen hochprozentige Alkoholika (Branntwein und ähnliches) nicht an Kinder und Jugendliche abgegeben oder der Verzehr gestattet werden. Andere alkoholische Getränke dürfen an Kinder und Jugendliche unter 16 Jahren ebenfalls weder abgegeben noch darf der Verzehr gestattet werden, § 9 I KSchG. Tabakwaren dürfen in Gaststätten, Verkaufsstellen oder sonst in der Öffentlichkeit an Kinder und Jugendliche weder abgegeben noch darf ihnen das Rauchen gestattet werden, § 10 I JSchG.

	Kinder und Jugendliche unter 16 J.	**Jugendliche ab 16 J.**
Gaststättenbesuch § 4 JSchG	verboten. Ausnahmen • In Begleitung eines Personensorgeberechtigten oder Erziehungsbeauftragten • Einnahme einer Mahlzeit oder eines Getränkes zwischen 5 und 23 Uhr	verboten zwischen 24 Uhr und 5 Uhr morgens. Ausnahme • in Begleitung eines Personensorgeberechtigten oder eines Erziehungsbeauftragten
Tanzveranstaltungen § 5 JSchG	verboten. Ausnahmen • in Begleitung eines Personensorgeberechtigten oder Erziehungsbeauftragten • bei Tanzveranstaltungen eines anerkannten Trägers der Jugendhilfe oder zwecks künstlerischer Betätigung oder zur Brauchtumspflege	verboten ab 0:00 Uhr. Ab da nur in Begleitung eines Personensorgeberechtigten oder Erziehungsbeauftragten
Spielhallen § 6 JSchG	verboten	verboten
Alkoholische Getränke § 9 JSchG	Abgabe und Verzehr grundsätzlich verboten. Gilt aber nicht für alkoholische Getränke – soweit kein Branntwein–, falls Jugendlicher in Begleitung eines Personenberechtigten ist.	Branntwein und Alkopops verboten. Andere alkoholische Getränke gestattet (zB Bier, Sekt, Wein)

	Kinder und Jugendliche unter 16 J.	Jugendliche ab 16 J.
Tabak § 10 JSchG	Abgabe von Tabakwaren und Rauchen in der Öffentlichkeit verboten, ebenso Verbot von Tabakautomaten, die Kindern und Jugendlichen zugänglich sind	Ebenfalls verboten

Bild 25: Verbote und Einschränkungen nach dem JSchG

Veranstalter und Gewerbetreibende haben die nach den §§ 4 bis 13 für ihre Betriebseinrichtungen und Veranstaltungen geltenden Vorschriften durch deutlich sichtbaren und gut lesbaren Aushang bekannt zu machen, § 3 I JSchG. Bei Verstößen gegen das JSchG drohen Geldbußen bis 50.000 EUR, § 28 JSchG.

C. Die Künstlersozialversicherung

Aufgrund des Künstlersozialversicherungsgesetzes v. 27.7.1981 sind selbstständige Künstler und Publizisten mit Wirkung ab 1.1.1983 in das gesetzliche Sozialversicherungssystem einbezogen worden.[56] Sie sind seither unter bestimmten Voraussetzungen in der gesetzlichen Renten-, Kranken- und Pflegeversicherung pflichtversichert. Das Besondere dieser sozialen Absicherung liegt darin, dass die selbstständigen Künstler und Publizisten nur die Hälfte ihrer Beiträge tragen müssen. Im Unterschied zu anderen Selbstständigen brauchen sie also nicht die vollen Beiträge selbst aufzubringen, sondern werden ähnlich wie Arbeitnehmer nur mit (ungefähr) der Hälfte der Beiträge belastet. Die andere Hälfte wird zu 30 % durch eine Abgabe der Kunst- und Publizistikverwerter (sog. »Künstlersozialabgabe«) sowie durch einen Bundeszuschuss von 20 % finanziert. Zur Abführung der Künstlersozialabgabe sind die Kunst- und Publizistikverwerter verpflichtet, die insoweit »wie Arbeitgeber« belastet werden, da ihnen das Ergebnis künstlerischen und publizistischen Schaffens wirtschaftlich zufließt. Das sind zB Theater-, Konzert- und Gastspieldirektionen und andere Darbieter künstlerischer und publizistischer Werke, Buch-, Presseverlage, Presseagenturen, Rundfunk und Fernsehen, Galerien, Kunsthändler, Varieté und Zirkusunternehmen, Museen, Theater, Orchester, Chöre.

Die Zahl der bei der Künstlersozialkasse gemeldeten Verwerter belief sich am 31.12.2011 auf 145.420 im gesamten Bundesgebiet, was einer Verdoppelung seit 2007 entspricht.[57]

56 Gesetz über die Sozialversicherung der selbstständigen Künstler und Publizisten v. 27.7.1981 (BGBl. I 705), zuletzt geändert durch Art. 14a des Gesetzes v. 29.12.2011. Als download abrufbar mit vielen nützlichen Informationen über die Künstlersozialkasse unter www.kuenstlersozialkasse.de.

57 Laut Statistik der Künstlersozialkasse über die Verwerterentwicklung unter Internetquelle www.kuenstlersozialkasse.de/ksk_in_zahlen/statistik/verwerterbestandsentwicklung_neu (abgerufen am 25.8.2012).

Verwerter Bestandsentwicklung

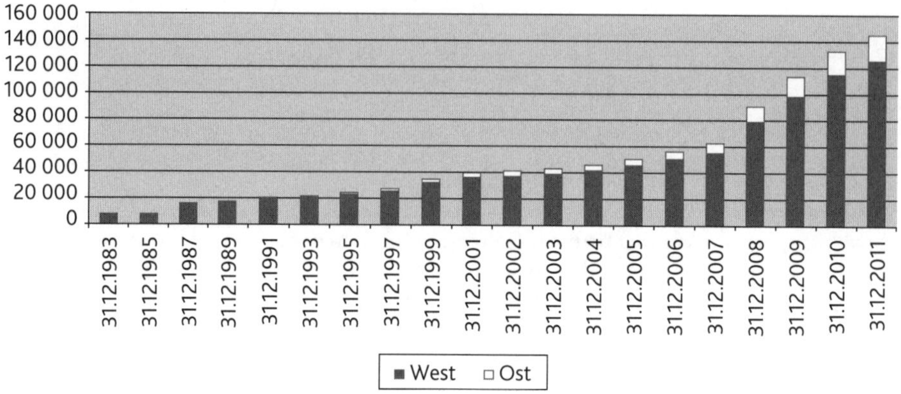

Bild 26: Statistik über die Künstler- und Publizistikverwerter

I. Die versicherten Künstler und Publizisten

Die Zahl der Versicherten ist ebenfalls kontinuierlich von 47713 Mitgliedern im Jahre 1991 auf 173.284 im Jahre 2011 angestiegen.[58]

Entwicklung der Versichertenzahlen – unterteilt nach den Kunstbereichen – ab dem Jahr 1991

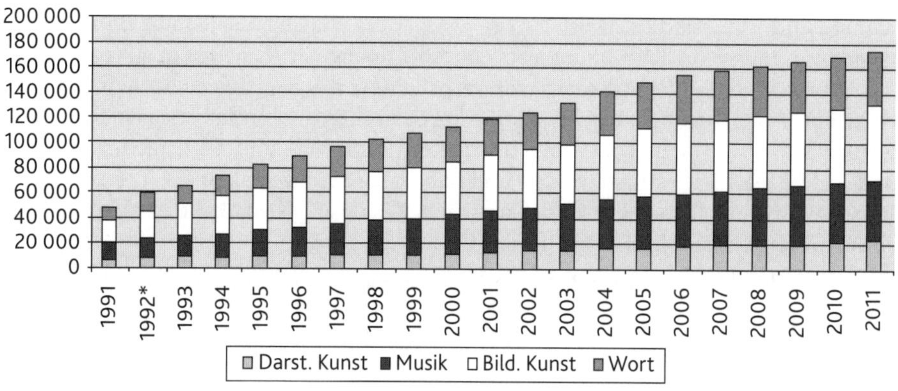

*) Ab 1.1.1992 einschließlich der neuen Bundesländer
Stand: 31.12.2011

Bild 27: Statistik der in der KSK versicherten Personen

58 Statistik der Versichertenentwicklung unter Internetquelle www.kuenstlersozialkasse.de/KS in Zahlen Statistik/Versichertenentwicklung (abgerufen am 25.8.2012).

Der Kreis der versicherten Personen umfasst nach § 1 KSVG die selbstständigen Künstler und Publizisten, wenn sie

»1. die künstlerische oder publizistische Tätigkeit erwerbsmäßig und nicht nur vorübergehend ausüben und
2. im Zusammenhang mit der künstlerischen oder publizistischen Tätigkeit nicht mehr als 1 Arbeitnehmer beschäftigen, es sei denn die Beschäftigung erfolgt zur Berufsausbildung oder ist geringfügig iSd § 8 des Vierten Buches Sozialgesetzbuch«.

§ 2 KSVG definiert die Begriffe Künstler und Publizist:

Nach Satz 1 ist Künstler, »wer Musik, darstellende oder bildende Kunst schafft, ausübt oder lehrt.«

Nach Satz 2 ist Publizist, »wer als Schriftsteller, Journalist oder in anderer Weise publizistisch tätig ist oder Publizistik lehrt.«

In der Praxis verfährt die Künstlersozialkasse nach dem nachstehenden Berufsgruppenkatalog, der die 4 Gruppen Musik, darstellende Kunst, bildende Kunst/Design und Wort beispielhaft, aber nicht abschließend aufführt.[59]

Wesentliche Kriterien für eine Mitgliedschaft in der KSV sind, dass

- eine selbstständige künstlerische/publizistische Tätigkeit
- erwerbsmäßig und nicht nur vorübergehend ausgeübt wird.

1. Selbstständige künstlerische oder publizistische Tätigkeit

Der **Kunstbegriff**, der sich in dem obigen Berufsgruppenkatalog niederschlägt, orientiert sich an typischen Berufsbildern. Ein Grafik-Designer ist in diesem Sinne nach B 09 Künstler, während ein Möbeltischler als Handwerker und nicht als Künstler gilt. Ein Klavierlehrer oder anderer Musiklehrer ist bereits nach dem Wortlaut von § 2 S. 1 KSVG Künstler und auch im Berufsgruppenkatalog in M 16 aufgeführt.

In Grenzfällen wird danach verfahren, ob der/die Betreffende in den maßgeblichen Fachkreisen als Künstler anerkannt ist, was zB an der Mitgliedschaft in künstlerischen Berufsverbänden oder an der Teilnahme an Ausstellungen erkennbar sei.[60]

Unter den Begriff des **Publizisten** fallen nach § 2 S. 2 KSVG vor allem Schriftsteller und Journalisten.

Selbstständig ist, wer im Wesentlichen frei seine Tätigkeit gestalten und seine Arbeitszeit bestimmen kann (vgl. § 84 I 2 HGB), oder anders formuliert, das Was, Wie und Wo seiner Tätigkeit im Wesentlichen frei von Weisungen bestimmen kann und insoweit nicht persönlich von jemand Anderem abhängig ist.[61] So ist ein Alleinunterhalter beispielsweise Selbstständiger, wenn er von verschiedenen Aufträgen lebt, während ein Orchestermusiker eines Staatstheaters Angestellter ist, weil er an ein vorgegebenes Programm gebunden ist, feste Auftritts- und Probentermine zu festgelegten Zeiten hat und sich an Weisungen des Dirigenten halten muss.

59 »Fragebogen zur Prüfung der Versicherungspflicht nach dem KSVG«, download von kuenstlersozialkasse.de mit dem Berufsgruppenkatalog am 23.8.2012.

60 So in Anlehnung an ein Urteil des Bundessozialgerichts v. 14.6.1998 – B 3 KR 13/97 – die Künstlersozialkasse in ihrer Informationsbroschüre »Das Wichtigste zur Künstlersozialversicherung in Kürze«, S. 1. Als weitere Indizien nennt das BSG die Nennung in Künstlerlexika oder den Erhalt einer Auszeichnung als Künstler.

61 Näher dazu *Dütz/Thüsing* ArbR Rn. 36 ff.

-2-

Angaben zur selbständigen künstlerischen / publizistischen Tätigkeit

1 Welche der folgenden Tätigkeiten üben Sie **selbständig und erwerbsmäßig**, d. h. zum Zwecke der Erzielung von Arbeitseinkommen, aus? (Mehrere Nennungen möglich)

Im Bereich **Musik:**

M01 ☐ Komponist
M02 ☐ Texter, Librettist
M03 ☐ Musikbearbeiter, Arrangeur
M04 ☐ Kapellmeister, Dirigent
M05 ☐ Chorleiter 3)
M06 ☐ Instrumentalsolist in der "ernsten Musik"
M07 ☐ Orchestermusiker in der "ernsten Musik" 3)
M08 ☐ Oper-, Operetten-, Musicalsänger
M09 ☐ Lied- und Oratoriensänger
M10 ☐ Chorsänger in der "ernsten Musik" 3)
M11 ☐ Sänger in Unterhaltungsmusik, Show, Folklore
M12 ☐ Tanz- und Popmusik
M13 ☐ Unterhaltungs- und Kurmusiker
M14 ☐ Jazz- und Rockmusiker
M15 ☐ Künstlerisch-technischer Mitarbeiter im Bereich Musik 1)
Art der Tätigkeit:
M16 ☐ Pädagoge, Ausbilder im Bereich Musik 2) 3)
M17 ☐ Alleinunterhalter
M19 ☐ Ähnliche selbständige künstlerische Tätigkeit im Bereich Musik 1), Art der Tätigkeit:

Im Bereich **bildende Kunst/Design:**

B01 ☐ Bildhauer
B02 ☐ Experimenteller Künstler, Objektemacher
B03 ☐ Maler, Zeichner, künstlerischer Grafiker
B04 ☐ Porträt-, Genre-, Landschaftsmaler
B05 ☐ Performance-/Aktionskünstler
B06 ☐ Videokünstler
B07 ☐ Künstlerischer Fotograf, Lichtbildner, Fotodesigner
B08 ☐ Karikaturist, Trick- und Comiczeichner, Illustrator
B09 ☐ Grafik-, Mode-1), Textil-1), Industrie-Designer, Layouter 1)
B10 ☐ Werbefotograf
B11 ☐ Keramiker, Glasgestalter 4)
B12 ☐ Gold- und Silberschmied 4), Emailleur 4)
B13 ☐ Textil-, Holz-, Metallgestalter 4)
B14 ☐ Graveur 4)
B15 ☐ Pädagoge, Ausbilder im Bereich bildende Kunst/Design 2)
B19 ☐ Ähnliche selbständige künstlerische Tätigkeit im Bereich bildende Kunst 1), Art der Tätigkeit:

KSK©

Im Bereich **darstellende Kunst:**

D01 ☐ Ballett-Tänzer 3) Ballett-Meister
D02 ☐ Schauspieler 3), Sprecher 3), Kabarettist
D03 ☐ Moderator, Rezitator
D04 ☐ Puppen-, Marionetten-, Figurenspieler
D05 ☐ Conférencier, Entertainer, Quizmaster
D06 ☐ Unterhaltungskünstler / Artist 1)
D07 ☐ Regisseur, Filmemacher, Choreograph
D08 ☐ Dramaturg 3)
D09 ☐ Bühnen-, Film-, Kostüm-, Maskenbildner 3)
D10 ☐ Regieassistent 3)
D11 ☐ Künstlerisch-technischer Mitarbeiter im Bereich darstellende Kunst 1), Art der Tätigkeit:
D12 ☐ Pädagoge, Ausbilder im Bereich darstellende Kunst 2)
D13 ☐ Theaterpädagoge
D19 ☐ Ähnliche selbständige künstlerische Tätigkeit im Bereich darstellende Kunst 1), Art der Tätigkeit:

Im Bereich **Wort:**

W01 ☐ Schriftsteller, Dichter
W02 ☐ Autor für Bühne, Film, Funk und Fernsehen
W03 ☐ Lektor
W04 ☐ Journalist, Redakteur
W05 ☐ Bildjournalist, Bildberichterstatter, Pressefotograf
W06 ☐ Kritiker
W07 ☐ Wissenschaftlicher Autor
W08 ☐ Fachmann/-frau für Öffentlichkeitsarbeit oder Werbung 1)
W09 ☐ Übersetzer, Bearbeiter 1)
W10 ☐ Pädagoge, Ausbilder im Bereich Publizistik
W19 ☐ Ähnliche selbständige publizistische Tätigkeit 1) 3)
Art der Tätigkeit:

1.1 **Haben Sie bereits in der Vergangenheit einen Fragebogen zur Prüfung der Versicherungspflicht nach dem Künstlersozialversicherungsgesetz bei der Künstlersozialkasse eingereicht?**

☐ nein ☐ ja

1) Bitte beschreiben Sie anhand von Beispielen Ihre Tätigkeit (ggf. auf gesondertem Blatt)
2) Nachweis über künstlerische Fachausbildung bitte beifügen, sofern vorhanden.
3) Legen Sie bitte Vertragsunterlagen vor, aufgrund derer Sie engagiert worden sind.
4) Lesen Sie bitte die Ausfüllhinweise, insbesondere zu Ziffer 1 und 2.

Bild 28: Berufsgruppenkatalog für die Künstlersozialversicherung

2. Erwerbsmäßigkeit und Dauerhaftigkeit

Die künstlerische oder publizistische Tätigkeit muss **erwerbsmäßig und nicht nur vorübergehend** ausgeübt werden, also zum Zwecke des Broterwerbs. Bei nur nebenberuflicher Betätigung im künstlerisch/publizistischen Bereich kann die Künstlersozialversicherung nur eingeschränkt oder gar nicht genutzt werden. Hobbymaler (berühmtes Beispiel war »Grandma Moses«), Hobbymusiker oder Freizeitdichter scheiden damit aus. Damit in Zusammenhang steht die Geringfügigkeitsgrenze.

3. Geringfügigkeitsgrenze

Das Arbeitseinkommen, das sind die Einnahmen abzüglich Ausgaben, muss über der Mindestverdienst- oder Geringfügigkeitsgrenze von **monatlich 325 EUR/jährlich 3.900 EUR** liegen (§ 3 I KSVG). Dabei sind zwei Ausnahmen zu beachten:

- Die Mindestverdienstgrenze gilt nicht in den ersten drei Jahren seit der erstmaligen Aufnahme der Tätigkeit, § 3 II KSVG. Damit soll Berufsanfängern der Einstieg in die Sozialversicherung erleichtert werden und ihre Selbstständigkeit gefördert werden (»Berufsanfängerklausel«).
- Außerdem ist bei selbstständigen Künstlern/Publizisten eine gelegentliche Unterschreitung der Mindestverdienstgrenze nicht schädlich. Die Versicherung(spflicht) bleibt auch dann bestehen, solange das Arbeitseinkommen nicht mehr als zweimal innerhalb von sechs Kalenderjahren den Schwellenwert von 3.900 EUR im Jahr unterschreitet, § 3 III KSVG. Ein selbstständiger Künstler/Publizist büßt damit seinen Sozialversicherungsschutz nicht ein, wenn er in zwei Jahren innerhalb einer Gesamtperiode von sechs Jahren unter ein Arbeitseinkommen von 3.900 EUR gerät.

4. Ausnahmen von der Versicherungspflicht

§§ 4 ff. KSVG sehen Ausnahmen von der Versicherungspflicht vor, etwa wenn jemand neben seiner künstlerischen Tätigkeit eine andere Erwerbstätigkeit ausübt, die künstlerische Tätigkeit erst nach dem 65. Lebensjahr aufnimmt oder Beamter ist. Eine Befreiung von der Versicherungspflicht in der Krankenversicherung ist auf Antrag möglich, wenn ausreichender privater Versicherungsschutz besteht.

II. Die Leistungen

Da die Künstlersozialversicherung Teil der gesetzlichen Sozialversicherung ist und die Versicherungszweige Rentenversicherung, Krankenversicherung und Pflegeversicherung umfasst, besteht Anspruch auf das volle Spektrum dieser Versicherungen. Es gilt also der gesamte gesetzliche Leistungskatalog aus diesen Versicherungen so wie er sich aus den Büchern VI (Rentenversicherung), V (Krankenversicherung) und XI (Pflegeversicherung) ergibt. Denn auf die Rechtsbeziehungen zwischen der Künstlersozialkasse und den Versicherten finden die Vorschriften des Sozialgesetzbuches Anwendung (§ 36a KSVG).

Das bedeutet Folgendes:

- In der **Rentenversicherung** bestehen Ansprüche auf Leistungen zur Teilhabe (§§ 9 ff. SGV VI) und auf Rente (§§ 33 ff. SGB VI). Die Altersrente soll auskömmliche Leistungen im Alter bewirken und vor Altersarmut schützen.

- In der **Krankenversicherung** bestehen Ansprüche auf Leistungen zur Verhütung von Krankheiten, zur Früherkennung von Krankheiten, zur Behandlung von Krankheiten und des persönlichen Budgets (§ 11 SGB V). Damit sind vor allem freie ärztliche Versorgung und freier Krankenhausaufenthalt gesichert.

  Außerdem haben Künstler und Publizisten im Falle einer Erkrankung Anspruch auf Krankengeld.
- Schließlich bestehen im Falle einer Pflegebedürftigkeit Ansprüche auf die Leistungen der **Pflegeversicherung,** die insgesamt 14 Leistungsarten kennt (§ 28 SGB XI). Wer pflegebedürftig ist, hat zB je nach Grad seiner Pflegebedürftigkeit einen Anspruch auf häusliche Pflegehilfe oder auf Pflegegeld (§ 36 f. SGB XI).

Es bedarf keiner besonderen Hervorhebung, dass eine Absicherung bei Pflegebedürftigkeit eine erhebliche soziale Wohltat ist, die Künstlern und Publizisten nicht erst im Alter, sondern auch mitten in ihrer Schaffenszeit zugute kommt, wenn sie etwa von schweren Krankheiten heimgesucht werden (Schlaganfälle, Herzinfarkte, Alkoholismus, Drogenabhängigkeit).[62]

III. Die Beiträge der Versicherten

Die Versicherungsbeiträge der Künstler und Publizisten entspricht in etwa der Hälfte der gesamten Beitragssätze in der Kranken-, Renten- und Pflegeversicherung. Der Beitragssatz der Versicherten beträgt im Jahr 2012

- in der Krankenversicherung: 8,2 %
- in der Rentenversicherung: 9,8 %
- in der Pflegeversicherung bei Elterneigenschaft: 0,975 %
- und für Kinderlose zusätzlich 0,25 %

von dem voraussichtlichen Jahreseinkommen des Versicherten.

Der Gesamtbeitrag beläuft sich demnach auf 18,975 %

und bei fehlender Elterneigenschaft auf 19,225 %
vom voraussichtlichen Jahreseinkommen des Versicherten.

Für den Versicherten ergeben sich daraus folgende Belastungen, wenn das voraussichtliche Jahreseinkommen bei 10.000 EUR (= 833,33 EUR pro Monat) liegt:[63]

- auf 158,12 EUR monatlich
  bei Elterneigenschaft
- auf 160,21 EUR monatlich
  bei fehlender Elterneigenschaft

Die Beiträge sind monatlich zu zahlen. Der Beitragsanteil für einen Kalendermonat wird am Fünften des folgenden Monats fällig (§§ 15 S. 2, 16 I 3, 16a I 2 KSVG).

Wegen der schwankenden Einkommensverhältnisse wird nicht auf das Monatseinkommen, sondern auf das voraussichtliche Jahreseinkommen abgestellt. Der selbstständige Künstler/Publizist muss anhand seiner Einkommensteuerbescheide eine Einschätzung über sein voraussichtliches Arbeitseinkommen abgeben.

62 Erinnert sei nur an Harald Juhnke und seine Alkoholprobleme.
63 Beispielrechnung der KSK unter Internetquelle http://www.kuenstlersozialkasse.de/wDeutsch/kuenstler_und_publizisten/beitrag/derbeitragderversicherten (abgerufen am 25.8.2012).

Der Versicherte ist zur Vorlage von Unterlagen verpflichtet, § 5 KSVG. Insbesondere muss er seine Einkommensteuerbescheide und andere relevante Vertragsurkunden und Ähnliches vorlegen. Außerdem muss er weitgehende Auskünfte erteilen, § 6 KSVG.

Zur Prüfung der Versicherungspflicht ist ein sechs Seiten umfassender Fragebogen zu beantworten.[64]

IV. Die Künstlersozialabgabe

Die Beiträge der Versicherten macht nur die Hälfte des Finanzierungsaufkommens der KSK aus. Die andere Hälfte stammt aus dem Bundeszuschuss von 20 % (§ 34 KSVG) und zu 30 % aus den Künstlersozialabgaben, die in Form einer Umlage von dem bereits oben bezeichneten Kreis von Künstlerverwertern zu zahlen ist (§§ 23 ff. KSVG). Der Katalog des § 24 I KSVG benennt als Abgabepflichtige im Einzelnen:

1. Buch-, Presse- und sonstige Verlage, Presseagenturen,
2. Theater, Orchester, Chöre,
3. Theater-, Konzert- und Gastspieldirektionen und sonstige Veranstalter,
4. Rundfunk, Fernsehen,
5. Hersteller von Bild- und Tonträgern,
6. Galerien, Kunsthandel
7. Werbung oder Öffentlichkeitsarbeit für Dritte,
8. Varieté- und Zirkusunternehmen, Museen,
9. Aus- und Fortbildungseinrichtungen für künstlerische und publizistische Tätigkeiten.

Ferner sind Unternehmer zur Künstlerabgabe verpflichtet, die im Jahr mehr als drei Veranstaltungen durchführen, in denen künstlerische oder publizistische Werke aufgeführt oder dargeboten werden, § 24 II KSVG.

Ab dem Jahr 2000 gilt für alle Bereiche der Kunst und Publizistik ein einheitlicher Abgabesatz. Bemessungsgrundlage sind alle in einem Kalenderjahr an selbstständige Künstler und Publizisten gezahlten Entgelte. Der Abgabesatz variert und beläuft sich auf folgende Prozentsätze pro gezahlter Gage:

Abgabesätze zur Berechnung der Künstlersozialabgabe

Ab 2000 gelten für die Bereiche Wort, Bildende Kunst, Musik und Darstellende Kunst die folgenden, einheitlichen Abgabesätze (Angaben in %):

2000	2001	2002	2003	2004	2005	2006	2007	2008	2009	2010	2011	2012
4,0	3,9	3,8	3,8	4,3	5,8	5,5	5,1	4,9	4,4	3,9	3,9	3,9

Bild 29: Die Abgabesätze für die Verwerter in der KSK[65]

64 Fragebogen zur Prüfung der Versicherungspflicht nach dem Künstlersozialversicherungsgesetz, herausgegeben von der Künstlersozialkasse.

65 Entwicklung der Abgabesätze, Internetquelle www.kuenstlersozialkasse.de in Zahlen/Beiträge/Abgabesätze. Abgerufen am 24.8.2012.

Der Entwurf der Künstlersozialabgabe-Verordnung 2013 sieht für das Jahr 2013 einen leichten Anstieg von bisher 3,9 % auf 4,1 % vor.[66]

Folgende Abgaben muss ein Verwerter daher derzeit (2012) für sich in Rechnung stellen:

> **Beispiel:** Eine Konzertdirektion zahlt an selbstständige Künstler im Jahre 2012 Gagen iHv 100.000 EUR aus.
> Dann muss sie 3.900 EUR an die Künstlersozialkasse abführen.

Gleichgültig ist, ob die Künstler/Publizisten selbst nach dem KSVG versicherungspflichtig sind. Nach § 25 I KSVG unterliegen die Entgelte an Künstler/Publizisten auch dann der Abgabepflicht, »wenn diese selbst nach diesem Gesetz nicht versicherungspflichtig sind.« Außerdem ist gleichgültig, ob es sich um deutsche oder ausländische Künstler handelt.

> **Beispiel:** Ein Jazzclub engagiert vorwiegend Bands, deren Mitglieder als Hobbymusiker nicht der Künstlersozialkasse angehören und anderweitig gesetzlich oder privat versichert sind. Auch ausländische Gruppen werden verpflichtet. Die Summe der Gagen beläuft sich 2012 auf 20.000 EUR. Dann ist gleichwohl auf die volle Summe von 20.000 EUR eine Abgabe von 3,9 %, dh insgesamt 780 EUR abzuführen.

Der Abgabepflichtige hat nach Ablauf eines Kalenderjahres, spätestens bis zum 31. März des Folgejahres der Künstlersozialkasse die Entgelte zu melden, die sie an selbstständige Künstler/Publizisten gezahlt hat (§ 27 I KSVG). Darauf teilt ihm die Künstlersozialkasse den zu zahlenden Betrag mit, der dann monatlich im Voraus zu entrichten ist.

> **Beispiel:** Beliefen sich die Gagen des Jazzclubs im Jahre 2011 ebenfalls auf 20.000 EUR, dann wären 2012 monatlich 1/12 von 780 EUR, also 65 EUR, zu überweisen.

Die Entwicklung der gemeldeten Honorarsummen ergibt sich aufgrund einer Statistik der Künstlersozialkasse und belief sich im Jahre 2010 auf 3,736 Mrd. EUR.[67] Überschlägig ergibt sich daraus folgendes Einnahmevolumen aus Künstlersozialabgaben für das Jahr 2010:

Bei gemeldeten Honorarsummen von insg. 3,736 Mrd. EUR und einem Beitragssatz von 3,9 % betrugen die Einnahmen durch Künstlersozialabgaben etwa 145,7 Mio. EUR.

Der Gesamthaushalt der KSK belief sich im Jahre 2012 auf 854,4 Mio. EUR.[68]

V. Die Organisation der KSK

Die in Wilhelmshaven ansässige Künstlersozialkasse ist heute der Unfallkasse des Bundes angegliedert[69] und rechtlich kein eigenständiger Versicherungsträger. Sie ist bloße Einzugsstelle für die Beiträge der Versicherten, die Abgaben der Vermarkter und den Bundeszuschuss und leitet diese dann in dem entsprechenden Umfang an

---

66 Internetquelle (abgerufen am 25.8.2012): www.kuenstlersozialkasse.de/wDeutsch/aktuelles/meldungen/2012_08_06Abgabesatz_2013.

67 Internetquelle (abgerufen am 25.8.2012): http://www.kuenstlersozialkasse.de/wDeutsch/ksk_in_zahlen/statistik/entwicklungdergemeldetenhonorarsummen.php.

68 Internetquelle (abgerufen am 25.8.2012): http://www.kuenstlersozialkasse.de/wDeutsch/ksk_in_zahlen/statistik/entwicklungdergemeldetenhonorarsummen.php.

69 § 37 KSVG.

die betreffenden Sozialversicherungsträger weiter. Die Einnahmen aus Beiträgen, Abgaben und Bundeszuschuss werden von der KSK als abgesondertes Vermögen verwaltet (§ 42 KSVG). Ferner entscheidet die KSK in eigener Kompetenz über die Fragen der Versicherungspflicht, Versicherungsfreiheit oder Befreiung von selbstständigen Künstlern und Publizisten. Die Beurteilung dieser Fragen nimmt in der Regel mehrere Monate in Anspruch, eine Zeit, die manchen Kritikern trotz der komplizierten Beurteilungen als zu lang erscheint.

Versicherungsträger im eigentlichen Sinne sind die einzelnen Sozialversicherungsträger im Bereich der Renten-, Kranken- und Pflegeversicherung. An die Sozialversicherungsträger leitet die Künstlersozialkasse die eingenommenen Finanzmittel in dem betr. Umfang ab. Die KSK überwacht die rechtzeitige und vollständige Entrichtung der Beitragsanteile und Künstlersozialabgaben, § 35 I KSVG.

D. Die Verwertungsgesellschaften, insbesondere die GEMA

I. Einführung

Antriebsfeder für die schöpferische Tätigkeit von Autoren, Komponisten, Filmproduzenten, Malern und anderen Kunstschaffenden sind zum einen der Drang, sich selbst zu verwirklichen, und zum anderen die schlichte Notwendigkeit, Geld zu verdienen. Schöpferische Werke unterliegen dem Schutz des Urheberrechts (UrhG), ihre Vermarktung erfolgt häufig über Verwertungsgesellschaften (VG), die kollektiv die Rechte von Kulturschaffenden gegenüber den Nutzern (zB Rundfunk- und Fernsehstationen) wahrnehmen.[70] Es ist klar, dass eine solche Bündelung der Rechte der Rechtsinhaber regelmäßig eine effektivere und kraftvollere Durchsetzung von Ansprüchen gegenüber marktstarken Nutzern (wie zB großen Medienunternehmen) erlaubt als eine individuelle Einräumung von Nutzungsrechten.

Grundlage sind einerseits Wahrnehmungsverträge zwischen Urhebern und Leistungsschutzberechtigten und andererseits Nutzungsverträge zwischen den Verwertungsgesellschaften und den Nutzern. In beiden Fällen besteht ein Abschlusszwang der Verwertungsgesellschaften, die sich über die Wahrnehmungsverträge (bei der GEMA: Berechtigungsverträge) Nutzungsrechte einräumen lassen und diese gegen Vergütung an die Nutzer über Nutzungsverträge weitergeben. Die Verwertungsgesellschaften sind damit eine Art Inkassostelle[71] für Urheber und Leistungsschutzberechtigte, deren Ansprüche auf Vergütung sie wahrnehmen und an die sie nach Abzug von Verwaltungsgebühren die einkassierten Vergütungen abführen. Zugleich verstehen sich die Verwertungsgesellschaften als Schutzorganisation für die Urheber und anderen Schutzberechtigten und setzen sich – wie etwa die GEMA – für die Weiterentwicklung des Urheberrechts im nationalen, europa- und weltweiten Rahmen

70 Dazu eingehend *Vogel*, Die kollektive Rechtewahrnehmung durch Verwertungsgesellschaften, Handbuch Kultur und Recht, Bd. 1, B 3.1, Stand: November 2007; ferner *Kreile/Becker*, GEMA, HdB Kultur und Recht, Bd. 1, B 3.6 (Stand August 2004).

71 *Terbrack*, Kleine Handreichung für Veranstalter, Handbuch Kulturmanagement und Kulturpolitik, C 2.13, S. 10.

ein.[72] Ihre Tätigkeit wird durch das Urheberrechtswahrnehmungsgesetz (WahrnG) geregelt.[73]

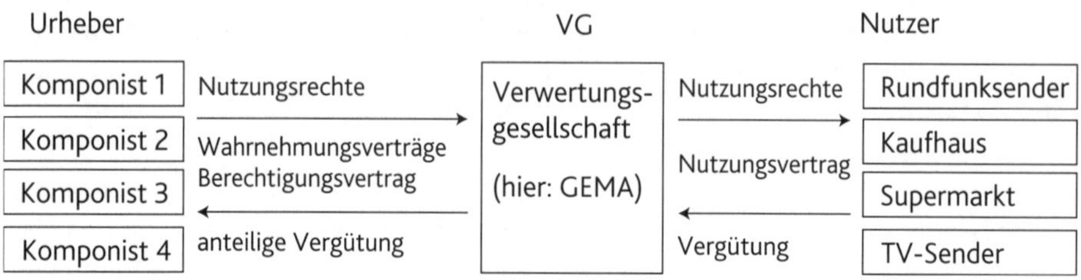

Bild 30: Kollektive Verwertung von Urheberrechten am Beispiel von Komponisten[74]

Erste Verwertungsgesellschaften entstanden in Deutschland im Bereich der Musik Anfang des 20. Jahrhunderts. Mittlerweile gibt es elf Verwertungsgesellschaften vor allem im Bereich von Wort (VG Wort), Bild und Kunst (VG Bild-Kunst), Film (VGF) und Musik (GEMA).[75] Die nachfolgenden Ausführungen beschränken sich auf die GEMA als eine der wichtigsten und bekanntesten VG, lassen sich aber auf die anderen VG sinngemäß übertragen.

II. Aufgaben und Organisation der GEMA

Der Name GEMA steht für »Gesellschaft für musikalische Aufführungs- und mechanische Vervielfältigungsrechte«, womit auch der Tätigkeitsbereich der GEMA umschrieben ist. Sie existiert seit 1933 als rechtsfähiger Verein kraft staatlicher Verleihung und ist ein wirtschaftlicher Verein nach § 22 BGB. Die Generaldirektionen der GEMA haben ihren Sitz in München und Berlin.

Der Tätigkeitsbereich der GEMA beschränkt sich auf die »Kleinen« Aufführungs- und Senderechte, während die »Großen« Rechte der bühnenmäßigen Aufführung und Sendung vom Urheber selbst oder seinen Verleger individuell wahrgenommen werden.[76]

Beispiele für GEMA-pflichtige Nutzungsvorgänge:
- Musikausstrahlung in Funk und Fernsehen
- Hintergrundmusik bei Discountern, in Arzt- und Anwaltspraxen
- Discomusik
- Musik auf Messeständen

72 *Kreile/Becker* Fachaufsatz GEMA 1; *dies.* HdB Kultur und Recht, Fn. 70, S. 3.

73 Näher dazu *Unverzagt/Meyer*, Die Verwertungsgesellschaften, Handbuch Kultur und Recht, Bd. 1, B 3.1. (Stand: 1998), S. 2 ff.

74 Inspiriert durch *Unverzagt/Meyer*, Die Verwertungsgesellschaften, Handbuch Kultur und Recht, Bd. 1, B 3.1. (Stand: 1998), S. 3.

75 Übersicht bei *Unverzagt/Meyer*, Die Verwertungsgesellschaften, Handbuch Kultur und Recht, Bd. 1, B 3.1. (Stand: 1998), S. 13 ff.

76 Nach § 1a) ihrer Berechtigungsverträge; vgl. zu allem *Kreile/Becker* Fachaufsatz GEMA 1 und in HdB Kultur und Recht, Fn. 70, S. 57.

III. Mitgliedschaft in der GEMA

Wer als Komponist, Textdichter oder Musikverleger Mitglied der GEMA ist, für den nimmt die GEMA treuhänderisch die Wahrnehmung der ihr übertragenen Rechte wahr. Nach der Satzung (§ 6) werden drei Arten der Mitgliedschaft unterschieden:

- ordentliche Mitglieder,
- außerordentliche Mitglieder und
- angeschlossene Mitglieder.

Nach außen werden alle gleich behandelt, während im Innenverhältnis zum Verein unterschiedlich weitreichende Mitgliedschaftsrechte bestehen:

Am 31.12.2011 gehörten der GEMA insgesamt 65.722 Mitglieder an, davon 56.690 Komponisten und Textdichter, 5.139 Musikverleger sowie 3893 Rechtsnachfolger. Davon waren

- Angeschlossene Mitglieder: 55.802
- Außerordentliche Mitglieder: 6.472
- Ordentliche Mitglieder: 3.448[77]

IV. Anmeldepflicht des Veranstalters und Erlaubnis der GEMA

Nach § 13b WahrnG haben Veranstalter von öffentlichen Wiedergaben urheberrechtlich geschützter Werke vor der Veranstaltung die Einwilligung der Verwertungsgesellschaft einzuholen, welche die Nutzungsrechte an diesen Werken wahrnimmt. Demzufolge besteht für den Veranstalter eine Pflicht zur Anmeldung und Einholung einer Erlaubnis seitens der GEMA, wenn er urheberrechtlich geschützte Musik öffentlich wiedergeben will.

1. Öffentliche Wiedergabe

Erste Voraussetzung für die Anmeldepflicht bei der GEMA ist, dass es sich um eine öffentliche Wiedergabe einer Musikdarbietung handelt. Private Darbietungen sind demgegenüber nicht anmeldepflichtig.

Beispiele für nicht öffentliche Darbietung
- Private Geburtstagsfeier mit Musikdarbietung vor Freunden und Verwandten
- Hauskonzert vor einem Dutzend privater Gäste

Die Übergänge zwischen derartigen anmeldefreien privaten Veranstaltungen und öffentlicher Wiedergabe mit entsprechender Anmeldepflicht sind fließend. Je größer die Zahl der Teilnehmer ist und je anonymer das Publikum wird, desto eher ist von einer öffentlichen Darbietung auszugehen. Das Urheberrechtsgesetz definiert in § 15 III die **Öffentlichkeit der Wiedergabe** wie folgt:

»Die Wiedergabe ist öffentlich, wenn sie für eine Mehrzahl von Mitgliedern der Öffentlichkeit bestimmt ist. Zur Öffentlichkeit gehört jeder, der nicht mit demjenigen, der das Werk verwertet, oder mit den anderen Personen, denen das Werk in unkörperlicher Form wahrnehmbar oder zugänglich gemacht wird, durch persönliche Beziehungen verbunden ist.«

77 Quelle für alle Zahlen: Geschäftsbericht der GEMA für 2011, S. 34, im Internet abgerufen am 17.9.2012 unter http://www.gema.de/fileadmin/user_upload/Presse/Publikationen/Geschaeftsbericht/geschaeftsbericht_2011.pdf.

Entscheidend ist also zum einen, dass eine Mehrzahl von Personen angesprochen wird und zu ihnen keine persönliche Verbundenheit besteht. Das ist laut BGH der Fall, wenn zwischen den Teilnehmern kein **erkennbares persönliches inneres Band** besteht.[78] Umgekehrt ist eine Darbietung nicht öffentlich, wenn der Teilnehmerkreis durch wechselseitige Beziehungen einen in sich geschlossenen, nach außen individuell abgegrenzten Personenkreis darstellt.[79]

Beispiel für öffentliche Darbietung
- Konzert in einer Kneipe mit Eintrittsgeld
- Schützenfest

2. Urheberrechtlich geschützte Musik

Zweite Voraussetzung für eine Genehmigungspflicht ist, dass die dargebotene Musik urheberrechtlich geschützt ist und ihre Verwertung treuhänderisch von der GEMA wahrgenommen wird.

Musikalische Werke stehen gem. § 2 I Nr. 2 UrhG unter Urheberschutz. Das Urheberrecht erlischt siebzig Jahre nach dem Tode des Urhebers, § 64 UrhG. Es kommt also nicht auf das Entstehungsjahr an, sondern das Todesjahr des Schöpfers.

Beispiel: Carl Orff vollendete seine berühmten Carmina burana im Jahre 1937. Da er im Jahre 1982 gestorben ist, erlischt das Urheberrecht an dem Werk erst im Jahre 2052, also mehr als 100 Jahre nach seiner Entstehung. Da das Urheberrecht vererblich ist (§ 28 UrhG), kann es bis zu diesem Zeitpunkt von den Erben des Komponisten geltend gemacht werden.

Das urheberrechtlich geschützte Werk muss zum GEMA-Repertoire gehören. Wer ausschließlich GEMA-freie Stücke darbietet, muss die öffentliche Darbietung nicht bei der GEMA anmelden und dafür keine Lizenzgebühren bezahlen. Anders formuliert: Anmeldepflichten und Zahlungspflichten bei der GEMA bestehen nur, wenn GEMA-pflichtige Stücke zur Aufführung gelangen. GEMA-pflichtige Stücke sind nur solche Stücke, deren Urheber Mitglied der GEMA sind.[80] Insoweit besteht allerdings eine generelle Vermutung, dass es sich um ein GEMA-pflichtiges Stück handelt, **sog. GEMA-Vermutung.** Das bedeutet: Wer sich darauf beruft, nur GEMA-freie Stücke zur Aufführung zu bringen, hat dies zu beweisen.[81] In keinem Fall ist es empfehlenswert, die GEMA zu übergehen. Sie verfügt über ein dichtes Kontrollsystem und kann für nicht gemeldete Veranstaltungen gemäß § 97 UrhG die doppelte Gebühr erheben.[82]

V. Die GEMA Tarife[83]

Die GEMA ist verpflichtet, Tarife zur gleichmäßigen Behandlung aller gleich gelagerten Fälle aufzustellen, § 13 I WahrnG. Berechnungsgrundlage »sollen in der Regel die geldwerten Vorteile sein, die durch die Verwertung erzielt werden«, § 13 III WahrnG.

78 BGH NJW 1955, 1356 und NJW 1961, 121.
79 *Funke/Müller* HdB EventR 400 Rn. 1045 mit zweifelhaftem Beispiel einer laut GEMA nicht mehr privaten Geburtsfeier in einer Gaststätte.
80 *Risch/Kerst* EventR 287.
81 *Risch/Kerst* EventR 287.
82 BGH GRUR 1973, 379.
83 *Risch/Kerst* EventR 291.

Soweit der wirtschaftliche Vorteil direkt aus der Nutzung des Urheberrechts fließt, orientiert sich die Tarifgestaltung regelmäßig am Umsatz des Verwerters. So wird bei Konzertveranstaltungen regelmäßig an die Eintrittspreise angeknüpft, beim Rundfunk an die Gebühren und Werbeeinnahmen. Bei Background Musik in Boutiquen oder Supermärkten orientieren sich die Tarife an Raumkapazitäten, Zweck und Dauer der Veranstaltung etc.

Insgesamt verfügt die GEMA derzeit (2012) über ein sehr differenziertes Tarifwerk mit 12 Hauptbereichen und über 70 nutzungstypischen Einzeltarifen, das den Besonderheiten von E- und U-Musik, den Aufführungsorten (Bühnen, Theater, Kirchen, Tanzlokale etc.) oder den verwendeten Medien (Film, Funk, Fernsehen, Kino, Tonträger etc.) und anderen Kriterien ausgeklügelt Rechnung trägt.[84]

Die GEMA berechnet bei einem Einzelvertrag die Tarife für Aufführungen in Räumlichkeiten anhand

- der Größe des Veranstaltungsraumes und
- der Höhe des Eintrittsgeldes.

Beispiel: Live-Unterhaltungsmusik. Bei einem FH-Ball im Jahr 2013 wird eine Band engagiert, die Tanzmusik spielt. Der Raum soll eine Größe von 3.000 qm (50 x 60 m) haben. Das Eintrittsgeld beträgt 20 EUR.

Eine solche Veranstaltung muss bei der GEMA angemeldet werden. Die von ihr berechneten Gebühren richten sich nach dem Tarif U-VK, der Auftritte von Musikern bei Bällen, in Festzelten, bei bunten Abenden und Ähnlichem – nicht jedoch bei reinen Konzerten – regelt und folgende Vergütungssätze vorsieht:

84 Überblick bei *Kreile/Becker* wie vorstehend. Informationen sind im Internet unter www.gema.de abrufbar.

Tarif

GEMA

Vergütungssätze U-VK

für Unterhaltungs- und Tanzmusik mit Musikern

1.1.2013 (46)

Nettobeträge zuzüglich z. Zt. 7 % Umsatzsteuer

I. Allgemeine Vergütungssätze (ID 500- 504)

Vergütungssatz je Veranstaltung in €

	Größe des Veranstaltungsraumes*	Eintrittsgeld, Tanzgeld oder sonstiges Entgelt						
		A ohne oder bis zu 1,00 €	B bis zu 1,50 €	C bis zu 2,50 €	D bis zu 4,00 €	E bis zu 6,00 €	F bis zu 10,00 €	G bis zu 20,00 €
1	bis 100 m²	23,10	31,80	50,00	67,20	84,50	90,80	107,60
2	bis 133 m²	26,30	50,00	74,40	100,10	123,90	136,20	163,10
3	bis 200 m²	36,90	67,90	104,10	133,60	164,90	183,60	216,30
4	bis 266 m²	53,20	86,80	131,90	168,80	202,40	234,40	269,70
5	bis 333 m²	67,90	104,90	158,80	202,40	244,10	285,20	324,00
6	bis 400 m²	84,50	123,00	186,10	238,50	284,30	334,50	378,00
7	bis 533 m²	104,10	144,20	219,60	281,10	339,30	395,00	450,00
8	bis 666 m²	123,00	166,60	251,00	321,20	394,10	454,00	520,50
9	bis 1.332 m²	200,00	254,90	378,00	500,90	613,10	702,30	808,90
10	bis 2.000 m²	274,60	345,00	506,60	681,10	828,60	951,50	1103,00
11	bis 2.500 m²	344,20	432,10	633,60	851,60	1035,20	1190,30	1380,20
12	bis 3.000 m²	413,80	518,10	761,50	1020,50	1243,30	1426,80	1655,30
13	je weitere 500 m² bis 10.000 m²	68,90	86,80	128,60	169,60	207,40	238,50	276,30
14	je weitere 500 m² über 10.000 m²	68,90	167,40	267,00	365,50	464,00	563,10	661,60

* von Wand zu Wand gemessen

Bei Entgelten über 20,00 € erhöhen sich die Vergütungssätze für je angefangene weitere 10,00 € Eintrittsgeld um je 10 %.

Bild 31: Tarif U-VK (2013) der GEMA für Unterhaltungs- und Tanzmusik mit Musikern.[85]

85 Im Internet abrufbar unter: www.gema.de/fileadmin/user_upload/Musiknutzer/Tarife/Tarife_ad/Tarif_u_vk.pdf.

In dem Beispielsfall mit 3.000 qm und 20 EUR Eintrittsgeld würden im Jahr 2013 GEMA-Gebühren von 1.655,30 EUR zzgl. 7% Umsatzsteuer anfallen, insgesamt also 1.771,17 EUR.

Stets sollte bei der Bemessung der Eintrittsgelder ein Blick auf die Tarifstaffelung der GEMA geworfen werden. Es könnte sich von da aus nämlich für den Veranstalter empfehlen, evtl. ein niedrigeres Eintrittsgeld zu nehmen oder darauf ggf. ganz zu verzichten. Im letzten Fall würden sich die GEMA-Gebühren im genannten Beispiel auf 413,80 EUR zzgl. 7% Umsatzsteuer reduzieren, insgesamt also auf 442,77 EUR.

Neben dem Tarif U-VK existieren derzeit eine Reihe weiterer Tarife für unterschiedliche Darbietungen, zB für Musikdarbietungen bei Straßenfesten (U-St) oder für Musikaufführungen mit Musikern in Tanzlokalen (U-T). Diese unterschiedlichen Tarifen sollen im Rahmen einer **Tarifreform ab 1.1.2014** vereinheitlicht werden, da nach eigener Meinung der GEMA die bisherigen Tarifstrukturen zu kompliziert, zu intransparent und zu unausgewogen erscheinen.[86] In den neuen einheitlichen **Tarif U-V** sollen nach den Plänen der GEMA neben dem Tarif U-VK sechs weitere Tarife für den Bereich Live-Musik integriert werden.[87] Dabei soll es wie bisher nach der Größe des Veranstaltungsraumes und der Höhe des Eintrittsgeldes gehen, aber kleinere Veranstaltungen mit moderaten Eintrittsgeldern begünstigt werden, während für größere Veranstaltungen höhere Lizenzgebühren verlangt werden.

Den größten Widerstand finden die neuen Vergütungssätze des **Tarifs M-V**, die ursprünglich ab 1.4.2013 und jetzt ab 1.7.2013 für »Unterhaltungs- und Tanzmusik mit Tonträgerwiedergabe mit Veranstaltungscharakter« im Bereich von Discotheken, Musikkneipen und Nachtlokalen gelten sollen. Bislang gab es hier zwei Pauschalen für die Musiknutzung, eine Pauschale für 16 Öffnungstage im Monat und eine Pauschale für über 16 Öffnungstage im Monat. Künftig soll jede Nacht einzeln lizensiert werden. Dies führt nach Meinung der Kritiker[88] insbesondere für Innenstadt-Clubs zu Tariferhöhungen von 650% (!)[89] und zum voraussichtlichen Ruin vieler Discotheken. Ob die geplanten Tarife wirklich 2013 in Kraft treten, ist derzeit (2012) ungewiss, da unter anderem die Bundesvereinigung der Musikveranstalter die Schiedsstelle beim Deutschen Patent- und Markenamt angerufen hat und diese bis Juni 2013 einen

86 Dazu GEMA: Neue Tarifstruktur für den Veranstaltungsbereich ab 1.1.2014, Internetquelle: https://www.gema.de/veranstaltungstarife, abgerufen am 25.1.2013. Ursprünglich war der neue Tarif ab 1.4.2013 vorgesehen, ist jetzt aber auf den 1.1.2014 verschoben worden. Die Tarifreform wird weiter verhandelt. Die Einführung bleibt ungewiss. Für das gesamte Jahr 2013 haben sich die GEMA und die Bundesvereinigung der Musikveranstalter darauf verständigt, dass der Tarif U-VK gelten soll (Pressemitteilung der GEMA vom 20.12.2012).

87 Außer dem Tarif U-VK noch die Tarife U, U-St, U-WK,WR-VR-B1,U-T und VK.

88 Die Vorschläge der GEMA haben einen Sturm der Entrüstung nicht nur bei den unmittelbar betroffenen Discothekenbetreibern, sondern auch bei Live-Veranstaltern und Politikern hervorgerufen. Pars pro toto sei einer der größten deutschen Veranstalter *Marek Lieberberg* genannt, der sich mit klaren Worten gegen die neuen GEMA-Tarife für Veranstalter aussprach und die GEMA als »Big Brother, der das Musikgeschäft aussaugt und die Branche nach Gutsherrenart schikaniert«, bezeichnete. Titel: GEMA-Tarife für Veranstalter – Lieberberg: »GEMA hat sich metastasenartig ausgebreitet«, 27.8.2012, Internetquelle: http://www.musikmarfkt.de/layout/set/print/content/view/full/318121, abgerufen am 27.8.2012.

89 So die Süddeutsche Zeitung vom 28.6.2012 in dem Artikel: Gebührenreform der Gema: Vom Künstleranwalt zum Raubritter, Internetquelle http://www.sueddeutsche.de/kultur/gebueren-reform-der-gema-vom-kuenstleranwalt-zum raubritter, abgerufen am 27.8.2012.

Einigungsvorschlag unterbreiten wird, der freilich beim Oberlandesgericht München und letztlich beim Bundesgerichtshof angefochten werden kann.[90]

VI. Die Verteilung der Lizenzeinnahmen

Die von der GEMA durch die Einräumung von Nutzungsrechten erzielten Einnahmen werden nach einem komplizierten Schlüssel auf der Grundlage des GEMA-Verteilungsplanes an die Berechtigten verteilt. Solche Verteilungspläne sind von § 7 WahrnG vorgeschrieben und sollen ein willkürliches Vorgehen durch feste Regeln ausschließen. Die Verteilung erfolgt bei der GEMA in einem zweistufigen Verrechnungs- und Wertungsverfahren.[91]

Im Jahr 2011 flossen der GEMA Erträge iHv 825,5 Mio. EUR zu. Zur Verteilung kamen 702,3 Mio. EUR. Die Aufwendungen betrugen sage und schreibe 123,2 Mio. EUR (= 14,9 %).[92] Die GEMA hat insgesamt 1074 Mitarbeiter (31.12.2011).[93]

VII. Internationalität

Die Befugnisse der Verwertungsgesellschaften sind zwar auf Deutschland beschränkt, jedoch haben die nationalen Verwertungsgesellschaften durch eine Fülle von Gegenseitigkeitsverträgen dafür gesorgt, dass sie auch über ausländische Rechte verfügen können. Die GEMA hat allein für Aufführungs- und Senderechte mit Schwestergesellschaften in rund 68 Ländern Gegenseitigkeitsverträge geschlossen.[94]

Auf diese Weise verfügt die GEMA fast über die Rechte des gesamten Weltrepertoires an U-Musik.[95]

Aufgrund dieser Gegenseitigkeitsabkommen vertritt die GEMA etwa 1,4 Mio. Musikurheber und verfügt über ein Werkrepertoire von etwa 5,1 Mio. Werken.[96]

E. Die Ausländersteuer

Der Begriff Ausländersteuer ist irreführend, da man meinen könnte, dass eine Steuer auf eine ausländische Staatsangehörigkeit erhoben wird. Das ist aber nicht der Fall.[97] Anknüpfungspunkt der Steuer ist nicht die Staatsangehörigkeit, sondern der Wohnort im Ausland. Wer im Ausland wohnt und in Deutschland Einkünfte erzielt, muss nur das hierzulande erzielte Einkommen der deutschen Einkommensteuer unterwerfen. Deshalb spricht § 49 EStG von einer »beschränkten Steuerpflicht«.

90 Im Streit um ihre neuen Gebühren hat die GEMA auf Druck der Länder etwas eingelenkt. Zunächst soll der Schiedsspruch der Aufsichtsbehörde abgewartet werden. Die neue Tarifstruktur soll nun Ende Juni 2013 und nicht bereits am 1.4.2013 in Kraft treten (Quelle: Berliner Morgenpost v. 10.12.2012).

91 Dazu näher *Kreile/Becker* Fachaufsatz GEMA 14.

92 Geschäftsbericht der GEMA von 2011, S. 30 (laut Internetquelle Fn. 77). Der Kostensatz von 14,9 % erklärt sich zu einem erheblichen Teil mit dem geschilderten aufwändigen Verfahren bei der Erhebung der Vergütungen und bei der Verteilung der Lizenzgebühren.

93 Geschäftsbericht, S. 39 (Quelle wie zuvor).

94 Dazu und zum Folgenden *Kreile/Becker*, GEMA, HdB Kultur und Recht, Bd. 1, 3.6 S. 7 f.

95 So *Unverzagt/Meyer*, Die Verwertungsgesellschaften, Handbuch Kultur und Recht, Bd. 1, B 3.1 (1998) S. 12.

96 So *Kreile/Becker*, GEMA, HdB Kultur und Recht, Bd. 1, 3.6 S. 12.

97 Zutr. *Jürgensen*, Basics zur Auslandssteuer, S. 2 in www.kunstrecht.de.

Die Beschränkung liegt darin, dass nur die hiesigen Einkünfte der deutschen Steuer unterliegen, während bei in Deutschland lebenden Personen grundsätzlich alle weltweit erzielten Einkünfte der Einkommensteuer unterliegen (»unbeschränkte Steuerpflicht« nach § 1 I EStG im Gegensatz zur »beschränkten Steuerpflicht« nach § 1 IV EStG).

Die beschränkte Steuerpflicht hat den Charakter einer Objektsteuer.[98] Sie knüpft an bestimmte abschließend aufgeführte Einkünfte mit Inlandsbezug an. Das können im Kontext von Veranstaltungen vor allem künstlerische Darbietungen ausländischer Künstler in Deutschland sein, wie zB der Auftritt der Neville Brothers in Osnabrück (Bild 36) oder von Joe Cocker in Bielefeld (Bild 40). Sie unterliegen mit den Einkünften aus diesen inländischen Konzerten der beschränkten Steuerpflicht in Deutschland.

Die wichtigsten Regelungen zum Thema Ausländersteuer finden sich in den §§ 50a I–III, V, 50 II und 49 EStG sowie in § 73e EStDV.[99]

Die Ausländersteuer wird im Wege des Steuerabzugs erhoben. Zwar ist der beschränkt Steuerpflichtige selbst der Steuerschuldner, jedoch muss der Vergütungsschuldner (also in der Regel der Veranstalter) von vornherein von der Vergütung bestimmte Beträge einbehalten und an das zuständige Bundeszentralamt für Steuern abführen (§§ 50a V EStG, 73e EStDV). Er ist gegenüber dem Finanzamt **der Haftungsschuldner,** § 50a V 4 EStG. Der Grund für dieses rigide Verfahren ist offenkundig: der ausländische Künstler, sein Produzent oder die betr. Künstlerverleihfirma (sog. rent-a-star-company), denen die Gagen ausgezahlt werden, sind nach Ende der Tour in Deutschland dem Zugriff des deutschen Fiskus entzogen. Daher wird der Veranstalter (oder sonstige Vergütungsschuldner) verpflichtet, einen Teil der Gage einzubehalten, bei dem Bundeszentralamt für Steuern anzumelden und an dieses abzuführen.

Die Einkünfte, die dem Steuerabzug nach § 50a I EStG unterliegen, sind:

»1. Einkünfte, die durch im Inland ausgeübte künstlerische, sportliche, artistische, unterhaltende oder ähnliche Darbietungen erzielt werden, einschließlich der Einkünfte aus anderen mit diesen Leistungen zusammenhängenden Leistungen, unabhängig davon, wem die Einkünfte zufließen (§ 49 I Nr. 2 bis 4 und 9), es sei denn, es handelt sich um Einkünfte aus nichtselbstständiger Arbeit, die bereits dem Steuerabzug vom Arbeitslohn nach § 38 I 1 Nr. 1 unterliegen,
2. bei Einkünften aus der inländischen Verwertung von Darbietungen im Sinne der Nummer 1 (§ 49 I Nr. 2 bis 4 und 6).«

Generell ist seit 1.1.2009 der Steuerabzug für Künstler aus dem Ausland, die in Deutschland auftreten, nach der Neufassung von § 50a II EStG auf einen Einheitssatz von 15 % der Bruttoeinnahmen begrenzt. Die früher geltenden Staffelungen nach der Höhe der Gage sind entfallen. Kleingagen bis 250 EUR unterliegen keinem Steuerabzug. Besonders ausgewiesene Reisekosten, die die tatsächlichen Kosten nicht übersteigen, werden nicht als Einnahmen bewertet. Etwas anderes gilt, falls die tatsächlich entstehenden Reisekosten überschritten werden. Bei der einheitlichen Pauschalbesteuerung von 15 % der Gagen sind die gesamten erzielten Einnahmen zugrunde zulegen, § 50a II 1 EStG. Das bedeutet, dass die Bruttoeinnahmen anzusetzen sind. Abzüge für Betriebsausgaben oder Werbungskosten sind nicht statthaft (Umkehrschluss aus § 50a III EStG), sog. **Bruttobesteuerung.**

Die Berechnung der Steuerschuld erfolgt nach zwei Faktoren, nämlich den Bruttoeinnahmen als Bemessungsgrundlage und dem darauf anwendbaren Steuersatz. Es gilt die Formel:

98 Kirchhof/*Gosch* EStG § 49 Rn. 1.
99 Dazu ausführlich Herrmann/Heuer/Raupach/*Maßbaum* EStG § 50a Rn. 31 ff.

Bruttoeinnahmen x Steuersatz = Steuerschuld

Beispiel: Ein amerikanischer Rock-Sänger erhält für einen Auftritt in Deutschland eine Bruttogage von 200.000 EUR. Dann beträgt der Steuersatz 15 %. Daraus ergibt sich folgende Steuerschuld:

200.000 EUR x 15 % = 30.000 EUR

Dieser Betrag erhöht sich um den Solidaritätszuschlag iHv 5,5 % auf die Steuerschuld:

30.000 EUR x 5,5 % = 1.650 EUR

Insgesamt sind von dem Vergütungsschuldner daher 31.650 EUR von der Bruttogage einzubehalten und an das Bundeszentralamt für Steuern abzuführen. Dies hat nach § 50a V 3 EStG bis zum zehnten des dem Kalendervierteljahr folgenden Monats zu geschehen.

Abwandlung: Der Rocksänger reist aus Los Angeles an. Der Veranstalter übernimmt die diesbezüglichen Flugreisekosten von 3.000 EUR. Sind diese Kosten einkommensteuerlich von Bedeutung?
Nach § 50a II 2 EStG gehören vom Vergütungsschuldner ersetzte oder übernommene Reisekosten nur dann zu den Einnahmen, wenn sie die tatsächlichen Kosten übersteigen. Da dies nicht der Fall ist, bleiben die Flugreisekosten außen vor und erhöhen nicht die Bruttoeinnahmen.

Statt der Bruttobesteuerung kann nach § 50a III EStG auch eine **Nettobesteuerung** gewählt werden. Bei dieser kann der Schuldner der Vergütung – also im allgemeinen der Veranstalter – von den erzielten Einnahmen die mit ihnen in unmittelbarem wirtschaftlichem Zusammenhang stehenden Betriebsausgaben oder Werbungskosten abziehen, die ihm ein beschränkt Steuerpflichtiger in einer für das Bundeszentralamt für Steuern nachprüfbaren Form nachgewiesen hat oder die vom Schuldner der Vergütung übernommen worden sind. Voraussetzung ist allerdings, dass der beschränkt Steuerpflichtige, also zB der Künstler, Staatsangehöriger eines Mitgliedstaates der EU oder eines Staates des Europäischen Wirtschaftsraumes ist, § 50a III 2 EStG. In diesen Fällen beträgt der Steuerabzug von den nach Abzug der Betriebsausgaben oder Werbungskosten verbleibenden Einnahmen (Nettoeinnahmen), wenn

1. Gläubiger der Vergütung eine natürliche Person ist, 30 Prozent,
2. Gläubiger der Vergütung eine Körperschaft, Personenvereinigung oder Vermögensmasse ist, 15 Prozent, § 50a III 4 EStG.

Im Beispielfall des US-amerikanischen Rocksängers scheidet eine Nettobesteuerung aus, weil der beschränkt Steuerpflichtige keine Staatsangehörigkeit eines EU- oder EWR-Staates besitzt.

Abwandlung: Es handelt sich um einen britischen Rocksänger.

Dann könnte die Nettobesteuerung gewählt werden. Das wäre angesichts des doppelten Steuersatzes für den Vergütungsgläubiger allerdings nur dann zu empfehlen, wenn die Betriebs- oder Werbungskosten über 50 % der Bruttoeinnahmen betragen.

Beispiel: Der britische Rocksänger hatte bei einer Gage von 200.000 EUR einen Aufwand von 150.000 EUR.

a) Bei einer **Bruttobesteuerung** wären an das Bundeszentralamt für Steuern abzuführen:

15 % auf die gesamten Einnahmen:	30.000 EUR
5,5 % Soli auf die Steuer	1.650 EUR
Insgesamt abzuführen demnach	**31.650 EUR.**

b) Bei Wahl der **Nettobesteuerung** ergibt sich folgende Berechnung:

Einnahmen	200.000 EUR
./. Ausgaben	150.000 EUR
30 % auf die Nettoeinnahmen	15.000 EUR
5,5 % Soli auf die Steuer	825 EUR
Insgesamt abzuführen demnach	**15.825 EUR.**

Die Nettobesteuerung erspart demnach 15.825 EUR und ist damit deutlich vorteilhafter.

Nicht zu verwechseln mit der gerade angesprochenen Brutto/Nettobesteuerung ist die Frage, ob der ausländische Künstler als Gage eine Bruttogage vereinbart hatte, von dem der Veranstalter dann die Ausländersteuer samt Soli abzieht, oder von vornherein eine bestimmte netto auszuzahlende Gage. In der Veranstaltungsbranche wird vielfach die letzte Variante gewählt, also ein Nettoauszahlungsbetrag für die künstlerische, sportliche, artistische oder ähnliche Darbietung (**Nettogagenvereinbarung**). Der Künstler, Sportler oder Artist möchte nämlich von vornherein Klarheit haben, was er (in bar) ausgezahlt bekommt.

Beispiel: Der Barauszahlungsbetrag für die Gage wird auf 200.000 EUR netto festgelegt.

Dann ist klar, dass der Veranstalter neben der Nettogage noch die Abzugssteuer mitsamt Soli zu tragen hat.

Unter Zugrundelegung der zu zahlenden Nettogage von 200.000 EUR ergibt sich unter Berücksichtigung des Dreisatzes bei einem hochzurechnenden Steuersatz von 15 % Einkommensteuer sowie 0,825 % (5,5 % auf 15 %) Solidaritätszuschlag eine Einkommensteuerbelastung von 17,82 % sowie 0,98 % Solidaritätszuschlag, insgesamt also 18,8 % auf den Nettobetrag.

8.2 Nettovereinbarung

Übernimmt der Schuldner der Vergütung für im Inland ausgeübte künstlerische, sportliche, artistische, unterhaltende oder ähnliche Darbietungen die Steuer nach § 50a Abs. 1 EStG und den Solidaritätszuschlag (sog. Nettovereinbarung), ergeben sich zur Ermittlung der Abzugsteuer folgende Berechnungssätze, die auf die jeweilige Netto-Vergütung zuzüglich ggf. übernommener Kosten anzuwenden sind:

Netto-Vergütung	Berechnungssätze (%) bei Übernahme von Abzugsteuer und SolZ	
	Abzugsteuer	SolZ
bis 250,00 €	0	0
mehr als 250,00 €	17,82	0,98

Ist eine beschränkt steuerpflichtige Körperschaft Vergütungsgläubiger, beträgt der anzuwendende Prozentsatz höchstens 17,82 % zuzüglich 0,98 % Solidaritätszuschlag. Trägt der Vergütungsschuldner die Abzugsteuer nach § 50a Abs. 1 EStG in anderen als den og Fällen oder die Abzugsteuer nach § 50a Abs. 7 EStG, sind die nachstehenden Prozentsätze auf die ausgezahlte Vergütung zuzüglich ggf. übernommener Kosten anzuwenden:

Steuersatz (%)	Berechnungssätze (%) bei Übernahme von Abzugsteuer und SolZ	
	Abzugsteuer	SolZ
15	17,82	0,98
25	33,96	1,86
30	43,89	2,41

Bild 32: Merkblatt der Finanzverwaltung zu StAB (2011) nach § 50a EStG

Somit ergibt sich folgende Berechnung:
17,82 % auf 200.000 EUR, also 35.640 EUR
zzgl. 0,98 % Solidaritätszuschlag 1.960 EUR.

Der Veranstalter hätte demzufolge steuerliche Aufwendungen
iHv insgesamt 37.600 EUR
als Haftungsschuldner zu tragen. Sein Gesamtaufwand (Gage, Steuer)
beträgt also tatsächlich 237.600 EUR.

Hinzukommen noch die übernommenen Flugreisekosten, die mit 3.000 EUR zu Buche schlagen. Im Ergebnis hätte der Veranstalter bei einer solchen Nettogagenvereinbarung tatsächlich nicht bloß 203.000 EUR aufzuwenden (200.000 EUR Gage und 3.000 EUR Reisekosten), sondern einen Gesamtaufwand von 240.600 EUR. Das ist gegenüber einer Bruttogage ein tatsächlicher Mehraufwand von sage und schreibe 37.600 EUR!

Hinweis: Nettogagenvereinbarungen müssen wegen der zusätzlichen Steuerbelastung für den Vergütungsschuldner wohl überlegt und durchkalkuliert werden.

Da auswärtige Künstler und Veranstalter internationaler Festivals nicht nur in Deutschland dem Steuerabzug unterliegen, sondern häufig auch in ihrem jeweiligen Wohnsitzland mit ihren Welteinkünften besteuert werden, besteht die Gefahr der Doppelbesteuerung. Um dies zu verhindern, schließen Staaten untereinander bilaterale Abkommen zur Vermeidung der Doppelbesteuerung (**DBA**). Diese sind häufig dem Musterabkommen der OECD (OECD-MA) nachgebildet. Art. 17 I OECD-MA weist das Besteuerungsrecht für die Besteuerung von Künstlern, die als Bühnen-, Film-, Rundfunk- und Fernsehkünstler oder Musiker in einem anderen Vertragsstaat persönlich auftreten (sog. vortragende ausländische Künstler), dem Auftrittsstaat (Quellenstaat) zu.[100]

Das hat zur Folge, dass das Besteuerungsrecht hinsichtlich ausländischer Künstler, die in Deutschland auftreten, regelmäßig bei der Bundesrepublik Deutschland liegt und der Steuerabzug nach § 50a II EStG hier vorgenommen wird.

Um eine Doppelbesteuerung zu verhindern, sieht das OECD-MA wahlweise Freistellungs- oder Anrechnungsverfahren im Heimatland vor. Das bedeutet, dass der Künstler oder Veranstalter in seinem Heimatland wegen dieser auswärtig versteuerten Einkünfte gänzlich von der Besteuerung in seinem Heimatland freigestellt ist oder die anderweit gezahlte Steuer auf die einheimische Steuer angerechnet wird.

Unabhängig von DBA sind durch einen Erlass des Bundesfinanzministers ausländische Kulturvereinigungen von der Steuerpflicht freigestellt, wenn der Auftritt im Inland durch öffentliche Kassen des Heimatlandes gefördert wird.[101] Vorausgesetzt ist, dass keine Freistellung nach DBA möglich ist und die Förderung mindestens 1/3 der Kosten deckt. Es darf sich aber nicht um Solisten oder angestellte Musiker handeln. Weitere Voraussetzung ist, dass es sich um Mitglieder eines Kulturorchesters handelt. Dementsprechend spricht man vom Kulturorchester-Erlass.

100 Vgl. dazu ausführlich *Rundshagen*, Doppelbesteuerungsabkommen, Handbuch Kultur und Recht, Bd. 2, E 1.3; ferner *Michow*, Der Steuerabzug bei beschränkt steuerpflichtigen Künstlern und Produktionsgesellschaften, Handbuch Kultur und Recht, Bd. 2, E 1.2, S. 11 ff.

101 Schreiben des BMF vom 20.7.1983, BStBl. I 382.

5. Teil: Aktuelle Einzelfragen

A. Wem gehört die Eintrittskarte?[1] Juristische Betrachtungen zum Themenfeld Kartendruck-Vertriebssysteme – Vorverkaufseinnahmen

Banale Fragen haben es in sich. So auch bei diesem Thema: Wem gehört die Eintrittskarte?

Klar, dem der sie erworben hat, also letztendlich dem Besucher. Welche juristischen Vorgänge spielen sich aber eigentlich ab, wenn jemand zB bei einer Vorverkaufsstelle umgerechnet 20 EUR verauslagt, um in der Stadthalle Gütersloh eine sog. »Oldie-Nacht« zu erleben, nachdem er die unten abgebildete Zeitungswerbung gesehen hatte?

Hatte er das Glück, eine Eintrittskarte zu erhalten, so ist er juristisch Eigentümer eines sog. kleinen Inhaberpapiers oder in den Worten des § 807 BGB einer »Karte, Marke oder ähnlichen Urkunde, in der ein Gläubiger nicht bezeichnet ist«, das ihm als Inhaber das Recht gibt, von dem »Aussteller« der Urkunde eine »Leistung nach Maßgabe des Versprechens zu verlangen« (§ 793 BGB).

Damit ist die Rechtsnatur der Eintrittskarte für den Besucher klar: Es handelt sich um ein Wertpapier, das einen Anspruch auf eine Leistung verkörpert. Ohne Vorlage des Papiers besteht kein Anspruch auf Leistung.

Was heißt das?

1. Mit dem »Kauf« einer Eintrittskarte ist etwas ganz anderes als das Eigentum an einem Stück Papier verbunden, nämlich ein Anspruch auf Durchführung des angekündigten Programms. Der Karteninhaber der zitierten Oldie-Nacht hat Anspruch auf eine Live-Performance durch die angekündigten Musikgruppen, mithin auf eine Werkleistung. Es liegt somit kein Kauf, sondern ein Werkvertrag vor.

2. Gegen wen richtet sich dieser Anspruch? Dh wer ist Vertragspartner des Karteninhabers?

Solange die angekündigte Veranstaltung reibungslos abgewickelt wird, interessiert diese Frage den Besucher kaum. Kommt aber der angekündigte italienische Gesangsstar nicht zu dem teuer bezahlten Konzert und sieht sich der Besucher vor Ort vor die Wahl gestellt, frustriert nach Hause zu fahren oder vielleicht mit einem künstlerisch hochkarätigen Ersatzsolisten vorlieb zu nehmen, stellt sich diese Frage plötzlich im Hinblick auf etwaige Rückzahlungs-, Minderungs- oder sogar Schadensersatzansprüche. Von der Beantwortung dieser Frage nach dem Vertragspartner hängt mit-

---

1 Überarbeiteter, ergänzter und aktualisierter Vortrag, den der Verfasser anlässlich der Jahrestagung des VDSM am 27.4.1993 in Münster gehalten hat. Die Form des Vortrags wurde aus didaktischen Gründen bewusst beibehalten. Der Veranstalter hatte den Verfasser darum gebeten, zu den hier angesprochenen Einzelfragen Stellung zu nehmen. Der Vortrag wurde der **ab 1.1.2002 geltenden Rechtslage** angepasst.
Wie aktuell die Themenstellung ist, zeigen die Vorgänge um die Fußballweltmeisterschaft 2006, insbesondere hinsichtlich des ursprünglichen Verbots der Weitergabe von Eintrittskarten. Das AG Frankfurt a. M. hat diesbezüglich einem Besucher Recht gegeben, der von der FIFA die Zustimmung zur Ticketübertragung verlangt hatte – 31 C 3120/05.

Bild 33: Oldie-Nacht

Bild 34: Circus Fliegenpilz

telbar auch ab, wem das Geld aus dem Vorverkauf eigentumsmäßig zusteht. Vertragspartner des Besuchers ist der Veranstalter. Wer Veranstalter ist, wird leider für den Besucher nicht immer hinreichend deutlich. Am einfachsten ist es noch beim Circus.

Veranstalter ist der Circus Fliegenpilz. Er schuldet dem Besucher aufgrund des direkt geschlossenen Werkvertrages die Durchführung des Circus-Programms. Zumeist liegen die Dinge aber durch das Hinzutreten von Vorverkaufsstellen, Hallenbetreibern, Managern, Agenturen, Konzertdirektionen und Ähnlichem wesentlich komplizierter. Wer schuldet zB bei der Tournee »König der City« (Bild 35) die Durchführung der Veranstaltung?

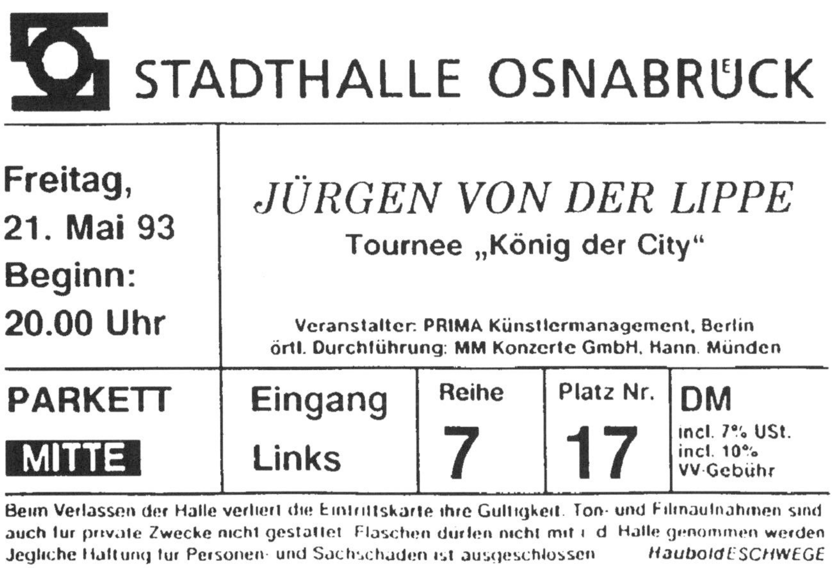
STADTHALLE OSNABRÜCK

Freitag,
21. Mai 93
Beginn:
20.00 Uhr

JÜRGEN VON DER LIPPE
Tournee „König der City"

Veranstalter: PRIMA Künstlermanagement, Berlin
örtl. Durchführung: MM Konzerte GmbH, Hann. Münden

Abriß

PARKETT MITTE	Eingang Links	Reihe 7	Platz Nr. 17	DM incl. 7% USt. incl. 10% VV-Gebühr

Beim Verlassen der Halle verliert die Eintrittskarte ihre Gültigkeit. Ton- und Filmaufnahmen sind auch für private Zwecke nicht gestattet. Flaschen dürfen nicht mit i. d. Halle genommen werden. Jegliche Haftung für Personen- und Sachschaden ist ausgeschlossen. HauboldESCHWEGE

Bild 35: Jürgen von der Lippe

Mit Sicherheit nicht die Vorverkaufsstelle, die die Karte verkauft hat.

Mit Sicherheit auch nicht die Stadthalle Osnabrück, die hier offensichtlich nur die Räumlichkeiten zur Verfügung stellt. Jürgen von der Lippe direkt wohl auch nicht, da er nicht in unmittelbare Rechtsbeziehungen zum Besucher treten möchte. Dann bleibt als Vertragspartner nur der Veranstalter, der hier erfreulicherweise ausdrücklich benannt ist.

Aber nehmen Sie noch einmal die Oldie-Night (siehe Bild 33).

Hier wird kein Veranstalter ausdrücklich benannt. Lässt er sich eindeutig aus dem Text erschließen? Es könnte die Stadthalle Gütersloh sein. Dagegen spricht, dass sie nicht als Veranstalter bezeichnet ist und genauso gut bloßer Vermieter sein könnte. Die NW »präsentiert« die Veranstaltung. Was heißt das? Lt. Fremdwörterduden: Darbieten, überreichen, vorzeigen. Der Unbefangene würde daraus schließen: Die NW bietet dar, ist also der Veranstalter. Aber gefehlt. Eine Anfrage ergab: Präsentieren meine nur die Werbung. Veranstalter seien die Stadthalle und eine nicht genannte Agentur.

Dies wird für den Kunden aber in keiner Weise ersichtlich. Wer eine Veranstaltung so bewirbt wie hier die Zeitung, läuft Gefahr, selbst als Veranstalter angesehen zu werden. Rechtlich gilt § 164 BGB, der vorschreibt, dass eine Stellvertretung für jemand anders nach außen hin ersichtlich werden muss. Eine geheime Stellvertretung ist dem deutschen Recht fremd. Wer nicht offen legt, dass er für jemand anders handelt, wird selbst zum Vertragspartner, auch wenn er es gar nicht will. Dieses sog. Offenkundigkeitsprinzip schützt den Vertragspartner, hier also den Besucher, dem nicht zugemutet werden kann, dass er erst durch telefonische Recherchen, wie ich sie hier angestellt hatte, herausfindet, wer nun eigentlich der Veranstalter und damit sein Vertragspartner ist. Ein ähnlicher Gedanke findet sich in § 651a II BGB, wonach bereits der Anschein ausreicht, um eine Veranstaltereigenschaft zu begründen, selbst wenn der Pauschalreiseveranstalter erklärt, nur Verträge mit anderen Leistungsträgern vermitteln zu wollen.

Daraus folgt als Ratschlag: Jede Unklarheit, wer Veranstalter ist, muss vermieden werden. Auf der Eintrittskarte und natürlich auch auf Werbeträgern sollte eindeutig angegeben werden: »Verantwortlicher Veranstalter ist ...«. Dies wird am besten gewährleistet, wenn der Kartendruck aufgrund entsprechender vertraglicher Absprache in der Hand des Hallenbetreibers, also des Vermieters der Halle bleibt.

Welche Unklarheiten sonst bei fremder Gestaltung und Druck eintreten, zeigt etwa folgendes Beispiel (Bild 36).

Wer ist Veranstalter? Ist es die Gruppe selbst? Die Stadthalle? Die örtliche Durchführung? Die Tourneeleitung? Radio ffn? Das Stadtblatt?

Der Besucher kann es nicht erkennen. Von einem verantwortlichen Veranstalter ist hier keine Rede.

Hallenbetreiber sollten die Gefahr bannen, dass sie wie bei einem Wechsel, bei dem auch jeder, der unterschreibt, haftet, wie ein Quasiveranstalter betrachtet werden. Sorgen Sie dafür, dass Sie Ihr Regressrisiko insoweit vermindern, indem deutlich der maßgebliche Veranstalter mit Anschrift und Telefon benannt wird, an den sich der Besucher bei Problemen wenden kann. Sonst riskieren Sie, von dem Besucher direkt in Anspruch genommen zu werden, wenn etwas schief läuft.

Bild 36: Neville Brothers

Was ich hier empfehle, ist genau das, was in den Muster-Mietbedingungen des VDSM ausdrücklich steht und was ich in vielen anderen Mietbedingungen vermisse, nämlich der Satz:

»Auf allen Drucksachen, Plakaten, Eintrittskarten, Einladungen usw. ist der Veranstalter anzugeben, um kenntlich zu machen, dass ein Rechtsverhältnis zwischen Veranstaltungsbesucher und Mieter besteht, nicht etwa zwischen Besucher oder anderen Dritten und dem Vermieter.«

So werden die Verantwortungsbereiche zwischen Ihnen als Vermieter und dem Veranstalter als dem für die Durchführung der Veranstaltung Verantwortlichen klar auseinander gehalten, so wie es sich idealiter aus dem nachfolgenden Schaubild ergibt:

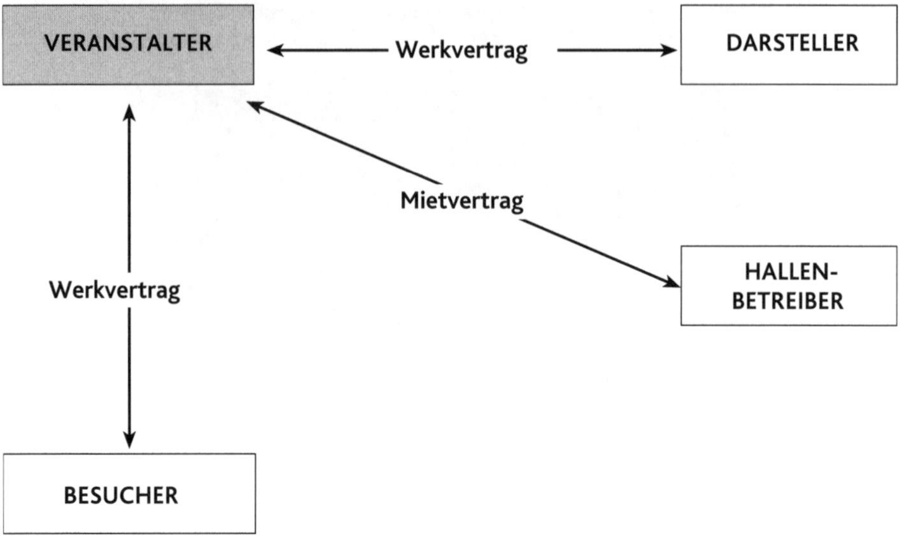

Bild 37: Rechtsbeziehungen bei Fremdveranstaltungen

I. Thema Kartendruck:

1. Wer druckt die Eintrittskarte: Mieter oder Vermieter?

Soweit es sich vertraglich durchsetzen lässt, aus Ihrer Sicht: am besten Sie selbst als der Vermieter.

So ist am ehesten gewährleistet, dass die Verantwortlichkeiten nicht vermengt werden und Sie als Hallenbetreiber nicht in die Risiken einer missglückten Veranstaltung hineingezogen werden.

Wird bei allen Werbemaßnahmen, besonders aber bei Drucksachen, Plakaten und Eintrittskarten, dem Besucher deutlich gemacht, wer als Veranstalter sein Vertragspartner ist, wo dieser telefonisch, schriftlich oder persönlich erreichbar ist, so kommen beim Ausfall des italienischen Gesangsstars nicht mehr auf den Hallenbetreiber Regressforderungen zu, falls die Halle nur mietweise zur Verfügung gestellt wurde.

Nicht nur das Regressrisiko, sondern auch das Sicherheitsrisiko ist ein weiteres einleuchtendes Argument, den Kartendruck beim Hallenbetreiber zu belassen. Denn die Vorschriften der Versammlungsstättenverordnungen in den einzelnen Bundesländern erklären den Betreiber von Versammlungsstätten für die Einhaltung der Betriebsvorschriften verantwortlich. Der Hallenbetreiber muss damit auch dafür Sorge tragen, dass nicht mehr Besucher zu der Veranstaltung zugelassen werden, als es der Kapazität der Halle entspricht. Die Gefahr, dass ohne Rücksicht darauf Karten gedruckt und auch ausgegeben werden, kann am besten dadurch gebannt werden, dass dies in der Hand des für die bauliche Sicherheit verantwortlichen Hallenbetreibers verbleibt. Einen rechtlichen Zwang dazu, dass aus Sicherheitsgründen einzig die Hallen zum Druck von Eintrittskarten befugt seien, kann ich allerdings nicht erkennen. Es lässt sich kaum sagen, dass nur auf diesem Wege den Sicherheitsgeboten aus den Versammlungsstätten-Verordnungen, polizeirechtlichen und zivilrechtlichen Vorschriften oder Ähnliches entsprochen werden könnte. Würde dem Veranstalter der Kartendruck überlassen, dann müsste durch entsprechende vertragliche Abreden und Kontrollen seitens der Halle gewährleistet sein, dass den Sicherheitsanforderungen entsprochen wird.

2. Zu der Frage, ob die Hallenvermietung vom Druck und Vertrieb der Karten durch die Halle abhängig gemacht werden darf:

Da dies regelmäßig durch AGB geschehen dürfte, stellt sich die Frage, ob dies gegen das Recht der Allgemeinen Geschäftsbedingungen (§§ 305 ff. BGB) verstößt. Mangels spezieller Klauselverbote in den §§ 308 und 309 BGB fragt sich, ob eine derartige Abhängigkeitsklausel den Vertragspartner entgegen Treu und Glauben unangemessen benachteiligten würde und deshalb nach § 307 BGB unwirksam wäre.

Die Beurteilung dieser Frage erfordert eine umfassende Abwägung der beiderseitigen Interessenlage. Es ist nicht zu verkennen, dass der Veranstalter ein unmittelbares Interesse daran hat, seine Veranstaltung zu einem Erfolg zu bringen, wozu zweifellos auch Kartendruck und Vertrieb beitragen. Andererseits sind die angesprochenen Regress- und Sicherheitsrisiken der Halle legitime Argumente, die es meines Erachtens nicht als einseitige Machtausübung erscheinen lassen, wenn sich die Hallen den Druck und Vertrieb der Karten per Vertragsklausel reservieren.

Mit anderen Worten:

Klauseln in Mietverträgen wie diese:

»Die Vermieterin übernimmt Gestaltung, Druck und Verkauf der Eintrittskarten«

(§ 7 AMB Gasteig) sind meines Erachtens rechtlich im Grundsatz nicht zu beanstanden.

Falls das bisherige traditionelle Verfahren des Drucks und Vertriebs von Karten künftig durch elektronische Systeme ersetzt würde (oder bereits wird), so werden neue Fragen aufgeworfen, die hier nur angedeutet werden können.

Falls die Hallenbetreiber solche Systeme ausschließlich für sich selbst reservieren möchten, stellt sich kartellrechtlich die Frage, ob ggf. eine Ausschließlichkeitsbindung vorliegt, die gegen das Kopplungsverbot des Art. 101 I e) AEUV verstößt. Das hängt erstens davon ab, ob man den Kartenverkauf und Vertrieb als noch sachlich oder handelsüblich zusammengehörig mit der mietweisen Überlassung der Veranstaltungsstätte ansieht. Zweitens fragt sich, ob dadurch für den Veranstalter oder Dritte der Marktzutritt unbillig beschränkt würde.

Ein ausschließlich von den Hallen betriebenes elektronisches System könnte ferner gegen das Diskriminierungsverbot des § 20 I GWB bzw. Art. 102 AEUV verstoßen, falls die betr. Halle eine marktbeherrschende Stellung einnehmen würde und eine unbillige Behinderung gleichartiger Unternehmen gegeben wäre. Die Gerichte beurteilen diese Fragen kontrovers, ohne dass es bislang zu einer höchstrichterlichen Klärung gekommen wäre. Ein Kopplungsverbot zwischen Mietvertrag und Kartenvorverkauf befürwortet zB das LG Dortmund im Urteil v. 25.1.1996 – 13 O 225/95 (Kart.), während das OLG Düsseldorf in 2. Instanz am 4.4.1997 – U (Kart.) 11/96 eine solche Kopplung von Vermietung und eingeschränktem (30 %) eigenen Kartenvertrieb zuließ. Es betonte, dass einer Stadthalle ein legitimes Interesse zuzuerkennen sei, jedenfalls 30% der Karten selbst zu vertreiben, weil sie »ein stark auf die Kommune bezogenes Öffentlichkeitsbild« habe und Besucher bei ihr deshalb direkt Karten kaufen wollten. Es sei ferner ein berechtigtes wirtschaftliches Anliegen der Stadthalle, mit einem Teil des Kartenvorverkaufs das eigene Vorverkaufssystem mit finanzieren zu wollen.

Nun noch ein weiteres Problem zu dem Komplex Kartenvertrieb, illustriert an einem kleinen

> **Beispiel:** Die Stadthalle überlässt ihre Räumlichkeiten einem Veranstalter für ein Konzert mit einem bekannten Künstler. Es ist vereinbart, dass die Stadthalle den Kartenvorverkauf durchführt, wofür der Veranstalter eine zusätzliche Arrangementgebühr sowie Pauschalbeträge für Porto, Telefon, Schreibgebühren zahlt. Nachdem der Kartenverkauf gut angelaufen ist, verlangt der Veranstalter, dass ihm das Geld aus dem bisherigen Vorverkauf überwiesen wird. Er besteht außerdem darauf, dass ihm bei ausverkauftem Konzert noch vor der Veranstaltung der Gesamtbetrag überwiesen wird. Die Halle möchte das Geld noch nicht zur Verfügung stellen, um dieses bei einer evtl. Konzertabsage den Besuchern zurückerstatten zu können.
> Wer hat Recht?

Die Vereinbarung über die Durchführung des Kartenvorverkaufs stellt einen entgeltlichen Geschäftsbesorgungsvertrag nach § 675 BGB dar; es handelt sich insoweit um eine Nebenabrede im Rahmen des einheitlichen Mietvertrages zwischen Halle und Veranstalter.

Wer nun für jemand anders eine Geschäftsbesorgung tätigt, wie hier die Halle für den Veranstalter bzgl. des Kartenverkaufs, muss nach § 667 BGB als Beauftragter dem Auftraggeber alles, was er aus der Geschäftsbesorgung erlangt, herausgeben. Das bedeutet, dass der Hallenbetreiber grundsätzlich dem Veranstalter zur Herausgabe der Vorverkaufseinnahmen verpflichtet ist, wovon er im Wege der Aufrechnung die vereinbarte Miete, die Arrangementgebühr und Pauschale abziehen darf. Die Frage ist allerdings, zu welchem Zeitpunkt dieser Anspruch auf Herausgabe fällig ist.

Dies ist in erster Linie eine Frage der Vereinbarung (vgl. § 271 BGB). Wird vertraglich vereinbart, dass erst nach Abschluss der Veranstaltung die erzielten Einnahmen an den Veranstalter abgeführt werden, so ist dies maßgeblich.

Sonst ist bei fehlender Vereinbarung auf die »Umstände« abzustellen. Hier lässt sich zugunsten der Veranstalter anführen, dass diese teilweise durch Vorabzahlung an Künstler, Hilfspersonal, Werbeagenturen, Transportunternehmen etc. schon vor der Veranstaltung Aufwendungen gemacht haben und insoweit durchaus Liquiditätsprobleme haben können.

Andererseits ist die Veranstaltung noch nicht durchgeführt. Der Hallenbetreiber, der mit dem Vorverkauf betraut ist, wird von dem Kunden bei Ausfall der Veranstaltung und anderen Leistungsstörungen jedenfalls als Ansprechpartner für etwaige Rückzahlungsansprüche angesehen. Ihm müssen dann dafür auch die liquiden Mittel zur Verfügung stehen. Es kommt hinzu, dass bis zum Tage der Veranstaltung die Geschäftsbesorgung noch nicht abgeschlossen ist, solange jedenfalls noch nicht alle Karten verkauft sind. Falls keine speziellen Abreden über eine abschlagsweise Auszahlung getroffen sind, würde ich daraus unter Abwägung der beiderseitigen Interessenlage den Schluss ziehen, dass nicht zuletzt auch im Interesse der Besucher, die ja vielfach Monate im Voraus ihr Geld aus der Hand gegeben haben, ohne dafür irgendeine Gegenleistung erhalten zu haben, eine Sicherung geboten ist. Würde dem Veranstalter schon vorher die Kasse überlassen, wäre jede Sicherheit für den Besucher dahin. Dass dies nicht eine theoretische Gefahr ist, zeigt ein Vorfall in Dortmund, wo der spanische Gesangstar Montserrat Caballe Ende August 1998 auftreten sollte. Die Eintrittspreise bewegten sich pro Karte bis umgerechnet 100 EUR. Der Vorverkauf lief so schlecht, dass die Veranstaltung abgesagt wurde. Viele Interessenten, die gebucht und bereits gezahlt hatten, bekamen vom Veranstalter, der sich offenbar verkalkuliert hatte, das von diesem vereinnahmte Eintrittsgeld nicht wieder und können dieses abschreiben; denn der Veranstalter ist mittlerweile insolvent.[2]

Aus alledem folgt meines Erachtens, dass erst mit Ende der Geschäftsbesorgung, die endgültig mit Erledigung der Veranstaltung ihr Ende gefunden hat, den Umständen gem. ein Anspruch auf Auszahlung besteht.

Allerdings hat der Veranstalter einen Anspruch auf Verzinsung des Geldes. Verwendet nämlich der Hallenbetreiber als Beauftragter das vereinnahmte Geld für sich, so ist er nach § 668 BGB verpflichtet, das Geld von der Zeit der Verwendung an zu verzinsen.

Sollte der Hallenbetreiber vorab eingenommenes Geld nicht für sich verwenden, so wird man ihn dennoch aufgrund Treu und Glauben für verpflichtet ansehen müssen, jedenfalls längere Zeit vorab kassierte größere Geldbeträge zinsbringend für den Veranstalter anzulegen. Dieser Rechtsgedanke kommt etwa auch bei der Mietkaution in § 551 III BGB zum Ausdruck und wurde aus der Natur der Kaution als Nutzungspfand entwickelt.

Aus alledem folgt die Empfehlung:

Klare Absprache im Mietvertrag, dass bei Kartenvertrieb durch den Vermieter Auszahlung des Geldes erst nach Durchführung der Veranstaltung erfolgt und dieses auf einem Sonderkonto verzinslich zugunsten des Veranstalters angelegt wird.[3]

In diesem Fall riskiert der Hallenbetreiber auch nicht, eigentumsrechtlichen Herausgabeansprüchen bzgl. des Geldes ausgesetzt zu sein.

Zwar handelt es sich meines Erachtens sachenrechtlich um Geld des Veranstalters; denn der Besucher übereignet das Geld bei verständiger Würdigung der Interessenlage an den, mit dem er den Vertrag über die Durchführung der Veranstaltung geschlossen hat. Das ist, wie oben erwähnt, der Veranstalter. Die Vorverkaufsstelle ist insoweit Vertreter des Veranstalters und nimmt die Übereignung des Kunden in dessen Namen an. Auch wenn dies nicht immer ausdrücklich erklärt wird, ergibt es sich doch aus den Umständen (§ 164 I 2 BGB).

---

2 Diese Hinweise verdanke ich Herrn RA *Wolfgang Mergen* aus Dortmund.

3 Meine Empfehlungen hat der EVVC mittlerweile in seinen Muster-AGB umgesetzt. Beim Thema Kartenverkauf heißt es jetzt: »§ 13 Durchführung des Kartenverkaufs
1. …
2. Im Falle des Kartenvorverkaufs durch den Vermieter erfolgt die Auszahlung des vereinnahmten Geldes erst nach Durchführung der Veranstaltung. Bis zu diesem Zeitpunkt werden die Gelder auf einem Sonderkonto verzinslich zugunsten des Mieters (Veranstalters) angelegt. Der Mieter hat Anspruch auf vorzeitige Auszahlung, wenn er eine selbstschuldnerische Bankbürgschaft in entsprechender Höhe leistet.
3. Wird die Veranstaltung abgesagt, wird der Vermieter hiermit ermächtigt, bei Vorlage der an der (Vor)Verkaufsstelle erworbenen Eintrittskarten die vereinnahmten Eintrittsgelder inklusive etwaiger Gebühren im Namen des Mieters (Veranstalters) an die Kunden zurückzuerstatten.«

Das vereinnahmte Geld ist somit sowohl für die Vorverkaufsstelle als auch für den Hallenbetreiber fremdes Geld. Beide sind Treuhänder und verwalten das fremde Geld bis zum Abschluss der Veranstaltung. Bis dahin ist der Veranstalter meines Erachtens aber dennoch gehindert, seinen Eigentumsherausgabeanspruch aus § 985 BGB geltend zu machen, da der Hallenbetreiber aus der verabredeten Geschäftsbesorgung bis zur Erledigung derselben, dh also bis zum reibungslosen Abschluss der Veranstaltung, ein Recht zum Besitz des Geldes hat (§ 986 BGB) und die Herausgabe des Geldes verweigern darf.

II. Verbot des Schwarzmarktverkaufs von Eintrittskarten

Die Frage nach dem Eigentum an der Eintrittskarte ist nicht zuletzt auch wichtig, wenn es um die Durchsetzung einer vom Veranstalter oftmals angestrebten Unterbindung des Schwarzmarktverkaufs geht. Ist der Veranstalter oder eine von ihm beauftragte »Greifertruppe« beispielsweise berechtigt, dem auf frischer Tat ertappten Schwarzhändler die Karten ohne dessen Zustimmung abzunehmen?

Die Karten stehen idR im Eigentum des Schwarzhändlers,[4] sind für den Veranstalter also »fremde, bewegliche Sachen«. Durch das Abnehmen der Karten wird fremder Gewahrsam aufgehoben und neuer, eigener Gewahrsam begründet. Wenn dem »Greifer«, der dem Schwarzhändler die Karten abnimmt, um sie seinem Auftraggeber zur eigenen Verwendung zurückzugeben, gegenüber dem Schwarzhändler möglicherweise sogar Gewalt anwendet, um an die Karten zu kommen, ist die Annahme eines Raubes gem. § 249 StGB nahe liegend – ein Verbrechen, dass mit Freiheitsstrafe nicht unter einem Jahr geahndet wird. Der Veranstalter, der die »Greifertruppe« beauftragt hat, wäre in dieser Konstellation möglicherweise Anstifter und gem. § 26 StGB wie der Täter selbst zu bestrafen.

Nur in Ausnahmefällen wird man das Vorliegen eines Rechtfertigungsgrundes annehmen können. Die Verletzung eines beim Kartenverkauf vereinbarten »entgeltlichen Übertragungsverbots« durch den Schwarzhändler erfüllt keinen Rechtfertigungstatbestand, auch wenn man grundsätzlich ein allgemeines Interesse an der Einhaltung privatrechtlicher Verträge annimmt. Einen Raub kann es nicht rechtfertigen.

Allenfalls könnte ein Festnahmerecht gem. § 127 I StPO entstehen, das aber nicht notwendigerweise auch die Wegnahme des Tatobjekts, der vertragswidrig veräußerten Eintrittskarten umfasst, sondern lediglich die Ergreifung des Täters rechtfertigen kann. Voraussetzung ist hier aber in jedem Fall das Vorliegen einer Straftat, bei welcher der Täter auf frischer Tat ertappt wurde. Der Schwarzmarktverkauf ist aber allenfalls bei gewerbsmäßigem Handeln (Steuerdelikt), betrügerischem Verhalten (Verkauf von Eintrittskarten, die für den Erwerber nicht sichtbar bereits entwertet sind), Verkauf betrügerisch erschlichener Eintrittskarten (wenn diese zB unter dem falschen Hinweis auf ihre gemeinnützige Verwendung, zB für Schulklassen, kostenlos erlangt wurden) als eine Straftat zu betrachten. Die Verletzung zivilrechtlicher Vereinbarungen stellt per se keine Straftat dar, die geeignet wäre das Festnahmerecht nach § 127 I StPO zu begründen.

Die Verletzung eines Weiterveräußerungsverbotes von Eintrittskarten eröffnet somit zwar die Möglichkeit zivilrechtlicher Schritte, rechtfertigt aber nur in wenigen, vorab schwer zu erkennenden Fallgestaltungen die Möglichkeit der Karteneinziehung gegen

4 Siehe oben.

den Willen des Schwarzhändlers. Um sich als Veranstalter nicht unwissentlich selbst strafbar zu machen, ist daher Vorsicht geboten.

III. Einige Bemerkungen zum Thema Vorverkaufsgebühren

Die Frage, ob »der Vorverkauf eine vom Veranstaltungsereignis unabhängige Leistung darstellt und deshalb eine zusätzliche Gebühr auf den Kartenpreis gerechtfertigt ist«, möchte ich verneinen.

Der Vorverkauf dient ökonomisch dem Kartenabsatz, gleichgültig ob dies durch veranstaltereigene, halleneigene oder unabhängige Vorverkaufsstellen geschieht. Er soll dazu beitragen, dass möglichst viele Karten über viele Verteiler an das Publikum gelangen und entsprechend das Geld für die Veranstaltung eingenommen wird. Der Vorverkauf, dem strategisch eine wichtige Marketingaufgabe zukommt, ist also eine Kartenabsatz- und Geldsammelstelle.

Juristisch betrachtet vermittelt die Vorverkaufsstelle den Geschäftsabschluss zwischen dem Veranstalter und dem Besucher. Sie wird stellvertretend für den Veranstalter beim Abschluss des Kartenkaufs tätig, handelt im Sinne eines Stellvertreters also im fremden Namen (§ 164 BGB). Sie ist ähnlich wie ein Reisebüro tätig, das Reisen für den Veranstalter vermittelt.

Beim Kartenkauf kommt also juristisch nichts anderes als der Abschluss des Werkvertrages zwischen Besucher und Veranstalter zustande, der durch die Vorverkaufsstelle repräsentiert wird.

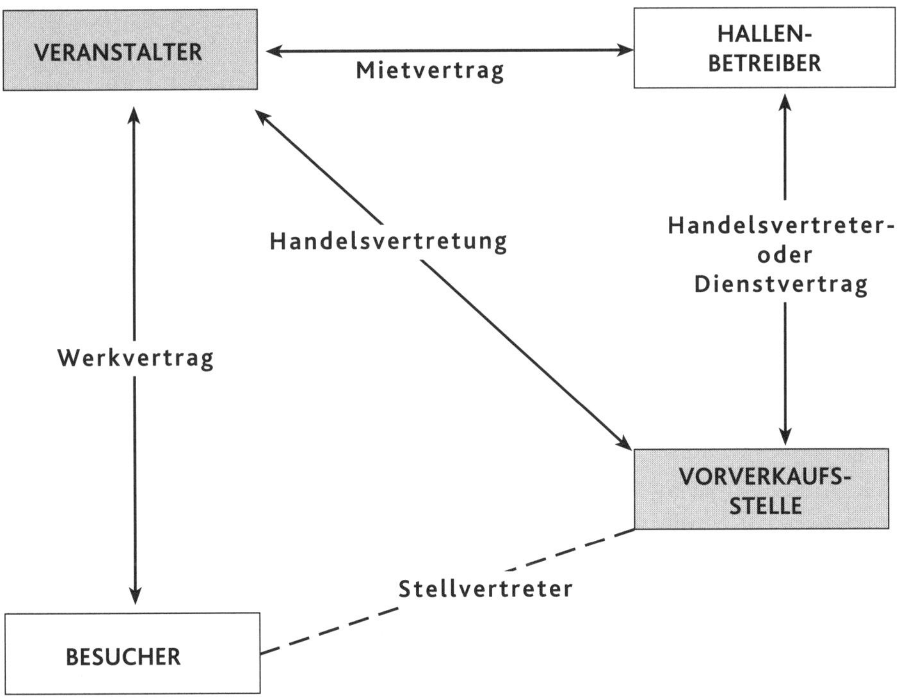

Bild 38: Rechtsbeziehungen beim Vorverkauf

Eine zusätzliche, eigenständige Rechtsbeziehung zwischen VVK und Besucher vermag ich nicht zu erkennen. Der Besucher will nur eines, wenn er eine VVK-Stelle aufsucht, nämlich durch frühzeitigen Abschluss eines Werkvertrages einen Anspruch auf das Konzert, die Theateraufführung oder sonstige Veranstaltung erwerben. Der VVK ist also keine unabhängige Leistung, sondern Teil des Veranstaltungsereignisses. Von daher ist eine zusätzliche Gebühr auf den Kartenpreis nicht gerechtfertigt. Der VVK ist vielmehr von dem zu organisieren und zu finanzieren, der ihn für sich einsetzt: Also von der Halle bei einem halleneigenen VVK-System, vom Veranstalter bei einem veranstaltereigenen System und bei Reisebüros, Zeitschriftenläden, Buchhandlungen, Ticketsystemen oder sonstigen unabhängigen VVK-Stellen von diesen selbst. Im letzteren Fall handelt es sich juristisch um selbstständige Handelsvertretungen, auf die das Recht der Handelsvertreter nach §§ 84 ff. HGB Anwendung findet; als solche haben sie Anspruch auf Provision gegen den Unternehmer, der sie mit dem Absatz der Karten betraut hat.[5]

Die Honorierung der Tätigkeit auf den Besucher zu verlagern, widerspricht den aufgezeigten Regelungen. Dies umso mehr, als der Besucher ohnehin entgegen dem sonst geltenden Grundsatz der Zug-um-Zug-Leistung (vgl. § 320 BGB) teilweise schon Wochen oder Monate vor der Veranstaltung sein Geld zahlt, ohne einen greifbaren Gegenwert zu erhalten. Ihn für dieses zinslose Darlehn noch zusätzlich mit Vorverkaufsgebühren zu belasten, erscheint mir ungerechtfertigt.

Konsequenterweise hat er meines Erachtens bei Konzertausfall Anspruch auf volle Rückzahlung des gezahlten Eintrittsgeldes einschließlich VVK-Gebühr, da diese Teil des gezahlten Entgeltes und nicht eine gesonderte Leistung auf einen zusätzlichen Vertrag ist. Rechtsgrundlage sind §§ 326 IV und 346 BGB.

Begründung:
Der Besucher hatte mit dem Veranstalter, der insoweit von der VVK-Stelle repräsentiert wurde, einen einheitlichen Werkvertrag geschlossen und kann nun nach eingetretener Unmöglichkeit seine nicht geschuldete Gegenleistung zurückfordern.

Dem frustrierten Kunden beim Konzertausfall wenigstens das volle Eintrittsgeld zurückzuerstatten, entspricht meines Erachtens nicht nur der Rechtslage, sondern auch einer klugen Geschäftspolitik, die dem Ziel der Kundenzufriedenheit Rechnung trägt.

B. Aktuelle Rechtsprobleme beim Kartenvorverkauf[6]

I. Einführung

Welcome to Meat Loaf!

Wer mal wieder richtig Lust auf ein saftiges Stück Fleisch gewordener Musik hatte, bestellte sich rechtzeitig im Kartenvorverkauf Karten für immerhin 50 DM (ca. 25 EUR) pro Stück. Mit Erhalt von Eintrittskarten und Rechnung im Postversand konnte ihm jedoch die Lust auf erwartete Gaumenfreuden leicht vergehen. So wurden

5 Näher dazu *Güllemann* MusterV 89 ff.

6 Vortrag, den der Verfasser am 10.6.1996 auf Einladung des VDSM im Gasteig in München gehalten hat, und der ebenfalls aus didaktischen Gründen und der Klarheit wegen in seiner ursprünglichen Form beibehalten und nur der aktuellen Rechtsentwicklung, insbesondere aufgrund der Schuldrechtsreform, angepasst worden ist.

für 2 Eintrittskarten im Gesamtnennwert von 100 DM (ca. 50 EUR) noch folgende Nebenkosten in Rechnung gestellt:

CTS-Gebühren	3 DM	=	3 %	des Nennwerts
Vorverkaufsgebühr	14 DM	=	14 %	des Nennwerts
Bearbeitungsgebühren	11 DM	=	11,5 %	des Nennwerts

Die Summe dieser Nebenkosten für 2 Karten belief sich mithin auf insgesamt 28,50 DM (ca. 14,25 EUR) oder 28,5 % des reinen Eintrittspreises. Werden hier nun die Grenzen des ökonomisch Vertretbaren und rechtlich Erlaubten erreicht oder allgemeiner gefragt:

Bild 39: Meat Loaf

Wie hoch kann die Vorverkaufs- bzw. Bearbeitungsgebühr bei Eintrittskarten sein?
Neben dem Thema »Gebühren« möchte ich auf »Leistungsstörungen beim Kartenvorverkauf« eingehen. Hier interessiert die Frage: Inwieweit kann man den Tatbestand der Schlechterfüllung anwenden, wenn Hallenbetreiber das von den Kunden im Vorverkauf bezahlte Geld an den Veranstalter eines Konzerts auszahlen, das Konzert später ausfällt und der Veranstalter dann nicht in der Lage ist, das Geld zurückzuerstatten? Dieses zweite Thema berührt grundsätzliche Fragen der Rechtsbeziehungen der Beteiligten beim Kartenvorverkauf. Schließlich möchte ich das Thema AGB und Eintrittskarten ansprechen.

II. Vorverkaufsgebühren

1. Rechtliche Vorgaben

Bislang gibt es in Deutschland keine rechtlichen Regelungen, die die Höhe der Vorverkaufsgebühren und Bearbeitungsgebühren präzise festlegen. Dies entspricht der liberalen Staats- und Wirtschaftsordnung der Bundesrepublik, die die Festlegung von Preisen grundsätzlich dem Marktmechanismus von Angebot und Nachfrage überlässt.

Direkte Preisgesetze, die bestimmte Preise für Waren oder Dienstleistungen festsetzen, sind also die Ausnahme. Zu nennen sind die §§ 557 ff. BGB, die Regelungen über die Miethöhe enthalten und die Anhebung des Mietzinses bei Vereinbarung von Staffel- und Indexmieten und sonst bis zur Höhe ortsüblicher Vergleichsmieten oder eines Mietspiegels erlauben. Aber auch hier ist der Mietzins keineswegs vom Gesetzgeber in Euro und Cent ausgedrückt. Gleiches gilt für die Löhne, die nicht vom Gesetzgeber bestimmt werden, sondern den Tarifvertragsparteien. Der Staat kann allenfalls unter bestimmten Voraussetzungen derartige Tarifverträge für allgemein verbindlich erklären, wobei er aber an die Zustimmung der Tarifvertragsparteien gebunden ist.

Andererseits gibt es eine Fülle von Gebührenordnungen für selbstständige Berufe, zB für Rechtsanwälte, Steuerberater, Architekten, Ingenieure, Ärzte und Zahnärzte. Auch Makler unterliegen bei der Wohnungsvermittlung einer Regelung, die als Höchstsatz das zweifache der monatlichen Wohnungsmiete zzgl. der gesetzlichen Umsatzsteuer für das Maklerhonorar vorsieht (vgl. § 3 Wohnungsvermittlungsgesetz). Eine gewisse Ähnlichkeit mit der Maklertätigkeit hat der Vorverkauf sicher: Auch hier geht es um eine Vermittlungstätigkeit, indem die VVK-Stelle beim Kartenabsatz den Kunden und den Veranstalter miteinander in eine Vertragsbeziehung bringt. Es kann im vorliegenden Zusammenhang dahinstehen, ob diese rechtliche Beurteilung letztlich zutrifft, weil ohnehin ja nur für Wohnungsmakler gesetzliche Beschränkungen gelten. Für den hier relevanten Bereich von Werk- oder Dienstleistungen ist jedenfalls keine gesetzliche Obergrenze vorgesehen.

Mangels präziser Festlegung gilt bzgl. der Höhe von VVK-Gebühren und Bearbeitungsgebühren das Prinzip der Vertragsfreiheit, das den Vertragsparteien die freie vertragliche Ausgestaltung im Rahmen der Gesetze und der guten Sitten überlässt. Gesetzliche Verbote, einen bestimmten Höchstsatz für Vorverkaufs- oder Bearbeitungsgebühren zu überschreiten, sind nicht ersichtlich. § 134 BGB, der dann solche Abmachungen für nichtig erklären würde, greift also nicht ein.

Ob extrem übersetzte Gebühren wegen Wuchers oder allgemeiner Sittenwidrigkeit nach § 138 BGB ungültig sind, lässt sich nicht generell beurteilen, sondern hängt stark von den Umständen des individuellen Einzelfalls ab.

Wucher als der gegenüber der allgemeinen Sittenwidrigkeit speziellere Tatbestand verlangt gem. § 138 II BGB zunächst objektiv, dass ein auffälliges Missverhältnis von Leistung und Gegenleistung besteht. Trifft dies zu, so muss subjektiv noch hinzukommen, dass der Handelnde entweder die Zwangslage, die Unerfahrenheit, den Mangel an Urteilsvermögen oder die erhebliche Willensschwäche eines anderen für sich oder einen anderen ausbeutet. Solche Situationen dürften im Kartenvorverkauf kaum anzutreffen sein.

Allerdings wäre im Einzelfall beim Kartenvorverkauf ein wucherähnliches Rechtsgeschäft denkbar, das wegen Sittenwidrigkeit nach § 138 I BGB nichtig wäre und dann zur Folge hätte, dass das gesamte Vermittlungsgeschäft wirkungslos wäre und keinerlei Anspruch auf irgendwelche Gebühren bestehen würde. Die Anforderungen dafür sind aber in einer freien Marktwirtschaft ohne feste Gebührensätze hoch anzusetzen: Nicht jedes Missverhältnis zwischen Leistung und Gegenleistung reicht aus. Das Missverhältnis muss vielmehr besonders auffällig und grob sein. Bei Kreditverträgen hat die Rechtsprechung[7] ein solches auffälliges Missverhältnis idR bejaht, wenn der Vertragszins den marktüblichen Zins relativ um 100 % oder absolut um 12 % übersteigt. Bei Abweichungen zwischen 90 und 100 % kommt es auf eine Gesamtwürdigung aller Umstände an, zB können zusätzlich belastende Momente wie hohe Kostenbelastungen bei einem Verzug mit den Rückzahlungsraten dann zur Sittenwidrigkeit führen. Eine Überschreitung des Marktzinses um 80,5 %, 81,8 %, 87,6 % oder 88 % wurde dagegen in der Rechtsprechung[8] nicht als sittenwidrig beurteilt.

Subjektiv verlangt die Rechtsprechung, dass der wirtschaftlich oder intellektuell Überlegene die schwächere Lage des anderen Teils bewusst zu seinem Vorteil ausgenutzt hat oder sich leichtfertig der Erkenntnis entzieht, dass der andere sich nur wegen seiner schwächeren Lage auf den ungünstigen Vertrag einlässt.[9]

Im eingangs erwähnten Beispielsfall könnte ein solches wucherähnliches Rechtsgeschäft vorliegen:

Eine Vorverkaufsgebühr von 10 % dürfte derzeit gängiger Standard sein. Der insgesamt verlangte Satz von 28,5 % übersteigt diesen Betrag relativ um mehr als 100 %. Dabei kann die Aufteilung in verschiedene Arten von Gebühren keine Rolle spielen. Feststeht, dass der Kunde bei einem Vorverkauf insgesamt mit mehr als dem Doppelten des sonst üblichen Betrages belastet wird. Subjektiv liegt die Annahme nah, dass die Vorverkaufsstelle ihre stärkere wirtschaftliche Machtposition bewusst zu ihrem Vorteil ausgenutzt hat, da es für einen Kunden kaum eine andere Möglichkeit zu einem Kartenerwerb gegeben haben dürfte.

Noch ein anderer rechtlicher Ansatz wäre zu bedenken:

Bei der postalischen Bestellung wird vielfach zwar die Preiskategorie für die Karte selbst festgelegt, doch werden nicht die Nebenkosten für Gebühren angesprochen oder vereinbart. Der Kunde überlässt die Festlegung insoweit seinem Vertragspartner.

---

7 Vgl. dazu MüKoBGB/*Mayer-Maly/Armbrüster* § 138 Rn. 118.
8 StRspr., BGHZ 104, 105; 110, 338; Nachweise bei Palandt/*Ellenberger* § 138 Rn. 27–29.
9 BGH NJW 1980, 446, 1156; Palandt/*Ellenberger* § 138 Rn. 25 und 30.

Dann muss die Bestimmung dieser Gebühren nach §§ 316, 315 BGB »nach billigem Ermessen« getroffen werden. Die getroffene Bestimmung ist für den anderen Teil nur dann verbindlich, wenn sie der Billigkeit entspricht (§ 315 III BGB). Entspricht sie nicht der Billigkeit, so wird die Bestimmung durch Urteil getroffen.

Angesichts der teilweise recht hohen Vorverkaufsgebühren stellt sich für den Veranstalter nun möglicherweise die Frage, ob er diese überhaupt gesondert ausweisen soll (Var. 1) oder nicht in einem entsprechend erhöhten Eintrittspreis »verschwinden« lassen sollte (Var. 2). Nach dem Motto: »Was ich nicht weiß, macht mich nicht heiß« würde die Karte also nicht zB 50 EUR zzgl. 14,25 EUR für diverse Gebühren ausweisen, sondern von vornherein allein nur den Bruttopreis von 64,25 EUR enthalten. Da dies zumindest optisch die Eintrittspreise erhöht und die Absatzchancen verringert, mag allerdings aus Marketingsicht auch die umgekehrte Strategie ins Auge gefasst werden:

Es wird allein der Kartennennwert ausgedruckt mit dem Zusatz »zzgl. Vorverkaufsgebühren« und ohne Angabe des Endpreises. Bei dieser 3. Variante hieße es also »Vorverkauf: 50 EUR incl. MwSt zzgl. Vorverkaufsgebühr«.

Bei den strategischen Überlegungen für einen optimalen Kartenabsatz und der Auswahl der günstigsten Lösung sind die rechtlichen Rahmenbedingungen zu beachten. Maßgebend ist hier das Preisangabengesetz vom 3.12.1984, das den Bundeswirtschaftsminister ermächtigt, durch Rechtsverordnung mit Zustimmung des Bundesrates zu bestimmen, »dass und auf welche Art und Weise beim Anbieten von Waren oder Leistungen gegenüber Letztverbrauchern oder bei der Werbung für Waren oder Leistungen gegenüber Letztverbrauchern Preise … anzugeben sind.« Dementsprechend ist die »Verordnung zur Regelung der Preisangaben« vom 14.3.1985 ergangen. Sie enthält für den hier interessierenden Bereich folgende relevante Aussagen:

Preisangabenverordnung vom 14.3.1985 (BGBl. I 580) idF der v. 18.10.2004 (BGBl. I 4197)

§ 1 Grundvorschriften

(1) Wer Letztverbrauchern gewerbs- oder geschäftsmäßig oder regelmäßig in sonstiger Weise Waren oder Leistungen anbietet oder als Anbieter von Waren oder Leistungen gegenüber Letztverbrauchern unter Angabe von Preisen wirbt, hat die Preise anzugeben, die einschließlich der Umsatzsteuer und sonstiger Preisbestandteile zu zahlen sind (Endpreise).

…

(6) Die Angaben nach dieser Verordnung müssen der allgemeinen Verkehrsauffassung und den Grundsätzen von Preisklarheit und Preiswahrheit entsprechen. Wer zu Angaben nach dieser Verordnung verpflichtet ist, hat diese dem Angebot oder in der Werbung eindeutig zuzuordnen sowie leicht erkennbar und deutlich lesbar oder sonst gut wahrnehmbar zu machen. Bei der Aufgliederung von Preisen sind die Endpreise hervorzuheben.

§ 5 Leistungen

(1) Wer Leistungen anbietet, hat ein Preisverzeichnis mit den Preisen für seine wesentlichen Leistungen … aufzustellen. Dieses ist im Geschäftslokal oder am sonstigen Ort des Leistungsangebots und, sofern vorhanden, zusätzlich im Schaufenster oder Schaukasten anzubringen. Ort des Leistungsangebots ist auch die Bildschirmanzeige.

…

…

Was folgt auf diesen rechtlichen Vorgaben für die verschiedenen Varianten?

Variante 1: Inklusivpreis unter spezifizierter Angabe der Vorverkaufsgebühren

Bild 40: Joe Cocker

Hier ist die PAngV voll beachtet.

§ 1 ist Rechnung getragen, indem der Endpreis einschließlich der MwSt genannt wird. Die Preisangaben sind klar und wahr. Sie sind deutlich lesbar. Die Aufgliederung von Preisen, hier bzgl. der zusätzlichen Gebühren, ist nach § 1 VI zwar nicht vorgeschrieben, aber zulässig: Dann müssen die Endpreise hervorgehoben werden. Dies ist hier durch Hervorhebung des Endpreises auf der linken Seite geschehen. Diese verbreitete Praxis ist also nicht zu beanstanden.

Variante 2: Pauschalpreis ohne Aufschlüsselung bzgl. VVK-Gebühren

Bild 41: Circus Fliegenpilz

Meines Erachtens ist diese Variante ebenfalls zulässig, da eine Aufgliederung von Preisen nach § 1 VI PAngV zwar zulässig, aber nicht zwingend vorgeschrieben ist. Nebenkosten für den Vertrieb sind Teil des Gesamtpreises, zu dem der Veranstalter dem Kunden eine Veranstaltung anbietet, also die im allgemeinen werkvertragsmäßige Vergütung für eine bestimmte Werkleistung nach § 631 BGB. Auch ist die Preisangabe wahr und klar: Der Kunde erfährt klipp und klar, was er zahlen muss. Für die Werkleistung, die ihm über den VVK vermittelt wird, wird ein Endpreis gefordert und genannt, der den wahren Verhältnissen entspricht.

Variante 3: (Exklusiv-)Preis zzgl. unspezifizierter VVK-Gebühren

Bild 42: Elfenbein

Diese Gestaltung macht den Preis zwar optisch schlanker, ist aber rechtlich dann unzulässig, wenn kein Endpreis genannt wird. § 1 I und VI PAngV sind verletzt, da VVK-Gebühren, CTS-Bearbeitungs- und sonstige Gebühren Preisbestandteile des insgesamt zu zahlenden Kartenpreises sind. Die einzelnen Gebühren müssen zwar nicht spezifiziert werden, aber auf den Karten, Plakaten und Werbeträgern müsste stets der Endpreis erscheinen.

Nach dem Zweck der PAngV soll der Verbraucher nämlich in die Lage versetzt werden, die angebotenen Preise leicht miteinander vergleichen zu können. Es soll ihm nicht zugemutet werden, den tatsächlich verlangten Endpreis zu ermitteln. Am klarsten formulierte das OLG Frankfurt:[10] »Die Notwendigkeit, mehrere Einzelposten zu addieren, um den Gesamtpreis zu erfahren, will die Preisangabenverordnung verhindern, auch wenn die Addition einfach ist.«

In den beschriebenen Fällen kommt hinzu, dass mangels Angabe der VVK-Gebühren eine Addition und Errechnung des Endpreises gar nicht möglich wären. Damit wird der Sinn und Zweck der PAngV verfehlt, dem Verbraucher zwecks Vergleichbarkeit eine klare Preisvorstellung zu verschaffen. Die Gebote der Preisklarheit und Endpreisnennung sind demzufolge verletzt.

2. Stellungnahme und Vorschlag

Damit ist festzuhalten:

Zulässig sind die Variante 1 mit spezifizierter Angabe der VVK-Gebühren, egal ob in absoluten Geldbeträgen oder in %-Sätzen, sowie ferner die Angabe von Pauschalendpreisen ohne nähere Aufschlüsselung (Variante 2).

Siehe auch **Bild 36: Neville Brothers**

In jedem Fall muss dem Verbraucher der Endpreis genannt werden. Dieser sollte meines Erachtens beim Vorverkauf deutlich niedriger sein als der Tagespreis. Zwar ist der Aufbau bzw. die Nutzung eines Ticketverkaufssystems schon wegen der größeren Zahl der Verkaufsstellen aufwendiger als die Abendkasse. Aber die Vorteile eines Vorverkaufs sind für den Veranstalter so schlagend, dass er durch Gewährung eines günstigeren Preises den Verbraucher zur Nutzung dieses Systems ermuntern sollte. Rechtzeitige Information über die Nachfrage gibt

1. Planungssicherheit,
2. die Möglichkeit, bei einem sich abzeichnenden Flop auszusteigen, um ein finanzielles Desaster zu vermeiden und bringt
3. Geld in die Kasse, um damit arbeiten oder Kosten bezahlen zu können.

Wer 6 Monate vor einem Konzert wie Meat Loaf 10.000 Karten à 25 EUR abgesetzt hat, verfügt beispielsweise über 250.000 EUR, die ihm bei 5 %iger Festgeldanlage allein 6.250 EUR einbringen. Hat er bereits Aufwendungen zu tätigen zB für Werbung, Künstler, Sachmittel und müsste er Geld aufnehmen, so hätte er vielleicht 10 % Sollzinsen zu zahlen. Der Vorteil aus einem frühzeitigen Vorverkauf würde sich dann sogar verdoppeln.

Aus all dem folgt die Empfehlung: deutlich niedrigere VVK-Preise gegenüber der Abendkasse, um dem Besucher einen echten Anreiz zu geben, wie etwa beim Konzert

10 WRP 1983, 690; zustimmend *Gimbel/Boest*, Die neue PAngV, München 1985, § 1 Anm. 12.

von Jan Garbarek (vgl. Bild 43) oder dem New Jazz Festival Moers, wo 1996 im VVK gegenüber dem Tagespreis umgerechnet etwa 13 EUR weniger berechnet wurden.

Bild 43: Jan Garbarek

VVK-Gebühren sollten – wenn sie überhaupt angesichts der überzeugenden Vorteile für den Veranstalter nötig sind – auf das notwendige Maß beschränkt werden. Das gebietet nicht zuletzt auch die PAngV mit ihrem Gebot der Preiswahrheit: Eine Gebühr soll die Kosten für eine Leistung decken. Sie erweckt den Eindruck halbamtlichen und zwingenden Charakters. Bei Sätzen von 28,5 % stellt sich dagegen die Frage, ob hier nicht in Wahrheit über den Gebührenhebel zusätzliche Gewinne angestrebt werden.

Weitere Zweifel weckt die meines Erachtens ausgesprochen bedenkliche Refundierungspraxis: Beansprucht ein Veranstalter etwa die hälftige Rückerstattung von VVK-Gebühren an sich selbst, so zeigt dies nichts anderes, als dass die VVK-Gebühr nicht zur Kostendeckung der tatsächlich entstandenen Dienstleistung genutzt wird, sondern dass damit zusätzliche Einnahmen erzielt werden sollen. Dies widerspricht nicht allein dem Prinzip der Preiswahrheit, sondern stellt auch eine den Verbraucher irreführende Geschäftspraktik dar, die nach den §§ 3 und 5 UWG verboten ist. Daher könnten zB Verbraucherschutzverbände, Gewerbevereine oder Mitbewerber auf Unterlassung dieser unzulässigen Geschäftspraxis klagen, § 8 UWG.

Ergebnisse:

1. Die im Vorverkauf anfallenden Gebühren müssen sich im Rahmen der Billigkeit oder Angemessenheit bewegen.

   Derzeit zu beobachtende Entwicklungen, diese Gebühren nach oben zu schrauben, sind rechtlich dann bedenklich, wenn sie wucherähnlichen Charakter annehmen.

   Stets ist zu bedenken, dass es bei diesen Gebühren darum geht, einen zusätzlichen Aufwand durch die Organisation eines Kartenvorverkaufs zu decken.

   Dagegen sollen nicht zusätzliche Einnahmequellen entwickelt oder Preiserhöhungen bei den Eintrittskarten über den Weg von Vorverkaufsgebühren kaschiert werden.

   Ein bedenklicher Weg ist auch die Erfindung immer neuer Gebühren: Kumulieren sich diese Gebühren zu Sätzen, die den bisher üblichen Rahmen um das Doppelte übersteigen, liegt der Vorwurf der Sittenwidrigkeit nahe. Solche Geschäfte sind rechtswidrig und damit ungültig.

2. VVK-Gebühren müssen weder in absoluten Zahlen noch in %-Sätzen nach der PAngV beziffert werden. Wesentlich ist die Nennung des Endpreises, der in jedem Fall in hervorgehobener Weise erscheinen muss.

   Wenn VVK-Gebühren zu Refundierungszwecken missbraucht werden, liegt meines Erachtens eine unzulässige Geschäftspraxis vor, die gegen das Gebot der Preiswahrheit und das Verbot irreführender Werbung nach §§ 3 und 5 UWG verstößt. Unterlassungsklagen von Verbraucherschutzverbänden, Gewerbevereinen und Mitbewerbern sind möglich und Erfolg versprechend.

   Es ist anzuraten, auf VVK-Gebühren zu verzichten oder sie so niedrig wie möglich zu halten, um dem Kunden einen deutlichen Anreiz zum frühzeitigen Kartenerwerb zu geben. Dies gibt ihm selbst, aber besonders auch dem Veranstalter Sicherheit und bringt Geld in die Kasse.

III. Schlechterfüllung

Im folgenden zweiten Hauptthema geht es um die Rechtsbeziehungen der Beteiligten beim Kartenvorverkauf. Speziell soll die Frage beantwortet werden: Inwieweit kann man den Tatbestand der Schlechterfüllung (Pflichtverletzung iSv § 280 I BGB) anwenden, wenn Hallenbetreiber das von Kunden im Vorverkauf bezahlte Geld an den Veranstalter eines Konzerts auszahlen, das Konzert später ausfällt und der Veranstalter dann nicht in der Lage ist, das Geld zurückzuerstatten?

Ausgangspunkt ist ein Fall aus der Reisebranche:

Im Oktober 1993 vermittelte ein Reisebüro eine Flugreise des Augsburger Veranstalters Aquatours nach Curacao für die Zeit vom 14.12.1993 bis 11.1.1994. Der Kunde zahlte die Summe, woraufhin das Reisebüro Mitte November Hotel- und Flug-Gutschein erhielt. Am 13.12. stellte Aquatours Konkursantrag und stellte die Geschäftstätigkeit ein. Der Kunde konnte seine Ansprüche gegen den Veranstalter nicht durchsetzen und erhob mit Erfolg Klage gegen das Reisebüro. Das Amtsgericht Frankfurt wirft dem Reisebüro hier »Schlechterfüllung« vor, da es das vom Kläger erhaltene Geld an den Veranstalter weitergeleitet hatte, ohne von diesem Zug um Zug qualifizierte Reisepapiere als Sicherheit erhalten zu haben. Bei qualifizierten Papieren müssten »unmittelbare Ansprüche des Reisenden gegen die wichtigsten Leistungsträger ›verbrieft‹ werden«. Diese Forderung habe das Reisebüro nicht erfüllt, da die ausgehändigten Papiere nur von Aquatours ausgestellt worden waren, sodass die Ansprüche nicht gegen die Leistungsträger gerichtet werden konnten. Das Reisebüro habe daher fahrlässig gehandelt und müsse dem Kunden die gezahlten Reisekosten von umgerechnet 3200 EUR zurückerstatten.[11]

Diese Entscheidung ist kein Einzelfall. Vielmehr urteilte bereits das LG Traunstein in einer Entscheidung vom 4.8.1993[12] im gleichen Sinne und entschied:

»Die Weiterleitung des vom Kunden beim Reisebüro einbezahlten Reisepreises an den Veranstalter ohne ausdrückliches Einverständnis des Kunden stellt eine Sorgfaltspflichtverletzung dar, wenn das Reisebüro noch nicht im Besitz der Reisepapiere ist.«

Dementsprechend wurde das Reisebüro wegen positiver Vertragsverletzung (heute: Pflichtverletzung gem. § 280 I BGB) des Geschäftsbesorgungsvertrages (§ 675 BGB) zu einer Schadensersatzzahlung von umgerechnet 4.250 EUR verurteilt.

Nun stellt sich die Frage, ob die hier entwickelten Grundsätze, die auch in der Kommentarliteratur[13] mit positiver Stellungnahme abgedruckt sind, sinngemäß auf den Veranstaltungssektor übertragbar sind oder nicht. Dazu bedarf es einer näheren Untersuchung der relevanten Rechtsbeziehungen in der Reisebranche und eines Vergleichs mit der Veranstaltungsbranche.

1. Rechtsbeziehungen in der Reisebranche

Vergegenwärtigen wir uns zunächst das Vertriebsnetz der Reiseveranstalter.

Wenn ein Kunde eine Reise in die Karibik mit Hotelunterkunft bucht, so schließt er mit dem Reiseveranstalter – im genannten Beispiel der Fa. Aquatours – einen Pauschalreisevertrag ab. Dieser Vertrag verpflichtet den Reiseveranstalter nach § 651a BGB, dem Reisenden eine Gesamtheit von Reiseleistungen zu erbringen. Der Reisende muss umgekehrt an den Reiseveranstalter den vereinbarten Reisepreis zahlen. Allerdings muss er nach § 651k IV BGB den Reisepreis erst nach Aushändigung eines Sicherungsscheins leisten, der ihm für den Fall der Insolvenz des Reiseveranstalters einen unmittelbaren Anspruch gegen einen Versicherer oder ein Kreditinstitut auf

11 Touristik Aktuell, Wochenzeitung für Touristik, Februar 1996.
12 NJW-RR 1993, 1532.
13 ZB Palandt/*Sprau* Einf. vor § 651a Rn. 4 und § 651k Rn. 7a.

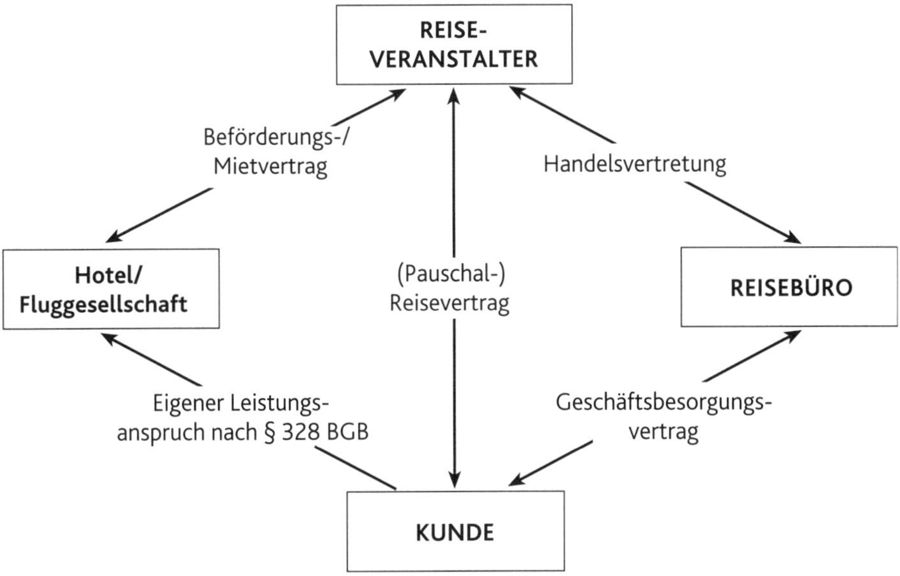

Bild 44: Vertriebsnetz der Reiseveranstalter

Rückerstattung des Reisepreises einräumt (§ 651k III BGB). Vor Abschluss des Reisevertrages eine Anzahlung zu verlangen, verstößt gegen § 307 II Nr. 1 BGB[14]; unzulässig ist es auch, den Vertragsschluss von einer Anzahlung abhängig zu machen.[15]

Nach heutigem EU-weiten Rechtsstandard wären die Kunden also hinreichend geschützt.

Sicherungsschein / Versicherungsausweis

Veranstalter: **BDS-Flugreisen GmbH**

Nr.: **11.20.0881 / 12929**

tourVERS
Touristik-Versicherungs-Service GmbH

Dieser Versicherungsausweis ist nur gültig für Reisen, die bis zum

31.10.96

gebucht und begonnen wurden. Die Versicherung beginnt mit dem Tag der Reisebuchung und gilt für alle Versicherungsfälle bis zum vertraglich vorgesehenen Ende der gebuchten Reise. Die Versicherung ist nicht übertragbar. Sie gilt nur in Verbindung mit der gebuchten Reise und nur für die in der beigefügten Buchung genannten Personen. Der Versicherer leistet Entschädigung an den Reisenden in Höhe des Reisepreises und zusätzlicher, notwendiger Rückreisekosten gem. § 651 k Bürgerliches Gesetzbuch (BGB), soweit Reiseleistungen infolge Zahlungsunfähigkeit oder Konkurses des Reiseveranstalters ausfallen, bis zur gesetzlichen Haftungsgrenze gemäß § 651 k BGB (s. umstehend). Außerdem übernimmt der Versicherer die Rücktrittskosten gem. § 651 i BGB, wenn die Reise infolge Todes des Reisenden oder eines versicherten Mitreisenden ausfällt (Reise-Ausfall-Teil-Versicherung, s. umstehend). Der volle Wortlaut der Bedingungen kann beim Veranstalter eingesehen oder abgerufen werden.

Im **Insolvenzfall** des Reiseveranstalters bitten wir um unverzügliche Mitteilung an die
Aachener und Münchener Versicherung Aktiengesellschaft / Abteilung Transport Aureliusstraße 2 – 16, D-52064 Aachen
unter Beifügung von Buchungs- und Zahlungsbelegen sowie dieses Versicherungsausweises und der Angabe Ihrer vollständigen Adresse.

Ansprüche aus dem **Todesfall des Reisenden** bzw. versicherten Mitreisenden richten Sie bitte an
tourVERS, Touristik-Versicherungs-Service GmbH, Crusiusstraße 1, D-80538 München.

Aachener und Münchener Versicherung
Aktiengesellschaft

Bild 45: Sicherungsschein

Die beiden Fälle betrafen aber Buchungen in 1992 und 1993, als das neue Reiserecht noch nicht galt und die Kunden daher bei Insolvenz des Veranstalters nicht abgesichert waren. Sie wandten sich daher mit ihren Ansprüchen wegen der ausgefallenen

14 OLG Köln NJW-RR 2000, 1509; zustimmend *Führich* Basiswissen Reiserecht Rn. 46.
15 BGH NJW 1993, 263.

Reisen mit Erfolg an ihre Reisebüros und monierten, dass diese bereits das erhaltene Geld an den Veranstalter weitergereicht hatten, ohne gleichzeitig von diesen qualifizierte Reisepapiere, insbesondere Flugscheine und Hotelgutscheine erhalten zu haben. Wäre dies geschehen, so hätten die Kunden unmittelbare Ansprüche gegen die betr. Leistungsträger in verbriefter Form besessen und hätten dann aufgrund dieser Ansprüche trotz Insolvenz des Veranstalters direkte Ansprüche gegen die Fluggesellschaft, das Hotel und andere Leistungsträger gehabt und die Reise antreten können. Die Verträge, die die Veranstalter im eigenen Namen mit den jeweiligen Leistungsträgern abschließen, werden nämlich von der Rechtsprechung als **Verträge zugunsten Dritter** iSv § 328 BGB eingestuft.[16] Daraus ergeben sich dann laut Bundesgerichtshof gegen den jeweiligen Leistungsträger eigene Erfüllungsansprüche des Kunden. Der BGH[17] hat sogar entschieden, eine Charterfluggesellschaft dürfe sich selbst dann nicht weigern, den Reisenden zu transportieren, wenn sie ihrerseits vertragswidrig vom Reiseveranstalter keine Zahlungen erhalten habe. Die Fluggesellschaft mache sich sonst gegenüber dem Reisenden schadensersatzpflichtig.

Wie ist es möglich, das Reisebüro wegen des Versäumnisses, auf Aushändigung qualifizierter Reisepapiere vor Überlassung des Reisespreises zu bestehen, schadensersatzpflichtig zu machen? Rechtsgrundlage war bislang das gewohnheitsrechtlich anerkannte Rechtsinstitut der positiven Vertragsverletzung, das jetzt in dem allgemeinen **Schadensersatzanspruch wegen Pflichtverletzung** (§ 280 I BGB) aufgegangen ist.

Das bedeutet kurz gesagt:

Wer schuldhaft Pflichten aus dem Schuldverhältnis verletzt, muss dem anderen Schadensersatz leisten. Dabei kann es sich um die Verletzung von Haupt- oder Nebenleistungspflichten handeln. Im Falle von Hauptleistungspflichten spricht man von einer Schlechtleistung oder Schlechterfüllung.

Für eine Haftung wegen vertraglicher Pflichtverletzung werden folgende Voraussetzungen aufgestellt:

1) Bestehen eines vertraglichen Schuldverhältnisses
2) Vorliegen einer objektiven Pflichtverletzung
3) Vertretenmüssen (Vorsatz oder Fahrlässigkeit)

Die Beurteilung dieser Voraussetzungen, insbesondere zu Punkt 2 und 3, hängt in den angesprochenen Fällen maßgeblich von der Rechtsstellung des Reisebüros und den von ihm zu beachtenden Pflichten ab. Die Rechte und Pflichten des Reisebüros sind im Reisevertragsrecht des BGB nur punktuell geregelt.[18] Entscheidend dürfte sein, wie das Reisebüro im Geschäftsverkehr tätig wird.[19]

a) Tritt das Reisebüro als **eigener Veranstalter** in Erscheinung oder hat dies zumindest den Anschein, so ist es selbst Reiseveranstalter (§ 651a II BGB). Es muss dann nach den gesetzlichen Gewährleistungsregeln der §§ 651c ff. BGB bei Reisemängeln selbst voll einstehen.

---

16 BGH NJW 1985, 1457, hM; vgl. *Führich* Handbuch Rn. 129 und 84.

17 NJW 1985, 1457.

18 Solche Regelungen betreffen vor allem die Ansprüche auf Zahlungspflichten des Kunden und den Sicherungsschein, § 651k IV sowie III BGB.

19 So auch *Heinz* ReisevertragsR Rn. 67.

b) Vermittelt das Reisebüro dagegen Leistungen, so kommt es bzgl. seiner etwaigen Haftung darauf an, ob es Teil der veranstaltereigenen Vertriebsorganisation oder rechtlich selbstständig ist.

aa) Im ersten Fall würde das Reisebüro nur **unselbstständig** und stellvertretend für den Veranstalter auftreten, alle Rechte und Pflichten würden dann zwischen Kunden und Veranstalter aufgebaut. Fehler des Büros würden über § 278 BGB dem Veranstalter zugerechnet. Ist das Büro rechtlich unselbstständige Verkaufsstelle, kommt eine eigene Haftung nicht in Betracht.

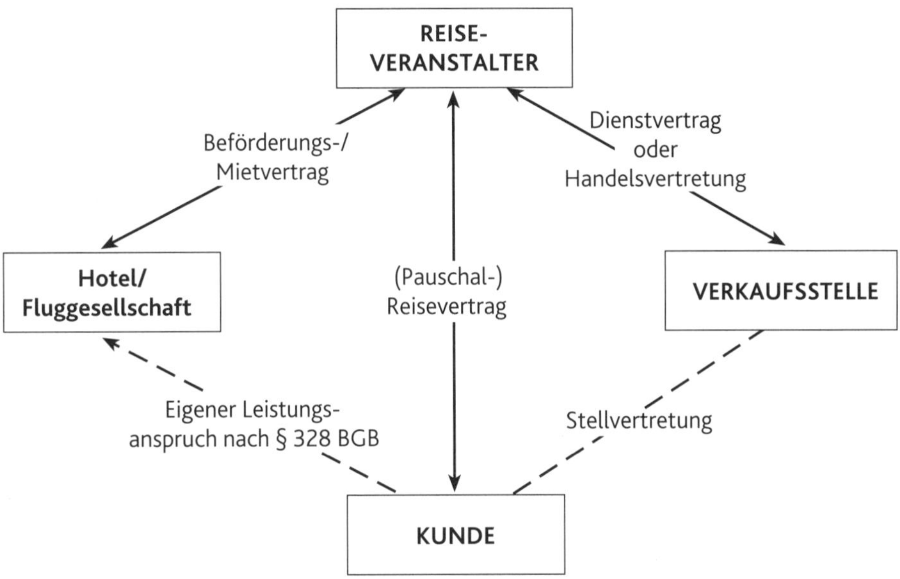

Bild 46: Vertriebsnetz bei Last-Minute-Reise

bb) Handelt es sich um ein **selbstständiges Büro**, das Leistungen von Veranstaltern anbietet, so dürfte dieses zumeist die Stellung eines Handelsvertreters nach § 84 HGB ausüben.
Der Marktführer TUI verkauft beispielsweise seine Reisen über fremde, selbstständige Reisebüros;[20] trotzdem heißen sie »TUI-Reisebüros«. Hier fungieren die Reisebüros als Vermittler, sind Vermittlungsvertreter iSv § 84 HGB und somit Handelsvertreter; vgl. nachfolgendes Bild.

Im Verhältnis zu den Kunden hat sich die Auffassung durchgesetzt, dass insoweit eigene Geschäftsbesorgungsverträge nach § 675 BGB anzunehmen seien.

Die Annahme eines eigenständigen Vertrages[21] wird damit gerechtfertigt, dass die Vermittlung von Reiseleistungen regelmäßig mit einer Beratung des Reisenden und der Überprüfung der übermittelten Reiseleistung durch das Reisebüro verbunden sei.

Davon dürfte sich – wie bereits vorweggenommen werden soll – die Tätigkeit einer Vorverkaufsstelle – sei es herkömmlicher Art oder unter Einsatz elektronischer Sys-

20 *Schlotmann* Recht der Pauschalreise 778.
21 *Heinz* ReisevertragsR Rn. 71; OLG Frankfurt NJW-RR 1996, 889.

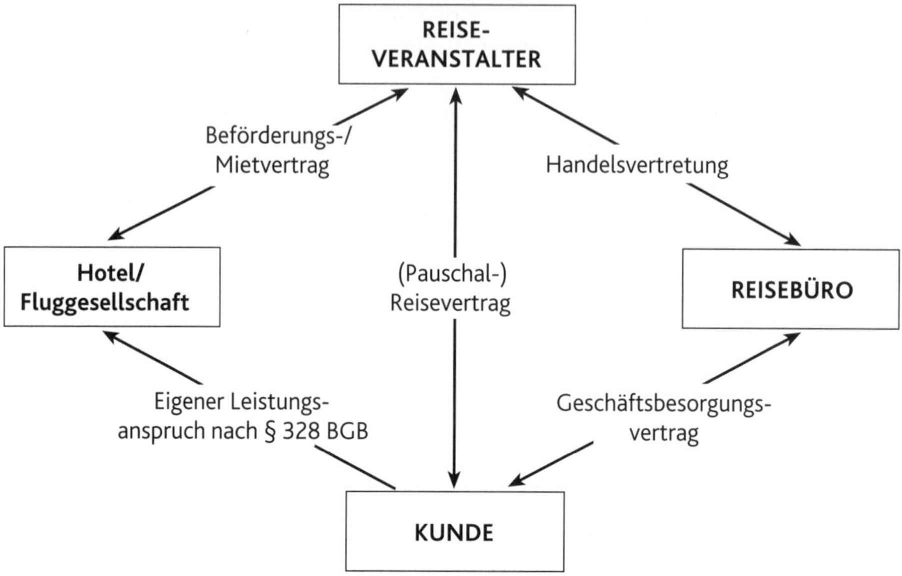

Bild 47: Vertriebsnetz normaler Reiseveranstalter

teme – entscheidend abheben. Hier gibt es nichts weiter zu beraten. Es wird schlicht ein Platz gebucht und bezahlt. Beratungen über den Inhalt derartiger Veranstaltungen finden nicht statt; auch bestehen keine Beratungspflichten wie bei einem Reisebüro, zB über Impf- oder Einreisevorschriften, Qualität von Stränden, Hotels, Eincheckzeiten und Ähnlichem.

Dagegen schuldet das selbstständige Reisebüro eine erfolgreiche Vermittlung sowie eine entsprechende Beratung und Überprüfung der Reiseleistung aufgrund des Geschäftsbesorgungsvertrages mit dem Kunden. Werden diese Pflichten nicht ordentlich erfüllt, kommt eine entsprechende **Pflichtverletzung** gem. § 280 I BGB mit Schadensersatzfolge in Betracht. Dies trifft zB dann zu, wenn das Reisebüro den vom Kunden erhaltenen Reisepreis an den Veranstalter weiterleitet, ohne zuvor von diesem qualifizierte Reisepapiere erhalten zu haben.[22]

Das LG Traunstein führt in dem zitierten Urteil[23] dazu aus:

»Im Rahmen des Geschäftsbesorgungsvertrages und im Rahmen der Inkassotätigkeit der Beklagten (dh des Reisebüros) für ihren Kunden war die Beklagte verpflichtet, das Geld erst **Zug-um-Zug** gegen den Erhalt ausreichender Sicherheiten wie zB qualifizierter Reisepapiere, auszuhändigen. Solche qualifizierten Reisepapiere wären diejenigen gewesen, die unmittelbare Ansprüche gegen die Leistungsträger verbrieft hätten, vor allem Flugscheine und Hotelgutscheine.«

Ein Verschulden in Form von Fahrlässigkeit wird in derartigen Fällen ebenfalls bejaht. In dem Urteil heißt es dazu.[24]

22 Heute dürfte das Reisebüro sogar überhaupt keine Zahlungen des Reisenden entgegennehmen, bevor ihm nicht ein Sicherungsschein übergeben worden ist, § 651k IV BGB, siehe Bild 45.
23 NJW-RR 1993, 1531.
24 NJW-RR 1993, 1532.

»Als Reiseverkehrs-Kauffrau, die mit Inkassotätigkeiten dieser Art am Rechtsverkehr teilnimmt, hätte ihr bekannt sein müssen, dass die von ihr vorgenommene Vorkasse nach der grundlegenden Rechtsprechung des BGH im Kundeninteresse abgelehnt wird.«

Im Ergebnis wurde das Reisebüro daher wegen Schlechterfüllung (heute § 280 I BGB) zur Rückzahlung des gezahlten Betrages verurteilt.

2. Rechtsbeziehungen im Veranstaltungssektor

Sind die rechtlichen Strukturen im Veranstaltungssektor damit zu vergleichen und ist eine Übertragung der geschilderten Grundsätze möglich?

Betrachtet man das Vertriebssystem im Veranstaltungsbereich, so zeigen sich durchaus Parallelen zum Reisesektor.

a) Betrachten wir zunächst den **Kartenabsatz über Vertriebssysteme von Veranstaltern.**

Betraut der Veranstalter fremde Verkaufsstellen wie Ticketsysteme mit dem Vorverkauf, dann liegt ebenfalls zunächst ein Handelsvertreterverhältnis iSv § 84 HGB vor. Zwischen Besucher und VVK-Stelle möchte ich dagegen kein besonderes Rechtsverhältnis annehmen: Die Tätigkeit erschöpft sich in der Kartenabgabe. Der Kunde schließt dabei nur einen Vertrag ab, nämlich den durch die VVK-Stelle vermittelten Werkvertrag zum Veranstalter. Ein weiterer Unterschied ist, dass durch den Engagementvertrag zwischen Veranstalter und Darsteller nur Ansprüche des Veranstalters auf Durchführung der versprochenen Werkleistung begründet werden: Hier werden keineswegs – auch nicht stillschweigend – unmittelbare Leistungsansprüche einer anonymen Besucherschar geschaffen, die etwa direkte Ansprüche gegen den einzelnen Künstler auf Durchführung der versprochenen Werkleistung hätte.

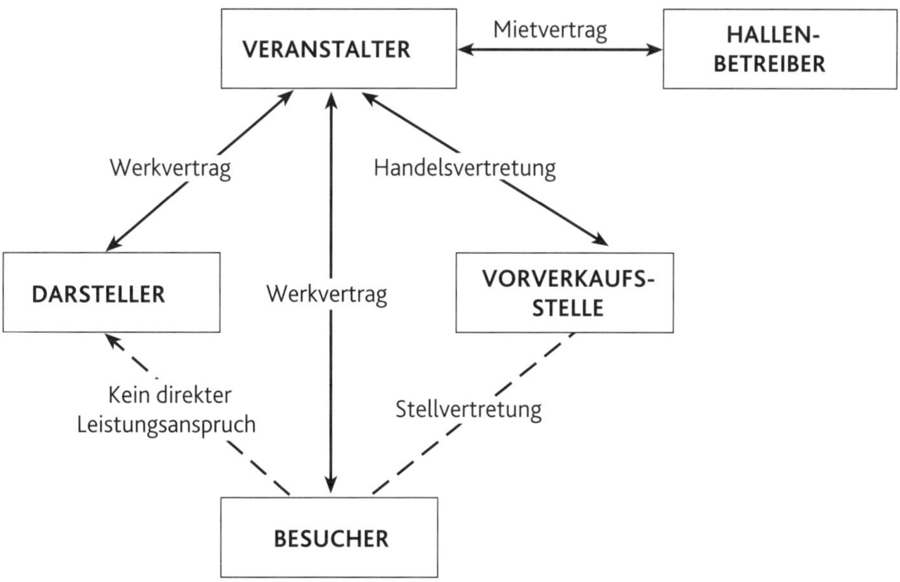

Bild 48: Vertriebsnetz der Veranstalter

Beispiel: Beim »Phantom der Oper« wollen sich offensichtlich nicht 40 Sänger rechtlich verbindlich jeder für sich jedem einzelnen Besucher gegenüber auf Ableistung ihres jeweiligen Parts verpflichten. Der Veranstalter kann konsequenterweise auch nicht verpflichtet sein, Vouchers gegen einzelne Künstler auszudrucken und der VVK-Stelle auszuhändigen, die diese an den Kunden weiterleitet.
Einzeln verbriefte Ansprüche direkt gegen den Künstler werden bislang weder erwartet noch sind sie üblich. Dementsprechend ist auch eine direkte Übertragung der Urteile aus der Reisebranche nicht möglich.
Die allein maßgebliche Verpflichtung besteht in der Überlassung der Eintrittskarte, die ein Recht gegen den jeweiligen Veranstalter verbrieft. Auf die Aushändigung eines solchermaßen verbrieften Forderungsrechts gegen den Veranstalter hat der Besucher mit Bezahlung des Kartenpreises Anspruch, auf nicht mehr und nicht weniger.

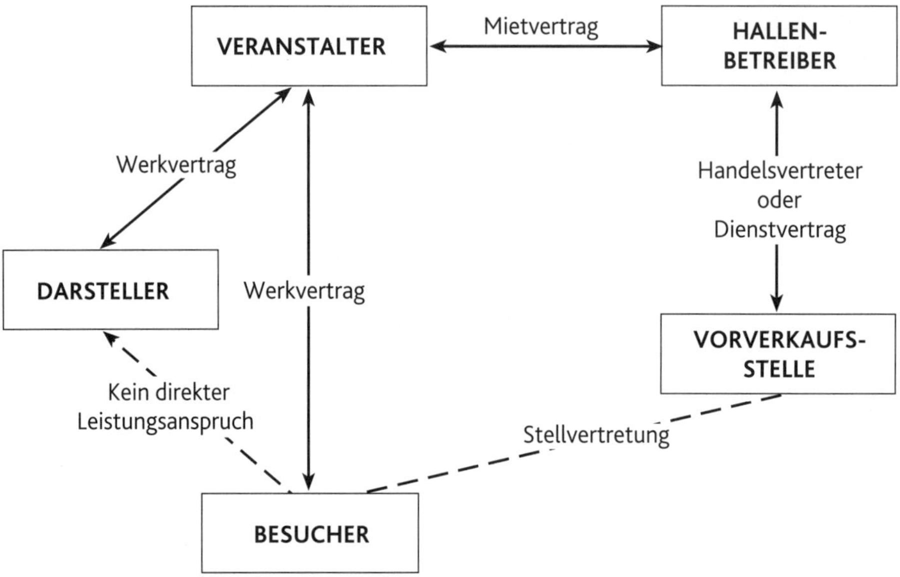

Bild 49: Vertriebsnetz der Hallen

b) Beim **Kartenabsatz über Vertriebssysteme** der Hallen ist die Situation nicht grundlegend anders:

Unselbstständige VVK-Stellen, die für die Hallen tätig werden, nehmen aufgrund entsprechender Dienstverträge den VVK wahr. Selbstständige VVK-Stellen haben zumeist Handelsvertreterverträge mit den Hallen iSv § 84 HGB.

Auch hier würde ich die Gefahr von Schadensersatzansprüchen gegen die Hallen aufgrund Schlechterfüllung, die sich auf die obigen Urteile stützt, für gering ansehen. Vertragliche Beziehungen der Besucher werden bei Fremdveranstaltungen eben nicht zur Halle, sondern ausschließlich zum Veranstalter aufgebaut. Eigenständige Geschäftsbesorgungsverträge fehlen.

Das bedeutet allerdings nicht, dass aus dem geschäftlichen Kontakt nicht dennoch gewisse Pflichten zum sorgfältigen Umgang mit dem anvertrauten Eintrittsgeld erwachsen können. Dazu könnte es etwa im Einzelfall gehören, dem Veranstalter das Eintrittsgeld erst am Veranstaltungstag zu überlassen, um bei finanziell schmalbrüstigen Unternehmen nicht ein Scheitern der Veranstaltung infolge Zwangsvollstreckung in das Eintrittsgeld oder infolge Insolvenz zu riskieren. Wie ich bereits im vorangegangenen Beitrag ausgeführt habe, kann der Veranstalter nicht ohne Weiteres die gesamten Kasseneinnahmen schon vor der Veranstaltung für sich beanspruchen; er hat allerdings einen Anspruch auf entsprechende Verzinsung des Geldes.

IV. AGB auf Karten

Das letzte Thema im Zusammenhang mit dem Kartenverkauf betrifft folgende Fragen:

- Wie lassen sich AGB formell wirksam beim Verkauf von Eintrittskarten zum Vertragsinhalt machen?
- Müssen sie auf der Rückseite der Eintrittskarte stehen?
- Genügt evtl. ein Aushang?
- Wie verhält es sich beim Verkauf für unterschiedliche Veranstalter mit unterschiedlichen Bedingungen?

Die Antwort ergibt sich aus § 305 II BGB, der für die Einbeziehung von AGB bestimmte formelle Voraussetzungen aufstellt, soweit diese gegenüber Privatleuten vereinbart werden sollen.

Dort heißt es:

»AGB werden nur dann Bestandteil eines Vertrages, wenn der Verwender bei Vertragsabschluss
1. die andere Vertragspartei ausdrücklich oder, wenn ein ausdrücklicher Hinweis wegen der Art des Vertragsschlusses nur unter unverhältnismäßigen Schwierigkeiten möglich ist, durch deutlich sichtbaren Aushang am Ort des Vertragsschlusses auf sie hinweist und
2. der anderen Vertragspartei die Möglichkeit verschafft, in zumutbarer Weise, die auch eine für den Verwender erkennbare körperliche Behinderung der anderen Vertragspartei angemessen berücksichtigt, von ihrem Inhalt Kenntnis zu nehmen,
und wenn die andere Vertragspartei mit ihrer Geltung einverstanden ist.«

Drei Punkte sind also wesentlich:

- Ausdrücklicher Hinweis, ausnahmsweise Aushang,
- Möglichkeit zumutbarer Kenntnisnahme,
- Einverständnis.

All dies muss bei Vertragsabschluss geschehen.

Aufdrucke auf Eintrittskarten sind vorformulierte Vertragsbedingungen für eine Vielzahl von Verträgen. Sie unterliegen daher nach § 305 I BGB den besonderen Vorschriften über die Gestaltung rechtsgeschäftlicher Schuldverhältnisse durch AGB. Verbreitet sind Ausschlussklauseln bzgl. irgendwelcher Schäden, insbesondere Hörschäden sowie Sachschäden, sowie Risikobegrenzungen bei Ausfall oder Verschiebung von Veranstaltungen. Nach überwiegender Auffassung reicht selbst ein kompletter Abdruck auf der Vorder- oder Rückseite von Eintrittskarten aber nicht aus, weil der Hinweis und die Möglichkeit ihrer Kenntnisnahme erst nach Vertragsabschluss erfolgen. Beim Ticketkauf liegt ein bindender Vertragsabschluss ja bereits in dem Moment vor, in dem der Kunde verbindlich geäußert hat, eine Eintrittskarte für eine bestimmte Veranstaltung zu einem bestimmten Datum und Preis erwerben zu wollen und eine entsprechende Zusage der anderen Seite erfolgt. Die Aushändigung der Karten mit evtl. zusätzlichen Konditionen auf der Vorder- oder Rückseite erfolgt juristisch erst nach getätigtem Vertragsabschluss und stellt bereits die Erfüllung des Vertrages dar.

Eine Mehrzahl von Kommentatoren lehnt daher die Wirksamkeit solcher Abdrucke von vornherein ab, so zB *Grüneberg*:[25]

»Nicht genügend ist der Abdruck auf einer Eintrittskarte, einem Fahrschein, einem Flugticket oder ähnliches, weil sie erst nach dem Vertragsschluss ausgehändigt werden.« Gleicher Meinung ist *Pfeiffer*[26] mit dem weiteren Argument, die Lektüre dieser Zeichen und Marken sei regelmäßig erst nach Vertragsabschluss möglich; ebenso *Ulmer* und *Habersack*[27] mit dem Zusatzargument, selbst wenn derartige Karten oder Marken bereits vor Vertragsschluss ausgehändigt würden, sei von dem Kunden angesichts des mündlichen Vertragsschlusses nicht zu erwarten, dass er »ohne besonderen Hinweis von dem meist wenig auffälligen schriftlichen Aufdruck Kenntnis nimmt«.

Eine andere Meinung vertritt *Basedow*:[28]

Der Hinweis müsse nach dem Wortlaut von Nr. 1 nicht notwendig vor Vertragsschluss erfolgen, sondern dürfe auch noch bei Vertragsschluss erfolgen, sofern der Kunde nach Lage des Falles die tatsächliche Möglichkeit habe, nach der Lektüre von Hinweis und AGB-Text von dem Vertrag Abstand zu nehmen.

Ich halte die erstgenannte Auffassung für richtig. Wortlaut und Sinn der Vorschrift des § 305 II BGB sprechen gegen die Zulässigkeit eines Kartenaufdrucks. Der Vertragsschluss ist beendet, wenn die Karte ausgehändigt wird. Eine Kenntnisnahme zu diesem Zeitpunkt ist regelmäßig nicht mehr zumutbar. Die Umstände beim Kartenverkauf lassen es im allgemeinen nicht zu, dass der Kunde jetzt etwa mit der Lektüre längerer, juristisch geprägter Texte an der Verkaufsstelle beginnt, sich ein Bild davon macht und notfalls die Karten zurückgibt und den Eintrittspreis zurückfordert.

Der **BGH** vertritt ebenfalls eine eher ablehnende Einstellung. In einem Urteil vom 29.11.1983[29] hat er ausgeführt, der Veranstalter eines Eishockey-Bundesligaspiels müsse dafür Sorge tragen, dass Zuschauer nicht durch über die Seitenbande des Spielfeldes hinaus geschleuderte Pucks getroffen oder gefährdet würden. Die Haftung für ein Verschulden lasse sich nicht durch einen entsprechenden Aufdruck auf den Eintrittskarten ausschließen.

Wörtlich heißt es in der Entscheidung:

»Es bestehen schon Bedenken, ob durch einen solchen, zudem kaum lesbaren Aufdruck – ohne einen entsprechenden Aushang – überhaupt die Vereinbarung eines Haftungsausschlusses Vertragsinhalt werden kann (§ 2 I Nr. 2 AGBG; heute: § 305 II Nr. 1 BGB). Jedenfalls steht dem § 2 I Nr. 2 AGBG (heute: § 305 II Nr. 2 BGB) entgegen; denn gerade bei einer Haftung wegen Verletzung grundlegender Verkehrssicherungspflichten kann nicht ohne Weiteres unterstellt werden, dass Zuschauer sich stillschweigend diesem Ansinnen des Veranstalters unterwerfen.
Zudem wäre eine solche Schadensabwälzung auch nach § 9 Nr. 1 AGBG (heute: § 307 I BGB) unwirksam, weil sie die Klägerin in einer gegen Treu und Glauben verstoßenden Weise benachteiligen würde …«

25 Palandt/*Grüneberg* § 305 Rn. 28; Erman/*Roloff* § 305 Rn. 30; Bamberger/Roth/*J. Becker* § 305 Rn. 45; PWW/*K. P. Berger* § 305 Rn. 19.

26 Wolf//Lindacher/Pfeiffer/*Pfeiffer* § 305 Rn. 77.

27 Ulmer/Brandner/Hensen/*Ulmer/Habersack* § 305 Rn. 127.

28 MüKoBGB/*Basedow* § 305 Rn. 78.

29 BGH NJW 1984, 802.

Dieser Auffassung hat sich auch das LG Trier[30] angeschlossen und einem 15-jährigen Besucher eines Heavy-Metal-Konzerts wegen eines erlittenen Hörsturzes in einem Prozess gegen den örtlichen sowie gegen den überörtlichen Veranstalter ein Schmerzensgeld iHv 1.600 DM (heute: 800 EUR) trotz einer Ausschlussklausel auf der Eintrittskarte zugebilligt. Das Gericht führt aus, die Konzertveranstalter eines Heavy-Metal-Konzerts in einem Kellergewölbe hätten alle erforderlichen Vorkehrungen treffen müssen, um Hörschäden der Zuhörer zu verhindern. Dieser Verkehrssicherungspflicht seien die Veranstalter nicht nachgekommen und müssten daher trotz des vorhandenen Eigenverschuldens des Jugendlichen, der auf die Bühne geklettert sei, zu 4/5 haften. Sodann heißt es:[31]

»Diese Haftung konnte die Beklagte nicht durch den klein gedruckten Aufdruck auf der Eintrittskarte »keine Haftung für Sach- und Körperschäden« ausschließen. Nach Auffassung der Kammer konnte der kaum lesbare Aufdruck ohne entsprechenden Aushang überhaupt nicht Vertragsinhalt werden (§ 2 I Nr. 1 AGBG; heute: § 305 II Nr. 1 BGB). Einem Haftungsausschluss steht jedenfalls § 2 I Nr. 2 AGBG (heute: § 305 II Nr. 2 BGB) entgegen.«

Daraus folgt, dass eine Einbeziehung von Vertragsbedingungen allenfalls per Aushang möglich wäre. Die Grundlage dafür ist nach dem Gesetz gegeben, da – wie gezeigt – eine Einbeziehung durch ausdrücklichen Hinweis wegen der Art des Vertragsabschlusses nur unter unverhältnismäßigen Schwierigkeiten möglich ist. Gerade im Hinblick auf den Massencharakter des Verkaufs von Eintrittskarten ist ein deutlich sichtbarer Aushang die meines Erachtens einzig Erfolg versprechende Möglichkeit einer Einbeziehung derartiger AGB. Der Aushang müsste sich allerdings direkt an der Stelle des Ticketverkaufs befinden, der Text müsste so kurz und prägnant sein, dass er ohne Zuhilfenahme von Sehhilfen lesbar und aufnehmbar ist. Bei verschiedenen AGB müssten diese abgegrenzt ausgehängt und durch das darüber platzierte Werbeplakat eindeutig zugeordnet werden.

Nicht ausreichend erschiene mir der allgemeine Hinweis per Aushang: »Es gelten die jeweiligen AGB, die auf Wunsch ausgehändigt werden«, weil hier keine zumutbare Möglichkeit der Kenntnisnahme verschafft würde.

V. Fazit

1. AGB lassen sich gegenüber dem Erwerber von Eintrittskarten nicht durch Kartenaufdruck vereinbaren, weil der Kunde bereits bei Vertragsabschluss auf derartige Konditionen hingewiesen und ihm die Möglichkeit verschafft werden muss, von ihrem Inhalt Kenntnis zu nehmen. Eine Bekanntgabe von AGB per Aushang ist rechtlich möglich. Die AGB müssen dann kurz und prägnant sowie leicht lesbar sein. Sie müssen am Ort des Vertragsschlusses aushängen. Beim Vorverkauf verschiedener Veranstaltungen mit unterschiedlichen Konditionen muss eine eindeutige Zuordnung mehrerer Aushänge zu der jeweiligen Veranstaltung gewährleistet sein. Unter den jeweiligen Vorankündigungen müssten dann korrekterweise die AGB mit ausgehändigt werden.

30 BGH NJW 1993, 1474.
31 LG Trier NJW 1993, 1475; siehe oben Fall 18.

Resultate zum Komplex AGB beim Vorverkauf:

§ 305 II BGB verlangt:

1. Einen ausdrücklichen Hinweis auf die AGB. Bei Veranstaltungen genügt ausnahmsweise ein Aushang.
2. Die Möglichkeit der Kenntnisnahme durch den Vertragspartner.
3. Das Einverständnis des Vertragspartners.

Empfehlungen:

- Auf den Abdruck von AGB auf Eintrittskarten verzichten
- Knappen, gut lesbaren Aushang mit AGB bei der Verkaufsstelle platzieren.

2. Die Aushändigung des von den Hallenbetreibern im Vorverkauf vereinnahmten Eintrittsgeldes an den Veranstalter erfüllt nicht den Tatbestand der Schlechterfüllung gegenüber dem Besucher.
Es fehlt schon an einer eigenständigen Rechtsbeziehung zwischen Halle und Kunden bei Fremdveranstaltungen. Dann kann auch von einer Pflichtverletzung gem. § 280 I BGB keine Rede sein. Die Halle muss nicht auf Aushändigung qualifizierter Papiere gegenüber dem Veranstalter bestehen, mit denen dieser gegenüber jedem einzelnen Besucher die Durchführung der Veranstaltung garantieren und eigenständige Ansprüche in Form eines Leistungsgutscheins gegenüber jedem einzelnen Leistungsträger verbriefen müsste. Der Besucher hat nur gegenüber dem Veranstalter, aber nicht gegenüber jedem einzelnen Leistungsträger wie etwa gegenüber dem Künstler oder Entertainer einen Anspruch auf Erbringung der Leistung. Deshalb kann auch keine Einzelverbriefung von Leistungsansprüchen gegenüber jedem einzelnen Darsteller erwartet werden. Die einzige geschuldete Verbriefung betrifft die Leistungsbeziehung Besucher-Veranstalter: Der Kunde, der den Eintrittspreis bezahlt, hat Anspruch auf eine Eintrittskarte oder eine vergleichbare Urkunde wie einen Umtauschschein, mit der er gegenüber dem Veranstalter ein verbrieftes Recht auf Zutritt und Leistung erhält.

Resultate zum Komplex Schlechterfüllung (§ 280 I BGB):

- Es besteht **keine** Pflicht des Veranstalters zur Aushändigung von »Einzelvouchern« an die Besucher, die Ansprüche gegen den Darsteller verbriefen.
- Genauso wenig besteht eine solche Pflicht seitens der VVK-Stelle oder des Hallenbetreibers, da keine Leistungsansprüche der Besucher gegen den einzelnen Leistungsträger und der Besucher gegen den Hallenbetreiber bei Fremdveranstaltungen bestehen.

Empfehlungen:

Die bisherige Praxis ist nicht zu verändern.

3. VVK-Gebühren müssen ihren Charakter behalten, etwaige zusätzliche Aufwendungen für den VVK abzudecken (Stichwort: Aufwendungscharakter).
Unbillige Belastungen müssen vermieden werden (Stichwort: Keine wucherähnlichen Gebühren).
Insbesondere darf die VVK-Gebühr nicht als Mittel zusätzlicher Einnahmequellen missbraucht werden. Preiswahrheit und Preisklarheit müssen die Richtschnur sein, wobei der Endpreis stets genannt und deutlich hervorgehoben werden muss.

Resultate und Empfehlungen zum Komplex VVK-Gebühren:

- Aufwendungscharakter beachten
- Unbillig hohe Gebühren vermeiden
- Preiswahrheit und -klarheit beherzigen
- Endpreise angeben
- Besonders nachfolgende Rechtsgrundlagen bedenken:
- PAngV
- §§ 3, 5 und 8 UWG
- § 138 I BGB

C. Unwirksamkeit von Kartenaufdrucken

Die Urteile im Fall Pink Floyd des LG Hannover v. 12.4.1994 – 14 O 35/94 – und des OLG Celle v. 7.12.1994 – 13 U 78/94.

Landgericht bemängelt Klauseln auf Tickets

Konzertveranstalter muß vollen Preis erstatten

Hannover (dpa). Gute Nachrichten für frustrierte Fans: Nach der Verlegung oder Absage eines Konzertes muß der Veranstalter den vollen Eintrittspreis mitsamt Vorverkaufsgebühr zurückerstatten.

Dies ist nur einer von mehreren Punkten, die das Landgericht Hannover in einem Verfahren gegen die Agentur Hannover-Concerts beanstandet hat. Nach Angaben einer Gerichtssprecherin ging es um insgesamt fünf Klauseln auf der Rückseite der Tickets, die nicht weiter verwendet werden dürfen. Unter anderem darf das Vorprogramm einer Show nicht ohne vorherige Ankündigung geändert werden. Die Verbraucherzentrale Niedersachsen hatte die Geschäftsklauseln bemängelt und war vor Gericht gezogen (AZ: 14 O 35/94).

Die Begleitmusik zu dem Verfahren lieferte die Superband „Pink Floyd". Wegen der Vorverlegung des für August geplanten Konzerts um eine Woche mußte eine Hannoveranerin ihr Ticket zurückgeben. Sie hatte an beiden Ausweichterminen keine Zeit. Der Eintrittspreis von 60 Mark wurde erstattet, Streit gab es um die zehn Mark Vorverkaufsgebühr. Sieben Mark davon wollte das Vorverkaufsbüro einbehalten. Die Begründung: Laut Geschäftsbedingungen werde bei Absage der Show lediglich der Wert des Tickets erstattet. Der Veranstalter hatte außerdem argumentiert, nur bei grob fahrlässigem Handeln Schadenersatz leisten zu müssen.

Bild 50: Landgericht bemängelt Klauseln auf Tickets
Neue Westfälische vom 22.4.1994

Hinter dieser Zeitungsmeldung, die für eine hohe Publizität gesorgt hat, steht folgender Vorgang:

Das LG Hannover hatte erstinstanzlich in einem Prozess der Verbraucherzentrale Niedersachsen gegen einen Veranstalter von Großkonzerten (unter anderem von Pink Floyd) über die Wirksamkeit von Klauseln zu entscheiden, die auf der Rückseite von Eintrittskarten abgedruckt waren. Da es sich um eine Verbandsklage nach § 13 AGBG (heute: §§ 1, 3 UKlaG) handelte, kam es nur auf eine inhaltliche Überprüfung der betr. Klauseln an, nicht dagegen darauf, ob die Klauseln nach § 2 AGBG (heute: § 305 II BGB) überhaupt formal Vertragsbestandteil geworden waren. Nach heute überwiegender Auffassung wäre dies zu verneinen, da die betr. Klauseln dem Kunden erst nach vollzogenem Vertragsschluss zur Kenntnis gebracht werden und nicht – wie § 305 II BGB verlangt – bereits bei wohl überwiegender Auffassung Vertragsabschluss. Zudem dürfte bei derartigen Massengeschäften dem Kunden auch die Möglichkeit fehlen, im Gedränge des Erwerbsvorgangs von dem Inhalt der betreffenden Klauseln in zumutbarer Weise Kenntnis zu nehmen.[32]

Das LG Hannover hielt die Verbandsklage für zulässig und in vollem Umfang für begründet. Es entschied, dass die Klauseln gegen verschiedene Bestimmungen der §§ 9, 10 und 11 AGBG (heute: §§ 307, 308 und 309 BGB) verstoßen und künftig bei Vermeidung eines Ordnungsgeldes von 100.000 DM (ca. 50.000 EUR) nicht mehr verwendet werden dürften. Zu den Klauseln im Einzelnen:

Klausel 1: Schadensersatzansprüche aus positiver Forderungsverletzung,[33] Verschulden bei Vertragsabschluss[34] und unerlaubter Handlung sind ausgeschlossen, soweit der Veranstalter, sein gesetzlicher Vertreter oder seine Erfüllungsgehilfen nicht vorsätzlich oder grob fahrlässig gehandelt haben.

Diese Klausel auf der Eintrittskarte berücksichtigt zwar die Vorgabe von § 309 Nr. 7 b BGB, verstößt jedoch gegen die Generalklausel von § 307 BGB. Eine Haftungsfreizeichnung auch für bloß leichte Fahrlässigkeit stellt sich als unangemessene Benachteiligung des Besuchers dar, die mit Treu und Glauben unvereinbar ist, wenn es um vertragswesentliche Pflichten geht. Bei den Verkehrssicherungspflichten des Veranstalters handelt es sich gerade darum, die Besucher durch einen entsprechenden Ordnungsdienst, die Ausgestaltung der Räumlichkeiten und Bereithalten von Sanitätern, Feuerwehr oder Ärzten vor schwersten Folgen für Leib und Leben zu schützen. Diese Kardinalpflichten dürfen durch eine Haftungsfreistellung nicht unterlaufen werden. Hinzu kommt, dass nach neuem Schuldrecht bei Körperschäden nicht einmal in Fällen leichten Verschuldens ein Haftungsausschluss mehr zulässig ist (§ 309 Nr. 7a BGB).

Klausel 2: Zurücknahme der Eintrittskarte nur bei Absage der Veranstaltung. Es wird nur der Nennwert der Eintrittskarte erstattet, nicht die Vorverkaufsgebühr und sonstige Kosten.

Diese Klausel verstößt heute wohl gegen § 309 Nr. 7b BGB, da der Besucher zumindest bei grob fahrlässiger Pflichtverletzung eine volle Entschädigung beanspruchen

32 Siehe oben 263 f. Zum Streitstand vgl. Palandt/*Grüneberg* § 305 Rn. 28; Ulmer/Brandner/Hensen/*Ulmer/Habersack* § 305 Rn. 127; Wolf/Lindacher/Pfeiffer/*Pfeiffer* § 305 Rn. 77, die sämtlich einen Verstoß gegen § 305 II BGB annehmen; aA MüKoBGB/*Basedow* § 305 Rn. 78.

33 Heute: Pflichtverletzung gem. § 280 I BGB.

34 Heute: Pflichtverletzung gem. §§ 280 I, 241 II, 311 II BGB.

kann. Die Klausel schließt demgegenüber bestimmte Schäden aus, nämlich Vorverkaufsgebühr und sonstige Kosten.

Klausel 3: Der Veranstalter behält sich das Recht vor, die Veranstaltung örtlich und/oder terminlich zu verlegen. Rückerstattungsansprüche aus oben genanntem Grund auf den Nennwert der Eintrittskarte bestehen nur bis zum Konzerttermin.

Dies verstößt gegen § 308 Nr. 4 BGB, der unzumutbare Änderungsvorbehalte bzgl. der zu erbringenden Leistung für unzulässig erklärt. Die Begrenzung auf den Nennwert verstößt gegen § 309 Nr. 7b BGB, wonach der Haftungsausschluss für grobe Fahrlässigkeit oder Vorsatz unzulässig ist; denn die Terminverlegung kann ja möglicherweise auf einem groben Verschulden des Veranstalters beruhen. Außerdem ist § 309 Nr. 8a BGB verletzt. Das Recht des Besuchers, sich für den Fall einer vom Verwender zu vertretenden Pflichtverletzung in Form eines Leistungsverzugs oder einer von ihm verschuldeten Unmöglichkeit vom Vertrag zu lösen, darf in keinem Fall eingeschränkt werden.

Klausel 4: Der Veranstalter behält sich das Recht vor, ohne vorherige Ankündigung das Vorprogramm zu ändern.

Diese Klausel verstößt gegen § 308 Nr. 4 BGB, weil ein unzumutbarer Änderungsvorbehalt gemacht wird. Mit Recht verweist das Gericht darauf, dass eine Vorgruppe, jedenfalls soweit sie angekündigt ist, für einen Teil des Publikums durchaus von erheblichem Interesse sein kann und dann nicht einseitig ausgetauscht werden darf.

Die Frage bleibt allerdings, wie in dem häufigen Fall zu verfahren ist, wenn die Vorgruppe namentlich gar nicht angekündigt war. Ich meine, dass dann auch keine speziellen Erwartungen geweckt worden sind und eine Änderung jederzeit möglich sein muss.

Klausel 5: Der Veranstalter ist nicht für verloren gegangene oder gestohlene Sachen verantwortlich.

Diese Klausel verletzt § 309 Nr. 7b BGB, da jedenfalls bei einem Verlust von bewachter Garderobe eine Haftungsfreizeichnung nur für leichte Fahrlässigkeit, nicht jedoch für grobe Fahrlässigkeit oder Vorsatz zulässig ist.

Das erstinstanzliche Urteil des Landgerichts Hannover war mit der Berufung angegriffen worden. Das OLG Celle hat sich aber in seiner Entscheidung vom 7.12.1994 voll hinter die Entscheidung des LG Hannover gestellt und die Berufung zurückgewiesen. Dabei hat es zum Teil etwas abweichende Begründungen gegeben.

Interessant ist noch die Bemessung des Streitwerts seitens des OLG Celle. Dieser wurde auf umgerechnet mehr als EUR 250.000 festgesetzt. Dies zeigt, welch große ökonomische Bedeutung das Gericht der generellen Verwendung derartiger Klauseln beimisst, auch wenn sie zumeist für den Besucher von untergeordnetem Interesse sein mögen. Hervorzuheben ist, dass die Bemessung des Streitwerts zugleich die Höhe der Gerichts- und Anwaltskosten bestimmt. Die Folge war, dass die betreffenden Kosten hier sehr erheblich waren und voll zulasten des beklagten Veranstalters gingen.

Um die Argumente der Gerichte im Einzelnen nachvollziehen zu können, werden beide Urteile in Anhang I im vollen Wortlaut auf der Grundlage des damals geltenden Rechts wiedergegeben.

D. Gagenminderung wegen angeblicher Alkoholbeeinflussung

Das Urteil des LG München I v. 12.4.1994 – 24 O 11 187/93 –

Für erhebliches Aufsehen sorgte auch der nachfolgende Fall, der einen bekannten Schlagerstar betraf:

Neue Westfälische, Nr. 235
Freitag, 8. Oktober 1993

Wäscheversandhaus wirft Rex Gildo Trunkenheit auf der Bühne vor

Einige Viertel Wein vor Auftritt

München (AP). Ein verunglückter Auftritt des Schlagerstars Rex Gildo beim Betriebsfest eines badischen Wäscheversandhauses beschäftigt seit gestern das Landgericht München.

Der Chef des Versandhandelshauses in Renchen wirft dem Sänger vor, bei einer Weihnachts- und Geburtstagsfeier des Unternehmens im Dezember 1992 zu tief ins Glas geschaut und seinem Auftritt mit mehreren Stürzen und lallendem Gesang trotz Halbplayback eine peinliche Note verliehen zu haben. Der Unternehmer verlangt deshalb von Gildo die Erstattung der Gage von 10 000 Mark sowie 10 000 Mark Konventionalstrafe.

Die Rechtsanwälte des Schlagerstars holten jedoch vor der 24. Zivilkammer des Landgerichts München I zum Gegenschlag aus: In einer Widerklage verlangten sie von dem Versandhauschef die Zahlung der Mehrwertsteuer von 1 400 Mark und einer doppelten Konventionalstrafe in Höhe von 20 000 Mark, weil der Unternehmer das Gagengeheimnis verletzt und unzulässigerweise ein Video von dem umstrittenen Auftritt angefertigt habe. Im übrigen habe Gildo „die musikalische Leistung voll erbracht", argumentierte Anwalt Roland Hasl.

Dies sieht die Gegenseite ganz und gar nicht so: Mindestens zwei Liter

Rex Gildo **Foto: Kövesdi**

Riesling, zwei Viertel eines schweren Rotweins und dazu eine Flasche Bier habe Gildo vor seiner Bühnenshow konsumiert, erklärte der Rechtsanwalt des Klägers. Bei seinem Auftritt sei er auf die Bühne getorkelt, habe ins Mikrophon gelallt und schließlich mehrere Stürze hingelegt. „Mehr kann in 30 Minuten gar nicht passieren, als daß der da x-mal die Treppe runterfällt und dann auch noch die Anlage ausfällt", sagte der Rechtsanwalt.

Die Rechtsvertreter des Schlagerstars, der selbst nicht zu der Verhandlung erschienen war, sprachen dagegen von einer „regelrechten Rufmordkampagne". So seien die technischen Voraussetzungen für den Auftritt Gildos miserabel gewesen, und ihr Mandant habe den Abend gerettet, indem er spontane Live-Einlagen geboten habe: „Mit den Zuschauern wurde am Ende des Auftritts als Zugabe nochmals 'Hossa' im Wechselgesang dargeboten." Die Gage sei voll und ohne Einschränkungen gezahlt worden. Im übrigen habe Gildo höchstens sechs Schoppen Wein getrunken. „Und was sind für einen Sänger schon sechs Viertel Wein?", fragte Hasl am Rande der Verhandlung.

„Genug Porzellan zerschlagen

Das Gericht schlug einen Vergleich vor, wonach beide Seiten ihre Klagen zurückziehen und auf ein umfangreiches Verfahren mit vielen Zeugen verzichten sollten: „Es ist ohnehin schon genug Porzellan zerschlagen worden." Bis zum 28. Oktober haben die Streithähne jetzt Zeit, dazu Stellung zu nehmen, am 11. November will das Gericht die Entscheidung verkünden.

Bild 51: Einige Viertel Wein vor Auftritt

Der Sachverhalt gibt zu einigem Schmunzeln Anlass. Dabei mag das »Tragische« der Komödie vielleicht nur im unterschiedlichen »timing« gelegen haben. Denkbarerweise hatte der Schlagersänger nämlich sein Ziel etwas früher als der Rest der Teilnehmer erreicht. Hätten auch diese sich bereits zum Zeitpunkt der Darbietung in der gleichen fortgeschrittenen Stimmung wie der Künstler befunden, wäre der Abend sicher in voller Harmonie zu Ende gegangen und die Gage von umgerechnet mehr als 5.000 EUR für 30 Minuten synchroner Mund- und Körperbewegungen wäre anstandslos gezahlt worden. Jedenfalls demonstriert der Fall sehr anschaulich, an welchem Punkt unsere Gesellschaft angekommen ist, die einen durchschnittlichen

Arbeitnehmer in etwa drei Monaten mit dem Salär bedenkt, das ein Illusionskünstler mit der Kraft seiner Lippen und Hüften in 30 Minuten verdient.

Dem Landgericht München I mag dieses Possenspiel vielleicht Anlass gewesen sein, sowohl die Klage als auch die Widerklage (bis auf einen kleinen Teil) abzuweisen. Einzige Gewinner des Verfahrens waren die beteiligten Rechtsanwälte.

Ansatz für die Klageforderung war § 634 BGB, der bei mangelhafter Werkleistung eine Minderung des Vergütungsanspruchs erlaubt. Indes vermochte das Gericht trotz unstreitigen Genusses des Beklagten von 11 Vierteln Wein in den letzten 6 Stunden vor dem Auftritt, die er allerdings im Gasthof »Zum Prinzen« mit seiner Managerin zusammen konsumierte, keinerlei Mängel der Darbietung trotz gewisser »Unebenheiten« im Auftritt und bei der Lippensynchronisation zu erkennen. Dies erstaunt einigermaßen, da die Zeugen übereinstimmend ausgesagt hatten, dass »der Beklagte zum Playback falsch gesungen hat, falsch dahingehend, dass er mit dem Rhythmus der Musik und dem vom Band bzw. von der Kompakt-Disk kommenden Gesang nicht in Einklang war« (S. 12 u. 13 des Urteils). Später heißt es: »Der Zeuge E. gab dazu beispielhaft an, der Beklagte haben seinen Rhythmus nicht gefunden, der Zeuge H. bezeichnete es als asynchronen Gesang. Der Zeuge W. gab dazu an, die Mundbewegungen hätten nicht gestimmt« (S. 13 des Urteils). Da das zeitgleiche Mimen eigentlich die einzige Leistung des Beklagten war, außer seinem schlichten Dasein, und dies offenbar voll misslang, stellt sich der neutrale Beobachter die Frage, warum das Gericht dieses nicht als Mangel der Werkleistung eingestuft hat. Immerhin mag es als salomonische Lösung erscheinen, dass umgekehrt auch der Kläger nicht mit Vertragsstrafen wegen Ausplauderns des Gagengeheimnisses und Mitschneidens von Videoaufnahmen belegt wurde und die Sache für beide Seiten wie beim berühmten Hornberger Schießen ausging, nämlich ohne Ergebnis.

Wegen der Einzelheiten wird der Leser auf das Originalurteil verwiesen, das unter G. im Anhang II wiedergegeben ist.

E. Kann bei Ausfall einer Sportveranstaltung wegen Regens der Eintrittspreis zurückgefordert werden?

(AG Halle/W., Urt. v. 15.11.1993 – 7 C 311/93 – NJW-RR 1994, 884)

Die Zeitungsmitteilung von **Bild 52** steht beispielhaft für das Problem von Open-Air-Veranstaltungen. Die Launen des Wetters in Deutschland lassen manche Großveranstaltung, seien es Sportveranstaltungen, Rockkonzerte oder Darbietungen von Freilichtbühnen, buchstäblich ins Wasser fallen. Zumeist werden derartige Veranstaltungen später nachgeholt, sodass der Besucher dann – außer einer erneuten Anreise – keine größeren finanziellen Nachteile hat. Anders gestaltete sich indes die Situation beim Grasscourt-Turnier in Halle/W. Die Besucher, die Karten für das am 16.6.1993 vorgesehene und dann ausgefallene Turnier zum Preise von 50 bis 70 DM (heute betragen die Eintrittspreise je nach Spieltag und Platzgruppe ca. 20 bis 100 EUR) erworben hatten, konnten diese Karten an den darauf folgenden Tagen nicht mehr nutzen. Es handelte sich nämlich um Tageskarten. Eine Abänderung des Tagesdatums war nicht möglich, weil die Karten für die darauf folgenden Tage bereits ausgebucht waren. Einige frustrierte Besucher verlangten daraufhin von der Veranstalterin – der Gerry Weber Open – Rückzahlung des gezahlten Eintrittspreises. Die Veranstalterin

Alle Spiele fielen gestern ins Wasser / Tickets sollten aufbewahrt werden

Regnerisches Elend begann 1877

Halle (frz/gär). Beim großen Vorbild, dem Turnier in Wimbledon, begann das Elend schon am 16. Juli 1877. Ein kompletter Tennistag fiel damals ins Wasser. Knapp 116 Jahre später, am 16. Juni 1993, machte das Wetter nun auch den Veranstaltern der Gerry Weber Open in Halle einen dicken Strich durch die Rechnung. Dunkle Wolken, dicke Tropfen — gestern um 15.55 Uhr erfolgte die endgültige Absage aller für den Tag geplanter Spiele. Zahlreiche Zuschauer zogen enttäuscht vondannen.

„Wir brauchen eigentlich nur ein bißchen Wind. Was fehlt, ist die Sonne." Eine Stunde zuvor hatte Sprecher Hans-Jürgen Pohmann den unter Schirmen versteckten Menschlein mit allgemeinen Parolen noch Hoffnung gemacht. Doch der Regen wurde nur noch schlimmer. Heute um 11 Uhr sollen die Spiele der zweiten Runde beginnen, anschließend sind auch noch die Partien des Viertelfinales geplant. Das ZDF wird von Beginn an live senden, allgemeine Aufheiterung ist von den Meteorologen angesagt.

GRASS COURT HALLE/WESTFALEN

GERRY WEBER OPEN

Gestern reagierte manch ein Besucher schlichtweg „sauer". „Ich fühle mich verschaukelt", meinte zum Beispiel Puri Hermida aus Lippstadt. Und Sascha Rappenegger aus Osnabrück machte nach kurzer Nachfrage am Kassenhäuschen ein langes Gesicht. „Das war wohl nichts." Locker reagierten zwei Handballstars: Laszlo Marosi und Stephan Kempinger vom TBV Lemgo nahmen ihr „Pech" gelassen.

Zwischen 50 und 70 Mark hatten zahlreiche Tennisfreunde für eine Tageskarte berappt, doch einen großen Teil dieses Geldes müssen sie nun wohl in den Wind schreiben. Bei Spielabsagen aufgrund „höherer Gewalt" ist eine Rückerstattung des Kaufpreises prinzipiell ausgeschlossen. Dies findet sich auch auf den Tickets vermerkt.

Beim Turnier in Wimbledon ist das nicht anders. Hier haben betroffene Besucher lediglich das Recht, im nächsten Jahr (zum vollen Preis) eine neue Karte für einen Tag zu lösen. In Halle will man den „Regengeschädigten" indes etwas mehr entgegenkommen. „Wir überlegen, ob wir ihnen im nächsten Jahr eine ermäßigte Tageskarte anbieten", meinte gestern Turnierdirektor Ralf Weber. Jeder sollte deshalb sein Ticket vom gestrigen Tag behalten.

Bild 52:
Regnerisches Elend begann 1877
Neue Westfälische vom 17.6.1993

lehnte dies unter Hinweis auf einen Aufdruck auf den Tickets ab, wonach bei Spielabsagen aufgrund höherer Gewalt eine Rückerstattung des Kaufpreises prinzipiell ausgeschlossen sei. Die Sache kam zum AG Halle/W., das die Klage mit folgender Begründung abwies:

Die Klägerin könne von der Beklagten nicht Rückzahlung des Eintrittspreises zum Tennisturnier am 16.6.1993 gem. § 323 BGB (heute: § 326 BGB) beanspruchen. Zwischen den Parteien sei ein Werkvertrag mit mietrechtlichen Elementen zustande gekommen. Danach sei die Beklagte nach § 631 BGB zur Herstellung des versprochenen Werks verpflichtet gewesen. Diese Verpflichtung sei ihr indes entgegen der Meinung der Klägerin nicht unmöglich geworden. Denn:

»Die Beklagte schuldete der Klägerin nach dem Vertrag die Überlassung eines Zuschauerplatzes für ein Rasentennisturnier sowie die Organisation und Durchführung eines Rasentennisturniers. Dabei ist allgemein bekannt, dass bei Regenwetter ein Spielen auf dem Rasen nicht möglich ist. Die Beklagte ist dieser Leistungsverpflichtung nachgekommen, sie schuldete nicht von ihr nicht beeinflussbare Wetterverhältnisse, die ein Spielen tatsächlich erlaubten.«[35]

Diese Ausführungen halten einer Überprüfung nicht stand. Die Beklagte schuldete der Klägerin nicht nur die Überlassung eines Zuschauerplatzes, sondern eben auch die Organisation und Durchführung des Turniers. Letzteres ist geradezu der Kern der Verpflichtung, weil es dem Besucher in erster Linie darauf ankommt, das gebuchte Turnier mitzuerleben. Das war auch das, was die Beklagte der Klägerin und allen sonstigen Besuchern jenes Tages versprochen hat, nämlich das Live-Spiel von Tennis-

35 AG Halle NJW-RR 1994, 884.

akteuren auf dem Rasen von Halle unter freiem Himmel. Genau diese Verpflichtung konnte die Beklagte aber infolge des Dauerregens nicht erfüllen. Ihre Leistung ist also nachträglich unmöglich geworden. Es handelte sich insofern nicht bloß um ein vorübergehendes Hindernis im Sinne eines Verzuges, da die betreffenden Tageskarten eben nur für den 16.6.1993 Gültigkeit besaßen und die Beklagte den Karteninhabern vom 16.6.1993 an den darauf folgenden Tagen infolge Ausbuchung durch andere Besucher die betreffenden Spiele des 16.6.1993 nicht mehr präsentieren konnte.

Richtig ist sicher, dass die Beklagte die Wetterverhältnisse nicht beeinflussen konnte. Das bedeutet aber nur, dass sie insoweit ihr Leistungsunvermögen nicht zu vertreten hat. Ob sie allerdings nicht durch eine Teilbedachung der Rasenfläche hätte Vorsorge treffen müssen, was übrigens mittlerweile geschehen ist, steht auf einem anderen Blatt und wäre zumindest erwägenswert. Dafür spricht, dass ein Großveranstalter dieses Zuschnitts, der internationale Rasenspiele durchführt und damit erhebliches Geld verdient, so nahe liegende Risiken mit einkalkulieren und geeignete Abwehrmaßnahmen treffen muss, um seinen vertraglichen Leistungspflichten nachzukommen. Andererseits wäre der finanzielle Aufwand für eine Teilabdeckung zu bedenken. Letzterer war aber offensichtlich nicht so erheblich, dass man ihn für unzumutbar halten müsste; denn mittlerweile ist die Abdeckung – wie bereits erwähnt – installiert und hätte bei früherem Einbau das damalige Fiasko verhindert. Kurz gesagt: Es sprachen relativ gute Gründe für die Anwendung von § 325 BGB damaliger Fassung mit der Folge einer Rückerstattungs- oder wahlweise Schadensersatzpflicht. Auch wenn man ein Verschulden des Veranstalters ablehnt, hätte der Besucher jedenfalls einen Anspruch auf Rückerstattung des Eintrittspreises gehabt, der damals auf § 323 I, III BGB beruhte und heute aus §§ 326 I, IV, 346 BGB abzuleiten ist.

Entgegen der Meinung des AG Halle wäre es dann doch entscheidend auf die Frage angekommen, ob diese Folge durch den Kartenaufdruck wirksam ausgeschlossen werden konnte. Die Antwort ist negativ.

Wie das Gericht selbst durchblicken lässt, erscheint es »bedenklich, ob diese Klausel Vertragsinhalt geworden ist.«[36] Denn § 305 II BGB (damals § 2 AGBG) ist eindeutig verletzt, weil dem Besucher die betreffende Klausel erst nach dem Erwerb des Tickets zugänglich gemacht worden ist und damit nicht – wie vorgeschrieben – beim Vertragsabschluss. Außerdem fehlt die Möglichkeit zumutbarer Kenntnisnahme beim Vertragsschluss.[37]

Selbst ein entsprechender Aushang am Verkaufsschalter hätte zwar formal den AGB-rechtlichen Vorgaben entsprochen, wenn die betr. Klausel deutlich sichtbar ausgehängt worden wäre. Inhaltlich wäre diese Freizeichnung dann aber ebenfalls unwirksam:

Bei Unmöglichkeit der Leistungserbringung stellt die völlig einseitige Verlagerung des Wetterrisikos auf den Besucher einen klaren Verstoß gegen § 307 I BGB dar. Genauso wenig wie der Veranstalter kann auch der Besucher das Wetter beeinflussen. Ihn dann aber allein mit den Folgen dieser Tatsache zu belasten, erscheint völlig unausgewogen und ist eine unangemessene Benachteiligung.

36 AG Halle NJW-RR 1994, 884.
37 Siehe oben 263f. sowie Palandt/*Grüneberg* § 305 Rn. 28; Ulmer/Brandner/Hensen/*Ulmer/Habersack* § 305 Rn. 127; LG Trier NJW 1993, 1474 (1475); hM.

Die Klausel ist außerdem nach § 307 II Nr. 1 BGB mit wesentlichen Grundgedanken der Unmöglichkeitsregeln der §§ 275, 326 BGB nicht zu vereinbaren. Diesen Vorschriften ist zu entnehmen, dass dann, wenn die Leistung nicht erbracht werden kann, auch keine Gegenleistung geschuldet wird. Die Freizeichnungsklausel der Beklagten, die bei Spielabsagen aufgrund höherer Gewalt eine Rückerstattung des Kaufpreises ausschließt, widerspricht eklatant diesem wesentlichen Grundgedanken. Die Klausel ist daher, wie man sie drehen und wenden mag, ungültig. An ihre Stelle tritt die beschriebene gesetzliche Regelung. Das bedeutet: Bei regenbedingter Absage schuldet die Veranstalterin den Besuchern die volle Rückerstattung des Eintrittsgeldes. Die von der Veranstalterin ausgestreuten Brosamen, den frustrierten Besuchern im nächsten Jahr eine ermäßigte Tageskarte anzubieten, hätten diese daher bei richtiger juristischer Betrachtung nicht akzeptieren müssen.

F. Anhang I

Landgericht Hannover

Geschäftsnummer
14 O 35/94

verkündet am
12.4.1994

Im Namen des Volkes

Urteil

In dem Rechtsstreit

PP.

wegen Unwirksamkeit von AGB-Bestimmungen hat die 14. Zivilkammer des Landgerichts Hannover auf die mündliche Verhandlung vom 8. März 1994 unter Mitwirkung des Vorsitzenden Richters am Landgericht ..., des Richters am Landgericht ... und der Richterin am Landgericht für Recht erkannt:

Die Beklagte wird verurteilt,
bei Meidung eines für jeden Fall der Zuwiderhandlung festzusetzenden Ordnungsgeldes bis zu 100.000 DM ersatzweise Ordnungshaft bis zu drei Monaten oder einer Ordnungshaft bis zu drei Monaten, Letzteres zu vollstrecken an den Geschäftsführern der Beklagten, es zu unterlassen,
die nachfolgenden oder diesen inhaltsgleiche Bestimmungen in allgemeinen Geschäftsbedingungen bei künftig abzuschließenden Verträgen mit Besuchern von künstlerischen Veranstaltungen aller Art der Firma ... zu verwenden sowie sich auf diese Bestimmungen bei der Abwicklung derartiger nach dem 1. April 1977 abgeschlossenen Verträge zu berufen, soweit es sich nicht um Verträge mit einer juristischen Person des öffentlichen Rechts, einem öffentlich-rechtlichen Sondervermögen oder einem Kaufmann im Bereich seines Handelsgewerbes handelt:

1.
Schadensersatzansprüche aus positiver Forderungsverletzung, Verschulden bei Vertragsabschluss und unerlaubter Handlung sind ausgeschlossen, soweit der Veranstalter, sein gesetzlicher Vertreter oder seine Erfüllungsgehilfen nicht vorsätzlich oder grob fahrlässig gehandelt haben.

2.
Zurücknahme der Eintrittskarte nur bei Absage der Veranstaltung. Es wird nur der Nennwert der Eintrittskarte erstattet, nicht die Vorverkaufsgebühr und sonstige Kosten.

3.
Der Veranstalter behält sich das Recht vor, die Veranstaltung örtlich und/oder terminlich zu verlegen. Rückerstattungsansprüche aus oben genanntem Grund auf den Nennwert der Eintrittskarte bestehen nur bis zum Konzerttermin.

4.
Der Veranstalter behält sich das Recht vor, ohne vorherige Ankündigung das Vorprogramm zu ändern.

5.
Der Veranstalter ist nicht für verloren gegangene oder gestohlene Sachen verantwortlich.

Die Kosten des Rechtsstreits werden der Beklagten auferlegt.
Das Urteil ist gegen Sicherheitsleistung iHv 3.500 DM vorläufig vollstreckbar.

Tatbestand:

Der Kläger ist eine Gründung der Verbraucherzentralen der Länder und der Arbeitsgemeinschaft der Verbraucherverbände. Zu seinen satzungsgemäßen Aufgaben gehört es, die Interessen der Verbraucher durch Aufklärung und Beratung wahrzunehmen.
Die Beklagte ist Veranstalter von Großkonzerten im Bereich der klassischen Musik und der Unterhaltungsmusik; 1994 veranstaltete sie unter anderem Konzerte mit den ... und mit ...
Ihre Allgemeinen Geschäftsbedingungen sind jeweils auf der Rückseite der Eintrittskarte abgedruckt. Der Kläger hält eine Reihe von Klauseln dieser Allgemeinen Geschäftsbedingungen für unwirksam. Bezüglich einer Klausel hat sich die Beklagte verpflichtet, diese nicht mehr zu verwenden, wegen fünf weiteren Klauseln streiten die Parteien über deren Gültigkeit.
Der Kläger ist der Auffassung, dass die im Tenor genannten Klauseln unwirksam sind. Hierzu wird auf seinen Vortrag in der Klageschrift verwiesen.
Der Kläger beantragt

wie erkannt.

Die Beklagte beantragt,

die Klage abzuweisen.

Sie hält alle angegriffenen Klauseln für zulässig. Wegen ihres Vortrags im Einzelnen wird auf die Klageerwiderung Bezug genommen.

Entscheidungsgründe:

Der Klage war in vollem Umfange stattzugeben.

Die Klägerin ist klagebefugt, § 13 II Nr. 1 AGBG;[38] dies wird von der Beklagten auch nicht in Zweifel gezogen. Ein schutzwürdiges Interesse an der Klage besteht auch dann, wenn gegen eine wirksame Vereinbarung der Allgemeinen Geschäftsbedingungen der Beklagten mit den Kunden Bedenken bestehen könnten, weil diese Bedingungen lediglich auf der Rückseite der Eintrittskarte abgedruckt sind und sich auf der Vorderseite lediglich der Hinweis befindet: »Wichtige Hinweise siehe Rückseite«. Auch dann handelt es sich um für eine Vielzahl von

38 Heute §§ 1, 3 UKlaG.

Verträgen vorformulierte Vertragsbedingungen, die eine Partei einer anderen Partei bei Abschluss eines Vertrages stellt, § 1 I 1 AGBG; in welcher Weise diese Bestimmungen dabei den Bestandteil eines Vertrages bilden, ist gleichgültig, § 1 I 2 AGBG.[39]

1. Die Bestimmung, »Schadensersatzansprüche aus positiver Forderungsverletzung, Verschulden bei Vertragsabschluss und unerlaubter Handlung sind ausgeschlossen, soweit der Veranstalter, sein gesetzlicher Vertreter oder seine Erfüllungsgehilfen nicht vorsätzlich oder grob fahrlässig gehandelt haben«, ist nach § 9 AGBG40 unwirksam. Richtig ist zwar, dass nach § 11 Nr. 7 AGBG[41] Haftungsfreizeichnungsklauseln für einfache bzw. leichte Fahrlässigkeit grundsätzlich zulässig sind; dies gilt jedoch nicht bei vertragswesentlichen Pflichten (Ulmer/Brandner/Hensen, AGB-Gesetz, 7. Aufl., Rn. 23 ff. zu § 11 Nr. 7 AGBG mit weiteren Hinweisen; *Wolf/Horn/Lindacher*, AGB-Gesetz, 1984, Rn. 27 ff. zu § 11 Nr. 7 AGBG). Entscheidend ist hierfür auf der einen Seite, dass der Kunde auf die Einhaltung von Sorgfaltspflichten vertrauen darf, und dass die Verletzung dieser Pflichten andererseits zu schweren Folgen führen kann. Insbesondere kann der Kunde in der Regel auf die Einhaltung normaler Verkehrssicherungspflichten vertrauen (BGH NJW 82, 1144).
Im vorliegenden Fall besteht für den Kunden ein besonderes Interesse an der Einhaltung der Verkehrssicherungspflichten durch die Beklagte: Diese führt selber aus, dass jedes Konzert mit zahlreichen Auflagen verbunden ist, die peinlich genau beachtet werden müssen; hierzu gehört unter anderem die Ausgestaltung des Raumes, die Zahl der zugelassenen Besucher, die Stärke des Ordnungsdienstes und die Zahl der Sanitäter und Ärzte. Auch eine leicht fahrlässige Nichtbeachtung dieser Auflagen kann zu schwersten Folgen für Leben und Gesundheit der Besucher führen, so wenn zu viele Besucher eingelassen werden, wenn der Ordnungsdienst zahlenmäßig nicht ausreichend oder untauglich ist, wenn nicht für Sanitäter und Ärzte gesorgt wird, wenn die Baulichkeiten der Beanspruchung durch die Besucherzahl nicht gewachsen sind und anderes mehr. Alle solche Versäumnisse brauchen nicht auf grober Fahrlässigkeit zu beruhen, es ist durchaus denkbar, dass nur ein leichtes Verschulden zu schwersten Folgen führt. Dies gilt insbesondere bei Großveranstaltungen mit hoher Besucherzahl, wobei zum Beispiel das überwiegend junge Publikum bei Rockkonzerten bei Nichtbeachtung von Sicherungsmaßnahmen besonders gefährdet ist.
Dies alles führt dazu, dass der Ausschluss der Haftung für leichte Fahrlässigkeit nicht hingenommen werden kann, vielmehr den Vertragspartner der Beklagten entgegen den Geboten von Treu und Glauben unangemessen benachteiligt, § 9 I AGBG,[42] bzw. die Erreichung des Vertragszwecks hierdurch gefährdet werden kann, § 9 II Nr. 2 AGBG.[43]

2. Die Klausel »Zurücknahme der Eintrittskarte nur bei Absage der Veranstaltung. Es wird nur der Nennwert der Eintrittskarte erstattet, nicht die Vorverkaufsgebühr und sonstige Kosten« ist schon deswegen unzulässig, weil sie gegen § 11 Nr. 8b AGBG[44] verstößt. Danach ist eine Bestimmung unwirksam, die für den Fall des Leistungsverzuges des Verwenders oder der von ihm zu vertretenden Unmöglichkeit der Leistung das Recht des anderen Vertragsteils, Schadensersatz zu verlangen, ausschließt. Bei verschuldeter Unmöglichkeit muss dem Besucher das Recht vorbehalten bleiben, weitergehenden Schadensersatz verlangen zu können, so zum Beispiel die Vorverkaufsgebühr. Die Ausführungen der Beklagten in der Klageerwiderung

39 Heute § 305 I BGB.
40 Heute § 307 BGB.
41 Heute § 309 Nr. 7b BGB; heute ist bei Personenschäden auch für leichte Fahrlässigkeit keine Haftungsfreizeichnung mehr zulässig, § 309 Nr. 7a BGB.
42 Heute § 307 I BGB.
43 Heute § 307 II Nr. 2 BGB.
44 Heute § 309 Nr. 7b BGB.

hierzu sind unverständlich; es besteht kein Zweifel, dass zum Schadensersatz in diesem Falle auch eine Vorverkaufsgebühr gehört, § 325 BGB.[45] Zu erfüllen wäre das positive Interesse; der Schaden besteht in der Differenz zwischen der Vermögenslage, die eingetreten wäre, wenn der Schuldner ordnungsgemäß erfüllt hätte, und der durch die Nichterfüllung tatsächlich entstandenen Lage, wobei die tatsächlich entstandene Vermögenseinbuße konkret oder unter Umständen auch abstrakt zu errechnen ist (Palandt/*Bearbeiter*, 53. Aufl., Rn. 14 zu § 325 BGB).
Die Beklagte darf sich bei einer durch sie verschuldeten Absage des Konzerts somit nicht auf die Freizeichnung durch diese Klausel berufen.

Dies gilt auch für die Begrenzung des Schadensersatzes (»Zurücknahme der Eintrittskarte nur bei Absage der Veranstaltung«). Der Besucher hat eine Eintrittskarte für ein Konzert einer oder mehrerer bestimmter Künstler zu einem bestimmten Termin an einem bestimmten Ort erworben; dies alles gehört zum wesentlichen Inhalt des Vertrages; eine erhebliche Änderung auch nur in einem dieser Punkte kann zu einer so erheblichen Verletzung des Vertrages führen, dass der in dieser Teilklausel genannte Ausschluss des Schadensersatzes als unwirksam angesehen werden muss, § 11 Nr. 8b, 9 AGBG.[46]

3. Auch die Klausel »Der Veranstalter behält sich das Recht vor, die Veranstaltung örtlich und/oder terminlich zu verlegen. Rückerstattungsansprüche aus oben genanntem Grund auf den Nennwert der Eintrittskarte bestehen nur bis zum Konzerttermin« ist unwirksam. Die Festschreibung eines Rechtes des Veranstalters, die Veranstaltung örtlich oder zeitlich zu verlegen, verstößt sowohl gegen § 10 Nr. 4 AGBG[47] als auch gegen § 11 Nr. 8a AGBG.[48] Der Besucher darf davon ausgehen, dass das Konzert zu einem bestimmten Termin und an einem bestimmten Ort stattfindet. Eine zeitliche Verlegung kann es einem Besucher unmöglich machen, an der Veranstaltung teilzunehmen, dasselbe gilt für eine Verlegung des Konzerts an einen Ort, der für den Besucher möglicherweise nur schwer zu erreichen ist. Zwar mag die Beklagte durchaus ein Interesse an einer solchen Änderung des Vertrages haben, diese kann jedoch für den Besucher unzumutbar sein, § 10 Nr. 4 AGBG.[49] Die Klausel ist auch keineswegs auf eine Änderung im engen örtlichen oder zeitlichen Bereich beschränkt, wie die Beklagte dies sehen möchte; nach § 5 AGBG[50] gehen Zweifel bei der Auslegung einer Klausel zulasten des Verwenders; mangels einer klaren Einschränkung in dieser Bedingung muss daher von einer Unwirksamkeit der Klausel ausgegangen werden.

Die Begrenzung von Rückerstattungsansprüchen auf den Nennwert der Karte und nur bis zum Konzerttermin ist gem. §§ 11 Nr. 7, 11 Nr. 8a und 11 Nr. 8b[51] AGBG unwirksam. Ein Ausschluss der Haftung für grobe Fahrlässigkeit oder Vorsatz ist unzulässig, § 11 Nr. 7 AGBG.[52] Das Recht des Besuchers, sich für den Fall des Leistungsverzuges des Verwenders oder der von ihm zu vertretenden Unmöglichkeit vom Vertrag zu lösen bzw. Schadensersatz zu verlangen, darf nicht eingeschränkt werden, § 11 Nr. 8a, b AGBG.[53] Eine Interessenabwägung, wie sie die Beklagte vornehmen will, ist bei diesen Bestimmungen nicht möglich.

45 Heute § 283 BGB.
46 Heute §§ 309 Nr. 7b, 307 BGB.
47 Heute § 308 Nr. 4 BGB.
48 Heute § 309 Nr. 8a BGB.
49 Heute § 308 Nr. 4 BGB.
50 Heute § 305c II BGB.
51 Heute §§ 309 Nr. 7b, 309 Nr. 8a, 309 Nr. 7b BGB.
52 Heute § 309 Nr. 7b BGB.
53 Heute § 309 Nr. 8a, 7b BGB.

4. Die Klausel »Der Veranstalter behält sich das Recht vor, ohne vorherige Ankündigung das Vorprogramm zu ändern« ist nach §§ 10 Nr. 4,[54] 11 Nr. 9 AGBG[55] unwirksam. Der Auffassung der Beklagten, das Vorprogramm sei nur eine Zugabe, um die Besucher zu unterhalten, bis der angekündigte Künstler auftrete, und es handele sich bei den Künstlern des Vorprogramms ausnahmslos um unbekannte Personen oder Gruppen, kann nicht gefolgt werden. Zum einen trifft es nicht zu, dass nur Unbekannte das Vorprogramm bilden; so kann eine örtlich durchaus bekannte und beliebte Gruppe für einen großen Teil der Besucher ebenso wichtig sein wie die Hauptgruppe; auch wird der Bekanntenkreis der Vorgruppe das Konzert hauptsächlich dieser Gruppe wegen besuchen; schließlich werden als Künstler des Vorprogramms nicht selten special guests angekündigt, die für viele von größerem Interesse sein können als der Hauptkünstler. Es trifft gerade in letzterem Fall nicht zu, dass der Vorkünstler unbekannt ist, auch die Vorgruppen werden oft schon durchaus einen gewissen Bekanntheitsgrad haben. Alle diejenigen Personen, die aus verschiedenen Gründen gerade das Vorprogramm erleben möchten, würden benachteiligt werden, wenn der Veranstalter das Vorprogramm beliebig ändern könnte. Ein besonderes Interesse des Veranstalters hieran, das höherrangig zu bewerten wäre als das Interesse des gerade wegen – oder auch mit wegen – des Vorprogramms erschienenen Besuchers ist nicht ersichtlich. Die Klausel verstößt daher gegen § 10 Nr. 4 AGBG.[56]

Außerdem enthält die Klausel einen Ausschluss eines Schadensersatzanspruchs bzw. Rücktrittsrechts bei teilweiser Unmöglichkeit der Leistung des Verwenders, wenn die teilweise Erfüllung für den Besucher kein Interesse hat. Dass Letzteres durchaus der Fall sein kann, auch wenn nur das Vorprogramm geändert wird, ist bereits ausgeführt worden. Diese Klausel widerspricht somit auch § 11 Nr. 9 AGBG.[57]

5. Die Klausel »Der Veranstalter ist nicht für verloren gegangene oder gestohlene Sachen verantwortlich« kann ebenfalls keinen Bestand haben; sie verstößt gegen § 11 Nr. 7 AGBG).[58] Die erforderliche Begrenzung auf einen Haftungsausschluss bei einfacher Fahrlässigkeit ist in ihr nicht enthalten. Zwar mag der Haftungsausschluss für verloren gegangene Sachen unbedenklich sein, dies ist jedoch bei gestohlenen Sachen nicht der Fall. So gibt es durchaus Konzerte, bei denen der Veranstalter dem Besucher eine bewachte Garderobe zur Verfügung stellt. Wenn nun zum Beispiel die für die Aufsicht in der Garderobe verantwortlichen Personen vom Veranstalter grob fahrlässig ausgesucht worden und für ihre Tätigkeit untauglich sind oder gegen ihre Pflichten in grob fahrlässiger oder gar vorsätzlicher Weise verstoßen, muss die Haftung des Veranstalters bestehen bleiben. Dass eine solche Situation nicht aus der Luft gegriffen ist, zeigt der vor Gericht erörterte Fall, wo bei einem Rockkonzert in Hannover zwar eine bewachte Garderobe vorhanden war, die Aufsichtspersonen jedoch während des Konzerts keineswegs ständig in der Garderobe zu finden waren, vielmehr selber dem Konzert zuhörten, sodass die Garderobe zumindest zeitweise ohne jede Aufsicht geblieben war. Allein dieser Fall zeigt, dass auch diese Klausel keinen Bestand haben kann.

Die Kostenentscheidung beruht auf § 91 ZPO, die Entscheidung über die vorläufige Vollstreckbarkeit folgt aus den §§ 709 ff. ZPO.

54 Heute § 308 Nr. 4 BGB.
55 Weggefallen.
56 Heute § 308 Nr. 4 BGB.
57 Weggefallen.
58 Heute § 309 Nr. 7b BGB.

Oberlandesgericht Celle

Geschäftsnummer verkündet am
13 U 78/94 7.12.1994
14 O 35/94 LG Hannover

Oberlandesgericht Celle

Im Namen des Volkes

Urteil

In dem Rechtsstreit

... PP.

hat der 13. Zivilsenat des Oberlandesgerichts Celle auf die mündliche Verhandlung vom 15. November 1994 unter Mitwirkung der Richter ... und ... für Recht erkannt:

Die Berufung der Beklagten gegen das am 12. April 1994 verkündete Urteil der 14. Zivilkammer des Landgerichts Hannover – 14 0 35/94 – wird auf deren Kosten zurückgewiesen.

Das Urteil ist vorläufig vollstreckbar.

Die Beklagte darf die Zwangsvollstreckung der Klägerin durch Sicherheitsleistung iHv 12.000 DM abwenden, wenn nicht die Klägerin vor der Vollstreckung in gleicher Höhe Sicherheit leistet.

Sicherheit darf auch die Bürgschaft einer deutschen Großbank, öffentlichen Sparkasse, Volksbank oder Spar- und Darlehnskasse sein.

Beschwer: 500.000 DM.

Tatbestand:

Die Beklagte veranstaltet unter anderem Konzerte, bestehend aus Hauptprogramm und Vorprogramm, vor großen Menschenmengen. Die Eintrittskarten, auf deren Rückseite Geschäftsbedingungen gedruckt sind (vgl. S. 13/14 d.A., Anl. z. Klageschrift), lässt sie über Vorverkaufsstellen verkaufen, die dafür von den Konzertbesuchern Entgelt erheben. Gelegentlich bietet die Beklagte Garderobenverwahrung an.

Auf das Begehren des Klägers hat das Landgericht in dem angefochtenen Urteil die Verwendung der dort genannten Klauseln des AGBG zu 1. bis 5. der Beklagten verboten.

Dagegen wendet sich die Berufung der Beklagten, die Klageabweisung erstrebt.

Das Landgericht habe die Eigenart der Verträge über Musikdarbietungen verkannt. Die Beklagte sei den Launen der Stars ausgeliefert, ihr Massengeschäft mache es unmöglich, dieses so zu organisieren, dass jedes Risiko ausgeschlossen werde. Deshalb sei ihre Klausel zu 1. (Nummerierung entsprechend dem Tenor des angefochtenen Urteils) angemessen.

Die Klausel zu 2. sei nur die Einschränkung ihrer Schadensersatzpflicht und als solche im Einklang mit § 11 Nr. 8b AGBG.[59]

Die Klausel zu 3. sei erforderlich, um auf Launen der Stars reagieren zu können, ohne durch Rückzahlungsansprüche der Konzertbesucher ruiniert zu werden. Die Beschränkung der Ansprüche der Höhe nach sei ebenso wie bei der Klausel zu 2. zumutbar.

59 Heute § 309 Nr. 7b BGB.

Die Klausel zu 4. betreffe keinen geschuldeten Leistungsgegenstand. Das Vorprogramm sei nur eine Zugabe, die Gestaltung des Vorprogramms allein Sache der Beklagten.

Die Klausel zu 5. schließlich betreffe nicht die Fälle, in denen ein Garderobenservice angeboten wird. Ansonsten sei der Ausschluss jeder Verantwortlichkeit im Lichte der Klausel zu 1. zu sehen und gelte deshalb natürlich nur bei vom Veranstalter nicht zu vertretenden oder lediglich leicht fahrlässig verursachtem Verlust oder Diebstahl von Sachen der Konzertbesucher.

Die Beklagte beantragt,

das angefochtene Urteil zu ändern und die Klage abzuweisen.

Der Kläger beantragt,

die gegnerische Berufung zurückzuweisen.

Das angefochtene Urteil sei richtig. Wer solche Veranstaltungen stattfinden lasse und als Sachkenner Vertrauen der Besucher in Anspruch nehme, dass diese vor vermeidbaren Gefahren geschützt würden, könne sich nicht davon frei zeichnen. Die Verkehrssicherungspflicht sei gerade Kardinalpflicht der Beklagten. Deshalb meine diese irrig, Klauseln wie zu 1. stellen zu können. Die Regelungen der übrigen Klauseln seien unzumutbar, die Ankündigung spezieller Vorprogramme mache eben diese zum Vertragsinhalt, sodass sie nicht einseitig und willkürlich geändert werden könnten.

Wegen des weiteren Vorbringens der Parteien wird auf den Inhalt der gewechselten Schriftsätze nebst ihren Anlagen und auf das angefochtene Urteil nebst seinen Verweisungen und insbesondere auf die dort und im vorliegenden Tatbestand zitierten Urkunden Bezug genommen.

Entscheidungsgründe:

Die zulässige Berufung der Beklagten bleibt erfolglos.

I. Der Kläger ist gem. § 13 II Nr. 1 AGBG[60] befugt, von der Beklagten die Unterlassung der Verwendung von Bestimmungen, die nach den §§ 9–11 des AGBG[61] unwirksam sind, in Allgemeinen Geschäftsbedingungen zu verlangen. Um solche Bestimmungen handelt es sich bei den zu Ziffer 1. bis 5. im angefochtenen Urteil verbotenen Bestimmungen der Geschäftsbedingungen auf der Eintrittskarte der Beklagten. Es unterliegt keinem vernünftigen Zweifel, dass diese vorgedruckten Klauseln auf der Eintrittskarte Allgemeine Geschäftsbedingungen sind.

II. Die von der Beklagten verwendeten Bestimmungen, die der Tenor des angefochtenen Urteils darstellt, sind nach den §§ 9–11 des AGBG[62] unwirksam. Sie halten der gebotenen abstrakten Inhaltskontrolle nicht stand. Ernsthaft in Betracht kommende Auslegungen der Klausel sind mit dem AGBG nicht zu vereinbaren. Dabei kommt es nicht weiter darauf an, ob die Auslegung der Klauseln nach dem objektiven Wortlaut allein zu erfolgen hat oder ob auch hier die für Individualprozesse geltende subjektive Einfärbung der Auslegung, nach der es auf das Verständnis der normalerweise beteiligten Kreise auch ankommt, ebenfalls zu beachten ist. Denn die Beklagte wendet sich mit ihrem Angebot an jedermann; zumindest ein Teil des Angebotes (vgl. Bl. 15 d.A.) ist auch für die Mitglieder des Senates attraktiv, wenngleich der Besuch anderer Veranstaltungen eher unattraktiv sein dürfte. Dass die Beklagte als Schwerpunkt jugendtümliche Musik verbreitet, ist nicht zu erkennen und nicht vorgetragen. Vielmehr spricht das aus Bl. 15 d. A. ersichtliche Programm dagegen. Deshalb ist der Senat, selbst wenn es auf das Verständnis der normalerweise beteiligten Kreise bei der Auslegung

60 Heute §§ 1, 3 UKlaG.
61 Heute §§ 307–309 BGB.
62 Heute §§ 307–309 BGB.

im Rahmen der Überprüfung, ob die bloße Existenz einer Klausel ein Störfaktor ist, ankäme, in der Lage, diese Auslegung selbst vorzunehmen.

III. Wegen der einzelnen Klauseln gilt:

1. Wegen der Klausel zu 1. teilt der Senat die Auffassung des Landgerichts, dass mit dieser Klausel auch Schadensersatzansprüche wegen verschuldeter Verstöße gegen die Verkehrssicherungspflicht bei der Durchführung der Konzerte ausgeschlossen werden sollen. Eben diese Verkehrssicherungspflicht ist jedoch für den Veranstalter von Publikumsveranstaltungen eine »Kardinalpflicht«. Denn die Beklagte nimmt das Vertrauen der Konzertbesucher in Anspruch, die ihr deshalb vertrauen, weil sie sachkundig für die Durchführung solcher an sich gefährlicher Versammlungen großer Menschenmassen ist. Der Besucher erwartet eine hinreichende Organisation im Rahmen des Zumutbaren. Die Berufungsbegründung übersieht, dass auch der Verkehrssicherungspflichtige nur im Rahmen des Zumutbaren Verkehrssicherungsmaßnahmen treffen muss. Nur wenn er solche zumutbaren Verkehrssicherungsmaßnahmen unterlässt, trifft ihn ein Verschulden im Sinne der §§ 823, 276 BGB. Wenn schon nach dem Gesetz nur das Unterlassen einer zumutbaren Sicherungsmaßnahme Schadensersatzpflichten auslöst, so ist die Klausel zu 1. nicht nötig, um eben diese Beschränkung der Pflichten der Beklagten auf das Zumutbare zu erreichen. Vielmehr enthält die Klausel zu 1. eine noch weitergehende Einschränkung von Schadensersatzpflichten der Beklagten bei Unterlassung einer an sich zumutbaren Verkehrssicherungsmaßnahme. Genau dies ist aber eine nach § 11 Nr. 7 AGBG[63] unzulässige Freizeichnung für einfache Fahrlässigkeit bei Verletzung vertragswesentlicher Pflichten.

2. Zu Recht hat das Landgericht festgestellt, dass die Klausel zu 2. gegen § 11 Nr. 8 AGBG[64] verstößt. Diese Klausel ist die Beschränkung von Schadensersatzansprüchen auch im Falle der verschuldeten Unmöglichkeit als Ursache einer Absage einer Veranstaltung. Diese Auslegung der Klausel ist nicht fern liegend, sie bezieht sich nicht auf einen seltenen Ausnahmetatbestand. Vielmehr ergibt sich objektiv, dass in jedem Falle der Absage einer Veranstaltung die Vorverkaufsgebühr auch nicht als Schadensersatz gem. § 325 BGB[65] von der Beklagten verlangt werden kann. Ein solcher Ausschluss, der nach dem Wortlaut selbst den Fall grob fahrlässig verschuldeter oder vorsätzlich herbeigeführter Notwendigkeit der Absage der Veranstaltung umfasst, ist, wollte man selbst in der Klausel nur eine Einschränkung von Schadensersatzansprüchen sehen, zumindest nach § 11 Nr. 7 in Verbindung mit § 11 Nr. 8b AGBG[66] unwirksam. Das erfasst die gesamte Klausel 2, deren beide Sätze den Fall der Absage der Veranstaltung regeln.

3. Auch die Klausel zu 3. ist insgesamt unwirksam.

a) Die Regelung in der Klausel zu 3. Satz 1 verstößt gegen § 10 Nr. 4 AGBG[67] und gegen § 11 Nr. 8a AGBG.[68] Zum einen beschränkt diese Bestimmung auch für den Fall der vom Verwender zu vertretenden Unmöglichkeit das Recht des anderen Vertragsteils, sich vom Vertrag zu lösen, zum anderen ist die willkürliche Berechtigung des Verwenders, die versprochene Leistung zu ändern oder von ihr abzuweichen, auch unter Berücksichtigung der Interessen des Verwenders für den anderen Vertragsteil nicht zumutbar. Die Beklagte kann die Verwendung dieser Klausel nicht damit rechtfertigen, dass sie den Launen der Stars ausgeliefert ist.

63 Heute § 309 Nr. 7b BGB.
64 Heute § 309 Nr. 7b BGB.
65 Heute § 283 BGB.
66 Heute § 309 Nr. 7b BGB.
67 Heute § 308 Nr. 4 BGB.
68 Heute § 309 Nr. 8a BGB.

So, wie diese Klausel abgefasst ist, umfasst sie willkürliche Verlegungen auch aus Gründen, die alleine im Bereich der Beklagten liegen. Diese Auslegung ist nahe liegend und durch den Wortlaut gedeckt. Wenn die Beklagte mit dieser Klausel anderes zum Ausdruck bringen wollte, so ist ihr dies misslungen. Das Risiko dafür hat die Beklagte zu tragen. Die Klausel verstößt so, wie sie verwendet wird, gegen das AGBG.

b) Die Beschränkung der Rückerstattungsansprüche wiederum auf den Nennwert der Eintrittskarte ist aus den bereits zur Klausel zu 2. genannten Gründen unzulässig. Ob hier 2 Klauseln textlich zu einer zusammengefasst sind oder beide Regelungen nur einen Regelungsgegenstand haben, mithin nur eine Klausel sind, ist, weil auch isoliert betrachtet beide Regelungen unwirksam wären und sich aus ihrer Zusammenfassung kein neuer Regelungsgehalt ergibt, unbeachtlich.

4. Die Klausel zu 4. verstößt gegen die §§ 10 Nr. 4[69] und 11 Nr. 9[70] und § 9 AGBG.[71] Diese Klausel spricht dem Verwender ein willkürliches Änderungsrecht zu und nimmt den Besuchern für diesen Fall jegliche Rechte. Selbst wenn die Beklagte durch die besonderen Verhältnisse in ihrem Geschäftsbereich für den Bestand des Vorprogramms nicht zu wirtschaftlich vernünftigen Bedingungen garantieren kann, so kann sie dennoch nicht, wie diese Klausel ihr bei vernünftiger Auslegung vorbehält, willkürlich über das Vorprogramm verfügen. Jedenfalls kann sie dies dann nicht, wenn sie ein bestimmtes Vorprogramm angekündigt hat. Es kann keinem Zweifel unterliegen, dass die Klausel auch für diesen Fall gelten soll. Die Zulassung willkürlicher Änderungen vertraglich angebotener Leistungen durch den Anbieter muss sich an der gesetzlichen Regelung des § 315 BGB messen lassen. Danach darf eine solche Bestimmung nur nach billigem Ermessen erfolgen. Eine solche Einschränkung willkürlicher Änderung enthält die Klausel nicht. Sie ist deshalb unwirksam.

5. Auch die Klausel zu 5. ist unwirksam. Dem Senat erscheint zwar die Auslegung des Landgerichts, dass diese Klausel auch in dem Fall, dass Garderobe zur Verwahrung gegeben wird, gelten solle, eher fern liegend. Das dürfte nicht dem durchschnittlichen Verständnis entsprechen. Wer seine Garderobe abgibt, erwartet, dass für diese besondere Leistung über die Aufführung hinaus auch besondere Bedingungen gelten. Vernünftigerweise wird ein Konzertbesucher nicht erwarten, dass die auf der Eintrittskarte abgedruckten Allgemeinen Geschäftsbedingungen für die Konzertveranstaltung selbst auch Verwendung für den Verwahrungsvertrag über die Garderobe finden sollen. Dessen ungeachtet ist aber diese Klausel aus den Gründen, die schon zu 1. dargelegt worden sind, unwirksam. Denn diese Klausel gilt jedenfalls für den Fall, dass die Gefahr, dass Sachen verloren gehen (Menschen werden in ihrer Bewegungsfreiheit und Bewegungsrichtung beeinträchtigt, es kommt zu Gedränge) durch das schuldhafte Unterlassen zumutbarer Verkehrssicherungsmaßnahmen erhöht wurde. Selbst wenn, wie die Beklagte meint, die Klausel zu 5. im Lichte der Klausel zu 1. zu sehen ist, so wäre auch aus den bereits dargestellten Gründen der Ausschluss der Haftung für Folgen schuldhaften Verstoßes gegen Verkehrssicherungspflichten unwirksam.

Die Kosten der erfolglosen Berufung hat die Beklagte gem. § 97 ZPO zu tragen. Die Entscheidung über die vorläufige Vollstreckbarkeit beruht auf den §§ 708 Nr. 10 und 711 ZPO. Die Höhe der Sicherheit deckt die Kosten des Berufungsverfahrens ab. Dass für die nunmehr sinnvolle Änderung der AGB der Beklagten gesonderte Kosten anfallen werden, ist nicht ersichtlich und war daher auch nicht zu berücksichtigen.

69 Heute § 308 Nr. 4 BGB.
70 Heute weggefallen.
71 Heute § 307 BGB.

G. Anhang II

Landgericht München I

Geschäftsnummer:
24 0 11 187/93

verkündet am
12.4.1994

Im Namen des Volkes

URTEIL

In dem Rechtsstreit

...
– Kläger und Widerbeklagter –
Prozessbevollmächtigter ...

gegen

– Beklagter und Widerkläger –
Prozessbevollmächtigte: ...

wegen Forderung

erlässt das Landgericht München 1, 24. Zivilkammer, durch die Richterin am Landgericht ... als Einzelrichterin aufgrund der mündlichen Verhandlung vom 15. März 1994 folgendes

ENDURTEIL:

I. Die Klage wird abgewiesen.
II. Der Kläger wird verurteilt, an den Beklagten 1.400 DM nebst 4 % Zinsen hieraus seit 9.8.1993 zu zahlen.
Im Übrigen wird die Widerklage abgewiesen.
III. Die Kosten des Rechtsstreits werden gegeneinander aufgehoben.
IV. Das Urteil ist vorläufig vollstreckbar.

Der Kläger kann die Vollstreckung durch Sicherheitsleistung iHv 1.500 DM abwenden, der Beklagte durch Sicherheitsleistung iHv 1.100 DM wenn nicht jeweils die andere Partei vor der Vollstreckung Sicherheit in gleicher Höhe leistet.

Tatbestand:

Der Kläger fordert vom Beklagten die Rückzahlung einer Gage und die Zahlung einer Vertragsstrafe, der Beklagte macht im Wege der Widerklage Ansprüche auf Zahlung von Mehrwertsteuer und Vertragsstrafe geltend.

Der Kläger ist Inhaber der Firma ... – Aussteuer- und Bettwäscheversand –. Diese Firma veranstaltete am 13.12.1992 zusammen mit einer Schwesterfirma die alljährlich stattfindende Weihnachtsfeier im Gasthaus »Zum Adler« ... in ... Die Weihnachtsfeier fand, wie jedes Jahr, am Vorabend des Geburtstags des Klägers statt.
Als Geburtstagsüberraschung wurde ein Auftritt des Beklagten arrangiert, der um Mitternacht beginnen sollte.
Die Einzelheiten des Auftritts wurden in einem schriftlichen Engagementvertrag niedergelegt, den neben dem Beklagten im Auftrag und im Einverständnis des Klägers dessen Mitarbeiter, Emil B., unterzeichnete.

Gem. § 1 I des Vertrages sollte der Auftritt des Beklagten ca. 30 bis 40 Minuten dauern und unter Einsatz von 19 cm-Playbackbändern erfolgen.
Als Gage wurde in § 4 des Vertrages ein Betrag von 10.000 DM zuzüglich 14 % Mehrwertsteuer vereinbart.
§ 4 enthielt weiterhin folgenden Passus:

»Das Gagengeheimnis ist zu wahren«.

§ 6 des Vertrages enthielt folgende Regelung:
»Im Falle einer schuldhaften Vertragsverletzung wird eine gegenseitige Konventionalstrafe in Höhe der vereinbarten Gage bestimmt. Weitere Ansprüche sind für beide Seiten ausgeschlossen«.
Wegen der Einzelheiten des Vertrages wird Bezug genommen auf die Anlage zu Blatt 1/7.

Der Beklagte reiste am 13.12.1993 an und besuchte gegen 17.00 Uhr das Lokal »Zum Adler«, in dem die Feier stattfand, um einen Soundcheck durchzuführen. Dabei befand er die vom Kläger zur Verfügung gestellten Anlage in Ordnung.
Den Vorabend des Auftritts verbrachte der Beklagte ab ca. 18.00 Uhr zusammen mit seiner Managerin Brigitte B. im Gasthof »Zum Prinzen«, wo er auch übernachtete.
Für Übernachtung, Speisen und Getränke zahlte der Kläger insgesamt 247,80 DM.
Die Speisen- und Getränkerechnung des Beklagten sowie seiner Managerin wies dabei unter anderem 11 Viertel Wein auf, darunter 9 Viertel Riesling.
Von der gesamten Weihnachts- und Geburtstagsfeier einschließlich des Auftritts des Beklagten wurde im Auftrag des Klägers ein Videoband angefertigt.
Nach dem Auftritt fand im Vorraum des Veranstaltungssaales ein Gespräch zwischen der Ehefrau des Klägers Brunhilde W., dessen Mitarbeiter Emil B., dem Beklagten und seiner Managerin statt. Dabei zahlte Brunhilde W. an die Managerin des Beklagten 10.000 DM als Gage aus.

Mit Schreiben vom 18.12.1992 forderte der Kläger den Beklagten zur Rückzahlung der Gage von 10.000 DM auf und führte zur Begründung an, der Auftritt sei in stark alkoholisiertem Zustand des Beklagten erfolgt.

Am 14.2.1993 erschien in der Bild-Zeitung ein Artikel, demzufolge der Beklagte bei dem Auftritt am 13./14.12.1992 »total besoffen« war und der Kläger die Gage von 10.000 DM und 247 DM Zeche zurückforderte.
Dem Artikel waren Telefonate des Reporters sowohl mit dem Beklagten wie auch mit dem Kläger vorausgegangen.
Nach Erscheinen des Artikels überließ der Kläger der Zeitung ein Exemplar des Engagementvertrages.

Die anwaltlichen Vertreter des Klägers machten mit Schreiben vom 5.3.1993 gegenüber dem Beklagten einen Anspruch auf Zahlung von Konventionalstrafe iHv 10.000 DM neben der Gagenrückforderung geltend (Anlage B 1 zu Bl. 12/31).
Auf Anforderung des Beklagten gab der Kläger eine Unterlassungserklärung ab, in der er sich unter anderem verpflichtete, den Gagenbetrag nicht weiter mitzuteilen und den über den Auftritt hergestellten Bild-Tonträger nicht zu verbreiten (Anlage B 2 zu Bl. 12/31).

Der Kläger trägt vor,
der Beklagte sei unter erheblichem Alkoholeinfluss gestanden, als er den Auftritt begann.
Der Beklagte habe sich kaum auf den Füßen halten können, er sei getorkelt und habe gelallt und sei auf der Bühne gestürzt.
Obwohl »Playback« vertraglich vereinbart gewesen sei, habe der Beklagte zur Wiedergabe völlig falsch und außerhalb des vorgegebenen Taktes gesungen.
Die Playback-Anlage habe einwandfrei funktioniert, bei der Musik seien weder Übersteuerung noch starke Verzerrungen aufgetreten.

Der Kläger behauptet weiterhin, wegen der schlechten Qualität des Auftritts sei die Gage von 10.000 DM nur unter dem Vorbehalt der Rückforderung bezahlt worden.
Der Kläger trägt vor, am 11.2.1993 habe der Beklagte in einem Telefonat ihm gegenüber geäußert, der Vorfall tue ihm leid, er schicke das Geld zurück.
Der Kläger ist der Ansicht, der Beklagte habe durch sein Verhalten den Engagementvertrag schuldhaft verletzt, sodass der Beklagte sowohl zur Zahlung einer Konventionalstrafe iHv 10.000 DM wie auch zur Rückzahlung der Gage und zum Ersatz der Übernachtungs- und Verzehrkosten verpflichtet sei.

Der Kläger beantragt,
den Beklagten zu verurteilen, an den Kläger 20.247,80 DM nebst 10 % Zinsen aus 10.000 DM seit 1.1.1993 und aus weiteren 10.247,80 DM seit 1.4.1993 zu bezahlen.

Der Beklagte beantragt,

die Klage abzuweisen.

Der Beklagte trägt vor,
er habe seine Leistung in vollem Umfang erbracht. Soweit er vor seinem Auftritt alkoholische Getränke zu sich genommen habe, sei dies weniger als 1 Liter gewesen und habe keinerlei alkoholbedingte Ausfallerscheinungen zur Folge gehabt.

Der Beklagte behauptet, die Bühne habe sich als zu klein und ungeeignet für die Show des Beklagten erwiesen. Der zwischen der Bühne und dem eigentlichen Zuschauerraum liegende Aufgang sei lediglich ein Provisorium gewesen, sodass er sich einmal am Bühnengeländer habe festhalten müssen, um nicht zu stürzen.
Der Beklagte trägt weiter vor, der vom Kläger engagierte Tonmeister habe die Playback-Anlage nicht in gehöriger Form bedient. Generell sei dem Mikrophon des Beklagten zuviel Volumen beigegeben worden, sodass infolge Übersteuerung starke Verzerrungen aufgetreten seien, die die Musikqualität beeinträchtigt hätten.

Der Beklagte beantragt im Wege der Widerklage,

den Kläger zu verurteilen, an den Beklagten einen Betrag iHv 21.400 DM nebst 4 % Zinsen seit Zustellung der Widerklage zu bezahlen.

Hierzu trägt der Beklagte vor, der Kläger sei nach dem schriftlichen Engagementvertrag zur Zahlung von 14 % Mehrwertsteuer verpflichtet.

Der Beklagte behauptet, der Kläger habe seine vertragliche Verpflichtung, das Gagengeheimnis zu wahren, dadurch verletzt, dass er den Reporter der Bild-Zeitung die Gagenhöhe von 10.000 DM genannt habe.
Der Beklagte trägt weiter vor, der Kläger habe ohne sein Einverständnis ein Video vom Auftritt des Beklagten angefertigt und dieses Video der Redaktion des Zeitungsverlages Gong zum Betrag von 2.000 DM zum Kauf angeboten.
Nach Ansicht des Beklagten ist dadurch die Zahlung einer Konventionalstrafe iHv jeweils 10.000 DM angefallen.

Der Kläger beantragt,

die Widerklage abzuweisen.

Der Kläger trägt vor, aus dem Gespräch mit dem Reporter der Bild-Zeitung habe er entnommen, dass die Zeitung schon vor dem Anruf bei ihm mit dem Beklagten gesprochen habe und dass die Zeitung bereits über die Gage von 10.000 DM unterrichtet gewesen sei.

Der Kläger behauptet weiterhin, die Videoaufnahmen seien lediglich für private Zwecke angefertigt worden, die Managerin des Beklagten habe auf Befragen hin ihr Einverständnis damit erklärt.
Der Kläger trägt vor, mit der Zahlung des Betrages von 10.000 DM an den Beklagten habe die Sache erledigt sein sollen, auf die Mehrwertsteuer sei verzichtet worden.

Das Gericht hat Beweis erhoben aufgrund der Beweisbeschlüsse vom 11.11.1993 (Bl. 76/ 81 d.A.) und 28.2.1994 (Bl. 126/127 d.A.) durch uneidliche Vernehmung der Zeugen Brunhilde W., Emil B., G., E., B., J., D., W., Berg., Fell., u. H. sowie durch Inaugenscheinnahme des am 13./14.12.1992 angefertigten Videobandes vom Auftritt des Beklagten.

Wegen des Ergebnisses der Beweisaufnahme wird Bezug genommen auf die Sitzungsprotokolle vom 1.2.1994 (Bl. 93/115) und 15.3.1994 (Bl. 130/138) sowie auf das bei den Akten befindliche Videoband.

Auf die Einvernahme des Zeugen B. hat der Beklagte im Termin vom 15.3.1994 (Bl. 137) verzichtet.

Zur Ergänzung des Tatbestandes wird weiterhin im einzelnen Bezug genommen auf die zwischen den Parteien gewechselten Schriftsätze nebst Anlagen.

Entscheidungsgründe:

I.

Die Klage ist zulässig aber unbegründet.

1. Der Kläger hat gegen den Beklagten weder Anspruch auf Rückzahlung der Gage auf 10.000 DM noch auf Ersatz der Übernachtungs- und Verzehrkasten von 247,80 DM weil eine mangelhafte Leistung, die den Kläger zur Minderung oder zum Schadensersatz berechtigen würde, nicht vorliegt, §§ 631, 634 I 3, II, 635 BGB.[72]

a) Der zwischen den Parteien geschlossene Engagementvertrag betreffend den Auftritt des Beklagten am 13./14.12.1992 ist als Werkvertrag gem. § 631 I, II BGB zu qualifizieren. Der Beklagte als Hersteller verpflichtete sich zur Herbeiführung eines bestimmten künstlerischen Erfolges für den Kläger als Kunden im Austausch gegen die Leistung einer Vergütung. Gegenstand der Leistungspflicht des Beklagten war eine entgeltliche Wertschöpfung dadurch, dass er durch seine Arbeitsleistung für den Kläger das vereinbarte Werk – einen Auftritt über den Zeitraum von mindestens 30 Minuten, bei dem er einen Querschnitt seiner aus Fernsehen und Funk bekannten Lieder präsentieren sollte – schaffte. Geschuldet war vom Beklagten eine bestimmte künstlerische Wertschöpfung, wobei er seine Tätigkeit in eigener Verantwortung und unter Einsatz eigener Arbeitsmittel und Fachkenntnisse ausübte, nicht nur das bloße Tätigwerden als solches.

Da er als Solist der Veranstaltung diese tragen sollte und für deren Gelingen als solches verantwortlich war, ist das Engagement als Werkvertrag gem. § 631 BGB und nicht als Dienstvertrag gem. § 611 einzuordnen (vgl. Staudinger/vor § 631 Rn. 30; Palandt/vor § 631 Rn. 15). Unter der geschuldeten Herbeiführung eines bestimmten Erfolges als Wesensmerkmal des Werkvertrages ist dabei regelmäßig nur das unmittelbar durch die Tätigkeit des Unternehmers herbeizuführende Ergebnis, nicht auch der nach dem wirtschaftlichen Zweck erhoffte endgültige Erfolg zu verstehen.

b) Die vertraglich vereinbarte Werkleistung – Darbietung eines Querschnitts seiner bekannten Lieder – ist vom Beklagten erbracht und vom Kläger abgenommen worden, §§ 640, 646 BGB, sodass gem. § 641 I BGB iVm § 631 I 2. Hs. BGB der Kläger zur Entrichtung der vereinbarten Vergütung – 10.000 DM zuzüglich 14 % Mehrwertsteuer – verpflichtet war.

Soweit unter Abnahme des vertragsmäßig hergestellten Werkes gem. § 640 I BGB in der Regel die körperliche Hinnahme, verbunden mit der Erklärung des Bestellers, dass er das Werk als der Hauptsache nach vertragsgemäße Leistung anerkennt, zu verstehen ist, war

72 Heute §§ 631, 634 Nr. 3, 638 BGB (Minderung), §§ 634 Nr. 4, 636, 280, 281, 283, 311a BGB (Schadensersatz).

beim Auftritt des Beklagten die Anerkennung nach der Beschaffenheit des Werkes ausgeschlossen, sodass an die Stelle der Abnahme die Vollendung des Werkes trat, § 646 BGB. Die Vollendung des Werkes sowie die Zahlung der Gage von 10.000 DM am Morgen des 14.12.1992 führten nicht zum Verlust der vom Kläger behaupteten Minderungs- und Schadensersatzansprüche, da er sich bei Zahlung seine Rechte wegen der behaupteten Mängel vorbehalten hat.
Aufgrund der Zeugenaussagen B. und W. steht fest, dass die Ehefrau des Klägers, Brunhilde W., die von der Managerin des Beklagten, der Zeugin B., geforderte Gage von 10.000 DM nur unter dem Vorbehalt der Rückforderung ausgezahlt hat. Der Zeuge gab insoweit übereinstimmend mit der Zeugin W. an, dass die Worte unter Vorbehalt gefallen seien, während die Zeugin B. nur angegeben hat, sie könne sich an derartige Worte nicht erinnern. Nach Aussage der Zeugin B. ist es allerdings möglich, dass die Zeugin W. von Vorbehalt bei der Auszahlung gesprochen hat. Dem steht auch nicht entgegen die von der Zeugin B. bekundete Äußerung des Klägers, man solle den Beklagten auszahlen, dann sei Ruhe, da diese Äußerung vor der Auszahlung gefallen sein soll und zum Vorfall selbst die Zeugin B. angab, vielleicht habe Frau W. bei der Auszahlung etwas von Vorbehalt geäußert.

c) Infolge der Abnahme trägt der Kläger die Beweislast für den Mangel der Werkleistung des Beklagten, diesen Beweis hat der Kläger nicht erbracht.

Die Behauptung des Klägers, der Beklagte habe sich kaum auf den Füßen halten können und sei auf der Bühne gestürzt, hat keiner der Zeugen bestätigt. Ebenso wenig, dass der Beklagte getorkelt sei. Hinsichtlich des Gesangs und der Sprechweise haben die vom Kläger benannten Zeugen übereinstimmend ausgesagt, dass der Beklagte zum Playback falsch gesungen hat, falsch dahingehend, dass er mit dem Rhythmus der Musik und dem von Band bzw. von der Kompakt-Disk kommenden Gesang nicht in Einklang war. Der Zeuge E. gab dazu beispielhaft an, der Beklagte habe seinen Rhythmus nicht gefunden, der Zeuge H. bezeichnete es als asynchronen Gesang. Der Zeuge W. gab dazu an, die Mundbewegungen hätten nicht gestimmt. Die Musikanlage wurde dabei von allen Zeugen als für in Ordnung geschildert. Zumindest konnten die Zeugen an den Abspielgeräten nichts Auffälliges feststellen.
Der Auftritt selbst wurde von den Zeugen unterschiedlich geschildert, einige der Zeugen, darunter auch die Zeugin Brunhilde W., gaben an, dass einige Lieder gut gekommen seien, andere schlechter.
Soweit die Zeugen angaben, der Beklagte habe Schwierigkeiten mit den Bewegungen gehabt bzw. sei unsicher gewesen, wurde ein Sturz von keinem der Zeugen bestätigt. Es verbleibt insoweit ein Ausrutscher des Beklagten am Geländer, als er die Treppe rauf oder runter ging und sich dabei gerade noch am Geländer abfing. Letzteres reicht für sich genommen nicht aus, um einen Mangel der Werkleistung des Beklagten zu beweisen, da dies im Rahmen eines jeden Auftrittes passieren kann. Soweit die vom Kläger benannten Zeugen weitgehend übereinstimmend angegeben haben, ihrem Eindruck nach sei der Beklagte unter Alkohol oder möglicherweise unter Medikamenteneinfluss gestanden, worauf auch der »falsche« bzw. »unrhythmische« Gesang zum Playback zurückzuführen sei, wird dies durch das vom Beklagten vorgelegte Videoband (auf dem der gesamte Auftritt des Beklagten aufgezeichnet ist) nicht bestätigt.

Auch unter Berücksichtigung dessen, dass das Videoband nach Aussage des Zeugen H. aus einer Entfernung von 30 m aufgenommen wurde, kann das Gericht eine mangelhafte Werkleistung des Beklagten nicht entnehmen. Auf dem Video selbst ist weder ein Torkeln des Beklagten noch ein lallender Gesang ersichtlich, ebenso wenig ein asynchroner Gesang. Insoweit ist auch die Aussage der Zeugin B. zu berücksichtigen, wonach dem Mikrophon des Beklagten zuviel Volumen beigegeben war, was zu Übersteuerungen geführt habe. Diese Aussage des vom Kläger benannten Zeugen F., der an dem Abend als Tonmeister tätig war

und der angab, er habe das Mikrophon am Nachmittag auf Halbplayback eingestellt, während am Abend Vollplayback, dh Musik und Gesang, abgespielt worden sei. Eine Reduzierung des Mikrophonvolumens fand nach Aussage des Zeugen F. nicht statt.
Insoweit gab auch der Zeuge H. an, dass, nachdem der Beklagte zu dem Vollplayback sang, eine Verriegelung der Anlage angebracht gewesen sei.

Es mag sein, dass der Auftritt des Beklagten nicht – so wie auch von einigen Zeugen bekundet – wie im Fernsehen war, und dass der Auftritt, nicht zuletzt infolge des vom Beklagten unstreitig zuvor genossenen Alkohols, einige Schwächen aufwies; Fehler, die den Wert oder die Tauglichkeit für den gewöhnlichen oder nach dem Vertrag vorausgesetzten Gebrauch aufgehoben oder gemindert haben, liegen nach dem Ergebnis der Beweisaufnahme unter Berücksichtigung der Zeugenaussagen und des Videobandes nicht vor.

Da der Kläger den ihm obliegenden Beweis für eine mangelhafte Leistung gem. den §§ 633, 631 BGB nicht erbracht hat, stehen ihm weder Schadensersatz- noch Minderungsansprüche hinsichtlich der Gage noch auf Ersatz der Übernachtungs- und Verzehrkosten zu.

2. Der Kläger hat gegen den Beklagten keinen Anspruch auf Zahlung einer Vertragsstrafe iHv 10.000 DM gem. den §§ 339, 340, 341 BGB in Verbindung mit § 6 des Vertrages, weil bereits eine schuldhafte Vertragsverletzung durch den Beklagten aus den unter Ziffer 1. genannten Gründen nicht bewiesen ist.

Im Übrigen spricht der Wortlaut von § 6 des Engagementvertrags dafür, dass die Konventionalstrafe für den Fall der gänzlichen oder teilweisen Nichterfüllung der Verbindlichkeit vereinbart worden ist, da sich die Strafhöhe ganz eindeutig an der vereinbarten Gage von 10.000 DM orientiert und weitere Ansprüche für beide Seiten ausgeschlossen wurden.

Da der Beklagte seine Verbindlichkeit – Absolvierung eines Auftrittes von 30 Minuten unter Darbietung eines Querschnitts seiner Lieder – erfüllt hat, wenn auch aus Sicht des Klägers – nicht ordnungsgemäß, ist das Strafversprechen gem. § 6 des Vertrages unanwendbar (vgl. Palandt/§ 340 Rn. 3, 5).

Selbst wenn ein Strafversprechen für nicht gehörige Erfüllung vereinbart worden sein sollte, wovon das Gericht nicht ausgeht, §§ 341, 133, 157 BGB, steht dem Kläger ein Anspruch auf Vertragsstrafe gem. § 341 I BGB nicht zu, da er sich bei Annahme der Erfüllung das Recht auf die Vertragsstrafe nicht vorbehalten hat, § 341 III BGB. Dieser Vorbehalt hätte spätestens bei Auszahlung der Gage erklärt werden müssen, derartiges trägt der Kläger bereits nicht vor.

II.

Die Widerklage ist zulässig, § 33 ZPO, aber nur zu einem geringen Teil begründet.

1. Der Beklagte hat gegen den Kläger Anspruch auf Zahlung von 1.400 DM Mehrwertsteuer nebst 4 % Zinsen hieraus seit Zustellung der Widerklage am 9.8.1993 gem. den §§ 631 I 2. Hs., 291, 288 I BGB in Verbindung mit § 4 des Engagementvertrages.

In § 4 des zwischen den Parteien unstreitig unterzeichneten Engagementvertrages war vereinbart, dass zusätzlich zu der Gage von 10.000 DM die gesetzliche Mehrwertsteuer von damals 14 %, 1.400 DM, zu zahlen war. Die Endsumme wurde in dem Vertrag ausdrücklich mit 11.400 DM ausgewiesen. Soweit der Kläger vorgetragen hat, der Beklagte habe, vertreten durch seine Managerin Brigitte B., auf die Geltendmachung der Mehrwertsteuer wegen der schlechten Qualität des Auftritts verzichtet, hat der Kläger den ihm obliegenden Beweis für diesen Verzicht nicht erbracht.

Beweispflichtig für den Verzicht des Beklagten auf die Forderung ist der Kläger als Schuldner (vgl. Palandt/BGB § 397 Rn. 3).

Der Erlass der Schuld erfordert einen Vertrag zwischen dem Kläger und dem Beklagten, wobei der Vertrag auch durch schlüssige Handlung zustande kommen kann. Erforderlich ist jedoch stets ein rechtsgeschäftlicher Wille, die Forderung zu erlassen.
Ein derartiger Wille ergibt sich weder aus den Aussagen der Zeugen Brunhilde W. und Emil B. noch aus der Aussage der auf Beklagtenseite beteiligten Zeugin B.
Der Zeuge B. gab an, von Mehrwertsteuer sei in seiner Gegenwart nicht die Rede gewesen, die Managerin des Beklagten habe allerdings »nur« die Zahlung von 10.000 DM verlangt. Auch die Zeugin Brunhilde W. gab an, von Mehrwertsteuer sei bei Zahlung der Gage nicht gesprochen worden. Diese Aussagen bestätigte die Zeugin Brigitte W., gab allerdings an, sie habe nach den Diskussionen zwischen den Parteien über die Qualität dieses Auftritts an die Mehrwertsteuer nicht gedacht.

Es fehlt somit aufseiten des Beklagten, der bei den Gagenverhandlungen durch seine Managerin vertreten war, § 164 I BGB, an dem rechtsgeschäftlichen Willen, die Forderung zu erlassen. Auch liegt kein unzweideutiges Verhalten vor, das vom Kläger als Erklärungsgegner als Aufgabe des Rechts verstanden werden konnte.

2. Der Beklagte hat gegen den Kläger keinen Anspruch auf Zahlung von 10.000 DM Vertragsstrafe gem. § 341 I BGB in Verbindung mit § 6 des Vertrages wegen unbefugter Anfertigung eines Videobandes vom Auftritt des Beklagten, da die Vertragsstrafenregelung in § 6 des Engagementvertrages nicht für den Fall der nicht gehörigen Erfüllung, sondern für den Fall der Nichterfüllung vereinbart wurde, §§ 340, 133, 157 BGB. Im Übrigen fehlt es auch insoweit an einer schuldhaften Vertragsverletzung durch den Kläger, da das Videoband nach den Zeugenaussagen von Brunhilde W., Emil B. und Brigitte B. im Einverständnis mit Letzterer angefertigt wurde und im Übrigen auch rein privaten Zwecken diente. Soweit der Beklagte behauptet hat, der Kläger habe das Videoband der Zeitungsredaktion des Gong-Verlages zum Preis von 2.000 DM zum Kauf angeboten, hat er den Beweis für diese Behauptung nicht angetreten, sondern auf die Einvernahme des Zeugen B. verzichtet.

3. Der Beklagte hat gegen den Kläger auch keinen Anspruch auf Zahlung einer Vertragsstrafe von 10.000 DM wegen Verletzung des Gagengeheimnisses gem. § 4 Engagementvertrages, weil die Vertragsstrafe für den Fall der Nichterfüllung, § 340 BGB vereinbart wurde (siehe oben) und im Übrigen der Beklagte den Beweis für eine Vertragsverletzung durch den Kläger nicht angetreten hat. Unstreitig ging dem Telefonat des Klägers mit dem Reporter der Bild-Zeitung ein Telefongespräch des Beklagten mit diesem voraus, in dem der Beklagte bereits Angaben zur Forderung bzw. zur Gage gemacht hat.

Die Kostenentscheidung beruht auf § 92 I ZPO.

Vorläufige Vollstreckbarkeit: §§ 708 Nr. 11, 711, 713 ZPO.

6. Teil. Musterverträge[1]

A. Muster eines Veranstaltungsvertrages (Mietvertrag)

Veranstaltungsvertrag

zwischen

1.

– nachfolgend GmbH genannt –

und

2.

– nachfolgend Veranstalter genannt –

zur Durchführung der Veranstaltung

---

§ 1

Die GmbH vermietet am

---

folgende Räumlichkeiten:

---

unter Anerkennung und Zugrundelegung der Allgemeinen Vertragsbedingungen in der Anlage.

§ 2

Für die Inanspruchnahme der Leistungen der GmbH nach § 1 zahlt der Veranstalter für die allgemeinen und technischen Dienstleistungen Entgelte nach den zum Zeitpunkt der Durchführung der Veranstaltung geltenden Tarifen und im Umfang der tatsächlichen Inanspruchnahme.

Der Mietpreis beträgt

Weitere Nebenleistungen bei Bedarf lt. vor bzw. beiliegenden €-Preislisten.

1 Weitere Musterverträge mit Kommentierung in *Güllemann* MusterV.

§ 3

Die GmbH sichert die gastronomische Bewirtschaftung dieser Veranstaltung zu, indem sie ein Angebot an den Veranstalter gibt.

Art und Umfang der gastronomischen Versorgung der Veranstaltung bedarf einer gesonderten Vereinbarung.

§ 4

Alle Leistungsentgelte sind Nettopreise, neben denen die Umsatzsteuer in der jeweils geltenden gesetzlichen Höhe ausgewiesen wird und zu entrichten ist. In jedem Falle wird die GmbH vom Recht der Option nach § 9 UStG Gebrauch machen.

§ 5

Alle Ansprüche des Veranstalters gegen die GmbH verjähren innerhalb von 6 Monaten. Die Verjährung beginnt mit dem Ende des Monats, in den das Ende der Veranstaltung fällt.

§ 6

1. Nebenabsprachen sind nicht getroffen.
2. Sollten einzelne Bestimmungen dieses Vertrages unwirksam sein oder werden, so sollen die übrigen Bestimmungen davon nicht berührt werden. Die sich möglicherweise ergebenden Lücken sollen nach Sinn und Zweck des Vertrages ausgeführt werden.

§ 7

Erfüllungsort und Gerichtsstand ist ________________ Es gilt das Recht der Bundesrepublik Deutschland.

____

Für die GmbH	Der Veranstalter

Allgemeine Vertragsbedingungen

1. Das Entgelt gem. § 2 Ziff. 3 des Vertrages ist auf Verlangen spätestens 14 Tage vor Beginn einer Veranstaltung auf ein Konto der GmbH unter Angabe der Vertragsnummer einzuzahlen. Bei Überschreitung der Inanspruchnahme erfolgt eine Nachberechnung, wobei jede angefangene Stunde als volle Stunde berechnet wird.

2. Will der Veranstalter bei seiner Veranstaltung Einrichtungen oder Leistungen zusätzlich in Anspruch nehmen, so hat er vor der Inanspruchnahme die Zustimmung der GmbH einzuholen. Diese zusätzliche Vereinbarung wird Bestandteil des Vertrages. Aus etwaigen Terminvornotierungen kann der Antragsteller kein Recht herleiten.

3. Für Veranstaltungen, die nicht spätestens 6 Wochen vor ihrem festgesetzten Termin abgesagt oder verlegt werden, sind die vollen Entgelte nach § 2 Ziff. 3 zu entrichten, sofern nicht eine anderweitige Verwendung der Räume möglich ist.

4. Die GmbH ist berechtigt, von dem Veranstalter eine Sicherheitsleistung in Höhe von DM zu fordern. Wird Sicherheitsleistung verlangt und weist der Veranstalter nicht rechtzeitig vor der Veranstaltung die Zahlung des geforderten Betrages an die GmbH nach, so ist die GmbH von allen Verpflichtungen aus diesem Veranstaltungsvertrag ohne Anspruch des Veranstalters auf Leistung von Schadenersatz entbunden.

5. Die GmbH ist berechtigt, vom Vertrag zurückzutreten, wenn
   a) der Veranstalter das Entgelt nach § 2 Ziff. 3 nicht fristgerecht entrichtet oder in anderer Weise gegen Bestimmungen dieses Veranstaltungsvertrages verstößt. Als Verstoß gegen den Veranstaltungsvertrag gelten auch unvollständige oder täuschende Angaben des Veranstalters über die Art und den geplanten Ablauf der Veranstaltung;
   b) der Nachweis der evtl. erforderlichen Genehmigungen, Anmeldungen usw. nicht erbracht wird;
   c) außerordentliche Umstände es im öffentlichen Interesse erfordern;
   d) durch höhere Gewalt die Vertragsleistungen nicht zur Verfügung gestellt werden können.

6. Die technischen Einrichtungen dürfen nur vom Personal der GmbH bedient werden. Für Versagen irgendwelcher Einrichtungen oder sonstige die Veranstaltung beeinträchtigende Ereignisse haftet die GmbH nicht.

7. Die Räume und Einrichtungen befinden sich in ordnungsgemäßem Zustand, wovon sich der Veranstalter bei der Übergabe überzeugt hat. Evtl. Beanstandungen sind sofort der Hausverwaltung der GmbH zu melden. Nachträgliche Beanstandungen können nicht mehr geltend gemacht werden.

8. Irgendwelche Veränderungen oder Einbauten an vorhandene Einrichtungen und Anlagen der Stadthalle bedürfen der vorherigen schriftlichen Erlaubnis und gehen zu Lasten des Veranstalters. Dieser trägt auch die Kosten für die Wiederherstellung des ursprünglichen Zustandes. Für samtliche vom Veranstalter eingebrachten Gegenstände übernimmt die GmbH keine Haftung; sie lagern ausschließlich auf Gefahr des Veranstalters in den ihm zugewiesenen Räumen. Der Veranstalter hat die Pflicht, mitgebrachte Gegenstände nach der Veranstaltung unverzüglich zu entfernen. Nicht abgeholte Gegenstände können auf Kosten des Veranstalters verwertet oder vernichtet werden.

9. Der Veranstalter trägt das gesamte Risiko der Veranstaltung einschließlich ihrer Vorbereitung und nachfolgenden Abwicklung. Der Veranstalter haftet insbesondere für alle durch den Veranstalter, dessen Beauftragte, Gäste oder sonstige Dritte im Zusammenhang mit der Veranstaltung auf dem Grundstück der Stadthalle verursachten Personen- und Sachschäden und befreit die GmbH und die Grundstückseigentümerin von allen Schadenersatzansprüchen, die im Zusammenhang mit der Veranstaltung geltend gemacht werden können. Deshalb ist er verpflichtet, eine ausreichende Haftpflichtversicherung abzuschließen, deren Bestehen der GmbH auf Verlangen nachzuweisen ist.

10. Alle für Veranstaltungen erforderlichen behördlichen Genehmigungen sind vom Veranstalter rechtzeitig zu erwirken. Vergnügungssteuerpflichtige Veranstaltungen sind rechtzeitig bei der städtischen Steuerabteilung (Markt 1) anzumelden. Anmeldung und Zahlung von Gema-Gebühren sind Angelegenheit des Benutzers. Musikaufnahmen bedürfen der vorherigen Erlaubnis durch die Gema.

11. Die bau- und feuerpolizeilichen Sicherheitsbestimmungen sind vom Veranstalter zu beachten. Feuerwachen und Personal für die Unfallhilfsstelle werden von der GmbH angefordert und dem Veranstalter in Rechnung gestellt.

12. Zur Ausschmückung dürfen nur schwer entflammbare oder mittels eines amtlich anerkannten Imprägnierungsmittels schwer entflammbar gemachte Gegenstände verwendet werden. Die Gegenstände müssen mindestens nach den DIN-Vorschriften 4102 schwer entflammbar sein. Bei wiederholtem Gebrauch von benutzten Ausschmückungsgegenständen hat der Veranstalter durch ein Prüfungszeugnis des TÜV nachzuweisen, daß die Sicherheitsvorschriften noch den DIN-Vorschriften entsprechen. Die Gänge und Notausgänge, die Notbeleuchtungen, Feuerlöscheinrichtungen und Feuermelder dürfen nicht verstellt oder verhängt werden.

13. Das Kontrollpersonal, Garderoben- und Toilettendienst wird nur von der GmbH gestellt und geht zu Lasten des Veranstalters. Die Toilettenanlagen sind mit Personal zu besetzen Die dadurch entstehenden Kosten trägt der Veranstalter.

14. Jede Art von Werbung und Verkauf in und an der Stadthalle und auf dem umgebenden Gelände bedarf in allen Fällen der besonderen Erlaubnis der GmbH.

15. Der Veranstalter darf keine Fotografen zum Zwecke gewerblicher Aufnahmen bei den Veranstaltungen zulassen oder sonstige Gewerbeausübungen in den Räumen dulden, soweit nicht die GmbH vorher ausdrücklich zugestimmt hat. Die Zulassung eines Pressefotografen ist Angelegenheit des Veranstalters.

16. Gastronomische Fragen sind unmittelbar mit der Geschäftsführung der Stadthallengastronomie zu regeln.

17. Das Personal der Stadthalle, der Restaurants, der Unfallhilfsstelle sowie Polizei, Feuerwehr und Kontrollpersonal dürfen in Ausübung ihrer Arbeit nicht behindert werden. Sie haben Zutritt zu allen Räumen. Die im Bestuhlungsplan besonders ausgewiesenen Plätze sind als Dienstplätze für Beauftragte der GmbH, für die Polizei, die Feuerwehr und den Sanitätsdienst freizuhalten.

18. Der Veranstalter darf bei allen Veranstaltungen nicht mehr Karten ausgeben, als der Bestuhlungsplan Plätze ausweist. Jede vom Veranstalter gewünschte Veränderung des Bestuhlungsplans bedarf der Zustimmung der GmbH. Stehplatze sind nicht zugelassen.

19. In den Sälen der Stadthalle darf Garderobe irgendwelcher Art nicht abgelegt werden. Hierzu ist vielmehr stets die Kleiderablage zu benutzen. Es besteht Garderobenzwang. Die Garderobengebühr ist nach Maßgabe des aushängenden Tarifes von den Besuchern unmittelbar zu entrichten. Der Veranstalter hat dafür zu sorgen, daß die Pflicht zur Garderobenablage von den Besuchern beachtet wird.

20. Rundfunk-, Fernseh-, Tonband- und Schallplattenaufnahmen bedürfen der Zustimmung der GmbH.

21. Der Veranstalter verpflichtet sich, bei öffentlichen Veranstaltungen im Europasaal 12 Karten, im Kongress-Saal 6 Karten und im Niedersachsensaal 4 Karten der ersten Kategorie an die Osnabrücker Veranstaltungs- und Kongress GmbH kostenlos abzugeben. Bei Tischbestuhlung stehen der GmbH im Europasaal 10 Plätze, im Kongress-Saal 6 Plätze und im Niedersachsensaal 4 Plätze zu.

B. Muster eines DJ-Vertrages

Vertrag

Zwischen: Name
Vorname
Anschrift
Telefon
Fax
E-Mail
(im folgenden **Künstler** genannt)

und

Name
Vorname
Anschrift
Telefon
Fax
E-Mail
(im folgenden **Veranstalter** genannt)

§ 1 Vertragsgegenstand

Vertragsgegenstand ist der DJ-Auftritt von: ....

Im Veranstaltungsort: Discothek ....

Am: ....

Um (Performance-Beginn): ....

§ 2 Leistungen des Künstlers

1. Der Künstler verpflichtet sich zu einer Spieldauer von mindestens 2 Stunden.
2. Die künstlerische Gestaltung bleibt dem Künstler vorbehalten.
3. Künstler- und Sozialversicherung trägt der Künstler selbst.
4. Des Weiteren verpflichtet sich der Künstler, Umsatz- und Einkommensteuer selbst abzuführen.
5. Kommt der Künstler infolge Krankheit seinen Verpflichtungen nicht nach, so entfällt sein Vergütungsanspruch.

§ 3 Leistungen des Veranstalters

1. Transfer
   Der Veranstalter zahlt Reisekosten iHv:
2. Vergütung
   Der Veranstalter zahlt dem Künstler eine Gage von
   .... EUR. Zzgl. MWSt.
   Die Auszahlung des Gesamtbetrages von .... EUR
   erfolgt unmittelbar vor/nach der Performance

3. Technische Anlage
   Der Veranstalter verpflichtet sich, folgende Geräte bereitzustellen:
   - 2 Technics Plattenspieler MK 2 SL 1210
   - Mixer mit Crossfader
   - Monitorbox für den DJ
4. Konzertpromotion
   Der Veranstalter sorgt für intensive lokale Werbung und informiert die Medien (Presse, Rundfunk, TV).

§ 4 Vertragsstrafe

Sollte einer der Vertragspartner seinen in diesem Vertrag genannten Verpflichtungen ganz oder teilweise nicht nachkommen, so zahlt der Schuldige eine Konventionalstrafe iHv .... EUR (entspricht der Höhe der Gage). Ausgenommen sind Fälle von höherer Gewalt, wie sie im BGB definiert sind.

§ 5 Gerichtsstand

Der Gerichtsstand ist am Ort des Veranstalters.

Ort, Datum	**Ort, Datum**
Künstler	**Veranstalter**

C. Muster eines Engagement-Vertrages

ENGAGEMENTVERTRAG

zwischen dem Künstler

vertreten durch :

und dem Veranstalter :

§ 1

Der Künstler wird vom Veranstalter für folgenden Auftritt verpflichtet

Auftritt am : **Freitag**
Auftrittsart : **Stargastspiel**
Stadt :
Ort :
Strasse/Platz : - bitte ergänzen -
Zeit : **ca. 23.00 Uhr – ca. 23.45 Uhr**
Ansprechpartner : s.o.
Tel. : s.o.
Verantwortlicher Techniker : - bitte ergänzen - Handy- Nr.: - bitte ergänzen -
Der Auftritt wird mit Halbplayback ohne eigene Anlage durchgeführt.

§ 2

Es wurde folgende,vom Veranstalter zu zahlende, Vergütung vereinbart.

Gage :	**EURO**
Fahrtkosten/Hotelpauschale :	**EURO**
+ 16 % Mwst. :	**EURO**
Gesamtbetrag :	**EURO**

Der Gesamtbetrag wird vor dem Auftritt in bar (große Scheine /keine Schecks) an den Künstler ausgezahlt. Das Gagengeheimnis ist zu wahren.

§ 3

Zu zahlende Beiträge bei der Künstlersozialkasse (4 % der Nettogage) sowie anfallende GVL-+GEMA-Gebühren,werden vom Veranstalter angemeldet und gezahlt.

§ 4

Der Künstler ist in der Gestaltung seines Programmes frei. Dies betrifft insbesondere die Auswahl der genauen Auftrittsstelle innerhalb des Saales oder der Discothek.

§ 5

Weder der Veranstalter, noch andere Personen dürfen ohne schriftliche Zustimmung des Künstlers Mitschnitte auf Ton- oder Bildträgern vornehmen.

§ 6

Im Falle einer schuldhaften Vertragsverletzung wird eine gegenseitige Konventionalstrafe in Höhe der vereinbarten Gage bestimmt. Weitere Ansprüche sind für beide Seiten ausgeschlossen.

§ 7

Für den Fall, daß der Künstler wegen Krankheit oder aus anderen Gründen, die er nicht zu verantworten hat, nicht auftreten kann, wird er -jedoch ohne Anerkennung einer Rechtspflicht -bemüht sein, entsprechenden Ersatz zu finden. Außerdem wird er dem Veranstalter innerhalb schnellstmöglicher Zeit den Abschluß eines Engagementvertrages zu gleichen Konditionen angeben.

D. Muster eines Konzertvertrages

KONZERTVERTRAG

zwischen V1, – Künstler –

vertreten durch

und V2, – Veranstalter –

vertreten durch

1. V2 verpflichtet V1 zu einem Konzert am in der Zeit zwischen 22.00 Uhr und 24.00 Uhr auf der . Die Spielzeit beträgt 75 Minuten. Genaue Zeiten regelt Punkt 7.

2. Als Gage zahlt V2 an V1 einen feststehenden Betrag in Höhe von

   ____

   Die Gage ist dem Vertreter von V1 unmittelbar nach dem Konzert in bar abzugsfrei auszuzahlen. Über die finanziellen Vereinbarungen ist seitens beider Vertragspartner gegenüber Dritten absolutes Stillschweigen zu wahren. V1 versteuert sein Einkommen selbst.

3. Die Gebühren urheberrechtlich geschützter Werke (GEMA) sowie die anfallenden Künstlersozialversicherungsbeiträge (KSK) zahlt V2.

4. V2 stellt ein ausreichendes PA-System sowie eine Lichtanlage inkl. Bedienung laut beigefügter Technischer Bühnenanweisung durch die Firma ...., Tel. ...., Fax ...., mobil .... zur Verfügung und trägt die Kosten. Die Technische Bühnenanweisung ist Bestandteil dieses Vertrages und wird duch dessen Unterschrift anerkannt.

5. V2 stellt eine feste, schwingungsfreie Bühne zur Verfügung.

6. V2 garantiert einen einwandfreien Anfahrtsweg mit dem LKW, problemlosen Equipmenttransport vom LKW zum Auftrittsort sowie ausreichende Parkmöglichkeiten.

7. Für das Engagement gelten folgende Zeiten:

   Aufbau Band: Uhr
   Show zwischen: 22.00 Uhr bis 24.00 Uhr (nach Absprache)
   Spielzeit: 75 Min.

-1-

8. V2 trägt das betriebliche und persönliche Risiko für die Abwicklung der Veranstaltung. V2 verpflichtet sich, die Veranstaltung mit der notwendigen Sorgfalt vorzubereiten und versichert, daß der Durchführung der Veranstaltung keinerlei gesetzliche Vorschriften, insbesondere ordnungs- und baupolizeiliche, entgegenstehen.

9. V2 verpflichtet sich, sämtliche Werbemaßnahmen für das bevorstehende Konzert zu organisieren, insbesondere Plakatierung, Benachrichtigung der regionalen Presse und infragekommender Rundfunksender. V2 erhält kostenlos 7 Bandinfos, 7 Pressefotos sowie 5 Plakate.

10. . . .

11. V1 erhält während der Dauer der Veranstaltung freie Getränke im Rahmen des Üblichen (Mineralwasser, Bier, Kaffee) und eine warme Mahlzeit. V2 stellt V1 nach dessen Ankunft eine Garderobe zur Verfügung.

12. V2 reserviert Übernachtungen mit Frühstück vom auf den und trägt die Kosten. Hoteladresse: . . . . , Tel. . . . .

13. Im Falle eines schuldhaften Nichteinhaltens einzelner Vertragspunkte, die ein Zustandekommen des vereinbarten Auftrittes verhindern, wird eine gegenseitige Konventionalstrafe in Höhe der vereinbarten Bruttogage vereinbart.

, den , den

. . . .
V1

. . . .
V2

-2-

E. Mustervertrag DMAG

((Anmeldeformular))

Beginn der Standaufplanungen:	Oktober 2012	Zurück an Fax:	Ihr Ansprechpartner
Frühbucherpreis bis:	**30. Juni 2012**	Fax to:	Your contact
Premium-Discount bis:	**23. März 2012**	**+49 511 89-36601**	**CeBIT Team**
For best placement, register by:	October 2012		**☎ +49 511 89-33155**
Reduced fee until:	**June 30, 2012**		**Email: info@cebit.de**
Premium discount until:	**March 23, 2012**		

CeBIT
cebit.com
HANNOVER
5–9 MARCH 2013

■ Anmeldung und Anerkennung der Teilnahmebedingungen

Wir melden uns zur Teilnahme an der **CeBIT 2013** an und bitten um Bereitstellung eines Grundpaketes, alternativ eines fair-package. Die beiliegenden Teilnahmebedingungen zur **CeBIT 2013** erkennen wir in allen Punkten an.

■ Registration and acceptance of the Conditions for Participation

We hereby register to participate in **CeBIT 2013** and apply for the rental of a standard package or a fair package. We acknowledge and accept all the attached Conditions for Participation in **CeBIT 2013**.

Aussteller / Exhibitor

Firmenname / Company name ....

Gebäude – Etage / Building – Floor ....

Straße / Street ....

Nation - PLZ - Ort / Country Code - Postcode - City .... | .... | ....

Postfach - PLZ / P.O. Box - Postcode .... | ....

☎ .... **FAX** ....

Umsatzsteuer-Identifikationsnummer / VAT Identification Number .... (Angabe nur bei EU Staaten erforderlich) (Only for EU-based exhibitors)

Internet-Adresse / Internet address ....

Firmen-eMail * / Company email * ....

Inhaber – Geschäftsführer / Owner – Managing Director ....

Sitz der Muttergesellschaft (Nation) / Location of head-office (country code) .... Bitte eintragen / Please enter ☐ nicht vorhanden / not applicable

Ansprechpartner / Contact person

... Marketingleiter/in
... Marketing manager ....

☎ .... **FAX** ....

Mobiltelefon-Nr. / Mobile phone no. ....

eMail * ....

... Messeabwicklung
... Trade fair matters ....

Stellung / Position ....

☎ .... **FAX** ....

Mobiltelefon-Nr. / Mobile phone no. ....

eMail * ....

* Für Rückfragen und Informationen zu weiteren ähnlichen Angeboten der Deutschen Messe, Widerspruch jederzeit möglich.
For clarification and information on other similar services from Deutsche Messe; you may have us delete this at any time.

☐ Die Deutsche Messe Interactive GmbH darf interessante Informationen zur Veranstaltung und zu Unternehmen und Produkten aus den auf der Veranstaltung vertretenen Branchen an die angegebenen E-Mail Adressen versenden. Hierzu darf die Deutsche Messe die angegebenen E-Mail Adressen an die Deutsche Messe Interactive GmbH übermitteln.
We hereby consent to Deutsche Messe Interactive GmbH sending information to the above email address on the trade fair and on companies and products/services at the trade fair. For this purpose, Deutsche Messe may release this email address to Deutsche Messe Interactive GmbH.

Ort/Datum / Place/date

Stempel/Rechtsverbindliche Unterschrift / Stamp/Legally binding signature

Deutsche Messe
Hannover · Germany
Messegelände · 30521 Hannover

A1

Beginn der Standaufplanungen:	Oktober 2012	Zurück an Fax:	Ihr Ansprechpartner
Frühbucherpreis bis:	**30. Juni 2012**	Fax to:	Your contact
Premium-Discount bis:	**23. März 2012**	**+49 511 89-36601**	**CeBIT Team**
For best placement, register by:	October 2012		**☎ +49 511 89-33155**
Reduced fee until:	**June 30, 2012**		**Email: info@cebit.de**
Premium discount until:	**March 23, 2012**		

CeBIT cebit.com HANNOVER 5–9 MARCH 2013

Wir bestellen folgende Messeleistung / We hereby order the following services

■ **Alternative 1: Wir bestellen ein Grundpaket**

■ **Option 1: Standard package**

☐ Standfläche **ohne** Standbau inkl. weitere Serviceleistungen
Stand **without** setup, but including services

Das Angebot beinhaltet **Standfläche und weitere wichtige Serviceleistungen** gemäß den Teilnahmedingungen zur CeBIT 2013, Teil II.
Die Preise ergeben sich aus den Teilnahmebedingungen Teil V (Preise und Zahlungstermine).

This offer includes **the stand and additional key services** in accordance with the Conditions for Participation at CeBIT 2013, Part II.
The fees are listed in the Conditions for Participation Part V (Prices and Payment Due Dates).

Halle / Hall	Freigelände / Open-air site	Frontbreite / Front width	Tiefe / Depth	Gesamtfläche / Total area	Freie Seiten / Open sides
....	....	min. .... m x	min. .... m =	.... m²	min. 1 ☐ 2 ☐ 3 ☐ 4 ☐
		max. .... m x	max. .... m =	.... m²	max. 1 ☐ 2 ☐ 3 ☐ 4 ☐

Besonderheiten:
Special requests: ....

■ **Alternative 2: Wir bestellen ein fair-package**

■ **Option 2: fair package**

☐ Basic ☐ Comfort ☐ Premium Style ☐ Premium Trend

☐ Basic⁺ ☐ Comfort⁺

Das Angebot beinhaltet **Standfläche, Standbau und weitere wichtige Serviceleistungen** gemäß den Teilnahmedingungen zur CeBIT 2013, Teil II.
Die Mindestgröße beträgt bei Basic, Basic⁺, Comfort und Comfort⁺ 9m², bei Premium Style/Trend 12 m².
Die Preise ergeben sich aus den Teilnahmebedingungen Teil V (Preise und Zahlungstermine).

This offer includes **the stand space, stand construction and additional key services** in accordance with the Conditions for Participation at CeBIT 2013, Part II.
The minimum order size is 9 m² for Basic, Basic⁺, Comfort, and Comfort⁺, and 12 m² for Premium Style or Trend.
The fees are listed in the Conditions for Participation Part V (Prices and Payment Due Dates).

Flächenwunsch inkl. Standbau und Serviceleistungen / Stand space required, incl. stand construction and services:

Halle / Hall	Frontbreite / Front width	Tiefe / Depth	Gesamtfläche / Total area	Freie Seiten / Open sides
....	min. .... m x	min. .... m =	.... m²	min. 1 ☐ 2 ☐ 3 ☐ 4 ☐
	max. .... m x	max. .... m =	.... m²	max. 1 ☐ 2 ☐ 3 ☐ 4 ☐

Besonderheiten:
Special requests: ....

Ort/Datum
Place/date

Stempel/Rechtsverbindliche Unterschrift
Stamp/Legally binding signature

Deutsche Messe
Hannover · Germany
Messegelände · 30521 Hannover

A2.1

Beginn der Standaufplanungen:	Oktober 2012	Zurück an Fax:	Ihr Ansprechpartner
Frühbucherpreis bis:	**30. Juni 2012**	Fax to:	Your contact
Premium-Discount bis:	**23. März 2012**	**+49 511 89-36601**	**CeBIT Team**
For best placement, register by:	October 2012		**☎ +49 511 89-33155**
Reduced fee until:	**June 30, 2012**		**Email: info@cebit.de**
Premium discount until:	**March 23, 2012**		

CeBIT
cebit.com
HANNOVER
5–9 MARCH 2013

■ Weitere erforderliche Angaben ■ Additional required information

Gewünschte Sprachversion / Correspondence language preferred

für Standbestätigung / Serviceangebot
for stand confirmation / services manual ☐ deutsch ☐ English

Ausstellungsgüter (Produkte bitte detailliert eintragen, dient ausschließlich der thematischen Hallenzuordnung)
Exhibits (please describe your products in detail to facilitate placement in the appropriate hall)

Eigenherstellung
Own production
ja/yes ☐ nein/no ☐

Unsere Produkte sind dem folgenden Ausstellungsbereich zuzuordnen:
Our products match the following exhibition categories:

☐ **CeBIT pro** ☐ **CeBIT gov** ☐ **CeBIT life** ☐ **CeBIT lab**

Wenn Sie in mehreren Bereichen ausstellen möchten, berät Sie das CeBIT Team gern.
Our CeBIT team can guide you on exhibiting your products in multiple categories.

Unternehmensart / Type of company

☐ **Hersteller / Manufacturer** ☐ **Importeur / Importer** ☐ **Verband / Association** ☐ **Organisator einer Gruppenbeteiligung / Organizers for group participation** ☐ **Dienstleistungsunternehmen / Service provider**

☐ **Sonstige (bitte angeben)**
Other (please specify) ....

Für Ihre Anmeldung senden Sie uns die unterschriebenen Formulare A1, A2.1 und A2.2 auf jeden Fall zurück.

Das Formular A3 wird nur benötigt wenn Sie abweichende Adressen für einen Bevollmächtigten / Beauftragten oder für die Rechnungsstellung wünschen.

Mitaussteller melden Sie bitte nach Erhalt Ihrer Standbestätigung online im OBS unter www.obs.messe.de an.

To register you must sign and return forms A1, A2.1 and A2.2.

Form A3 is required only if you provide a different address for an authorized representative or for invoicing.

Once you have received your stand confirmation, please visit www.obs.messe.de to register co-exhibitors online via OBS.

Ort/Datum
Place/date

Stempel/Rechtsverbindliche Unterschrift
Stamp/Legally binding signature

Deutsche Messe
Hannover · Germany
Messegelände · 30521 Hannover

A2.2

Beginn der Standaufplanungen:	Oktober 2012	Zurück an Fax:	Ihr Ansprechpartner
Frühbucherpreis bis:	**30. Juni 2012**	Fax to:	Your contact
Premium-Discount bis:	**23. März 2012**	**+49 511 89-36601**	**CeBIT Team**
For best placement, register by:	October 2012		**☎ +49 511 89-33155**
Reduced fee until:	**June 30, 2012**		**Email: info@cebit.de**
Premium discount until:	**March 23, 2012**		

CeBIT
cebit.com
HANNOVER
5–9 MARCH 2013

■ Bevollmächtigter / Beauftragter

☐ Wir haben das nachfolgend genannte Unternehmen bevollmächtigt, für uns die Standbestätigung in Empfang zu nehmen sowie für uns **rechtsverbindlich** Serviceleistungen über alle zur Verfügung stehenden Medien (Faxbestellung und/oder OBS) zu bestellen und sonstige Erklärungen zur Messebeteiligung abzugeben. Wir bitten darum, **alle weiteren Unterlagen an folgende Adresse zu senden** (Teilnahmebedingungen Teil III, Ziffer 5).

■ Authorized representative

We have authorized the following company to place **legally binding** orders on our behalf through all available media (fax and/or OBS), and to represent us in matters relevant to our participation in the trade fair. Effective immediately, please mail **all documents to the following address** (Conditions for Participation Part III, Section 5).

Firmenname
Company name ....

Gebäude - Etage
Building - Floor ....

Straße
Street ....

Nation - PLZ - Ort
Country Code - Postcode - City .... | .... | ....

☎ .... FAX ....

Ansprechpartner - eMail
Personal contact - eMail .... | ....

■ Abweichende Rechnungsadresse

☐ Wir wünschen die Ausstellung und Zusendung der Rechnung **nicht** an die Adresse des Ausstellers (Ziff. 1), sondern an eine abweichende Adresse (Teilnahmebedingungen Teil III, Ziffer 6).

Wir bitten, die Forderungen, die aus unserer Anmeldung zur obigen Veranstaltung und unserer Teilnahme an dieser entstehen, gegenüber dem unter Ziff. 2 aufgeführten, gesamtschuldnerisch haftenden Rechnungsempfänger geltend zu machen. Uns ist bekannt, dass wir erst nach vollständigem Ausgleich der von der Deutschen Messe entstehenden Forderungen von unserer Verpflichtung zur Zahlung frei werden.

■ Different invoicing address

Please invoice the designated recipient, **not** the exhibitor listed in Section 1 below (Conditions for Participation Part III, Section 6).

We hereby request you to enforce your claims, which result from our registration for and participation in the said event, against the jointly and severally liable debtor listed in Section 2. We are aware that we shall be released from our payment liability in your favor only upon full settlement of the subject claims.

1. Aussteller / Exhibitor

Firmenname
Company name ....

Gebäude - Etage
Building - Floor ....

Straße
Street ....

Nation - PLZ - Ort
Country Code - Postcode - City .... | .... | ....

☎ .... FAX ....

Ansprechpartner - eMail
Personal contact - eMail .... | ....

____________________ Ort/Datum
Place/date

____________________ Stempel/Rechtsverbindliche Unterschrift des Ausstellers
Stamp/Legally binding signature of Exhibitor

2. Rechnungsempfänger

Ich/wir erkläre(n) hiermit, dass ich/wir im Wege des Schuldbeitritts die gesamtschuldnerische Haftung für alle Forderungen übernehme(n), die der Deutschen Messe aus der Teilnahme oder einer eventuellen Absage der Teilnahme des unter Ziff.1 genannten Ausstellers an der obigen Veranstaltung entstehen.

2. Debtor

I/we hereby assume joint and several liability by way of collateral promise for all claims that arise in favor of Deutsche Messe, as a result of participation by the company listed in Section 1 in the above event or cancellation of such participation.

Firmenname
Company name ....

Gebäude - Etage
Building - Floor ....

Straße
Street ....

Nation - PLZ - Ort
Country Code - Postcode - City .... | .... | ....

☎ .... FAX ....

Ansprechpartner - eMail
Personal contact - eMail .... | ....

____________________ Ort/Datum
Place/date

____________________ Stempel/Rechtsverbindliche Unterschrift des Rechnungsempfängers
Stamp/Legally binding signature of Debtor

Deutsche Messe
Hannover · Germany
Messegelände · 30521 Hannover

A3

Teilnahmebedingungen

CeBIT 2013

Die Teilnahmebedingungen zur CeBIT 2013 bestehen aus folgenden Teilen:

Conditions for Participation

CeBIT 2013

The following parts collectively constitute the Conditions for Participation in CeBIT 2013:

I. Grundlagen des Vertrages

Die Teilnahmebedingungen zur Teilnahme an der CeBIT 2013 Teil I, II, III und V werden von dem Aussteller mit der Anmeldung zu der Veranstaltung in allen Punkten rechtsverbindlich anerkannt. Im Falle von Bestellungen über das OBS (Online Business Service) werden zusätzlich die "Nutzungsbedingungen für das OBS" (Ziffer IV) rechtsverbindlich anerkannt.

Die Bedingungen insgesamt bilden die rechtliche Grundlage für die Teilnahme an der Veranstaltung und für die Überlassung von Ausstellungsflächen durch die Deutsche Messe, Hannover, an Aussteller, soweit die Vertragspartner nichts Abweichendes schriftlich vereinbart haben.

I. Framework of Agreement

By registering for the event, the exhibitor acknowledges and accepts all aspects of the following Conditions for Participation in CeBIT 2013, Parts I, II, III and V. For orders placed via the Online Business Service, OBS, the exhibitor likewise acknowledges the Terms of Use for OBS pursuant to Part IV.

All these conditions shall collectively define the legal framework for participation in the event and govern the rental of exhibition space to the exhibitor by Deutsche Messe, Hannover, unless otherwise agreed upon by the parties in writing.

Veranstaltung:

CeBIT 2013

Veranstalter:

Deutsche Messe AG

Messegelände

D – 30521 Hannover

Tel. +49-511/89-0

Fax +49-511/89-32626

Veranstaltungsdauer:
05.03. - 09.03.2013

Öffnungszeiten:
Für Aussteller:
7.00 – 19.00 Uhr

Für Besucher:
9.00 – 18.00 Uhr

Vom 05.03. - 08.03.2013:
Kein Eintritt für Kinder/Jugendliche unter 16 Jahren.

Am 09.03.2013:
Eintritt für Kinder/Jugendliche von 8-15 Jahren nur in Begleitung aufsichtspflichtiger Erwachsener.
Kein Eintritt für Kinder unter 8 Jahren.

Aufbaubeginn:
20.02.2013
(Änderungen vorbehalten)

Abbauende:
15.03.2013
(Änderungen vorbehalten)

Trade Fair:

CeBIT 2013

Organizer:

Deutsche Messe AG

Messegelände

30521 Hannover, Germany

Tel. +49-511/89-0

Fax +49-511/89-32626

Duration of trade fair:
March 5 - 9, 2013

Opening hours:
For exhibitors:
7:00 a.m. to 7:00 p.m.

For visitors:
9:00 a.m. to 6:00 p.m.

March 5 - 8, 2013:
No entry for anyone under 16.

March 9, 2013:
Children/youths aged 8 to 15 may visit the trade fair under parental supervision.
No entry for children under 8.

Start of construction:
February 20, 2013
(Subject to change)

End of dismantling:
March 15, 2013
(Subject to change)

II. Leistungsumfang / Scope of Services

	Grundpaket Standard package	fair-package					
		Basic	Basic*	Comfort	Comfort*	Premium Style	Premium Trend
Standfläche und Standbau / Stand space and Stand types							
Standfläche / Stand space Stand space	✓	✓	✓	✓	✓	✓	✓
Systemstand Typ A Modular stand type A		✓	✓				
Systemstand Typ B Modular stand type B				✓	✓		
Systemstand Typ D Modular stand type D						✓	
Systemstand Typ Truss Modular stand type Truss							✓
Grundversorgung / Standard services							
Elektroanschluss Electric power hookup	✓	✓	✓	✓	✓	✓	✓
Reinigung vor Messebeginn und tägliche Reinigung Pre-show cleaning plus daily stand cleaning		✓	✓	✓	✓	✓	✓
Abfallentsorgung Waste disposal		✓	✓	✓	✓	✓	✓
Versicherung für Standbau und Ausstattung Insurance for stand and fixtures / furnishings		✓	✓	✓	✓	✓	✓
Pkw-Dauerparkschein (Anzahl) Multiple-entry car parking permit (quantity)			1	1	2	2	2
Marketing & PR / Promotion and Press services							
Leistungen des Marketingbeitrags (Detailinformationen unter 1.3.1 oder 2.4.1) Services included in the marketing fee (for detailed information see 1.3.1 or 2.4.1)	✓	✓	✓	✓	✓	✓	✓
Eintragung in "PR-Kontakte der Aussteller" Listing in "Exhibitor PR Contacts" guide	✓	✓	✓	✓	✓	✓	✓
Themenservice aktuell HOT TOPICS	✓	✓	✓	✓	✓	✓	✓
Verzeichnis wichtiger Redaktionsadressen Directory of key publishers	✓	✓	✓	✓	✓	✓	✓
Individuelle Besucherwerbemittel Visitor promotion materials	✓	✓	✓	✓	✓	✓	✓
1.000 individualisierte Briefaufkleber 1,00 customized mailing stickers			✓	✓	✓	✓	✓
Internet Pressefach Internet press info box			✓	✓	✓	✓	✓
Online Werbung durch Half-Banner Online advertising, half banner					✓	✓	✓
Logo im gedruckten Ausstellerverzeichnis oder Hallenplan Logo in the printed directory of exhibitors or hall plan					✓	✓	✓
Kontaktmanagement / Contact management							
Silberpaket „infobox" (Angabe in Monaten) Silver package "infobox" (duration in months)		3	6	6	12	12	12
Match & Meet			Online	Online	Onsite	Onsite	Onsite
Leaderfassung / -management am Stand Lead acquisition / management at stand			Medium Version	Medium Version	Full Version	Full Version	Full Version
Premium Pass (5 Stück) Premium Pass (5 individual passes)					✓	✓	✓
Einladungsmanagement für e-Ticket Kampagne Invitation management for eTicket campaign					✓	✓	✓
Gastronomie / Catering							
Kaffee oder Tee Coffee or tea		✓	✓	✓	✓	✓	✓
Gebäck und Mineralwasser Cookies / pastries, mineral water			✓	✓	✓	✓	✓
Restaurantgutscheine Restaurant vouchers					✓	✓	✓
Weitere Serviceleistungen / Supplementary Services							
Ausstellerausweise Exhibitor Passes	✓	✓	✓	✓	✓	✓	✓

6

II. Leistungsumfang

Die Deutsche Messe veranstaltet die CeBIT 2013. Die Deutsche Messe ist wirtschaftlicher Träger und Vertragspartner der Aussteller. Mit Zustandekommen eines Vertrages über ein Grundpaket alternativ eines fair-package erhält der Aussteller das Recht, die nachfolgend genannten Leistungen in Anspruch zu nehmen und auf der bereitgestellten Fläche seine Produkte und Anwendungen zu demonstrieren.

Die Ausstattung der Grundpakete bzw. der fair-packages kann durch gesonderte Bestellung über das Serviceangebot der Deutschen Messe erweitert werden. Es gelten die dort genannten Konditionen.

Zugang zum OBS (Online Business Service):
Mit der Standbestätigung erhält der Aussteller ein Kennwort, mit dem er über den in seinem Leistungspaket enthaltenen Leistungsumfang hinaus weitere entgeltliche Serviceleistungen via OBS online bestellen kann.

Beanstandungen jeder Art, die sich auf die Ausführung unserer Leistungen oder sonstige Unregelmäßigkeiten beziehen, sind unverzüglich schriftlich Ihrem Ansprechpartner bei der Deutschen Messe zwecks Abhilfe mitzuteilen. Bei nicht rechtzeitiger Mitteilung können Rechte aus solchen Beanstandungen nicht geltend gemacht werden.

1. Grundpaket

1.1 Standfläche

Standfläche in der standbestätigten Größe

1.2 Grundversorgung

Elektroanschluss
Eine Grundversorgung an elektrischer Leistung ist obligatorisch. Sie umfasst eine Standzuleitung für einen Elektroanschluss bis zu 3 kW. Die Installation des Elektroanschlusses erfolgt gemäß Ihren Vorgaben über den Online Business Service (OBS). Dort können Sie die Grundversorgung durch Ihren individuellen Bedarf ersetzen.

1.3 Marketing- und Presseservices

1.3.1 Leistungen des Marketingbeitrags

Einladung
Einladung zur **Eröffnungsfeier** der CeBIT für bis zu fünf Mitglieder der Geschäftsführung.
Fachbesucher-Tickets (registrierungspflichtig)
Registrierungspflichtige Fachbesucher-Tickets, die ohne weitere Berechnung abgefordert und eingelöst werden können (print oder elektronisch; max. 20 Tickets pro m² für Aussteller, max. 300 Tickets pro Mitaussteller).
Besucherdaten
Bereitstellung von Registrierungs- und Nutzungsdaten Ihrer Gäste vor und nach der Veranstaltung.
Internetpräsenz auf (www.cebit.de)
- **Unternehmensdarstellung**
  Umfassende Darstellungsmöglichkeiten inklusive Firmenlogo, Kurzprofil, Verlinkung auf Ihre eigene Website, Nennung von Ansprechpartnern, Partner- und Tochterunternehmen sowie Bereitstellung von Downloads (Presseinformationen, Broschüren o.ä.). Optimierte Verweise auf Ihren Messestand. Speichermöglichkeit für Besucher im Online-Messeplaner. Weitreichender Redaktionsservice oder direkte Nutzung des Aussteller Content Management Systems (ACMS) zur Online-Pflege Ihres Unternehmenseintrags.
- **Produktdarstellung**
  Unbegrenzte Anzahl von Produktbeschreibungen (bei eigener Pflege im ACMS), 5 Produktbeschreibungen inkl. Pflege durch Redaktionsservice. Produktlogos sowie Produktbildmaterial und PDFs als Downloads sind enthalten – ebenso wie die Zuordnung von max. 4 Produktgruppeneinträgen je Produktbeschreibung.

Internetpräsenz
Veröffentlichungszeitraum:
Frühestens ab Standbestätigung bis ca. 6 – 8 Wochen vor der nächsten Veranstaltung im Internet unter www.cebit.de
Absatzförderung durch laufende Pflege aller Aussteller- und Produktdaten, aktuelle Brancheninformationen sowie Bildung von personalisierten Netzwerken. Ansprache von Zielgruppen, denen der Messebesuch nicht möglich war. Optimierte Suchfunktionalität und Unterstützung der Kontaktanbahnung auch außerhalb des Veranstaltungszeitraumes.

II. Scope of Services

Deutsche Messe is the organizer and financial sponsor of CeBIT 2013, and the contractual partner of exhibitors.
Upon execution of a trade fair agreement for a standard package or a fair package, the exhibitor shall be entitled to make use of the services listed below and to demonstrate his products and applications within the rented area.

Exhibitors may order additional services to supplement their standard or fair package, at the terms and conditions published in Deutsche Messe's Services manual.

Access to OBS (Online Business Service): The stand confirmation will include a password giving you access to our OBS, through which you can order extra services online to enhance those included in your package.

Any **complaints** of unsatisfactory performance of services or other irregularities must be promptly reported in writing to your contact at Deutsche Messe, to enable the latter to resolve the problem. You shall forfeit your right to make claims, if you do not file the complaint on time.

1. Standard Package

1.1 Stand Size

Confirmed stand size

1.2 Standard Services

Electric power hookup
The stand will be supplied with power rated at 3 kW, and hooked up as requested by you online via OBS. Here you may also request an upgrade of the standard rating to meet your needs.

1.3 Promotion & Press Services

1.3.1 Services Included in the Marketing Fee

Invitation
Invitation to the **Opening Ceremony** of CeBIT for up to five members of the board.
Complimentary admission tickets (registration is mandatory)
You may order and use printed or electronic complimentary tickets that must be registered before use (20 tickets per m² of stand space for exhibitors, maximum of 300 per co-exhibitor, at no extra charge).

Visitor data
Compilation of registration and usage data of your guests before and after the tradeshow.
Internet presence (www.cebit.de)
- **Company profile**
  Extensive presentation options, including company logo, brief company profile, links to your company website, listing of contact details, partner enterprises and subsidiaries, as well as the hosting of downloads (press releases, brochures, etc.). Optimized highlighting of your stand location. Visitors can save your company data directly to the Online Fair Planner. Extensive editorial support services or – alternatively – utilization of the Exhibitor Content Management Systems (ECMS) for the updating of your company's listings.
- **Product profile**
  Unlimited number of product descriptions if managed by exhibitors via the ECMS. Five product descriptions if managed by our editorial team. Also included: product logos, product images and links to downloadable PDF files, plus the allocation of up to four product group listings per product description.

Internet presence
Online:
Under www.cebit.de from the time of stand confirmation until about 6 to 8 weeks before the next event.
Ongoing sales promotion through continuous updating of exhibitor and product data, industry news and the building of personalized networks. Address target groups who were unable to visit CeBIT. Optimized search function and lead generation, also before and after the tradeshow.

Weitere Medien
- **Ausstellerverzeichnis**
  Aufnahme Ihres Unternehmens in das gedruckte Aussteller-verzeichnis mit Namen und Messestandinformation.
- **Fachpublikationspartner**
  Veröffentlichung Ihrer Unternehmens- und Produktdarstellungen auf Internetseiten ausgewählter Fachpublikationen.
- **Elektronisches Besucherinformationssystem (EBi)**
  Aktivierung des elektronischen Besucherinformationssystems (EBi), mit dessen Hilfe Besucher auf Nachfrage detaillierte Aussteller- und Produktinformationen oder einfach allgemeine Informationen rund um die Messe erhalten.

Marktforschung (Besucherverhalten)
Bereitstellung der Ergebnisse von Online- und Vor-Ort-Befragungen zum Verhalten aktueller und potenzieller Besucher verschiedener Branchen, Funktionen und Regionen zur Optimierung Ihres Messemarketings.

Besuchergewinnung (Kampagnenberatung)
Individuelle Beratung zur Gestaltung von erfolgreichen, leistungs starken, wirtschaftlichen und effizienten Einladungsaktionen.

1.3.2 Weitere Marketing- und Presseservices

PR-Kontakte der Aussteller
Im Verzeichnis „PR-Kontakte der Aussteller" werden Ihre Ansprechpartner für Journalisten, Ihre Messestandnummer, Telefon- und Fax-Nr., E-Mail-Adresse sowie Ihre Heimatadresse veröffentlicht. Die PR-Kontakte der Aussteller werden im Internet auf dem Presseserver bereitgestellt.

Themenservice aktuell
Tages- und Wirtschaftspresse, Hörfunk und Fernsehen sind immer auf der Suche nach Innovationen, aktuellen Trends und neuen Anwendungen. Informieren Sie uns rechtzeitig über Ihre Neuigkeiten und Aktionen auf dem Stand. Mit journalistischem Know-how wählen wir aus den eingehenden Informationen Meldungen für unseren „Themenservice aktuell" aus. Diese Pressemitteilung wird per E-Mail an alle wichtigen Redaktionen versandt, in gedruckter Form im Presse-Centrum ausgelegt und im Presseserver der CeBIT online zur Verfügung gestellt.

Redaktionsadressen
Eine Auflistung internationaler Fachzeitschriften hilft Ihnen, Ihre Informationen und Einladungen gezielt an die gewünschten Medien-Zielgruppen zu versenden. Auf Anfrage stellen wir Ihnen dieses Verzeichnis sowie Adressen aktueller Medien in Deutschland gern zur Verfügung.

Kooperative Besucherwerbung
Die Deutsche Messe stellt Ihnen eine Auswahl veranstaltungs-spezifischer Werbemittel (z.B. Besucherprospekte, Einladungen, Plakate) zur Verfügung. Diese können Sie in unbegrenzter Anzahl über das OBS bestellen.

1.4 Weitere Serviceleistungen

Ausstellerausweise dienen dazu, dem Standpersonal des Ausstellers den Zugang zum Messestand zu ermöglichen. Sie berechtigen den Inhaber, die Hallen in der Zeit zwischen 7.00 und 19.00 Uhr zu betreten. Auf Basis der bestätigten Grund-Standfläche werden Ausstellern folgende Anzahl an Ausstellerausweisen bereitgestellt:

bis 20 m² Grund-Standfläche:	4 Ausstellerausweise
21 bis 50 m² Grund-Standfläche:	8 Ausstellerausweise
51 bis 100 m² Grund-Standfläche:	15 Ausstellerausweise
101 bis 250 m² Grund-Standfläche:	25 Ausstellerausweise
251 bis 500 m² Grund-Standfläche:	35 Ausstellerausweise
501 bis 1000 m² Grund-Standfläche:	50 Ausstellerausweise
1001 bis 2000 m² Grund-Standfläche:	100 Ausstellerausweise
ab 2001 m² Grund-Standfläche:	150 Ausstellerausweise

Für jeden Mitaussteller sind unabhängig von der Standfläche zwei kostenlose Ausstellerausweise vorgesehen.

Um sicherzustellen, dass die Ausstellerausweise rechtzeitig vorliegen, werden die Ausstellerausweise nur bis 2 Wochen vor Veranstaltungsbeginn versandt. Nach diesem Termin werden die Ausweise im "Aussteller Service Center" der Deutschen Messe vorgehalten und können gegen Vorlage einer entsprechenden Legitimation entgegengenommen werden.

Other media
- **Directory of exhibit**
  Listing of your company (name, stand details) in the printed directory of exhibitors.
- **Trade journals**
  Publication of your company and product profiles on the websites of selected trade journals.
- **Electronic Visitor Information System (EBi)**
  Activation of the visitor information system (EBi) is designed for visitors to query the system for general information on the trade fair and easily pinpoint details on exhibitors and products.

Market research (visitor behavior)
Analysis of the results of online and onsite surveys of current and potential visitors in various sectors, functions and regions. This serves as a basis for optimizing your trade show marketing.

Visitor recruitment (campaign advisory services)
Tailored advice to design successful, powerful, and cost-effective invitation campaigns.

1.3.2 Other Promotion & Press Services

Exhibitor PR Contacts
The Exhibitor PR Contacts guide contains a listing with your contact for the press, your stand at the trade fair, phone and fax numbers, and business address. This guide is available to journalists online via the press server.

HOT TOPICS
HOT TOPICS is a highly sought after service. Our unbiased editors select highlights from among innovative products, new trends, and applications and write professional articles to draw the attention of the daily and business press, radio, and TV. Please inform us about new products and shows at your stand in time. We email these press releases to all key publishers, display them in printed form in the Press Center, and release them online via the CeBIT press server.

Directory of key publishers
This is your opportunity to captivate the attention of or invite specific media groups. Deutsche Messe compiles a directory of international trade journals and media in Germany, and provides this free of charge upon request.

Cooperative visitor promotion
Deutsche Messe has prepared a host of targeted advertising materials like visitor brochures, invitations, and posters. You may order an unlimited quantity via OBS, at no extra charge.

1.4 Supplementary Services

Stand personnel require an **exhibitor pass** for admission to the exhibition grounds and stands, open from 7 a.m. to 7 p.m. Exhibitors will be allocated passes based on the confirmed stand size as follows:

Standard stand size of up to 20 m²:	4 exhibitor passes
Standard stand size of 21 to 50 m²:	8 exhibitor passes
Standard stand size of 51 to 100 m²:	15 exhibitor passes
Standard stand size of 101 to 250 m²:	25 exhibitor passes
Standard stand size of 251 to 500 m²:	35 exhibitor passes
Standard stand size of 501 to 1000 m²:	50 exhibitor passes
Standard stand size of 1001 to 2000 m²:	100 exhibitor passes
Standard stand size of 2001 m² or more:	150 exhibitor passes

Each co-exhibitor receives two free exhibitor passes, irrespective of the size of the stand.

Exhibitor passes are mailed two weeks or more before the event starts, to ensure that exhibitors receive them on time. Thereafter, the passes can be picked up at the "Exhibitor Service Center" on the exhibition grounds, upon presentation of proper authorization.

2. fair-package

2.1 Standfläche

Standfläche in der standbestätigten Größe

2.2 Standbau und -Ausstattung

Allgemeines

Zur Gestaltung der Standfläche werden komplette Stände in der standbestätigten Größe erstellt. Der Stand ist einen Tag vor Beginn der Veranstaltung um 12 Uhr bezugsfertig und am ersten Abbautag im ordnungsgemäßen und geräumten Zustand zurückzugeben.
Mit der Standbestätigung erhält der Aussteller ein Kennwort, mit dem er bis zu den im OBS festgelegten Einsendeterminen seine im fair-package enthaltenen Leistungen (wie z.B. Standdetails, Medieneinträge etc.) abfordern bzw. konkretisieren muss.
Hinweis: Werden diese Angaben bis zu den festgeschriebenen Einsendeterminen im OBS nicht gemacht, behält sich die Deutsche Messe vor, diese im fair-package enthaltenen Leistungen nicht im vollen Umfang oder nur gegen zusätzlich zu entrichtende Aufwandsentschädigung zu erbringen.

Die im fair-package enthaltene Basisausstattung kann durch gesonderte Bestellung von Zusatzausstattung über das OBS der Deutschen Messe erweitert werden.

Der Standbau wird auf der von der Deutschen Messe zugewiesenen Standfläche in der standbestätigten m²-Größe, einschließlich Auf- und Abbau mit dem unten beschriebenen Leistungsumfang erstellt.

Bauliche Veränderungen an den Ständen einschließlich der Ausstattung (Bekleben, Streichen etc.) dürfen nicht vorgenommen werden. Im Falle der Zuwiderhandlung hat der Aussteller die Kosten für die Wiederherstellung des Zustandes, der bei Beginn des Mietverhältnisses bestand, zu ersetzen.

Basic oder Basic⁺: Systemstand Typ A

(Mindestgröße 9 m²)

- Teppichboden, Einweg-Bahnenware Rips, mit Folie abgedeckt, in den Farben Dunkelblau, Hellblau, Anthrazit, Grau, Rot oder Grün
- Begrenzungswände zu den Nachbarständen bzw. Hallenwänden im Octanorm-System, silber mit lichtgrauen Füllungen, 250 cm hoch
- Decke, Deckenzargen an den offenen Standseiten, einschließlich erforderlicher Querträger und Stützen
- Blende (200x40 cm), vorgehängt, je 1 x pro offene Gangseite, einschl. Beschriftung Helvetica Bold schwarz (max. 30 Buchstaben) oder Logo/Digitalprint (200x40 cm) (bei Lieferung einer druckfertigen Datei durch den Aussteller – bis spätestens 6 Wochen vor Veranstaltungsbeginn)
- 1 Elt-Verteilerkasten mit 2 verfügbaren Steckdosen 230 V
- 4 Strahler, je 50 W
- Kabine, 100x100 cm, mit Wandelementen und einem abschließbaren Türelement
- Mobiliar: 1 Tisch, Durchmesser ca. 70 cm oder 70x70 cm, 3 Stühle, 1 Garderobenleiste in der Kabine montiert, 1 Papierkorb

Comfort oder Comfort⁺: Systemstand Typ B

(Mindestgröße 9 m²)

- Teppichboden, Einweg-Bahnenware Rips, mit Folie abgedeckt, in den Farben Dunkelblau, Hellblau, Anthrazit, Grau, Rot oder Grün
- Begrenzungswände zu den Nachbarständen bzw. Hallenwänden im Octanorm-System, silber mit lichtgrauen Füllungen, 250 cm hoch
- Decke, Octanorm-Struktur, umlaufend (ca. 100x100 cm), silber, auf das OC-System aufgesetzt, OK 300 cm
- Leuchtblende (150x40 cm), je 1 x pro offene Gangseite, einschl. Beschriftung Helvetica Bold schwarz (max. 30 Buchstaben) oder Logo/Digitalprint (140x30 cm) (bei Lieferung einer druckfertigen Datei durch den Aussteller – bis spätestens 6 Wochen vor Veranstaltungsbeginn)
- 1 Elt-Verteilerkasten mit 2 verfügbaren Steckdosen 230 V
- Je 1 Strahler, 50 W, pro 3 m² Standfläche
- 1 Papierkorb
- Standgrößenabhängige Ausstattung:

Standgröße in m²	≤ 49	50-79	≥ 80
Kabinengröße	2 m²	4 m²	6 m²
Anzahl Tische	1	2	3
Anzahl Stühle	4	8	12
Anzahl Garderobenleisten	1	2	2

2. fair package

2.1 Stand Size

Confirmed stand size

2.2 Stand Setup and Fixtures / Furnishings

Introduction

The rented stand will be set up as confirmed and handed over to the exhibitor in a turnkey condition at 12 noon on the day before the event opens. This shall be returned in a proper and clean state on the first day of the dismantling period.
Your stand confirmation will include a password, with which you must order and/or clearly check-off the services included in your fair package, such as details of your stand, media listings, etc. – by the submission date stated in our OBS.
Please note: if you do not do so by the submission deadline stated in OBS, Deutsche Messe reserves the right to either not provide the respective services included in your fair-package in full, or only against payment of a surcharge.

Exhibitors may order supplementary services to complement a basic fair package, via OBS.

The stand, which includes the services described below, shall be set up at the assigned location by Deutsche Messe in the confirmed size and subsequently dismantled.

The stand and its fixtures/furnishings may not be structurally modified or defaced in any way by taping, tacking, painting, or the like. In case of violations, the exhibitor shall be liable for the costs incurred to restore the stand to its original condition at the time of rental.

Basic or Basic⁺: Modular Stand Type A

(minimum size is 9 m²)

- Disposable off-the-roll, rep-weave carpeting; choice of 6 colors: dark-blue, light-blue, anthracite, grey, red or green
- Partition walls to adjacent stands and/or halls, constructed of Octanorm elements, silver, light grey inlaid panels, 250 cm high
- Ceiling, ceiling of frame sections along open sides of the stand, all necessary beams and pillars
- Fascia panel, 200x40 cm, mounted on each side opening to an aisle, with black lettering in Helvetica Bold typeface (maximum of 30 letters) or a 200x40 cm logo/digital print, provided exhibitor submits a print-ready data file at least six weeks before the event begins
- 1 power distribution box, dual-socket, 230 V
- 4 spotlights, 50 W each
- Cubicle, 100x100 cm, lockable door
- Furniture: 1 table 70 cm round or square, 3 chairs, 1 coatrack in the cubicle; 1 wastebasket

Comfort or Comfort⁺: Modular Stand Type B

(minimum size is 9 m²)

- Disposable off-the-roll, rep-weave carpeting; choice of 6 colors: dark-blue, light-blue, anthracite, grey, red or green
- Partition walls to adjacent stands and/or halls, constructed of Octanorm elements, silver, light grey inlaid panels, 250 cm high
- Ceiling of Octanorm 100x100 cm modular sections all around, mounted on OC frames, top edge 300 cm above the floor
- Lighted fascia panel, 150x40 cm, mounted on each side opening to an aisle, with black lettering in Helvetica Bold typeface (maximum of 30 letters) or a 140x30 cm logo/digital print, provided exhibitor submits a print-ready data file at least six weeks before the event begins
- 1 power distribution box, dual-socket, 230 V
- 1 50 W spotlight for each 3 m² of stand space
- Wastebasket
- Furnishings based on stand space:

Stand space in m²	≤ 49	50-79	≥ 80
Size of cubicle	2 m²	4 m²	6 m²
Number of tables	1	2	3
Number of chairs	4	8	12
Number of coat racks	1	2	2

Premium Style: Systemstand Typ D
(Mindestgröße 12 m²)

- Teppichboden, Einweg-Bahnenware Rips, mit Folie abgedeckt, in den Farben Dunkelblau, Hellblau, Anthrazit, Grau, Rot oder Grün
- Begrenzungswände zu den Nachbarständen bzw. Hallenwänden, lichtgrau, 250 cm hoch
- 2 Zargen in variablen Längen
- 1 Elt-Verteilerkasten mit 2 verfügbaren Steckdosen 230 V
- Je 1 Strahler, 100 W, pro 3 m² Standfläche
- 1 Papierkorb
- 1 Infotheke
- Standgrößenabhängige Ausstattung:

Standgröße in m²	≤ 49	50-79	≥ 80
Kabinengröße	4 m²	8 m²	10 m²
Anzahl Tische	1	2	3
Anzahl Stühle	4	8	12
Anzahl Garderobenleisten	1	2	2
Werbeturm*	1	2	2

* Werbeturm: 50x50x350 cm, mit rotierendem Element, Würfel (50x50x50 cm), partiell hinterleuchtet, inkl. 4-seitigem Würfel-Print (bei rechtzeitiger Lieferung einer druckfähigen Datei durch den Aussteller, bis spätestens 4 Wochen vor Veranstaltung) und Beschriftung des Turm-Panels im Standard-Schrifttyp Helvetica Bold (max. 40 Buchstaben/Turm)

Premium Trend: Systemstand Typ Truss
(Mindestgröße 12 m²)

- Teppichboden, Einweg-Bahnenware Rips, mit Folie abgedeckt, in den Farben Dunkelblau, Hellblau, Anthrazit, Grau, Rot oder Grün
- Traversensystem Truss auf 4 Eckstützen, Bauhöhe 3,5 m (ggf. weitere Aussteifungselemente zur Herstellung der Standsicherheit)
- Blende vorgehängt, je 1 x pro offene Gangseite, 200 x 40 cm, einschl. Beschriftung Helvetica Bold, (max. 40 Buchstaben) oder Logo/Digitalprint (bei Lieferung einer druckfertigen Datei durch den Aussteller – bis spätestens 6 Wochen vor Veranstaltungsbeginn)
- Begrenzungswände zu den Nachbarständen bzw. Hallenwänden in Syma-System, lichtgrau, 250 cm hoch
- 1 Elt-Verteilerkasten mit 2 verfügbaren Steckdosen 230 V
- Je 1 Strahler, 150 W, pro 5 m² Standfläche
- 1 Papierkorb
- 1 Infotheke
- Standgrößenabhängige Ausstattung:

Standgröße in m²	≤ 49	50-79	≥ 80
Kabinengröße	4 m²	8 m²	10 m²
Anzahl Tische	1	2	3
Anzahl Stühle	4	8	12
Anzahl Garderobenleisten	1	2	2

2.3 Grundversorgung

Elektroanschluss
Es wird ein Elektroanschluss mit Standzuleitung bis zu 3 KW gestellt. Die Anschlussgebühr und die Verbrauchskosten sind im Preis enthalten.

Reinigung
Die Reinigung vor Veranstaltungsbeginn und die tägliche Reinigung während der Veranstaltung abends umfassen die Fußbodenpflege sowie die Reinigung der Standeinrichtung (ohne Glas / Exponate).

Abfallentsorgung
Die Abfallentsorgung umfasst die tägliche abendliche Abholung und Entsorgung des Standabfalls. Der zu entsorgende Abfall ist nach Wert- und Reststoffen zu trennen und täglich nach Veranstaltungsschluss vor Ihrem Stand bereit zu stellen. Sollte der tägliche Standabfall die übliche Menge übersteigen, wird die Mehr-Entsorgung gesondert in Rechnung gestellt. Die Entsorgung des Verpackungsmaterials ist nicht beinhaltet.

Versicherung
Für Schäden, die während der Mietzeit an den Sachen entstehen, die dem Aussteller als Basis- und Zusatzausstattung der fair-package-Lösungen zur Verfügung gestellt werden, besteht **Versicherungsschutz**. Folgende Risiken sind versichert: Elementarereignisse, Feuer- und Nässeschäden, Einbruchsdiebstahl, Diebstahl, Abhandenkommen, mut- und böswillige Beschädigungen, Bruchschäden.

Maßgeblich für den Umfang des Versicherungsschutzes sind die zwischen der Deutschen Messe und der Landschaftlichen Brandkasse Hannover vereinbarten **Versicherungsbedingungen** für fair-package-Lösungen. Auch diese werden dem Aussteller auf Anforderung zugesandt.

Von der Versicherung ausgenommen sind Lack-, Kratz- und Schrammschäden sowie jegliche Folgeschäden des Ausstellers, die ihm infolge des Verlustes oder der Beschädigung der Basis- oder Zusatzausstattung entstehen. Ferner sind von der Versicherung solche

Premium Style: Modular Stand Type D
(minimum size is 12 m²)

- Disposable off-the-roll, rep-weave carpeting, choice of 6 colors: dark-blue, light-blue, anthracite, grey, red or green
- Partition walls to adjacent stands and/or halls, light grey, 250 cm high
- 2 ceiling frame sections of varying lengths
- 1 power distribution box, dual-socket, 230 V
- 1 100 W spotlight for each 3 m² of stand space
- Wastebasket
- Information counter
- Furnishings based on stand space:

Stand space in m²	≤ 49	50-79	≥ 80
Size of cubicle	4 m²	8 m²	10 m²
Number of tables	1	2	3
Number of chairs	4	8	12
Number of coat racks	1	2	2
Display tower*	1	2	2

* Display tower: 50x50x350 cm, with rotating element, cube (50x50x50 cm), partially backlit, with a 4-sided graphic panel for the cube (provided exhibitor submits a print-ready data file at least four weeks before the event begins), and lettering in standard Helvetica Bold typeface on the tower (maximum of 40 letters per tower)

Premium Trend: Modular Stand Type Truss
(minimum size is 12 m²)

- Disposable off-the-roll, rep-weave carpeting, choice of 6 colors: dark-blue, light-blue, anthracite, grey, red or green
- Truss-type structure with 4 corner supports, 3.5 m high (with extra reinforcing elements for better stand stability, as needed)
- Fascia panel, 200x40 cm, mounted on each side opening to an aisle, with black lettering in Helvetica Bold typeface (maximum of 40 letters) or a logo/digital print, provided exhibitor submits a print-ready data file at least six weeks before the event begins
- Partition walls to adjacent stands and/or halls, constructed of Syma modular elements, light grey, 250 cm high
- 1 power distribution box, dual-socket, 230 V
- 1 150 W spotlight for each 5 m² of stand space
- Wastebasket
- Information counter
- Furnishings based on stand space:

Stand space in m²	≤ 49	50-79	≥ 80
Size of cubicle	4 m²	8 m²	10 m²
Number of tables	1	2	3
Number of chairs	4	8	12
Number of coat racks	1	2	2

2.3 Standard Services

Electric power hookup
The stand will be supplied with power rated at 3 KW. Hookup and consumption are included in the rental fee.

Cleaning
The stand and its fixtures/furnishings and floor will be cleaned before the show opens and each evening during the event. Exhibits and glass surfaces are excluded.

Waste disposal
Waste disposal consists of the collection every evening of waste produced at the stand. Exhibitors must sort the waste into recyclable and non-recyclable waste, and place the bags at the front edge of the stand for pick-up at the end of every trade fair day. Exhibitors will be invoiced for removal of waste that exceeds the normal amount. Disposal of packaging materials is not included.

Insurance
An **insurance policy** covers any damage to basic and supplementary fixtures/furnishings of a fair package during the term of the trade fair agreement. The policy covers natural events, fire and water damage, burglary, theft, loss, vandalism, malicious damage, and breakage.

Deutsche Messe has negotiated the terms of this **insurance policy** for fair packages with the insurer, Landschaftliche Brandkasse, Hannover. Exhibitors may request a copy of this policy.

This policy excludes damage to paintwork, surface scratches, or marks, and any consequential damage incurred by the exhibitor from loss of or damage to the basic or supplementary fixtures/furnishings. Any damage that arises from culpable acts by the exhibitor and/or his staff is also excluded.

The exhibitor shall be liable for damage that occurs, during the term of the trade fair agreement, to other items provided that are not a part of the basic or supplementary fixtures/furnishings, and shall bear the costs

10

Schäden ausgenommen, zu deren Entstehung der Aussteller oder ein Angehöriger seines Unternehmens schuldhaft selbst beigetragen hat. Soweit während der Mietzeit Schäden an den zur Verfügung gestellten Sachen entstehen, die nicht Bestandteil der Basis- und Zusatzausstattung sind, haftet der Aussteller für die Kosten der Wiederherstellung des Zustandes, der bei Beginn des Mietverhältnisses bestand.
Die Versicherung umfasst nicht die Exponate oder sonstige vom Aussteller eingebrachte oder von ihm angemietete Sachen. Es wird empfohlen, für diese Gegenstände gesonderten Versicherungsschutz via OBS abzuschließen.

Zusatzleistungen:
1 (Basic⁺, Comfort) bzw. **2 (Comfort⁺, Premium Style/Trend)** Pkw **Dauerparkscheine** für Pkw-Parkplätze rund um das Messegelände.

2.4. Marketing- und Presseservices

2.4.1 Leistungen des Marketingbeitrags

Einladung
Einladung zur **Eröffnungsfeier** der CeBIT für bis zu fünf Mitglieder der Geschäftsführung.
Fachbesucher-Tickets (registrierungspflichtig)
Registrierungspflichtige Fachbesucher-Tickets, die ohne weitere Berechnung abgefordert und eingelöst werden können (print oder elektronisch; max. 20 Tickets pro m² für Aussteller, max. 300 Tickets pro Mitaussteller).
Besucherdaten
Bereitstellung von Registrierungs- und Nutzungsdaten Ihrer Gäste vor und nach der Veranstaltung.
Internetpräsenz auf (www.cebit.de)
- **Unternehmensdarstellung**
  Umfassende Darstellungsmöglichkeiten inklusive Firmenlogo, Kurzprofil, Verlinkung auf Ihre eigene Website, Nennung von Ansprechpartnern, Partner- und Tochterunternehmen sowie Bereitstellung von Downloads (Presseinformationen, Broschüren o. ä.). Optimierte Verweise auf Ihren Messestand. Speichermöglichkeit für Besucher im Online-Messeplaner. Weitreichender Redaktionsservice oder direkte Nutzung des Aussteller Content Management Systems (ACMS) zur Online-Pflege Ihres Unternehmenseintrags.
- **Produktdarstellung**
  Unbegrenzte Anzahl von Produktbeschreibungen (bei eigener Pflege im ACMS), 5 Produktbeschreibungen inkl. Pflege durch Redaktionsservice. Produktlogos sowie Produktbildmaterial und PDFs als Downloads sind enthalten – ebenso wie die Zuordnung von max. 4 Produktgruppeneinträgen je Produktbeschreibung.

Internetpräsenz
Veröffentlichungszeitraum:
Frühestens ab Standbestätigung bis ca. 6 – 8 Wochen vor der nächsten Veranstaltung im Internet unter www.cebit.de
Absatzförderung durch laufende Pflege aller Aussteller- und Produktdaten, aktuelle Brancheninformationen sowie Bildung von personalisierten Netzwerken. Ansprache von Zielgruppen, denen der Messebesuch nicht möglich war. Optimierte Suchfunktionalität und Unterstützung der Kontaktanbahnung auch außerhalb des Veranstaltungszeitraumes.
Weitere Medien
- **Ausstellerverzeichnis**
  Aufnahme Ihres Unternehmens in das gedruckte Ausstellerverzeichnis mit Namen und Messestandinformation.
- **Fachpublikationspartner**
  Veröffentlichung Ihrer Unternehmens- und Produktdarstellungen auf Internetseiten ausgewählter Fachpublikationen.
- **Elektronisches Besucherinformationssystem (EBi)**
  Aktivierung des elektronischen Besucherinformationssystems (EBi), mit dessen Hilfe Besucher auf Nachfrage detaillierte Aussteller- und Produktinformationen oder einfach allgemeine Informationen rund um die Messe erhalten.

Marktforschung (Besucherverhalten)
Bereitstellung der Ergebnisse von Online- und Vor-Ort-Befragungen zum Verhalten aktueller und potenzieller Besucher verschiedener Branchen, Funktionen und Regionen zur Optimierung Ihres Messemarketings.
Besuchergewinnung (Kampagnenberatung)
Individuelle Beratung zur Gestaltung von erfolgreichen, leistungs starken, wirtschaftlichen und effizienten Einladungsaktionen.

to restore these to their original condition at the time of rental.
This insurance policy does not cover exhibits or any other items brought or rented by the exhibitor. We therefore recommend that exhibitors take out a supplementary policy to cover such items via OBS.

Supplementary services:
One parking permit (Basic⁺, Comfort) or **two permits (Comfort⁺, Premium Style or Trend)** to any car parking lot on the exhibition grounds.

2.4. Promotion & Press Services

2.4.1 Services Included in the Marketing Fee

Invitation
Invitation to the **Opening Ceremony** of CeBIT for up to five members of the board.
Complimentary admission tickets (obligatory registration)
You may order and use printed or electronic complimentary tickets that must be registered before use (20 tickets per m² of stand space for exhibitors, maximum of 300 per co-exhibitor, at no extra charge).

Visitor data
Compilation of registration and usage data of your guests before and after the tradeshow.
Internet presence (www.cebit.de)
- **Company profile**
  Extensive presentation options, including company logo, brief company profile, links to your company website, listing of contact details, partner enterprises and subsidiaries, as well as the hosting of downloads (press releases, brochures, etc.). Optimized highlighting of your stand location. Visitors can save your company data directly to the Online Fair Planner. Extensive editorial support services or – alternatively – utilization of the Exhibitor Content Management Systems (ECMS) for the updating of your company's listings.
- **Product profile**
  Unlimited number of product descriptions if managed by exhibitors via the ECMS. Five product descriptions if managed by our editorial team. Also included: product logos, product images and links to downloadable PDF files, plus the allocation of up to four product group listings per product description.

Internet presence
Online:
Under www.cebit.de from the time of stand confirmation until about 6 to 8 weeks before the next event.
Ongoing sales promotion through continuous updating of exhibitor and product data, industry news and the building of personalized networks. Address target groups who were unable to visit CeBIT. Optimized search function and lead generation, also before and after the tradeshow.

Other media
- **Directory of exhibit**
  Listing of your company (name, stand details) in the printed directory of exhibitors.
- **Trade journals**
  Publication of your company and product profiles on the websites of selected trade journals.
- **Electronic Visitor Information System (EBi)**
  Activation of the visitor information system (EBi) is designed for visitors to query the system for general information on the trade fair and easily pinpoint details on exhibitors and products.

Market research (visitor behavior)
Analysis of the results of online and onsite surveys of current and potential visitors in various sectors, functions and regions. This serves as a basis for optimizing your tradeshow marketing.

Visitor recruitment (campaign advisory services)
Tailored advice to design successful, powerful, and cost-effective invitation campaigns.

11

2.4.2 Weitere Marketing- und Presseservices

PR-Kontakte der Aussteller
Im Verzeichnis „PR-Kontakte der Aussteller" werden Ihre Ansprechpartner für Journalisten, Ihre Messestandnummer, Telefon- und Fax-Nr., E-Mail-Adresse sowie Ihre Heimatadresse veröffentlicht. Die PR-Kontakte der Aussteller werden im Internet auf dem Presseserver bereitgestellt.

Themenservice aktuell
Tages- und Wirtschaftspresse, Hörfunk und Fernsehen sind immer auf der Suche nach Innovationen, aktuellen Trends und neuen Anwendungen. Informieren Sie uns rechtzeitig über Ihre Neuigkeiten und Aktionen auf dem Stand. Mit journalistischem Know-how wählen wir aus den eingehenden Informationen Meldungen für unseren „Themenservice aktuell" aus. Diese Pressemitteilung wird per E-Mail an alle wichtigen Redaktionen versandt, in gedruckter Form im Presse-Centrum ausgelegt und im Presseserver der CeBIT online zur Verfügung gestellt.

Redaktionsadressen
Eine Auflistung internationaler Fachzeitschriften hilft Ihnen, Ihre Informationen und Einladungen gezielt an die gewünschten Medien-Zielgruppen zu versenden. Auf Anfrage stellen wir Ihnen dieses Verzeichnis sowie Adressen aktueller Medien in Deutschland gern zur Verfügung.

Kooperative Besucherwerbung
Die Deutsche Messe stellt Ihnen eine Auswahl veranstaltungsspezifischer Werbemittel (z.B. Besucherprospekte, Einladungen, Plakate) zur Verfügung. Diese können Sie in unbegrenzter Anzahl über das OBS bestellen.

Zusatzleistungen:
Nur bei Basic⁺, Comfort, Comfort⁺, Premium Style/Trend
Briefaufkleber
1.000 individualisierte Briefaufkleber mit Eindruck „Wir stellen aus: Halle xx, Stand yy" für Ihre Geschäftspost und Einladungsaktionen, Format: 55 x 35 mm; Sprachen: Deutsch, Englisch.

Internet-Pressefach
Im Redaktionssystem können eine unbegrenzte Anzahl von Pressetexten in deutscher und/oder englischer Sprache, Bilder und pdf-Dateien in ein unternehmensbezogenes Internet-Pressefach eingepflegt werden. Dieses steht Journalisten und Besuchern bereits drei Monate vor Messebeginn für Recherchen zur Verfügung und wird kontinuierlich aktualisiert. Alle Informationen sind als Download verfügbar und werden zusätzlich über einen E-Mail-Service an registrierte Journalisten weitergeleitet.

Weitere Zusatzleistungen:
Nur bei Comfort⁺, Premium Style/Trend
Online-Werbung durch Half-Banner mit 20.000 PIs
Platzierung auf der Website www.cebit.de als Site-Rotation,
Format: 234 Pixel Breite x 60 Pixel Höhe als GIF, FLASH oder HTML

Logo im gedruckten Ausstellerverzeichnis oder Hallenplan
Präsenz mit Ihrem Firmenlogo im gedruckten Austellerverzeichnis oder Hallenplan, um Messebesucher und Entscheider auf sich und Ihren Stand aufmerksam zu machen.

2.5 Kontaktmanagement

Silberpaket „infobox"
Kombinierte Bild-Text-Anzeige eines Unternehmens-Placements und bis zu fünf Produkt-Placements (Network Placements). Garantierte Ausspielung von monatlich 10.000 Placements in unserem exklusiven B2B-Reichweitennetzwerk. Zusätzlich kontextsensitive Veröffentlichung auf ausgewählten B2B-Fachportalen unserer Verlagspartner neben Fachartikeln.

Laufzeit abhängig von der fair-package Lösung:
Basic: 3 Monate
Basic⁺, Comfort: 6 Monate
Comfort⁺, Premium Style/Trend: 12 Monate

Zusatzleistungen:
Nur bei Basic⁺, Comfort
Match & Meet Online
Match & Meet ist eine Matchmaking-Plattform, die das Ziel hat, Ausstellern einen zusätzlichen Marketingkanal zu eröffnen, um vor, während und nach der Messe Leads zu generieren. Im Rahmen der Registrierung werden Pflichtangaben abgefragt. Zur Vervollständigung der Registrierung wird Ihre Einwilligung in die Datenverarbeitung Ihrer Profildaten benötigt. Mit Hilfe des Match & Meet-Tools können passende Anbieter und Nachfrager auf der Grundlage von Profilinformationen gezielt identifiziert, online kontaktiert und zusammen geführt werden.
Match & Meet Online bietet Zugang zu der umfangreichen Match &

2.4.2 Other Promotion & Press Services

Exhibitor PR Contacts
The Exhibitor PR Contacts guide contains a listing with your contact for the press, your stand at the trade fair, phone and fax numbers, and business address. This guide is available to journalists online via the press server.

HOT TOPICS
HOT TOPICS is a highly sought after service. Our unbiased editors select highlights from among innovative products, new trends, and applications and write professional articles to draw the attention of the daily and business press, radio, and TV. Please inform us about new products and shows at your stand in time. We email these press releases to all key publishers, display them in printed form in the Press Center, and release them online via the CeBIT press server.

Directory of key publishers
This is your opportunity to captivate the attention of or invite specific media groups. Deutsche Messe compiles a directory of international trade journals and media in Germany, and provides this free of charge upon request.

Cooperative visitor promotion
Deutsche Messe has prepared a host of targeted advertising materials like visitor brochures, invitations, and posters. You may order an unlimited quantity via OBS, at no extra charge.

Supplementary services:
Only for Basic⁺, Comfort, Comfort⁺, Premium Style or Trend
Mailing stickers
1,000 customized mailing stickers with the printed text „We are exhibiting in: Hall xx, Stand yy" for your business mail and invitations, size: 55 x 35 mm. Languages: German, English.

Internet press info box
Use our content management system to create an online press info box for your company containing an unlimited number of press releases (in German and/or English), images and PDF files. This info box is available to journalists and visitors for research purposes three months before the tradeshow and is continuously updated. All the information is downloadable and is circulated to registered journalists via an e-mail service.

Supplementary services:
Only for Comfort⁺, Premium Style or Trend
Online advertising, half banners with 20,000 PIs
Placement on the www.cebit.com website as a site rotation. Size: 234 pixels wide x 60 pixels high. File format: GIF, FLASH or HTML

Logo in the printed directory of exhibitors or hall plan
Your company logo will appear in the printed directory of exhibitors or hall plan, thus informing visitors and decision-makers about the location of your stand.

2.5 Contact Management

Silver package "infobox"
Combined image-text advertisement of a company placement and up to five product placements (network placements). Guaranteed publication of 10,000 placements per month in our exclusive B2B network. In addition, context-sensitive publication adjacent to technical articles on selected B2B portals of our publishing partners.

Term varies by fair package, as follows:
Basic: three months
Basic⁺, Comfort: six months
Comfort⁺, Premium Style or Trend: 12 months

Supplementary services:
Only for Basic+, Comfort
Match & Meet Online
The Deutsche Messe Match & Meet service is a matchmaking platform, for which you will be asked to provide certain information during registration and give your consent for us to process your profile information. This platform offers exhibitors an additional marketing tool for generating leads before, during, and after the show. It matches suppliers and potential customers based on profile information, and facilitates contacting them online and bringing them together.

Match & Meet Online offers access to the extensive Match & Meet

Meet-Datenbank, individuelle Trefferliste mit potenziellen Geschäftspartnern inkl. komfortabler Such- und Filterfunktionen, Versand und Bestätigung von Kontaktanfragen, Bestätigung von Terminanfragen.
Leaderfassung/-management am Stand: Medium Version
Optimale Nutzung von Messezeit und -ressourcen durch elektronische Erfassung und Verwaltung von Besucherdaten direkt am Stand mit Hilfe des Einscannens von Visitenkarten und/oder Barcodes der Fachbesucher-Tickets.

Sie erhalten einen Visitenkartenscanner während der Veranstaltung, die notwendige Software zum Download, einen USB-Stick und eine Systemeinweisung zum Erfassen und Verwalten der Visitenkarten Ihrer Standbesucher.

Weitere Zusatzleistungen:

Nur bei Comfort+, Premium Style/Trend
Match & Meet Onsite
Leistungsumfang von Match & Meet Online sowie **zusätzlich**:
Terminkalender, Terminvereinbarungsfunktion, Matchmaking - Support und vereinbarte Termine am Stand des Ausstellers oder gegen Aufpreis in der Match & Meet-Area.
Leaderfassung/-management am Stand: Full Version
Optimale Nutzung von Messezeit und -ressourcen durch elektronische Erfassung und Verwaltung von Besucherdaten direkt am Stand mit Hilfe des Einscannens von Visitenkarten und/oder Barcodes der Fachbesucher-Tickets.
Sie erhalten einen Visitenkarten- und einen Barcodescanner während der Veranstaltung, die notwendige Software zum Download, einen USB-Stick, ein Notebook zur Miete, eine UMTS-Karte und eine Systemeinweisung zur Erfassung und Verwaltung der Visitenkarten/Besucherdaten der eingescannten Fachbesuchertickets Ihrer Standbesucher
Premium Pass (5 Stück)
Ermöglichen Sie Ihren (potentiellen) Kunden einen angenehmen Messebesuch. Der Passinhaber erhält kostenlosen Messeeintritt während der gesamten CeBIT.
Zusätzlich profitieren der Passinhaber und eine Begleitperson von folgenden Leistungen:
- Exklusive Nutzung der Premium Lounge inkl. gastronomischem Angebot
- Shuttle-Service - Transfer zu allen Ausstellungsbereichen auf dem Messegelände
- Internationale Tagespresse, Garderoben und Gepäckaufbewahrung an allen Eingängen

Abwicklung Einladungsmanagement für e-Ticket-Kampagne
Erstellung und Versand eines E-Mailings mit Standard-Text, inklusive e-Ticket-Codes mit maximal einer Korrekturschleife an bis zu 1.000 Adressen. Bausteine des Mailings (Logo, bis zu drei Ausstellungsschwerpunkte, Unternehmens-Ansprechparter, e-Ticket-Codes, Adressdaten) sind von Ihnen bereitzustellen.

2.6 Gastronomie

Kaffee / Tee
Eine Kaffeemaschine oder ein Wasserkocher, Kaffeepulver oder Teeauswahl, Kaffeemilch, Kaffeefilter, Zucker, Einwegbecher, Kaffeelöffel, 9 Liter stilles Wasser.
Hinweis zur Einhaltung von Lebensmittel- und Hygienerechtlicher Anforderung:
Die Entnahme von Wasser aus Sanitäranlagen zu Zwecken der Reinigung und/oder Zubereitung von Getränken oder Speisen ist gesetzlich verboten. Die Nachbestellung von Trinkwasser kann über das OBS erfolgen.

Zusatzleistungen:

Nur bei Basic+, Comfort, Comfort+, Premium Style/Trend
Gebäck / Mineralwasser
Gebäckauswahl, 24x 1 Liter Mineralwasserflaschen.

Weitere Zusatzleistungen:

Nur bei Comfort+, Premium Style/Trend
Restaurantgutscheine
200 Euro Verzehrgutschein auf den Namen des Ausstellers für Messerestaurants nur gültig während des Veranstaltungszeitraums. Eine Barauszahlung ist nicht möglich.

2.7 Weitere Serviceleistungen

Ausstellerausweise
Ausstellerausweise dienen dazu, dem Standpersonal des Ausstellers den Zugang zum Messestand zu ermöglichen. Sie berechtigen den Inhaber, die Hallen in der Zeit zwischen 7.00 und 19.00 Uhr zu betreten. Auf Basis der bestätigten Grund-Standfläche werden Ausstellern folgende Anzahl an Ausstellerausweisen bereitgestellt:

database, individual hit lists of potential business partners, including a convenient search and filter function, mailing and confirmation of contact requests, and confirmation of meeting requests.
Lead acquisition/management at a stand: medium version
Optimum utilization of time and resources through the electronic acquisition and management of visitor data. Visitor business cards and/or the barcodes on their complimentary admission tickets are scanned directly at the exhibitor's stand.

To enable you to collect and manage the business cards of your visitors, you will be provided a business card scanner for the tradeshow duration, the necessary downloading software, a USB flash drive, plus operating instructions.

Supplementary services:

Only for Comfort+, Premium Style or Trend
Match & Meet Onsite
Includes the services of Match & Meet Online, plus:
A meeting calendar, meeting planning function, matchmaking support and meetings as planned held at the exhibitor's stand, or in the Match & Meet Area for a surcharge.
Lead acquisition/management at stand: Full Version
Optimum utilization of time and resources through the electronic acquisition and management of visitor data. The visitors business cards and/or the barcodes on their complimentary admission tickets are scanned directly at the exhibitor's stand.
To enable you to collect and manage the business cards and data on the complimentary tickets of your visitors, you will be provided a business card and barcode scanner for the tradeshow duration, the necessary downloading software, a USB flash drive, a rental notebook, one UMTS card, plus operating instructions.

Premium Pass (5 passes)
Make sure that your (potential) customers have a pleasant and enjoyable visit. Premium Pass holders are entitled to free admission throughout the entire duration of CeBIT.
In addition, the pass holder and an accompanying person obtain the following benefits
- Exclusive use of the Premium Lounge, including catering services
- Shuttle service – transfer to all sections of the Exhibition Grounds
- International newspapers, cloakroom and luggage storage at all entrances

Invitation management for eTicket campaign
Production and circulation of an e-mail containing a standard text and eTicket codes to up to 1,000 addresses (one proof-reading stage included). The content of the e-mail (logo, up to three exhibit categories, contact details, eTicket-codes, address data) must be supplied by you.

2.6 Catering

Coffee & tea
Coffee maker or electric kettle, coffee powder or selection of teas, coffee cream, coffee filters, sugar, disposable cups, teaspoons, nine liters of still water.
Notice of compliance with the regulations on food and hygiene:

The law forbids use of water from sanitary facilities to clean and/or prepare food or drinks. You may order drinking water via our OBS.

Supplementary services:

Only for Basic+, Comfort, Comfort+, Premium Style or Trend
Cookies/pastries, mineral water
Selection of cookies/pastries, 24 x 1 liter bottles of mineral water.

Supplementary services:

Only for Comfort+, Premium Style or Trend
Restaurant vouchers
The €200 voucher for restaurants at the exhibition grounds issued in the name of the exhibitor is only valid during the tradeshow. It is not exchangeable for payment in cash.

2.7 Supplementary Services

Exhibitor passes
Stand personnel require an exhibitor pass for admission to the exhibition grounds and stands, open from 7 a.m. to 7 p.m. Exhibitors will be allocated passes based on the confirmed stand size as follows:

bis 20 m² Grund-Standfläche:	4 Ausstellerausweise
21 bis 50 m² Grund-Standfläche:	8 Ausstellerausweise
51 bis 100 m² Grund-Standfläche:	15 Ausstellerausweise
101 bis 250 m² Grund-Standfläche:	25 Ausstellerausweise
251 bis 500 m² Grund-Standfläche:	35 Ausstellerausweise
501 bis 1000 m² Grund-Standfläche:	50 Ausstellerausweise
1001 bis 2000 m² Grund-Standfläche:	100 Ausstellerausweise
ab 2001 m² Grund-Standfläche:	150 Ausstellerausweise

Für jeden Mitaussteller sind unabhängig von der Standfläche zwei kostenlose Ausstellerausweise vorgesehen.

Um sicherzustellen, dass die Ausstellerausweise rechtzeitig vorliegen, werden die Ausstellerausweise nur bis 2 Wochen vor Veranstaltungsbeginn versandt. Nach diesem Termin werden die Ausweise im "Aussteller Service Center" der Deutschen Messe vorgehalten und können gegen Vorlage einer entsprechenden Legitimation entgegengenommen werden.

2.8 Sonstige Vereinbarungen

Eine anteilige Erstattung des Beteiligungspreises für nicht in Anspruch genommene Einzelleistungen ist ebenso ausgeschlossen, wie eine Änderung oder Austausch der im fair-package enthaltenen Leistungen.

Standard stand size of 20 m²:	4 exhibitor passes
Standard stand size of 21 to 50 m²:	8 exhibitor passes
Standard stand size of 51 to 100 m²:	15 exhibitor passes
Standard stand size of 101 to 250 m²:	25 exhibitor passes
Standard stand size of 251 to 500 m²:	35 exhibitor passes
Standard stand size of 501 to 1000 m²:	50 exhibitor passes
Standard stand size of 1001 to 2000 m²:	100 exhibitor passes
Standard stand size of 2001 m² or more:	150 exhibitor passes

Each co-exhibitor receives two free exhibitor passes, irrespective of the size of the stand.

Exhibitor passes are mailed two weeks or more before the event starts, to ensure that exhibitors receive them on time. Thereafter, the passes can be picked up at the "Exhibitor Service Center" on the exhibition grounds, upon presentation of proper authorization.

2.8 Miscellaneous Provisions

No pro-rata refund of the participation fee shall be granted for any inclusive services that are not utilized, and the standard set of services in the fair package cannot be altered or substituted.

III. Geschäftsbedingungen

1. Vertragsabschluss

Die Bestellung eines Grundpaketes und/oder eines fair-package erfolgt durch Einsendung der ausgefüllten Anmeldeformulare.

Mit der Standbestätigung durch die Deutsche Messe kommt der Messebeteiligungsvertrag zwischen Aussteller und Deutscher Messe zustande. Weicht der Inhalt der Standbestätigung vom Inhalt der Anmeldung des Ausstellers ab, so kommt der Vertrag nach Maßgabe der Standbestätigung zustande, es sei denn, dass der Aussteller binnen 2 Wochen schriftlich widerspricht.

Abweichende Hallenzuweisung sowie Nichtberücksichtigung von Sonderwünschen/Besonderheiten begründen jedoch kein Widerspruchsrecht.

2. Zulassungsvoraussetzungen

Die Veranstaltung steht in erster Linie Herstellerfirmen offen.

Die Deutsche Messe entscheidet über die Zulassung eines Ausstellers aufgrund der Zugehörigkeit seines Ausstellungsprogramms zum Produktgruppenverzeichnis der Veranstaltung.

Erzeugnisse, die nicht dem Produktgruppenverzeichnis der Veranstaltung entsprechen, dürfen nicht ausgestellt werden, soweit sie nicht für die Darstellung bzw. den Funktionsablauf des eigenen Ausstellungsobjektes unabdingbar erforderlich sind.

3. Platzierung des Ausstellers auf der Veranstaltung

Die Zuweisung einer Ausstellungsfläche erfolgt durch die Deutsche Messe aufgrund der Zugehörigkeit der angemeldeten Ausstellungsgegenstände zu einem Ausstellungsthema bzw. Ausstellungsschwerpunkt. Die Anmeldung von Standwünschen begründet keinerlei Anspruch auf Zuweisung dieser Fläche.

Die Deutsche Messe behält sich vor, den Aussteller auch nachträglich umzuplatzieren und ihm abweichend von der Standbestätigung einen Stand in anderer Lage zuzuweisen, die Größe seiner Ausstellungsfläche zu ändern, Ein- und Ausgänge zum Messegelände und zu den Hallen zu verlegen oder zu schließen und sonstige bauliche Veränderungen vorzunehmen, soweit sie wegen besonderer Umstände ein erhebliches Interesse an solchen Maßnahmen hat.

Der Aussteller ist in diesem Fall berechtigt, innerhalb von einer Woche nach Erhalt der Mitteilung über eine derartige Änderung vom Messebeteiligungsvertrag schriftlich zurückzutreten, wenn hierdurch seine Belange in unzumutbarer Weise beeinträchtigt werden.

4. Standgestaltung, Betriebspflicht / Konventionalstrafe, Verkaufsverbot und Produktpiraterie

4.1

Standbau, Standgestaltung und Standsicherheit obliegen dem Aussteller und haben nach den allgemeinen Vorschriften und den Technischen Richtlinien der Deutschen Messe zu erfolgen.

Präsentationen dürfen nur auf den Messeständen erfolgen und müssen so angeordnet sein, dass visuelle und akustische Belästigungen der benachbarten Stände oder Behinderungen auf den Stand- und Gangflächen nicht entstehen. Bei Zuwiderhandlung ist die Deutsche Messe nach eigenem Ermessen berechtigt, belästigende oder behindernde Präsentationen zu untersagen und bei erneuter Zuwiderhandlung den Messebeteiligungsvertrag fristlos zu kündigen.

4.2

Es besteht Betriebspflicht, d.h. die Stände müssen während der gesamten Dauer der CeBIT zu den festgesetzten Öffnungszeiten ordnungsgemäß mit Ausstellungsgut belegt und von fachkundigem Personal betrieben werden.

Der Abtransport von Ausstellungsgütern und der Abbau von Ständen vor Schluss der Veranstaltung ist nicht gestattet.

Bei Zuwiderhandlung gegen die Ziff. 4.2 ist die Deutsche Messe berechtigt, eine Konventionalstrafe in Höhe von 1.000 € zu fordern unbeschadet des Rechts der Geltendmachung von Schadensersatzansprüchen.

4.3

Es dürfen nur fabrikneue Waren ausgestellt werden, soweit es sich nicht um Gegenstände handelt, die lediglich zur Ausstattung oder Veranschaulichung dienen.

Die Ausstellung anderer als der angemeldeten Gegenstände ist nicht zulässig. Die Deutsche Messe ist berechtigt, Exponate, die nicht dem Produktgruppenverzeichnis entsprechen, vom Stand zu entfernen. Weiterhin ist die Deutsche Messe berechtigt, Ausstellungsgegenstände vom Stand entfernen zu lassen, wenn ihre Zurschau-

III. Terms of Business

1. Trade Fair Agreement

A standard or fair package is rented by submitting a completed registration form.

The trade fair agreement between the exhibitor and Deutsche Messe takes effect once Deutsche Messe has dispatched the stand confirmation. This confirmation shall be binding, unless the specifics of the confirmation deviate from the registration and the exhibitor objects in writing thereto within 2 weeks of receiving the confirmation.

Moreover, the exhibitor shall not be entitled to file an objection if space is allocated in a different hall than requested, or if any special requests/features are not fulfilled.

2. Eligibility

The event is primarily intended for manufacturers.

Deutsche Messe shall rule on the eligibility of exhibitors based on the compatibility of their range of exhibits with the product categories at the event.

Products that do not match the product categories at the event may not be exhibited unless these are absolutely necessary for the presentation or functioning of the respective exhibit.

3. Allocation of Stand Space

Deutsche Messe shall allocate stand space in accordance with the compatibility of registered exhibits to a particular trade fair and/or specific topic, and is not obligated to fulfill requests for allocation of a particular stand space.

Deutsche Messe reserves the right to deviate from the stand confirmation by subsequently allocating a different location, or altering the size of the stand, or shifting and/or closing entrances and exits to the Exhibition Grounds and halls, or undertaking any such structural alterations, provided Deutsche Messe has significant interest in such actions necessitated by extraordinary circumstances.

The exhibitor may rescind the trade fair agreement in writing within one week following notification of such changes, if his interests are unreasonably encroached upon by the alterations.

4. Stand Design, Duty to Use the Stand / Contractual Penalty, Direct Sales Ban, Product Piracy

4.1

The exhibitor shall be responsible for the construction, design, and safety of his stand, in accordance with the General Regulations and Technical Regulations of Deutsche Messe.

Exhibits may be displayed only on the rented stand space. These must be set up to not disturb neighboring stands/spaces acoustically or visually, and to avoid creating any obstructions within the stands or aisles. In case of non-compliance, Deutsche Messe may, at its discretion, forbid displays that are a disturbance or nuisance. If the offense is repeated, Deutsche Messe may terminate the trade fair agreement without notice.

4.2

Exhibitors have the duty to use their rented stand(s), whereby each stand must be set up properly with exhibits and attended by qualified staff throughout the official opening hours of CeBIT.

Dismantling of stands and the removal / transport of exhibits before CeBIT ends is prohibited.

Deutsche Messe reserves the right to charge a contractual penalty of €1,000 (EUR one thousand only) for infringement of the provisions under Section 4.2, without forfeiting its right to claim further damages from the offending exhibitor.

4.3

Only brand-new goods may be exhibited, except if the items are merely fixtures or are for illustrative purposes.

Only registered exhibits may be displayed. Deutsche Messe is entitled to remove exhibits that are not compatible with the product categories at the event, or which violate the principles of fair competition, or contravene the exhibition program, or clearly infringe upon the intellectual property rights of a third party.

In case a court finds an exhibitor guilty of infringement of third party

15

stellung dem Ausstellungsprogramm oder nachweislich wettbewerbsrechtlichen Grundsätzen oder Schutzrechten Dritter widerspricht. Im Fall nachgewiesener Schutzrechtsverletzungen (gerichtliche Entscheidung) durch einen Aussteller ist die Deutsche Messe außerdem berechtigt, aber nicht verpflichtet, diesen von der laufenden und/oder zukünftigen Veranstaltungen entschädigungslos auszuschließen.

Preisangaben sind ebenso unzulässig wie Hinweise auf Lieferanten, Kunden und verkaufte Ausstellungsgüter.

4.4

Jeglicher Hand- oder Kleinverkauf – insbesondere von Ausstellungsware oder Messemustern – an Privat- oder Geschäftspersonen ist untersagt. Hand- oder Kleinverkauf ist jede entgeltliche Abgabe von Ware und jede Erbringung von Dienstleistung seitens des Ausstellers auf dem Messegelände. Die Abgabe ist nur ohne Entgelt gestattet. Das Recht, auf der Veranstaltung Verträge zu schließen, bleibt unberührt, soweit die Übergabe der Ware oder die Erbringung der Dienstleistung sowie deren Bezahlung – in barem Gelde, mit Scheck, Kreditkarte oder in welcher Form auch immer – erst nach Ablauf der Messe erfolgt. Für Verlage gelten besondere Regeln, die beim CeBIT-Projektteam erfragt werden können.

4.5

Befragungen seitens des Ausstellers sind nur auf dem eigenen Stand zulässig.

5. Weitere beteiligte Unternehmen/Mitaussteller

Die Nutzung der Standfläche durch mehrere Unternehmen ist nur zulässig, wenn alle dort vertretenen Unternehmen neben dem Aussteller, mit dem der Messebeteiligungsvertrag abgeschlossen wird (Hauptaussteller), zusätzlich als Mitaussteller der Deutschen Messe gemeldet (online im OBS unter www.obs.messe.de) und von ihr zugelassen worden sind. Anzumelden sind als Mitaussteller solche Unternehmen, die auf der vom Hauptaussteller gemieteten Standfläche neben diesem mit eigenem Personal und Ausstellungsgut vertreten sind. Die Zulassung von Mitausstellern richtet sich ebenfalls nach den Kriterien dieser Teilnahmebedingungen. Eine andere – auch nur teilweise- Gebrauchsüberlassung der Standfläche an Dritte ist unzulässig.

Die Teilnahme von Mitausstellern ist grundsätzlich kostenpflichtig (vgl. Teil V, Preise und Zahlungstermine); **die Berechnung der mit der Teilnahme verbundenen Kosten erfolgt an den Hauptaussteller.** Im Übrigen gelten auch für die Mitaussteller diese Teilnahmebedingungen, soweit sie Anwendung finden können. Der Aussteller hat diesen Unternehmen die Teilnahmebedingungen und die sie ergänzenden Bestimmungen zur Kenntnis zu geben und die sich für die Unternehmen gegenüber der Deutschen Messe ergebenden Pflichten anerkennen zu lassen. Die Deutsche Messe behält sich vor, Mitaussteller direkt oder über beauftragte Dritte zu kontaktieren.

Sofern es der Aussteller unterlässt, Mitaussteller anzumelden oder in seiner Anmeldung unvollständige oder falsche Angaben macht, ist die Deutsche Messe berechtigt, die Teilnahmekosten nach eigenen Feststellungen so zu berechnen, als wäre eine ordnungsgemäße Anmeldung erfolgt.

Wird ein Dritter mit dem Aufbau des Messestandes oder sonst zum Zwecke der Organisation der Messebeteiligung des Ausstellers tätig, kann der Aussteller diesen unter Angabe der Vertretungsadresse schriftlich bevollmächtigen, rechtsverbindlich Serviceleistungen zu bestellen oder sonstige Erklärungen im Zusammenhang mit der Messebeteiligung für den Aussteller und etwaige Mitaussteller abzugeben. Diesem als vertretungsberechtigt benannten Unternehmen (Formular A3) werden alle weiteren Veranstaltungsunterlagen (Standbestätigung, OBS Zugang, Technische Richtlinien etc.) zur Verwendung für den Aussteller übersandt.

6. Zahlungsbedingungen

Der **Anmeldebeitrag** für Hauptaussteller wird unmittelbar nach Eingang der Anmeldeunterlagen separat in Rechnung gestellt.

Der Anmeldebeitrag für Mitaussteller fällt an, sobald ein Mitaussteller gemeldet wird. Der Beitrag wird stets dem Hauptaussteller berechnet.

Die **Beteiligungskosten,** die **Vorauszahlung für Serviceleistungen sowie** die **Beteiligungskosten für fair-package-Lösungen** errechnen sich aus Teil V, Preise und Zahlungstermine, und sind bis zum genannten **Zahlungstermin** zu zahlen, soweit nichts anders vereinbart.

Wird die Rechnung nach diesem Zahlungstermin ausgestellt, ist sie entweder zu dem in der Rechnung angegebenen Fälligkeitstermin, andernfalls 7 Tage nach Rechnungsdatum zahlbar. Bei Zahlungsverzug bleibt die Erhebung von Verzugszinsen ab Fälligkeit vorbehalten.

rights, Deutsche Messe may ban the respective exhibitor from current and/or future trade fairs without compensation for losses, but shall not be obligated to take such action.

Display of information on prices, suppliers, customers, or exhibited goods sold is prohibited.

4.4

Direct or counter sales to private individuals or businesses are strictly prohibited during the trade fair. These sales are defined as the exchange of goods such as exhibits or trade fair samples, or the rendering of services by an exhibitor in return for payment. Although sales agreements may be executed during the trade fair, direct, or counter sales, or the rendering of services and payment in any form whatsoever may be undertaken only after the trade fair is over. Publishers are subject to special rules, which the CeBIT personnel would be pleased to clarify.

4.5

The exhibitor may conduct interviews or surveys only on his own stand space.

5. Other Participants / Co-Exhibitors

Several companies may share stand space only if the main exhibitor with whom the trade fair agreement is executed, has listed all such firms in his rental application for inclusion as co-exhibitors (online in OBS via www.obs.messe.de), and these firms have been approved by Deutsche Messe.

Any firm, which has its own personnel and exhibits and uses the stand space rented by the main exhibitor, must be registered as a co-exhibitor. These Conditions for Participation shall also govern the approval of co-exhibitors. The stand space may not be used, even temporarily, by any other third party.

The fee charged for inclusion of co-exhibitors (see Part V, Prices and Payment Due Dates), is **always invoiced to the main exhibitor**. Co-exhibitors are also subject to these Conditions for Participation, as applicable. The main exhibitor shall be responsible for informing his co-exhibitors of these and any supplementary provisions and ensuring acceptance of any resulting obligations towards Deutsche Messe. Deutsche Messe reserves the right to contact co-exhibitors directly or via an authorized third party.

If an exhibitor fails to register co-exhibitors or gives incomplete or incorrect information in his application, Deutsche Messe shall exercise its discretion to compute and charge participation fees that would have become due if a proper application had been made.

An exhibitor may appoint a third party to set up the exhibition stand or otherwise organize his participation in the trade fair. This can be done by naming the representative and authorizing him in writing to represent the exhibitor and any co-exhibitors in any and all matters related to the trade fair, including the placing of legally binding orders. Thereafter, all further trade fair related documents such as the stand confirmation, access to OBS, technical regulations, etc., shall be sent to this authorized representative (Form A3).

6. Terms of Payment

The main exhibitor will be invoiced for the **processing fee** immediately upon receipt of the registration forms. The processing fee for co-exhibitors is due upon registration, and is always invoiced to the main exhibitor.

The **participation fees** for stand space and the **advance payment for services** as well as the **participation fees for fair packages** listed in Part V, Prices and Payment Due Dates, must be paid by the stated **due date**, unless otherwise agreed upon in the trade fair agreement.

For invoices issued after this due date, the full amount shall be payable within 7 days of the invoice date, or by the due date stated on the invoice. Deutsche Messe reserves the right to charge interest on overdue payments.

When calculating the stand space provided, no deduction is made

16

Bei der Berechnung der bereitgestellten Ausstellungsfläche erfolgt kein Abzug für Hallenstützen. Jeder angefangene Quadratmeter wird voll berechnet.

Die vorherige und volle Bezahlung der Rechnungsbeträge zu den dort genannten Zahlungsterminen ist Voraussetzung für die Nutzung der zugewiesenen Ausstellungsfläche, für die Medieneintragungen und für die Aushändigung der Ausstellerausweise.

Alle Rechnungsbeträge sind ohne jeden Abzug spesenfrei und in Euro auf eines der in der Rechnung angegebenen Konten zu überweisen. Bei nicht fristgerechtem Zahlungseingang ist die Deutsche Messe berechtigt, den Aussteller und etwaige Mitaussteller bis zum vollständigen Rechnungsausgleich von der Nutzung der Standfläche auszuschließen, die Versorgung mit Serviceleistungen (z.B. Elektroversorgung) zurückzuhalten sowie Verzugszinsen geltend zu machen. Der Aussteller kann mit Gegenforderungen gegen fällige Beteiligungspreise, Preise für Serviceleistungen und sonstige aus dem Vertragsverhältnis stammende Forderungen nur insoweit aufrechnen, als seine Forderungen unbestritten oder rechtskräftig sind. Kommt ein Aussteller seinen Zahlungsverpflichtungen nicht nach, kann die Deutsche Messe die Ausstellungsgegenstände und die Standeinrichtung zurückbehalten und sie auf Kosten des Ausstellers öffentlich versteigern lassen oder freihändig verkaufen. Die gesetzlichen Vorschriften über die Pfandverwertung sind – soweit gesetzlich zulässig – abbedungen.

Für **Serviceleistungen** (z. B. Werbemittel, Strom, Wasser, Telefon), die der Aussteller anlässlich seiner Messeteilnahme in Anspruch nehmen kann, wird unabhängig von dem tatsächlichen Umfang der bestellten Serviceleistungen eine pauschale Vorauszahlung erhoben (nicht bei fair-package), die mit der Serviceleistungsabrechnung einige Wochen nach Abschluss der Veranstaltung verrechnet wird. Ein Anspruch des Ausstellers auf Verzinsung der Serviceleistungsvorauszahlung besteht nicht. Gemeinsame Hauptaussteller sowie Aussteller und Mitaussteller haften der Deutschen Messe gegenüber für die sich aus diesem Messebeteiligungsvertrag und der Bestellung von Serviceleistungen ergebenden Verpflichtungen als Gesamtschuldner.

Bei der Bestellung von Serviceleistungen, die über das fair-package hinausgehen, wird ebenfalls eine gesonderte Schlussrechnung erstellt.

Auf besonderen Antrag des Ausstellers (Formular A3), kann die Berechnung des Beteiligungspreises und der Preis für Serviceleistungen an einen Dritten vereinbart werden. Der Antrag wird nur wirksam, wenn er vom Aussteller und dem von ihm benannten Rechnungsempfänger rechtsverbindlich unterzeichnet bei der Deutschen Messe vorliegt.

Alle Preise gelten zuzüglich der jeweils gültigen **Mehrwertsteuer**, soweit sie gesetzlich vorgeschrieben ist.

7. Vorbehalte

Die Deutsche Messe ist berechtigt, die Messe aus wichtigem Grund (z.B. Arbeitskampf, höhere Gewalt) zu verlegen, zu kürzen, zeitweise ganz oder teilweise zu schließen oder abzusagen.

Die Deutsche Messe ist auch berechtigt, von der Durchführung der Veranstaltung nach billigem Ermessen und unter Berücksichtigung der berechtigten Interessen der Aussteller Abstand zu nehmen, wenn ihr deren wirtschaftliche Tragfähigkeit nicht gesichert erscheint. Mit der Absage entfallen die wechselseitigen Leistungsverpflichtungen der Vertragspartner; Ansprüche auf Erstattung bereits getätigter Aufwendungen oder Schadensersatz können aus der Absage, Kürzung oder Schließung nicht hergeleitet werden. Die Deutsche Messe wird jedoch etwaige an sie bereits erfolgte Zahlungen des Ausstellers für Leistungen, die zum Zeitpunkt der Absage noch nicht erbracht sind, zurückerstatten.

Bei vollständiger oder teilweiser Verlegung oder einer Kürzung gilt der Vertrag als für die geänderte Zeitdauer abgeschlossen, sofern der Aussteller nicht innerhalb einer Frist von 2 Wochen nach Mitteilung der Änderung schriftlich widerspricht. Eine Reduzierung der vereinbarten Preise erfolgt nicht. Die Erfüllung sämtlicher Serviceleistungen erfolgt im Rahmen der vorhandenen Kapazitäten.

8. Haftungsausschluss

Die Deutsche Messe übernimmt keine Obhutspflicht für das Ausstellungsgut und die Standeinrichtung, bietet aber im Rahmen des Serviceangebotes der Veranstaltung den Abschluss einer Transport- und Ausstellungsversicherung an, mit der sich der Aussteller gegen etwaige daran im Zuge der Veranstaltung eintretende Schäden versichern kann.

Im Übrigen haftet die Deutsche Messe nach den gesetzlichen Bestimmungen, sofern der Aussteller Schadensersatzansprüche

for hall supports. Each fractional m^2 of space is charged for in full.

Settlement of the invoiced amounts in full and on time is a prerequisite for the right to use the rented stand space, for entries in the media, and to receive exhibitor passes.

All invoices must be paid in EUR in full by bank transfer to one of the accounts stated on the invoice. Until receipt of the payment in full, Deutsche Messe reserves the right to prohibit the exhibitor and any co-exhibitors from using the rented space, or deny services such as power, and to charge interest on late payments. The exhibitor may offset counterclaims against participation fees, charges for services and other claims arising from or in connection with the trade fair agreement, only to the extent such counterclaims are undisputed or legally binding. If the exhibitor fails to meet his financial obligations, Deutsche Messe shall be entitled to retain the exhibits and stand furnishings and sell these by public auction or privately, at the expense of the exhibitor. The statutory provisions on the sale of pledged goods are hereby waived, to the extent permitted by law.

A fixed deposit will be required (except for a fair package) for **services** such as advertising materials, power, water, and phones that the exhibitor may use during the event, irrespective of the services actually ordered by the exhibitor. This deposit shall be offset against the final invoice issued a few weeks after the event. The exhibitor shall not be entitled to demand interest on the deposit. Joint main exhibitors, and exhibitors and co-exhibitors shall be jointly and severally liable as debtors of Deutsche Messe for any obligations that arise from or in connection with services or the trade fair agreement.

A separate statement will also be issued for all extra services that are not a part of the fair package.

The exhibitor may make a special request using Form A3 to appoint a third party to be invoiced for the participation fees and service charges. This authorization shall become effective only if Deutsche Messe receives the completed form, legally signed and executed by the exhibitor and authorized invoice recipient.

All prices are subject to the statutory **VAT**, as applicable.

7. Reservation of Rights

Deutsche Messe shall be entitled to postpone, curtail, temporarily close in part or in whole, or completely cancel the planned trade fair for just cause, such as a labor dispute or events beyond its control.

Deutsche Messe shall exercise fair judgment in canceling an event that appears to be uneconomic, while taking due account of the interests of exhibitors. The reciprocal obligations of the contractual parties shall become void following such a cancellation. No claims for refunds or damages shall arise from such cancellation, curtailment, or postponement, whereby Deutsche Messe will refund any payments received from exhibitors for services not yet rendered.

In the event of complete or partial postponement or curtailment of the trade fair, the agreement shall be deemed executed for the new date and duration, unless the exhibitor objects in writing within a period of 2 weeks of notification of the postponement. The exhibitor shall not be entitled to any reduction of the contractual fees. All services offered are based on the available resources and capacities.

8. Exclusion of Liability

Deutsche Messe does not undertake to safeguard exhibits and stand equipment/fixtures, but does offer exhibitors the opportunity to take out a transport and exhibition insurance policy (see Services manual), to cover any damage incurred as a consequence of participation in the trade fair.

Deutsche Messe shall be liable to the extent prescribed by law for damage claims by the exhibitor arising from malicious conduct or gross negligence on the part of Deutsche Messe or its representatives

geltend macht, die auf Vorsatz oder grober Fahrlässigkeit, einschließlich von Vorsatz oder grober Fahrlässigkeit ihrer Vertreter oder Erfüllungsgehilfen, beruhen. Soweit der Deutschen Messe keine vorsätzliche Vertragsverletzung angelastet wird sowie im Falle der schuldhaften Verletzung einer wesentlichen Vertragspflicht durch die Deutsche Messe, ist die Schadensersatzhaftung auf den vorhersehbaren, typischerweise eintretenden Schaden begrenzt. Die Haftung wegen schuldhafter Verletzung des Lebens, des Körpers oder der Gesundheit bleibt unberührt.

Soweit nicht vorstehend etwas Abweichendes geregelt ist, ist die Haftung der Deutschen Messe ausgeschlossen; dies gilt ohne Rücksicht auf die Rechtsnatur des geltend gemachten Anspruchs und insbesondere auch für Schadensersatzansprüche aus Verschulden bei Vertragsabschluss, wegen sonstiger Pflichtverletzungen oder wegen deliktischer Ansprüche auf Ersatz von Sach- und sonstiger Vermögensschäden gemäß §823 BGB. Ein Anspruch auf Mietminderung besteht nur, wenn eine Beseitigung von Mängeln der Mietsache fehlgeschlagen ist oder die Deutsche Messe trotz angemessener Nachfristsetzung keinen Versuch auf Beseitigung der Mängel unternommen hat. Die vorgenannten Haftungsregelungen gelten entsprechend für alle Leistungen, die von der Deutschen Messe im Zusammenhang mit der Beteiligung des Ausstellers an der Veranstaltung erbracht werden.

Die Deutsche Messe kann keine Gewähr für eine störungsfreie Funktion externer Daten- und Versorgungsnetze übernehmen.

9. Rücktritt / Vorzeitige Beendigung des Vertrages

Wird nach verbindlicher Anmeldung oder nach erfolgtem Vertragsabschluss auf Veranlassung des Ausstellers ausnahmsweise von der Deutschen Messe ein vollständiger oder teilweiser Rücktritt von der Messeteilnahme zugestanden, **so bleibt der Aussteller gleichwohl zur Zahlung des Anmeldebeitrags in voller Höhe verpflichtet.**

Er hat darüber hinaus der Deutschen Messe eine pauschale Entschädigung (Schadenpauschale) zu entrichten. Weist der Aussteller nach, dass der Deutschen Messe durch den Rücktritt kein Schaden oder nur ein Schaden entstanden ist, der wesentlich niedriger ist als die Schadenpauschale, hat er den entsprechend geminderten Ersatz zu leisten. Die Höhe der Schadenpauschale richtet sich gemäß nachfolgender Abstufungstabelle danach,

– zu welchem Zeitpunkt der Deutschen Messe in Schriftform eine verbindliche Mitteilung des Ausstellers zugeht, von seiner Anmeldung zur Messeteilnahme oder dem bereits bestehenden Messebeteiligungsvertrag Abstand nehmen zu wollen

– und welcher Beteiligungspreis (Berechungsbasis: Grundmiete, Seitenzuschläge sowie – bei Bestellung eines fair-package – Zuschlag für fair-package, vgl. Teil V, Preise und Zahlungstermine) für die angemeldete oder vermietete Standfläche, für welche die Absage erfolgt, zu zahlen gewesen wäre.

Abstufung der Stornierungskosten

	Rücktritt vom Vertrag	Wechsel des Vertrages*
Zeitpunkt des Zugangs der Absage bei der Deutschen Messe	Entschädigung in % vom regulären Beteiligungspreis auf Grundlage der/ des angemeldeten** oder bestätigten Standfläche bzw. fair-packages	
05.01.2013 und später	100%	35%
vom 05.12.2012 bis 04.01.2013	50%	10%
vom 05.11.2012 bis 04.12.2012	25%	5%
bis 04.11.2012	10%	0%

*Wechsel vom Vertrag über fair-package zum Vertrag über Standfläche (Grundpaket)
**im Fall der Absage vor erfolgtem Zugang der Standbestätigung

Im Fall des Rücktritts vom Vertrag werden dem Hauptaussteller außerdem unabhängig vom Zeitpunkt des Zugangs der Absage bei der Deutschen Messe die von ihm abgeforderten und eingelösten Fachbesucher-Tickets zum aktuellen Vorverkaufspreis in Rechnung gestellt. Gleiches gilt für die von seinen Mitausstellern abgeforderten und eingelösten Fachbesucher-Tickets, die im Fall des Rücktritts dem Hauptaussteller ebenfalls zum Vorverkaufspreis in Rechnung gestellt werden.

Unbeschadet des Rechts zur Geltendmachung weitergehender Schadensersatzansprüche ist die Deutsche Messe befugt, vom Messebeteiligungsvertrag, sowie von etwaigen Verträgen über

or vicarious agents. Unless Deutsche Messe is charged with culpable breach of its contractual duties or violation of a material provision in the agreement, its liability shall be limited to foreseeable damages under such agreements. Nevertheless, Deutsche Messe shall be liable for culpable endangerment to life or bodily injury.

Unless otherwise stated above, Deutsche Messe shall be excluded from any liability for damages, regardless of the legal nature of the claim. This applies in particular to damage claims for violations of the principles of good faith in contracting, neglect of duty, or claims of property damage or financial losses pursuant to §823 of BGB (German Civil Code). The exhibitor shall not be entitled to a reduction of the rental charge, unless an attempt to remedy the problem is unsuccessful or unless Deutsche Messe fails to take steps to alleviate the problem, despite being granted a reasonable grace period. These liability regulations shall apply to all services performed by Deutsche Messe in connection with the exhibitor's participation at the event.

Deutsche Messe does not warrant uninterrupted functioning of external data networks and supply lines.

9. Premature Withdrawal/Termination of Trade Fair Agreement

Deutsche Messe may, at its discretion, accept an exhibitor's request for partial or complete withdrawal from the trade fair subsequent to execution of a binding registration or trade fair agreement. **Nevertheless, the exhibitor remains liable for payment of the full processing fee**, and the applicable cancellation charge. If the exhibitor is able to prove that Deutsche Messe either incurred no loss through such withdrawal or that the loss is actually less than the applicable charge, a respectively reduced charge will be accepted. The amount to be paid is listed in the following schedule of cancellation charges, governed by the following factors:

– The point in time at which Deutsche Messe receives the exhibitor's written notice of withdrawal from participation in the trade fair or cancellation of an executed trade fair agreement;

– The participation fee that would have been due for the respective registered or rented stand space, based on the basic rent, surcharges for open sides of the stand and/or a fair package as applicable, per Part V, Prices and Payment Due Dates.

Schedule of cancellation charges

	Withdrawal from agreement	Amended agreement*
The cancellation notice is received by Deutsche Messe:	Cancellation charge as a percentage of the standard participation fee for a registered** or confirmed stand space or fair package	
On January 5, 2013 or later	100%	35%
From Dec. 5, 2012 to Jan. 4, 2013	50%	10%
From Nov. 5, 2012 to Dec. 4, 2012	25%	5%
By November 4, 2012	10%	0%

*Agreement on rental of a fair package amended to the rental of stand space only (standard package)
**If the order is cancelled prior to receiving the stand confirmation.

In addition, regardless of when Deutsche Messe receives the cancellation notice, the main exhibitor shall be invoiced at the prevailing advance purchase rate for any complimentary tickets he or his co-exhibitor(s) ordered and used at the turnstiles.

Deutsche Messe shall, without forfeiting its right to file additional claims, be entitled to rescind or terminate the trade fair agreement or other contracts and service agreements, without notice, if the exhibitor

18

Serviceleistungen zurückzutreten bzw. diese fristlos zu kündigen, wenn der Aussteller Verpflichtungen, die sich aus dem Messebeteiligungsvertrag, den Teilnahmebedingungen oder den sie ergänzenden Bestimmungen ergeben, nach erfolgter Nachfristsetzung nicht nachkommt. Ein solches Recht der Deutschen Messe zur fristlosen Kündigung besteht auch, wenn bei dem Aussteller die Voraussetzungen für den Vertragsabschluss nicht oder nicht mehr gegeben sind, insbesondere wenn der Aussteller sein Herstellungsprogramm derart geändert hat, dass es nicht mehr dem Produktverzeichnis der Messe zugerechnet werden kann. Das gleiche gilt für den Fall, dass der Aussteller seine Zahlungen einstellt oder über sein Vermögen die Durchführung eines gerichtlichen Insolvenzverfahrens, bzw. eines entsprechenden Verfahrens nach der Rechtsordnung seines Herkunftslandes beantragt worden ist oder sich das Unternehmen des Ausstellers in Liquidation befindet.

Im Falle der Kündigung eines Messebeteiligungsvertrages aus einem der im vorangehenden Absatz genannten Gründe steht der Deutschen Messe ebenfalls eine Schadenpauschale zu. Deren Höhe errechnet sich in entsprechender Anwendung der für den Fall eines Rücktritts durch den Aussteller geltenden Bestimmungen. Maßgeblicher Zeitpunkt für die Berechnung der Schadenpauschale ist der Zeitpunkt, zu dem die Deutsche Messe in Schriftform Kenntnis von den Tatsachen erlangt, die sie zu einer Kündigung berechtigen.

10. Ergänzende Bestimmungen

Bestandteil des Messebeteiligungsvertrages sind die Hausordnung, das Produktgruppenverzeichnis sowie die Technischen Richtlinien und übrigen Bestimmungen, die dem Aussteller vor Messebeginn zugehen.

Die Deutsche Messe ist berechtigt, **innerhalb der Abbaufrist nicht beseitigte Gegenstände** auf Kosten des Ausstellers zu beseitigen. Es bedarf keiner Einlagerung dieser Gegenstände, diese können entsorgt werden.

Die **Bewachung der Ausstellungsstände** ist ausschließlich durch die von der Deutschen Messe lizenzierten Bewachungsunternehmen zulässig. Ausnahmegenehmigungen können auf besonderen Antrag an Unternehmen, die ihre Zuverlässigkeit in geeigneter Form nachgewiesen haben, erteilt werden.

11. Ausstelleransprüche, Schriftform, Erfüllungsort, Gerichtsstand

Alle Ansprüche des Ausstellers gegen die Deutsche Messe sind schriftlich geltend zu machen. Sie verjähren, beginnend mit dem Ablauf des Jahres, in dem sie entstanden sind, innerhalb von 12 Monaten. Vereinbarungen, die von diesen Bedingungen oder den sie ergänzenden Bestimmungen abweichen, bedürfen der Schriftform; faksimilierte Unterschriften sind ausreichend.

Es sind ausschließlich deutsches Recht und der deutsche Text maßgebend. Erfüllungsort und Gerichtsstand ist Hannover. Der Deutschen Messe bleibt es jedoch vorbehalten, ihre Ansprüche bei dem Gericht des Ortes geltend zu machen, an dem der Aussteller seinen Sitz hat.

defaults even after being granted a reasonable period of grace, to meet his contractual obligations and those under the Conditions of Participation or the Supplementary Conditions for Participation. Deutsche Messe shall likewise be entitled to terminate the agreement without notice, if the exhibitor does not or no longer fulfils the prerequisites of a trade fair agreement, especially if the exhibitor has altered his manufacturing program to the extent that it is no longer compatible with the product categories at the show. This shall also apply if the exhibitor suspends payment or his assets are the subject of bankruptcy or similar proceedings in his country of domicile, or if the exhibitor's company is in the process of liquidation.

If the trade fair agreement for a stand is terminated for one or more of the reasons stated in the above paragraph, Deutsche Messe shall be entitled to a cancellation charge. The amount of this charge shall be determined in accordance with the provisions applicable in the event of withdrawal by the exhibitor from the agreement, and depend on the point in time at which Deutsche Messe receives written advice of the facts justifying termination of the agreement.

10. Supplementary Provisions

The General Regulations of Deutsche Messe for Exhibition Grounds and Parking Facilities, the list of product categories, the Technical Regulations, and any other provisions, all of which are sent to the exhibitor before the event opens, shall collectively **constitute the trade fair agreement**.

Deutsche Messe is authorized to dispose of any **items** at the exhibitor's expense, which were **not removed during the dismantling period**. Deutsche Messe is not obligated to store such items before disposing of them.

Only security firms approved and licensed by Deutsche Messe are allowed to provide **security services for stands** at the show. Upon request, appropriately qualified security firms may also be granted special authorization to offer such services.

11. Claims Procedure, Place of Performance / Jurisdiction

Any claims by the exhibitor against Deutsche Messe must be in writing, subject to a statute of limitations of 12 months from the end of the calendar year in which the claims arise. Any agreements that deviate from these or supplementary provisions must be in writing, whereby signatures by facsimile shall suffice.

This agreement shall be construed exclusively in accordance with the Laws of Germany, the wording in German shall be deemed authentic, and jurisdiction shall be in Hannover, Germany. Deutsche Messe reserves the right to file its claims in a court at the exhibitor's place of business.

12. Einwilligung in die Übermittlung der Daten an die Deutsche Messe Interactive GmbH

Der Aussteller willigt in eine Übermittlung der im Rahmen der Anmeldung erhobenen Daten an die Deutsche Messe Interactive GmbH (nachfolgend: DMI), eine Tochtergesellschaft der Deutschen Messe AG, ein. Er willigt namens und in Vollmacht des Mitaussteller gleichermaßen in eine Übermittlung der Daten der von ihm angemeldeten Mitaussteller ein, wobei er versichert, zur Erteilung dieser Einwilligung bevollmächtigt zu sein. Hierbei handelt es sich um folgende Daten:

- **Firma**
- **Anschrift (Straße, PLZ, Ort) sowie Telefonnummer**
- **Name des Inhabers / Marketingleiter / Ansprechpartner (Stellung) für Messeabwicklung**
- **gebuchte Messe / Datum der Messe / Umfang der Messebuchung**
- **Unternehmensart**
- **der gewählte Ausstellungsbereich**

Der Aussteller stimmt einer werblichen Nutzung dieser Daten vorbehaltlich der unten genannten Regelung für Telefonwerbung durch die DMI zu. Die DMI darf die weitere Vermittlung von Kontaktmöglichkeiten für die Deutsche Messe übernehmen und den Aussteller mit den von der DMI ausgewählten Unternehmen zusammenführen.

Eine werbliche Nutzung der Telefonnummer durch DMI findet mit gesondert erteilter Einwilligung statt oder wenn die Voraussetzungen für eine mutmaßliche Einwilligung in eine telefonische Ansprache zu Werbezwecken vorliegen. Eine Übermittlung der E-Mail Adresse an die DMI zur werblichen Nutzung erfolgt nur mit gesondert erteilter Einwilligung.

12. Consent for Release of Information to Deutsche Messe Interactive GmbH

The exhibitor consents to the release of information collected during the registration process to Deutsche Messe Interactive GmbH (hereafter "DMI"), a subsidiary of Deutsche Messe. Moreover, on behalf of the co-exhibitor the exhibitor consents to the release of information on the co-exhibitor he has registered and confirms that he is authorized to grant such consent. This consent covers the following information:

- **Company name**
- **Address**
- **Name of proprietor, marketing manager, and contact person/position for trade fair matters**
- **Trade fair booked, date, scope of the booking**
- **Type of company**
- **Selected exhibition area**

The exhibitor agrees that DMI may use this information for advertising purposes, subject to the following rules governing telemarketing. DMI may also handle contacts on behalf of Deutsche Messe and combine the exhibitor's information with that of other companies it has identified.

DMI shall use the phone number of the exhibitor for advertising purposes only if specially authorized to do so, or if it believes to have due consent for making contact by phone for advertising. The exhibitor's email address will be shared with DMI for advertising purposes only upon receiving specific authorization.

Hinweise zum Umgang mit Ihren Daten

Die Deutsche Messe erhebt die Anmeldedaten (Kontaktdaten wie Firma, Ansprechpartner, Anschrift, Telefon- / Faxnummer und E-Mail Adresse) sowie Bestelldaten und verwendet sie für die Vertragsdurchführung. Zudem werden Name (Firma, Ansprechpartner) und Anschrift für schriftliche Werbezwecke verwendet. Eine Telefonnummer verwendet die Deutsche Messe für werbliche Zwecke bei ausdrücklicher Einwilligung oder wenn die Voraussetzungen für eine mutmaßliche Einwilligung vorliegen. Die erhobenen E-Mail Adressen verwendet die Deutsche Messe zur weiteren Information über eigene ähnliche Angebote. Einer Verwendung Ihrer Daten für Werbezwecke können Sie jederzeit – etwa durch E-Mail an datenschutz@messe.de – widersprechen.

How we use your information

At Deutsche Messe, we collect your registration information (contact details like the company name, contact person, address, phone & fax numbers, and email address) along with the order details and use it for executing the agreement. In addition, we use your company name and that of your contact person for advertising purposes, but not your phone number, unless you specifically authorize us to do so or we believe that we have your due consent. Moreover, we will use your email address to send you details of other services we offer. You may revoke your consent to use of your information for advertising purposes at any time, for instance, by sending us an email to datenschutz@messe.de.

IV. Nutzungsbedingungen OBS

Aussteller haben die Möglichkeit, über den Online Business Service (OBS) sowohl Serviceleistungen online zu bestellen als auch die verbindliche Anmeldung zur Teilnahme an der Veranstaltung des Folgejahres online vorzunehmen. Mitaussteller können über das OBS nur Serviceleistungen online bestellen.

Für Bestellungen und die Anmeldung zur Veranstaltung mittels OBS gelten neben diesen Nutzungsbedingungen die Geschäftsbedingungen der Deutschen Messe unter III. sowie deren ergänzende Bestimmungen und die jeweiligen Bedingungen zur Bestellung und Lieferung der Serviceleistungen (jeweils abrufbar im OBS).

Der Zugang zum OBS und die Bestellung bzw. Anmeldung zur Veranstaltung erfolgen mittels eines von der Deutschen Messe ausgegebenen Initial-Kennwortes, welches dem Aussteller auf dem Postwege zugesandt wird. Die Deutsche Messe haftet nicht für Schäden, die auf eine missbräuchliche Verwendung dieses Initial-Kennwortes bzw. des Besteller-Kennwortes oder des Co-Besteller-Kennwortes zurückzuführen sind. Die auf elektronischem Wege übermittelte Bestellung bzw. Anmeldung gilt dann als zugegangen, wenn sie zur üblichen Geschäftszeit im elektronischen Briefkasten der Deutschen Messe eintrifft. Die übliche Geschäftszeit wird berechnet nach der Ortszeit des Empfängers.

Die Deutsche Messe haftet nicht für Schäden, die durch technische Störungen – z.B. bei Ausfall der Serververbindungen – und aufgrund höherer Gewalt entstehen. Unbeachtet der Nationalität bzw. des Standortes des Servers, ist bei Streitigkeiten aus diesem Vertrag das deutsche Recht anwendbar. Gerichtsstand ist Hannover.

IV. Terms of Use for OBS

Our Online Business Service (OBS) is a convenient way for exhibitors to order trade fair services online and to submit binding registrations for the upcoming event. Co-exhibitors can only order services via OBS.

The use of OBS to order services or register for an event is subject to these Terms of Use, the Terms of Business of Deutsche Messe under Part III, supplementary provisions, plus the respective terms for orders and the rendering of services, all of which can be viewed online in OBS.

Access to OBS to place orders or register for an event is granted through a preliminary password mailed to the exhibitor by Deutsche Messe. Deutsche Messe shall not be liable for any damages resulting from unauthorized use of this password or any user password set up by the ordering party or a co-exhibitor. Orders and registrations via OBS are deemed effective when received in Deutsche Messe's electronic in-box during local business hours, determined by the recipient's location.

Deutsche Messe shall not be liable for damages arising from any technical disruptions, such as server breakdowns or events beyond its control. The Laws of Germany shall govern any disputes or claims that arise from or in connection with this agreement, irrespective of the origin or location of the server. Jurisdiction shall be in Hannover, Germany.

20

V. Preise und Zahlungstermine

(alle Preisangaben netto in EUR zzgl. gesetzl. MwSt.)

Zahlungstermin für alle hier genannten Leistungen: 01.12.2012
außer Anmeldebeitrag: Fälligkeit sofort nach Anmeldung
Nach diesem Termin gestellte Rechnungen sind entweder zu dem in der Rechnung selbst angegebenen Termin oder 7 Tage nach Rechnungsdatum zahlbar.

Berechnung des Beteiligungspreises Alternative 1

Grundpaket (Standfläche inkl. Service-, PR- und Marketingleistungen):

Anmeldebeitrag + Grundmietpreis + Zuschläge zum Grundmietpreis + Grundversorgung + ggf. Aufnahme von Mitausstellern

Die Zahlungstermine und die aufgeführten Preise bilden die Berechnungsgrundlage für die zwischen Deutscher Messe und Aussteller vereinbarten Leistungen zur Teilnahme an der **CeBIT 2013**. Weitere Einzelheiten der Abrechnung ergeben sich aus Ziffer III Nr. 6 (Zahlungsbedingungen).

				Für Ihre Notizen
Anmeldebeitrag				
Anmeldebeitrag	Pauschal	€	350,00	
Grundmietpreis				
Halle				
Eingang der Anmeldung bis 23.03.2012 (Premium Discount Preis)	pro m²-Standfläche	€	199,00	
Eingang der Anmeldung ab 24.03.2012 bis 30.06.2012 (Frühbucherpreis)	pro m²-Standfläche	€	212,00	
Eingang der Anmeldung ab 01.07.2012 (Standardpreis)	pro m²-Standfläche	€	219,00	
Freigelände				
Grundmietpreis Freigelände	pro m²-Standfläche	€	105,00	
Zuschläge zum Grundmietpreis				
Marketingbeitrag (siehe Teilnahmebedingungen Teil II, Ziffer 1.3.1)	pro m²-Standfläche	€	44,00	
Reduzierter Marketingbeitrag für Flächenanteile über 1000 m²	pro m²-Standfläche	€	11,00	
2-geschossige Bauweise (für die im Obergeschoss ausgebaute Grundfläche)	pro m²-Obergeschoss	€	85,00	
Seitenzuschläge (nur bei Hallenflächen):				
Eckstand - 2 freie Seiten (für die ersten 120 m² des jeweiligen Grundmietpreises)	pro m²-Standfläche		25%	
Kopfstand - 3 freie Seiten (für die ersten 120 m² des jeweiligen Grundmietpreises)	pro m²-Standfläche		40%	
Blockstand - 4 freie Seiten (für die ersten 120 m² des jeweiligen Grundmietpreises)	pro m²-Standfläche		60%	
Aufnahme von Mitausstellern				
Anmeldebeitrag Mitaussteller	pro Mitaussteller	€	350,00	
Beteiligungskosten / Mitaussteller	pro Mitaussteller	€	800,00	
Marketingbeitrag Mitaussteller (siehe Teilnahmebedingungen Teil II, Ziffer 1.3.1)	pro Mitaussteller	€	400,00	

Grundversorgung				
Mindestbetrag für Stromanschluss (Berechnung im Rahmen der Servicekostenabrechnung) (siehe Teilnahmebedingungen Teil II, Ziffer 1.2)	pauschal	€	80,50	

Vorauszahlung für Serviceleistungen				
Vorauszahlung für Serviceleistungen / Halle	pro m²-Standfläche	€	48,00	
Vorauszahlung für Serviceleistungen / Freigelände	pro m²-Standfläche	€	20,00	

21

V. Preise und Zahlungstermine

(alle Preisangaben netto in EUR zzgl. gesetzl. MwSt.)

Zahlungstermin für alle hier genannten Leistungen: 01.12.2012
außer Anmeldebeitrag: Fälligkeit sofort nach Anmeldung
Nach diesem Termin gestellte Rechnungen sind entweder zu dem in der Rechnung selbst angegebenen Termin oder 7 Tage nach Rechnungsdatum zahlbar.

Berechnung des Beteiligungspreises Alternative 2

fair-package (Standfläche mit Standbau und weiteren wichtigen Serviceleistungen):
Anmeldebeitrag + Grundmietpreis + Zuschläge zum Grundmietpreis + ggf. Aufnahme von Mitausstellern + Zuschläge für fair-package

Die Zahlungstermine und die aufgeführten Preise bilden die Berechnungsgrundlage für die zwischen Deutsche Messe und Aussteller vereinbarten Leistungen zur Teilnahme an der **CeBIT 2013**. Weitere Einzelheiten der Abrechnung ergeben sich aus Ziffer III Nr. 6 (Zahlungsbedingungen).

Anmeldebeitrag				
Anmeldebeitrag		Pauschal	€	350,00
Grundmietpreis				
Halle				
Eingang der Anmeldung bis 23.03.2012 (Premium Discount Preis)		pro m²-Standfläche	€	199,00
Eingang der Anmeldung ab 24.03.2012 bis 30.06.2012 (Frühbucherpreis)		pro m²-Standfläche	€	212,00
Eingang der Anmeldung ab 01.07.2012 (Standardpreis)		pro m²-Standfläche	€	219,00
Zuschläge zum Grundmietpreis				
Marketingbeitrag (siehe Teilnahmebedingungen Teil II, Ziffer 2.4.1)		pro m²-Standfläche	€	44,00
Seitenzuschläge:				
Eckstand - 2 freie Seiten		pro m²-Standfläche		25%
Kopfstand - 3 freie Seiten		pro m²-Standfläche		40%
Blockstand - 4 freie Seiten		pro m²-Standfläche		60%
Aufnahme von Mitausstellern				
Anmeldebeitrag Mitaussteller		pro Mitaussteller	€	350,00
Beteiligungskosten / Mitaussteller		pro Mitaussteller	€	800,00
Marketingbeitrag Mitaussteller (siehe Teilnahmebedingungen Teil II, Ziffer 2.4.1)		pro Mitaussteller	€	400,00
Zuschläge für fair-package				
Basic:	Serviceleistungen, m²-abhängig	pro m²-Standfläche	€	90,00
	plus Serviceleistungspauschale	pauschal	€	506,00
Basic⁺:	Serviceleistungen, m²-abhängig	pro m²-Standfläche	€	90,00
	plus Serviceleistungspauschale	pauschal	€	1.757,00
Comfort:	Serviceleistungen, m²-abhängig	pro m²-Standfläche	€	108,00
	plus Serviceleistungspauschale	pauschal	€	1.757,00
Comfort⁺:	Serviceleistungen, m²-abhängig	pro m²-Standfläche	€	108,00
	plus Serviceleistungspauschale	pauschal	€	4.369,00
Premium Style:	Serviceleistungen, m²-abhängig	pro m²-Standfläche	€	136,00
	plus Serviceleistungspauschale	pauschal	€	4.369,00
Premium Trend:	Serviceleistungen, m²-abhängig	pro m²-Standfläche	€	136,00
	plus Serviceleistungspauschale	pauschal	€	4.369,00

Für Ihre Notizen

22

V. Prices and Payment Due Dates

(All charges are net amounts in EUR subject to VAT)

Payment for all services listed below due by: December 1, 2012
Exception: the processing fee is due upon registration!
For invoices issued after this due date, the full amount shall be payable in 7 days of the invoice date, or by the date stated on the invoice.

Participation fee calculation Option 1

Standard package (stand w/o setup, but including general, PR & promotion services):

Processing fee + basic rent + surcharges on the basic rent + standard services + fee for inclusion of any co-exhibitors

The fees for participation in **CeBIT 2013** are based on the due dates for payment of the various services listed below, in accordance with the agreement executed between Deutsche Messe and the exhibitor. See Section III-6 (Terms of Payment) for detailed calculation of the charges.

				For your use
Processing fee				
Processing fee	fixed fee	€	350.00	
Basic rent				
Hall				
Application form received by March 23, 2012 (premium discounted fee)	per m² stand space	€	199.00	
Application form received from March 24 to June 30, 2012 (reduced fee)	per m² stand space	€	212.00	
Application form received as of July 1, 2012 (standard fee)	per m² stand space	€	219.00	
Open-air site				
Basic rent	per m² stand space	€	105.00	
Surcharges on the basic rent				
Marketing fee (See Conditions for Participation, Part II, Section 1.3.1)	per m² stand space	€	44.00	
Discounted marketing fee for floor space in excess of 1,000 m²	per m² stand space	€	11.00	
Usable space on the upper floor of two-storey stands	per m² of usable space	€	85.00	
Surcharges for extra open sides of a hall stand:				
Corner stand - open on 2 sides (for the first 120 m² of applicable basic rent)	per m² stand space		25%	
End stand - open on 3 sides (for the first 120 m² of applicable basic rent)	per m² stand space		40%	
Island stand - open on 4 sides (for the first 120 m² of applicable basic rent)	per m² stand space		60%	
Inclusion of co-exhibitors				
Processing fee for co-exhibitors	per co-exhibitor	€	350.00	
Charge for co-exhibitors	per co-exhibitor	€	800.00	
Marketing fee for co-exhibitors (See Conditions for Participation, Part II, Section 1.3.1)	per co-exhibitor	€	400.00	

Standard services				
Minimum charge for power hookup (billed along with other services) (See Conditions for Participation, Part II, Section 1.2)	fixed fee	€	80.50	

Advance payment for services				
Advance payment for services: halls	per m² stand space	€	48.00	
Advance payment for services: open-air site	per m² stand space	€	20.00	

23

V. Prices and Payment Due Dates

(All charges are net amounts in EUR subject to VAT)

Payment for all services listed below due by: December 1, 2012
Exception: the processing fee is due upon registration!
For invoices issued after this due date, the full amount shall be payable in 7 days of the invoice date, or by the date stated on the invoice.

Participation fee calculation Option 2

fair package (stand with setup, plus additional key services):
Processing fee + basic rent + surcharges on the basic rent + fee for inclusion of any co-exhibitors + surcharges for a fair package

The fees for participation in **CeBIT 2013** are based on the due dates for payment of the various services listed below, in accordance with the agreement executed between Deutsche Messe and the exhibitor. See Section III-6 (Terms of Payment) for detailed calculation of the charges.

					For your use
Processing fee					
Processing fee		fixed fee	€	350.00	
Basic rent					
Hall					
Application form received by March 23, 2012 (premium discounted fee)		per m² stand space	€	199.00	
Application form received from March 24 to June 30, 2012 (reduced fee)		per m² stand space	€	212.00	
Application form received as of July 1, 2012 (standard fee)		per m² stand space	€	219.00	
Surcharges on the basic rent					
Marketing fee (See Conditions for Participation, Part II, Section 2.4.1)		per m² stand space	€	44.00	
Surcharges for extra open sides of a hall stand:					
Corner stand - open on 2 sides (for the first 120 m² of applicable basic rent)		per m² stand space		25%	
End stand - open on 3 sides (for the first 120 m² of applicable basic rent)		per m² stand space		40%	
Island stand - open on 4 sides (for the first 120 m² of applicable basic rent)		per m² stand space		60%	
Inclusion of co-exhibitors					
Processing fee for co-exhibitors		per co-exhibitor	€	350.00	
Charge for co-exhibitors		per co-exhibitor	€	800.00	
Marketing fee for co-exhibitors (See Conditions for Participation, Part II, Section 2.4.1)		per co-exhibitor	€	400.00	
Surcharges for a fair package					
Basic:	For services per m² of stand space	per m² stand space	€	90.00	
	plus lump-sum service charge	fixed fee	€	506.00	
Basic⁺:	For services per m² of stand space	per m² stand space	€	90.00	
	plus lump-sum service charge	fixed fee	€	1,757.00	
Comfort:	For services per m² of stand space	per m² stand space	€	108.00	
	plus lump-sum service charge	fixed fee	€	1,757.00	
Comfort⁺:	For services per m² of stand space	per m² stand space	€	108.00	
	plus lump-sum service charge	fixed fee	€	4,369.00	
Premium Style:	For services per m² of stand space	per m² stand space	€	136.00	
	plus lump-sum service charge	fixed fee	€	4,369.00	
Premium Trend:	For services per m² of stand space	per m² stand space	€	136.00	
	plus lump-sum service charge	fixed fee	€	4,369.00	

24

F. Hausordnung

Anhang
Hausordnung der Deutschen Messe für das Messegelände einschließlich der Parkplätze

1. In der Auf- und Abbauzeit kann das Messegelände ohne besondere Kontrolle betreten werden. Die Ordnungsorgane der Deutschen Messe sind befugt, Personenkontrollen auf dem Messegelände durchzuführen. Personen, die sich dabei nicht als zum Standaufbau zugehörig ausweisen können, können vom Messegelände verwiesen werden.

2. Das Messegelände darf während der Veranstaltung nur mit einem gültigen Ausweis zu den hierfür jeweils bestimmten Zeiten betreten werden. Kinder unter 15 Jahren haben nur in Begleitung aufsichtspflichtiger Erwachsener Zutritt, sofern nicht im Einzelfall für eine Veranstaltung eine andere Regelung getroffen wird.

3. Nicht gestattet ist:
a) die Mitnahme von Tieren auf das Messegelände,

b) jede unbefugte gewerbliche Tätigkeit auf dem Messegelände, insbesondere das Verkaufen, Verteilen oder Anbieten von Gegenständen und Leistungen aller Art,

c) jeglicher Direktverkauf sowie die Mitnahme von Ausstellungsgegenständen aus dem Messegelände durch Besucher,

d) jede Art von Aussteller- und Besucherbefragungen außerhalb des eigenen Ausstellungsstandes. Die Deutsche Messe führt selbst umfangreiche Befragungen durch. Weitere Befragungen sind wegen der damit verbundenen zusätzlichen Belastung der Befragten unzulässig,

e) jede Art von Werbung, wie z. B. das Verteilen oder Aushängen von Werbeschriften, Aufstellen von Werbeaufbauten usw. außerhalb der Ausstellungsstände,

f) Verunreinigung der Hallen und des Geländes durch Wegwerfen von Papier, Abfällen usw.,

g) das unbefugte und verkehrsbehindernde Abstellen von Kraftfahrzeugen, Anhängern, Absetzcontainern, Sattelaufliegern, Wechselbrücken u.Ä. sowie Hindernissen jeglicher Art und das unbefugte Benutzen von Kraftfahrzeugen auf dem Messegelände,

h) das Betreten der nicht ausdrücklich für den Fußgängerverkehr freigegebenen Rasenflächen, gärtnerischen oder sonstigen Anlagen,

i) der Betrieb von Sende- und Empfangsgeräten (Rundfunk-, Fernseh-, Funk- und Funksprechgeräten) auf dem Messegelände ohne ausdrückliche schriftliche Erlaubnis der Deutschen Messe,

j) jegliches sonstige Verhalten, das geeignet ist, die Ruhe und Ordnung innerhalb des Messegeländes zu stören oder das äußere Bild innerhalb und außerhalb der Hallen zu beeinträchtigen.

4. a) Auf dem Messegelände gelten die Regeln der Straßenverkehrsordnung (StVO). Die zulässige Höchstgeschwindigkeit beträgt 20 km/h.

b) Die Deutsche Messe ist befugt, widerrechtlich abgestellte Kraftfahrzeuge, Anhänger, Container, Sattelauflieger, Wechselbrücken u.Ä. sowie Hindernisse jeglicher Art auf Kosten und Gefahr des Halters bzw. Eigentümers ohne vorherige Unterrichtung entfernen zu lassen, und zwar insbesondere, wenn diese Hindernisse nicht an allen vier Ecken bzw. Standbeinen durch 0,50 m lange und mindestens 0,10 m breite reflektierende Folien (diagonal rot-weiß gestreift) in Scheinwerferhöhe

Appendix
General Regulations of Deutsche Messe for the Exhibition Grounds and Parking Facilities

1. Admission to the exhibition grounds during stand setup and dismantling periods is unrestricted. However, the security staff of Deutsche Messe is empowered to check the identity of persons on the grounds. Persons without evidence of their involvement in stand setup or dismantling may be evicted from the grounds.

2. A valid pass is required to enter the exhibition grounds during the opening hours of the trade fair. Unless stipulated otherwise for a specific trade fair, children under the age of 15 may enter the exhibition grounds only under adult supervision.

3. The following activities are prohibited:
a) Taking pets/animals onto the exhibition grounds;

b) Conducting any unauthorized business on the exhibition grounds, especially selling, distributing, or offering articles and services of any kind;

c) Selling items directly to or allowing visitors to take exhibits from the exhibition grounds;

d) Conducting any form of exhibitor or visitor surveys outside of the exhibitor's own stand. Deutsche Messe conducts comprehensive surveys and any more would burden the respondents unnecessarily;

e) Advertising in any form outside of the exhibitor's own stand, for example, by distributing or displaying advertising material or setting up advertising structures;

f) Littering in the halls or on the exhibition grounds;

g) Unauthorized parking of vehicles, trailers, containers, semi-trailers, container bridges or obstruction of traffic; unauthorized use of vehicles on the exhibition grounds;

h) Walking on lawns, gardens or other areas not clearly meant for pedestrians;

i) Operating broadcasting or receiving equipment (radio, television, radio communication equipment) on the exhibition grounds without the express written consent of Deutsche Messe;

j) Any form of conduct that disturbs the peace or creates a nuisance on the exhibition grounds or adversely impacts the image of the trade fair inside or outside the halls.

4. a) The German Road Traffic Regulations (StVO) apply on the exhibition grounds; the speed limit is 20 km/h.

b) Deutsche Messe is authorized to remove, without notice, any illegally parked vehicles, trailers, containers, semi-trailers, container bridges, etc., as well as any other obstacles at the owner's expense and risk. This applies especially if each corner or support of such vehicles or objects is not clearly marked with reflective tape (red and white diagonal stripes, at least 0.10 m wide and 0.50 m long). Any outriggers/jacks must have an adequately sized base.

kenntlich gemacht sind. Stützfüße müssen ausreichend unterbaut werden.

5. Produktionen für TV, Video und Neue Medien sowie das Fotografieren von Ständen, insbesondere von Exponaten, auch zu privaten Zwecken, sind nur zulässig, wenn der betreffende Aussteller vorab ausdrücklich zugestimmt hat. Werden Produkte für TV, Video und Neue Medien zu kommerziellen Zwecken angefertigt, ist darüber hinaus vorab eine schriftliche Erlaubnis der Deutschen Messe einzuholen.

6. Ausstellungsgüter, Inventar oder Teile von Standeinrichtungen und ähnliche Gegenstände dürfen nur bei Nachweis der Berechtigung durch Vorlage einer schriftlichen Bestätigung der zuständigen Stellen (Aussteller, Inhaber oder Leiter von Service-Einrichtungen usw.) aus dem Messegelände gebracht werden.

7. Die Deutsche Messe behält sich vor, einzelnen Unternehmen nach Überprüfung von deren Zuverlässigkeit eine Konzession zur Erbringung von Serviceleistungen an Aussteller auf dem Messegelände zu erteilen. Ziffer 3c) bleibt unberührt.

8. Innerhalb des Messegeländes gefundene Gegenstände sind entweder im Fundbüro, in einer Halleninspektion oder beim Sicherheitsdienst der Deutschen Messe abzugeben.

9. Die Ordnungsorgane sind beauftragt, für den reibungslosen Ablauf der Veranstaltung sowie für die Sicherheit und Ordnung auf dem Messegelände Sorge zu tragen und die Einhaltung der hierfür geltenden Bestimmungen zu überwachen.

10. Das Hausrecht auf dem Messegelände einschließlich Eingangsanlagen und Parkplätzen steht der Deutsche Messe zu; sie übt es auch durch ihre Organe aus, kann es jedoch im Einzelfall auch auf den offiziellen Träger einer Veranstaltung auf dem Messegelände übertragen.

11. Bei Zuwiderhandlungen gegen die Hausordnung, die Bestandteil der Teilnahmebedingungen ist, bzw. gegen die sonstigen Bestimmungen (Technische Richtlinien, Abbauinformationen usw.) behält sich die Deutsche Messe geeignete Maßnahmen vor. Bei groben Verstößen kann Verweisung vom Messegelände, ein Geländeverbot auf Zeit oder auf Dauer bzw. der Ausschluss von der Veranstaltung ausgesprochen werden.

Deutsche Messe
Zentrale Dienste

5. Persons wishing to make TV, video, or new media productions, or take photographs of stands, in particular of exhibits, even for private purposes, must obtain the express consent of the exhibitor concerned. The prior written consent of Deutsche Messe shall be required for making any TV, video or new media productions for commercial purposes.

6. Exhibits, goods from stock, stand fixtures/furnishings, or similar objects may be removed from the exhibition grounds only upon presentation of written permission from the person or company involved, such as the exhibitor, owner, or rental company manager.

7. Notwithstanding the provisions of paragraph 3 c) above, Deutsche Messe reserves the right to select and license contractors to provide services to exhibitors on the exhibition grounds.

8. Any property found on the exhibition grounds is to be handed over to the lost property office, the nearest hall inspector, or the security staff of Deutsche Messe.

9. The security staff on the exhibition grounds is charged with ensuring smooth running of the trade fair, maintaining order and security, and enforcing pertinent regulations.

10. Deutsche Messe has the right to enforce these General Regulations for Exhibition Grounds and Parking Facilities (including the areas around entrances). It exercises these rights through its various bodies, but may assign them to the official sponsor of an event on the exhibition grounds.

11. Deutsche Messe reserves the right to take appropriate action following a breach of these regulations, which are a part of the Conditions for Participation, or upon violation of other conditions like the Technical Regulations and stand dismantling instructions. A material breach may result in the offender being evicted from the exhibition grounds, or prohibited from entering the grounds temporarily or permanently, or barred from participation in the affected trade fair.

Deutsche Messe
Central Services

36

Deutsche Messe
Hannover · Germany

Sachregister